Thomas J. Peters / Nancy Austin

Leistung aus Leidenschaft

Über Management und Führung

Aus dem Amerikanischen von Ursel Reineke

Hoffmann und Campe

Die Originalausgabe erschien unter dem Titel »A Passion for Excellence. The Leadership Difference« 1985 im Verlag Random House, Inc., New York.

CIP-Kurztitelaufnahme der Deutschen Bibliothek

Peters, Thomas J.:
Leistung aus Leidenschaft: über Management u. Führung = A passion for excellence / Thomas J. Peters; Nancy Austin. Aus d. Amerikan. von Ursel Reineke. – 1. Aufl. – Hamburg: Hoffmann und Campe, 1986.
Einheitssacht.: A passion for excellence <dt.>
ISBN 3-455-08614-4
NE: Austin, Nancy:

Deutsche Ausgabe:

Umschlaggestaltung: Welfhard Kraiker
Gesetzt aus der Times-Antiqua
Satzherstellung: Utesch Satztechnik GmbH, Hamburg
Druck- und Bindearbeiten: Bercker Graphischer Betrieb, Kevelaer
Printed in Germany

Auf den folgenden Seiten bringe ich nichts anderes vor als einfache Tatsachen, schlichte Argumente und gesunden Menschenverstand; beim Leser setze ich lediglich voraus, daß er sich von Vorurteilen und vorgefaßten Meinungen trennt und es duldet, daß sich seine Vernunft und seine Gefühle selbst bestimmen, daß er das wahre Wesen des Menschen anlegt oder vielmehr nicht ablegt und seine Ansichten über den heutigen Tag hinaus großzügig erweitert.

Thomas Paine, *Common Sense*

Für Kate Abbe und Bill Cawley und die Skunks.

Inhalt

Vorwort

Das Buch *In Search of Excellence* (deutsche Ausgabe: Auf der Suche nach Spitzenleistungen, Landsberg 1983) wurde in 15 Sprachen übersetzt und erreichte seit seiner Veröffentlichung Mitte Oktober 1982 weltweit eine Auflage von rund 5 Millionen Exemplaren. Erfahrungswerten zufolge werden 2 bis 3 Millionen Leser das Buch zumindest aufgeschlagen haben. 400 000 bis 500 000 Menschen haben wahrscheinlich vier bis fünf Kapitel gelesen, schätzungsweise 100 000 Leser werden es ganz gelesen, 25 000 sich sogar Notizen gemacht haben. 5000 Leser haben das Buch gründlich durchgearbeitet und zahlreiche Anmerkungen notiert.

In der Einführung behaupten wir, daß eine Revolution im Gange sei. In Unternehmen aller Art stellen Führungskräfte ihre vorgeblich erprobten, in Wirklichkeit wohl doch nicht so bewährten Managementprinzipien in Frage.

Jetzt aber ist es an der Zeit, in eine neue Phase einzutreten. An dem Willen, etwas zu verändern, fehlt es nicht. Video- und Tonbandkassetten zum Thema neues Management überfluten den Markt. In rund 1000 Seminaren, in denen radikal andere Führungsansätze dargelegt werden, kann man sich informieren. So etwas hat es, wenn wir uns recht erinnern, noch nicht gegeben. Wir selbst haben seit 1982 mehrere hundert Vorträge gehalten und rund 500 Seminare veranstaltet. Wir haben also insgesamt zu 100 000 bis 200 000 Teilnehmern gesprochen. Fragen aber bleiben offen: Wer hat sich tatsächlich *aktiv* geändert? Und wenn: Wie viele sind dabei geblieben? In unserem Buch *Auf der Suche nach Spitzenleistungen* haben wir nicht mit Zauberformeln operiert: Wir haben lediglich dazu aufgefordert, Kundennähe zu praktizieren und sich ständig vor Ort zu informieren.

Dieses Buch enthält also weder »Rezepte« im klassischen Sinne, noch ist es eine theoretische Abhandlung. Dagegen haben wir authentische Beispiele gesammelt, die sich in der Praxis hervorragend bewährt haben. Die Themenauswahl hat sich anhand unserer Erfahrungen aus 500 Seminaren ergeben. In jedem Kapitel werden Geschichten davon erzählt, wie man mit Detailbesessenheit, aber auch mit Mut zu Phantasie Management und Innovation verbessern kann. Und wir geben Ihnen eine Fülle von Anregungen, die Sie sofort in die Tat umsetzen können. Jedes Kapitel ist in sich abgeschlossen. Sie brauchen sie also nicht der Reihe nach zu lesen. Wir hoffen, daß Sie in zehn Jahren wieder zu diesem Buch greifen und nachprüfen, was Sie seinerzeit unterstrichen haben, und so kontrollieren, ob Sie immer noch entsprechend den Erkenntnissen, die Ihnen dieses Buch vermitteln will, handeln.

Nun zu uns: Wer sind wir, woher kommen wir? Nancy Austin hat ihre Erfahrungen mit Konzepten für Spitzenleistungen bei Hewlett-Packard gesammelt. Sie war dort weltweit verantwortlich für Seminare des Unternehmens, die Führungstraining entwickeln sollten. Sie ist Mitautorin des Buches *The Assertive Woman,* in dem Frauen praktische Tips dazu erhalten, wie sie sich ein positives und selbstsicheres Verhalten aneignen können.

Während der Recherchen zu seinem Buch *Auf der Suche nach Spitzenleistungen* war Tom Peters noch bei McKinsey. Als das Buch 1981 zur Hälfte fertig war, gründete er seine eigenen Firmen: zunächst das Palo Alto Consulting Center, in dem er und sein Kollege Bob LeDuc sich auf Dienstleistungen für einige wenige Avantgarde-Unternehmen konzentrierten – Apple Computer, People Express und Mervyn's (eine Tochtergesellschaft der Dayton Hudson).

Wir wollen an dieser Stelle nicht verschweigen, daß während der Vorbereitungen für die deutsche Ausgabe dieses Buches die Fluggesellschaft »People Express« in große ökonomische Schwierigkeiten geriet.

Gründe dafür waren unter anderem der Versuch, auch die überwiegend von Geschäftsleuten frequentierten, von den »konventionellen« Linien bedienten Flugstrecken an das eigene Netz anzubinden, worauf die etablierten Gesellschaften ebenfalls mit einem Billigangebot reagierten, ohne den Service deutlich zu reduzieren; eine zu rasche Expansion und eine damit verbundene riskante Überschuldung.

Einfallsreichtum, Einsatz in innovative Leistung von Chairman Donald Burr und seiner Mannschaft waren in den nur fünf Jahren seit Gründung des Unternehmens dennoch so bemerkenswert, daß auch »People Express«, trotz seiner momentanen Probleme, in diesem Buch gebührend erwähnt werden soll. [Anm. d. Red.]

Es stellte sich schnell heraus, daß nicht nur in den Vereinigten Staaten, sondern auch in anderen Industrienationen die positive Resonanz auf dieses Buch überraschend groß war. Einige hundert Seminare folgten. Damit einher ging die Gründung weiterer Firmen, weil wir uns das Ziel gesetzt hatten, unsere wichtigsten Erkenntnisse überall zu verbreiten. Nancy Austins Unternehmen, Not Just Another Publishing Company, und dessen Schwestergesellschaft in Massachusetts, Excel-Media, sind für Audio-, Video- und Druckprodukte zuständig. Das Center for Management Excellence führt etwa sechsmal pro Jahr einen viertägigen Workshop für 40 Teilnehmer durch. Thema ist eine intensive persönliche und organisationsmäßige Bewertung der Quellen strategisch gekonnter Unternehmensführung.

Damit haben wir sozusagen unsere eigenen »Skunkwerkstätten« gegründet. Das englische »skunkwork« stammt aus dem L'il-Abner-Comic-strip. In die Wirtschaftswelt eingeführt wurde der Begriff durch die Lockheed California Company. *

Als »Skunkwerkstätten« werden inzwischen innovative, dynamische und ein wenig exzentrische Aktivitäten am Rande der Unternehmenswelt bezeichnet. Die Hinwendung zur Entwicklung eines neuen Führungsansatzes für Amerika ist unserer Meinung nach noch in einer Phase, in der die Skunks oder die Querdenker am Werke sind. Der Begriff Skunk deckt genau das ab, was wir und unsere neu entdeckten Kollegen nah und fern – von Kuala Lumpur bis Dublin, von Sydney über Stockholm bis Louisville – erreichen wollen.

Dieses Buch ist die Frucht, die aus klassischen Skunkwerken gewachsen ist. In der Einleitung stellen wir rund 20 bis 30 Unternehmen vor, die uns in den letzten zwei Jahren besonders aufgefallen sind. Die Spanne reicht von in der Öffentlichkeit wohlbekannten Unternehmen wie People Express und Apple Computer bis hin zu Perdue Farms, dem aufstrebenden Hähnchenproduzenten, und Stew Leonard's, einem Handelsunternehmen für Molkereiprodukte mit nur einem einzigen Ladengeschäft. Wir bringen Beispiele aus

* Bei Lockhead heißt der Begriff »Skunk Works« und ist eine eingetragene Dienstleistungsmarke.

Anm. d. Übers.: Die wörtliche Übersetzung heißt Skunk oder Stinktier. Unter Skunks versteht man Menschen, die etwas bewegen, es sind sozusagen gute Stinktiere, es sind Vorreiter, es sind die Aufmüpfigen, die unkonventionellen Querdenker, die Exoten, die weißen Raben, die etwas bewegen, bewirken.

Problemindustrien, Milliken & Company im Textil- und Worthington Industries im Stahlbereich. Unsere Beispiele reichen weiter bis hin zu BancOne, einer äußerst innovativen Regionalbank, die recht aggressiv auf den Abbau staatlicher Vorschriften reagiert hat.

In vielen und durchaus unterschiedlichen Unternehmen – bei General Motors und Ford, in Unternehmen mit nur einem Ladengeschäft, in Schulen, in den Wirtschaftsprüfungsgesellschaften, die in Amerika zu den Großen Acht zählen – haben wir Skunks gesucht und gefunden. Dabei ist es keineswegs so, daß diese Skunks in die Tat umsetzen, was wir anregen. Sie leisten vielmehr schon seit Jahren leidenschaftliche Wühlarbeit. Häufig haben sie damit beachtliche Erfolge gerade dort erzielt, wo andere schon lange aufgegeben hatten, weil der Abstieg unaufhaltsam schien, angeblich hoffnungslose Sachzwänge herrschten und/oder man einfach die Lust verloren hatte. Dennoch haben all diese Skunks auch noch Anfang der 80er Jahre, während der schlimmsten Wirtschaftskrise seit der großen Depression, unbeirrt weitergearbeitet.

Im September 1984 haben wir uns mit einigen dieser unermüdlichen Leute getroffen. 40 mutige Seelen, die jeweils ihren eigenen Weg gegangen waren, fanden sich in Kalifornien zusammen und tauschten Berichte aus: über die Kämpfe, die sie gefochten, die Narben, die sie sich zugezogen hatten, vor allem aber auch über die Befriedigung, die sie dabei empfanden, wenn sie beobachten konnten, welche Freude an der Arbeit ihre Mitarbeiter entwickelten, weil sie bessere Dienstleistungen für die Kunden erbrachten, weil sie permanent Neuerungen einführten – und weil sie Umsätze und Gewinne steigern konnten oder die Lebensqualität in ihren Städten oder das Bildungswesen in ihren Schulen verbessert haben.

Diese Skunks sind die Hauptpersonen in unserem Buch. Denn ihnen ist die Revolution in den Chefetagen zu verdanken, nicht uns.

Tom Peters
Nancy Austin
Dezember 1984
Palo Alto, California.

Einführung: Eine Revolution bahnt sich an

Während eines Seminars in San Francisco sprach das Vorstandsmitglied einer der großen Ölgesellschaften Tom an: »Ich habe Ihr Buch schon vor einem Jahr gekauft, noch ehe es Mode wurde. Es hat mir nicht besonders gut gefallen. Jetzt bin ich gekommen, um Sie zu hören. Was Sie zu sagen haben, gefällt mir allerdings auch nicht gerade. Wir haben aber keine Wahl.«

Wir meinen, diese Bemerkung ist noch zuviel des Lobes. *Auf der Suche nach Spitzenleistungen* und jetzt auch *Leistung aus Leidenschaft* benennen nicht etwa die »Patentlösung« für Probleme des amerikanischen Managements. Unser Freund hat aber einen springenden Punkt angesprochen: Amerikanische Führungskräfte sind heute eindeutig kritischer gegenüber ihrer Arbeit und bereit, ihr Handeln fortwährend neu zu überdenken. Führungskräfte in den Verwaltungen von Schulen, Krankenhäusern und Städten, Werksleiter und Bankmanager suchen nach neuen Wegen. Warum?

Während der ersten 25 Jahre nach dem Zweiten Weltkrieg war es für die Manager amerikanischer Unternehmen fast unmöglich, *nicht* erfolgreich zu sein. William Morris bestätigt dies in seinem Buch *A Time of Passion:* »Nur ein böswilliges, inkompetentes Management hätte die Amerikaner vom Boom ausschließen können.« Die Vereinigten Staaten verfügten 1946 über eine solide industrielle Basis. 17 Jahre lang, von der großen Wirtschaftskrise bis zum Ende des Zweiten Weltkriegs, blieben die meisten Konsumentenwünsche unerfüllt. Von 1946 bis etwa in die Mitte der 60er Jahre lief die Güterproduktion dann auf Hochtouren; die Qualität der Produkte spielte dabei keine allzu große Rolle. Tom erinnert sich noch daran, wie sein Vater im Jahr 1949 sein erstes Auto kaufte. Die Firma Chevrolet hätte das Auto auch ohne Achse liefern können, sein Vater hätte es kaum zurückgegeben. So begeistert war er von der Tatsache, überhaupt ein Auto zu besitzen.

Als die erste Hochkonjunktur auf dem amerikanischen Warenmarkt Anfang der 60er Jahre langsam verebbte, entdeckten unsere Unternehmen Europa, das sich wirtschaftlich immer noch nicht ganz erholt hatte. Die amerikanischen Großunternehmen erzielten sehr bald rund 40 Prozent ihrer Umsätze und häufig mehr als 50 Prozent ihrer Gewinne im Ausland.

Ende der 60er Jahre hörte man im In- und Ausland immer häufiger, amerikanisches Management sei das höchste Exportgut überhaupt. Doch dieser Höhenflug endete jäh: Die Ölkrise, die Konkurrenz der Japaner, soziale und politische Unruhen waren daran ebenso beteiligt wie ein gewisser Wertewandel. Behörden wie die EPA (Environmental Protection Agency, Umweltschutzbehörde), die OSHA (Occupational Safety and Health Administration, Amt für Sicherheit und Gesundheit am Arbeitsplatz) und die EEOC (Equal Employment Opportunity Commission, Kommission für Gleichberechtigung in der Arbeitswelt) trugen als Institutionen wesentlich dazu bei. Die Bedürfnisse der Amerikaner hatten sich inzwischen stark geändert. Es stellte sich sehr schnell heraus, daß dem vielgerühmten amerikanischen Management nur noch die Bedeutung eines Mythos zukam. Die Rückschläge in der amerikanischen Wirtschaft während der 70er Jahre und während des Konjunkturabfalls zwischen 1981 und 1983 waren eine Demütigung für quasi jeden Manager in den Vereinigten Staaten. Auch die Organisationen im öffentlichen Sektor waren dagegen nicht gefeit, denn auch dort verfuhr man nach den überholten Managementmethoden der Industriefirmen.

Aus den Fehlschlägen unserer Unternehmen – sie reichen von der Entwicklung fehlerhafter Mikrochips bis zur Produktion funktionsuntüchtiger Panzer – haben amerikanische Führungskräfte gelernt, ihre Konzeption grundsätzlich neu zu überdenken. Der Artikel »Managing Our Way to Economic Decline« (Auf dem Wege in das Management unseres wirtschaftlichen Niedergangs) von Bob Hayes und dem verstorbenen Bill Abernathy in der *Harvard Business Review* erlangte eine traurige Berühmtheit und markiert nach unserer Ansicht den Eckstein der unternehmerischen Revolution. Beide Autoren haben in diesem Artikel die strikt betriebswirtschaftliche, nur an Zahlen orientierte Organisation amerikanischer Unternehmen angegriffen und kritisiert, daß man sich dort nicht genug um Grundsätzliches wie etwa die Fertigung kümmere. Auch andere Artikel enthielten erste Alarmsignale, beispielsweise David Halberstams Ausführungen zu Vietnam in *The Best and the Brightest* und Daniel Patrick Moynihans Analyse der Fehlschläge der

Great Society in *Maximum Feasible Misunderstanding.* Die meisten Veröffentlichungen zu diesem Thema sind jedoch nicht mehr als eine rein mechanische Systemanalyse und sparen die entscheidenden Probleme, wie etwa mangelnde Motivation der Mitarbeiter, aus. Von den neueren Wirtschaftsbüchern sind, von *Auf der Suche nach Spitzenleistungen* einmal abgesehen, folgende Veröffentlichungen als lesenswert zu nennen: *Theory Z.* von Bill Ouchi, *The Art of Japanese Management* von Richard Pascale und Tony Athos, *Corporate Cultures* von Terry Deal und Allan Kennedy, *The Change Masters* von Rosabeth Moss Kanter und *The Art of Corporate Success* von Ken Auletta. Symposien, die sich der Unternehmens- und Organisationsstruktur und einem neuen Verständnis von Unternehmertum widmen, erhalten immer mehr Zulauf.

Eine Revolution bahnt sich also an, deren revolutionärer Charakter allerdings darin besteht, zurückzukehren und sich auf Altbewährtes zu besinnen. Das Managementinstrumentarium der letzten 25 Jahre nämlich hat von den Leitgedanken und guten alten Unternehmertugenden immer weiter fortgeführt. Es kommt ja letztendlich darauf an, stabile Wachstumsraten und eine solide Eigenkapitalgrundlage zu erzielen. Die Konzepte der Vergangenheit waren, jedes für sich genommen, jeweils auch sinnvoll. Jedes einzelne schien für eine angemessene Reaktion auf wachsende Komplexität geeignet. Berücksichtigt man das fein verwobene Netz aller Zusammenhänge, so muß man feststellen, daß wichtige Grundsätze intelligenter Unternehmenspolitik durch die Maschen dieses Netzes gefallen sind. Insgesamt gesehen haben sich die unternehmerischen Leistungen deshalb verschlechtert, und zwar unter anderem, weil man bei all den standardisierten Schemata die Menschen vergessen hat, die das Produkt herstellen, die Dienstleistungen erbringen oder das hergestellte Produkt oder die Dienstleistung brauchen. Mit dieser Kritik ist allerdings nicht das unternehmerische Selbstverständnis eines Henry Ford gemeint, der mit dem Gewehr in der Hand vor seine Leute trat und meinte, sie sollten es nur wagen, in Streik zu treten. Wenn es gilt, die Beziehungen zur Belegschaft zu verbessern, den Mitarbeitern wirklich zuzuhören, dem Gehörten entsprechend zu handeln und ihnen als vollwertigen Partnern zu begegnen, wollen wir keineswegs zu den »Wurzeln« hoch- und monopolkapitalistischer Praktiken zurückkehren.

Worin bestehen nun die Grundlagen für ein erfolgreiches Management? Als eine der wichtigsten ist zunächst Begeisterung und Motivation für *alles,* was mit dem Unternehmen zusammenhängt, zu nennen. Bei einer stichprobenartigen Überprüfung der 25 führenden Lehrbücher zum Thema Management konnten wir keinen dieser Begriffe in den Registern finden, auch nach Anleitungen, »dem Kunden naiv zuzuhören«, wenn es etwa gilt, die Qualitätsauffassung des Kunden zu Produkt oder Service zu erfahren, und für ein Mitarbeiterengagement suchten wir vergebens. Firmeninternes unternehmerisches Denken und Handeln (auch Intrapreneurship genannt), Ermutigung zu innovativem Denken, zu Vertrauen und zur Entwicklung einer Zukunftsperspektive, kurz, Ratschläge für eine wirklich optimale Firmenführung kamen in diesen Büchern nicht vor.

Die konzeptionellen Fehlleistungen in vielen Chefetagen sind so gravierend, daß man Begriffe wie »managen« und »Management« aus seinem Wortschatz streichen sollte, weil sich mit ihnen eher negative Assoziationen verbinden, etwa: Polizist, Schiedsrichter, des Teufels Advokat, sachlicher Analytiker, Neinsager, Urteilsverkünder. »Führen« hingegen sollte bedeuten, Energie freizusetzen, aufzubauen, zu befreien und neue Ideen zu entwickeln. Warren Bennis, Leitfigur der neuen Denkrichtung, sagt es kurz und bündig: »In den amerikanischen Organisationen gibt es zuviel Management und zuwenig Führung.« Dennoch ist nicht zu übersehen, daß es hoffnungsvolle Entwicklungen gibt. Wir können allerorten Männer und Frauen beobachten, die sich sogenannten Sachzwängen nicht beugen und die sich nicht entmutigen lassen, wenn es darum geht, das Steuer der amerikanischen Unternehmenspolitik herumzureißen. Ihnen wird es vielleicht eines Tages zu verdanken sein, daß der Begriff Management wieder einen glanzvollen Klang hat.

Im Kern paradox

Eine Einleitung ist der richtige Platz, um gängige, aber weit verbreitete Irrtümer auszuräumen. Wir wollen deutlich machen, worauf es bei dieser Revolution vor allem ankommt: Statt »Härte« bevorzugen wir »Güte und Freundlichkeit«, statt Ausrichtung an leblosen Daten und Bilanzergebnissen die sogenannten »weichen Einflußfaktoren« wie Qualität, Weitsicht und Integrität. Wir haben erkannt, wie schwierig es ist, diese weiche Linie einzuhalten, wenn man Erfolge langfristig stabilisieren will. In den Firmen, die wir noch beschreiben werden und die nach unseren Vorstellungen optimal organisiert sind, herrscht ein beinahe brutaler Leistungsdruck: Da eigenverantwortliches Denken verlangt wird, läßt man Entschuldigungen nicht gelten. Darüber hinaus ermöglicht eine radikale Dezentralisierung den Mitarbeitern ein Höchstmaß an Einflußnahme, und es werden alle nur erdenklichen Aus- und Fortbildungsprogramme angeboten. Dementsprechend erwartet man ganz selbstverständlich überdurchschnittliche Ergebnisse. Die Werthaltungen werden auf beinahe schon militante Weise geschützt, und die Mitarbeiter sind dazu befugt, ihre Errungenschaften selbst in Besitz zu nehmen.

Die herausragenden Führungskräfte in der Wirtschaft, die wir in diesem Buch als Vorbilder vorstellen, sind einerseits, nämlich wenn es um Qualität geht, in keiner Weise kompromißbereit, andererseits aber kümmern sie sich intensiv um ihre Mitarbeiter und zollen deren Arbeit höchsten Respekt. Diesen Respekt allerdings müssen sich die Mitarbeiter verdienen, indem sie fortwährend selbst zur innovativen Förderung des Unternehmens beitragen. Ren McPherson, ehemals Chairman*bei Dana, beurteilte auch Angestellte mit eher einfachen Funktionen (Sekretärin, Sachbearbeiter) nach ihren innovativen Fähigkeiten. Die erfolgreichsten Führungskräfte bestehen also einerseits eisern auf Qualität und optimaler Leistung, andererseits spornen sie ihre Mitarbeiter zu Risikofreude und eigenständigem Denken an. Sie entwickeln fortwährend Zukunftsvisionen, neue Maßstäbe für Produktgüte und Spitzenservice. Ihre Ansprüche sind in schwindelnder Höhe angesiedelt, sie wagen immer auch das Unmögliche zu denken. Zugleich aber achten sie besessen auf jedes Detail. Keine Einzelheit ist zu gering, um nicht überdacht zu werden, wenn sie der Annäherung an das gewünschte Ziel nützlich ist.

Wir mußten und müssen uns täglich mit diesen beiden zentralen Fragen des neuen Führungsstils auseinandersetzen. Immer wieder bitten Seminarteilnehmer uns um mehr konkrete Daten und Beispiele aus der Praxis, von denen wir wahrlich schon viele zur Diskussion gestellt haben. Aber die Seminaristen verlangen dennoch

* Anm. des Übersetzers:

Wir bleiben in diesem Buch bei den amerikanischen Bezeichnungen für die Funktionsträger der Unternehmensspitze. In der amerikanischen und britischen Aktiengesellschaft ist der »Chairman« der Vorsitzende des Board of Directors, dem von den Aktionären bestimmten Organ, das oberste Kontroll- *und* Leistungsfunktion besitzt.

Der »President« oder »Präsident« ist oberster Leiter der Exekutive und ist meist gleichzeitig Mitglied im Board of Directors. Seine Position entspricht der des deutschen Vorstandsvorsitzenden.

nach Einzelheiten, nach genauerer Anleitung. Es gibt allerdings auch eine Teilnehmergruppe, die solche Einzelheiten für überflüssig hält, weil sie meint, es gehe vorwiegend um Vertrauen, Integrität und Fürsorge. Seien diese Voraussetzungen erfüllt, würden sich die übrigen Faktoren von selbst ergeben. Es klingt paradox, aber beide Gruppen haben recht. Ihr Problem (dies gilt für schätzungsweise 75 Prozent der Betroffenen) besteht darin, entweder ausschließlich der einen oder ausschließlich der anderen Richtung anzugehören. Sie meinen, darin einen Widerspruch zu erkennen, den sie auflösen, indem sie ihn meiden. In Wirklichkeit aber, wie gesagt, stellen der Anspruch auf qualitative und innovative Hochleistungen einerseits und eine »weiche«, die Mitarbeitermotivation fördernde Unternehmensführung andererseits keinen Widerspruch dar. Dies trifft gleichermaßen auf das scheinbare Paradoxon von konkreter Detailbesessenheit und eher abstraktem Fortschrittsstreben zu. Es bleibt die Frage, wie man all diese unterschiedlichen Ziele vereinbaren und realisieren kann. Unser Buch soll darauf eine Antwort geben.

Die Spieler

In unserem Buch *Auf der Suche nach Spitzenleistungen* haben wir ein grobgerastertes Bild von 43 Großunternehmen gezeichnet und die Gründe für ihre herausragende Qualität anhand von acht verschiedenen Dimensionen dargestellt. In *Leistung aus Leidenschaft* entwerfen wir ein feineres und wohl auch kühneres Bild jener Quellen, aus denen sich langfristig die entscheidenden Erfolge ergeben. Begeisterung für die Sache, die wohl wichtigste Voraussetzung, um Höchstleistungen zu erzielen, die eben Geist, Phantasie und ein hohes Maß an Gefühl verlangen und nicht etwa nur trockene Zahlenanalysen. Auch gelten unsere Tips nicht nur für Vorstandsvorsitzende von Großkonzernen, sondern Führungskräfte aller Unternehmensebenen, einschließlich kleiner und mittelständischer Betriebe. Wir wollen pragmatische Fragen beantworten, Anregungen geben und jene spezifische Atmosphäre vermitteln, die in intelligent geführten, leistungsorientierten Unternehmen herrscht. Wir wollen Sie in die Lage versetzen, Ihre Bedürfnisse zu analysieren, in der Vergangenheit gemachte Fehler zu erkennen und dementsprechend *sofort* eine neue, genau auf Ihre Firma zugeschnittene Strategie zu entwickeln.

Auf unserer Suche nach vorbildlichen Führungskräften haben

wir auf allen Ebenen der Wirtschaftspyramide Freunde gewonnen, nicht nur in den Vereinigten Staaten, sondern auch im Ausland.

Dazu gehört auch der Einzelhandelskaufmann Stew Leonard aus Norwalk/Connecticut. Stew erzielt mit Milch, Käse, Brötchen und Eiern einen Jahresumsatz von 85 Millionen Dollar – an einem einzigen Standort. In seinem Geschäft einzukaufen ist ein Genuß, der Laden ist mit Phantasie und Einfühlungsvermögen in die Bedürfnisse der Kunden gestaltet und bietet einen erstklassigen Service.

Stews wichtigster Lieferant ist Frank Perdue, Chairman von Perdue Farms. Perdue ist es gelungen, mit dem Massenartikel Hähnchen eine Goldgrube zu erschließen. Er hat in Salisbury/Maryland, gelegen auf der wirtschaftlich schwachen Halbinsel Delmara, ein 800-Millionen-Dollar-Unternehmen aufgebaut und damit 7000 neue Arbeitsplätze geschaffen. Qualität und Einfallsreichtum sind die Schlüssel zu diesem modernen Märchen vom Erfolg.

Auch Dienstleistungsbetriebe spielen in unserem Buch eine wichtige, ja vielleicht die wichtigste Rolle. Dafür ist People Express ein ausgezeichnetes Beispiel. In bestimmten Bereichen gilt dieses Unternehmen als das schnellstexpandierende in der amerikanischen Wirtschaftsgeschichte. People Express bietet nicht nur Flüge zu äußerst niedrigen Tarifen an, sondern auch einen Service von so hohem Niveau, daß einige der »Großen« nicht mehr konkurrieren können. Eine vitale, engagierte junge Mannschaft – wohl nicht zuletzt durch den Besitz von Firmenanteilen motiviert – hat hier gezeigt, wie man die Branchenriesen das Fürchten lehrt. Don Burr und seinem Unternehmen People Express wird deshalb in diesem Buch ein prominenter Platz eingeräumt.

Ryder System hat seinen Sitz in Florida und vermietet Lastkraftwagen. Das gewinnstarke und schnell wachsende 2,5-Milliarden-Dollar-Unternehmen ist ein weiteres Beispiel, wie man in einem Wirtschaftszweig, in dem normalerweise allein der Preis über die Auftragslage entscheidet, mit erstklassigem Service der Konkurrenz immer um eine Nasenlänge voraus sein kann.

Auch in Europa hat dieses Prinzip sich bewährt. Jan Carlzon hat bei SAS (Scandinavian Air System) eine bemerkenswerte Wende eingeleitet. Trotz des Konjunkturrückgangs in den Jahren 1981 bis 1983, unter dem die meisten Fluggesellschaften zu leiden hatten, gelang es Carlzon, sein Unternehmen von einem Jahresverlust von zehn Millionen Dollar in die Gewinnzone zu führen und bei einem Jahresumsatz von zwei Milliarden Dollar einen Gewinn von 70

Millionen Dollar zu erwirtschaften. Voraussetzung für diesen erstaunlichen Aufschwung war die Rückkehr zu einem beinahe altmodisch anmutenden, verbraucherfreundlichen First-class-Service.

Bei unseren Recherchen haben wir festgestellt, daß gerade das Management von Handelsunternehmen oft einem dramatischen Spiel mit viel Dynamik gleicht. Lex Wexner beispielsweise leitet die außerordentlich erfolgreichen Limited Stores in Columbus/Ohio und kann seinen Aktionären eine Rendite von 35 Prozent auf ihren Kapitaleinsatz präsentieren. Er hat gezeigt, wie leistungsfähig ein Fachhandelsunternehmen sein kann, wenn es sich flexibel an den Verbraucherinteressen orientiert.

Auch in der von Mißmanagement und Streiks gelähmten Wirtschaft Großbritanniens gibt es Ausnahmen: kaum ein Einzelhändler hat in der Branche einen besseren Namen als Marks & Spencer. Mit unkonventionellen Methoden hat das Unternehmen den bürokratischen Aufwand auf ein Minimum reduziert.

Einen wichtigen Platz räumen wir dem Immobilienhandel und Bankenwesen ein. Die Citibank etwa wird von der Zeitschrift Fortune jedes Jahr zum Unternehmen mit den höchsten Innovationsleistungen gekürt. Gleichermaßen unkonventionelles und hervorragendes Management finden wir in fast allen Wirtschaftszweigen der Vereinigten Staaten.

Wir werden in diesem Buch von krisengeschüttelten Wirtschaftszweigen erzählen und davon, wie einfallsreiche Männer und Frauen trotz widriger Umstände ihre Betriebe zu florierenden Musterunternehmen gemacht haben.

Unternehmerische Spitzenleistungen gibt es selbstverständlich nicht nur in privatwirtschaftlichen Organisationen. Auch im militärischen Bereich und im Bildungs- und Gesundheitswesen lassen sich Beispiele anführen für erstklassige, ihrem Zweck bestens angepaßte Konzeptionen. Wir haben jedem der in diesem Buch als vorbildlich genannten Unternehmen energisch auf den Zahn gefühlt.

Gehen Sie also in Klausur, wenn Sie dieses Buch lesen. Seien Sie kritisch uns gegenüber, vor allem aber überprüfen Sie vorurteilslos Ihre eigenen unternehmerischen Strategien, entrümpeln Sie Ihre bisherigen Vorstellungen von Unternehmensführung, und entwikkeln Sie Mut zu radikal neuen Denkansätzen.

Und vor allem: Berücksichtigen Sie den »1000-Prozent-Faktor«, der besagt, daß die Erfolgsgarantie nicht darin besteht, um ein oder zwei Prozent besser zu sein als die Konkurrenz, sondern um 1000 Prozent.

In den letzten zwei Jahrzehnten haben wir Unternehmenspolitik überwiegend mit erhobenem oder ausgestrecktem Zeigefinger betrieben, will sagen, wir haben Mitarbeitern gedroht oder die Schuld an externe Faktoren oder Organisationen verwiesen – die japanische Exportstrategie etwa oder die OPEC. Es ist höchste Zeit, daß wir statt des Zeigefingers nun unseren Verstand benutzen, unsere Talente ausschöpfen. Mit einem Wort, daß wir besser sind. Um 1000 Prozent.

Teil I
Gesunder Menschenverstand

1.
Über Selbstverständlichkeiten und Binsenweisheiten

Wem es bislang noch nicht klargeworden ist, dem sei noch einmal gesagt: Dieses Buch befaßt sich mit dem Selbstverständlichen, mit Strategien und Verhaltensweisen, die jeder zu kennen glaubt, die aber gleichwohl viel zu selten praktiziert werden.

Widmen wir uns also dem, was gemeinhin als gesunder Menschenverstand bezeichnet wird. »Ich glaube, das Selbstverständliche kann gar nicht so selbstverständlich sein, denn sonst würden mehr Menschen es in die Tat umsetzen.« Das hat mal ein kluger Mann gesagt. Das ist richtig. Wir haben immer wieder betont – und das war nur halb scherzhaft gemeint –, die einzige Zauberformel von IBM bestehe darin, daß die Mitarbeiter der IBM einsame Spieler in einer millionenschweren Industrie seien, die keine Mühe scheuen, sich auch noch an scheinbar unwichtige Einzelheiten zu erinnern. Darin und nur darin besteht der Erfolg des Unternehmens, der IBM zum Marktführer gemacht und dazu geführt hat, daß der Begriff »IBM-kompatibel« inzwischen die wichtigste Eigenschaft in der Computer-Branche bezeichnet.

Das einfache Schema

In *Auf der Suche nach Spitzenleistungen* sei alles viel zu vereinfacht dargestellt worden, ist ein Vorwurf, den wir oft zu hören bekommen. Inzwischen jedoch, nachdem wir mehrere hundert Seminare abgehalten haben, wissen wir, daß wir die Zusammenhänge von Unternehmensführung und Erfolg noch nicht einfach genug dargestellt haben.

Ob in der Privatwirtschaft oder in der öffentlichen Verwaltung, ob in der Großindustrie oder in kleinen Unternehmenn, überall beobachten wir, daß Bestleistungen nur auf zwei Wegen zu erzielen und auf lange Sicht zu stabilisieren sind: Zunächst müssen die Kunden mit außergewöhnlicher Sorgfalt betreut werden, gleichgültig, ob sie mit Hähnchen, Düsenflugzeugen, Bildungsangeboten oder Leistungen des Gesundheitswesens bedient werden. Zweitens gilt das Gebot, permanent zu innovieren. Andere Alternativen gibt es nicht, wenn man auf lange Sicht Bestleistungen erzielen oder den strategischen Konkurrenzvorsprung, wie die Wirtschaftsfachleute es nennen, ausbauen und bewahren will.

Beide Wege schließen allerdings nicht alle erforderlichen Maßnahmen ein. Unverzichtbar ist eine solide Finanzierung des Unternehmens. Darüber hinaus muß man Faktoren berücksichtigen, die von außen einwirken, etwa Währungsschwankungen oder Engpässe bei der Versorgung mit bestimmten Rohstoffen. Selten jedoch sind diese äußeren Faktoren entscheidend für eine langfristige Planung der Unternehmenspolitik. Ein solides Finanzmanagement ist, wie gesagt, wichtig, ebenso wichtig aber ist die Erkenntnis, daß man nicht das Finanzmanagement verkauft, sondern eine Dienstleistung oder ein Produkt von hoher Qualität. Die Verfügbarkeit von Rohstoffen allein hat selten zu Spitzenprodukten geführt. Spitzenleistungen in unserem Sinne lassen sich erreichen, wenn man im Bereich der Explorationstechniken innoviert und anschließend den Markt entsprechend entwickelt. Der Exportumsatz eines Unternehmens beispielsweise mag unter dem Einfluß eines extrem hohen Dollarkurses zunächst zurückgehen, dennoch wird auf Dauer gesehen die Zahl der Kunden kaum kleiner werden, wenn die Qualität der Ware deutlich besser ist als die der Konkurrenz. Da Währungsschwankungen sich in den Industriestaaten auf lange Sicht gesehen so gut wie immer ausgleichen, lohnt sich eine solche Investition.

Weder hervorragende Dienstleistungen noch konstante Innovation – die beiden Eckpfeiler hervorragender Leistung – hängen also von der Genialität in den Chefetagen ab, auch nicht von Taschenspielertricks oder mystifizierten strategischen Schachzügen, mit deren Hilfe man der Konkurrenz (vielleicht) für fünf bis zehn Jahre davonlaufen kann. Die Grundlagen, auf denen es aufzubauen gilt, sind vielmehr die Fähigkeit zuzuhören, Vertrauen und Achtung vor der Würde und dem kreativen Potential aller Mitarbeiter des Unternehmens oder der Organisation. Höfliche Behandlung des Kunden bedeutet eben auch höfliche Behandlung seitens der Buchhalter, der Mitarbeiter in der Fertigung, im Verkauf etc. Qualität beweist sich auf allen Ebenen. Die Gewinner im Marktwirtschaftsspiel verblüffen nicht durch ihre Cleverness, sondern durch die Tatsache, daß jeder, aber auch jeder Aspekt, und mag er noch so unbedeutend erscheinen, um ein entscheidendes Detail besser funktioniert als im Durchschnittsfall.

Unser Modell setzt sich also zusammen aus: Kundenpflege, permanenter Innovation und der Fähigkeit, Menschen zu begeistern. Ein wichtiges Element allerdings haben wir noch nicht genannt: die Führungsqualität. Zu dieser Führungsqualität gehören unseres Erachtens auch die Fähigkeit, Traumvorstellungen zu haben, und der Wunsch, sie zu realisieren, Begeisterungsfähigkeit zu wecken, Vertrauen zu entwickeln. »Führung« bedeutet Verve, Leidenschaft, ja Besessenheit, Konsequenz, Respekt vor der Arbeit anderer zu empfinden und zu zeigen, kurz: auf allen Ebenen eine vitale Dynamik zu entfalten und diese Dynamik in sinnvolle Kanäle zu lenken, Training, Aus- und Weiterbildung, effiziente Information über alle Produktionsbereiche und vieles mehr. Führungsstärke muß auf *allen* Ebenen der Organisation präsent sein und verlangt Kenntnis des Details und konsequenten, leidenschaftlichen Einsatz

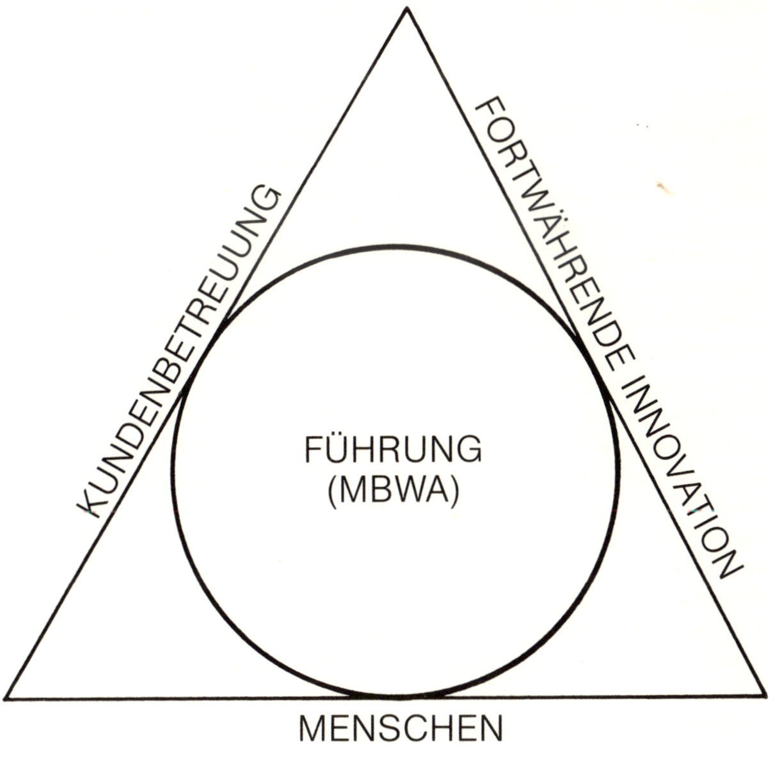

für dasselbe. Das Zusammenspiel zahlloser kleiner Einzelfunktionen erfüllt seinen Zweck jedoch nur, wenn sie alle einem sinnvoll organisierten Großen und Ganzen untergeordnet sind, dessen hoher Anspruch nie aus den Augen verloren werden darf.

Die anpassungsfähige Organisation

Auf der Suche nach Spitzenleistungen wurde häufig kritisiert, weil wir uns auf das interne Geschehen im Unternehmen, das heißt auf das Management konzentriert und weil wir Veränderungen und Einbrüche, die ein Unternehmen von außen beeinflussen können, nicht einbezogen haben.

Trotz dieser Kritik begehen wir in *Leistung aus Leidenschaft* genau diesen »Fehler« noch einmal. Auch in diesem Buch werden Sie also keine Litanei über äußere Rahmenbedingungen finden, die den Erfolg eines Unternehmens beeinträchtigen können. Unsere Begründung dafür lautet: Die von uns beschriebenen Managementpraktiken zielen darauf sicherzustellen, daß sich die Organisation immer nach außen orientiert, daß sie auch schleichende Veränderungen schon spürt, bevor diese ihre volle Wirkung entfalten.

Es stimmt schon: Mitarbeiter und Führungskräfte gelten als »interne« Variablen. Wenn wir nach *Akron, Pittsburgh* oder *Detroit* schauen, sieht es so aus, als seien viele einstmals große amerikanische Unternehmen aufgrund übermäßiger Konzentration nach innen gefährlich aus dem Gleichgewicht geraten. Unternehmensinterne Politik, ein aus der Größe entstandener Hochmut und eine Haltung, die nur zu deutlich die Arroganz eines »Clubs« signalisiert, der unter »for members only« firmieren könnte, hat zu schwerwiegenden Problemen geführt und mehrere hunderttausend Menschen ihren Arbeitsplatz gekostet.

Die beiden anderen Variablen, auf die wir uns konzentrieren wollen, Kundenbetreuung und Innovation, sind externe Variablen und verlangen ein hohes Maß an Anpassungsbereitschaft und -fähigkeit. Wer Kunden qualitativ herausragend betreuen und darüber hinaus effizient innovieren will, muß in ständigem Austausch mit der Welt »draußen« stehen. Er muß genau zuhören können und immer entsprechend flexibel sein.

Es kommt aber noch besser: Wir haben uns intensiv mit Mitarbeitern einerseits und mit Führungskräften und -qualitäten andererseits befaßt. Selbst diese beiden »internen« Variablen können Quellen konstanter Anpassung sein. Wer innovatives Tun von jedem verlangt – von der Empfangsdame wie vom Konstrukteur –, verwandelt jeden Mitarbeiter in einen nach außen orientierten und anpassungsfähigen »Sensor«. Raten Sie einmal, wo Sie die besten Informationen für Analyse und Bewertung der Konkurrenz finden: bei den Männern oder Frauen auf der Laderampe oder am Fließband, die wissen, was ihre Freundin Mary-Jo, die bei der Bank unten an der Ecke arbeitet, gerade als neues Hilfsmittel zur Scheckbearbeitung an die Hand bekommen hat.

Auch in der Führung gilt das Gebot der Anpassungsfähigkeit. Unsere Empfehlung trägt ein einfaches Markenzeichen »MBWA« – »Managing By Wandering Around« (Management durch Umherwandern). Mit seinen Kunden, für die mindestens 25 Prozent der Zeit aufzuwenden ist, mit Lieferanten und Mitarbeitern »umherzuwandern« bedeutet, sämtliche neue Strömungen sofort zu erfassen. Mit Tatsachen unterfütterte Informationen dagegen erhält man meist erst einen Tag später, und sie sind immer steril.

Für jedes Unternehmen gelten im Prinzip die Regeln der Evolution: Die Organisation, die überlebt, ist die anpassungsfähige Organisation. Die anpassungsfähige Organisation ist eine, die mit Hilfe lebendiger Fakten Kontakt zur Außenwelt hält. Unsere vier Variablen – zwei, die unserer Erwartungshaltung entsprechen (Kundenbetreuung und Innovation) und zwei, die wir gerade erst neu begreifen, Mitarbeiter und Führung, versetzen uns in die Lage, Veränderungen zu spüren und sich entsprechend anzupassen – nicht in großen Sprüngen oder anhand genialer Planspiele, sondern aufgrund eines konstanten Kontaktes zu Menschen und einer sensiblen Reaktion auf diese Menschen von seiten jedes einzelnen in der Organisation. Und so werden wir mit einer Diskussion unseres Lieblingsthemas beginnen. Es heißt: Wandern, Zuhören, in Tuchfühlung bleiben.

Sobald etwa das Thema Marketing erörtert wird, entartet die Debatte schnell in ebenso hitzig vorgetragene wie rein theoretische Fachsimpeleien. Vom lebendigen Kunden und seinen Bedürfnissen oder gar in der Praxis erhärteten, oft ungewöhnlich anmutenden Verbesserungsvorschlägen ist kaum oder gar nicht die Rede. Dasselbe gilt für das Thema Innovation. Stundenlang werden die vermeintliche oder wirkliche Schubkraft Technologien und veränderte demographische Gegebenheiten diskutiert. Etwas so Triviales etwa wie die Demotivation intelligenter und fachlich qualifizierter Angestellter aufgrund unangebrachter Kontrolle und praxisferner Bürokratie kommt in diesen Diskussionen nicht vor.

Kommen wir zum Thema Mitarbeiter und Produktivität. Auch in diesen Bereichen ist es meist entlarvend, in welch einer sterilen und unpersönlichen Sprache die Auseinandersetzungen geführt werden. Da ist einfach zu oft vom Egoismus der Arbeitnehmerschaft die Rede und zu selten von der Bereitschaft, zuzuhören und eine Basis gegenseitigen Vertrauens zu schaffen.

MBWA, »Management durch Umherwandern«, ist eine Methode, die gleichermaßen gesunden Menschenverstand, Führungsqualität, Kundenbetreuung, Innovation und Mitarbeitermotivation zum Ziel hat.

In unserer Arbeit mit zahlreichen und unterschiedlichen Gruppen haben wir immer wieder ein in vieler Hinsicht stichhaltiges Argument genannt. Die Managementleistung in Amerika läßt zu wünschen übrig. Das Problem Nummer eins verkörpern jene Manager, die jeglichen Kontakt zu ihren Mitarbeitern und Kunden verloren haben. In »Tuchfühlung« mit dem lebendigen Geschehen bleiben kann man weder mittels Computerausdruck noch mittels endloser Mengen von Overheadfolien, wie sie in Tausenden verdunkelter Konferenzsäle überall in den USA studiert werden. Tuchfühlung halten bedeutet nämlich, greifbar und spürbar zu informieren und informiert zu werden. Beispiele dafür liefern uns in Hülle und Fülle jene Naturwissenschaftler, die das Geheimnis des Vogelzugs nicht allein mit Hilfe künstlicher Sternenhimmel, Flugsimulatoren und Computerberechnungen zu lüften suchen, sondern vor Ort am lebendigen Objekt des Rätsels Lösung auf die Spur kommen.

In *Auf der Suche nach Spitzenleistungen* haben wir uns in dem Kapitel »Primat des Handelns« mit MBWA, *M*anaging *B*y *W*andering *A*round beschäftigt. Damit haben jene acht Kapitel begonnen, die sich den Eigenschaften hervorragend geführter Unternehmen widmen. Dieses Konzept stellt für uns *die* Methode des Selbstverständlichen, *die* Grundlage effizienter Führung dar – gleichgültig ob in der Schule oder im Krankenhaus, im Bankwesen, im Einzelhandel oder in der Industrie.

2.
MBWA: Die Technik des Selbstverständlichen

Wir waren ganz gute Geologen, als wir da runter gingen, und mußten feststellen, daß wir doch nicht ganz so gut waren, wie wir gedacht hatten ... Vom Brazos River nach Osten zum Mississippi ... wir sahen Buchten und Flußmündungen, Kanäle und Delten und Sandbänke, Lagunen, Sümpfe, Erdverwerfungen, Salzdome ... wir sprangen ins Wasser und spürten mit unseren Zehen das Übergreifen der Schichten im Sand.

John Masters, Präsident,
Canadian Hunter Exploration Ltd.

Das größte Problem der amerikanischen Wirtschaft besteht darin, den Chef wieder zu sinnvoller Arbeit zu veranlassen, dafür zu sorgen, daß er sich wieder um seinen Kunden und die Qualität seines Produkts kümmert. Zu viele Chefs widmen ihre Aufmerksamkeit in viel zuvielen Konferenzen allein der langfristigen Planung. Oft wissen sie gar nicht mehr, mit welchen Eigenschaften des Produkts der Service zufrieden ist und welche er kritisiert. Sie besuchen die Fertigung viel zu selten, deshalb wissen sie auch nicht, wie das Produkt hergestellt wird und welche Produkte beim Käufer besonders begehrt sind. Kurz: Sie haben die Krise, in der sie nun stecken, selbst verschuldet.

Stanley Marcus, ehemaliger Vorstandsvorsitzender,
Neiman Marcus (nach einem Bericht
im *Knoxville News-Sentinel, 27. Mai 1984)*

Führen durch Umherwandern (MBWA) – mit Kunden

Zuhören bedeutet Aufmerksamkeit schenken und das Gehörte überdenken: nicht mehr und nicht weniger. Das Computermodell Lisa von Apple-Leser (kommerziell war es zwar kein großer Erfolg, es führte aber zur Entwicklung des außerordentlich erfolgreichen

Macinthosh) wurde berühmt, weil es gelang, die Betriebssystemsoftware ungewöhnlich »benutzerfreundlich« zu gestalten (entscheidend für diese Benutzerfreundlichkeit waren die »Maus« und eine geradezu revolutionäre Verringerung der Einarbeitungszeit für den Kunden). Die Software wurde zum größten Teil von John Couch, einem ausgesprochen kreativen Ingenieur entwickelt. Er hat in Berkeley in Computerwissenschaften promoviert. Wir haben John einmal gefragt, woher er eigentlich seine Ideen nimmt. Spontan antwortete er: »Ich habe meinem Vater ein Computergeschäft gekauft. Während der zweijährigen Entwicklungszeit dieses Projekts habe ich jedes Wochenende mindestens einen, sehr oft auch zwei Tage im Laden gearbeitet, inkognito. Ich habe aus erster Hand erfahren, welche Ängste und Frustrationen den durchschnittlichen und auch den schon etwas erfahreneren Benutzer quälen. Das war, glaube ich, die allerwichtigste Informationsquelle für das, womit wir schließlich auf den Markt kamen.« Genau diese Einstellung, nämlich in Tuchfühlung mit den Verbrauchern zu bleiben, war das Erfolgsgeheimnis des John Couch. Mit statistischen Erhebungen und deren Auswertung hätte Couch diesen Erfolg ganz sicher nicht gehabt. Seine Erlebnisse vor Ort lieferten ihm dagegen wichtige Informationen. Die Firma Apple betont zur Zeit nicht ohne Stolz, daß ihre gesamte Führungsmannschaft – Vorstandsmitglieder und Bereichsleiter – regelmäßig an die Front der Verbraucher geschickt wird. Telefongespräche können gebührenfrei über die sogenannten 800 Nummern geführt werden. Jede Führungskraft, die an diesem Programm teilnimmt, wird mit einer Urkunde ausgezeichnet. Eine Urkunde mit goldenem Stern erhalten alle, die mindestens ein Telefongespräch mit einem Kunden selbst führen.

»Die tägliche Dosis Wirklichkeit«
Dreimal in der Woche finden alle Führungskräfte der obersten Unternehmensebene der Firma Castle ein gelbes Blatt bedrucktes Papier auf ihrem Schreibtisch. Die Überschrift darauf lautet: »Die tägliche Dosis Wirklichkeit«. Darunter stehen Name und Telefonnummer eines Kunden, der etwa sechs Wochen zuvor ein Gerät oder ein Instrument gekauft hat. (Das Unternehmen stellt Sterilisiergeräte und chirurgische Instrumente für Krankenhäuser her). Was zu tun ist, steht in einer internen Aktennotiz: »Wir fragen unsere Kunden, ob sie mit unserem Produkt zufrieden sind.«

Dreierlei soll damit erreicht werden: »Wir wollen unsere Kunden wissen lassen, daß sie uns wichtig sind«, »Wir wollen Probleme aufdecken, ehe sie sich zu einem großen Ärgernis auswachsen«, und »Unsere Führungskräfte sollen sich täglich daran erinnern, wo sich die Wirklichkeit abspielt – bei unseren Außendienstmitarbeitern und unseren Kunden.«

Es gilt, dem Kunden unvoreingenommen zuzuhören und erste Eindrücke zu sammeln, die sich nicht von Computerausdrucken ersetzen lassen – genauso wenig, wie sich Computerausdrucke ersetzen lassen. Schauen wir uns die folgende Analyse an. Sie stammt aus dem Jahr 1983 und wurde von einem General-Motors-Mitarbeiter verfaßt, der ein Jahr lang als Sloan-Stipendiat an der Universität Stanford studierte. Er deckt darin die Ursache vieler Probleme auf, die es für General Motors zu lösen gilt.

Sie (die Führungskräfte) fahren die Autobahnen rund um Detroit ab. Die Mitarbeiter der Autohersteller und der Zulieferer dürfen praktisch nur amerikanische Autofabrikate kaufen. Der General-Motors-Angestellte sieht sich gründlich um: »Hier fahren doch alle immer noch amerikanische Autos«, registriert er irgendwo in seinem Hirn. Dann fährt er in die Firmengarage. Während der nächsten zehn Stunden wird sein Auto von oben bis unten, von vorn bis hinten und von außen und innen gewartet und gepflegt. Er verläßt sein Büro und steigt wieder in sein Auto. Wie von Zauberhand springt es an: »Und die verdammten Dinger funktionieren erstklassig.« Das tonnenschwere Material an Marktforschungsdaten kann unseren Mangel an *Feeling* nicht ersetzen. Wenn auch nur eine der großen Autofirmen oder auch nur ein Unternehmensbereich aus der Autoindustrie seinen Sitz nach Kalifornien verlegt hätte, hätten sie die bittere Wahrheit erfahren: Kalifornier haben für amerikanische Autos einfach nichts mehr übrig. Diese seltsamen PKW, die Namen tragen wie Honda, Toyota, Nissan – sieht man hier draußen überall auf den Autobahnen. Selbst ich – und ich halte mich für, verdammt noch mal, ziemlich aufgeklärt – habe im wahrsten Sinne nicht das richtige *Feeling* gehabt – bis ich nach Palo Alto gezogen bin. Unbewußt habe ich begonnen, an Kreuzungen die japanischen Autos zu zählen. Ich wollte es nicht glauben. Das mußte ich meinen Kollegen zu Hause erzählen. Was ich erzählte, war ihnen unbegreiflich, genauso unbegreiflich, wie es mir war, ehe ich hierher in den Westen kam und es selbst erlebt habe.«

Wenn die Losung heißt, ein offenes Ohr für den Kunden zu haben, muß man jede nur denkbare Gelegenheit beim Schopfe packen. Der Präsident von Levi Strauss, USA, bekam Besuch. Es war der Höflichkeitsbesuch eines Einzelhändlers, der zufällig in San Francisco war (in San Francisco sitzt die Zentralverwaltung von Levi Strauss). Der Besucher setzte sich und schüttete sein Herz aus. Er berichtete von sämtlichen Schwierigkeiten, die er mit Levi Strauss hatte (der Besuch fand Ende der 70er Jahre statt, als Jeans wie verrückt gekauft wurden und das Unternehmen die Nachfrage nach seinen Produkten nicht mehr voll befriedigen konnte). Es ist dem Manager sehr hoch anzurechnen, daß er den Einzelhändler schon zu Anfang des Gesprächs unterbrach und ihn einlud, ja ihn dringend bat, noch einige Stunden zu bleiben. Er rief das Video-Kamerateam und alle gerade anwesenden Marketing-Mitarbeiter im nächsten Konferenzsaal zusammen. Vor surrenden Videokameras und aufmerksamen Zuhörern machte dieser Einzelhändler seinem Herzen vier volle Stunden lang Luft und beantwortete Fragen. Die Videobänder wurden kopiert und überall im Unternehmen verteilt.

Apple und Levi Strauss gehören heute zu den Unternehmen, die systematisch Marktdaten sammeln. Eine Strategie läßt sich zwar anhand der genannten Beispiele nicht entwickeln, aber sie zeigen entscheidende Kriterien für einen Umdenkungsprozeß. Hier ist ein weiteres Beispiel, in dem wieder ein Levi-Strauss-Manager die Hauptrolle spielt. Er berichtet:

»Wir haben in einigen Bereichen, in denen wir große Probleme hatten, insbesondere im Bereich Service für Einzelhändler, während der letzten Jahre (1983 bis 1984) korrigierende Maßnahmen eingeleitet. Auslöser dafür war eine Verpflichtung, die ich nach einem eher zufälligen Erlebnis eingegangen bin. Ich hatte mich dazu verpflichtet, pro Monat einen Samstag bei einem unserer Hauptabnehmer, einer Handelskette, also einem meiner ›Großkunden‹, im aktiven Verkauf mitzuarbeiten. Ich fragte, ob sie damit einverstanden seien, wenn ich an einem Wochenende selbst Bluejeans verkaufen würde. Sie waren begeistert. Da sind mir die Augen ganz schön geöffnet worden – ich wollte unser eigenes Produkt verkaufen und mußte zusehen, wie sich die Käufer für die Jeans anderer Hersteller entschieden. Wir haben die Marktforschungsdaten zwar nicht verbrannt, aber ich kann Ihnen sagen, auf diese Weise bekommt man einen ganz anderen Blickwinkel.«

Auch der Chairman von Campbell Soup, Gordon McGovern, hat die Computerausdrucke selbstverständlich weder verbrannt noch verbannt. Er unternimmt aber noch größere Mühen als der Levi-Strauss-Mann, um Kontakt zu Einzelhändlern und Verbrauchern zu intensivieren und mit ihren Problemen in Tuchfühlung zu bleiben. Aufmerksamkeit und Kontaktfreude sind die Eckpfeiler seines innovativen Handelns. In einem Bericht der *Business Week* (24. Dezember 1984) heißt es:

McGovern hat neulich seine Direktoren im Hinterzimmer eines Supermarkts zu einer Vorstandssitzung versammelt. Anschließend sind sie im Supermarkt die Gänge entlanggewandert und haben das Publikum nach seiner Meinung zu den Campbell-Produkten befragt. Er schickt seine Führungskräfte regelmäßig überall im Land zu rund 300 Hausfrauen in die Küche, damit sie selber sehen können, wie Mahlzeiten zubereitet werden. Außerdem besteht er darauf, daß seine Manager ihre Lebensmittel selbst einkaufen. McGovern selbst trifft man jeden Samstagmorgen im Supermarkt in der Nähe seiner Wohnung, wo er die Lebensmittelvorräte für seine Familie kauft. »Gordon hat es sich zum Anliegen gemacht, draußen im Markt präsent zu sein, seine Kunden kennenzulernen, wer auch immer sie sein mögen«, sagt Allen Bildner, Präsident des Unternehmens Kings' Supermarkets, Inc. in West Caldwell/New Jersey. Die gesamte amerikanische Lebensmittelindustrie hat zu kämpfen. Es geht um die Anpassung an den veränderten Geschmack der Amerikaner. McGoverns Entschlossenheit ist der Schlüssel zur Erfüllung seines Traums. Er will Campbell in Amerika zum Lebensmittelunternehmen mit dem besten Marktgespür machen – für den ehemals so vorsichtigen Lebensmittelproduzenten kommt dies einer Wende um 180 Grad gleich.

Spaziergänge mit »Kunden« oder
bürgernahe Politik in der Stadt

Der Oberbürgermeister von Baltimore, William Donald Schaefer, und seine Wähler gehen schon seit Jahren gemeinsam auf »Wanderschaft«. Er will sein Gespür für das Leben in der Stadt schulen. Dieses Ziel nimmt schon seit langem den ersten Platz auf seiner Prioritätenliste ein. In der Zeitschrift *Esquire* berichtete Richard Ben Cramer im Oktober 1984:

»Das gefällt mir überhaupt nicht«, hatte er den Mitgliedern seines Kabinetts häufig vorgehalten. »Das ist NICHT ... GUT ... GENUG.« MENSCHEN schrieb er immer wieder an die Tafel. Die Gewohnheit,

wichtige Schlüsselbegriffe an die Tafel zu schreiben, hatte er sich schon vor einigen Jahren zu eigen gemacht. So nämlich, glaubte er, kämen seine Botschaften an. Um seinem Anliegen noch mehr Gewicht zu verleihen, schrieb er beispielsweise auch: MÄÄNSCHÖÖN; oder: WAS WÄRE, WENN SIE DORT WOHNTEN? Er wollte, daß die Mitglieder seines Kabinetts ein Gefühl für die von ihnen regierten Bürger entwikkelten. Manchmal stellte er dann fest, daß sie einfach keine Augen hatten, um zu sehen, und deshalb anstehende Probleme weder erkennen noch lösen konnten. An Wochenenden ließ er sich meist von seinem Fahrer und in Begleitung eines bewaffneten Polizisten durch die Stadt fahren. Ihm fielen die Schlaglöcher auf, zerbrochene Straßenlaternen, eingedellte Mülltonnen, verschmutzte Parkanlagen, Verstöße gegen Gesetze des Wohnungsbaus, alte Autowracks, verbogene Straßenschilder, abgestorbene Bäume, das Fehlen von Bushaltestellen und Abfall am Straßenrand. »Was machen die Scheißkerle eigentlich mit dem Geld?« fluchte er laut. Dann griff er zu Stift und dem offiziellen Briefpapier für interne Anweisungen und schrieb:
»Sorgen Sie dafür, daß der verdammte Müll in der East Lambert Street weggeräumt wird...
Straßenpflaster auf Höhe Carey Street 1700 seit ZWEI MONATEN kaputt...
Herrenloses Auto, Remington Street 2900. Warum?«
Die jeweiligen Sachbearbeiter und Verwaltungsbeamten finden Anweisungen dieser Art am Montagmorgen auf ihren Schreibtischen, und wehe, der Müll und das herrenlose Auto sind nicht weggeräumt und das Schlagloch ist nicht ausgebessert, wenn William Donald erneut zu seiner Rundfahrt antritt.
Einmal hat er in einer Aktennotiz an seine Mitarbeiter folgendes geschrieben: »In der Stadt steht ein herrenloses Auto herum... Ich sage Ihnen aber nicht, wo.« Wie aufgescheuchte Wüstenmäuse haben die städtischen Beamten eine Woche lang die Stadt abgesucht. Sie haben wohl an die 500 Autos abgeschleppt...
Das war NICHT... GUT... GENUG: Diesem Motto entsprechend rief Schaefer sein Kabinett, die beste Kommunalverwaltung in Amerika, zusammen. Der Bürgermeister hielt zwei gespreizte Finger erst hoch und dann vor seine Augen.
»Wissen Sie, was ich hier habe? Wissen Sie es? Das sind Augen.«
»ICH HABE ZWEI AUGEN IM KOPF, UND SIE HABEN ZWEI AUGEN IM KOPF.« Dann wählte er ein Kabinettsmitglied aus und zielte drohend mit den Fingern auf dessen Augen. Der Kopf des Mannes sackte immer tiefer zwischen seine Schultern.

»Warum kann eigentlich ich mit meinen Augen sehen und ein kluger junger Bursche wie Sie sieht überhaupt nichts, hm? WARUM?«
Heute kann er sich diese Art Drohgebärden sparen. Er braucht nur mit resignierter Miene auf den Tisch zu starren. Traurig wiegt er den Kopf in seinen Händen. Hinter ihm steht auf einer Tafel ein einziges Wort: DRR-IIII-NG-EEEND.

Kundenbetreuung oder Aufdringlichkeit?

Kommen wir auf folgende Aussage zurück: »Sie (die Kunden) waren hocherfreut, daß der Levi-Manager sie besuchen wollte.« Wir regen immer wieder dazu an, MBWA mit Kunden zu praktizieren. Als Antwort hören wir häufig: »Die Kunden wollen doch nicht belästigt werden.« Oder: »Die Kunden legen doch gar keinen Wert darauf, daß irgendein verdammtes Vorstandsmitglied einmal pro Woche anruft, um zu fragen ›Wie geht es Ihnen?‹« (Dieser Kommentar stammt ausgerechnet von dem Vorstandsmitglied einer Telefongesellschaft.) Unsere Erfahrungen mit dieser Art, Interesse an Kunden zu bezeugen, ist aber eindeutig: Sie begrüßen diese Art von Aufmerksamkeit *immer*.

Joe Baute, Präsident von Markem (Hersteller von Verpackungs- und Etikettiergeräten mit Sitz in Keene/New Hampshire), beschrieb uns einen ganz neuen und effizienten Trick, mit dem er die Jahresklausurtagung 1984 seines Unternehmens vorbereitet: »In unserer Klausurtagung ging es um die Anliegen unserer Kunden. Wir brauchten Daten und Fakten. Also beschlossen wir, etwas ganz Neues zu tun: Jeder Teilnehmer mußte irgendwann in den letzten zwei Wochen vor der Tagung einen ganzen Tag bei einem Kunden verbringen und feststellen, wie der Kunde unser Unternehmen beurteilte. Die Hälfte meiner Mannschaft hielt dieses Unterfangen für Zeitverschwendung. Eine ganze Reihe der Aspiranten war davon überzeugt, die Kunden würden den Besuch als Belästigung empfinden. Das Gegenteil jedoch traf zu. Alle Kunden waren begeistert, ohne Ausnahme, und das, obwohl wir uns nicht gerade nur die zufriedenen Kunden ausgesucht und nicht nur die besucht haben, von denen wir erwarteten, daß sie unsere Leistung für in Ordnung hielten. Wir haben unsere Kandidaten in drei Gruppen eingeteilt, in gute Kunden, schlechte Kunden und Durchschnittskunden. Zum ersten Mal konnten wir in unsere Diskussion während der Tagung lebendige Eindrücke einbringen. Eigentlich alle Teilnehmer waren sich darin einig, daß dies die beste Klausurtagung gewesen war, die wir jemals veranstaltet hatten. Auch das Follow-up war phantastisch – und konkret.« Bei AMP, einem außerordentlich ertragsstarken Harrisburger Hersteller elektrischer Schaltverbindungen (1,5 Milliarden Dollar Jahreseinnahmen) erzählt ein Topmanager uns eine ähnliche Geschichte. Er lud ein Dutzend kritische Kunden zu einer intensiven Wochenenddiskussion ein. (Von AMP-Seite nahmen nur drei oder vier Manager teil: »Wir wollten, daß ›sie‹ ›uns‹ zahlenmäßig bei weitem überlegen waren. Unsere Minderheitenposition war Absicht. Wir wollten schließlich keine Selbstdarstellung betreiben.«) Auch hier trugen einige Kollegen das Argument vor, die Kunden hätten sicher keine Lust, ihre Zeit mit einer solchen Tagung zu verschwenden. Und wiederum stellte sich genau das Gegenteil als richtig heraus: Jeder, aber auch jeder der eingeladenen Kunden fühlte sich von dieser Aufmerksamkeit geschmeichelt und hat seine Zeit sehr gern geopfert. Sie glauben gar nicht, wieviel wir gelernt haben.«

Nach einem Vortrag vor Verwaltungsfachleuten aus dem Krankenhausbereich kam Tom mit einem Vertreter einer neuen ortsansässigen Kabel-TV-Gruppe ins Gespräch, die auf die Produktion von Fernsehprogrammen für Krankenhäuser spezialisiert war. Der betreffende Mitarbeiter stoppte Tom auf dem Weg in das improvisierte Studio im Vortragsraum und schüttelte ihm kräftig die Hand. Wie sich herausstellte, war er für das Marketing seiner Fernsehgesellschaft verantwortlich. Er sagte: »Ich bin begeistert von Ihrem Buch *(Auf der Suche nach Spitzenleistungen)*. Besonders von dem Kapitel über den Kunden. Nachdem ich das gelesen hatte, habe ich all unsere Kunden angerufen und gefragt, wie ihnen unsere Programme gefielen. Die haben mir vielleicht die Meinung gesagt! Mensch, was ich zu hören bekommen habe!«

»Naiv zuhören«

Auf den Begriff »naives Zuhören« stießen wir zuerst in einem Gespräch mit dem Vorstandsvorsitzenden von Allergan. Allergan sitzt in Irvine/California und ist eine Tochtergesellschaft des Smith-Kline-Beckman-Konzerns, die sehr hohe Erträge erwirtschaftet. Das Unternehmen hat Umsatzerlöse in Höhe von 200 Millionen Dollar. 100 Millionen Dollar werden allein mit Augensalben und anderen Produkten für die Augenpflege erzielt. Chairman Gavin Herbert beschrieb uns, wie er einem Produkt für Kontaktlinsenträger zum Durchbruch verhalf: »Ich habe immer wieder gepredigt, daß es nicht reicht, die entsprechenden Daten zu lesen und mit Ophtalmologen zu sprechen. In der pharmazeutischen Industrie werden wir von Daten überflutet. Informationen über ärztliche Verordnungsgewohnheiten kommen uns scheffelweise in schneller Folge und immer sauber zusammengefaßt ins Haus geflattert. Wir haben viel mehr davon, als wir brauchen. Was wir vermissen aber ist der Kontakt zu dem eigentlichen Kunden. Dauernd habe ich darauf hingewiesen, wie wichtig es ist, mit den Verbrauchern, also mit den Patienten in Tuchfühlung zu bleiben. In unseren Gesprächen mit Kontaktlinsenträgern haben wir immer wieder dieselbe Klage gehört: Die Patienten empfanden ein ›Juck- und Kribbelgefühl im Auge‹. Sie wissen genauso gut wie ich, daß es keinen Ophtalmologen gibt, der nach zwanzig Jahren Berufserfahrung als Diagnose ›Juck- und Kribbelgefühle am Auge‹ stellt, denn das entspricht nicht der medizinischen Terminologie. Genau dieses Juck- und Kribbelgefühl aber galt es zu beseitigen. Also begannen wir, ein Mittel gegen diese lästige Reizbarkeit der Augen zu entwickeln. So ist unsere außerordentlich erfolgreiche Produktpalette entstanden.« (Für uns als Autoren ist die Tatsache interessant, daß die Firma vom Vater des gegenwärtigen Vorstandsvorsitzenden, einem praktizierenden Pharmazeuten, gegründet wurde. Die Familie hat direkt über der Apotheke gewohnt. Auch der jetzige Vorstandsvorsitzende hat viel Zeit hinter der Ladentheke verbracht. Immer wieder stellen wir fest, daß die praxisorientierten Unternehmen von Führungskräften geleitet werden, die auch in der Praxis angefangen haben.)

»Black Box« contra South Bronx

Das *Wall Street Journal* vom 12. Dezember 1984 berichtet:
»Westinghouse hat neulich 30 gewerbliche Arbeitnehmer, die an der Produktion von Generatoren für U-Bahnen arbeiten, nach New York geschickt. Dort sollten sie im öffentlichen Nahverkehrssystem der Stadt feststellen, wie sich ihre Arbeit in der Praxis bewährte. Das Unternehmen unterstrich damit sein Bemühen um Produktzuverlässigkeit. ›Es ist schon ein Unterschied, ob man einfach nur Drähte in eine ›Black Box‹ zieht oder ob man dann mit dem Produkt persönlich durch die South Bronx fährt‹, argumentiert Jack Geikler, Generaldirektor der Westinghouse-Sparte Transportwesen mit Sitz in der Nähe von Pittsburgh. Auch die Westinghouse-Mitarbeiter bemerken einen Wandel in der Einstellung der Unternehmensführung. ›Als ich 1968 in die Firma eintrat, liefen den Führungskräften nur bei dem Gedanken daran, daß

man hingehen könne, daß man das, was man gefertigt hatte, auch im Praxisbetrieb sehen wollte, kalte Schauer über den Rücken‹, erinnert sich der technische Zeichner Harry Stauffer. Dennoch bringen die Versuche, bei den Mitarbeitern auf der Fertigungsebene mehr Verantwortung für und Stolz auf die Produkte zu entwickeln, nicht einen Auftrag mehr. Westinghouse hat gerade in seiner Heimatstadt Pittsburgh einen großen Straßenbahnauftrag an ein westdeutsches Konsortium verloren. Dennoch zählt jede Kleinigkeit, wird uns von Westinghouse-Manager Geikler versichert: ›Es geht um den Fortbestand, um das Überleben. Wenn wir diese Dinge nicht tun, werden wir es nicht schaffen.‹«

Die Textilfachleute bei Milliken & Company haben dieses Konzept der »Naivität« übernommen und setzen diese Strategie mit Leidenschaft in die Tat um. Naives Zuhören steht in Dutzenden von Programmen an erster Stelle. Unter anderem wird die unterste Führungsebene in der Milliken-Fertigung dazu angehalten, Kontakte zu den Kollegen in den Betriebsstätten der Kunden anzuknüpfen. Es stellt sich heraus, daß sich die Verbindung von »Arbeiter zu Arbeiter« gut auf den Verkauf auswirkt. Die Praktiker aus den Betrieben haben natürlich auch genauere Vorstellungen von den praktischen Problemen, die sich beim Einsatz des Produktes ergeben. Als nächstes will Milliken ein »Kundenanhörungs-College« einrichten. (Apple investiert hohe Summen in den Aufbau eines Händler-Colleges, um seine Botschaft »rüberzubringen« und die Händler auf die Vorzüge des Hauses Apple einzuschwören.)

Wodurch zeichnet sich die Milliken-Strategie sonst noch aus? Alle Verkäufer müssen ein Pflichtpraktikum in der Fertigung absolvieren. Es gibt ein Trainingsprogramm unter der Überschrift »Versetzen Sie sich in die Lage des Kunden«, darüber hinaus ein Kursus, in dem ein wirklichkeitsnahes Bild vom Kunden vermittelt werden soll, unter anderem mit Hilfe von Videofilmen über Kunden, die Milliken-Produkte verwenden. Dieses Programm ist für die Mitarbeiter in den Serviceabteilungen, die in der Telefonzentrale oder an der Verladerampe Dienst tun, gedacht. Alle Führungskräfte in der Verwaltung müssen ein Verkaufsseminar besuchen (ein normales Verkaufstraining in etwas gedrängterer Form). Alle Milliken-Mitarbeiter nehmen an Informationsseminaren über die Fertigungsbetriebe der Kunden teil, die mit Milliken-Produkten arbeiten. Kunden werden eingeladen, die Milliken-Betriebe zu besuchen und vor Milliken-Mitarbeitern einen Vortrag über ihre eigene Firmenorganisation zu halten (auch die gewerblichen Arbeitnehmer nehmen an diesen Vorträgen teil, damit alle Mitarbeiter ein »Gespür« für die wichtigen Kunden entwickeln können). Problemlösungen werden im Team gemeinsam mit dem Kunden erarbeitet. In diesen Teams sind auch gewerbliche Arbeitnehmer aus dem Unternehmen Milliken und aus den Unternehmen der Kunden vertreten. Kunden werden dazu aufgefordert, das Werk zu besuchen, in dem das von ihnen georderte Produkt gefertigt wird (und sie werden für alle Mitarbeiter sichtbar durch den Betrieb geführt, damit jeder sehen kann, daß er für ein lebendiges Wesen arbeitet). Besucher werden zu einer Filmvorführung über die Geschichte der Milliken Company eingeladen (damit sie sich ein konkretes Bild von dem Unternehmen Milliken machen können).

Kundenbesuche in den Betriebsstätten sind häufig Anlaß zur Diskussion. Mitarbeiter behaupten hartnäckig, daß diese Veranstaltungen riskant seien, weil die Besucher Einblick in die Produktionsbedingungen bekämen und Informationen mißbrauchen könnten. Wir hingegen glauben, daß sie befürchten, sich zu blamieren: »Sie werden sehen, wie schmutzig unsere Fertigungsstätten sind!« Unter denen, die sich vorbehaltlos für Kundenbesuche in den Betrieben einsetzen, kennen wir aber niemanden, dem Alarmierendes aufgefallen wäre. Alle betrachten dieses Konzept als vorteilhaft. Ein Manager von Campbell Soup, der sein ganzes Leben im Verkauf gearbeitet hatte, wurde vor einigen Jahren ins Werk der Pepperidge Farm versetzt. Er berichtet: »Wir hatten Qualitätsprobleme. Mein erster Schritt war also, unsere Wiederverkäufer (Kunden) einzuladen, unsere Betriebe zu besuchen. Damit wollte ich zunächst erreichen, daß sie die Probleme mit uns gemeinsam lösen. Als zweites sollten unsere Mitarbeiter in der Fertigung begreifen, daß sie Produkte für lebendige Wesen und nicht für abstrakte Kundennummern herstellen. Einige haben uns buchstäblich mit unseren eigenen Brötchen beworfen. Das hat gewirkt, *und zwar schnell.«*

Wesentliche Voraussetzung für den Erfolg eines Gedankenaustauschs zwischen Kunden und Herstellern ist, daß beide ihren Teil des Geschäfts mit Herz und Verstand betreiben. Unternehmensleiter Roger Milliken wendet 80 Prozent seiner Zeit nur für dieses Ziel auf. Das stimmt: 80 Prozent! Ein Großkunde, der ihn bei seinem Besuch wieder einmal einen Vortrag im Milliken Customer Service Center (Dienstleistungszentrum für Kunden) in Spartanburg/South Carolina halten hörte, fragt erstaunt: »Wer kümmert sich eigentlich ums Geschäft, wenn Sie und Tom (Tom Malone, Präsident von Milliken & Co.) das hier tun?« Roger antwortet nicht direkt. Statt dessen sagt er: »Was kann es denn Wichtigeres für mich geben, als Zeit mit unseren Kunden zu verbringen?« Roger Milliken praktiziert MBWA mit Kunden nachgerade mit Besessenheit, und das gilt nicht nur für ihn, sondern für alle Mitarbeiter des Unternehmens. (Mehr zur Bedeutung von Symbolen in Kapitel 16.) Ein Milliken-Manager, intensiv an dieser neuen Art der Kundenbetreuung beteiligt, sagt dazu: »Kundenprobleme sind fast immer lösbar. Wir müssen sie nur als Chance begreifen. Es ist doch ganz einfach: Der Anbieter, der das Problem löst, bekommt die Aufträge für die gesamte Saison.«

Wirklich naives Zuhören

Im Februar 1984 nahm Tom an der viertägigen Jahresklausurtagung des Milliken-Unternehmens teil. 450 Führungskräfte hatten sich zu dieser Klausur getroffen. Es ging während der Tagung darum, mehr Kundennähe zu erzielen – und darüber hinaus, auf Anregung von Tom, eben nicht nur zuzuhören, sondern »unvoreingenommen, naiv zuzuhören«. Etwa vier Wochen später erhielt Tom einen Brief vom Marketing-Direktor (jawohl, Sie haben richtig gehört – vom *Marketing*-Direktor!), der für den Unternehmensbereich Teppichherstellung, und zwar für Schulen und Krankenhäuser usw. zuständig ist. In diesem Brief beschreibt er, wie er seine Produktpalette neu gestaltet, sich auf neue Produktmerkmale konzentriert und die Palette um neue Produkte ergänzt hat. Warum? Nach der Konferenz im Februar, bei der er sich zu »naivem Zuhören« verpflichtete, hatte er seinen Schreibtisch verlassen und zwei Wochen bei einem seiner Kunden im Krankenhaus während der Spätschicht gearbeitet. Er schrieb: »Die Idee, dem Kunden näherzukommen, ist tatsächlich ein *Knüller!!* (Die beiden Ausrufungszeichen stammen von ihm). Ich habe gerade zwei Wochen lang in einem Großklinikum in der Abteilung Hauswirtschaft mitgearbeitet. Das war ein Erlebnis ... die eigenen Teppiche (und die der Konkurrenz) dort pflegen zu müssen, wo sie tatsächlich benutzt werden. Außerdem habe ich während meiner Zeit in der Klinik sehr viel ›naiv‹ zugehört. Ich habe in der Spätschicht gearbeitet (von 15.00 Uhr bis Mitternacht) und Teppichböden und Böden mit harten Belägen selbst gesäubert. Ich habe mit allen Geräten gearbeitet, die dort normalerweise eingesetzt werden, und habe die Hauswirtschaftsprobleme, vor denen unsere Kunden täglich stehen, am eigenen Leibe erfahren. Ich habe sämtliche Flecken, von Blut bis Urin, und noch einige andere, die ich besser nicht

genau beschreibe, selbst entfernt. Am Ende dieser beiden Wochen war ich, ehrlich gesagt, total kaputt. Mir tat alles weh, ich war völlig erschöpft, *aber* ich habe mir vorgenommen, diese praktische Arbeit mindestens alle sechs Monate zu wiederholen. Was habe ich gelernt? (Hier folgt eine etwa anderthalbseitige Beschreibung dessen, was er in der Praxis alles gelernt und erkannt hatte.)
Nun kann ich meine Werbung in der Branchenpresse und mein Vertriebsprogramm genau auf die von mir beobachteten Bedürfnisse meiner Kunden abstimmen. Endlich ist Schluß mit dem wissenschaftlich bemäntelten Rätselraten darüber, was der Markt wohl braucht. Von der Einführung neuer Produkte bis hin zur Pflege und Wartung der vorhandenen Produkte erlebe ich hautnah, was unsere Kunden im Gesundheitsbereich brauchen. Wir können jetzt Produkte und Programme entwerfen, die unseren Kunden einen besonderen Vorteil bieten und dem Unternehmen Milliken gleichzeitig einen ehrlichen Gewinn einbringen... Wenn wir nur eine einzige, aber goldene Regel beachten, nämlich: ›was du willst, das man dir tut, das füge auch anderen zu‹, glaube ich, werden wir einen besseren Umgang mit allen Menschen, also auch mit unseren Kunden pflegen können...«
Was für eine großartige Geschichte! Es stellt sich nur eine Frage: Warum ist das, was in solchen Geschichten beschrieben wird, nicht für jeden selbstverständlich? Es liegt doch eigentlich, gerade für einen Marketing-Mann, auf der Hand, bei einem wichtigen Kunden zwei Wochen lang in der Spätschicht mitzuarbeiten.

Einige (weitere) Möglichkeiten, in Tuchfühlung zu bleiben

Oxford Software ist ein namhaftes Unternehmen mit soliden Gewinnen, einer guten Wachstumsquote und durchdachter Entwicklung neuer Produkte. Eine dreitägige Feier für alle Mitarbeiter – Anlaß war ein kürzlich erzielter Geschäftserfolg – sollte gleichzeitig einem weiteren Zweck dienen. Die Unternehmensleitung wollte verhindern, daß die Mitarbeiter sich auf ihren Lorbeeren ausruhen. Der Geschäftsführer eröffnete die Versammlung mit einer Ansprache und ließ dabei ein Stück Papier herumgehen: die Kopie eines Briefes, den ein guter, aber offenbar ziemlich verstimmter Kunde geschrieben hatte. Darin stand, daß Oxford in letzter Zeit nachgelassen habe und sich auf seinen Lorbeeren ausruhe. Dieser Brief alarmierte die Mitarbeiter zunächst, dann machten sie sich mit verdoppeltem Elan daran, die Kritikpunkte des Briefschreibers auszuräumen und mehr für die Zufriedenheit ihrer Kunden zu tun.

Dieses Beispiel zeigt mehr, als alle theoretischen Erörterungen vermitteln können.

Bei People Express hängt in jeder Niederlassung gut sichtbar ein Brett, an dem praktisch jeder vorbeigehen muß. Lobbriefe von Kunden werden auf der linken Seite angeschlagen, auf der rechten hängen die Beschwerdebriefe. Alle Äußerungen zufriedener Kunden werden selbstverständlich systematisch gesammelt – das tut schließlich jede vernünftige Organisation. Die Zurschaustellung der Brieforiginale mit dem Briefkopf des Kunden hat aber eine ganz andere Wirkung als eine trockene Statistik.

Testflug

Der Flugzeugmotorenpionier Gerhard Neumann von General Electric praktiziert MBWA mit Kunden schon seit langem. In seinem Buch *Herman the German* (Hermann, der Deutsche), Morrow 1984, beschreibt er, wie er während des Zweiten Weltkrieges als Mitglied der Flying Tigers des General Claire Chennault mit hartnäckigem Einsatz dafür gesorgt hat, daß die Flugzeugmotoren besser und zuverlässiger repariert wurden:

»Ich habe die Monteure meines Geschwaders immer aufgefordert, sich, wenn sie die Reparatur beendet hatten, freiwillig für einen Testflug in dem einsitzigen Kampfflugzeug zu melden. Der Pilot mußte auf dem Schoß des Chefmonteurs sitzen. Für einen Fallschirm war kein Platz mehr. Dafür war das Verdeck des Cockpits nicht hoch genug. Mit Major Robert Costello, dem hervorragenden Befehlshaber meines Geschwaders, auf dem Schoß habe ich solche Testflüge selbst mehrere Male gemacht, um Probleme mit den Motoren zu erkennen, die erst in Höhen ab etwa 20 000 Fuß auftraten. Die Piloten waren von meinem Plan begeistert. Als Folge dieser Unternehmungen verbesserten meine Monteure ihre Leistungen erheblich. Noch lange nach dem Abendessen sah das Flugfeld aus, als sei es von einer Glühwürmcheninvasion heimgesucht worden. Die Taschenlampen der Monteure warfen aufblitzende Lichter: Die Männer arbeiteten noch in der Dunkelheit an dem ihnen anvertrauten Gerät, denn es war schließlich möglich, daß ich sie am nächsten Tag zu ›freiwilligen‹ Testflügen auffordern würde.«

Folgender Bericht des Herausgebers James E. Buerger erschien in dem Magazin *»Travelhost«* vom 11. September 1983:

»Ich hatte kürzlich Gelegenheit, die amerikanische Zentrale des Unternehmens Frito-Lay zu besuchen. Das Unternehmen stellt unter anderem Kartoffelchips her. In der amerikanischen Zentrale steht eine große Schüssel mit Kartoffelchips, und jeder einzelne Kartoffelchip ist perfekt. Jeder einzelne ist buchstäblich handverlesen. Einen zerbrochenen oder verbrannten Chip gibt es nicht. Ich war fasziniert davon, derart perfekte Kartoffelchips vorzufinden. Aber dann begriff ich: *Das war ihr Geschäft* (Hervorhebung durch uns). Sie stellten die Qualität ihrer Produktion zur Schau. Jedem Besucher der amerikanischen Zentrale gaben sie auf diese Weise eine Probe ihres Könnens. Das hat mich so beeindruckt, daß ich etwas Ähnliches in die Wege leitete. Ich gab Anweisung, uns jede Woche unsere besten Zeitschriften in die Zentrale zu schicken. Ich wollte weder die mit einem nur befriedigenden Layout, mit nur durchschnittlich guten Beiträgen. Ich verlangte nach den besten Ausgaben und war leicht schockiert. Unsere besten Zeitschriften waren einfach nicht gut genug. Sie ließen sich absolut nicht mit den phantastischen, handverlesenen Kartoffelchips vergleichen, die ich in der amerikanischen Frito-Lay-Zentrale gesehen hatte. Das war es: Man mußte die Dinge berühren.

MBWA mit Kunden: Einige Fragen und Vorschläge zu Sofortmaßnahmen

– Rufen Sie regelmäßig bei der eigenen Firma und bei der Konkurrenz mit der Bitte um eine einfache Auskunft an? Wie ist die Reaktion? Wo liegen die Unterschiede? Wie lange dauert es, bis Sie die Auskunft erhalten? Sind die Informationen komplett? Wie steht es mit der Höflichkeit? Etc., etc. Lassen Sie fünf Mitarbeiter verschiedene Auskünfte abrufen und vergleichen Sie deren Notizen. (Sie können auch weniger systematisch vorgehen. Machen Sie es sich zur Angewohnheit, alle paar Wochen bei der eigenen Firma anzurufen. So können Sie sich ein Bild von der Reaktion am Telefon machen. Eine weitere Variation dieses Themas: Briefbogen mit einer Scheinadresse benutzen und beim eigenen Unternehmen und der Konkurrenz schriftlich um eine einfache Auskunft bitten.)
– Haben Sie eine Telefonnummer, die man per R-Gespräch anwählen kann, auch wenn Sie nur ein kleines Unternehmen führen? Und wenn nicht, warum nicht?
– Ein unbedingtes Muß: Rufen Sie jede Woche mindestens drei Kunden an. Treffen Sie Ihre Auswahl aus einer Liste, die rund 50 gute, schlechte und durchschnittliche Kunden umfaßt. Lassen Sie sich zusammenstellen, welche Großaufträge in den letzten drei Wochen eingegangen sind und welche an die Konkurrenz gingen.

Rufen Sie einen neuen Kunden an und einen, der kürzlich abgesprungen ist. (Lassen Sie diese Übung einige Wochen später von fünf bis zehn Kollegen – möglichst aus unterschiedlichen Abteilungen – wiederholen. Die Ergebnisse sollten später auf einer Konferenz diskutiert werden.)

– Der ehemalige Chairman von Marks & Spencer, Marcus Sieff, vollzog regelmäßig ein eher simples Ritual. Walter Goldsmith und David Clutterbuck berichten davon in ihrem Buch *The Winning Streak* (Weidenfeld and Nicholson, Random House und Tom Peters Group, 1985 – »Die Glückssträhne«). Jahrelang hat er jeden Samstagnachmittag um 17.00 Uhr die Leiter von vier oder fünf Filialen angerufen und sie gefragt, wie der Tag gelaufen sei. Machen Sie ihm das nach. Rufen Sie jede Woche in drei Zweigbetrieben an, die direkten Kontakt zu Kunden haben (Verkaufsniederlassungen, Kundendienstorganisationen, Einzelhandelsfilialen), und fragen Sie, wie das Tagesgeschäft gelaufen sei.

– Wie behandeln Sie Mitarbeiter in Abteilungen, die nicht direkt mit Ihren Kunden zu tun haben, etwa in der EDV, im Rechnungswesen, im Personalbereich? Sprechen Sie mit diesen Mitarbeitern darüber, wie die Realität der Kunden aussieht, zeigen Sie ihnen Videofilme, laden Sie Ihre Kunden auch in diese Abteilungen ein? Lassen Sie auch die Mitarbeiter aus den Verwaltungsabteilungen gelegentlich (aber regelmäßig) Kundenbesuche machen und vielleicht selbst in deren Geschäften verkaufen?

– Laden Sie Ihre Kunden von Zeit zu Zeit zu einer intensiven, mehrtägigen Aussprache ein (wie beispielsweise Markem, AMP, Milliken), bei der sie ihrem Herzen nach Lust und Laune Luft machen können und Sie Gelegenheit haben, die Kunden zu einer »Was halten Sie von dem, was wir für Sie tun?« – Sitzung einzuladen?

– Ist das »naive« Zuhören ein fester Bestandteil Ihres Tagesgeschäfts und Ihrer Besuchsplanung? Achten Sie darauf, daß bei solchen Sitzungen immer zuerst der Kunde das Wort hat – wie bei Milliken – oder daß statt mit dem Zwischenhändler mit dem Endverbraucher geredet wird – wie bei Allergan?

– Arbeiten die Führungskräfte der obersten Unternehmensebene (und alle Führungskräfte der mittleren und unteren Ebenen) einmal vierteljährlich (und regelmäßig) in ausgewählten Kundenbetrieben? Werden auch die »Techniker« (Mitarbeiter aus Forschung und Entwicklung, Produktmanager, Konstrukteure) regelmäßig in Kundenbetriebe geschickt?

– Sagen Sie Ihren Kunden immer wieder, daß sie überall, aber auch wirklich überall bei Ihnen willkommen sind? Werden Mitarbeiter aller Bereiche der Kundenfirmen (z. B. aus der Herstellung) in Ihr Unternehmen eingeladen? Haben Sie es bei solchen Besuchen zur Regel gemacht, Ihren Kunden genau zuzuhören? Werden die Kunden immer dazu aufgefordert, Kritik zu äußern?

– Werden bei diesen gegenseitigen Besuchen und Besichtigungen alle Mitarbeiter bis hin zu den gewerblichen Arbeitnehmern berücksichtigt, und finden sie regelmäßig statt?

Der Lieferant als »Kunde«

Das japanische Management zeichnet sich im Gegensatz zum amerikanischen unter anderem durch dauerhafte, fast familiäre Beziehungen zwischen Lieferanten und Produzenten aus. Dafür ist aber nicht etwa der Zauber Japans der Grund. In den Vereinigten Staaten ist diese Haltung genauso möglich – und sie hat sich auch in vielen unserer erfolgreichsten Unternehmen bereits durchgesetzt. Auch hier sind die Milliken-Manager wieder Spitzenreiter. Was wir bislang zum Thema Kundenbetreuung gesagt haben, praktizieren sie auch gegenüber ihren Lieferanten: gegenseitige Betriebsbesichtigungen auf allen Organisationsebenen, also auch der Mitarbeiter des Lieferanten.*

Milliken steht mit dieser Strategie beileibe nicht allein da. Während seines Besuchs in Schweden im Jahre 1982 nahm Tom an einer Konferenz teil, auf der unter anderen Marcus Sieff von Marks & Spencer einen Vortrag hielt. Sieff berichtete von den außergewöhnlich guten, beinahe familiären Beziehungen seines Unternehmens zu seinen Lieferanten. Tom erwartete nun, die übliche Litanei zu hören, in der von einer bataillonsstarken Truppe für die Qualitätskontrolle, einer gewieften juristischen Abteilung usw. die Rede ist. Statt dessen sagte Lord Sieff gewissermaßen nebenbei: »Nun, selbstverständlich haben meine Kollegen [rund 25 Führungskräfte

* Gegen dieses Verfahren lautet ein Standardeinwand: »Damit lüften Sie doch sämtliche Geheimnisse für einen potentiellen Konkurrenten.« Das ist Unsinn! Der wirkliche oder vermeintliche Konkurrent ist meist ohnehin genau von Ihren Plänen informiert. Wer so argumentiert, geht im übrigen davon aus, daß im Geschäftsleben eine Art Todfeindschaft herrscht – eine Einstellung, die schon vielen Betrieben zum Verhängnis wurde. Für beide Seiten, nämlich die Lieferanten und die Milliken-Leute, ist diese Form des Austausches überaus vorteilhaft. Die Risiken sind minimal.

in der Unternehmensleitung] und ich es uns zur unumstößlichen Regel gemacht, pro Jahr mindestens 40 Lieferanten zu besuchen.« Damit also ist sein Geheimnis gelüftet. (Um ein solches Programm durchzuführen, benötigt man allerdings viel Zeit und Disziplin.)

Auf der anderen Seite stellt Marks & Spencer harte Bedingungen. Sämtliche Lieferanten müssen einfach die hohen Ansprüche des Unternehmens erfüllen. Wir zitieren noch einmal aus *The Winning Streak* (»Die Glückssträhne«) von Walter Goldsmith und David Clutterbuck:

M & S hat ein Inspektorenteam, das die Betriebe der Lieferanten besucht und auf diese Weise für gleichbleibende Qualität sorgt. Darüber hinaus machen sie Verbesserungsvorschläge. Wenn die Menge der fehlerhaften Waren um nur ein Prozent gesenkt würde, so hat man errechnet, hätten sich die Zusatzleistungen für die Lieferanten, darunter auch die im Bereich Sozialleistungen für Mitarbeiter, mehr als bezahlt gemacht. Bei M & S wird die Überzeugung vertreten, daß gute Arbeitsbedingungen die Voraussetzung für eine qualitativ hochwertige Produktion sind. Das Unternehmen legt besonderen Wert auf die Qualität der Kantinen, auf eine gute Arbeitsmoral und optimale hygienische Zustände. Seinen Lieferanten bietet das Unternehmen Gratisseminare über eine ganze Reihe von Themen aus dem Bereich der Sozialleistungen für Mitarbeiter an. Regelmäßig informiert M & S seine Lieferanten über aktuelle Entwicklungen, mit deren Hilfe sich die Qualität direkt oder über eine bessere Motivation der Mitarbeiter steigern läßt.

»All unsere langjährigen Lieferanten weisen gute Gewinne aus«, behauptet Sieff und deutet damit an, daß die Gewinne Folge der Anpassung an den M-&-S-Managementstil sind.

Von Lieferanten, die dieser Linie nicht folgen, trennt sich die Firma. Da gab es beispielsweise einen großen Fleischlieferanten, in dessen Betrieb katastrophale Arbeitsbedingungen herrschten. »Wir kamen mit diesem Zulieferer immer besser ins Geschäft, aber die Kantinen und Toiletten dort waren unter aller Kritik. An einigen Wänden rann das Wasser nur so herab. Ich gab ihnen drei Monate Zeit, die Zustände zu ändern, aber als ich wiederkam, hatte sich nichts gebessert. Sie sagten: ›Sie werden den Liefervertrag mit uns sowieso nie kündigen.‹ Einen Monat später haben wir den Vertrag mit einer Frist von zwei Wochen gekündigt.«

Einige Wochen nach unserem Treffen mit Marcus Sieff waren wir zu Gast bei Northrop, wo wir einen Beratungsauftrag hatten. Unser Freund Marv Elkin leitet dort die Einkaufsorganisation. Er hat in den letzten zwei bis drei Jahren großartige Arbeit geleistet und das Verhältnis zwischen Produzenten und Lieferanten erheblich verbessert. Während wir zusammensaßen, sprachen wir auch über Lord Sieffs Meinung über die Betriebsbesichtigungen bei Lieferanten. Marv ist ein sehr lebhafter Mensch. Er ließ uns nur zur Hälfte ausreden, sprang auf und rief: »Genauso ist es!« Und damit hat er recht. In den letzten zwei Jahren, so erzählte er uns, hatte auch er ein Programm realisiert, mit dessen Hilfe er den bisher üblichen Konfrontationskurs gegenüber den Lieferanten überwinden wollte.

Während sein Programm lief, besuchte er mehr als 150 Zulieferer. Wichtig dabei war, daß er seine Besuche nicht als Vorwand betrachtete, seine Lieferanten zu kontrollieren und zurechtzuweisen. Er war offen für alle Themen. Eine vorher festgesetzte Tagesordnung gab es nicht. Er bat seine Gesprächspartner, die Geschichte ihres Unternehmens, ihre Strategie, ihre Programme zur Qualitätsverbesserung zu erläutern und von der Belegschaft zu erzählen. Marv kommentiert das so: »Ich habe dies als Gelegenheit gesehen, einander kennenzulernen, mehr über sie zu erfahren, generell mein Interesse an ihnen (und ich hatte ein dringendes Interesse) zu zeigen.« Er hat dieses Programm aufrechterhalten und einige Mitarbeiter darin einbezogen. Dieser erste Schritt zur Umkehr jahrzehntelanger gegnerischer und deshalb negativer Beziehungen, in denen die Führungskräfte nur in der Hitze des Gefechts und als Reaktion auf unaufschiebbare Probleme miteinander sprachen, hatte lange gedauert. Marv Elkin trat gerade noch rechtzeitig auf den Plan. Die amerikanische Luftwaffe hatte Northrop äußerst strenge Qualitätsbedingungen gestellt, also mußte Marc die Lieferanten jetzt gewissermaßen auf Vordermann bringen. Mit seinen teuren und zeitraubenden Besuchen ist ein erster Schritt getan. Alle Beteiligten sind jetzt soweit, daß sie an einem Strang ziehen können.

Jeff Smith, Vorstandsmitglied von Domino's Distribution Company (Lieferant für Pizzazutaten und das zur Herstellung erforderliche technische Gerät), kann sich andere als gute Beziehungen zu seinen Zulieferfirmen gar nicht vorstellen. Und er läßt sie diese Einstellung spüren. Eine Truppe von Domino-Mitarbeitern besucht einen Kesselhersteller in Wisconsin oder einen Olivenbauer in Kalifornien und widmet den Lieferanten Zeit, Aufmerksamkeit und Interesse im Übermaß. »Sie gehören doch zur Familie, nicht wahr«, sagt Smith trocken und hält es für selbstverständlich, daß man sich für gute Zusammenarbeit bedankt. Die Pflege guter Beziehungen zu den Lieferanten ist übrigens ausdrücklich in den Richtlinien des Unternehmens festgehalten – noch ein seltenes Beispiel, das Schule machen könnte.

So weitreichend und vielfältig kann also das Konzept MBWA mit Lieferanten sein.

Beziehungen, die theoretisch eigentlich von Konfrontation geprägt sein müßten, mit vielerlei Art unkonventioneller Kontaktaufnahme menschlich gestalten, und das auf allen Ebenen beider Organisationen – der des Auftraggebers und der des Lieferanten.

MBWA mit Lieferanten: einige Fragen – und Vorschläge für Sofortmaßnahmen

– Besuchen bei Ihnen nicht nur Einkäufer, sondern auch Mitarbeiter aus anderen Abteilungen (beispielsweise aus der Produktion oder dem Vertrieb) regelmäßig Lieferanten? Besuchen die Lieferanten regelmäßig alle Abteilungen Ihres Betriebs – Fertigung genauso wie Verwaltung? Wendet Ihr Chefeinkäufer mindestens 25 bis 35 Prozent seiner Zeit für Kontakte zu Lieferanten vor Ort auf, auch dann, wenn keine dringenden Probleme zur Lösung anstehen?

– Nehmen Sie die Beziehung zu Ihren Lieferanten genau unter die Lupe. Suchen Sie sich drei gute Lieferanten aus, mit denen Sie schon lange in Geschäftsbeziehung stehen, und drei kritische Lieferanten. Schauen Sie sich diese Beziehungen genau an. Jedes Mitglied der Unternehmensleitung soll sich einen problematischen und einen unproblematischen Lieferanten auswählen und diese Lieferanten einen Tag lang besuchen. Fragen Sie die Zulieferer, welchen Eindruck sie als Verkäufer von Ihnen, den Einkäufern, haben. Nehmen Sie sich nach Ihrer Rückkehr einen Tag Zeit, das Gehörte zu überdenken und Ihre Aufzeichnungen zu analysieren. Wie stellen sich die Geschäftsbeziehungen aus der Sicht der Lieferanten dar? Welche zehn Faktoren empfinden die Lieferanten an Ihnen als störend? Können Sie drei dieser zehn Faktoren in den nächsten 60 Tagen ausräumen?

– Inwieweit gehören die Lieferanten »zur Familie«? Werden sie (auch die kleineren!) regelmäßig zu Strategiekonferenzen, Firmenfeiern (offiziellen und inoffiziellen) eingeladen? Wenn ja, wer genau wird eingeladen – nur derjenige, der direkt an Sie verkauft, oder auch Mitarbeiter aus der Produktion oder der Abteilung für Qualitätskontrolle (Ihr Erfolg hängt schließlich auch vom Können der Mitarbeiter Ihres Lieferanten ab)? Gibt es irgendwo Anzeichen dafür, daß die Vertrauensbasis gestört ist? Berichten Sie in Ihren Werkszeitungen und Informationsbriefen (ja, auch in Ihren Jahresberichten) über Ihre Lieferanten, über deren Betriebe, über Erfolge in der gemeinsamen Problemlösung zwischen Ihrem Unternehmen und dem Unternehmen des Lieferanten?

– Inwieweit gehören Sie und Ihr Betrieb »zur Familie« des Zulieferers? Gehen Ihre gewerblichen Arbeitnehmer oder die Meister aus der Herstellung zu Veranstaltungen des Lieferanten. Gar nicht? Regelmäßig? Wenn nicht, haben Sie je um eine Einladung für Ihre Mitarbeiter gebeten?

– Haben Sie und Ihre Lieferanten ständige Arbeitsgruppen zusammengestellt, die über Problemlösungen nachdenken? Wenn nicht, warum nicht?

– Allgemeiner gesagt: Hören Sie sich fortwährend bei Mitarbeitern mit unterschiedlichen Funktionen und auf allen Hierarchieebenen um. Bereiten Sie einen »Fünfminuten-Katalog« vor, der Fragen nach den Beziehungen zu den Lieferanten stellt. Stellen Sie dabei allgemeine und spezielle Fragen. Was hat Ihre kleine unsystematische Umfrage zur Rolle der Lieferanten in Ihrem Unternehmen ergeben? Gelten sie als gehegte und gepflegte vollwertige Mitglieder der »Familie«? Oder sind sie nur notwendiges Übel?

MBWA: Innovation

Vor rund zwölf Jahren war PepsiCo ein schlafender Riese. Heute ist der Riese aufgewacht und aggressiv. Das Unternehmen gibt in seinem Dauerkampf gegen Coca-Cola Unsummen dafür aus, Michael Jackson als Werber für Pepsi-Cola auf den Bildschirm zu bekommen. Noch stärker aber konzentriert sich das Unternehmen auf die Entwicklung in anderen Bereichen, etwa auf die Förderung von La Petite Boulangerie, einer Bäckereikette mit sechs Niederlassungen im Einzugsgebiet von San Francisco. In circa fünf Jahren sollen aus diesen sechs Verkaufsstellen rund 3000 Filialen in ganz Amerika werden. Neue oder kleine Geschäftszweige so lange zu erweitern, bis sie sich durchgesetzt haben, heißt die Technik von PepsiCo. Die Tochtergesellschaft Frito-Lay war schon immer ein gutgehendes Unternehmen mit großem Marktanteil. Mitte der 70er Jahre brachen für Frito-Lay gleich mehrere Sternstunden an. Das

Unternehmen führte neue Beutelgrößen ein und brachte viele neue Geschmacksrichtungen auf den Markt. Kurz: Innovation hieß die Devise.

Nach welcher Zauberformel hat PepsiCo diesen Umschwung geschafft? Vieles ist auf eine Art des MBWA zurückzuführen, behaupten wir. Dazu beigetragen hat überwiegend der ehemalige PepsiCo-Chef Andy Pearson. Er verbrachte einen Großteil seiner Zeit – wahrscheinlich etwa 40 Prozent – vor Ort. Häufige Besuche in den Niederlassungen waren für ihn selbstverständlich. Die Vorstandsetage ließ er zunächst einmal links liegen, statt dessen sprach er zuerst immer mit den neuen Mitarbeitern im Produktmanagement. »Wie steht's? Welche Projekte haben Sie zur Zeit im Testmarkt laufen? Wie reagieren die Verbraucher auf den neuen Umtium-Geschmack?« usw. Dahinter stand natürlich immer die zwar unausgesprochene, aber dennoch ziemlich deutliche Drohung, daß er handfeste Ergebnisse erwarte und andernfalls Maßnahmen ergreifen müsse.

Mit Don Kendall als Chairman und Andy Pearson als Präsident startete das Unternehmen durch. (Sein Erfolg war so groß, daß Coca-Cola im Jahre 1981 den dynamischen Roberto Goizuetta zum Chairman ernannte, um noch Schritt halten zu können.)

Innovation setzt selbstverständlich voraus, daß man fortwährend gewissermaßen auf der Suche ist nach Ideen und Gelegenheiten, diese Ideen zu verwirklichen. Bei Hewlett-Packard läßt beispielsweise jeder Ingenieur das Projekt, an dem er gerade arbeitet, offen auf seiner »Werkbank« liegen. Die Kollegen – darunter auch der »pensionierte« Bill Hewlett, der, wie alte Profis erzählen, immer überall gleichzeitig ist – betrachten das Projekt genau, machen Anmerkungen dazu, geben ihr Urteil ab und verwickeln einander in Planspiele aller Art. Jeder mischt sich also ein in die Arbeit der anderen, sieht auch die Projekte der Kollegen, wenn man so will, als eigenes »Spielzeug« an, und zwar als eines, mit dem es viel Vergnügen bereitet zu spielen.

MBWA: Problemlösung, ein Unterkonzept der Innovation

Der Mann, von dem hier die Rede sein soll, ist Ingenieur bei Rockwell International und zu zweifelhaftem Ruhm gelangt. Unter seiner Leitung wurden die Kacheln für den Schutzschild des Raumtransporters Space-Shuttle entwickelt (die Kacheln, die in den Anfängen der Raumtransporterflüge dem Druck nicht standhielten und beim Wiedereintritt in die Erdatmosphäre abgeplatzt sind). Nach einer Diskussion des MBWA-Konzeptes vor einigen Jahren sprach er uns an: »Ich habe das nie mit einem einzigen Begriff ausdrücken können, aber jetzt weiß ich, MBWA trifft den Nagel auf den Kopf.« Er erzählte uns eine eigentlich ganz normale und gleichzeitig eben doch recht ungewöhnliche Geschichte: »Montags war es immer dasselbe. Übers Wochenende war wieder einmal ein Problem aufgetreten. Das immer gleichbleibende Ritual nahm wieder einmal seinen Lauf. Ich wußte, was mich 24 Stunden später in meinem Büro erwarten würde. So sicher wie das Amen in der Kirche fand ich mitten auf meinem Schreibtisch einen 50seitigen Bericht von einem unserer Konstruktionsteams mit immer demselben Tenor: ›Unsere Schuld ist es nicht, zwei andere Konstruktionsgruppen haben Mist gebaut.‹ Dann vergingen wieder 24 Stunden. Auch was am Tag darauf passieren würde, konnte ich genau vorhersagen: Ich würde zwei weitere Berichte, diesmal mit einem Umfang von jeweils 100 Seiten zu lesen bekommen, die Antwort der am Vortag beschuldigten beiden Gruppen. Darin wiesen sie jeglichen Vorwurf zurück und nannten ihrerseits Schuldige. Ärgerlich ist vor allem das Verhalten der ersten Gruppe. Aufgrund welcher Einzelheiten auch immer: Wir drehten uns permanent im Kreis. Endlich hatte ich eine Idee. Eines Freitagnachmittags setzte ich sie in die Tat um. Ich versammelte alle an diesem Programm beteiligten leitenden Angestellten in einem kleinen Konferenzraum in der Nähe meines Büros. Von da an haben wir uns jeden Freitagnachmittag zusammengesetzt und uns, manchmal bis in die frühen Morgenstunden, die Köpfe heißgeredet. Wir haben jedes einzelne Problem durchgesprochen. Wir haben genau festgelegt, was jeder von uns in den nächsten 48 oder meinetwegen auch 92 Stunden tun würde. Mit derselben Besessenheit haben wir aber auch erörtert, was wir in den vorausgegangenen Stunden getan hatten. Man muß nämlich einfach erkennen, daß die Menschen nun einmal so sind: Mit einem 200-Seiten-Bericht kann man eben jedem Sand in die Augen streuen. Schon 25 Seiten reichen aus, um vor lauter Wald die Bäume nicht mehr zu sehen. Es ist aber verdammt schwer, eine solche Veranstaltung an einem Freitagnachmittag durchzuziehen, wenn jeder mit den Gedanken schon zu Hause und der Zigarettenqualm im Raum so dicht ist, daß man kaum noch atmen kann. Es fällt schon schwer, sich auf ein Ziel zu verpflichten und dann pünktlich wie die Uhr am nächsten Freitagnachmittag wieder in diesem verräucherten Raum zu erscheinen und dem Kollegen, der Ihnen in nur zwei Meter Entfernung auf der anderen Seite des Tisches gegenüber sitzt, ins Gesicht sagen zu müssen, daß Sie Ihr Versprechen nicht haben halten können. In einer solchen Atmosphäre sind Ausflüchte so gut wie unmöglich. Da wird Tacheles geredet. Diese Sitzungen haben wir uns also zur Regel gemacht, jeden Freitagnachmittag. Sie können sich gar nicht vorstellen, was dabei alles herausgekommen ist! Innerhalb von zehn Wochen haben wir mehr Fortschritte erzielt als in den gesamten anderthalb Jahren zuvor.«

An dieser Art Problemlösung, die starre Dienstwege in einer Matrixorganisation ausspart, sollte man sich ein Beispiel nehmen.

MBWA: Innovation: einige Fragen und Vorschläge zu Sofortmaßnahmen

– Konkrete Experimente sind eine der Grundlagen sinnvoller Innovation. Dazu lautet unsere Frage: Schlägt sich Ihr Wunsch nach Veränderung, Ihre Experimentierlust täglich in dem nieder, was Sie tun? Sind Sie wie Pearson oder die Mitarbeiter bei Hewlett-Packard dauernd vor Ort, in Labors, in den Büros der technischen Zeichner, bei den MIS-Kodierern? Fragen Sie sie »Was hat sich in den letzten 24 oder auch 48 Stunden ereignet?« (Bei Gerhard Neumann von General Electric und Kelly Johnson von Lockheed vergeht kein Tag, ohne daß sie in allen Mitarbeiterbereichen Stichproben machen und fragen: »Was haben Sie Interessantes ausprobiert?«)

– Nehmen Sie sich zwei Projekte vor, die langsamer, und zwei Projekte, die schneller vorankommen als im Plan vorgesehen. (Sie können sich auch zwei oder drei Projektmanager vornehmen, die mit ihren Projekten immer zum Termin fertig werden, und zwei oder drei, die ihre Termine nie einhalten.) Analysieren Sie den Informationsaustausch und stellen Sie fest, wie man gemeinsam an die Lösung von Problemen herangeht. Erkennen Sie Parallelen zur Rockwell-Geschichte? Wenn ja, müssen Sie noch ein bißchen tiefer graben: Suchen Sie 15 bis 25 vorgeblich unbedeutende Randfaktoren aus, mit deren Hilfe Sie das Problemumfeld besser in den Griff bekommen (z. B. räumliche Umgebung, Tageszeit, Dauer der Sitzungen, Buchführung über gemachte Versprechungen). Achten Sie darauf, daß Ihre Verbesserungsvorschläge auch ausgeführt werden.

MBWA mit Kunden (jawohl, schon wieder): Innovationsquelle par excellence

Blättern Sie noch einmal zu den Seiten 38 ff. zurück. Dort haben wir das Konzept des naiven Zuhörens vorgestellt. Der Bericht stammt vom Chairman von Allergan. Er hat ihn in Zusammenhang mit der Entwicklung eines neuen Produkts – mit anderen Worten also im Zusammenhang mit Innovation – geprägt.

Zuhören, naiv zuhören. Wir ertrinken förmlich in Fallbeispielen zu diesem Thema. Inklusive der schon in *Auf der Suche nach Spitzenleistungen* beschriebenen Fälle können wir insgesamt rund 80 Beispiele nennen. Der Tenor ist überall derselbe. Die meisten neuen Ideen stammen von Verbrauchern. Bei 3M entsteht der größte Teil an neuen Ideen als Reaktion auf Beschwerden der Verbraucher. (Bei 3M gilt jede Beschwerde als Chance ohnegleichen!) Bei Milliken hat man festgestellt, daß gut die Hälfte aller Produktideen in praktisch sämtlichen Unternehmensbereichen von den Verbrauchern kamen, und das, bevor das Unternehmen ganz bewußt Kurse für »naives Zuhören« durchführte.

General Electric hat seinen Marktanteil im Lokomotivenbau in hartem Wettbewerb mit einem großen Konkurrenten – der 80 Milliarden Dollar schweren General Motors Corporation – radikal ausgebaut. Noch im Jahre 1980 mußten die Kunden befürchten, daß General Motors den Markt als Monopolist beherrschen würde. Vier Jahre später galten diese Befürchtungen einem anderen Unternehmen: General Electric. Verantwortlich für den atemraubenden Aufstieg dieser Firma war einer ihrer Generaldirektoren, der wie besessen auf stetige Leistungsverbesserung drängte. Mit einem Vertriebsexperten plante er hinter verschlossenen Türen, wie die große Wende herbeizuführen sei. Drei Ingenieure aus einer anderen Abteilung wurden hinzugezogen und taten etwas, das schon seit einem Jahrzehnt nicht praktiziert worden war: Sie sprachen ganz naiv mit den wichtigsten Abnehmern. Sie hielten Workshops ab – beim Kunden, in seinen Geschäftsräumen. Auf den Packpapierstellwänden ringsum entstanden lange Wunschlisten, deren einzelne Posten zwischen den Partnern verteilt wurden: General Electric versprach, einen Teil einzulösen, zu anderen Veränderungen wollte der Kunde selbst beitragen. So entstanden die New Series, die neue Lokomotivmodellreihe. General Electric war mit diesem Programm überaus erfolgreich und konnte gut eine Viertelmilliarde Dollar in den Bau eines neuen, weitgehend automatisierten Fertigungswerkes im wirtschaftlich schwachen Erie/Pennsylvania investieren.

Geschichten dieser Art stimmen skeptisch. Auch uns. Wir haben sie aber genau überprüft, und unsere Informationen wurden überall bestätigt.

Einige weitere Kunstgriffe

In vielen Unternehmen liefert die Außendienstmannschaft die besten Ideen. Nur wenige Führungskräfte aber hören wirklich auf das, was ihre Verkäufer zu sagen haben. Den Außendienstmitarbeitern gegenüber gilt oft das Vorurteil, sie fügten sich jeder Lust und Laune des Kunden und schlössen Augen und Ohren vor den Problemen des Unternehmens. In gewisser Hinsicht ist das nicht ganz falsch. Bill Keefer, Chairman von Warner Electric Brake and Clutch, Chef eines gewinnstarken 175-Millionen-Dollar-Unternehmens, Hersteller von Spezialteilen für die Industrie (beispielsweise Kupplungen für Xerox-Geräte), sieht die Sache jedoch ganz anders. Er weiß, daß die Zukunft in der Entwicklung neuer Produkte liegt. Der Produktentwicklung müssen ökonomische Nischen erschlossen werden, und die Anstöße dazu kommen häufig von Kunden. Was gebraucht wird auf dem Markt, erfahren die Verkäufer als erste. Also verlangt Bill Keefer von jedem seiner Verkäufer monatlich einen Bericht über dessen Kundenbesuche. Daran ist im Prinzip nichts Neues. In diesem Bericht muß der Verkäufer aber auch die »drei besten potentiellen Vorschläge zu neuen Produkten nennen, die er von seinen Kunden gehört hat«. Das ist schon weniger üblich. Wirklich neu an diesem Verfahren aber ist, daß sich der Chef des Unternehmens einmal im Monat einen ganzen Sonntag lang Zeit nimmt, um alle diese Berichte zu lesen und die einzelnen Vorschläge mit Anmerkungen zu versehen – Vermerke für seine Mitarbeiter in der Konstruktion und in der Herstellung, zusammen mit der konkreten Anweisung, der Sache innerhalb der nächsten fünf bis zehn Tage auf den Grund zu gehen.

Handelsunternehmen tendieren inzwischen immer stärker dazu, Absatz und Einkauf zu zentralisieren, letzteren computergestützt. Von dieser Regel gibt es aber auch Ausnahmen. Mervyn ist der glänzende Kopf der Dayton-Hudson-Gruppe. Das Unternehmen verfügt über eine ausgezeichnete Einkaufsorganisation. Der moderne und dynamische Einkäufer hat aber heute (wie auch die Produktmanager im Konsumgüterbereich) keine Zeit mehr, im

Laden sein Handwerk von der Pike auf zu lernen. Die meisten Einkäufer kommen nicht aus der praktischen Arbeit im Einzelhandel. Dennoch überflügelt Mervyn seine Konkurrenten um Längen: Pro Woche wird Ware im Wert von mehr als einer Milliarde Dollar umgeschlagen (s. Kapitel 9 »Die Mythologie der Innovation«). Das ist mehr, als die meisten seiner wichtigsten Konkurrenten im Vierteljahr erreichen.

Mervyns Mitarbeiter tun dann einen lebenswichtigen nächsten Schritt, sie bleiben in Tuchfühlung mit ihren Kunden: konkret und sichtbar. Einmal wöchentlich werden die Filialen überprüft. Etwa 100 Niederlassungsleiter und Führungskräfte aus der Zentrale setzen sich einmal wöchentlich zusammen und beraten, wie sie in den einzelnen Bereichen vorgehen wollen. Sie stützen sich dabei auf zahlreiche schriftliche Rückmeldungen und Daten, aus denen ersichtlich ist, wie sich die Ware, die in der voraufgegangenen Woche besonders beworben wurde, in der folgenden Woche verkauft hat. Sie werfen Trendanalysen aus für das eigene Unternehmen und die Unternehmen der Konkurrenz. Ebenso wichtig aber ist, daß rund 100 Vorstandsmitglieder, Händler und Einkäufer jede Woche einmal vier Stunden höchstselbst einen Laden unter die Lupe nehmen und Fragen stellen wie: »War es richtig, diese Warengruppe neben jener zu plazieren? Wie nimmt sich dieser Aufbau hier im Laden aus?«, »Wie wirkt das Bild auf Sie?«

MBWA: Der Praxis-Regelkreis

MBWA setzt voraus, daß man seine Mitarbeiter ernst nimmt und ihnen Kritikfähigkeit, Kreativität und Interesse an allen Aspekten ihrer Arbeit zutraut. Mervyn schickt alle seine Einkäufer jede Woche in die Läden. Bei 3M müssen alle Mitarbeiter in der Forschung und Entwicklung regelmäßig an Verkaufsverhandlungen mit Kunden teilnehmen. Während eines Seminars für einen Software-Hersteller gab es den üblichen Streit: die Verkäufer beschwerten sich über die Designer, sie seien empfindliche Primadonnen und hätten weder Ahnung von noch Interesse an der Wirklichkeit. Wir bohrten ein bißchen tiefer und stellten folgendes fest: da die Verkäufer alle Software-Designer für »empfindliche Primadonnen« hielten, haben sie die Designer auch wie Primadonnen behandelt. Ein Designer beklagte sich bitter: »Wie soll ich denn Interesse an Verkauf und Marketing entwickeln? Die Informationen, die wir von euch bekommen, sind doch gleich Null – keine Absatzzahlen, keine Informationen über unsere Kunden, es sei denn mal in großer allgemeiner Unverbindlichkeit, und im übrigen beschimpft ihr uns doch bloß als eine Bande blöder Arschlöcher, die keine Ahnung von der Wirklichkeit haben.« Leider spielen sich solche traurigen Geschichten viel zu häufig ab. Die Kritikaster handeln entsprechend ihrer negativen Grundeinstellung und sorgen so dafür, daß die »Exoten« nicht in den Praxis-Regelkreis einbezogen und noch stärker in Außenseiterposition abgedrängt werden. Welche Folgen das für deren Lust an innovativem Denken hat, ist nicht schwer zu erraten.

Kunden und Innovation: einige Fragen und Anregungen zu Sofortmaßnahmen

– Nehmen Sie sich die letzten zehn neuen Produkte oder neuen Dienstleistungen vor. Woher kamen die Ideen dazu? Beschäftigen Sie sich mit den zehn neuen Produkten oder Dienstleistungen, die Ihre Konkurrenten in letzter Zeit auf den Markt gebracht haben. Woher kamen deren Ideen? (Nach unserer Erfahrung stammen mindestens 50 Prozent der Ideen von Kunden). Haben die Vorschläge der Kunden zu einer schnelleren (und profitableren) Produktentwicklung geführt?

– Machen Sie bei allen Kunden überall und systematisch »Jagd« auf neue Ideen?

– Haben Sie für Ihre Verkäufer ein nach bestimmten Regeln ablaufendes Procedere festgelegt, wie man Kunden regelmäßig darauf anspricht, neue Vorschläge zu machen? Sind auch die Folgeabläufe genau festgelegt? Schließlich muß ja sichergestellt werden, daß Entwurf und Konstruktion, Marketing, Technik und Herstellung diese Vorschläge auch berücksichtigen. Sprechen auch Mitarbeiter, die nicht direkt im Verkauf tätig sind (z. B. aus den Bereichen Absatzplanung, Herstellung oder Rechnungswesen) allein oder im Team Kunden ausdrücklich auf Ideen an?

– Könnten Sie einen Preis aussetzen (Verkauf, Marketing, Technik) für »die beste Kundenidee des Monats«? Könnten Sie Wettbewerbe ausschreiben (Marketing-Wettbewerbe, Konstruktions-Wettbewerbe), in denen es darum geht, Kunden zu neuen Vorschlägen zu motivieren? Könnten Sie auch Mitarbeiter aus der Herstellung oder den operativen Abteilungen in diese Motivationsarbeit einbeziehen?

– Wie behandeln Sie Ihre Mitarbeiter, Ihre Designer und Einkäufer? Gelten sie als genauso geschäftstüchtig wie alle anderen? Werden sie in den Praxis-Regelkreis einbezogen – das heißt, können auch sie praktische Erfahrungen im Geschäft, im Betrieb, in den

Geschäftsräumen des Kunden sammeln – und zwar so, daß sie als vollwertige Mitglieder der Gruppe akzeptiert werden, anstatt als »Kreative« eine Außenseiterrolle spielen zu müssen? Wer diese Fragen mit Ja beantworten kann, sollte tiefer in die Details eindringen: Nennen Sie zehn Begebenheiten der letzten drei Monate, bei denen es Ihnen gelungen ist, Designer und andere Kreative in das Team einzubeziehen.

– Werden die »Ideenproduzenten« (Ingenieure, Produktmanager, Absatzfachleute, Einkäufer) dazu angehalten, regelmäßig Kunden zu besuchen oder sich selbst in den Verkaufsräumen aufzuhalten? Und wenn ja, wie oft?

MBWA: Menschen

Phil Staley hat eine alte Ford-Betriebsstätte in Edison/New Jersey neu organisiert. Darauf gehen wir später noch im Detail ein. Hier wollen wir nur darauf hinweisen, daß er jeden Tag durch den Betrieb gewandert ist, und dann tat er noch ein bißchen mehr: An einem Ende der Halle fing er an, für seine Leute Steaks zu grillen. Daraus ist später eine ständige Einrichtung geworden. Er hat in der Halle einen Imbißstand eröffnet, Staley's Steakhouse. Dort hält er sich jeden Tag einige Stunden auf, grillt Steaks, spricht mit seinen Leuten – vor allem aber hört er ihnen zu. Jimmy Treybig, Gründer des Unternehmens Tandem Computer, legt großen Wert darauf, daß seine Leute sich zwanglos zusammensetzen. In allen Tandem-Betrieben von Santa Clara bis Singapur findet jede Woche einmal ein »Bierabend« statt, der aber keine Pflichtübung ist. Jeder, der will, kann kommen. Und die meisten kommen auch. Nach Meinung vieler wird in diesen paar Stunden mehr geleistet als während der gesamten Arbeitswoche. Bei Genentech, südlich von San Francisco beheimateter Branchenführer in der Gentechnologie, hat sich ein ähnlicher Brauch etabliert. Einmal pro Woche gibt es Freibier für alle. (In der Woche, in der wir da waren, gab es darüber hinaus sogar noch Austern gratis.)

Zu diesem Thema gibt es natürlich unzählige Variationen (darauf werden wir in Teil IV »Menschen, Menschen, Menschen« noch näher eingehen). Mit unseren Beispielen wollen wir zeigen, wie wichtig es ist, »in Tuchfühlung zu bleiben«. People Express verfügt beispielsweise über ein firmeninternes Fernsehprogramm, WPEX. Täglich wird eine Nachrichtensendung aufgenommen (als »Nachrichtensprecher« fungieren nur Mitarbeiter – zu Wort kommt beispielsweise ein Pilot nach seinem Flug) und an alle Stationen des Unternehmens früh am nächsten Morgen überspielt. Zu den Themen gehören Börsenkurse, Kundenbeschwerden, Kundenlob und Hunderte anderer Ereignisse und Aktivitäten. Wie wir hören, werden diese Nachrichtensendungen immer mit Spannung erwartet. George Lucas etwa, Chef von Lucas-Film (*Star Wars* usw.), hat sich einen besonderen Trick einfallen lassen, um gespannte Beziehungen zwischen Verwaltungs- und Außendienstmitarbeitern zu beheben: Im Werkssport darf pro Abteilung jeweils immer nur ein Mitglied in der Mannschaft mitspielen. Da lernt jeder schnell, daß sein Nebenmann nicht der »feige Trottel« oder unfähige Organisator ist, als der er von einem Kollegen immer hingestellt wird. Das gelingt eben eher bei einem Bier nach dem Spiel als in einer Ausschußsitzung.

MBWA: die Technik der Führung

MBWA ist nichts anderes als die Taktik des Selbstverständlichen, nämlich Tuchfühlung zu halten mit Kunden, Lieferanten, deren und den eigenen Mitarbeitern. MBWA fördert die Innovationsfähigkeit. MBWA ist deshalb also auch *die Taktik der Führung*. Wir behaupten, daß die Kunst der Führung (einer Schule, eines Kleinunternehmens oder eines Großkonzerns, der auf der Liste der hundert Spitzenunternehmen der Zeitschrift *Fortune* erscheint) zunächst voraussetzt, *Aufmerksamkeit und Beachtung zu schenken.* All dies läßt sich nur mit sichtbaren, greifbaren, konkreten Mitteln erreichen. Die Nachricht, daß ein ranghoher Manager einem Verkaufsnovizen – an der Außendienstfront in seinem Verkaufsbereich – einen zehnminütigen Besuch abgestattet hat, wird sich innerhalb kürzester Zeit wie ein Lauffeuer im Einzugsbereich des betreffenden Unternehmens verbreiten und sich unendlich effektiver auswirken als eine formale schriftliche Mitteilung, die meist ohnehin kaum beachtet wird, weil sie Bürokratie signalisiert.

Der MBWA-Geruch

Was hält man in Ihrer Organisation von MBWA? Wird diese Strategie gefördert oder eher blockiert? Bob Waterman berichtet von einem Gespräch, das er mit einem langjährigen Arco-Manager über Chairman Bob Anderson, einen geradezu besessenen »Wandervogel«, führte: »Wenn Bob von außerhalb anrief und den gewünschten Gesprächspartner am Schreibtisch erreichte, konnte man aus seiner Stimme jedesmal Enttäuschung heraushören.« Auch Wal-Mart-Chef Sam Walton ist nicht gerade erfreut davon, Mitarbeiter in ihren Büros anzutreffen. Ein P-&-G-Manager berichtet: »Die schlimmste Philippika meines Berufslebens habe ich mir ganz zu Anfang meiner Karriere anhören müssen. Ein Vorstandsmitglied aus Cincinnatti war zu Besuch, und er erwischte mich eines Morgens bei seiner ›Wanderung‹ in meinem Büro. Der hat mir vielleicht die Hölle heiß gemacht.« Diese Einstellung der Führungskräfte zur Arbeitsweise ihrer Mitarbeiter ist leider immer noch eine Ausnahme. Sie müssen sich also zu diesem Thema gründlich kundig machen, Sie müssen unter allen Umständen darauf achten, daß die Rückmeldungen auch glaubwürdig sind.

Sollte in Ihrem Betrieb die Taktik des MBWA noch nicht oder unterentwickelt sein, müssen Sie sich klarmachen, daß es ungeheuer wichtig ist, einem Unternehmen eine Art »Stallgeruch« zu verleihen. Wir stellen hier acht Möglichkeiten vor, diesen »Geruch« zu intensivieren.

– Machen Sie überall publik, daß Sie 50 Prozent Ihrer Zeit MBWA betreiben und daß dies auch für Ihre Kollegen gilt.

– Sorgen Sie dafür, daß Besprechungen in den Büros und Arbeitsräumen anderer stattfinden, nicht in Ihrem eigenen Büro.

– Beurteilen Sie Führungskräfte auch – und direkt – danach, ob sie bei ihren Mitarbeitern Wert auf ein gutes und intensives Miteinander legen.

– Entlassen Sie einen Manager, wenn Sie merken, daß er seine Mitarbeiter nicht alle mit Vor- und Nachnamen kennt.

– Berufen Sie Besprechungen vor Ort, gewissermaßen an der Front, ein (damit setzen Sie ein weiteres Signal, nämlich: Aus dem Büro herausgehen ist die Norm!).

– Ein Tip, den zu beherzigen besonders schwer fällt: Sie sind in Eile und Streß und brauchen dringend eine Information, die Ihnen nur Frau X geben kann. Sie rufen Frau X also an und stellen fest, daß sie beim Kunden ist. Rufen Sie sie nicht dort an. Sagen Sie ihr nicht, sie solle so schnell wie möglich ins Büro kommen. Warten Sie!

– Haben Sie eine Führungsaufgabe in der Herstellung? Sorgen Sie für ein zweites Büro in der Werkshalle. Sind Sie als Vorstandsmitglied für Forschung und Entwicklung verantwortlich? Sorgen Sie für ein zweites Büro (außerhalb der Hauptverwaltung) in einem Labor. S.I. Newhouse, Gründer des Verlagsriesen Newhouse, hat nie in seinem Leben ein Büro oder eine Sekretärin gehabt. Er verbrachte seine gesamte Zeit in den verschiedenen Unternehmensbereichen. Er erschien ebenso plötzlich wie unangekündigt und erledigte seine Arbeit in irgendeinem dort gerade zur Verfügung stehenden Raum.

In einer effizient arbeitenden Organisation muß MBWA auf jeder Ebene praktiziert werden. In unserem den Führungsqualitäten gewidmeten Schlußteil werden wir auf dieses Thema noch zu sprechen kommen. Indirekt zieht es sich wie ein roter Faden durch sämtliche Seiten dieses Buches.

3.
Integrität und die Technik des Selbstverständlichen

»MBWA: Die Technik des Selbstverständlichen« ist gleichzeitig unsere Einführung in das Thema Integrität. Ein Thema, das uns überaus wichtig ist. Worum es uns dabei geht, kristallisierte sich Mitte des Jahres 1984 heraus. Tom war gebeten worden, ein Buch zu lesen und es positiv zu kommentieren. Die in Schlagworte gefaßten Thesen des Buches waren griffig und überzeugend. Der Autor folgte dem Konzept des Zuhörens. Er betonte, wie wichtig es sei, auch große Entfernungen zu überbrücken, nur um einem Geschäftspartner von Angesicht zu Angesicht gegenüber sitzen zu können. Warum hat Tom es in diesem Fall dennoch abgelehnt, das Buch positiv zu beurteilen? Zwischen den Zeilen konnte man überall herauslesen, daß es sich bei diesen Verhaltensweisen um ein Instrumentarium handelt, das jeder einsetzen kann, um unmittelbar Vorteile gegenüber dem anderen zu erringen. Dies ist ein falscher, weil unredlicher Standpunkt. Es ist wichtig, dem Kunden ehrlich zuzuhören, seine Meinung ernst zu nehmen. Wir sind davon überzeugt, daß wir unseren eigenen Mitarbeitern genau und engagiert zuhören müssen. Integrität ist für uns eine Voraussetzung. Ist sie nicht vorhanden, ist unserem Konzept die Grundlage entzogen. Sämtliche Thesen dieses Buches sind zweckentfremdet und nutzlos, wenn sie nicht von der entsprechenden persönlichen Ehrlichkeit getragen werden. Ganz abgesehen davon, daß man sich ohne ehrliches persönliches Engagement sehr schnell als Heuchler entlarvt. Wenn Sie sich einen Telefonanschluß legen lassen, der von überall mit R-Gespräch zu erreichen ist, sich aber nicht um die Ausbildung der Mitarbeiter am Telefon kümmern und nicht entsprechend auf die Mitteilungen Ihrer Kunden reagieren, sind Sie unglaubwürdig, jemand, der nur kosmetische Korrekturen vornimmt und sich damit verhält wie manch ein Politiker, der zur Staatsverdrossenheit beiträgt, die er anschließend beklagt.

Wer einerseits die reservierten Parkplätze für Führungskräfte abschafft, seine Mitarbeiter andererseits aber weiterhin mit Verachtung straft, muß sich gefallen lassen, daß dies als eine Art von Betrug gewertet wird.

Wer das Organigramm des Unternehmens »auf den Kopf stellt« (Kunden oder Wähler an die Spitze der Pyramide, Unternehmensleiter oder Bürgermeister an den Fuß der Pyramide), den Dienst am Kunden oder am Bürger aber weiterhin so nachlässig betreibt wie zuvor, wird sich damit abfinden müssen, daß sich gar nichts, auch nicht um ein Jota, ändert. Statt dessen wird der Betreffende zur Karikatur.

Unser Modell ist in allen wichtigen Elementen von zahlreichen wirklichkeitsnahen Thesen untermauert. Eine einzelne These für sich allein gesehen ist unbedeutend. Erst aus der Summe aller ergibt sich die Aussage. L. L. Beans Dienst am Kunden wird getragen von Hunderten kleiner Serviceleistungen. Wir werden Sie in jedem Kapitel immer wieder darauf hinweisen, daß ein Vorbild nur so lange taugt, wie es von einer integren Führungskraft verkörpert wird. Wir bitten Sie, während Sie dieses Buch lesen, ab und an innezuhalten, zu prüfen, wie Sie innerlich über Ihre Mitarbeiter oder Kunden wirklich denken. Gehen Sie in sich. Was halten Sie tatsächlich von MBWA? Wie wichtig ist Ihnen das, was der Kunde wahrnimmt? Wie reagieren Sie auf Fehlschläge? Denken Sie gerade dann darüber nach, wenn Ihnen ein Vorschlag ganz besonders gut gefällt. Eine solche Pause wird Ihnen wichtige Erkenntnisse vermitteln.

Halten Sie noch einmal inne und prüfen Sie sich ehrlich: Stehen Sie überzeugt hinter unserem Konzept?

Wenn Sie beim Lesen dieses Buches mit den Zähnen knirschen und Anlaß zum Nachdenken finden, haben wir unser wichtigstes Ziel erreicht – und Sie Ihres hoffentlich auch.

Wir hatten eine gute Freundin zu einem Abendessen in unserem Skunkcamp, unserem »Stinktierlager«, das wir schon in unserem Vorwort erwähnt haben, eingeladen. Sie verbrachte eine halbe Stunde im Gespräch mit Don Burr (People Express) und dem geschäftsführenden Gesellschafter von Trammell Crow, Don Williams. Sie weiß, welchen hervorragenden Ruf beide haben. Ihr Kommentar (sie konnte ihre Überraschung nicht ganz verbergen): »Sie sind so gute Zuhörer. Sie haben ganz konzentriert angehört, was ich mit meinem kleinen Unternehmen erreichen will.«

Genau darauf kommt es an!

Teil II
Kunden

Ich muß zugeben, daß [vor den Ereignissen der letzten harten Jahre] unser Verhalten in der Ford Motor Company auf ein einziges zentrales Ziel ausgerichtet war, nämlich eine Kapitalrendite zu erwirtschaften. Inzwischen haben wir, glaube ich, gelernt, daß es auch noch ein anderes zentrales Ziel gibt – und daß sich die Gewinne von selbst einstellen, wenn man diesen Faktor als unverzichtbar betrachtet: Es ist der Dienst am Kunden. Natürlich müssen die Kosten stimmen, die Qualität muß stimmen, auch das andere Drumherum muß stimmen. Immer aber müssen wir im Auge behalten, daß der Dienst am Kunden der zentrale Faktor auf unserem Weg zum Ziel ist. Das, glaube ich, haben wir gelernt. Viel komplizierter ist es nicht, und ich empfehle Ihnen, darüber nachzudenken.

Edson P. Williams, Vice President, Ford Motor Company
(Generaldirektor, Ford-LKW-Bereich)

Verbraucher sind Faktoren in der Statistik, Kunden sind Menschen.

Stanley Marcus, Alt-Chairman, Neiman-Marcus

Es gibt zwei Faktoren, mit denen sich strategische Vorteile erringen und stabilisieren lassen. Das erste ist das leidenschaftliche »Dranbleiben« am Kunden – am Kunden, nicht an den Märkten, nicht am Marketing, nicht an der strategischen Positionierung, was auch immer das heißt, nur am Kunden. Ein »Markt« hat noch nie eine Rechnung bezahlt. Kunden jedoch tun's.

Natürlich nehmen auch Marketing, Strategieformulierung und ähnliches einen wichtigen Platz ein. Letztendlich aber laufen alle Bemühungen auf Dienst am Kunden und auf Qualität für den Kunden hinaus, und zwar so, wie sie vom Kunden wahrgenommen und geschätzt werden. Immer wieder beobachten wir, daß Unternehmen sich mehr auf den Markt konzentrieren. Wir sehen, wie sie an der Qualität arbeiten. Sie machen Fortschritte. Dieser Fortschritt ist aber nur ein vorübergehender, weil der Kunde nicht für alle – von der Expedition über die EDV und die Management-Informationssysteme bis hin zu den Verkaufsniederlassungen – zum Mittelpunkt allen Engagements geworden ist.

Wir haben lange nachgedacht, bevor wir einen Begriff fanden, der genau benennt, worauf es uns ankommt. Er heißt *Geruch*. Kann man in Ihrem Unternehmen auf allen Ebenen atmosphärisch wahrnehmen, also gewissermaßen riechen, daß sich alles, aber auch alles um Ihre Kunden dreht? Engagieren Sie sich für Ihre Verkäufer, das heißt, hören Sie ihnen zu, obgleich sie Sie und Ihre Geduld auf eine harte Probe stellen, weil sie auf jede – von Ihnen vielleicht als Laune gesehene – Forderung des Kunden eingehen wollen? Achten Sie auf die kleinen, aber meßbaren Unterschiede, aus denen sich dann der Vorsprung für den hervorragenden Plätzchenbäcker genauso ergibt wie für den Hersteller von Flugzeugmotoren?

IBM, Domino's Pizza, Stew Leonard's, Maytag, Perdue Farms – sie alle leben für ihre Kunden. Gleichzeitig sind sie alle hervorragende Absatzstrategen. Oder etwa nicht? Nach außen gelten sie als Meister der Segmentierung und strategischen Positionierung, weil sie sich sklavisch daran halten, daß der Kunde an erster Stelle steht – in jeder Hinsicht!

Unser Lexikon des Erfolgs enthält also ganz einfache Schlüsselbegriffe: Höflichkeit, Zuhören, Wahrnehmung. Wir sind schon ein wenig stolz darauf, daß ein Teil dieses Buchs mit »Kunden« überschrieben ist. In Fach- oder Managementbüchern findet man das nur selten. Leider zeigt sich dieses mangelnde Interesse am Kunden, wie es bei Autoren, Beratern und Wissenschaftlern vorherrscht, häufig auch in der Leistung vieler Unternehmen. Schon in *Auf der Suche nach Spitzenleistungen* haben Tom und Bob Waterman ein Kapitel über das Thema Kunde veröffentlicht. Wir widmen diesem Thema hier insgesamt fünf Kapitel. Es ist zu unserem Hauptanliegen geworden. Wir sind davon besessen. Es dürfte doch wohl für jeden selbstverständlich sein, daß alles mit dem Kunden steht und fällt; und so selbstverständlich wie diese Erkenntnis sollte es deshalb sein, unseren Kunden höflich zu begegnen.

4.
Selbstverständliche Höflichkeit: die letzte Barriere gegen das Vordringen der Konkurrenz

Gäste
In Disneyland und Disneyworld wird jeder, der das Gelände (die »Bühne«) betritt, als GAST bezeichnet. Darüber hinaus gilt: wer es bei Disney wagen sollte, dieses Wort nicht groß zu schreiben, hat keine Chance, dort erfolgreich zu bestehen.

Viele Unternehmen, beispielsweise Hewlett-Packard und DuPont, die großen acht Wirtschaftsprüfungsgesellschaften, Banken und Speditionen, die sich aufgrund des Abbaus staatlicher Vorschriften einer neuen Situation gegenübersehen, versuchen selbstverständlich, sich stärker am Markt zu orientieren. Häufig aber erschöpft sich diese Aktivität der Unternehmensleitung darin, eine große Gruppe von Marketing-Professoren aus Stanford, Harvard oder von der North Western University als Berater in das Unternehmen zu holen und sich von ihnen in Marktsegmentierung usw. unterweisen zu lassen. Was sie zu hören bekommen, freut die Unternehmer immer (die Marketing-Fachsprache ist genauso kompliziert und hört sich genauso wissenschaftlich an wie ihr eigener Fachjargon). Geradezu besessen wenden sie sich den Strategien zu. Nur ändert sich deshalb meist wenig. Woran liegt das?

Dauerhafte strategische Vorteile in der »Marktorientierung« erwachsen zum großen Teil aus Binsenweisheiten: Zuhören, Höflichkeit, die eigentlich selbstverständlich sein sollte, es aber leider lange nicht immer ist, Konzentration auf Produktqualität, Differenzierung auch bei den sogenannten Massenartikeln, überragende Dienstleistung und ebenso überragende Qualität. Der Stand der Technik ist in dieser Hinsicht nicht so wichtig. Dasselbe gilt für das »Marketing«, im Mittelpunkt allen Bemühens um Erfolg steht der Kunde. Wir ziehen es deshalb vor, von »Kundenorientierung« und nicht von »Marktorientierung« zu sprechen.

S. V. V.: schlecht verhüllte Verachtung

Während eines Nachtflugs nach Denver machte unser Flugzeug eine kurze Zwischenlandung in Salt Lake City. Nach nur neun Minuten Aufenthalt kommen die Passagiere aus Salt Lake City an Bord. Die Chefstewardeß sieht die neuen Passagiere im Anmarsch, wendet sich an ihre Kollegen und sagt: »Hier kommen die Tiere.«

Die Führungsmannschaft einer Hotelkette beklagt sich darüber, daß sie ihre Konzessionäre nicht in den Griff bekommt. Sie fragen sich, wie McDonald's damit klarkommt. Wir erinnern sie nicht allzu diplomatisch an eine Unterhaltung, die wir bei einer Cocktailparty am Abend zuvor hörten. Da standen zwei leitende Angestellte des Unternehmens und beklagten sich darüber, welch eine Zeitverschwendung es doch sei, in den nächsten Tagen mit diesem »blödsinnigen Ausschuß der Konzessionäre« tagen zu müssen. Sie meinten, dieser Ausschuß sei doch nur gegründet worden, »damit die Konzessionäre mal Dampf ablassen können und das Gefühl bekommen, sie gehörten zum Unternehmen dazu«. Ein technisch sehr versierter Ingenieur in der Konstruktionsabteilung eines Technologieunternehmens steuert eine Variante zu diesem Thema bei: »Wir haben eine technisch schon ausgereifte Maschine in ihrer Konstruktion noch einmal verbessert. Das verbesserte Teil mußte vor Ort ausgetauscht und montiert werden. Wir führten eine lange Diskussion darüber, ob wir das Bedienungshandbuch ändern und einen Begleitbrief verfassen sollten, in dem wir unsere Gründe für diese Verbesserung darstellen könnten. Die Abstimmung fiel beinahe einstimmig aus: ›Bringt die Leute vor Ort doch nicht durcheinander; so intelligent sind die doch nicht.‹«

Ein technikorientiertes Unternehmen, das als äußerst qualitätsbewußt gilt, läßt alle Mitarbeiter regelmäßig an sogenannten »Produktschulungen« teilnehmen. Rein theoretisch sollen sie auch ein Verkaufstraining durchlaufen. Einer seiner Manager erklärt: »Ob's regnet oder schneit, die Produktschulung wird in jedem Fall durchgeführt. Wenn das Budget gekürzt wird, fällt das Verkaufstraining immer als erstes flach. Unter uns gilt das als ›weicher Kram‹ und ist daher entbehrlich.« Eine im Empfangsbereich dieses Unternehmens arbeitende Kollegin fügt dem hinzu: »Schauen Sie, wenn ein Ingenieur hier anfängt, bekommt er schon am dritten Tag sein erstes Training. Ich bin jetzt schon seit vier Jahren hier und warte immer noch auf mein erstes Training: ›höfliches Verhalten am Telefon‹.«

Nancy wollte eine Woche Urlaub in Mexiko machen. Einige Tage vor ihrer Abreise wollte sie ihren Fotoapparat aus der Reparatur abholen. Der Verkäufer ging nach hinten, um den Fotoapparat zu suchen, kam aber mit leeren Händen zurück und erklärte, ihr Fotoapparat sei nicht da. Ob sie sich vielleicht geirrt habe? Ob sie den Fotoapparat wirklich hier zur Reparatur abgegeben habe? (Sie hatte am Tag vorher telefonisch nachgefragt. Es wurde ihr bestätigt, die Kamera sei repariert und liege zum Abholen bereit.) Der Verkäufer suchte erneut, fand die Kamera aber nicht. Schließlich bat Nancy, ihr für die Dauer ihres Urlaubs eine Kamera zu leihen. Der Verkäufer zögerte und sagte dann: »Wie soll ich denn wissen, ob Sie Ihre Kamera nicht längst abgeholt haben. Vielleicht versuchen Sie nur, uns auf diese Weise einen wertvollen Fotoapparat abzuluchsen. Ich bin schließlich für den Laden verantwortlich, wissen Sie, und da Sie keinen Reparaturzettel haben – wie soll ich denn Ihre Kamera finden, wenn sie überhaupt da ist, was ich bezweifle. Sie hätten früher kommen sollen, nicht erst kurz bevor Sie in Urlaub fahren.« Jeder kann einmal einen schlechten Tag erwischen, aber das war zuviel. Schließlich bekam sie eine Leihkamera. Ihr Fotoapparat wurde zwei Wochen später gefunden, er war unter einer falschen Nummer einsortiert worden. Selbstverständlich hat Nancy inzwischen ihr Fotogeschäft gewechselt.

»Arme blöde Patienten«
In *Verdict Pending* (auf deutsch etwa: Urteil in der Schwebe) Capistrano Press, 1983, beschreibt Fredonia French Jacques, die sich seit 25 Jahren für die Rechte der Patienten starkmacht, wie die Krankenhauspflege aus der Sicht des Patienten (des Kunden) aussieht. Ein Patient kommt selbst zu Wort:
»Schwerkrank werde ich in dieses Krankenhaus eingeliefert. Als erstes soll ich eine ganze Reihe blödsinniger Fragen beantworten. Ich sage, ich sei einer Ohnmacht nahe. Sie sagen: ›Ich muß Ihnen noch einige Fragen stellen, sonst können wir Sie nicht aufnehmen.‹ Ich werde ohnmächtig und falle. Ich komme wieder zu mir und höre jemanden sagen: ›Hier können Sie nicht liegen bleiben!‹ Meine Frau will mir aufhelfen. Die Stimme sagt: ›Sie können ihn doch nicht hochheben!‹ Sie nehmen mir meine Kleider weg. Meiner Frau sagen sie, sie solle alle Wertgegenstände mit nach Hause nehmen, meine Uhr, meinen Ring, meine Brieftasche. Sie sagen, sie können die Haftung nicht übernehmen. Ich ziehe dieses Hemd an, das im Rücken von oben bis unten geschlitzt ist. Es hat keine Knöpfe, und sie zwingen einen dazu,

es hinten offen zu tragen. Entweder guckt mein Hintern heraus, oder ich halte es mit einem Arm zusammen, weil im anderen Arm eine Kanüle steckt. Ich hänge am Infusionstropf. Jedesmal, wenn ich auf die Toilette oder mir meine Zähne putzen will, muß ich den Infusionsständer vor mir herschieben.«
Der Patient fährt fort: »Sie kommen herein und sagen mir, sie müßten mein Gebiß herausnehmen. Dies sei notwendig, da ich operiert würde. Das schlimme ist nur, daß sie mein Gebiß schon eine Stunde vorher wegnehmen. Ich geniere mich. Und sie geben mir das Gebiß erst wieder zurück, wenn ich ganz aus der Narkose erwacht bin. Wer weiß, wie viele Menschen mich inzwischen angestarrt haben, wie ich da lag mit meinem offenen, zahnlosen Mund.«

Diese skandalöse Art von Verhalten, der man prinzipiell auch in der freien Wirtschaft und in Behörden begegnet, bezeichnen wir inzwischen mit dem Kürzel SVV – schlecht verhüllte Verachtung.

Wir betreten eine andere Bühne und hören einem Seminar an der Stanford Business School zu. Eine Gruppe diskutiert, wie besessen Disney auf Sauberkeit der Parks und Freundlichkeit gegenüber dem Kunden achtet. »Ich habe in den Parks tatsächlich noch nie Abfall herumliegen sehen«, sagt eine normalerweise skeptische Studentin. Sie fragt die übrigen 50 Seminarteilnehmer nach deren Meinung. Alle stimmen ihr zu. Anschließend hat die Gruppe, die den Part der »zynischen Berater« spielt, das Wort. Sie pflücken die Disney-Präsentation auseinander. Den Erfolg der Disney-Parks führen sie auf deren günstige Lage und eine Reihe günstiger Immobilienkäufe zurück. Es entspinnt sich eine heiße Debatte. Ein Sloan-Stipendiat, ein junger, dynamischer, aufstrebender Manager von General Motors, ist der Leiter der »zynischen Berater«. Er wird plötzlich ernst, vergißt, daß er Teilnehmer eines Planspiels ist. »Für einen sauberen Park sorgen kann schließlich jeder«, behauptet er. Deshalb muß nach seiner Ansicht als Erklärung für Disneys Erfolg schlicht und einfach Grundeigentum und Kapitalausstattung herhalten. Dasselbe Argument wird für ein anderes Unternehmen strapaziert. »Es ist doch nichts dabei! Das kann doch schließlich jeder.« Schließlich kann Tom einfach nicht mehr an sich halten. Er sagt wütend: »Natürlich *kann* das jeder, aber Disney tut's!«

Buck Rodgers (IBM), der bis zu seiner Pensionierung 1984 als Vorstandsmitglied weltweit für das Marketing verantwortlich war, hat leider ganz richtig erkannt: »Es ist eine Schande! Guter Service ist immer die Ausnahme, und man freut sich mächtig darüber.

Eigentlich sollte es umgekehrt sein.« Recht hat er. Ganz normale Anstandsformen und ganz normale Höflichkeit gegenüber dem Kunden (»Gast«) sind tatsächlich die Ausnahme. Wirtschaftswissenschaftler werden uns allerdings wohl kaum abnehmen, daß sich hier letztendlich der Wettbewerb entscheidet. Sie werden nicht einsehen, daß es auf Höflichkeit ankommt, auf Service und Hilfsbereitschaft, wenn man Erfolg haben und stabilisieren will.

Eine gute Vorstellung geboten, Southwest!?
Wir saßen zu viert in den ersten beiden Sitzreihen des Flugzeugs. Mit einer Stunde 35 Minuten Verspätung startete an einem Freitagnachmittag die Southwest-Maschine von Phoenix nach San Diego. Für den 14.15-Uhr-Flug wurde auf der Tafel 15.20 Uhr als voraussichtliche Abflugzeit genannt. Es war 15.15 Uhr. Wir standen am Flugsteig. Die Linienmaschine war aber noch nicht angekommen. Tom fragte: »Wie lange wird sich denn der Abflug voraussichtlich noch verzögern?« Die Bodenstewardeß antwortete: »Die auf der Tafel angegebenen Zeiten haben nicht viel zu bedeuten. Den angeschlagenen Zeiten müssen Sie immer noch rund eine Stunde zuschlagen.« – »Wie bitte?« fragte Tom entgeistert. »Das war nicht so gemeint«, sagte die Stewardeß, »es sollte ein Witz sein.« Ein schöner Witz, wenn man an einem Freitagnachmittag nach Hause will! Tom erzählte diese Geschichte später im Flugzeug. Seine Nachbarin schaltete sich ein: »Das ist doch noch gar nichts. Ich stand am Abfertigungsschalter in Albuquerque [dem vorherigen Zwischenstopp]. Wir hatten gerade gehört, daß wir mit einer Stunde Verspätung rechnen müßten. Hinter mir haben sich ein oder zwei Passagiere ziemlich lautstark beschwert. Ich sah dann, wie die Stewardeß [von Southwest] am Abfertigungsschalter sich ihrer Kollegin zuwandte [sie unterstrich dies mit lebhaften Gesten] und laut und deutlich sagte: ›Heute benehmen sich die Passagiere wie die Idioten.‹ «
Eine andere Passagierin konnte mit noch stärkerem Tobak aufwarten. Auch sie hatte schon in Albuquerque auf die Maschine warten müssen. »Neben mir meinte jemand [ein Fluggast], nicht gerade laut: ›Die machen einem das Leben aber auch wirklich schwer.‹ Ein in seiner Nähe stehender Southwest-Mitarbeiter schoß zurück: ›Was glauben Sie denn, wie schwer die es mir machen?‹ – als ob wir Passagiere die Schuld daran hätten, daß nun sein Tag verdorben war.« Sie schloß mit den Worten: »Ich bin froh, wenn America West [eine neue Fluggesellschaft mit ausgezeichnetem Ruf] da ist. Dann kriegen diese Witzbolde eine Lektion erteilt, die sie sich lange merken werden.«
Dieses Gespräch wurde von vier Personen geführt. Drei davon waren

empört, und zwar nicht, weil sich der Abflug verzögert hatte, sondern weil das Flugpersonal sich derart unverschämt benahm.

Der kleine Unterschied und seine großen Folgen

Tom ist zweifellos ein »rational denkender Mensch«. Er hat zwei akademische Grade als Ingenieur und zwei akademische Grade im Bereich Wirtschaftswissenschaften. In seinem Berufsleben hat er hauptsächlich als Unternehmensberater/Analytiker gearbeitet. Dieser durch und durch rational denkende Mann fliegt, wann immer es möglich ist, nur mit Delta Airlines. Warum? Man kommt beispielsweise spät abends an einem Flughafen an und will noch den letzten Anschlußflug erreichen. Man ist müde und abgekämpft. Und dann steht da ein freundliches Wesen von Delta Airlines, lächelt und sagt: »Ich hoffe, Sie hatten einen guten Flug. Der Anschlußflug nach San Francisco wartet an Flugsteig 26, hier hinunter, zweiter Flugsteig auf der linken Seite.« Tom glaubt ihm – und kontrolliert diese Mitteilung gar nicht erst auf der Anzeigetafel, weil er weiß, daß sie stimmt.

Shelby Carter, ehemaliger Chef der Xerox-Verkäufermannschaft, beschreibt in seinem Buch *Ten Greatest Salespersons* (Die zehn besten Verkäufer), wie er dem »Windex-Mann« (etwa »Meister Proper« vergleichbar) begegnete:

Ich will Ihnen ein treffendes Beispiel dafür geben, wie mich als Kunde etwas Kleines und scheinbar Unbedeutendes beeinflußt hat. Wir waren gerade in unser neues Haus eingezogen – mit der ganzen Bande, unseren sechs Kindern und zwei Hunden. Es war unser erster Tag im neuen Haus, und es herrschte ein fürchterliches Chaos. Die Kinder tobten durch das Wohnzimmer, und der Fernsehapparat funktionierte nicht. Ich holte mir die Gelben Seiten und rief den Kundendienst an. Der Monteur kam sofort. Als er den Fehler behoben hatte, bat er mich, doch einmal herzukommen und mir den Apparat anzuschauen. Ich stolperte über die Kinder, unseren Deutschen Schäferhund und die Bücher. Anstatt mir aber die Rechnung zu präsentieren, wie ich es eigentlich erwartet hatte, zog der Kundendiensttechniker eine Flasche Windex-Spray heraus und reinigte den Bildschirm. Das hat mich sehr beeindruckt. Er zeigte mir nämlich, wie stolz er auf seine Arbeit und das von ihm gewartete Produkt war. Von da an habe ich immer, wenn das Fernsehgerät wieder einmal repariert werden mußte, zu meiner Frau gesagt: »Liebling, ruf den Windex-Mann an.«

Ein Citibank-Mitarbeiter erzählt uns, wie er sich eine Viertelstunde darum bemüht hat, für einen unbekannten Kunden, der einfach so hereingeschneit kam, einen nagelneuen, druckfrischen Einhundertdollarschein zu besorgen. Der Kunde brauchte den Schein, weil er ihn am Nachmittag als Präsent überreichen wollte. Unser Freund bei der Citibank führte zwei Telefongespräche, bekam den druckfrischen Schein, verpackte ihn in einen kleinen Kasten und legte seine Karte mit einer Notiz dazu: »Danke schön, daß Sie an uns gedacht haben.« Der Laufkunde kam schon ziemlich bald wieder und eröffnete ein Konto. Innerhalb von neun Monaten deponierte seine große Rechtsanwaltsfirma 250 000 Dollar in den Tresoren der Citibank. Man kann natürlich nicht davon ausgehen, daß so etwas häufig vorkommt. Darum geht es auch gar nicht. Aber unterm Strich lassen sich mit jeder einzelnen Handlung dieser Art die Chancen auf Erfolg verbessern.

Ein weiteres Beispiel: Einer unserer Freunde fährt einen VW. Plötzlich war im Wagen ein seltsames Geräusch zu hören, und er brachte ihn in eine Shell-Reparaturwerkstatt mit sehr gutem Ruf, einem verdient guten Ruf, wie sich herausstellte. Der Werkstattmeister rief den Kunden schon wenige Stunden später an: »Wußten Sie, daß dieses Teil noch in die Garantiefrist fällt? Ich habe den VW-Händler hier am Ort angerufen, und er ist bereit, den Schaden für Sie sofort zu beheben.« Seitdem fährt unser Freund sein Auto nur noch in diese Werkstatt – und wir auch. Wir tanken sogar dort, obwohl das Benzin ein wenig teurer ist. (Zu einem späteren Zeitpunkt hat er unserem Kollegen ausgeredet, eine neue Batterie zu kaufen. Es wundert uns nicht, daß man sich bei ihm normalerweise zwei Wochen vorher für eine Inspektion anmelden muß, obwohl er dafür einen ansehnlichen Preis nimmt.)

Die Quelle selbstverständlicher Höflichkeit: Menschen wie Helden behandeln

Wenn allgemein übliche Höflichkeit einer der Schlüssel zur Kundenzufriedenheit ist, sind die Mitarbeiter im Empfangsbereich, die Verkaufsfahrer und die Mitarbeiter in der Telefonzentrale *die* Schlüsselfiguren. Mit dieser Binsenweisheit endet Teil IV unseres Buches (Menschen, Menschen, Menschen). Weil dieser Punkt aber so wichtig ist, wollen wir noch ein wahrlich denkwürdiges Beispiel nennen.

General Bill Creech gelang ein bemerkenswerter Umschwung

bei der Tactical Air Command der U. S. Airforce (Tactical Air Command – TAC – Taktisches Luftkommando). In Friedenszeiten ist das »Produkt« der TAC der Einsatzflug, in dem das Waffensystem (Flugzeug), Pilot und Unterstützungsgruppe als Einheit unter simulierten Kampfbedingungen üben. Die Meßgröße in Friedenszeiten ist die Zahl der Einsatzflüge. Als General Creech 1978 den taktischen Luftbefehl übernahm, war die Quote der Einsatzflüge seit zehn Jahren pro Jahr um insgesamt 7,8 Prozent zurückgegangen. Von 1978 bis 1983 wurde die Quote jährlich um 11,2 Prozent erhöht. Früher dauerte es durchschnittlich vier *Stunden,* ehe ein Ersatzteil in eine vorübergehend nicht flugfähige Maschine eingebaut werden konnte. 1984 war die Durchschnittszeit schon auf acht *Minuten* reduziert. Da das Ersatzteilbudget während dieser Zeit ständig weiter gekürzt wurde und weitere ungünstige äußere Faktoren hinzukamen, war die Wende ausschließlich ein Erfolg des Managements. Im Grunde ging es um eine simple Erkenntnis: Wenn Flugzeuge nicht starten können, liegt es meist nicht an den Piloten, sondern an irgendwelchen äußeren Umständen. Ein Flugzeug kann beispielsweise nicht starten, weil der Transporter mit dem notwendigen Ersatzteil auf dem Weg über den Stützpunkt in ein Schlagloch gerät, das nicht beseitigt wurde, und deshalb die Achse bricht. Das bedeutet, daß die Mitarbeiter im logistischen und Wartungsbereich und ihre Ausstattung gleichermaßen ein Problem und eine Chance darstellen.

Der Präsident eines High-Tech-Unternehmens hat diesen Zusammenhang einmal wie folgt formuliert: »Ich kann Ihnen in einer einzigen Stunde ganz leicht alles beibringen, was Sie über Marketing wissen müssen – ich kann das in einem simplen Satz ausdrükken: Der wichtigste ›Vermarkter‹ in meinem Unternehmen ist der Mitarbeiter oder die Mitarbeiterin an der Verladerampe, der oder die beschließt, den verdammten Karton nicht einfach in den Lastwagen fallen zu lassen.«

Und wie hat General Creech auf diese unbestreitbare Tatsache reagiert? Die Soldaten in den logistischen Einheiten werden praktisch nie lobend erwähnt. Creech aber besuchte sie, hat ihnen Mut zugesprochen und ihre Arbeit gewürdigt. Er sagte: »Das Flugzeug ist gewissermaßen unser Kunde.« Er ehrte damit die Arbeit derjenigen, die mit ihrer vorgeblich profanen Tätigkeit einen großen Einfluß auf die Funktionsfähigkeit dieser »Kunden« haben. (Siehe dazu auch Kapitel 14 zum »Eigentumsgefühl«, wenn Sie mehr über die Wende bei TAC erfahren wollen.)

Sämtliche Unternehmen mit überragendem Dienst am Kunden – von Stew Leonard über Marriott bis hin zu IBM – investieren wie die TAC unter General Creech verhältnismäßig viel in das Wohlergehen und die Arbeitsmoral ihrer Mitarbeiter in den logistischen Bereichen.

Man braucht schon etwas Phantasie, um dieses so wichtige Engagement für die Arbeit zu fördern, etwa Wettbewerbe auszuschreiben, Preise zu verleihen und Mitbestimmungsmöglichkeiten für Verkäufer (oder Konstrukteure, Einkäufer, Techniker) einzuleiten, sind dafür eher übliche Maßnahmen. Schwieriger ist es schon, Mitarbeiter in der innerbetrieblichen Warenverteilung, der EDV oder ähnlichem zu motivieren und für vorbildlichen Dienst am Kunden auszuzeichnen. Denn die gewissermaßen »indirekte« Leistung dieser Mitarbeiter ist wesentlich schwieriger zu erkennen, zu werten und zu messen. Deshalb bedeutet es »Kunstgriff« und Steigerung des Service zugleich, wenn man diesen Mitarbeitern möglichst viel direkten Kontakt zum Kunden verschafft. Milliken, MP und viele weitere Unternehmen bemühen sich, Mitarbeiter aus der Verwaltung und den Stäben in die von Kunden und Unternehmen gemeinsam betriebenen Projektgruppen zur Problemlösung einzubringen. Die erfolgreichen Davgar-Restaurants (sie betreiben über ein Dutzend Burger-King-Konzessionsfilialen in Florida und sind alle besser als der jeweilige lokale Konkurrent McDonald's) haben sich zum Prinzip gemacht, Stabsmitarbeiter an allen Verkaufskonferenzen und Verkaufsfeiern teilnehmen zu lassen. Man kann auch noch direkter handeln: In Kapitel 14, in dem wir über »psychologisches Eigentum« sprechen, stellen wir eine Bank vor, der es in einer Zeit der Krise gelang, jeden Mitarbeiter dafür einzusetzen, neue Kunden zu gewinnen. General Creech entwickelte durchdachte (und deshalb praktikable) Effizienzmeßgrößen für alle logistischen Gruppen. Er etablierte einen intensiven Wettbewerb zwischen den verschiedenen Untergruppen und setzte großzügige Preise für Spitzenleistungen aus. Er veranstaltete regelmäßig Bankette für Soldaten dieser logistischen Gruppen.

Wir könnten dieses Thema noch lange weiter diskutieren (und werden dies indirekt auch in dem Teil unter dem Titel »Menschen, Menschen, Menschen« tun). Jetzt aber wollen wir Ihnen eine Frage stellen. Die meisten von Ihnen haben sicher schon von IBMs glanzvollen Golden-Circle-Gala-Veranstaltungen für die besten drei Prozent aus der Verkaufsmannschaft und von Mary Kays spektakulären Veranstaltungen für ihre Top-Verkäuferinnen gehört. Haben Sie aber jemals von einer Veranstaltung ähnlicher Größenordnung für die Ersatzteilabteilung, die Teams in den Warenverteilungszentren oder im Innendienst gehört? Wenn nicht, sollten Sie sich fragen, warum? Es gibt schließlich kein Gesetz, das so etwas verbietet. Und das wäre der einzig ärgerliche, aber vernünftige Grund, sich nicht im hier beschriebenen Sinne um die Mitarbeiter zu kümmern, von denen sonst niemand spricht, die aber gleichwohl für die Effizienz eines Unternehmens von außerordentlicher Bedeutung sind.

Allgemein übliche Höflichkeit: eine Sofortmaßnahme

Nehmen Sie sich vor, jeden Tag selbst einmal zehn Minuten lang einem Kunden außergewöhnliche Höflichkeit zu bezeugen. Überzeugen Sie Ihre Kollegen davon, dasselbe zu tun. In einem Unternehmen mit 100 Mitarbeitern liefe dies unter Berücksichtigung von Ferienzeiten, Feiertagen usw. auf insgesamt 24 000 neue »höfliche Begegnungen« pro Jahr hinaus. Das ist der Stoff, aus dem revolutionäres Management gemacht ist.

Viel Glück (und Dankeschön für Ihre Aufmerksamkeit).

5.
»Ware« gibt es nicht

In unseren Seminaren wird uns häufig folgende Frage gestellt: »In den letzten zehn Jahren haben wir eigentlich immer nur Positives über die Erfahrungskurve gehört [mehr verdienen – mehr verkaufen – zu niedrigeren Preisen, um Marktanteile auszubauen und über möglichst niedrige Fertigungskosten die Konkurrenz am Eintritt in den Markt zu hindern]. Diese Vorgehensweise wird seit neuestem heftig angegriffen. Sie behaupten, Umsatzsteigerungen seien wichtiger als Kostendämpfung. Was ist denn nun richtig?«

Dazu ein Beispiel: der Regionalverkaufschef von John Deere trug eine merkwürdige Krawattennadel, und zwar in Form eines Kreuzes. Die Buchstaben in der Senkrechten lauteten DEERE, die Buchstaben in der Waagerechten SOQ NOP. Auf die Frage, was diese Buchstaben bedeuten sollten, antwortete er: »Sell on quality, not on price.« Er fügte hinzu: »In preisumkämpften Märkten stehe ich vor einer äußerst schwierigen Aufgabe. Ich muß meinen Leuten klarmachen, daß es darauf ankommt, die Nützlichkeit zu verkaufen und sich nicht nur auf den Preis [als einziges Verkaufsargument] zurückzuziehen. Ich will Ihnen eine Geschichte erzählen. Vor einigen Jahren war ich sehr darum bemüht, ein Geschäft [für Deere] abzuschließen. Zum Schluß waren nur noch zwei Anbieter im Spiel. Der Bursche, der über den Kauf zu entscheiden hatte, rief mich noch einmal zu sich, um mir eine letzte Chance zu geben. Er teilte mir folgendes mit: ›Ihr Preis ist einfach zu hoch. Nichts für ungut. Wir hoffen, daß wir Sie in Zukunft wieder berücksichtigen können.‹ Ich war schon dabei zu gehen und natürlich nicht gerade glücklich. Doch dann hatte ich eine Idee. Ich drehte mich um und sagte: ›Wunderschöne Stiefel sind das, die Sie da anhaben‹: Er war überrascht, sagte aber: ›Danke‹, und erzählte mir dann lang und breit, was ihm an diesen Stiefeln so gefiel. Das Leder sei einmalig, und die Stiefel seien gleichzeitig praktisch und chic. Am Ende seiner Beschreibung sagte ich zu ihm: ›Warum kaufen Sie denn gerade diese

Stiefel? Wieso gehen Sie nicht einfach in den nächsten Armee- oder Marineladen und kaufen dort ein Paar billige Stiefel, für die die Armee keine Verwendung mehr hat?‹ Es muß ungefähr zwanzig Sekunden gedauert haben, bis er über das ganze Gesicht grinste. ›Sie haben den Auftrag‹, sagte er, stand auf, kam um den Schreibtisch herum und schüttelte mir kräftig die Hand.«

Die zu Beginn dieses Kapitels gestellte Frage läßt sich nicht mit ein paar Anekdoten und oder kurzen Analysen beantworten, sondern würde ganze Bücher füllen. Wir wollen uns ein wenig mit den Anhaltspunkten und Beweisen befassen, die sich während der letzten Jahre angesammelt haben. Sie sprechen eindeutig für unser Argument: wer Möglichkeiten findet, sich mit seinen Produkten von anderen abzugrenzen und für das qualitativ anspruchsvollere Ende des Markts zu produzieren (das gilt nicht nur für den Mercedes-Hersteller, sondern auch für Erzeuger von Spezialstählen, Waschmaschinen, Schokoladenplätzchen und für Geflügelzüchter) wird auf lange Sicht zu den Siegern gehören – das heißt, der Kunde *ist bereit,* für entsprechende Qualität einen höheren Preis zu zahlen, wenn er auf diese Weise seine Probleme lösen kann.

Systematische Beweisaufnahme

1. In unseren Recherchen für *Auf der Suche nach Spitzenleistungen* haben wir uns auf 75 Unternehmen in den Vereinigten Staaten und Europa konzentriert. Unter diesen Unternehmen waren fünf (zum Beispiel Amoco) im grundstoffproduzierenden Gewerbe tätig. Festzustellen, wie man einige Dollar pro Barrel oder ein paar Cents pro Kubikfuß einsparen kann, dürfte für diese Unternehmen das richtige »Leitprinzip« sein. Von den verbleibenden 70 Unternehmen haben nur 65 das Siegerpodest erreicht und sind auch oben geblieben, weil sie sich auf die von uns sogenannte qualitative Ertragsverbesserung konzentrierten – *Qualität, Service, Höflichkeit bieten, dem Kunden zuhören, Nischen aufdecken* (Lösung von Problemen für ganz spezifische Marktsegmente).

Wir wollen nicht behaupten, daß Kosteneinsparungen für diese 65 Firmen unwichtig seien, im Gegenteil, sie sind lebenswichtig. Die Definition des Unterschiedes, der wir uns anschließen wollen (die man nicht in den Lehrbüchern zur Mikroökonomie findet, das wollen wir ganz schnell hinzufügen), stammt von einem IBM-Vorstandsmitglied aus der Fertigung: »Zwischen ›niedrigen Kosten‹ und ›wettbewerbsfähigen Kosten‹ besteht ein riesiger Unterschied.

Man muß in seiner Kostenstruktur wettbewerbsfähig sein. Ich kenne kein Unternehmen, das sich allein mit dem Niedrigkostenprinzip langfristig als Sieger etablieren konnte.«

Von den verbleibenden fünf Unternehmen – sie rangierten in sämtlichen Kostenbereichen am untersten Ende – hatten vier während des Konjunkturrückgangs in den Jahren 1981 bis 1983 schwer zu kämpfen, darunter immerhin einstige Marktführer wie National Semiconductor, Data General und Texas Instruments; alle drei haben in jüngster Zeit eine radikale Umstrukturierung vorgenommen und konzentrieren sich nun auf Qualität, Zufriedenstellung des Kunden, Zuhören und richten sich allgemein sehr viel stärker am Markt aus. Das einzige Unternehmen, das sich in der »Niedrigkosten«-Arena behaupten konnte, war Emerson Electric.

2. Unsere Erkenntnisse aus *Auf der Suche nach Spitzenleistungen* (um 1980) wurden 1983 in einer Untersuchung, die sich mit einem anderen Teil der Industriewelt befaßte, voll bestätigt. In einer von McKinsey und Co. für ABC (American Business Conference) durchgeführten Untersuchung ging es um die Management- und Strategie-Praktiken der 45 Spitzenunternehmen in diesem Bereich (Basis waren die Finanzkennzahlen. Der Gesamtbereich umfaßt etwa 15 000 Unternehmen. Erstaunlicherweise wurde die Liste nicht völlig von Technologie-Unternehmen dominiert: Dunkin' Donuts, A. T. Cross (die Schreibgerätehersteller) und Lenox (die Porzellanhersteller) standen hier zusammen mit Millipore, Loctite, Thomas & Betts and Wyle Laboratories. Aus der Untersuchung ging hervor, daß sich die meisten dieser Unternehmen vom Niedrigkostenprinzip fernhielten und sich statt dessen darauf konzentrierten, höherwertige Produkte anzubieten (die häufig auch in der Herstellung teurer waren), für die der jeweilige Markt aber aufnahmebereit war. In 43 der 45 Fälle ließ sich folgendes beobachten: »Die Sieger konkurrieren in folgender Form. Sie bieten dem Kunden ein Produkt von höherer Qualität, nicht aber ein billigeres Produkt. Die meisten Experten glaubten bislang, die Marktführer hätten ihre hohen Marktanteile mit niedrigeren Kosten und Preisen errungen. Die Gewinner unter den mittelständischen Unternehmen verfolgen einen Wettbewerb, der sich am Wert ihrer Produkte und Dienstleistungen orientiert, und können dafür gewöhnlich ordentliche Preisaufschläge nehmen.«

3. Diese Ergebnisse aus unseren Recherchen zu *Auf der Suche nach Spitzenleistungen* und die Ergebnisse aus der ABC-Studie liegen auf einer Linie mit den Analysen des PIMS-Teams. PIMS ist der

Welt umfangreichste Datenbank für strategische Informationen. PIMS (die Datenbank PIMS [Profit Impact of Market Strategy – Marktstrategie in ihrer Auswirkung auf den Gewinn] wird vom Strategic Planning Institute in Cambridge/Massachusetts unterhalten und verwaltet) hat buchstäblich mehrere hundert Variablen mit der langfristigen Finanzleistung korreliert. Die bei weitem wichtigste Einzelvariable für langfristig gute finanzwirtschaftliche Leistungen ist die »relative, subjektiv wahrgenommene Produktqualität«. Die Punktzahl für die relative, subjektiv wahrgenommene Produktqualität wird nach einem äußerst komplizierten Verfahren errechnet. Die Hauptkonkurrenten in einem gegebenen Markt werden danach bewertet, was verschiedene Qualitäts- und Dienstleistungsmerkmale (der Preis zählt nicht dazu) für den Kunden bedeuten.

Schauen wir uns ein Beispiel der PIMS-Ergebnisse an: Wer bei der relativen, subjektiv wahrgenommenen Produktqualität im unteren Drittel rangierte, verzeichnete einen durchschnittlichen ROI (Return on Investment – Rendite auf das eingesetzte Kapital) von 5 Prozent. Unternehmen im oberen Drittel wiesen durchschnittlich einen ROI von 30 Prozent auf. Die Gewinner »betonen die Erwartungen des Kunden«, »recherchieren die Bedürfnisse des Kunden«, »haben Qualitätsmaßstäbe, die sich am Kunden orientieren«, »formulieren Qualitätssicherungsziele für alle Funktionen«. Die Verlierer »stufen die Ansicht des Kunden zurück«, »machen hohe Qualität zum Synonym für enge Toleranzspannen«, »binden Qualitätsziele an den Fertigungsfluß«, »formalisieren die Qualitätssicherungsziele nur für die Herstellung«. Die PIMS-Ergebnisse gelten gleichermaßen für Nordamerika und Europa. Sie gelten für schrumpfende wie für wachsende Märkte. Sie gelten bei normaler und auch bei galoppierender Inflation. Sie gelten genauso für die Verbraucher wie für die Industriegütermärkte. Kurz, PIMS stellt fest: »Kunden sind bereit, für bessere Produkte mehr Geld zu bezahlen.«

Die PIMS-Daten widersprechen dem, was in den letzten 15 Jahren als der Weisheit letzter Schluß galt. Die PIMS-Daten untermauern, daß die relative, subjektiv wahrgenommene Produktqualität viel direkter mit der finanzwirtschaftlichen Leistung zusammenhängt als Marktanteile oder relative Marktanteile (Marktanteile waren die bevorzugte Variable der Boston Consulting Group in ihrer weitverbreiteten Portfolio-Analyse als Ansatz zur Formulierung der Strategie). Es mehren sich die Hinweise darauf, daß hohe Marktanteile allein ein Unternehmen nicht automatisch zum Erfolg führen. 1984 erschien in der *Harvard Business Review* ein Artikel von Carolyn Y. Woo unter dem Titel »Market Share Leadership – Not Always So Good«. Sie berichtete in diesem Artikel über 112 Marktführer im Zeitraum von 1972 bis 1975. 71 Unternehmen wiesen finanzwirtschaftlich gute Ergebnisse auf (Rendite vor Steuern: 40 Prozent). Diese Unternehmen legten Wert auf »hohen Mehrwert«, »Verkaufsunterstützung« und »relative Qualität«. 41 der Unternehmen jedoch, die in ihrem Bereich den höchsten Marktanteil hielten, erzielten eine Umsatzrendite von weniger als 10 Prozent vor Steuern. Diese Unternehmen konzentrieren sich nicht auf die schon erwähnten Merkmale.

4. Eine weitere Quelle dafür, wieviel Wert auf die Bereiche Ertragssteigerung/Wertsteigerung gelegt wird, war der im Januar 1984 in *Forbes* veröffentlichte Artikel »36th Annual Report on American Industry«. Hier ist eine kleine Kostprobe. Wir konzentrieren uns in diesem Ausschnitt auf Industriebereiche mit flacher oder nur noch gering steigender Wachstumskurve. Gerade in diesen Bereichen geht man davon aus, daß sich hier das Phänomen der hohen Wertsteigerung wohl kaum darstellt.

– *Chemische Industrie.* Die Hersteller von Spezialchemikalien schnitten als Gruppe um 40 Prozent besser ab als die Chemiehersteller mit breit aufgefächerten Produktionsprogrammen. Die erste Gruppe erzielte in einem Fünfjahreszeitraum (1978 bis 1983) eine Eigenkapitalrentabilitätsquote von 15,8 Prozent. Im Vergleich dazu stehen 11,6 Prozent bei den diversifizierten Herstellern. (Noch aufschlußreicher ist vielleicht folgendes – gleichzeitig wird damit die Idee untermauert, daß sich eine höhere Wertschöpfung lohnt, daß »die Spezialitätenhersteller gewinnen«: die Hersteller von Spezialchemikalien schnitten in dieser Fünfjahresperiode sogar noch besser ab als die Gruppe der Computerhersteller – 15,8 Prozent im Vergleich zu 15,6 Prozent. Bei den »Herstellern mit breitgefächertem Produktionsprogramm« findet sich eine interessante Parallele. Nach der ersten Öl-Krise und den daraufhin steigenden Energiepreisen im Jahre 1973 war Dow Chemical Favorit der Analytiker der Chemischen Industrie. Dow Chemical ist hauptsächlich im Massengeschäft tätig und gab Preiserhöhungen gewissermaßen unmittelbar an seine Kunden weiter. DuPont mußte dagegen Rückschläge hinnehmen. DuPont konzentriert sich auf hochwertigere Spezialerzeugnisse und gehörte unter den Chemiespezialisten aufgrund seiner beispiellosen Leistungen in der Forschung schon seit langem zu den Gewinnern. Heute, zehn Jahre später, nachdem alle

Wirtschaftszweige die Preispolitik der OPEC-Länder zu spüren bekommen haben, ist DuPont – relativ gesehen – wieder in Favoritenposition, und Dow Chemical versucht jetzt mit aller Kraft, aufzuholen und einen sehr viel größeren Anteil seines Geschäfts in den Spezialmarkt zu verlagern.

– Im *Stahlbereich* sieht es ähnlich aus. Hier kann man nicht streng zwischen den »Spezial«- und Diversifikationskategorien unterscheiden. Die mit Abstand größten Gewinner aber sind Worthington und Nucor mit ihren Ministahlwerken und Spezialstählen. Mit einer enorm hohen Eigenkapitalrendite von 27,6 beziehungsweise 23,9 Prozent während der letzten fünf Jahre halten sie eine einsame Spitzenstellung in einem Gewerbe, das überwiegend rote Zahlen schreibt. Weltweit sind die profitablen Unternehmen der Stahlindustrie in Spezialbereichen tätig. Während unserer Schwedenreise im Jahre 1983 haben wir auch die Topmanager von Uddeholm besucht. Ihnen ist es in den letzten drei Jahren gelungen, eine Wende einzuleiten, und zwar weil sie auf Dezentralisierung gesetzt (Erhöhung der unabhängig arbeitenden Unternehmensbereiche von fünf auf 23) und sich auf Spezialitätensektoren umgestellt haben.

– Auch im *holzverarbeitenden Gewerbe* kann man nicht zwischen spezialisierten und diversifizierten Herstellern unterscheiden. Als Favoriten mit großem Vorsprung vor den anderen Branchengiganten gehen aber die Spezialitätenhersteller durchs Ziel: James River Corporation/Virginia und Ford Howard Paper Co. in Green Bay, Wisconsin. Die Konkurrenz weit hinter sich läßt James River mit einer Bilanzsumme von 2,4 Milliarden Dollar und einer Eigenkapitalrendite von 26,7 Prozent während der letzten fünf Jahre (und liegt damit weit vor IBM). Der Fünfjahresdurchschnitt für die gesamte Branche beträgt gerade 5 Prozent. Wie die Zeitschrift *Forbes* berichtet, geht James River folgendermaßen vor: »Das Unternehmen kauft zahlreiche kleine Firmen, die für die Auflage von Großserien im Massengeschäft nicht mehr geeignet waren, sich aber inzwischen ideal für viel kleinere Märkte und Spezialqualitäten eigneten.« (Unter den kleineren Unternehmen in der Holzwirtschaft kommt keines an Boises 125-Millionen-Unternehmen Trus Joist heran. Dieses Unternehmen hat aufgrund seiner Produkttechnologie auch in den schlechtesten Zeiten floriert. Ein Wertpapieranalytiker sagt dazu: »In einer Zeit, in der viele massengutorientierte Konkurrenten in einem See roter Zahlen ertranken, machte dieses Unternehmen noch siebenstellige Gewinne.«)

– Im *Nahrungsmittelbereich* war festzustellen, daß Markenartikel auf den Ladenregalen immer mehr Platz beanspruchten (dies widersprach der noch vor ein paar Jahren allgemein geäußerten Meinung, daß alle denkenden Amerikaner die Lebensmittel des täglichen Bedarfs bald aus großen Kartons herausgreifen würden). Die Feststellungen stimmen mit unseren Beobachtungen in diesem Wirtschaftsbereich überein. Campbell Soup, ein Unternehmen mit hohem Qualitätsstandard, das sich aber lange Zeit nur eben im Markt halten konnte, hat eine umfangreiche Umstrukturierung eingeleitet, radikal dezentralisiert und konzentriert sich inzwischen auf mehr Spezialmärkte. Campbells Unternehmensphilosophie ist von folgenden Richtlinien bestimmt: 1. »Wir sind zuallererst und ausschließlich im Qualitätsgeschäft – wenn wir keine Qualität produzieren können, geben wir diese Kategorie auf«, 2. »Wir wollen hochwertige Produkte – wir sind am Massengeschäft nicht interessiert.« PepsiCo, McCormick und andere Unternehmen verfahren nach demselben Prinzip. Im Einzelhandel hat Marktführer Safeway einige Untersuchungen durchgeführt und ist zu dem Ergebnis gekommen, daß Verbrauchertreue auf lange Sicht vom hochwertigeren Angebot und von der subjektiv wahrgenommenen höheren Qualität abhängig ist. Die große Einzelhandelskette, deren Chef 1983 zum erfolgreichsten Unternehmensleiter gewählt wurde, führt inzwischen mehr Markenartikel. Giant Food stand 1983 wie immer an der Spitze der 45 großen öffentlichen Handelsgesellschaften im Nahrungsmittelbereich mit einer Rendite auf das Eigenkapital von 23 Prozent. Ein Analytiker kommentiert diesen Erfolg: »[Chairman] Izzy Cohen betrachtet Giant zunächst einmal als Dienstleistungsunternehmen. Deswegen macht er sich keine Gedanken über die Konkurrenz der neuen Supermärkte, die wie Warenlager aussehen. ›Man kann ein Geschäft nicht über den Preis allein aufbauen. Der Preis bringt Einkäufer, aber keine Kunden.« (Selbst im Fast-food-Bereich geht die Tendenz hin zu höherer Qualität (Wendy's und andere). Unter den aufgehenden Sternen am Himmel ist beispielsweise Fuddruckers, das »Feinschmecker-Hamburger« anbietet.)

– Im *Handel* haben die »Spezialisten« mit einer Rendite von 17,7 Prozent auf das Eigenkapital während der letzten fünf Jahre einen Vorsprung von gut 40 Prozent vor den »Allgemeinen« mit einer Eigenkapitalrendite von 12,5 Prozent. Der große Gewinner ist The Limited mit einer Rendite von 33,2 Prozent während der letzten fünf Jahre. Auch im allgemeinen Handel scheint es sich auszuzahlen, wenn mit Hilfe von Dienstleistungen höhere Qualität geboten wird. Das gilt selbst für die schwierigen achtziger Jahre. Der Textilhändler Nordstrom setzte 1983, in einer Zeit, in der der Dienst am Kunden generell kleingeschrieben wurde, auf einen hervorragenden Service und erwirtschaftete bei einem Gesamtumsatz von 800 Millionen Dollar eine 5,1prozentige Rendite nach Steuern. Bei May Company/Federated and Dayton-Hudson betrug die Rendite nach Steuern im Vergleich dazu 3,9 Prozent. Das *Wall Street Journal* berichtet: »Die Preise bei Nordstrom sind im allgemeinen hoch. Preisreduzierungen gibt es nur selten ... Nordstrom hat aber eine Verkaufsformel: den Kunden verwöhnen, im großen und im kleinen.«

– Unter den *Fluggesellschaften* gehören USAir und Piedmont mit einer Eigenkapitalrendite von 20,9 Prozent in den Jahren zwischen 1978 und 1983 zu den Favoriten, in einem Wirtschaftsbereich, in dem die meisten Unternehmen zu dieser Zeit rote Zahlen schrieben. Kleiner ist besser, lautet die Erfolgsdevise, die Präsident Edwin Colodny mit einfacher Logik erklärt: »Für den Preis eines großen Flugzeuges können wir drei kleine bekommen, und drei kleine Flugzeuge bedeuten drei Marktsegmente.« Ähnliches gilt für den Güterkraftverkehr. Ryder System in Miami, inzwischen ein 2,5-Milliarden-Dollar-Unternehmen, hat auf den Abbau staatlicher Vorschriften mit einem Haufen qualitativ hochwertiger Zusatzleistungen reagiert. Sie übernehmen für den Kunden das Management seiner LKW-Flotte und stellen Gerätekombinationen, Fahrer und sonstige Versorgungsleistungen zur Verfügung. Der Erfolg blieb nicht aus. Die Firma verfügt über außergewöhnliches Wachstum, eine außergewöhnliche Rentabilität und wurde 1984 als »Floridas bestgeführtes Unternehmen« ausgezeichnet.

– »Spezialisten, die wirtschaftlich und qualitativ Spitzenleistungen erzielen, gibt es viele. Wir wollen nur einige nennen und geben die jeweiligen Kapitalrenditezahlen in Klammern an: Deluxe Check (20,9 Prozent), Snap-On Tools (21,8 Prozent), Maytag (23,7 Prozent), Kellogg (27,7 Prozent). Die Kapitalrendite dieser vier Unternehmen liegt um 60 Prozent höher als die durchschnittlich erzielte Rendite der Konkurrenz.

Angesichts der Rückschläge, die die amerikanische Industrie in fast allen Bereichen hat hinnehmen müssen, vom Auto bis hin zum Mikrochip, überwiegend als Folge der relativ schlechten Produktqualität und der mangelnden Bereitschaft, den Kunden anzuhören – brauchen wir wohl nicht lange zu erörtern, warum die Revolution im amerikanischen Management zu so sensationellen Erfolgen geführt hat. Gordon McGovern, Chairman, Campbell Soup, sagt dazu: »Wir müssen unseren Leuten vor allen Dingen beibringen, sich zunächst auf Qualität und erst in zweiter Linie auf die Kosten zu konzentrieren.«

Vom Hähnchen bis zum Waschsalon

Bei den Außenseitern im Markt finden wir die größte Unterstützung für unsere Betonung der Wertschöpfungstheorie.

Perdue Farms ist das beste Beispiel. Frank Perdue macht mit seinen Hähnchen in Salisbury/Maryland 750 000 Dollar Umsatz. Seine Spannen liegen um 700 bis 800 Prozent über dem Branchendurchschnitt. In seinen Hauptmärkten, den Einzugsbereichen von Großstädten wie zum Beispiel New York, in denen die Konkurrenz besonders stark ist, sinkt sein Marktanteil nie unter 50 Prozent. Er drückt das ganz einfach aus: »Wer bedingungslos an Qualität glaubt und im Unternehmensalltag immer absolut integer handelt, wird sehen, daß sich der Erfolg (Marktanteil, Wachstum, Gewinne) von selbst einstellt.«

Stew Leonard hat nur ein einziges Ladengeschäft und ist, so gesehen, Perdues größter Einzelabnehmer. In seinem Geschäft in Norwalk/Connecticut verkauft Stew Molkereiprodukte, Fisch und Geflügel. Im Vergleich zu normalen Lebensmittelgeschäften führt Stew nur eine Handvoll Artikel. Mit seiner einen Verkaufsstätte erreicht Stew einen Bruttoumsatz von 85 Millionen Dollar. Das durchschnittliche Lebensmittelgeschäft setzt pro Quadratmeter etwa 900 bis 1000 Dollar an Waren um. Stew Leonard erreicht pro Quadratmeter etwa 9000 Dollar. Wie macht er das? Ganz einfach: Es macht Spaß, bei ihm einzukaufen. Er unterhält einen Streichelzoo für Kinder. In der Eierabteilung steht ein mechanisch angetriebenes Huhn, »das schnellste Legehuhn der Welt«. An einer Wand sind mehr als 5000 Fotos, die Stews Kunden beim Einkauf zeigen, darunter auch ein weiteres Bild von einem Stammkunden auf der Großen Mauer in China usw.

Weit im Westen – in Park City/Utah – stellt Debbi Fields Schokoladensplitterkekse her, die überall reißenden Absatz finden. Ihr Geheimnis? Der Schokoladenanteil beträgt mehr als 50 Prozent – ebenso die Rentabilität.

Jefferson Lines, Inc. ist das schnellstwachsende Busunternehmen in Amerika. Seinen Erfolg hat das Unternehmen dem Service seiner Busbegleiter und dem Angebot kombinierter Bus-Flugpauschalreisen rund um die Welt zu verdanken.

Harry D. Oppenheimer müssen Sie laut *Wall Street Journal* vom 2. Mai 1984 anrufen, wenn Sie ein Zelt leihen wollen. Er stellt hochqualitative Spezialprodukte her. Er hat zum Beispiel für König Saud von Saudiarabien in den sechziger Jahren ein Goldlamé-Zelt gefertigt, und unter einem Oppenheimer-Zelt hat Papst Johannes Paul II. in Chicago und Washington gepredigt. Die Meinung eines Konkurrenten: »Bei denen gibt es keine schnell und schlampig aufgebauten Zelte. Während wir unsere Zelte alle für eineinhalb Dollar pro Quadratmeter vermieten, nimmt Harry drei Dollar. Er hat eine ökonomische Nische gefunden.«

Wir haben Ihnen einige Stars aus ganz verschiedenen Wirtschaftsbereichen vorgestellt, deren Erfolg zeigt, daß es einen großen Markt für hervorragende Qualität gibt, insbesondere natürlich, wenn ökonomische Nischen gefunden werden. Mike Kami, Pionier auf dem Gebiet der strategischen Planung bei IBM und Xerox, bringt es auf den Punkt: »Welches Merkmal macht sie unverwechselbar? Durch welches Merkmal grenzen sie sich ab?«

Wie schon erwähnt, haben einige Spitzenreiter aus *Auf der Suche nach Spitzenleistungen* um jeden Preis kostendämpfend produziert und diese Strategie auch effektiv eingesetzt. Niedrige Kosten und damit Preise sind schließlich auch eine ökonomische Nische. Man muß sich aber entscheiden, was man will. Ende 1983 hieß es in einem Kommentar über die Nahrungsmittelindustrie: »Die Geschäfte, die im mittleren Bereich laborieren, sind außerordentlich verletzbar. Sie haben nichts, wodurch sie sich von anderen abgrenzen können.« Genau da lagen die Probleme, mit denen Sear's Mitte der siebziger Jahre zu kämpfen hatte. Sie gaben ihr Image »Qualität zum anständigen Preis« auf und gaben damit K-Mart und Wal-Mart die unglaubliche Chance, einen Keil in ihren Markt zu treiben, verhielten sich aber sehr ungeschickt bei ihrer Hinwendung zum höherpreisigen Ende des Marktes, jedenfalls anfangs. Sear's versuchte sich zwei bis drei Jahre lang mal in diesem, mal in jenem Marktbereich und war schließlich in keinem mehr glaubwürdig.

Die Böden glänzen vor Sauberkeit – in der Werkstatt

Jan Carlzon, Präsident der SAS-Gruppe, vollzog die bemerkenswerte Wende zum Erfolg bei SAS nach folgendem Prinzip: »Wir sind nicht darauf aus, eine Sache um 1000 Prozent besser zu machen, wir wollen vielmehr in 1000 Sachen jeweils um 1 Prozent besser sein.« Nach dieser Formel hat sich auch der Cadillac-Händler Carl Sewell mit seinem Unternehmen Sewell Village Cadillac in Dallas an die Spitze gesetzt.

Schon das äußere Erscheinungsbild beeindruckt. Man merkt sofort: hier sind Profis am Werk. Das Licht in den Ausstellungsräumen ist gedämpft, in der Mitte der Ausstellungsfläche steht ein riesiger Blumenstrauß, der täglich gewechselt wird. Der Warteraum ist mit antiken Möbeln ausgestattet. (Carl Sewell hat denselben Innenarchitekten, der auch Trammel Crows luxuriöses Loew's Anatole Hotel in Dallas eingerichtet hat. Dieser Innenarchitekt ist ständiger Berater bei Stanley Marcus, dem ehemaligen Chairman von Neiman-Marcus.) In einem Nebenraum, ebenfalls mit antiken Möbeln eingerichtet, sieht der zukünftige Kunde zunächst einmal einen Videofilm, der ein wenig über Cadillac und sehr ausführlich über die Sewell-Village-Mitarbeiter und ihre Service-Philosophie informiert. Mit anderen Worten: Sie werden in ihrer zukünftigen Familie willkommen geheißen.

Der potentielle Kunde wird geradezu genötigt, auch die Werkstatt zu besuchen. Wäre der Käufer gerade vom Mars gelandet, müßte er eigentlich denken, er sei in einem »absolut sterilen« Raum wie in Silicon Valley. Es ist nicht übertrieben: in der Werkstatt von Sewell Village kann man tatsächlich vom Boden essen. Carls Service-Manager erklärt, daß man das nicht nur für den Kunden tue: »Wenn unsere Serviceleute ihrem Ruf als gut ausgebildete, professionelle Handwerker, die sie schließlich sind, gerecht werden wollen, müssen wir ihnen auch professionelle Arbeitsbedingungen zur Verfügung stellen.

Detail fügt sich zu Detail. Sewell Village unterhält die beachtliche Zahl von 150 »Leihwagen«, Autos, die dem Kunden zur Verfügung gestellt werden, wenn ihr eigener Wagen in der Reparatur ist. Diese Leihwagenflotte kostet jährlich gut 500000 Dollar. Der Empfang, der Tom bereitet wurde, als er dieses Unternehmen zum ersten Mal besuchte, vermittelt uns einen Einblick in die 1000 Kleinigkeiten, die das große Ganze ausmachen. Tom kam an einem kühlen Novembermorgen 1984 in den Betrieb. Alle 225 Mitarbeiter waren zum Empfang angetreten. Um 6.30 Uhr (!) begann eine populäre Band zu spielen. An der Decke eines vorübergehend ausgeräumten Werkstattraumes hingen in einem Netz mehrere tausend Luftballons. Die Band spielte bis 7 Uhr. Tom hielt dann eine Rede vor sämtlichen Mitarbeitern, also auch den Mitarbeitern in der Annahme, den Mitarbeitern aus der Putzkolonne, dem Präsidenten. Am Ende seiner Rede schwebten die Ballons wie bei einem Parteitag von der Decke. Anschließend kehrte jeder zu seiner Arbeit zurück. Zeuge einer solchen Veranstaltung bei Autohändlern wird man nicht gerade oft. (Und damit Sie nicht glauben, daß dies eine ganz spezielle Veranstaltung zu Toms Ehren war, lassen Sie sich sagen, daß der Sieben-Uhr-»Vortrag« bei Sewell häufiger stattfindet.)

Ted Levitt, Nestor des Marketing und langjähriger Professor an der Harvard Business School beginnt ein Kapitel in seinem 1983 erschienenen Buch *The Marketing Imagination* mit den Worten: »Die Ware – diesen Begriff gibt es nicht.« Genau das beobachten auch wir. Die Bezeichnung »Ware« hat sich 1983 im Bereich der Personalcomputer und Heimcomputer durchgesetzt – mit katastrophalen Folgen. Für uns sind selbst kleine Personalcomputer keine Ware, und die Kundenreaktion auf die relativ hochpreisigen Personalcomputer von zuverlässigen und kundendienstorientierten Unternehmen wie IBM und Apple zeigt uns, daß sie das Stigma der »Massenware« keineswegs zu tragen brauchen. Wir wollten dem Präsidenten eines großen Personalcomputer-Herstellers, der sich auf den Niedrigpreis-Markt spezialisieren wollte, von dieser These überzeugen. Er war, wie Tom, gelernter Ingenieur. Beide waren keine Profis in der Vermarktung von Massengütern.

Zum Beweis unserer Theorien gingen wir 1983 zunächst in das Lebensmittelgeschäft einer Einkaufsgenossenschaft in Palo Alto/Kalifornien und notierten den Preis eines Artikels, der wohl von jedem Durchschnittsmenschen als Massenartikel bezeichnet wird – einlagiges Toilettenpapier. Die weiße Ware kostete 79 Cents im Viererpack. Dann fuhren wir nur zwei Blocks weiter zur nächsten 7-11-Filiale. Dort notierten wir den Preis für den nächsten Wettbewerber im Markt um einlagiges Papier. Die Marke Charmin von Procter & Gamble kostete hier schon 1,99 Dollar. Innerhalb von zwei Blocks war durch hervorragenden Service (7-11) und durch Procter & Gambles Qualitätsbewußtsein der Preis also schon um 1,20 Dollar zu steigern. Interessant ist, daß beide Differenzierungsmerkmale je zur Hälfte zur Wertsteigerung beitrugen: Im Genossenschaftsladen war die Marke Charmin schon mit 1,39 Dollar ausgezeichnet, bei 7-11 mit 1,99 Dollar. Wertschöpfung wurden also von P & G und 60 Cent von 7-11 geschaffen. Und die Erträge für P & G und Southland (Inhaber des 7-11) sind höher als die Erträge der meisten Einkaufsgenossenschaftsläden und Toilettenpapierproduzenten. Professor Levitt behauptet, Wertschöpfung sei überall möglich. Dafür ein Beispiel, nämlich Münzwaschsalons. Eine Unternehmensgruppe hat die üblichen Waschsalons mit einer Weintheke ausgestattet. Ihr Wahlspruch: »Try our suds, while you wash your duds.« Zu deutsch etwa: »Wasch deine Klamotten und probier unsere Schoppen.«

Wenn es in unserer Macht läge, würden wir als erstes das Wort »Ware« aus der Sprache des Handels streichen. Wir verabscheuen es geradezu. Arbeitnehmer (anstatt sagen wir einmal »Personen«) steht unter den verabscheuten Begriffen an zweiter Stelle. Siehe dazu den Teil »Menschen, Menschen, Menschen«.

Ein erfolgreicher Großhändler im Bereich Holzprodukte meinte dazu: »Wer sein Produkt so darstellt, als unterscheide es sich in nichts von den Produkten anderer, sein Produkt also als Ware sieht, dem wird es irgendwie auch zum Massenprodukt mißraten.«

Es gilt also, das eigene Produkt in Qualität und Präsentation von dem üblichen klar abzugrenzen. Ein Marketingexperte für Chemieprodukte von DuPont: »Sie müssen nach den Unterschieden suchen – Lieferfrist, Benzinkanister mit lebhafteren Farben, egal was!« Ein für Spezialchemikalien verantwortliches Vorstandsmitglied von Pfizer kleidet die Formel in andere Worte: »Viele glauben, wir seien im Geschäft mit Massenchemikalien. Das ist Unsinn. Unser Ziel ist die Differenzierung. Wir zielen auf die Bereiche, in denen die höhere Wertschöpfung zählt. Wir wollen keine Massenwaren produzieren.« Und ein Topmanager des britischen Chemiegiganten ICI: »Wir müssen darüber nachdenken, wie wir überall Unterschiede herausarbeiten können. Der Preis darf nicht unsere einzige Waffe sein.«

Diese Regel gilt auch im Immobilienbereich

Trammel Crow hat sich im Bereich Industrieimmobilien ein mächtiges Imperium, das hohe Gewinne abwirft, aufgebaut. In einem langen Artikel des *Texas Monthly* vom August 1984 bemängelte Joseph Nocera, daß es einigen Crow-Gebäuden an äußerer Attraktivität fehle. Wesentlich für Crows Erfolg ist aber sachbezogene Qualität, deren Kriterien er von seinen Kunden in langen Gesprächen erfahren hat. Crow hat sich in einem wahrlich profanen Geschäft – auf dem Gebiet der Lagerwirtschaft – von anderen abgesetzt. In *Texas Monthly* heißt es weiter: »Von Anfang an haben sich Crows Gebäude in bestimmten Elementen von den Gebäuden der Konkurrenz abgehoben. Zunächst einmal sahen sie anders aus. Crow hat intuitiv begriffen, daß jeder gerne in einer angenehmen Umgebung arbeitet, auch Lagerarbeiter. Also hat er den Lagerhäusern eine radikal andere Form gegeben. Früher wurden Lagerhäuser in langen Reihen gebaut, jedes dicht am anderen. Die Verladerampen waren vorn und die Büros der Manager hinten. Crow baute seine Lagerhäuser als unabhängige Einheiten. Jedes stand auf seinem eigenen Stück Land. Dann verlegte er die nicht gerade schön anzusehenden Verladerampen an die Seite und die Büros – mit Fenstern selbstverständlich – nach vorn. Schließlich gab er noch Geld für die Landschaftsgestaltung aus. So etwas hatte es bis dahin noch nie gegeben. Crows Lagerhäuser lagen inmitten von Bäumen und Blumenbeeten, und davor breiteten sich sorgfältig gepflegte Rasenflächen aus. Seine Angestellten und Arbeiter hatten bis dahin so etwas nicht gekannt und gerieten ins Schwärmen. Crow sagt gerne, daß ein Schlüssel zu seinem Erfolg darin lag, daß er immer dem Diktat des Marktes, ›so wie er ihn verstand‹, gefolgt ist. Überwiegend ist das richtig. Mit seinen ersten Lagerhäusern hat er jedoch darüber hinaus noch etwas getan. Er hat Unwichtiges vernachlässigt und dafür Wert auf eine erstklassige Arbeitsatmosphäre gelegt und der unter anderem etwa mit weichen Teppichböden und luxuriösen sanitären Anlagen nachgeholfen.

»Stures Kostendenken« ist nicht immer sinnvoll

In vielen Bereichen füttert der Markt den Konsumenten inzwischen mit »Ware«, die der Konsument wahrscheinlich auch verdient hat. Fertig abgepackte Lebensmittel und Billigtextilien, um nur zwei Beispiele zu nennen. Der Chairman der Hartmarx-Einzelhandelsgeschäfte (früher Hart, Schaffner & Marx), ein Spezialunternehmen mit 260 Filialen, trägt eine interessante Hypothese vor: »Wir haben genau das bekommen, was wir verdienen. Wir lassen es zu, daß der Service in unseren großen Warenhäusern und selbst in unseren Spezialgeschäften immer schlechter wird. Also ist doch klar, daß der Verbraucher in die Textilmärkte abwanderte. Er hat sich gesagt: ›Wenn ich sowieso schon schlecht bedient werde, dann lass' ich mich doch lieber in einem Textilmarkt schlecht bedienen und spare dabei noch 30 Prozent.‹ Genauso sehe ich es auch. Die Branche hat sich mit dem Dienst am Kunden häufig keine Mühe gegeben. Und wir haben die entsprechenden Früchte geerntet – die Kunden haben uns satt, und jetzt haben wir uns auch noch ernst zu nehmende Konkurrenz herangezogen.«

Warum haben wir uns überhaupt erst auf sogenannte Erfahrungskurven und Computeranalysen eingelassen? Warum haben wir geglaubt, der Kostenfaktor, und damit der Preisfaktor, sei die einzige manipulierbare Variable. Dafür gibt es zweifellos zahlreiche und nie erschöpfend verifizierbare Gründe. Wie eingangs schon erwähnt, sicher auch, weil amerikanische Unternehmen es nach dem Zweiten Weltkrieg, im Gegensatz zu deutschen und japanischen, auf dem Weltmarkt leicht hatten. Service und Qualität blieben sozusagen beiläufig auf der Strecke. Es galt ganz einfach, immer mehr unterversorgte Märkte zu sättigen. Ertragssteigerung als Primärstrategie geriet in den Hintergrund. In den sechziger und siebziger Jahren übernahmen Finanzfachleute in den Vorstandsetagen das Ruder. Hersteller, Fertigungsfachleute, Konstrukteure und Verkäufer dagegen verloren an Boden. Finanzexperten spielten auch eine zunehmend wichtige Rolle an den Business Schools – mit dem Ergebnis, daß man sich fast ausschließlich auf eine Variable konzentriert, nämlich auf Kostenreduzierung. Schauen Sie sich Stanford an, das nach einer Umfrage unter den Dekanen 1983 an erster Stelle rangiert. Kurse im Bereich Finanz- und Rechnungswesen werden im Vergleich zu Kursen für die Bereiche Herstellung und Verkauf zusammengenommen im Verhältnis von sieben zu eins angeboten. Dazu Jan Carlzon von SAS: »Ich sagte [während eines Vortrags]: ›Ein Wirtschaftsmann muß, wenn er vor einem großen Problem steht, entweder die Erlöse steigern oder die Kosten reduzieren. Mehr habe ich an der Schule nicht gelernt.‹ Auf meine Aussage meldete sich ein früherer Wirtschaftsprofessor zu Wort und entgegnete mir: ›Herr Carlzon, Sie haben, so wie ich mir das schon immer gedacht habe, nicht zugehört! Wir haben Ihnen in der [schwedischen] Business School nur eines beigebracht – Reduzierung der Kosten.‹«

Viele werden es nicht gern hören, aber in zahlreichen Chefetagen regiert eine unangenehme Eigenschaft: Sturheit mit all ihren negativen Folgen. Dazu ein Topmanager: »Wir tun so, als ob der Kostenfaktor die einzig beeinflußbare Variable sei. In unserem aufreibenden Kampf um den Zugewinn von Anteilen [über niedrigere Preise], um die Kosten zu drücken, vernachlässigen wir Qualität und Service. Wenn wir aufwachen, haben wir bestenfalls einen großen Marktanteil, aber meistens nur ein mittelmäßiges oder gar schlechtes Produkt oder eine ebensolche Dienstleistung ...« Außerordentlich wichtig dabei ist zu erwähnen, daß die Erfahrungskurve auf dem Papier absolut plausibel erscheint. Marktanteile über das Preisniveau zu erobern und danach zu niedrigen Selbstkosten zu produzieren erscheint nur logisch, weil man durch Auflage von Großserien, die wiederum durch den hohen Marktanteil möglich werden, kostengünstig produzieren kann, um auf diese Weise die Konkurrenz abzuwehren. Aber bei dieser einleuchtenden Rechnung tragen wir Scheuklappen. Um Marktanteile zu erobern, werden unverantwortliche Rabatte gewährt. Es geht uns doch nur noch darum, potentielle Mitbewerber durch noch mehr und noch größere Billigbetriebsstätten am Eintritt in den Wettbewerb zu hindern. Controller fungieren gleichzeitig als König und Kronprinz. Das Zählen von Büroklammern wird zur wertvollsten (und beförderungswürdigsten) Tätigkeit. Die Fachleute aus Herstellung und Verkauf gelten nur noch als unbequeme Schreihälse. Service und Qualität müssen, wenn auch ungewollt, darunter leiden.

»Ungewollt« ist unser Schlüsselwort in diesem Zusammenhang. Niemand ist für schlechte Qualität oder schlechten Service. Alle wollen, daß Kunden höflich behandelt werden und daß allen im Betrieb an der Herstellung eines guten Produktes liegt. Es ist aber wahrlich schon schwer genug, in einem Unternehmen ein Ziel zu erreichen.

J. Willard Marriott sen. liest auch nach 57 Jahren noch die Beschwerdebriefe seiner Kunden selbst. Er ist immer noch nicht davon überzeugt, daß sein Service optimal ist. Ein Management also, das sich wie besessen nur noch auf den Kostenfaktor konzentriert, vernachlässig ungewollt, aber zwangsläufig Qualität und Service und erhält dafür meist über kurz oder lang die Quittung.

Auch PIMS erkennt, wenn auch auf etwas anderem Wege, den »Scheuklappen«-Faktor. Die PIMS-Untersuchung stößt jedenfalls zum Kern des Rätsels vor. Die PIMS-Leute zeigen, welche Kette von Ursache und Wirkung am effizientesten auf den Erfolgspfad führt. Ihr Leitfaden steht in direktem Widerspruch zur herkömmlichen Erfahrungskurve.

Bei der Erfahrungskurve lautet das Kausalitätsprinzip: erstens Preise senken, um so, zweitens, Marktanteil zu erobern. Ein erhöhter Marktanteil wiederum führt drittens, zu vorteilhaften Großserien und damit, viertens, zu Kostensenkungen. So kann man, fünftens, schließlich zu niedrigen Selbstkosten produzieren, womit man, sechstens, dem Eintritt eines Konkurrenten wirkungsvoll entgegentritt. PIMS leugnet keineswegs, daß niedrige Selbstkosten erstrebenswert sind. (Kein vernünftiger Mensch täte das.) Ursache und Wirkung ergeben jedoch bei PIMS ein genau entgegengesetztes Modell von Erfahrungskurve. Hier heißt es, zunächst einen Konkurrenzvorsprung in der »relativen subjektiv wahrgenommenen Produktqualität« zu erzielen. Wenn das gelingt, werden Sie auch Marktanteile erobern. (Das heißt, es gibt nur zwei Möglichkeiten zur Eroberung von Marktanteilen: Zunächst ist da der bekannte konventionelle Ansatz – über selbstmörderische Preisrabatte den Markt im Sturm zu erobern, womit man sich allerdings den gesamten Markt auch dauerhaft verderben kann. Als zweites bietet sich der methodischere Weg über relativ bessere Qualität und relativ besseren Service an.) Wer Marktanteile gewinnt (über subjektiv relativ höher bewertete Produktqualität), kann sich dann der entsprechenden Vorteile der Produktion in Großserie bedienen und sich auch im Niedrigkostensegment im Wettbewerb abheben.

Wichtig dabei ist, daß diese Großserienproduktion am Ende der Staffel schließlich zu der am meisten überschätzten Variablen im Instrumentarium des Ökonomen wird. Was auf dem Papier als wirtschaftlich sinnvoll erscheint, bewahrheitet sich nur selten in der harten, kalten Wirklichkeit. Kleinere, an besserer Qualität orientierte Produkteinheiten machen der seriellen Massenware immer wieder gefährliche Konkurrenz. (Selbst die populärwissenschaftliche Wirtschaftspresse kommt allmählich dahinter. *Business Week* veröffentlichte im Oktober 1984 einen großen Artikel zum Thema: »Klein ist schön in der Fabrik«.)

Procter & Gamble ist in dieser Hinsicht immer noch ein Vorbild. Das Unternehmen hat in vielen Bereichen eine vorherrschende Stellung zu verteidigen und kann also mit Hilfe von Großserien die Kosten drastisch dämpfen. Diese Position »verdient« sich das Unternehmen aber mit höherer Produktqualität. David Ogilvy erklärt in seinem hervorragenden Buch *Ogilvy on Advertising* (Ogilvy über die Werbung), warum Procter & Gamble so konkurrenzlos dasteht. Warum? Wegen der Kostenlage? Wegen des großen Werbebudgets? Nein. Das Problem des potentiellen Konkurrenten besteht darin, daß »sie [P & G] qualitätsmäßig bessere Produkte herstellen«.

Die Scheuklappenmentalität, das rigide Kostendenken führt außerdem dazu, daß ungewollt die Innovation zu kurz kommt. Es ist sicherlich etwas Wahres daran: In allzu formalisierten Systemen, in denen allein die Buchhalter das Sagen haben, können die Skunks ihre Talente einfach nicht entfalten. Wir sind beispielsweise davon überzeugt, daß die übermäßige Konzentration auf die Erfahrungskurve und alles, was mit ihr zusammenhängt, bei Texas Instruments, das sowohl in der Konsumelektronik als auch im »Massenmarkt« der Herstellung kommerziell verwertbarer Chips tätig ist, direkt den Verlust des Innovationsvorsprungs zur Folge hatte, von dem dieses Unternehmen einst geprägt war (siehe dazu Kapitel 11, »Innovation im Kontext«). Mit der Scheuklappenmentalität ist noch ein weiteres Problem verbunden. Allzu häufig lassen wir uns von dem gefangennehmen, was sich im unteren Marktsegment tut. Dieses untere Marktsegment steht häufig nur für zehn Prozent des Gesamtmarktes. Dort sind jene Verbraucher zu finden, die bereit sind, markenloses Toilettenpapier zu kaufen, die Packung Mehl aus einem Karton zu greifen oder billige (dafür oft unzuverlässige) Heimcomputer anzuschaffen. Den »Warenkäufer«, den Kunden, dessen Entscheidung allein vom Preis diktiert wird, gibt es zweifellos, unter anderem, weil er sich Besseres nicht leisten kann. Dieser Kundentypus mag zwei Prozent, kann aber auch fast 20 Prozent des Marktes ausmachen. Diese Tatsache aber beweist keineswegs, daß der – aus welchen Gründen auch immer – Billigkäufer den Markt und seine Preise diktiert. Im Gegenteil: ein gewisser Prozentsatz dieser Kunden könnte mit Sicherheit für Produkte von höherer Qualität gewonnen werden.

Die »Preispanik« hat einen weiteren Nachteil: Kein Unternehmen – auch nicht eines, das völlig separate und größtenteils autonome Unternehmensbereiche unterhält – kann ein Qualitäts- und Servicebewußtsein (wie etwa bei P & G/Maytag/Marriott) in einem Teil des Unternehmens aufrechterhalten und in einem anderen nur Mittelmäßiges produzieren. Wenn nur in einer Abteilung oder Gruppe nicht mehr auf Qualität und Service geachtet wird, breitet sich diese Haltung aus wie eine Krankheit. Der erfahrene Manager eines alteingesessenen europäischen Unternehmens hat uns einmal eine Stunde lang von den unangenehmen Nebenwirkungen erzählt, die auftraten, als das Unternehmen beschlossen hatte, einige Produkte unter anderem Namen herauszubringen, die aber nicht den sonst üblichen Qualitätsnormen des Unternehmens entsprachen. »Irgendwie«, sagte er, »hat die lasche Einstellung zur Qualität schließlich das gesamte Unternehmen infiziert.« Ken Melrose, der dynamische junge Chairman von Toro, berichtet ähnliches: »Wenn wir [im Betrieb] das andere [Fremdmarkenprodukt] auf Band hatten, geschah immer etwas Seltsames. Lange nach diesem Fertigungsdurchlauf waren auch unsere Toro-Mäher qualitativ nicht so gut. Der Ausschußanteil stieg. Wir konnten aber einfach nicht feststellen, warum.«

Ein weiterer Aspekt der Konzentration auf die Erfahrungskurve ist unsere Abneigung gegen Größe und Zentralisierung. Verstärkt wird sie durch die Dominanz der Experten des Finanz- und Rechnungswesens, die auf papierne Investitionsanalysen fixiert sind. In den Vereinigten Staaten haben sich in der Vergangenheit – im Automobilbau wie in der Stahlindustrie, der Holzbe- und -verarbeitung – die Mammutfertigungsstätten durchgesetzt. Spitzenqualität aber, und so paradox es klingen mag, auch niedrigere Kosten werden meist in kleineren Produktionseinheiten erreicht. Automobilhersteller, Stahlkocher, Holzproduktverkäufer beeilen sich inzwischen, wieder in kleineren Einheiten zu produzieren. Ein Erfolgsprinzip, nach dem sich Emerson, Dana, 3M, Hewlett-Packard und Milliken schon immer gerichtet haben.

Es ist allerdings auch richtig, daß die von uns ermittelten Analysemodelle nicht neutral sind. Die Analyse spricht letzten Endes immer für die große Einheit und für Kostenkontrolle. Charles Tandy (Gründer der Tandy Corp. – Radio Shack und anderen) meint dazu: »Vom leeren Wagen kann man nicht verkaufen.« Wally Kalina, ehemaliger Vorstandsvorsitzender bei Mervyn's, fügt hinzu: »Mit Umsatzkennzahlen kann man Trophäen gewinnen. Erträge führen zu Gewinnen.« Und Bill Andres, gerade pensionierter Chairman von Dayton-Hudson, erklärt, wenn man die Buchhalter mit ihren (immer) systematischeren Analysen den Sieg davontragen ließe, »endet man schließlich beim Lagerbestand Null und – leider auch beim Erlös Null«.

Bei J & J heißt es, große Produktivitätsgewinne entständen zunächst, wenn man kleine, potente, dezentralisierte Einheiten aufbaute. Auch Brunswick und Campbell Soup haben sich von der Gigantonomie verabschiedet und dezentralisiert. Die Manager sind von den ersten Ergebnissen begeistert. Die Analysemodelle, die die Zentralisierung und Produktion in Großserien nahelegen, beeinträchtigen aufgrund ihrer blinden Konzentration auf Kostenfaktoren die Innovationsfähigkeit. Und das gereicht jedem Unternehmer langfristig zum Schaden.

Einige Fragen – und Anregungen zu Sofortmaßnahmen

– Führen Sie eine zwanglose oder systematische Analyse Ihrer eigenen Branche durch. Wer gehört auf lange Sicht gesehen zu den Gewinnern? Sind die Unternehmen am »unteren Ende«, auch wenn sie von Zeit zu Zeit Favoritenpositionen innehaben, langfristig die fähigeren Konkurrenten? Verkaufen Sie Produkte oder Dienstleistungen, die dem Negativimage der »Ware« entsprechen? Wählen Sie zwei oder drei, die dieser Kategorisierung nahekommen. Suchen Sie in jeder nur erdenklichen Hinsicht – von der Qualität in der Herstellung bis zur Lieferung und zum Follow-up – nach Differenzierungsfaktoren und unverwechselbaren Unterscheidungsmerkmalen. Untersuchen Sie die Marktführer bis ins letzte Detail. Das kostet sehr viel Mühe, aber sie ist es wert. Holen Sie sich Mitarbeiter aus allen Funktionsbereichen zur Unterstützung. Lassen Sie jeden detaillierte Kundenbesuchs- und Konkurrenzbewertungen durchführen. (Dies ist wichtig. In jedem Bereich ergeben sich zahlreiche potentielle Differenzierungsquellen. Wirkliche und haltbare Differenzierungsmöglichkeiten erkennen Sie selbst aus einem einzigen oder mehreren markanten Vorteilen. Die Differenzierung ergibt sich – Zeugen sind Marriott, Disney, IBM – aus Tausenden von Kleinigkeiten, von denen jede einzelne um ein kleines bißchen besser ist. Darum ist es letzten Endes so schwer, den anderen zu schlagen.) Vielleicht sollten Sie sich zu Beginn eingehend mit Levitts Buch *The Marketing Imagination,* Kapitel 4, 5 und 6 befassen: »Differentiation – of Anything« (Differenzierung – überall möglich), »Marketing Intangible Products and Product Intangibles« (Marketing immaterieller Produkte und immaterieller Produkteigenschaften), »Relationship Management« (Management der Kontaktpflege).

– Akzeptieren Sie, daß man auch Ihre Produkte als »Ware« bezeichnet? (Denken Sie an die Bemerkung unseres Freundes aus der Holzproduktion: »Wenn Sie nicht glauben, daß es besser ist, dann wird es auch nicht besser sein.«) Akzeptieren Ihre Mitarbeiter diese Sprachregelung? Akzeptieren Ihre Mitarbeiter, und zwar in der Reihenfolge Herstellungs- und Vertriebsangehörige, diese Bezeichnung für Ihre Produkte?

– Erinnern Sie sich noch einmal an Gordon McGovern von Campbell Soup: »Zunächst müssen wir Qualität anstreben, dann erst Kosten dämpfen.« Einer unserer Kollegen hat kürzlich ein wachstumsorientiertes Unternehmen unter die Lupe genommen. Die Unternehmensführung war sich darin einig, daß ihr Erfolg auf überragende Qualität zurückzuführen ist. Aus der Erhebung ging jedoch hervor, daß die meisten Mitarbeiter in der obengenannten Reihenfolge im Grenzfall der Meinung waren: »Das Produkt muß raus, damit wir die Sollzahlen für den Monat erfüllen.« Diese Maxime war ihnen wichtiger als »die konsequente Einhaltung von Qualitätsnormen«. Wie steht's bei Ihnen? Was steht tatsächlich an erster Stelle? Woher können Sie das überhaupt wissen? Wie oft stellen Sie Ihr Wissen auf den Prüfstand? (IBM führt beispielsweise jedes Vierteljahr eine Erhebung unter den Vorarbeitern in der Produktion durch, um festzustellen, ob sie der Meinung sind, IBM halte sein Versprechen vom überragenden Service.)

– Wie breit ist Ihre Produktpalette? Gibt es Anhaltspunkte dafür, daß sich die Angebote am unteren Ende der Skala auf die Qualitätsnormen am höheren Ende der Skala störend auswirken? (Gibt es seit längerer Zeit eindeutige Anhaltspunkte dafür, daß 15 Prozent des Marktes denen gehörten, die am qualitativ ganz unteren Ende stehen? Wenn Ihre Antwort ja lautet, überprüfen Sie Ihren Standpunkt. Wir sind aber skeptisch.)

»Marketing« aus der Sicht eines Bilderstürmers
Sämtliche Energien sollten darauf ausgerichtet sein, den Kunden zufriedenzustellen ... Das Ziel eines Unternehmens besteht darin, Kunden zu gewinnen und zu halten oder, um mit Peter Druckers noch anspruchsvolleren Worten zu sprechen, Kunden zu *schaffen* und zu halten ... Um das zu erreichen, muß man alles tun, was Menschen dazu bringt, aus eigenem Antrieb mit uns ins Geschäft zu kommen. Alle anderen Überlegungen zu diesem Thema lassen sich aus diesem Satz ableiten.
Cyrus McCormick war einer der ersten, der diese Konzeption [zusätzlichen Service bieten] verwirklichte. Er schickte seine Außendienstmitarbeiter auf die Weizenfarmen und seinen Kundendienst direkt auf die Felder. Du Pont war die erste Firma, die ihre Anwendungsspezialisten in die Textil- und Bekleidungsindustrie schickte. In all diesen Fällen war das von den »Außendienstmitarbeitern« angebotene »Produkt« weniger wichtig als die praktische Hilfe und Beratung vor Ort. Der »Service« war das eigentliche Produkt und ist es auch heute noch in weit größerem Maß, als man gemeinhin annimmt. Kunden kaufen nicht irgendwelche Dinge, sondern Geräte oder Instrumente zur Problemlösung.
Der Begriff »Ware« existiert nicht für uns. Bei allen Gütern und Dienstleistungen läßt sich ein Qualitätsunterschied präsentieren. Zwar nimmt man gemeinhin an, dies gelte für Konsumgüter und nicht so sehr für Investitionsgüter und Dienstleistungen, in Wirklichkeit aber verhält es sich genau umgekehrt ... Es ist zwar richtig, daß die Händler an den Warenbörsen mit Metallen, Getreide, Schweinebauch und ähnlichem, also mit völlig undifferenzierbaren Produktgattungen zu tun haben. Was sie aber eigentlich »verkaufen«, ist ihre unverwechselbare Art und Weise, wie sie an die Aufgabe herangehen – wie gut wickeln sie die Transaktionen im Namen ihrer Kunden ab, wie reagieren sie auf Anfragen, wie schnell und wie klar bestätigen sie die getätigten Abschlüsse usw.? Kurz: das »angebotene« Produkt wird differenziert, die Produkt-»gattung« bleibt dieselbe ...
Bei den sogenannten undifferenzierten Waren gilt normalerweise die Annahme, daß alleine der Preis entscheidet. Wer einen um einen Bruchteil günstigeren Preis bietet, macht das Geschäft. Dies ist jedoch in der Regel reine und deshalb graue Theorie. In der Realität, auf den

wirklichen, lebendigen Märkten, bestätigt die Ausnahme diese Regel eben nicht, auch dann nicht, wenn ein »knallharter« Preiswettbewerb herrscht. Nur weil der Preis anscheinend als meßbare Größe gilt, wird daraus der, meist falsche, Schluß gezogen, er sei an erster Stelle maßgebend.

Ein Produkt bedeutet für den potentiellen Käufer ein komplexes Gefüge aus bestimmten Wertvorstellungen. Die »Produktgattung« oder die »Produktgrundsubstanz« bildet nicht das eigentliche Produkt. Sie ist vielmehr, wie im Pokerspiel, nur der Anfangseinsatz, das notwendige Startkapital, das den Hersteller zur Teilnahme am Spiel berechtigt. Es ist jedoch nur eine »Chance«, es ist nur das Eintrittsgeld, um überhaupt mitspielen zu dürfen. Ist man einmal im Spiel, hängt das Ergebnis von sehr vielen weiteren Faktoren ab.

Zu dem Zeitpunkt, an dem der Verbraucher nicht mehr so sehr auf die technische Hilfeleistung oder Unterstützung des ursprünglichen Anbieters angewiesen ist, kann man sich darauf konzentrieren, ein Produkt systematisch zum Nutzen des Kunden zu verbessern und ihn sich damit auch als Dauerkunden zu erhalten. Jetzt kann man auch mögliche Preis- und Kostensenkungen mehr in den Mittelpunkt stellen. In der Reifephase des Produktes zeigt sich die scheinbare Paradoxie: Gerade zu einem Zeitpunkt, an dem der Preiswettbewerb härter und eine Kostensenkung deshalb um so wichtiger sein sollte, kann ein Unternehmen davon profitieren, eine *Preissteigerung* aufgrund bestimmter Qualitätsverbesserungen herbeizuführen.

Obwohl ein Kunde vielleicht ein Produkt »kauft«, für das er nach reiflichem Überlegen und hartem Verhandeln bereit ist, auch mehrere Millionen zu bezahlen, umfaßt der Prozeß der termingerechten Fertigstellung der Anlage, ihre Installation und Inbetriebnahme wesentlich mehr als nur die Produktgattung. Erheblich wichtiger sind dabei nämlich die komplexen, schwer greifbaren und diffizilen immateriellen Faktoren, die über den Erfolg oder Mißerfolg eines »Produktes« entscheiden ... So kann man also sagen, daß alle Produkte eine wesentliche immaterielle Komponente aufweisen ... Selbst greif-, prüf-, fühl- und riechbare Produkte verkörpern, bevor sie gekauft werden, zunächst einmal überwiegend Erwartungen ... Je komplexer das System, je mehr »Software« dafür erforderlich ist (wie z. B. Bedienungsabläufe und Protokolle, Unterprogramme und Service-Komponenten) und je länger die Implementierung des Systems dauert, desto größer werden Unsicherheit und Erwartungen des Kunden. *Denn der Kunde kauft Erwartungen, nicht Produkte.* [Hervorhebung durch die Autoren]

Der Geschäftsabschluß ist lediglich das Ende der »Brautwerbung«.

Jetzt beginnt das Eheleben. Wie gut die Ehe sich entwickelt hängt davon ab, wie der Verkäufer sie gestaltet ... Jede Beziehung, ob in der Ehe oder im Geschäftsleben, fängt im Laufe der Zeit an, unter zunehmendem Desinteresse zu leiden. Einfühlungsvermögen und Aufmerksamkeit lassen nach. Eine gesunde Beziehung erfordert einen bewußten und stetigen Kampf gegen diese Kräfte der Gleichgültigkeit.

6.
»Reine Wahrnehmungssache: der Kunde ist und bleibt Mensch«

Vier lange Tage haben wir mit dem 30köpfigen Führungsteam eines Investitionsgüterproduzenten (1,5 Milliarden Dollar Jahresumsatz) verbracht. Wir haben Probleme im Verkauf, im Marketing, in der Herstellung und Probleme in der Menschenführung eingehend untersucht. Bei der Zusammenfassung einigte man sich darauf, sechs Problembereiche vom Vorstand aus weiterzuverfolgen. Bei fünf dieser sechs Problembereiche aber hieß es: »Wir sind okay. Das ist doch nur ein Wahrnehmungsproblem.« Schließlich verlor Tom gleichermaßen Geduld und Selbstbeherrschung. Er brüllte: »Ein Wahrnehmungsproblem haben Sie, wenn ein Ingenieur sagt: ›Wir haben die richtige Lösung, wenn uns doch nicht bloß immer irgendwelche verdammten Leute bei der Durchführung im Wege stehen würden.‹«

»Nur« ein Wahrnehmungsproblem! Das eigentliche Problem besteht darin, daß es eben auf diese *Wahrnehmung* ankommt. Es gibt keine Wirklichkeit per se. Es gibt nur die wahrgenommene Wirklichkeit, die Art und Weise, wie jeder von uns ein Gespräch, den Wert einer Dienstleistung, den Wert einer bestimmten Produkteigenschaft, die Qualität eines Produktes wahrnimmt. Die Wirklichkeit ist das, was wir wahrnehmen. So lautet auch die erste Regel der offiziellen, schriftlich formulierten Kundenphilosophie eines erfolgreichen Möbelhändlers: »Gefühle sind Tatsachen.« Bei Arch McGill von Rothschild Venture's (Arch war seinerzeit das jüngste Vorstandsmitglied in der Geschichte von IBM) heißt es: »Der einzelne [Kunde] nimmt Service subjektiv wahr.« (Diesem Ausspruch von McGill fügen wir immer hinzu: ». . . vom eigenen unverwechselbaren, ihm allein eigenen, menschlichen, gefühlsmäßigen, stimmungsabhängigen, irrationalen, unberechenbaren, subjektiven Standpunkt«.)

Wahrnehmung mit tödlichen Folgen

Ignaz Semmelweis, Vater der modernen Sterilisationstechnik, beging Selbstmord.

1848 kam Semmelweis bei seiner Arbeit in einer Klinik auf eine eigentlich naheliegende Idee. Er setzte sich dafür ein, daß Ärzte vor einer Entbindung ihre Hände in einer Chlorlösung waschen. Aufgrund dieses Verfahrens sank die Wochenbettsterblichkeit in der Klinik von 18 Prozent auf 1 Prozent! 1860, zwölf Jahre später, starben in derselben Klinik von 101 Müttern 35 im Wochenbett. Was war geschehen? Warum hatte sich seine Hygienevorschrift nicht durchgesetzt? Semmelweis galt als Spinner, als Aufrührer mit extremen politischen Ansichten. Deshalb hat man seine Forderung einfach ignoriert, nahmen die Ärzte ihn nicht ernst. Im Juni 1865 wurde der verzweifelte Semmelweis unter irgendwelchen Vorwänden in eine psychiatrische Klinik eingewiesen, wo er zwei Wochen später Selbstmord beging. Bis die Herren Lister und Pasteur auf der Bildfläche erschienen, vergingen noch einmal 20 Jahre. Offensichtlich trugen diese Herren die richtigen seriösen Anzüge und verhielten sich auch sonst so, wie es den damaligen Gesellschaftsnormen entsprach: Ihnen hat man zugehört. Ihre Sterilisationstechniken wurden rasch akzeptiert. Die Mütter-Sterblichkeitsrate sank signifikant. Lister und Pasteur ernteten die Lorbeeren und den Ruhm. Die Semmelweis-Tragödie konnte sich ereignen, weil sich die Menschen seinerzeit auf ihre irrige »reine Wahrnehmung« verließen, und aufgrund dieser Wahrnehmung nahmen sie den wissenschaftlichen Hintergrund seiner Forderung gar nicht erst zur Kenntnis. Dieses Beispiel soll die Macht der sogenannten Wahrnehmung demonstrieren und dazu ermuntern, ihr mit all der Skepsis zu begegnen, die sie nun einmal verdient.

Auch Computerkunden sind Menschen

Bei einem Seminar für Führungskräfte von Unternehmen, in denen wissenschaftliche Instrumente hergestellt werden, erzählte uns die Frau des Präsidenten, die ebenfalls in diesem Unternehmen mitarbeitete, folgende Geschichte: Eine Freundin wollte eine Waschmaschine kaufen. Sie empfahl ihr, sich für die Marke X zu entscheiden, weil sie selbst jahrelang gute Erfahrungen mit dieser Marke gemacht hatte. Die Freundin, die aus einer »rational« denkenden Ingenieursfamilie stammt, sagte klipp und klar: »Nein.« Sie wollte, wie schon immer, eine GE-Maschine kaufen. »Warum?« wurde sie gefragt. »Nun«, antwortete die Freundin, »wann immer die Maschine kaputt war, ist der GE-Kundendienst sofort gekommen.« Die Frau, die die Marke X empfohlen hatte, antwortete: »Ja, aber meine ist nie kaputt gewesen!« Die Freundin blieb bei ihrer Entscheidung, und zwar mit der lapidaren Begründung: »Das ist egal. Schließlich könnte sie ja kaputtgehen.«

Dies war kein »Hausfrauendisput«, sondern eine Demonstration intelligenter Entscheidungsfindung.

Genau dieses Prinzip nämlich ist eines der zahlreichen Erfolgskriterien von IBM. Branchenkenner wissen, daß sich trotz der in Teilbereichen besseren Qualität einiger Konkurrenzprodukte schon manch ein Kunde dennoch für IBM entschieden hat, weil der Konzern es exzellent versteht, den Kunden auch auf die erbrachte Leistung hinzuweisen. Und sei es mit dem Satz eines Filialleiters: »Rufen Sie uns an, und unser Wartungsfahrzeug ist schon unterwegs!« Andere Computerhersteller wirken oft arrogant und lassen ihre Kunden mit dicken Anleitungsbüchern allein. In den Chefetagen mögen auch die IBM-Leute oft den Eindruck erwecken, sie säßen auf dem hohen Roß, aber bei den Praktikern gelten sie als zuverlässig. Und das sollte in einem intelligent geführten Unternehmen entscheiden. Rascher Service nämlich signalisiert auch menschliche Reaktion und Hilfsbereitschaft. Und dafür sind auch Computerkunden empfänglich.

»Ruf ihn zu Hause an!«

Diese traditionelle »Rasch-Servicereaktion« hat ihre Wurzeln in der Geschichte von IBM. Tom Watson jr. schreibt darüber in seinem Buch *A Business And Its Beliefs:* »Mit der Zeit wurde guter Service bei IBM fast zum Reflex. Vater hat immer gern gezeigt, was die Firma alles konnte. Den Anlaß lieferte ihm 1942 ein Beamter des War Production Board (Amt für Kriegsproduktion). Der WPB-Beamte rief ihn am späten Nachmittag des Karfreitag an, bestellte 150 Maschinen und machte zur Bedingung, daß die Lieferung bis Montag in Washington D.C. sein müßte. Vater sagte zu, daß die Maschinen pünktlich geliefert würden. Samstagmorgen telefonierten seine Leute mit IBM-Zweigstellen überall in den USA und wiesen sie an, rund 150 Maschinen noch an diesem Osterwochenende auf den Weg zu schicken. Damit der WPB-Mann auch begriff, was vorging, gab Vater Anweisung, ihm sofort, sobald sich ein Lastwagen auf den Weg nach Washington aufmachte, ein Telegramm ins Büro oder an die Privatadresse zu schicken mit Angabe der

Abfahrts- und voraussichtlichen Ankunftszeit. Er organisierte offiziellen Polizei- und Armeegeleitschutz für die Lastwagen, die rund um die Uhr fahren mußten. Er rief die Kundendiensttechniker zusammen und richtete in Georgetown eine kleine provisorische Halle zur Abwicklung des Empfangs und der Installation der Geräte ein. An diesem Wochenende hatten viele bei IBM – und auch beim WPB – keine Zeit zu schlafen.« Watson unterstreicht die Bedeutung dieser Geschichte: »Das sind keine Kleinigkeiten. Die Beziehung zwischen dem Mann und dem Kunden, ihr gegenseitiges Vertrauen, die Bedeutung der Imagepflege, das Konzept, den Kunden – immer – an die erste Stelle zu setzen, all dies kann, wenn es von einem Unternehmen mit ehrlicher Überzeugung ausgeführt wird, die Geschicke des Unternehmens entscheidend beeinflussen.

Befassen wir uns mit einer weiteren Variante des Themas Menschlichkeit. Ein gut eingeführtes Unternehmen brachte eine neue Backmischung auf den Markt. Die Backanleitung zeugte schon von Zauberei: Mischung in die Kuchenform kippen, Wasser hinzufügen, in den Ofen schieben, fertig. Das Produkt war ein glatter Reinfall. Warum? Vom Kuchenbacken war bei dieser Art der »Zubereitung« nichts mehr geblieben. Also wurde das Produkt neu konzipiert, die »Arbeit« wurde um einen winzigen eigenen Beitrag ergänzt: der Verbraucher mußte ein Ei hinzufügen. Dieses neue Produkt war ein Renner auf dem Markt.

»Computer-Kunden«: einige Fragen – und Vorschläge zu Sofortmaßnahmen

– Suchen Sie sich zwei bis drei neue Produkte oder Dienstleistungen heraus, mit denen Sie in letzter Zeit keinen Erfolg gehabt haben oder die relativ zu viel Zeit brauchten, um sich zu etablieren oder zu erfolgversprechenden Produkten zu entwickeln. Untersuchen Sie, wozu sie von den Erst- bzw. den Testanwendern eingesetzt wurden. Stellen Sie fest, welche Kundenkategorie zu den Erstanwendern gehörte. Welche Unterschiede bestanden (bitte geben Sie Einzelheiten an) zwischen der tatsächlichen Verwendung und der von Marketing-Fachleuten/Designern/Zielgruppen- und Marktforschern projizierten Verwendung? In welcher Hinsicht haben Sie (vom Kundeninteresse gesehen) falsch gelegen in bezug auf attraktive Merkmale/Eigenschaften, Verwendbarkeit/Zuverlässigkeit usw.? Hätte man diese Überraschungen vermeiden können? Wenn ja, wie? Haben Sie detailliert verfolgt, wie das Produkt nach seiner Einführung eingesetzt wurde, um solche Punkte sofort aufgreifen zu können? Wenn ja, haben Sie schnell reagiert?

– Wählen Sie zwei bis drei reife Produkte/Dienstleistungen oder Hauptumsatzträger aus. Wissen Sie wirklich, warum Wiederholungskäufe getätigt werden (liegt es an der Qualität Ihres Kundendienstes à la GE oder an etwas anderem)? Auf welcher Grundlage/ mit welcher Häufigkeit achten Sie auf die charakteristischen Merkmale Ihrer Organisation, wie sie von denen, die mit Ihnen zu tun haben, *wahrgenommen werden?*

– Welche Rolle spielt Ihrer Meinung nach der Kundendienst beim Absatz Ihrer Hauptprodukte. (Beantworten Sie diese Frage für zwei bis drei Produkte.) Wie stellen Sie fest, daß Ihre Wahrnehmungen mit den Wahrnehmungen (Eindrücken) des Kunden übereinstimmen (das heißt, sprechen Sie sich regelmäßig gründlich mit wichtigen Kunden aus, dabei sollen alle Ebenen in der Organisation des Kunden eine Rolle spielen, also beispielsweise auch Einkäufer, Mitarbeiter im Rechnungswesen, der Endverbraucher, wie etwa der Vorarbeiter in der Produktion, der Zwischenanwender)?

– Wie weit herrscht die Reaktion auf Problemstellungen in Ihrem Denken vor? Was bedeutet Reaktion? Wie schnell personalisieren Sie diese Reaktion? Weiß der Kunde, wie hartnäckig Sie sich für seine Interessen einsetzen?

Unfair!

Es ist eine ungerechte Welt, in der wir unserem Gewerbe nachgehen. Don Burr, Chairman von People Express, erklärt das so: »Kaffeeflecken auf den Klapptischen [im Flugzeug] bedeuten [für die Passagiere], daß wir unsere Maschinen nicht richtig warten.« Burr hat recht!

Die meisten unserer Bekannten reagieren ähnlich, wenn man sie mit Don Burrs Aussage konfrontiert: »Oh, was ist das für eine Welt, in der wir unsere wunderbaren, phantastisch konstruierten, sorgfältig und kunstvoll hergestellten Produkte und Dienste an Menschen verkaufen müssen, die sie *nicht zu schätzen wissen.«* Man könnte diese vorgebliche Ungerechtigkeit aber auch als Chance begreifen. Das Konzept der Wahrnehmung hat nämlich ein extrem hohes und ein extrem niedriges Ende. Bei Don Burrs Bemerkungen über Kaffeeflecken fällt unserem Kollegen Jack Zenger eine andere Geschichte ein: »Ich laufe seit über 40 Jahren Ski. Ich bin wahrscheinlich in jedem Wintersportzentrum der Welt gewesen, das diesen Namen verdient. Nur in einem, in der Sierra in Kalifornien, findet man kurz vor dem Lift, kurz bevor man auf den Liftsessel hüpft, eine Box mit Papiertüchern. Man kann sich ein Papiertuch nehmen und die Skibrille auf dem Weg nach oben saubermachen.« Er macht eine Pause. »Ich kann Ihnen gar nicht sagen, wie viele meiner Freunde von diesem Ort nur mehr als von der ›Kleenex-Winterfrische‹ sprechen. Das ist wirklich eine überragende Metapher. Alle Geschäftsleute sind eigentlich der Meinung, daß das A und O jeden Geschäftes (das gilt auch für Ballett oder Baseball) das Wiederholungsgeschäft ist – das sich nur einstellt, wenn Kunden über lange Zeit zufriedengestellt werden. *Und was ist das Geheimnis jahrelanger Kundenzufriedenheit? Vom Fast-food-Restaurant bis zum Warenhaus, vom Zelthersteller und Zeltverleih bis zum Hersteller von Großrechnern und Boeings 767 ist es die kumulative Erinnerung des Kunden an eine lange Serie von »Kleenex-Box-Erlebnissen«. Umgekehrt gilt, daß die Kundenzufriedenheit sehr schnell nach einer nur ganz kurzen Kette negativer »Kaffeeflecken-Erfahrungen« auf den Wert Null sinkt.*

Der Präsident eines großen Technikunternehmens und ein sehr rational denkender Mann schimpfte kürzlich in unserer Gegenwart über General Motors. Er hatte sich für eine Geschäftsreise eine Cadillac-Limousine gemietet und sich 45 Minuten später, als er aus dem Auto ausstieg, den Finger an einem hervorstehenden Stück Metall in der Nähe der Tür geschnitten: »Verdammt noch mal«, schrie er, »können diese Schweinehunde in Detroit denn nichts ordentlich machen?« Das war nicht fair: Er hätte sich auch an der Tür eines japanischen oder deutschen Autos schneiden können. Das eigentliche Problem aber ist folgendes: er geht (wir gehen) inzwischen davon aus, daß sich bei GM-Autos/amerikanischen Autos jede Menge winziger Nachlässigkeiten einstellen.

Es ist nicht fair, aber allein der Kunde zahlt die Fracht, und es gibt keine Debatte darüber, warum er sich für ein bestimmtes Produkt und gegen ein anderes entscheidet.

Zu diesem Thema haben wir noch eine Geschichte zu erzählen: Wenden um 180 Grad sind in Wirtschaftsunternehmen nicht gerade häufig. Äußerst bemerkenswert ist aber sicherlich die Wende, die sich bei Scandinavian Air System (SAS) innerhalb von gerade drei Jahren vollzog. Wie ist diese Wende gelungen? Der Präsident der SAS-Gruppe, Jan Carlzon, kümmerte sich nicht so sehr um den

Kauf neuen Fluggerätes im Werte von 35 Millionen Dollar, sondern konzentrierte sich vielmehr auf die »profanen« (lies »kosteneffektiven«) Punkte, die SAS an die erste Stelle in der Rangliste der von europäischen Managern bevorzugten Fluglinie katapultieren sollte. Er ließ die Flugzeuge neu anstreichen und das Flugzeuginnere neu gestalten. Er intensivierte die Aus- und Weiterbildung seiner Mitarbeiter im Bereich Kundenservice und kaufte zusätzliches Gerät zur Enteisung der Flugzeuge, um auch hinsichtlich der Pünktlichkeit einen Spitzenplatz zu erreichen. Carlzon beschreibt seine Beweggründe so: »SAS befördert pro Jahr 10 Millionen Fluggäste. Der Durchschnittspassagier kommt mit fünf SAS-Angestellten in Kontakt. Deswegen ist SAS das Produkt aus diesen 10 Millionen multipliziert mit fünf. SAS hat 50 Millionen ›Minuten der Wahrheit‹ pro Jahr. 50 Millionen einmaliger nicht wiederholbarer Chancen, unvergeßliche Eindrücke zu hinterlassen und sich so vor jedem einzelnen Wettbewerber zu profilieren. Meine Aufgabe ist es lediglich, das Wesentliche aus diesen 50 Millionen Momenten der Wahrheit herauszufiltern!« Er fügt hinzu: »SAS ist der Kontakt zwischen einer Person im Markt [dem Kunden] und einer Person bei SAS. *Das* ist SAS.«

Unpersönliche Reaktionen: das Höchste an (wahrgenommener) Unhöflichkeit

Kürzlich haben wir eine große Gruppe leitender Angestellter bei Pacific Telephone ins Gebet genommen. In Kalifornien, und nur dort, soweit wir wissen, hörte man, wenn man die Auskunft anrief, eine weinerliche (vielleicht klang sie auch nur so) Tonbandstimme: »Sie könnten wirklich Geld sparen, wenn Sie selbst im Telefonbuch nachschauten ...« Nach diesem Satz meldete sich die Auskunft regelmäßig schon beim ersten Klingeln. Wir sagten den Telefonmanagern: »Sehen Sie, Sie geben wahrscheinlich Milliarden dafür aus, daß schon beim ersten Klingeln abgehoben wird. Das nützt aber überhaupt nichts, weil wir uns so verflucht über diese nette kleine Konservennachricht ärgern, daß wir Ihre ganzen technologischen Hexenkünste ignorieren und einfach wütend auf Sie sind.«

Es ist Menschen angenehm, die lebendige Stimme eines anderen zu hören. Darum gefällt uns das Personal von Delta Airlines so gut. Zugegeben: Sie sind wohl kaum effizienter als eine Tonbandansage oder die Angaben auf einem Fernsehschirm – aber sie sind lebendig. Daß der Umgang mit lebendigen Menschen jeder Technisierung vorzuziehen ist, hat sich auch bei Pacific Gas & Electric herumgesprochen. 1982 wurde Nordkalifornien von schweren Stürmen heimgesucht. Die gesamte Stromversorgung brach zusammen. PG & E richtete einen Telefonansagedienst ein. Anrufer erfuhren vom Band, was sich tat – wo der Störungsdienst arbeitete, wie lange die Wiederherstellung etwa dauern würde usw. Die Tonbandansage wurde regelmäßig geändert und war eigentlich immer auf dem neuesten Stand. Es gingen allerdings auch sehr viele Beschwerden ein. Das Unternehmen wechselte zu einem anderen Verfahren. Ein lebendiger Mensch nahm von nun an die Anrufe an. Dieser lebendige Mensch war allerdings nicht immer auf dem neuesten Stand und hatte weniger Informationen, als die regelmäßig auf den neuesten Stand gebrachte Tonbandansage enthielt. PG & E aber erntete geradezu schwärmerische Lobeshymnen! Menschen brauchen Menschen, ganz besonders in einer ungewissen bis chaotischen Situation. Da liegt der Unterschied zwischen dem täglichen Anruf beim Wetterdienst (hier erwartet man eine Tonbandansage, und das ist auch okay) und einem Anruf in einem Notfall, bei dem man versucht, Informationen zu bekommen.

Bob Crandall, Präsident der American Airlines, äußert sich ausführlich zu diesem Thema. Bei American häuften sich die Beschwerden über die Behandlung von Passagieren, deren Gepäck verlorengegangen war. Folgendes stellte sich heraus: Nach Ende der regulären Arbeitszeit wurde in sämtlichen Flughäfen der Anrufbeantworter eingeschaltet. Der vom Gepäckverlust betroffene Passagier hörte, wenn er unter der entsprechenden Telefonnummer anrief, eine Stimme vom Tonband, die ihn darum bat, am nächsten Tag noch einmal anzurufen. Crandall organisierte die Sache um: Gleichgültig wo und wann die Gepäckverluststelle angewählt wurde – von nun an meldete sich ein lebendiger Mitarbeiter in einem Bereitschaftszentrum, das rund um die Uhr besetzt war. In Wirklichkeit wußte dieser lebendige Mensch natürlich auch nicht mehr als die Stimme vom Tonband, und auch er bat den seines Besitzes beraubten Passagier, am nächsten Morgen erneut anzurufen. Die wahrgenommene Wirklichkeit aber, und sie allein entscheidet im Service, war die mitfühlende Reaktion eines anderen lebenden Menschen – ein Trost, den kein Tonband je spenden kann.

Gutes Gedächtnis

Was haben wir im Laufe der Zeit nicht alles in unserem Gedächtnis gespeichert! Folgende Geschichte beispielsweise ist schon eine ganze Weile her. Nach einer Präsentation, während der Tom seine Analyse vorgestellt hatte, kam ein Mensch auf ihn zu, der den »Prototyp des rational denkenden Menschen« verkörperte. Der Teilnehmer hatte eine leitende Position in der Forschung und Entwicklung beim Pharmazieriesen Johnson & Johnson (6 Milliarden Dollar Umsatz). Er wollte ein eigenes Erlebnis zu Toms Vortrag beisteuern. Vor rund einem Dutzend Jahren hatte er ein Analysegerät eines angesehenen Herstellers gekauft. Einige Monate später gab es Schwierigkeiten mit einem Bestandteil, das gerade 2,95 Dollar wert war. Die Reaktion des Herstellers? »Als erstes boten sie sämtliche leitenden Ingenieure auf, um mir nachzuweisen, daß es meine Schuld sei, daß ich das Gerät falsch bedient und deswegen selbst kaputtgemacht hätte. Wohl unbewußt ließen sie meine Briefe lange Zeit unbeantwortet. Am Telefon sind sie sogar mehr als einmal ziemlich unverschämt geworden. Noch heute, ein ganzes Dutzend Jahre später, sage ich meinen Mitarbeitern: ›Wehe Ihnen, Sie kaufen Geräte von denen da.‹ Natürlich weiß ich, daß das irrational ist, es ist rein emotional, aber so ist das Leben.« Die kleinen Erinnerungen – der eigene Eindruck allein, die eigene Wahrnehmung ist ziemlich nachtragend.

Natürlich hält auch die positive Seite einer aktiven Überprüfung stand. Während der letzten anderthalb Jahre hat Tom rund 100 Vorträge vor Fachverbänden oder Verbrauchergruppen gehalten. Weitere Referenten bei diesen Konferenzen waren Manager aus verschiedenen Unternehmen. Nur viermal hat ein Unternehmensvertreter seine Rede wie folgt begonnen: »Danke schön. Ich möchte denen unter den Zuhörern danken, die zu unseren Kunden zählen. Wir hoffen aufrichtig, daß wir auch in Zukunft Ihre Aufträge verdient haben werden.« Ist es reiner Zufall, daß die vier Manager, die diese beiden schönen Worte »Danke schön« aussprachen, von IBM kamen? Dazu mehr: IBM eröffnete eine Anwenderkonferenz in Vancouver/British Columbia, an der auch Tom teilnahm, auf typische IBM-Weise: Sie führten einen Film vor. 500 Vertreter von rund 110 Unternehmen waren anwesend. Im Film wurden die Hauptverwaltungen aller anwesenden Kunden gezeigt. Immer kam das Firmenzeichen deutlich ins Bild. »Bloß Kinkerlitzchen?« Der Vorstand eines großen Technologieunternehmens sieht es so:

»Tom, das ist doch reines Streicheleinheiten-Marketing!« Unsere Antwort auf diesen Einwurf lautete: »Ja, 47 Milliarden Streicheleinheiten pro Jahr, die Dollarerlöse heißen, davon 7 Milliarden nach Steuern. Die nehmen wir gerne.« Das ist der Stoff, aus dem die Erinnerungen sind.

»Unfair!«: einige Fragen – und Anregungen zu Sofortmaßnahmen

– Schauen Sie sich Ihre privaten Kaufgewohnheiten an. Welche Fluggesellschaft, welches Warenhaus, welchen Installateur bevorzugen Sie? Untersuchen Sie Ihre Einkaufsgewohnheiten im Berufsleben im Hinblick auf die wichtigsten Lieferanten. Diskutieren Sie die Ergebnisse in der Gruppe, und versuchen Sie festzustellen, warum Sie die Beziehungen – über lange Zeiten hinweg – aufrechterhalten. Untersuchen Sie dann vier private/berufliche Beziehungen, die Sie abgebrochen haben. Welche Eindrücke/Wahrnehmungen haben Ihre Entscheidung zu kaufen/die Beziehung aufrechtzuerhalten/die Beziehung abzubrechen beeinflußt? (Untersuchen Sie in dieser Hinsicht ganz besonders die langjährige »beste« Beziehung, und nennen Sie mindestens 20 bis 30 Attribute, die den Umgang mit diesem Lieferanten so attraktiv machen. Tun Sie nun dasselbe mit einer kürzlich abgebrochenen Beziehung. Kehren Sie jetzt den Spieß um: wie schneiden Sie bei den Dimensionen/Merkmalen, die inzwischen erkannt worden sind, ab, wenn Sie sich selbst als Lieferant beurteilen? Nehmen Sie sich Stichproben von Produkten/Dienstleistungen vor. Was sind bei Ihnen die wichtigsten zehn Störfaktoren? Wie lauten die 20 Positivfaktoren – Ihre »Kleenex-Kartons« –, die an der Spitze Ihrer Liste stehen? Sind Sie aktiv auf der Suche nach weiteren »Kleenex-Kartons«, nach »Kaffeeflekken«, die weggewischt werden müssen? Wie beurteilen Sie sich selbst? Wo stehen Sie im Vergleich zur Konkurrenz? Wie halten Sie sich bezüglich der oben genannten Punkte auf dem laufenden, und wie reagieren Sie, wenn Sie eine Verschlechterung wahrnehmen? (P. S.: Ist Ihnen die Beantwortung der Fragen leicht- oder schwergefallen? Kannten Sie die erforderlichen Zahlen genau, um die Fragen beantworten zu können?)

– *Stopp!* Reservieren Sie sich in den nächsten zwei Monaten *zehn volle Tage,* um Ihr »Kaffeefleck«-»Kleenex-Karton«-Image zu überprüfen. Wählen Sie vier wichtige Kunden aus, und verbringen Sie einen ganzen Tag mit jedem dieser Kunden – möglichst an

Und wie lange wird dies in Erinnerung bleiben?
Während unseres Irlandbesuches im Jahre 1984 übergab uns ein Manager diesen Brief:

BY APPOINTMENT TO
HER MAJESTY THE QUEEN
SUPPLIERS OF PROVISIONS
AND HOUSEHOLD GOODS
HARRODS LTD LONDON

BY APPOINTMENT TO
H R M THE DUKE OF EDINBURGH
OUTFITTERS
HARRODS LTD LONDON

BY APPOINTMENT TO
H M QUEEN ELIZABETH THE QUEEN MOTHER
SUPPLIERS OF CHINA GLASS
AND FANCY GOODS
HARRODS LTD LONDON

BY APPOINTMENT TO
H R M THE PRINCE OF WALES
OUTFITTERS
HARRODS LTD LONDON

Harrods
HARRODS LIMITED
Knightsbridge London SW1X 7XL
Telephone 01–730 1234 Telex 24319 Fax 01–581 0470
Registered Office 87/135 Brompton Road, London SW1X 7XL
Registered in London No 30209

Mister
P. J. Dineen
Irland

19. 8. 1980

Sehr geehrter Mr. Dineen,

wir sind immer darum bemüht, unsere Güter auf möglichst günstigem Versandwege per See- oder Luftfracht zu verschicken. Allerdings lassen uns die Standardfrachttarife wenig Raum für eine wettbewerbsgünstige Preisgestaltung.
Häufig werden die Frachttarife ohne Vorwarnung erhöht, und dies führt zu einem Verlust.
Gelegentlich gelingt es uns aber, einen Massengut- oder Vorzugsfrachtsatz zu erzielen. Wenn dies zu einer Kostenersparnis führt, sollten, wie wir meinen, unsere Kunden den Nutzen davon haben. Ich freue mich, Ihnen als Anlage einen Scheck über 217 Pfund überreichen zu können. Dies ist die Gesamtersparnis, die wir bei unserer letzten Lieferung an Sie erzielen konnten. Wir hoffen, Ihnen bald wieder zu Diensten sein zu können.

Mit freundlichen Grüßen
gez. I. G. Drummond
Abteilungsleiter Versand

einem weit abgelegenen Ort. Wählen Sie acht weniger wichtige Kunden aus, und widmen Sie jedem von diesen Kunden zwei Stunden. Kümmern Sie sich einen Tag lang um *drei* in jüngster Zeit *abgesprungene Kunden* und einen weiteren Tag um *drei Kunden, die in jüngster Zeit von der Konkurrenz zu Ihnen gewechselt sind.* Die verbleibenden zwei vollen Tage widmen Sie einer Gruppenbesprechung mit Kollegen aus allen Funktionsbereichen aller Unternehmensebenen (etwa zehn bis 15 Teilnehmer). Bitten Sie zwei langjährige Kunden, an dieser Sitzung teilzunehmen. Welche »Kaffeefleck«-»Kleenex-Karton«-Geschichten ergeben sich? Gehen Sie der Abwicklung eines Routinegeschäfts mit einem Kunden von der »Wiege bis zur Bahre« nach. Wie viele »Minuten der Wahrheit« stellen sich dabei ein? Denken Sie daran, sämtliche Funktionsbereiche in die Untersuchung miteinzubeziehen – Telefonzentrale, Empfangsbereich, Herstellung, Vertragswesen, Rechnungswesen, Versandwesen, Nachkalkulation. Betreiben Sie bei Ihren »Minuten der Wahrheit« aktives Management, besonders im Hinblick auf die »Neben«-Funktionen (die mit dem direkten Verkauf nichts zu tun haben)?

– Überprüfen Sie die sogenannten »Streichel«-Faktoren (kleine Bezeugungen der Höflichkeit). Unter welcher Bezeichnung werden bei Ihnen in Ihrem Funktionsbereich/in Ihrem Unternehmen Kunden geführt? Haben Sie für Kunden eine bestimmte Bezeichnung? Gibt es eine Sprachregelung, und achten Sie auf deren Einhaltung? Sprechen Sie in Ihren Unterhaltungen regelmäßig über Kunden? Wie lautet Ihr »Danke schön«-Quotient? Wie lautet Ihr Quotient für »Logos/Bilder«? (Das heißt, inwieweit – und hier müssen Sie ganz spezifisch antworten – geben Sie sich alle erdenkliche Mühe, um Kundenkontakte persönlich zu gestalten?) Überprüfen Sie den Ablauf von Kunden- und Verbraucherkonferenzen. Sind sie optimal organisiert? Sind sie allerbeste Show (insbesondere was die Streicheleinheiten angeht)? Sie haben als Kunde an Verbraucherkonferenzen teilgenommen. Welche war die beste? Welche 25 »Kleinigkeiten« sind für Sie am attraktivsten? Können Sie all diese Dinge auch von Ihrer Seite aus für Ihr Unternehmen realisieren?

Anmerkung: Alle unsere Vorschläge bedeuten harte Arbeit. Es ist nicht leicht, sich sämtliche »Kleenex-Karton«-»Kaffeeflecken«-Faktoren in allen Geschäftstransaktionen bewußter zu machen. Geben Sie nicht auf. Graben Sie immer tiefer.

Reklamationen können den Weg zur Goldgrube weisen

Joe Girard, Spitzenmann unter den Autoverkäufern, wurde schon in *Auf der Suche nach Spitzenleistungen* erwähnt. Seit zehn Jahren verkauft er alljährlich doppelt so viele Autos wie der zweitbeste Autohändler der Welt. Über den Schlüssel zu seinem Erfolg befragt, sagt er, er gebe sich Mühe. Prima. Doch dann übertrieb Joe sein Engagement ein wenig: »Ich will Ihnen eine Zitrone verkaufen. Und dann zeige ich Ihnen, was ich alles beim Service für Sie erreichen kann.« Wir lachten, als uns ein Seminarteilnehmer auf diese Zeile in einem Girard-Artikel hinwies. Eine Zeile, die wir, offengestanden, übersehen hatten. Nachdem wir aber darüber nachgedacht hatten, verging uns das Lachen. Wir mußten an die zehn Vorstandsmitglieder denken, die notorisch auf IBM schwören. Erstaunlicherweise hatten sie über IBM nicht viel Freundliches zu sagen. Statt dessen verwiesen sie auf Probleme! Aber, fügten sie immer hinzu, wenn ein Problem auftauchte, waren 15 IBM-Leute, davon elf per Fallschirm – innerhalb von drei Stunden bei ihnen eingefallen. Und die Maschine lief immer, sobald sich der erste Lichtstreifen der Morgendämmerung am Horizont zeigte. IBM verkauft zwar keine Zitronen, aber sollten sie es doch einmal tun, würden sie sich mit Sicherheit ähnlich verhalten.

Und Watsons Assistent war schon da

Wir sprachen mit einem Hewlett-Packard-Vorstandsmitglied, das mehr als zwölf Jahre bei IBM verbracht hatte. Er hat uns mit einer Geschichte nach der anderen amüsiert. Einmal fiel ein Rechner bei der Union Carbide aus. Mr. Watson jr. machte sich auf den Weg und erschien am nächsten Montagmorgen um 8.00 Uhr beim Präsidenten der Union Carbide zum Bericht. Unser Freund erinnert sich an die Busfahrt um Mitternacht mit 22 Kollegen auf dem Weg zum Ort der Schwierigkeiten mitten in die Berge von West Virginia. Drei Stunden lang saßen sie im Bus, quälten sich durch strömenden Regen die Berge hinauf, um den Rechner bei Union Carbide rechtzeitig vor Mr. Watsons persönlichem Besuch wieder in Gang zu bringen. Als sie um 4.00 Uhr ihr Ziel erreichten, wurden sie schon von Mr. Watsons Direktionsassistenten erwartet. Woher war er gekommen? Wie war er dorthin gelangt? Das weiß nur der Himmel! (War er eingeschwebt?) Er war jedenfalls da. Das ist die Art des Hauses IBM.

All diese Begebenheiten haben uns zu denken gegeben. Inzwischen nehmen wir an, daß Unternehmen bei Beschwerden/Reklamationen auf zweierlei Weise reagieren. Das eine, das durchschnittliche Unternehmen, empfindet Reklamationen als Übel, das es zu überstehen und schnell zu vergessen gilt. Die zweite Gruppe, zu deren herausragenden Vertretern IBM gehört, sieht in Reklamationen eine *goldene Chance*. Der Leiter des Unternehmensbereiches Entry Systems bei IBM (sie stellen den PC her), Don Estridge, meinte dazu: »Ein lebendiger Kunde an der Strippe. Super! Was für eine Chance! Was für eine Chance, ihn umzudrehen und lebenslänglich als Freund an uns zu binden.« Er fügte hinzu: »Es sind die, die nicht anrufen, die mir Sorge machen.«

Die Logik hinter der IBM-Ansicht, daß Kunden-Reklamationen eine Chance bedeuten, verdeutlicht die Aussage eines Spitzenmanagers im Einzelhandel: »Eine Reklamation, und 50 Menschen wandern ab. Sie machen sich nicht einmal die Mühe, einem zu sagen, daß sie wütend sind.« In diesem Zusammenhang haben wir unterschiedliche Zahlen gehört: Zehn, 25, 50 oder 150. Wir staunen immer wieder darüber, ähnlich wie die meisten Geschäftsleute, mit denen wir uns unterhalten, wie klein die Welt ist. Joe Girard (unser Freund, der Autoverkäufer) machte uns klar, daß jeder wütende Kunde 250 Freunde hat. 100 Freunden wird er von seinen bösen Erfahrungen mit Ihnen erzählen, und 50 von diesen 100 werden wiederum ihren 250 Freunden davon berichten. Ein leitender Angestellter im Kundendienst bei Digital Equipment fügt dem hinzu: »Den sogenannten ›Kleinkunden‹ gibt es einfach nicht. Der geringste Kunde und besonders der geringste wütende Kunde wohnt – und das ist beinahe zwangsläufig – gleich neben dem Chef des Unternehmens, bei dem Sie seit 15 Jahren kein Bein an die Erde kriegen.«

Reklamationen gelten allzu häufig als Ausnahmefall. Sicherlich, irgendwo ist jede Beschwerde ein Ausnahmefall. Sie ergibt sich aus etwas, das nur einmal vorkommt. Auf der anderen Seite haben wir in unserer Arbeit mit Unternehmen und in unserem eigenen kleinen Unternehmen die Erfahrung gemacht, daß es die sogenannte Beschwerde aufgrund einmaliger Vorkommnisse nicht gibt. Ein Beispiel: Ein Kunde beschwert sich bei Ihnen darüber, am Telefon unhöflich behandelt worden zu sein. Die einfache Erklärung haben Sie sofort zur Hand: »Es war ein Tag mit ungewöhnlichem Arbeitsanfall.« Die Chancen stehen aber sehr hoch, daß es viele »ungewöhnlich arbeitsreiche Tage« gibt und daß die Beschwerde nur die Spitze eines Eisbergs zeigt. Rein theoretisch gesehen ist jeder Anlaß zur Beschwerde ein Einzelfall; in Wirklichkeit aber fügen sich sämtliche »Einzelfälle« zu einem großen Strickmuster zusammen.

Wichtig ist, daß Sie von Reklamationen informiert werden. Machen Sie es Kunden leicht, ihre Beschwerden vorzubringen? Wie schnell werden die entsprechenden Informationen im gesamten Unternehmenssystem weitergeleitet? Bei L. L. Bean, dem hervorragenden Sportartikelgeschäft in Maine, wird die Liste der Reklamationen nach Produkten gegliedert und täglich aktualisiert. Die entsprechenden Informationen werden an sämtliche Mitarbeiter weitergeleitet. Die Mitarbeiter im Nissan-Fertigungswerk in Smyrna/Tennessee haben Terminals an ihren Arbeitsplätzen, an denen sie regelmäßig aktualisierte Informationen zu Kunden- und Händlerbeurteilungen abrufen können. Caterpillar Tractor und Deere fordern ihre Kunden unablässig dazu auf, Ärgerlichkeiten auch zu äußern, und leiten die Informationen über Probleme dann sofort weiter.

Im Durchschnittsunternehmen aber verliert sich die Reklamation irgendwo auf dem Weg der Bürokratie, oder man läßt den Kunden gar spüren, daß einem seine Beschwerde lästig ist. Das ist eine Todsünde.

Eine letzte, eigentlich selbstverständliche Anmerkung sei uns zu diesem Thema noch gestattet. Wenn Sie beschließen, einen »heißen Draht« für Kundenreklamationen einzurichten, und eine Spezialtelefonnummer mit Gesprächsgebührenübernahme einrichten, müssen Sie dem damit signalisierten Anspruch auch hundertprozentig gerecht werden! Ein High-Tech-Unternehmen mit 800 Millionen Dollar Jahresumsatz richtete eine 800-Nummer in der Bundesrepublik (»Service 130«), also für den Kunden einen gebührenfreien heißen Draht für Kundenbeschwerden ein. Dann aber wurde, wie unser Freund erzählt, »die 800-Nummer alle drei Monate gewechselt. Man mußte also bei der Auskunft anrufen und sich die normale Nummer geben lassen. Für den Anruf unter dieser Nummer mußte man die Gebühren selbst tragen«. Wie oft haben wir festgestellt, daß Unternehmen diesen Service eingerichtet haben, ohne zu erkennen, wieviel Training nötig ist, damit die Mitarbeiter auch wirklich sinnvoll auf Kundenreklamationen eingehen können. Milliken & Co. führt betriebliche Fortbildungsjahre durch, in denen die Mitarbeiter im Umgang mit Kunden geschult werden. Die Mitarbeiter, die die 800-Gespräche annehmen, werden darin geschult, wie man mit dem Beschwerdeführer, dem Kunden umgeht. Der »heiße Draht« ist eine großartige Idee. Die gegenwärtige Telekommunikationstechnik der Gegenwart erleichtert uns diesen Service ungemein, und sinnvoll genutzt kann er sich zu einem unentbehrlichen Instrument der Kundenpflege entwickeln, mit dessen Hilfe schon manch ein verärgerter Kunde zu einem Spitzenkunden wurde.

Haben Sie unseren Brief schon bekommen?
Ein Kollege, Pat Townsend, berichtet uns von einer beispielhaften Reaktion des Unternehmens Perdue Farms (erinnern Sie sich, dies ist ein Unternehmen mit einem Jahresumsatz von dreiviertel Milliarden Dollar): »Ich habe einen Freund. Er erzählte mir letzte Woche, er habe einmal ein Perdue-Hähnchen gekauft und erst zu Hause festgestellt, daß dieses Hähnchen ganz trocken und total verfleckt war. Er brachte es in den Laden zurück und bekam sofort sein Geld ausgezahlt. Dann entschloß er sich, an Frank zu schreiben – er hatte ihn schließlich im Fernsehen gesehen – und ihm mitzuteilen, er habe eines seiner verdammten Qualitätshähnchen gekauft, und es sei ganz trocken und fleckig gewesen. Er erhielt umgehend Antwort, und zwar von Frank persönlich, der sich ausführlich entschuldigte und einen Gutschein für ein Hähnchen beigelegt hatte. Das war aber nicht alles. Er bat ihn auch um seine Hilfe, damit so etwas nie wieder vorkommen möge, und legte ihm eine ganze Reihe von spezifischen Fragen vor: Wo hatte er das Hähnchen gekauft? Wann? Was genau war zu beanstanden? Woran lag es seiner Meinung nach? Wie hat man im Laden genau reagiert, als er das Hähnchen zurückbrachte? Usw., usw. Zwei Tage später rief ein Manager von Perdue Chickens an, um nachzufragen, ob er den Brief erhalten habe, sich zu vergewissern, daß alles in Ordnung sei, und andere Fragen zu stellen. Mein Freund wird nur noch Perdue-Hähnchen kaufen.«

»Goldene Reklamationen«: einige Fragen – und Anregungen zu Sofortmaßnahmen

– Wählen Sie drei Kunden aus, die Sie nach einem verpatzten Geschäft verloren haben. Rufen Sie sie an. Reden Sie mit ihnen und versuchen Sie, ihnen Fragen zu stellen. Zu welchem Teil lag der Ärger des Kunden an dem Vorgang selbst und zu welchem Teil an der Reaktion darauf in Ihrem Hause?
– Nach welcher Methode reagieren Sie auf eine Beschwerde? Ist sie formal festgelegt? Wenn ja, hält man sich genau an die vereinbarten Richtlinien? Wie schnell und unter welchen Umständen werden

Vorgesetzte eingeschaltet? Wie lassen Sie Ihre persönliche Besorgnis spüren? Verfolgen Sie den Vorgang weiter, und wenn ja, wie?
– Ist es in Ihrem Unternehmen leicht oder schwer, eine Beschwerde vorzubringen? Erreichen Reklamationen immer (!) ihr Ziel? Haben Sie große, nicht zu übersehende Plakate, auf denen die Nummer des heißen Drahtes steht, und vorgedruckte Karten, die man nur noch auszufüllen braucht? Machen Sie Stichproben bei Ihren Kunden, 30, 60 und 120 Tage nach einem großen Auftrag, um festzustellen, »wie alles läuft«? Rufen Sie nach einem Abschluß spontan an, um festzustellen, ob alles in Ordnung ist? Machen Sie Spontananrufe/Spontanbesuche bei *Mitarbeitern der zweiten und dritten Linie* in der Organisation des Kunden? Erkundigen Sie sich bei großen Kunden etwa in folgender Form nach dem Verlauf der Dinge: »Ich weiß, wir haben nicht angerufen, aber wir haben unser Faktorierungswesen umgestellt, und ich wollte nur mal nachfragen.« – »Wir haben gerade ein neues Handbuch für die 4261xx herausgegeben. Wie sind Ihre Monteure damit zufrieden?«
– Welchen Eindruck hinterläßt Ihre Reaktion auf Reklamationen? Auch diesem Punkt sollten Sie angemessene Zeit widmen. Stellen Sie eine Stichprobe von zehn Beschwerden zusammen. Sie haben eine Reparatur zugesagt – innerhalb von wieviel Stunden/Tagen? Wie oft haben Sie den Termin unterschritten? Weiß der Kunde davon? (Das heißt, haben Sie es ihm gesagt? Wie oft sind Sie während der Reparaturzeit mit ihm in Kontakt getreten, um ihm zu sagen »Wir arbeiten daran« oder »X haben wir gerade gelöst?«)
– Stellen Sie eine Stichprobe von 20 Kleinkundenbeschwerden zusammen. Wird der Service gerade von den Kleinkunden als genauso *gut empfunden* wie von den großen? Wenn ja, machen Sie das bewußt so?
– Haben Sie eine Telefonnummer, die der Kunde gebührenfrei anrufen kann? Wenn nicht, warum nicht? Wenn ja: a) Haben Sie sie überall bekannt gemacht? b) Wird dieser Apparat von genügend Mitarbeitern bedient, die darüber hinaus für ihre Aufgabe erstklassig ausgebildet sind?
– Wie reagieren Sie auf Reklamationen? Lassen Sie Beschwerdebriefe und Aufzeichnungen entsprechender Telefongespräche auf allen Ebenen der Organisation zirkulieren? Werden die Reklamationen sofort gegliedert und zusammengefaßt? Werden die Beschwerden hinterher genau analysiert? Wenn ja, immer oder nur gelegentlich?
– Wie viele neue Produkte/Dienstleistungen oder kleinere Verbes-

serungen können Sie direkt als Reaktion auf eine einzelne Beschwerde oder auf ein erstelltes Reklamationsraster zurückführen?
– Eine spezifischere Aufgabe: Schauen Sie sich die *letzten fünf* Beschwerden an, mit denen Sie selbst befaßt waren. Haben Sie sie ignoriert oder verdrängt, weil sie auf »besondere Umstände« (zum Beispiel auf einen 28-Stunden-Tag) zurückzuführen waren, oder haben Sie die einzelne Beschwerde als Indikator für einen Fehler im »System« angesehen?
– Sind Sie mit Leidenschaft bei der Sache, wenn es um dieses Thema geht? Gibt es in Ihrer Branche/Ihrem Marktsegment Konkurrenten, die Reklamationen eher als Chancen auffassen als Sie? Wenn ja, liegt dies vielleicht daran, daß Sie sich *nicht genug Mühe geben?*

Messen Sie Zufriedenheit?

Ein letzter Punkt zum Thema Wahrnehmung durch den Kunden kam mitten in einem Vier-Tage-Seminar mit 40 Unternehmenspräsidenten (Mitglieder der Young Presidents Organisation) auf den Tisch. Dem Thema, wie der Kunde Service und Qualität wahrnimmt, hatten wir schon volle anderthalb Tage gewidmet. Am Ende wollten wir diese Ideen auf ihre Bedeutung prüfen und haben eine Umfrage durchgeführt. Alle 40 Teilnehmer waren sich darüber einig, daß die Zufriedenheit des Kunden auf lange Sicht eindeutig Priorität vor allem anderen hat und das A und O jeder Organisation, egal welcher Branche, zu sein hat.

Bei IBM werden die Mitarbeiter im Marketing (darunter fallen Kundendienst, Empfangspersonal, Verkauf und der eigentliche Marketingstab) und auch in vielen Nichtmarketingbereichen direkt (im Hinblick auf Gehalt, Gratifikation, Beförderung, jährliche Leistungsbewertung) nach der Kundenzufriedenheit beurteilt. IBM hat innerbetrieblich harte qualitative Maßstäbe festgelegt, nach denen die Zufriedenheit der Kunden ermittelt und beurteilt wird – und zwar ausschließlich von Personen, die nicht Mitarbeiter des Unternehmens sind. (Nicht der Marktanteil oder sonstige Ersatzindikatoren werden gemessen, sondern lediglich Zufriedenheit.) Wir haben beide Ideen zueinander in Beziehung gesetzt – harte, qualitative Maßstäbe und die gar nicht zu überschätzende Bedeutung dieses Faktors. Daraus ergab sich folgerichtig eine Frage: »Gibt es jemanden unter Ihnen, der seine Mitarbeiter direkt nach den genannten Kriterien, nämlich der langfristigen Zufriedenheit der Kunden beurteilt?« Niemand meldete sich. 40 Teilnehmer maßen diesem Faktor bei weitem die größte Bedeutung zu, aber keiner handelte danach. Wir vermuten, daß ihre »bloße Wahrnehmung« nicht gut genug funktionierte.

Fred Cox, Präsident der äußerst erfolgreichen Emulex Corporation in Südkalifornien und Hersteller von Computerteilen, hat dasselbe Thema Anfang 1984 Vorstandsmitgliedern aus Technologieunternehmen vorgetragen. »Wir wissen alle, und darin sind wir uns auch alle einig, daß die Kundenzufriedenheit der erste Grund dafür ist, daß wir im Geschäft sind. Schauen Sie sich aber die Meßgrößen an, die ich ermittelt habe. Ich habe gerade eine Kennzahl mit der Bezeichnung ›Rendite auf das investierte Nettokapital‹ entdeckt. Was zum Teufel hat das zu bedeuten? Ich habe noch nie eine Strategie, einen Plan, einen Jahresbericht gesehen, in dem eine direkte Kennzahl für die Kundenzufriedenheit genannt wurde. Warum?« Ja wirklich, warum. Wir haben zur Kennzahl ›Rendite auf das eingesetzte Nettokapital‹ zwar kein ganz so negatives Verhältnis wie Fred, aber ansonsten pflichten wir seiner Kritik hundertprozentig bei.

Hat sie irgend etwas gestört?
Bei Domino's Pizza Distribution Company, Teighersteller und Ausstatter für die über 1200 Konzessions-Unternehmen von Domino's Pizza, wird der Service systematisch – und obendrein noch wöchentlich – gemessen im Ideal Service Survey – zu deutsch etwa Umfrage zum Idealservice. Die Kunden werden telefonisch gefragt, wie Service und Produktqualität gewesen sind. In dieser Umfrage werden nicht nur quantitative und technische Belange erörtert – zum Beispiel die Lieferzeit –, sondern auch qualitative Belange: »Hat Sie irgend etwas bei uns gestört?« Die monatliche Bewertung und die Entlohnung hängt für alle (bis hin zum Präsidenten!) von den Ergebnissen ab, die sofort zusammengefaßt und jedem zur Verfügung gestellt werden. Sie werden in allen Betriebsstätten an deutlich sichtbarer Stelle ausgehängt. Präsident Don Vlcek beschreibt das dieser Umfrage zugrundeliegende Konzept: »Uns ist die Kundenzufriedenheit ein Frühwarnindikator für Schwankungen im Marktanteil. Warum sollen wir auf die offiziellen Marktdaten warten?«

Dominos System
Die meisten Manager sehen durchaus ein, wie nützlich es ist, Kundenzufriedenheit genau zu ermitteln. Wir haben jedoch die Erfahrung gemacht, daß die meisten Schwierigkeiten haben, den nächsten Schritt

zu tun und die Kundenzufriedenheit mit der Entgeltfindung und der Leistungsbeurteilung zu koppeln. Don Vlcek, Präsident des Unternehmens Domino's Pizza Distribution hat uns eine Beschreibung des in seinem Unternehmen üblichen Prozesses zur Verfügung gestellt. Sehen Sie den Text bitte im Zusammenhang mit einem ausgeklügelten Umfragesystem, in dem Woche für Woche das Maß der Zufriedenheit zu zahlreichen Parametern in Zahlen quantifiziert wird. Beurteilt wird alles, von der Lockerheit des Teigs bis zur Frische der Peperoni oder der Frage, ob der Fahrer auch die Tür des Gefrierschranks nach Auslieferung wieder richtig geschlossen hat. Hier ist Originalton Don:

Einbindung der Umfrageergebnisse in das TIPO-System (Team/Individual Performance Objectives – Leistungsziele des Teams/des einzelnen): Beim TIPO-System setzen wir die Monatsgratifikation in direkte Beziehung zur individuellen Leistung und zur Leistung des Teams während dieses Zeitraums. Außerdem wollen wir es mit diesem System dem Team und dem einzelnen ermöglichen, die jeweiligen Prioritäten und die erwartete Leistungsebene zu erkennen. Bei der Leistung reicht die Spannweite von der »Krisenebene« bis zur »außergewöhnlichen Ebene«. Das Procedere läuft folgendermaßen ab: Als erstes werden Schlüsselindikatoren [Indikatoren für die Zufriedenheit] für jede Einheit und jede einzelne spezifische Funktion entwickelt und in Zahlen formuliert. Dann verteilen wir Punkte auf diese Schlüsselindikatoren und zeigen damit, welche Priorität der Schlüsselindikator zur Zeit hat. Danach wird die Leistungserwartung bestimmt. Wenn das Teammitglied die Leistungserwartung erfüllt, erhält es in dieser Kategorie 80 Prozent der möglichen Punkte. Auch der Grad der Krisenleistung wird berechnet. Wird auch diese Leistung erreicht, erhält das Teammitglied [ein Maximum von] 20 Prozent der in dieser Kategorie verfügbaren Punkte. Dasselbe gilt für die Ebene der außerordentlichen Leistung. Wenn er sie erreicht, erhält das Teammitglied 100 Prozent der in dieser Kategorie möglichen Punkte. Wird überall in den USA eine Punktzahl von 100 erreicht, gehen 4 Prozent der Gewinne für den gegebenen Zeitraum in einen Pool, der unter den Teammitgliedern verteilt wird. Es kann also durchaus sein, daß wir in einem Monat sehr hohe Gewinne machen, im Kundendienst aber zurückgefallen sind. In diesem Fall werden geringere Gratifikationen ausgezahlt, auch wenn das Unternehmen mehr Geld verdient hat. Auch das Umgekehrte kann vorkommen. Was in den Pool geht, hängt einzig und allein von der Leistung des gesamten Teams (aller Unternehmensbereiche) ab.

Die Einzelleistung wird auf dieselbe Weise bestimmt. Jeder einzelne

hat eine Reihe von Schlüsselindikatoren, die er zusammen mit seinem Teamführer entwickelt. Die hier erreichte Punktzahl bestimmt, wieviel Prozent der verfügbaren Gratifikation er tatsächlich erhält.
Die Positionen lassen sich zwar nur schwer quantifizieren. Unmöglich aber ist es nicht. Man muß Meßgrößen finden, anhand derer jeder seine Prioritäten kennt, jeder weiß, welche Leistung von ihm erwartet und wie sie bestimmt wird. Das Rechnungswesen ist beispielsweise da, um Dienstleistungen für andere zu erbringen. Wir haben ein »Bewertungs«-System entwickelt, in dem die Benutzer dieser Dienstleistungen die Mitarbeiter des Rechnungswesens mit einer Skala von eins bis zehn beurteilen und ihr Urteil begründen. Noten ohne Begründung dürfen nicht abgegeben werden. Wie sich herausgestellt hat, ist dies eine großartige Methode, Kollegen dazu zu veranlassen, sich zu koordinieren, anstatt ihre Vorgesetzten um Hilfe anzugehen. Delegation durch Osmose!
Die in diesem System erwartete Leistung wird alle sechs Monate überprüft und dann etwas höher angesetzt als die Durchschnittsleistung der letzten sechs Monate. So fühlen sich die Mitarbeiter motiviert, etwas besser zu arbeiten als in den vorangegangenen sechs Monaten. Die Krisenleistung setzen wir bei der niedrigsten Punktzahl an, die während der letzten sechs Monate erreicht wurde, und die außergewöhnliche Leistung bei der höchsten Punktzahl, die während der letzten sechs Monate erreicht wurde.

Sie haben es sicher schon gemerkt: Unzufriedenheit zu messen, verlangt ein gewisses Raffinement. Wir wollen Sie jedoch nicht mit unserer Begeisterung derart ausgeklügelter Verfahren das Fürchten lehren. Nach einem Vortrag während eines Seminars (Ende 1984) sagte der Präsident eines kleinen Unternehmens zu uns: »Sehen Sie, ich habe Ihr Seminar vor einem Jahr schon einmal besucht. Danach habe ich mich dazu gezwungen, jede Woche drei bis vier Kunden anzurufen und sie zu fragen: ›Wie sind Sie mit uns zufrieden?‹ Diese Strategie schlug ein wie eine Bombe. Sie haben uns, ohne um den heißen Brei herumzureden, ganz genau erzählt, ob sie zufrieden oder nicht zufrieden sind – und warum. Und dann tue ich etwas dagegen.« Leute wie er sind leider immer noch viel zu selten.

»Messen«: einige Fragen – und Anregungen zu Sofortmaßnahmen

– Messen Sie Kundenzufriedenheit regelmäßig und ausführlich? Durch interne Umfragen? Durch Umfragen unter Drittpersonen? (Zum Beispiel regelmäßige Umfragen durch externe Institute?) Durch harte, von Dritten etablierte oder innerbetrieblich entwickelte Meßgrößen (z. B. Reaktionszeiten im Vergleich, Ihre im Vergleich zu denen der Konkurrenz)? Durch Manöverkritik gemeinsam mit dem Kunden? (Sie schicken beispielsweise eine Gruppe von drei Personen, die nicht direkt mit dem Kunden zu tun hat, für zwei Tage zum Kunden und lassen diese Gruppe von der Spitze bis zum Fuß der Pyramide in verschiedenen Funktionsbereichen zwei Tage lang teilweise strukturierte, teilweise offene Interviews durchführen?)

– Geben Sie die Meßgrößen für die Zufriedenheit überall bekannt (zum Beispiel in Beriebszeitschriften, am schwarzen Brett, in Jahresberichten)? Setzen Sie Ziele aufgrund dieser Meßgrößen? Verknüpfen Sie die Entgeltfindung/Mitarbeiterbewertung/Beförderungswürdigkeit zumindest teilweise mit dieser Meßgröße? Feiern Sie Erfolge, die Ihre Mitarbeiter nach diesen Verfahren errungen haben?

– Haben alle Abteilungen oder alle Funktionsbereiche Meßgrößen für die »Kundenzufriedenheit«? (Zum Beispiel: messen die Mitarbeiter im Rechnungswesen an unterschiedlichen Kriterien die Zufriedenheit derer, für die sie »Dienstleistungen« erbringen, also ihrer »Kunden«?) Bitte beachten Sie: es ist schwer, intern zu erreichen, daß der Firmenkollege als »Kunde« angesehen wird. Es ist aber möglich und der Mühe wert.

– Halten Sie einen Moment inne: Wissen Sie, was genau Sie unter Kundenzufriedenheit verstehen und was sie Ihnen wert ist? Freuen Sie sich auf die Geschichte über Todd Fraser. Zwei Jahre hat er damit verschwendet, die Zufriedenheit seiner Kunden nach seinen eigenen Wahrnehmungen zu definieren. Dann endlich befragte er die Kunden und hatte Erfolg!

Bitte beachten Sie: der Prozeß zur Entwicklung richtiger und stabiler Meßgrößen ist nicht einfach. Probieren Sie verschiedene Meßgrößen für unterschiedliche Bereiche. Experimentieren Sie – zwei Monate lang. Sie müssen aktualisieren, revidieren und an den Ergebnissen feilen. Es wird sicherlich ein Jahr vergehen, ehe Sie einigermaßen mit der Art und Stichhaltigkeit einer Meßgröße zufrieden sind und sie in den Prozeß der Leistungsbewertung/Entgeltfindung einbinden können.

Wir haben doch nichts zu verschenken!

Wahrnehmung bedeutet alles – eine wenig überraschende Feststellung. In der Wirtschaft geht es, ganz gleichgültig, welches Produkt man anbietet, immer um Menschen, die anderen Menschen etwas verkaufen, ob es sich dabei um eine Transaktion im Werte von 17 Cents oder im Werte von zehn Milliarden Dollar handelt. Die letzte Summe ist nicht einfach aus der Luft gegriffen. General Electric hat Prett & Whitney einen Auftrag für Flugzeugmotoren in mindestens dieser Höhe weggeschnappt. P & W lieferte nach Meinung der meisten Kunden die technisch bessere Qualität. GE trug dennoch den Sieg davon, weil seine Kundendienstgarantien hervorragend waren und es keine Probleme mit der Ersatzteillieferung gab. Darüber hinaus hatte sich P & W gegenüber seinem Kunden, der Air Force, unhöflich und arrogant benommen.

Diese Binsenweisheit, nämlich, daß es auf sensible Tuchfühlung mit dem Kunden ankommt, wird viel zu selten akzeptiert. Die Einwände gegen diese Erkenntnis sind oft mehr als einfältig und zeugen von mangelndem unternehmerischem Einfühlungsvermögen.

»Wir haben doch nichts zu verschenken!«
Einige Fragen – und Anregungen zu Sofortmaßnahmen

– Bleiben Sie bei Diskussionen über den Kundendienst unweigerlich beim Thema Kundendienstkosten stecken? Nehmen Sie sich drei bis vier Abschlüsse der letzten Zeit oder auch Vertragsverlängerungen vor. Wie weit haben Sie die Produkt-/Dienstleistungsmerkmale modifiziert, um die vom Kunden wahrgenommenen Bedürfnisse zu erfüllen? Ist es Ihnen sehr schwer gefallen, einen flexiblen Eindruck zu vermitteln? Schauen Sie sich drei oder vier Angebote an, bei denen es nicht zum Abschluß kam: ist es Ihnen irgendwo nicht gelungen, den Eindruck der Flexibilität zu vermitteln? Hätte man Ihr Verhalten als Entgegenkommen gewertet, wenn Sie dem Kunden gegenüber in einer Kleinigkeit nachgegeben hätten?

– Prüfen Sie zwei besonders erfreuliche und zwei unerfreuliche Erlebnisse, die sie selbst mit Lieferanten hatten, die auch privater

Natur sein können. Was genau hat sie positiv oder negativ beeindruckt? War es in den positiven Fällen für den Verkäufer teuer, sein Angebot auf Ihre speziellen Wünsche zuzuschneiden? Haben Sie einen Aufpreis für diese Flexibilität gezahlt?
– Ist im Zuge der Automation (zum Beispiel des Vertriebs des Kundendienstes) der menschliche Faktor vernachlässigt worden? Wenn ja, welche Gegenmaßnahmen treffen Sie, wenn überhaupt, um die persönliche/menschliche Komponente im Betriebsablauf und gegenüber dem Kunden aufrechtzuerhalten? Halten Sie sich dabei an ein System oder einen Plan? Welche Instrumente setzen Sie ein?

Der Zweigstellenleiter als König
Trotz allen Respekts vor der innovativen Kraft von IBM müssen auch wir zugeben, daß dieses Unternehmen in manchen Bereichen ausgesprochen bürokratisch strukturiert ist, weil man stark auf Zentralisierung gesetzt hat. Das gilt zumindest für die zentralen Unternehmensbereiche, von denen jeder einen Umsatz von mehreren Milliarden Dollar verwaltet. Dennoch ist die Reaktionsbereitschaft gegenüber dem Kunden – mit fast 400 000 Mitarbeitern auf der Gehaltsliste – legendär. Warum? Weil der Verkaufs- oder Niederlassungsleiter absolut autonom entscheiden kann. Es ist ganz einfach seine Verantwortung, für den Kunden alles in Bewegung zu setzen, auch wenn er dabei gegen einige sonst gängige Regeln verstößt. Ein Niederlassungsleiter, der Himmel und Hölle in Bewegung setzt, um die Kunden zufriedenzustellen, darf sich manch eine Freiheit erlauben, ohne Ärger befürchten zu müssen. Die Vorsehung stehe dem Niederlassungsleiter bei, der sagt: »Ich hätte es ja tun können, *aber...*« Und der Himmel stehe dem Außendienstleiter oder sonstigen Mitarbeitern aus der zweiten Linie bei, die von dem Niederlassungsleiter behaupten: »Ich hätte ihm ja geholfen, aber...« Keiner von beiden wird sich bei IBM lange halten können.
IBM hat eine Bürokratie. Das steht fest. Aber es gibt auch eine Hierarchie; und der Zweigstellenleiter, der für die Kundenzufriedenheit verantwortlich ist, steht unbestritten an der Spitze dieser Hierarchie.

Viele Leute hegen gegenüber Werbung und dem aktiven Verkauf nur Verachtung. Werbung ist für sie »reine Schaumschlägerei«. Die meisten rational denkenden Geschäftsleute aus unserem Bekanntenkreis ärgern sich über die Werbung, weil sie sie im Grunde für überflüssig halten.

Schauen wir uns die Sache von einer anderen Seite an. Fragen wir einen links von der Mitte stehenden Demokraten oder einen äußerst rechts stehenden Republikaner. Keiner von beiden wird wohl behaupten können, daß Präsident Reagan im Verkauf seines Programms und seiner Philosophie an die amerikanische Bevölkerung kein Meisterstück geleistet habe. In einer Titelgeschichte im *New York Times Magazine* (14. Oktober 1984) wurde diese Tatsache ausführlich erörtert. Es hieß, Reagan verbringe »lediglich« 20 Prozent seiner Zeit mit der Formulierung von Programmen und 80 Prozent seiner Zeit mit der »Kommunikation« und mit dem »Verkauf« dieser Programme. Kommunizieren, ausführen und verkaufen bilden die Grundlagen, wenn man Wahrnehmungen (positive oder negative) verändern oder etablieren will. Sie sind das Kernstück jeden Umgangs mit Kunden (Wählern, Patienten, Studenten). Ronald Reagan ist seit langer Zeit der erste Mann im Oval Office, der dies begriffen hat. Hervorragende Führung ist – da beißt die Maus keinen Faden ab – reiner Verkauf, Verkauf im besten Sinne des Wortes, das heißt *die Wahrnehmung,* das Gefühl, das Bild zu vermitteln, daß Ihr Standpunkt richtig ist, daß Sie zuhören und verstehen, daß es sich lohnt, Ihnen zuzuhören und Ihnen zu folgen (oder Ihnen etwas abzukaufen).

Im übrigen gilt: Ein großartiges Produkt ist definitionsgemäß nur eines, das sich verkauft (genauso muß man erst einmal die Wahl gewinnen, wenn man als »großer Präsident« oder »großer Stadtrat« in die Geschichte eingehen will). Es ist mehr als selten – und das gilt wiederum trotz der Proteste unserer Freunde unter den Technokraten (Bankkaufleuten, Finanzfachleuten usw.) –, daß sich ein Produkt allein aufgrund seiner »klar hervorstechenden technischen Vorzüge von selbst« verkauft. Die Entwicklung der Innovation zeigt gerade diese Tatsache besonders deutlich! Manch ein Unternehmen ist schon pleite gegangen, weil es seiner Zeit zu weit voraus war. Das Unternehmen Varian Associates, das zu den Pionieren im Elektronikbereich gehört, hat bis 1983 zwölf schlechte Jahre überstehen müssen. In einer Rede vor Sicherheitsanalytikern meinte ein Varian-Vorstand, die Schwierigkeiten des Unternehmens seien hauptsächlich darauf zurückzuführen, daß die Varian-Ingenieure den Bedürfnissen ihrer Kunden schon immer rund zehn Jahre *voraus* waren. Birdseye erfand das Schockgefrierverfahren schon im Jahre 1912. Ökonomischen Gewinn erzielte dieses Verfahren aber erst seit 1952. 40 Jahre hat es also gedauert, die Eßgewohnheiten, die Einkaufsgewohnheiten und die Vertriebswege zu ändern, bis die amerikanische Bevölkerung bereit war, die Vorzüge (und die

Notwendigkeit) schockgefrorener Produkte zu akzeptieren. Ein Produkt verkauft sich nur, wenn es allen Elementen der »Echtzeit«-Bedürfnisse (das heißt also den heutigen Bedürfnissen) des Kunden entspricht.

»Verkäufer brauchen Streicheleinheiten«: einige Fragen – und Vorschläge zu Sofortmaßnahmen

– Wie zeigen Sie Ihren Verkäufern (über Entgeltfindung und die jährliche festliche Überreichung der Verdienstmedaillen hinaus), daß Sie mit ihnen zufrieden sind? Überprüfen Sie – im Detail –, wie und wie oft Sie die Erfolge Ihrer Verkäufer materiell oder immateriell honorieren?

– Wie ist das Ansehen Ihrer Verkäufer in Ihrem Betrieb? Gelten Sie als Mitarbeiter zweiter Klasse? Hört man unterschwellig, Sie verfügten ja nur über Verkaufstüchtigkeit? Sind ehemalige Verkäufer im Topmanagement vertreten? Muß jeder, der sich für einen Topjob qualifizieren will, mindestens zwei Jahre im aktiven Verkauf tätig gewesen sein? Sind die Spitzenleute auch aktiv im Verkauf tätig?

– Welche Rolle spielt die Werbung in Ihrem Unternehmen? Gilt sie als notwendiges Übel, oder werden alle ihre Möglichkeiten ausgeschöpft? Ist es die Regel, sehr viel Geld auszugeben, um den Verkauf der Spitzenmarken, -dienstleistungen oder -produkte zu unterstützen? Geben Sie pro Umsatzdollar mehr aus als der Durchschnitt der Branche und als Ihre drei wichtigsten Konkurrenten? Falls nicht, warum nicht?

– Arbeiten Sie *ohne Unterlaß* an der klar verständlichen Aussage über die Qualität des Produktes? David Ogilvy erklärt – und unsere Erfahrungen weisen eindeutig in dieselbe Richtung –, daß die wichtigsten beiden Nutzeffekte in den meisten Anzeigen nicht kommunizieren, ja meist nicht einmal erwähnt werden. Ist diese Nachricht in jeder Kommunikationsform vorhanden? Sind die Konkurrenten deutlicher in ihren Aussagen? Wenn ja, wie? Liegen die Nutzeneffekte auf der gleichen Wellenlänge wie die vom Kunden subjektiv wahrgenommenen Bedürfnisse (sind sie also der Zeit nicht zu weit voraus)?

Gefühl und Gespür: Mensch sein

Alles läuft darauf hinaus, daß Menschen wie Menschen behandelt werden wollen. Der Unmut über ein kleines Ärgernis ist auch Jahre danach im Geschäftsverhalten noch spürbar. Eine einfache, spontane Entschuldigung kann massive (und teure) technische Fehlleistungen wieder ausgleichen.

Procter & Gamble demonstriert das beste Beispiel für eine technisch ausgefeilte Analyse der Marktdaten. Das Unternehmen hat ein Beschwerdetelefon eingerichtet, das der Kunde gebührenfrei anrufen kann. Diese Telefonnummer steht auf allen Procter-&-Gamble-Verpackungen. Der größte Vorteil hat sich aber wahrscheinlich nicht aus der Reklamationsanalyse der Produktmanager ergeben, sondern ist wahrscheinlich erst entstanden, als sich die Vorstandsmitglieder verpflichteten, die auf dieser Nummer eingehenden Telefongespräche jede Woche mindestens drei Stunden lang selbst mit anzuhören. »Ich kann nicht genau definieren, was ich anders mache, seitdem ich diese Telefongespräche mithöre«, sagt uns ein Vorstandsmitglied, »aber ich kann Ihnen sagen, daß jede Entscheidung jetzt auf andere Art und Weise gefällt wird.«

Die stellvertretende Direktorin der Gesundheitsbehörde in Pennsylvania hat alle ihr direkt unterstellten Mitarbeiter angewiesen, wöchentlich vier Stunden vor Ort in einem der Gesundheitsämter zu arbeiten. Dies sind keine Höflichkeitsbesuche eines Vorgesetzten um »der Optik« willen. Die Direktorin besteht vielmehr darauf, daß jeder ihrer Mitarbeiter aktiv im Publikumsverkehr Dienst tut. Sie müssen sich mit Beschwerden befassen und Formulare ausfüllen – genauso wie die regulären Beamten in dieser Funktion. »Und sie reden über zuviel Bürokratie, zu komplizierte Formulare, bis wir graue Haare bekommen«, bemerkt sie. »Erst wenn sie regelmäßig vor Ort waren, erst wenn sie mit eigenen Augen gesehen haben, wie lächerlich es ist, diese oder jene Daten zu erheben, erst wenn sie selbst festgestellt haben, daß sie auch die simpelste Frage nicht beantworten können, weil erst zahlreiche bürokratische Verfahren eingeleitet werden müssen, ehe eine Antwort möglich ist, erst wenn sie das selbst erlebt haben, erst wenn sie selbst die damit einhergehenden Frustrationen erlebt haben, erst dann entwickeln sie allmählich ein wirkliches Gespür für die Situation.«

»Bloße Wahrnehmung.« »Bloßer Eindruck.« »Bloße Kommunikation.« »Bloßes Zuhören.« Oder sollten wir sagen: »Bloßes Eingehen auf menschliche Belange?« In Kapitel 2 haben wir den revolutionären Ansatz des Unternehmens Milliken & Company im Umgang mit seinen Kunden schon besprochen: Eine Unmenge verschiedener, auf gesundem Menschenverstand beruhender Bemühungen mit dem Ziel, »dem Kunden näherzukommen«, werden getestet und verfeinert. Keines der Programme ist besonders ausgefallen. Ein Marketing-Vorstand von DuPont mit über 20jähriger Erfahrung, der im Februar 1984 Gast einer Klausurtagung des Milliken-Topmanagements war, sagte dazu: »In all den Jahren, die ich in sogenannten Marketingclubs verbracht habe, habe ich so etwas nicht – auch nicht annähernd – erlebt.« Und im Grunde gilt es lediglich, gesunden Menschenverstand anzuwenden, um die Beziehung zwischen Verkäufer und Kunde zu vermenschlichen.

Was ist ein Kunde?
Ein Kunde ist die allerwichtigste Person für den jeweiligen Mitarbeiter, ob er nun persönlich erscheint, anruft oder Briefe schreibt.
Nicht der Kunde ist abhängig von uns, sondern wir sind abhängig von ihm. Die Wünsche eines Kunden haben nicht als Arbeitsunterbrechung zu gelten, sie sind Ziel und Zweck unserer Arbeit. Wir tun ihm keinen Gefallen, indem wir ihn bedienen ... Er tut uns einen Gefallen, indem er uns die Chance dazu gibt.
Ein Kunde ist niemand, mit dem man sich streitet oder mit dem man Machtkämpfe ausficht. Den Streit mit einem Kunden hat immer der Kunde gewonnen.
Ein Kunde ist eine Person, die uns ihre Wünsche anträgt. Also ist es unsere Aufgabe, sie zu seinem und unserem Vorteil zu erfüllen, und zwar so, daß er und wir davon profitieren.
(Ein Poster mit diesem Text hängt bei L. L. Bean in Freeport/Maine an vielen deutlich sichtbaren Stellen aus.)

In einer vollkommenen Welt, in der Roboter das Produkt herstellen und über ein Computernetzwerk an andere Roboter in der Einkaufsabteilung des Geschäftspartners verkaufen, wäre all dies unwichtig. Von dieser Welt aber sind wir noch weit entfernt. Wir werden sie wohl nie realisieren, weil jede Organisation, der Gigant IBM mit seinen 45 Milliarden Dollar Umsatz ebenso wenig wie Stew Leonards unglaublich erfolgreiches Einzelgeschäft, von Menschen geführt wird und Menschen dienen soll.

7. Qualität ist keine Technik

Es gibt eine Eigenschaft, die das Grundkriterium des menschlichen Lebens und des menschlichen Geistes, einer Stadt, eines Gebäudes oder auch einer Wildnis darstellt. Es ist eine objektive und präzise Eigenschaft, aber sie läßt sich nicht beim Namen nennen.

Christopher Alexander, The Timeless Way of Building (Die zeitlose Art des Bauens)

Ich wurde von einem Vater erzogen, dem ich es kaum recht machen konnte, weil er immer der Meinung war, man könne alles noch besser machen. Er war nie zufrieden mit Erfolg... Man braucht Augenmaß. So großartig Computer auch sein mögen, ich glaube nicht, daß sie Ihnen über die Qualität Ihres Produktes Auskunft geben können. Über die Rentabilät ja, aber nicht über die Qualität. Nur mit menschlichem Augenmaß, mit menschlicher Erfahrung läßt sich Qualität verbessern – oder verschlechtern.

Stanley Marcus, ehemaliger Chairman von Neiman-Marcus

Manchmal glauben wir, daß der amerikanische Durchschnittsmanager nach Erscheinen der Bücher *Theory Z* und Phil Crosbys *Quality is Free* (Qualität gibt's umsonst) hinter seinem Ohr einen Schlitz hat, in dem eine 3½-Zoll-Diskette steckt. Man braucht nur das Stichwort »Qualität« zu nennen, und der Manager spult automatisch folgende Platte ab: »Qualitätszirkel, statistische Qualitätskontrolle, CAD/CAM/CAE, Robotertechnik...« Natürlich können Qualitätszirkel großartig sein. Die statistische Qualitätskontrolle ist unschätzbar wertvoll. Automation ist von größter Bedeutung. Mit keinem dieser Instrumente und auch mit keinem der früheren Instrumente – zum Beispiel *job enrichment* – kommt man aber dem Wesen der Qualität wirklich auf die Spur.

Das folgende Kapitel ist kurz. Es mag Sie vielleicht überraschen. Um Qualität geht es aber nicht nur in diesem Kapitel, sondern im ganzen Buch. Qualität bedeutet nämlich vor allen Dingen Fürsorge, Menschen, Passion, Konsequenz, Augenkontakt und intuitives Reagieren. Qualität ist keine Technik, und sei die Technik auch noch so gut.

Jedes Instrument zur Qualitätssicherung kann wertvoll sein. Vorteilhaft sind diese Instrumente aber nur, wenn die Manager – auf allen Ebenen – Qualitätsbewußtsein haben und es unter allen Umständen durchsetzen. Führungskräfte auf allen Ebenen müssen begreifen, daß Qualität nur, egal wie sich die Technologie entwickelt, von Menschen garantiert werden kann (das beginnt schon bei den Mitarbeitern in der Expedition). Qualität ergibt sich schließlich auch aus der Überzeugung, daß alles verbessert werden kann, daß Perfektion erreichbar ist.

Frank Perdue hat eine Viertelmillion Dollar in den größten »Gebläsetrockner« der Welt investiert. Warum? Frank ist davon überzeugt, es gebe nichts Ekelhafteres als die acht Federkiele, die ein Hähnchenflügel immer noch hat, wenn er gegrillt wird. Mit seinem neuen Gebläsetrockner kann man die Härchen aufrichten und fast alle abbrennen, ehe das Geflügel ausgeliefert wird.

Williams-Sonoma ist äußerst erfolgreich im Handel mit Luxuskochgerät für die Küche des Feinschmeckers. Den größten Umsatz macht das Unternehmen über seine Kataloge. Williams-Sonoma verpflichtet für die Katalogbilder die besten Fotografen der Welt. Auf die Katalogherstellung wird ganz außergewöhnliche Sorgfalt verwandt. Auf dem Titel des Weihnachtskataloges 1983 sollte ein Stück Quiche Lorraine in einer neuen Pfanne, die Williams-Sonoma importiert hatte, abgebildet werden. Die Aufnahme kostete einige zehntausend Dollar.

Abends erschien Unternehmensgründer Chuck Williams, nahm eine Gabel und probierte die Quiche, die für das Foto ausgesucht worden war. Sie schmeckte ihm nicht. Ohne auch nur einen Moment zu zögern, nahm er das Foto heraus. Es wäre ihm nicht im Traum eingefallen, eine Quiche, die nicht schmeckte, auf dem Titelbild eines Williams-Sonomas-Kataloges erscheinen zu lassen.

Qualität ist also das A und O, nicht 80prozentige oder 95prozentige Qualität, sondern 100prozentige, die sich allerdings nur mit Besessenheit erreichen läßt. Tom Watson von IBM hat dieses Prinzip begriffen. In der IBM-Philosophie stehen drei Kriterien voran. Eines lautet, Spitzenleistungen auf *jedem* Gebiet. Inkonsequenz gilt als Grundfehler. Man kann nicht Tippfehler in der internen Korrespondenz durchgehen lassen und auf der anderen Seite aber perfekte Kundenkorrespondenz verlangen. Hundertprozentige Zuverlässigkeit läßt sich nicht halbherzig verwirklichen. Qualitätsbewußtsein verlangt ständige geistige und praktische Präsenz.

Starke Worte zu Qualitätszirkeln

Tom hat sich unverschämt verhalten. Anfang 1984 sollte er während eines Mittagessens in Logan/Utah zu 700 Teilnehmern sprechen. Bill Mohr, ein von uns geschätzter Kollege bei Hewlett-Packard, der zusammen mit seiner Frau Harriet gerade ein hervorragendes Buch, *Quality Circles: Changing Images of People at Work* (Qualitätszirkel: Neues Bild der Menschen bei der Arbeit), Addison-Wesley 1983, veröffentlicht hatte, war als Seminarreferent am späten Nachmittag eingeplant. Das Mikrofon in der Hand, sagte Tom zu den 700 Teilnehmern: »Wie ich merke, wird Bill Mohr von Hewlett-Packard einen Teil des Seminars mit Ausführungen zu seinem Buch über Qualitätszirkel bestreiten. Was er tut, grenzt meiner Meinung nach schon an *Unmoral.*« Starke Worte! Er fügte hinzu: »Bei Hewlett-Packard funktionieren diese verdammten Qualitätszirkel natürlich.

Seit Urzeiten, seit Dave Packard und Bill Hewlett 1937 in ihrer berühmten Garage anfingen, schwören sie gemeinsam mit ihren Nachfolgern und Kollegen vor allen Dingen darauf, daß jeder in der Organisation einen kreativen Beitrag zur Verbesserung der Produktqualität leisten kann. Bei dieser Grundlage können die Qualitätszirkel bei HP gar nicht scheitern.« Seine Schlußfolgerung: »Ich komme aus dem sogenannten menschenfreundlichen Silicon Valley. Ich kann Ihnen hier aus eigener Erfahrung folgendes mitteilen: In sechs von sieben Unternehmen in diesem Valley, dem Management-Mekka des 21. Jahrhunderts, würde es dem Durchschnittsbeschäftigten nie einfallen, die nächste Qualitätszirkelkonferenz zu besuchen. Auch dann nicht, wenn es der letzte Tag wäre, auch dann nicht, wenn das Ende der Welt gekommen wäre. Sie sehen Qualitätszirkel als das, was sie tatsächlich sind: als erneuten Versuch des Managements, die Solidarität der Werktätigen zu brechen.«

Das Buch von Bill und Harriet Mohr ist hervorragend. Wir empfehlen es wärmstens. Gleichzeitig aber meinen wir unsere Einwände todernst. Qualität läßt sich nicht durch Technik erzielen. Qualität ist nur möglich, wenn sich das Management absolut für seine Leute und für das Produkt einsetzt, engagiert – ohne Unterlaß, jahrzehntelang –, Qualität muß eine Sache der Einstellung sein und mit Leidenschaft durchgesetzt werden. Leider hat sich das in den meisten Organisationen noch nicht herumgesprochen.

Qualität bedeutet also, sein Ziel mit Besessenheit (und Stolz auf die erbrachte Leistung) zu verfolgen. Vor einiger Zeit begegnete Tom in einer Seminarreihe den Führungskräften einer großen Einzelhandelskette. Während des Seminars kam immer wieder das Thema aufs Tapet, welchen Grad von Service man sich leisten könne. Einmal, Tom schimpfte gerade auf die schlechte Bedienung im Einzelhandel, stand ein Vorstandsmitglied auf, unterbrach ihn und sagte vor seinen 40 Kollegen und vor seinen Mitarbeitern: »Tom, setzen Sie sich hin und beruhigen Sie sich. Hören Sie endlich auf, auf uns herumzuhacken. Auch bei uns hat sich einiges geändert. Unsere Welt ist viel komplexer geworden, und die Konkurrenz ist schärfer. Wir sind auch nicht schlechter als die anderen.« Wir baten unsere Graphiker, aus der Aussage dieses Burschen ein kleines Firmenzeichen zu entwickeln (siehe folgende Seite).

Wer von Qualität spricht, spricht von Menschen. Wir wollen hier nicht vorwegnehmen, was wir in unserem Abschnitt mit dem Titel »Menschen, Menschen, Menschen« behandeln. An dieser Stelle möge folgendes genügen: Qualität ist eine Funktion, das persönliche Anliegen aller – auf der Verladerampe, am Empfangspult, im Büro der technischen Zeichner. Wenn dieses *persönliche* Anliegen nicht existiert – und nur Menschen können sich dazu verpflichtet fühlen –, ist Spitzenqualität nicht erreichbar.

W. Edwards Deming hat die Japaner von dem heute bekannten Qualitätskonzept überzeugt. Er gilt darüber hinaus als Erfinder der statistischen Qualitätskontrolle. Grundsatz dabei ist folgender: Die Techniken der statistischen Qualitätskontrolle führen zu vermehrter Selbstkontrolle (Selbstüberprüfung) bei den Mitarbeitern am Fließband. Deming glaubt, Qualität sei primär eine Funktion des persönlichen Ziels eines bestimmten Menschen. 1983 sagte er in einem Vortrag an der Utah State University vor Betriebswirtschaftsstudenten höherer Semester:

»Unter Ihnen sind Studenten mit dem Hauptfach Finanzwissenschaften. Sie lernen, wie man rechnet und wie man ein Unternehmen auf der Grundlage von Zahlenanalysen führt. Wenn Sie sich aber in der Leitung eines Unternehmens nur nach Zahlen richten, wird das Unternehmen untergehen. Wie lange wird sich das Unternehmen halten können, ehe es scheitert? Ich weiß es nicht. Aber es wird in jedem Falle scheitern. Warum? Weil die wichtigsten Zahlen nicht vorhanden sind. Haben Sie das während Ihres Studiums der Finanzwissenschaften gelernt? Nun,

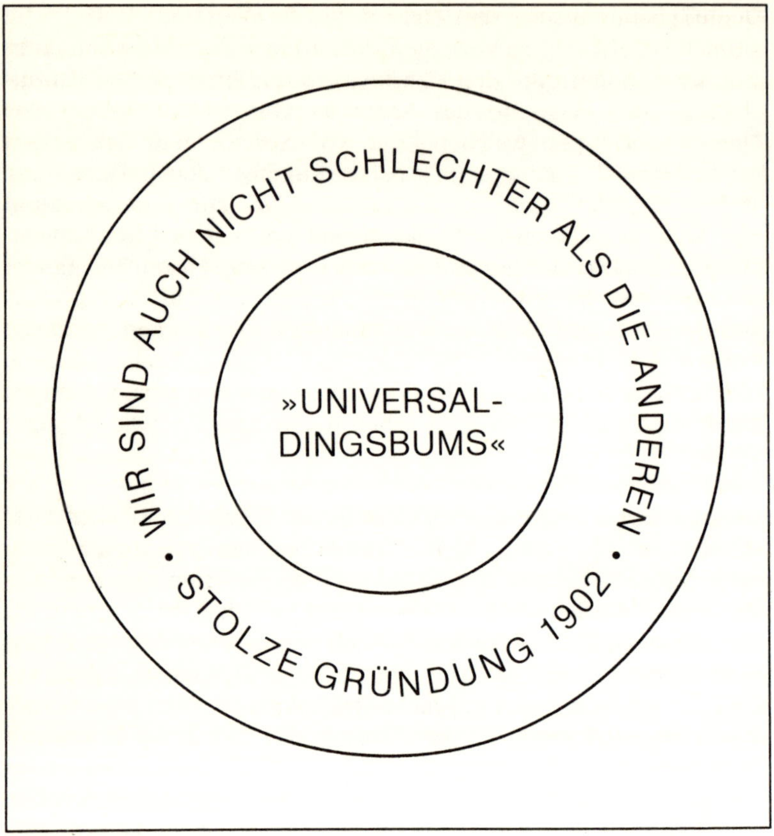

in zehn bis 15 Jahren werden Sie es wissen, daß die wichtigsten Zahlen die Zahlen sind, die unbekannt oder unerkennbar bleiben.
Wie ermittelt man die Multiplikatorwirkung eines zufriedenen Kunden? Ist er in Ihren Zahlen repräsentiert? Wie steht es um die Multiplikatorwirkung eines zufriedenen Kunden? Ist er in Ihren Zahlen repräsentiert? Haben Sie das während Ihres Studiums der Finanzwissenschaften gelernt? Wie steht es um die Multiplikatorwirkung des Einsatzes von besseren Materialien in der Produktion? Wie steht es um die Multiplikatorwirkung, die sich am Fließband erzielen läßt? Kennen Sie die? Sie kennen sie nicht. Wenn Sie sich anschicken, ein Unternehmen ohne diese Zahlen zu leiten, werden Sie bald kein Unternehmen mehr zu leiten haben. Wie steht es um den Multiplikatoreffekt des Konzeptes insgesamt, überall bessere Arbeit zu leisten?

Überall glaubt man, daß der Fabrikarbeiter die Probleme verursacht. Er ist nicht Ihr Problem. Seitdem es überhaupt so etwas wie eine Industrie gibt, beweist der Fabrikarbeiter, daß Qualität seinen Arbeitsplatz sichert. Er weiß, daß schlechte Qualität einen Verlust an Marktanteilen bedeutet und ihn seinen Arbeitsplatz kosten wird. Er weiß das und lebt mit dieser Furcht, ständig – täglich. Dennoch kann er keine gute Arbeit leisten, weil das Management Zahlen sehen will, mehr Produktausstoß will – Qualität gilt als unwichtig. Sie messen nur in Zahlen. Der Fabrikarbeiter ist dazu gezwungen, mangelhafte Produkte herzustellen. Er wird dazu gezwungen, mit fehlerhaftem Material zu arbeiten. Was auch immer sie tun, das Ergebnis ist unvollkommen. Der Arbeiter kann daran nichts ändern. Er ist absolut hilflos. Wenn er versucht, etwas zu ändern, könnte er genausogut mit dem Kopf durch die Wand wollen, niemand hört ihm zu.

Ich kann Ihnen aber auch das Gegenteil demonstrieren. Ich kann Ihnen einen Betrieb mit insgesamt 2000 Mitarbeitern zeigen, in dem das Management erstklassige Produktions- und Arbeitsbedingungen geschaffen hat. Alle Fabrikarbeiter sind stolz auf ihre Arbeitsergebnisse. Fehlerhafte Produkte kommen praktisch nicht vor. Hier arbeiten glückliche Menschen. Sie sind glücklich, sie sind froh, gute Arbeit zu leisten.

Der Dekan einer betriebswirtschaftlichen Fakultät schrieb mir einmal einen Brief und beschwerte sich, ich hätte mich in einem Vortrag vor 2400 Einkaufsmanagern in New Orleans wohl reichlich grob ausgedrückt. Er bezog sich auf eine Konferenz des International Benevolent Protective Order of Purchasing Managers (Internationaler Wohltätigkeitsorden zum Schutz von Einkäufern). Was ich gesagt habe, haben meine Zuhörer sehr wohl gehört. Der Saal hatte eine gute Akustik. Zwischen dem Dekan und mir gab es nur einen Unterschied. Ich sehe, welche Materialien hereinkommen, er nicht. Wir brauchen Teamarbeit zwischen der Einkaufsabteilung, der Fertigung und dem Verkauf. Diese Teamarbeit kommt bei ihnen allerdings nicht zustande, weil die Unternehmensleitung der Einkaufsleitung den Auftrag erteilt, zu den billigsten Konditionen einzukaufen. Die Unternehmensleitung muß lernen, das Unternehmen in seinem Gesamtzusammenhang zu sehen. Solospiel oder Primadonnentum können sie sich nicht mehr leisten. Teamarbeit muß sein. Das jährliche Leistungsbewertungssystem aber zerstört die Teamarbeit. Wie soll ein Einkäufer noch eine gute Benotung erreichen, wenn er im Einkauf höhere Preise gezahlt hat? Selbst wenn sich dadurch in der Produktion ein Zehnfaches an Einsparungen ergeben hat – man bekommt einfach keine gute Beurteilung, wenn man teureres Material einkauft.

Der Vorarbeiter tut besser daran, das Fließband unter allen Umständen weiterlaufen zu lassen. Eine Unterbrechung würde der Gesamtproduktion schaden. Fast jeder Mensch hat die Angst am Arbeitsplatz, die Angst, schlecht beurteilt zu werden oder seinen Job zu verlieren. Nur etwa einer von 200 Arbeitnehmern läßt sich nicht von Angst leiten. Ein Maschinenschlosser stellte fest, daß ein Wellenlager warm wurde, und informierte den Vorarbeiter. Er meinte, es sei besser, die Maschine ganz abzuschalten und die Sache in Ordnung zu bringen, ehe sich das Wellenlager festfräsen und die Welle total beschädigen würde. In diesem Fall wäre die gesamte Produktion schadhaft, soviel war sicher. Der Meister wußte, daß er eigentlich die Maschinen hätte stoppen und das Lager hätte in Ordnung bringen müssen. Seine Antwort aber lautete: »Wir können jetzt nicht stoppen. Die Gußstücke müssen noch heute raus.« Mit dem »Erfolg«, daß sich das Lager festfräste und die Welle verdarb. Die Maschine stand vier Tage lang still, aber der Meister hatte seine Arbeit getan.

Qualität liegt also in der Verantwortung aller!

Kehren wir zu Stanley Marcus und seiner Ansicht darüber zurück, was menschliches Augenmaß für die Produktion von Spitzenqualität bedeutet. Wir haben viele äußerst effizient arbeitende Führungskräfte kennengelernt, denen es gelungen ist, eine absolute Qualitätsorientierung in ihren Organisationen durchzusetzen. Verhältnismäßig viele davon haben diesen Qualitätssinn deshalb entwickelt, weil sie die Probleme der Produktion von der Pieke auf kennengelernt haben. Sie besitzen einen hervorragenden Instinkt. Sie sind Tüftler. Ein Absolvent der 18 Monate dauernden Verkäufergrundschulung bei IBM sagt: »Wir haben das Wort ›Kunde‹ so oft gehört, daß wir schon davon träumten.« Auch 3M hat seine eigene Philosophie hinsichtlich Qualität und Kundenbetreuung. Wer bei 3M an der Spitze steht, hat die Ochsentour in Betrieb und Verkauf durchlaufen, ist nur über die Ochsentour im Vertrieb und Verkauf das geworden, was er ist. Gerhard Neumann, Flugzeugmotorenunternehmer bei GE, hat im Hinblick auf Qualitätsservice, schnelle Konstruktion und Durchführung erstaunliche Pinonierarbeit geleistet. Er hat sich unter anderem in jungen Jahren als Lehrling bei einem deutschen Schlossermeister zwei Jahre lang die Hände schmutzig gemacht. Neumann führt einen großen Teil seiner späteren Erfolge auf das hervorragende Fingerspitzengefühl zurück, das er während seiner Lehrzeit entwickelt hat. Ed Carlson hat bei United Airlines die Wende eingeleitet. Ehe er zu dieser Fluggesellschaft wechselte, war er Präsident von Westin Hotels (Westin ist eine Tochtergesellschaft der UAL). Carlson ist es gelungen, die Bürokratie abzubauen und sich neu auf die Grundlagen des Dienstleistungsgewerbes zu besinnen. Sein Erfolg ist sicherlich mit darauf zurückzuführen, daß er sein Berufsleben als Hotelpage begann. Dave Thomas hat beim Aufbau von Wendy's wahre Wunder vollbracht. Das Unternehmen wächst und wächst. Viel Schulbildung hat er nicht vorzuweisen, er hat als Kellnerlehrling angefangen. Er sagt, als Kellnerlehrling habe er gelernt, daß man in jedem Beruf, und sei er auch noch so »unbedeutend«, unbegrenzt Qualität erzeugen kann. Marcus Sieff, Chairman von Marks & Spencer, bezeichnet sich selbst als »einfachen Krämer der dritten Generation«. In Firmen, die wegen ihres außerordentlichen Qualitätsbewußtseins einen erstklassigen Ruf zu verteidigen haben, ist es wohl immer so, daß die meisten Vertreter der Unternehmensspitze ihr Handwerk von der Pieke auf gelernt haben.

(Wie so oft müssen wir uns auch hier wieder kurz unterbrechen, um deutlich zu machen, daß wir »Augenmaß« nicht zu den »weichen« Faktoren zählen. Wir sagen noch einmal: »weiche« und »harte« Einflußfaktoren werden sehr oft verwechselt. Da heißt es etwa, »Augenmaß« sei ein »weicher« Einflußfaktor und Computerausdrucke seien »harte« Einflußfaktoren. Beides kann sowohl zu den weichen als auch zu den harten Einflußfaktoren zählen. Wenn wir aber unbedingt entscheiden müßten, ob das »Augenmaß« des Dave Thomas [Wendy's] oder Finanzanalytiker mit zehn Pfund schweren Papieranalysen oder elektronischen Arbeitsblättern zu den »harten« Einflußfaktoren »zählen«, würde Thomas ohne Zweifel den Sieg davontragen.)

Was aber tut einer, der sein Produkt (oder seine Dienstleistung) nicht schon von »Kindesbeinen an« verkauft oder entworfen, hergestellt oder gewartet hat? Unser Rat ist zugleich pragmatisch und abstrakt. Die pragmatische Seite: Gehen Sie wieder in Tuchfühlung! Praktizieren Sie MBWA! Fangen Sie sofort damit an, ob als Chairman, als Leiter des Rechnungswesens oder als Assistent des Abteilungsleiters Gesundheitspflege in einer Gemeinde mit 19000 Einwohnern. Der abstrakte Teil? Lernen Sie, Ihrem Instinkt zu vertrauen, Leidenschaft, Begeisterung und Stolz für die Sache zu entwickeln und bei ihren Mitarbeitern zu respektieren. Wenn das Engagement fehlt, sind Spitzenleistungen nicht realisierbar. Wer das nicht begreift, dem bleibt der Weg zum Erfolg für immer verschlossen. Die Liebe zur eigenen Arbeit ist kein exklusiver

Luxus der Computerkonstrukteure in Silicon Valley, der Einkäufer von Bloomingdale's oder der Cembalosolisten in der Carnegie Hall. Während unseres Aufenthaltes im Hotel Del Coronado in der Nähe von San Diego wurde der Eingangsbereich neu gestaltet. Wir haben einen ziemlich engen Terminplan ohne Rücksicht auf alle sonstigen Beteiligten (tut uns leid) in den Wind geblasen und 25 Minuten lang einem Maurer bei seiner Arbeit zugeschaut – weil er ein Künstler war, die Leidenschaft eines Künstlers bei seiner Arbeit an den Tag legte und sich dies auch in der Qualität seines Produktes zeigte.

Also: Messen Sie Qualität unter allen Umständen. Belohnen Sie Qualität. Feiern Sie Qualität. Diese Liebe, dieses Engagement wirkt ansteckend – (wie umgekehrt auch das Fehlen dieses Engagements).

8.
Der »Stallgeruch« des Kunden

»Stallgeruch« heißt das Wort, nicht »Marktorientierung«! Wichtig ist, für seine Kunden zu »leben«. Wie stellen Sie fest, daß Sie auf dem richtigen Wege sind? Wie stellen Sie fest, daß Sie Ihr Ziel erreicht haben? Wir haben 22 Aspekte herausgefiltert, an denen man die richtige Kundenorientierung erkennt.* Kaum eine der von uns genannten Eigenschaften findet man in Lehrbüchern zum Management oder zum Marketing. Unsere Liste ist keineswegs erschöpfend. Wir wollen Ihnen damit lediglich Anregungen geben und Sie zur Frage veranlassen: »Warum nicht?« Jawohl, warum nicht? Kein Aspekt ist dabei zu ausgefallen. Hinter jedem einzelnen steckt ein Sinn.

1. In Werkszeitschriften, Jahresberichten und vielen sonstigen Druckschriften stehen Geschichten über den Umgang mit Kunden. In allen Druckerzeugnissen besonders betont werden Aktivitäten zur gemeinsamen Erarbeitung von Problemlösungen zwischen dem Unternehmen und dem Kunden. Betont wird ebenfalls der direkte Kundenkontakt, auch für die Mitarbeiter in Funktionsbereichen, die normalerweise nicht direkt mit dem Kunden in Berührung kommen – Forschung und Entwicklung, Herstellung, Personalwesen, Finanz- und Rechnungswesen, EDV. Berichte über Kunden erscheinen tatsächlich weit häufiger als Berichte über andere Themen. Es gibt regelmäßig erscheinende (das heißt, sie erscheinen mindestens wöchentlich) Mitteilungsblätter, in denen ausschließlich Kundendienst das Thema ist für alle Ebenen des Unternehmens, vertikal und horizontal. Die einzelnen Betriebe und Abteilungen (zum Beispiel die einzelnen Filialen, Verkaufsstellen) wer-

* Kein uns bekanntes Unternehmen, nicht einmal IBM oder Marriott, verfolgt sämtliche 22 Aspekte mit gleicher Intensität. Mit unseren charakteristischen Eigenschaften zeichnen wir also ein Idealporträt. Die einzelnen Eigenschaften haben sich aus unserer empirischen Forschung ergeben.

den dazu ermuntert, regelmäßig Kundenbulletins zu veröffentlichen.

2. Verkäufer sind hochgeachtete Mitarbeiter. Dies zeigt sich auf vielerlei Weise. Verkäufer stellen auch die meisten Positionen in der Unternehmensleitung. Festliche Veranstaltungen zu Ehren der Verkäufer sind etwas Besonderes (sie werden beispielsweise großzügig gestaltet, und meistens nimmt die gesamte Unternehmensspitze daran teil). Wenn der Verkäufer spricht, springt der Ingenieur, der Mann in der Herstellung oder in der EDV. Das heißt: Wer nicht sofort auf einen einfachen Hinweis aus dem Verkauf reagiert, begeht eine Sünde. Verkäufer sollten in den Vorstandsetagen in der Überzahl sein. Junge, dynamische Menschen wollen zu Beginn ihrer Karriere meist eine Stellung im Verkauf.

3. Mitarbeiter, die direkt mit der Kundenbetreuung befaßt sind, werden ganz besonders gründlich geschult. Auch für diese Mitarbeiter werden Feierstunden veranstaltet. Sie erhalten Auszeichnungen, auch wenn sie sich nur mit Kleinigkeiten um den Kunden verdient gemacht haben. (Hier zeigt sich der krasse Gegensatz zur üblichen, rein technisch ausgerichteten Orientierung auf Herstellung oder Konstruktion/Einkauf/Rechnungswesen in anderen Institutionen, in denen die »Hilfstruppe« nicht ernst genug genommen wird.)

4. Der Kunde ist so wichtig, daß er in jedem Funktionsbereich der Organisation gewissermaßen atmosphärisch anwesend ist. Er wird mit Hilfe von Filmvorführungen, Besuchen etc. als lebendiges Wesen ins Bewußtsein auch der Leute im Rechnungswesen und in der Personal- und Rechtsabteilung gehoben. Dies gilt natürlich erst recht für alle, die direkt mit der Kundenbetreuung befaßt sind. Die Mitarbeiter aus der Verwaltung (zum Beispiel in der EDV, im Personalwesen, im Rechnungswesen) *müssen* (es wird ihnen nicht nur empfohlen) Kundenbesuche und Kundendienstbesuche machen, *müssen* in Teams mitarbeiten, die das Unternehmen und der Kunde gemeinsam zur Problemlösung einrichten.

5. Für den Kunden gibt es bestimmte Bezeichnungen, die seine Bedeutung symbolisieren. (Bei Walt Disney ist er »Gast«, bei People Express ist er nicht »Passagier« oder »Pax«, sondern »Kunde«). Geringschätzige Redewendungen werden sofort kritisiert.

6. Überblicke und Berichte aller Art orientieren sich schwerpunktmäßig auf den Kunden und auf Aktivitäten zur Ertragsintensivierung. Das heißt: Jeder Bericht (aus der Herstellung, aus der EDV usw.) fängt mit einer Analyse der direkten Auswirkung einer

Maßnahme oder eines Vorschlags auf den Kunden an. Wird dieser Bezug nicht hergestellt, ist der Bericht so gut wie wertlos.

7. Es gibt einen regelmäßigen Besucheraustausch mit der Kundenorganisation. Dieser Austausch gilt für Mitarbeiter aller Ebenen, im eigenen Unternehmen und in der Organisation des Kunden. Die Kunden werden zum Besuch sämtlicher Einrichtungen eingeladen, zum Besuch der Fertigungsstätten genauso wie zur Besichtigung der »Hinterzimmer«. Kunden werden zu vielen Unternehmensveranstaltungen (Festveranstaltungen und auch Veranstaltungen, in denen es um die Unternehmenspolitik geht) eingeladen und immer nachdrücklich dazu aufgefordert, ihre Meinung zu äußern. Es gibt kaum Betriebsebenen, zu denen der Kunde keinen Zugang erhält. Fertigungsstätten können jederzeit besucht werden.

8. In normalen Alltagsgesprächen und auch bei feierlichen Anlässen zu Ehren eines Mitarbeiters sollten die Gesprächsschwerpunkte immer um das Thema Kundenbetreuung kreisen. Der Kunde wird bei solchen Gelegenheiten nie abstrakt dargestellt, sondern es wird immer ein individuelles Bild von ihm gezeichnet. Der Kunde ist ein Individuum und nicht nur durch abstrakte Zahlen in der Statistik vertreten.

9. Es gibt viele Möglichkeiten, die Meinung des Kunden zu erfahren. Darüber hinaus soll die Kundenbetreuung aus eigener Sicht – mindestens einmal im Monat – analysiert werden. Es gibt Weiterbildungsmöglichkeiten zum Thema »dem Kunden positiv und offennaiv zuhören« für die Mitarbeiter in der Herstellung, die Mitarbeiter im Finanz- und Rechnungswesen genauso wie für die in Verkauf und im Kundendienst. Es gibt zahllose formelle und informelle Wege mit dem Ziel, Rückmeldung vom Kunden zu bekommen. Sämtliche Möglichkeiten werden beachtet und eingesetzt. Es gibt »eiserne Gesetze« dazu, wie schnell Kundenanfragen beantwortet werden müssen (zum Beispiel innerhalb von 48 Stunden). Was sich aus den Rückmeldungen der Kunden an Informationen ergibt, wird sofort und mit Engagement in die Tat umgesetzt. Das Antwort-»System« wird vom Topmanagement genau überwacht.

10. Es wird sichergestellt, daß die Verbindung zwischen Verkauf, Konstruktion und Herstellung klappt und daß Informationen in die Tat umgesetzt werden. Vorschläge, die Verkäufer von Kunden hören, werden nicht der angeblichen »Neigung der Verkäufer« zugeschrieben, jede Laune des Kunden als Befehl zu interpretieren, sondern als Vorteil zu nutzen, der sich aus dem *Zuhören* ergibt.

11. Die Zufriedenheit des Kunden wird regelmäßig ermittelt –

mindestens einmal monatlich, häufiger auch mal wöchentlich. Es werden umfassende Stichproben gemacht. Umfragen gehen auf quantitative und auf qualitative Faktoren ein. Diese Erhebungen werden sehr ernst genommen. Immer müssen sie dem Vorstand vorgelegt werden. Die Entwicklung dieser Meßgrößen wird genauso ernst genommen wie die Entwicklung von Budgetmaßnahmen oder Maßnahmen zur Erhöhung der Produktzuverlässigkeit. Nach den für die Kundenzufriedenheit erzielten Ergebnissen richtet sich auch ein großer Teil der Leistungsbewertung der Mitarbeiter in allen Funktionsbereichen und auf allen Ebenen. Die intensive, spezielle »Überprüfung der Kundenzufriedenheit« ist regulärer Bestandteil der Mitarbeiterbeurteilung.

12. Sofortige und engagierte Reaktionen auf Beschwerden und Reklamationen sind fest etabliert. Die Reaktion ist, gemessen am allgemein üblichen Industriestandard, immer »übertrieben« prompt und wird immer sehr individuell gehalten. Selbst von kleinen Disharmonien und Ärgernissen wird das Topmanagement umgehend informiert, das sich auch direkt in die Beziehung zum Kunden und in die Durchführung der Korrekturmaßnahmen einschaltet. Überall im Unternehmen weiß man ganz genau, daß jedes Mißgeschick gegenüber einem Kunden in kürzester Zeit in der Vorstandsetage bekannt wird.

13. Jedes dem Kunden gegebene Versprechen wird auch gehalten. Davon gibt es keine Ausnahme, auch wenn deshalb jede Menge Überstunden organisiert und bezahlt werden müssen. Zunächst einmal werden realistische Lieferfristen zugesagt, die sich auch einhalten lassen. Wird eine versprochene Frist nicht eingehalten – dabei spielt es keine Rolle, ob Kunde oder Auftrag groß oder klein sind – schaltet sich die Unternehmensleitung ein, überprüft die Sache sorgfältig und sorgt energisch dafür, daß sich ein solcher Fall nicht wiederholt. In hervorragend geführten Unternehmen weiß man, daß es langfristig auch dann unklug ist, unrealistische Lieferfristen zu versprechen, wenn man den einen oder anderen Auftrag an einen Konkurrenten verliert, der verspricht, den Mond vom Himmel zu holen.

14. Aus den Terminkalendern der Manager auf allen Ebenen und in allen Funktionsbereichen muß eindeutig hervorgehen, daß der Dienst am Kunden ihr vorrangiges Interesse ist. Die Führungskräfte verwenden generell nie weniger als 30 Prozent ihrer Zeit auf Kundenbesuche, Manager in Verwaltungsfunktionen nie weniger als zehn Prozent ihrer Zeit auf den direkten Dienst am Kunden.

15. Überall in der Organisation herrscht ein geradezu besessenes Streben nach Qualität (Produkt) und Zuverlässigkeit (Kundendienst). Schon kleine Dienstleistungs- und Qualitätsverbesserungen haben oft große Wirkung erzielt und damit Geschichte gemacht. Wichtig ist es, den betreffenden Mitarbeitern deutlich Anerkennung zu zollen. Die Belegschaft benutzt das Produkt, wenn möglich, selbst. Produktproben werden überall ausgestellt, damit jeder sie sehen (und, wenn möglich, auch benutzen) kann. Überall findet man T-Shirts und Mützen, auf denen für das Produkt oder den Service geworben wird. Das gilt besonders, wenn ein neues oder verbessertes Produkt auf den Markt kommt. Diese Werbeträger sind überall präsent.

16. Jeder einzelne bemüht sich, einen aktiven Beitrag zur Differenzierung des Produktes oder der Dienstleistung zu erbringen. Selbst Ideen, die nur zu minimalen Leistungssteigerungen (aus der Sicht des Kunden) führen, sind wichtig genug, Thema einer Konferenz oder eines Arbeitsgesprächs zu sein.

17. Die Herstellung (oder in Dienstleistungsunternehmen die Mitarbeiter der operativen Abteilungen) sind aktiv in die Beziehung zum Kunden eingebunden. Auch sie verkaufen (direkt) und arbeiten an gemeinsamen Problemlösungsteams mit.

18. Das wichtigste ist die Sicht des Kunden, das, was der Kunde wahrnimmt. Die sogenannte nackte Realität gilt nicht soviel. Wir können uns noch sehr gut an einen Brief eines Vorstands in einem reinen Produktionsbetrieb erinnern. Tom hatte beschrieben, welcher Strategie IBM in Streitfragen mit Kunden folgt. Einer der Zuhörer war verblüfft: »Meinen Sie das wirklich, wenn Sie recht haben und der Kunde völlig falsch liegt, daß Sie sich dann dennoch der Sicht des Kunden beugen – auch wenn Sie das viel Geld kostet?« Allein in der Tatsache, daß es überhaupt so Begriffe wie »richtig«, »faktisch« und »real« gibt, liegt das Hauptproblem, mit dem technik- oder finanzorientierte Unternehmen zu kämpfen haben.

19. Die Art und Weise, »wie wir unsere Kunden sehen und behandeln«, ist entweder direkt in der »Hausordnung« des Unternehmens oder in einem entsprechenden Zusatz verankert. Diese »Hausordnung« wird überall bekannt gemacht, ihre Leitsätze werden immer wieder betont, und dafür ist eine Betriebsfeier genauso geeignet wie rein betriebliche Ereignisse.

20. Die Unternehmensleitung aus allen Funktionsbereichen ebenso wie alle Führungskräfte nehmen sich regelmäßig Zeit, sämtliche primären Aufgaben der Kundenbetreuung selbst wahrzuneh-

men. Sie hospitieren z. B. an der Verladerampe, im Versandzentrum, im Ersatzteillager, im Vertrieb – pro Quartal mindestens eine Woche lang. Bei mindestens einem Besuch müssen sie vollwertige Arbeit leisten, das heißt, sie müssen mindestens zwei Tage von morgens bis abends eine ganze Schicht lang arbeiten.

21. Führungskräfte aller Funktionen reduzieren reine Verwaltungsarbeiten auf ein Minimum. Dem eigentlichen Aufwand für den Kundenkontakt soll möglichst wenig Zeit verlorengehen. »Die Zeit an der Front (oder in der direkten Kundenbetreuung)« wird sorgfältig verplant und eifersüchtig gegen andere zeitverschlingende Aufgaben verteidigt.

22. Regel Nummer eins verlangt mit Leidenschaft betriebene Leistungssteigerung gegenüber den Kunden und zwar in jeder Abteilung und auf allen Ebenen. Die Mitarbeiter im Rechnungswesen sind wie der Teufel dahinter her, Fakturierungsvorgänge zu vereinfachen. Die Mitarbeiter in der EDV arbeiten entschlossen an der Verbesserung kundenfreundlicher Informationen.

Diese 22 Punkte stellen den Erfolgskatalog leistungsbezogenen Managements dar.

Wir haben gesehen, mit welchem Erfolg ihre Realisierung überall dort gekrönt war, wo man sich nach ihnen gerichtet hat.

Neue Definition des Profanen

Erinnern Sie sich noch an Todd Fraser, der gelernt hat, daß der Preis in der Installationszubehörbranche weniger wichtig ist als 100prozentige Auftragserfüllung? Er hat für seine wettbewerbsintensive Branche, in der nur geringe Gewinnspannen herauszuwirtschaften sind, neue Normen gesetzt. 1000 Kleinigkeiten haben Stew Leonard (Milch, Eier und Geflügel), Tom Monaghan (Pizzen), Carl Sewell (Cadillacs) und Jan Carlzon (Passagieraufkommen im Fluggeschäft) an die oberste Spitze wettbewerbsintensiver Branchen katapultiert, Branchen die einstmals als Massengutbranchen galten. Sie alle haben sich dort durchgesetzt, wo – theoretisch – angeblich gar nichts mehr ging. Weshalb? Sie haben neu definiert, was für den Kunden getan werden kann.

Keine dieser Firmen gibt leichtsinnig Geld für irgendein Projekt aus. Jeder hat seine Phantasie oder, noch besser, die Phantasie all seiner Mitarbeiter ausgeschöpft, um so dem Kunden besser dienen zu können – seine Bedürfnisse und Wünsche individuell zu befriedigen, mit in jeder Hinsicht besserer Qualität.

Wir haben im Laufe der Zeit versucht, auch andere von diesen Grundsätzen zu überzeugen. Wer Stew Leonard's, Perdue Farms oder

Sewell Village Cadillacs besucht, hat ein für allemal den Beweis dafür erhalten, daß im Wettbewerb allein optimierte kundenbezogene Spitzenleistung zählt. Folgen Sie unserem Beispiel: Machen Sie einen Streifzug durch exzellent geführte und durch schlecht geführte Unternehmen, werten Sie Ihre Beobachtungen aus. Mit anderen Worten: Werden Sie selbst Experte – unverzüglich!

Teil III
Innovation

Das Projekt erinnerte mich an die »Flying Tigers« in China ... unterbesetzt, überarbeitet und erfolgreich.

Gerhard Neumann zur erfolgreichen Entwicklung des ersten Experimentaltriebwerks mit verstellbaren Leitschaufeln bei General Electric

Die besten Führungskräfte findet man unter Führungskräften mit einer starken, unorthodoxen Charakterkomponente. Sie sind nicht Gegner der Innovation, sondern verkörpern die Innovation.

David Ogilvy, Ogilvy on Advertising

Der Vernünftige paßt sich der Welt an: Der Unvernünftige versucht beharrlich, sich die Welt anzupassen. Deshalb hängt aller Fortschritt vom Unvernünftigen ab.

George Bernard Shaw

Fortwährendes Bemühen um Innovation auf allen Ebenen, in allen Funktionsbereichen – ist die zweite Grundlage, auf der man einen strategischen Vorsprung aufbaut und erhält. Analog zu unserer Auseinandersetzung über Kundenbetreuung müssen wir auch hier wieder sagen, daß das traditionelle Management sein Ziel verfehlt. In Fachbüchern und in Gesprächen geht es auch bei Führungskräften, die mit beiden Beinen in der Praxis stehen, meistens um Strukturen, monetäre Analysen und Planungstechniken (zum Beispiel um Technologieprognosen). Unsere Beobachtungen haben uns jedoch gelehrt, daß diese Schwerpunkte eine gefährlich falsche Betrachtungsweise offenbaren.

Eine entscheidende Frage etwa lautet: Werden die Skunks, die eigentlich Champions sind, in Ihrem Unternehmen mit aller Kraft gefördert oder eher unterdrückt? Ob es um eine neue Bankdienstleistung oder ein aus der Grundlagenchemie entwickeltes pharmazeutisches Wunder geht: Zum »Management« der Innovation gehört MBWA. Man muß auf Innovationsmöglichkeiten achten, sie im Gespräch von allen Seiten beleuchten, die Konstruktionsräume aufsuchen und innovativ Begabten, auch wenn sie scheitern, Mut machen.

Also: Entspannen Sie sich und legen Sie die Füße auf den Tisch, ehe Sie beginnen, dieses Kapitel zu lesen, denn es wartet starker Tobak auf Sie: Champions, Skunks, Stänkerer, Exoten, Querdenker und Skunkwerkstätten sind für ein Unternehmen, das wirklich ständig auf Innovation bedacht ist, nicht etwa Luxus, sondern ein Muß.

9.
Der Mythos der Innovation oder: Achtung, Stinktiere am Werk!

Post-it-Haftnotizen, die gelben Zettel, haben sich im amerikanischen Durchschnittsbüro längst durchgesetzt. Für 3M sind diese gelben Zettel ein Renner mit einem Umsatz von 200 Millionen Dollar. Die Idee dazu kam von Art Fry, Mitarbeiter von 3M, der in seiner Freizeit in einem Chor sang. Die Zettelchen, die er für die Markierung der Lieder benutzte, fielen aus den Büchern immer wieder heraus, und so brauchte er unbedingt Zettel mit einem Klebestreifen, der so lange wie nötig für Haftung sorgen würde, den man aber auch ohne Rückstände wieder ablösen konnte. In den Labors von 3M, der Heimat des durchsichtigen Klebebandes Scotch tape, wurde sehr bald ein Prototyp entwickelt. Die Großen im Büroartikelhandel hielten seine Idee jedoch für albern. Markterhebungen hatten ein negatives Ergebnis. Aber die Manager und Sekretärinnen bei 3M selbst wollten um jeden Preis ein solches Produkt, nachdem sie es einmal ausprobiert hatten. Der Durchbruch dieses Artikels gelang schließlich mit Sendung von Proben an die Sekretärinnen der Vorstandsvorsitzenden der in der Zeitschrift *Fortune* aufgelisteten 500 amerikanischen Spitzenunternehmen, begleitet von einem Anschreiben der Sekretärin des 3M-Chairman, Lew Lehr. Von der Geburt dieser Idee bis zum kommerziellen Erfolg verstrich allerdings eine Zeit von beinahe zwölf Jahren.

Die obige Geschichte wäre wohl kaum mehr als eine nette Anekdote, gäbe es nicht ähnliche Geschichten von Citicorp und Bell Labs, von Unternehmen, die Düsentriebwerke oder Computer herstellen, von Chirurgiezentren und Wirtschaftsprüfungsgesellschaften. Der Weg der Innovation – von der Erzeugung der Idee über die Entwicklung des Prototypen, dem Kontakt mit dem Erstbenutzer bis zum Durchbruch und zur endgültigen Etablierung im Markt – ist völlig ungewiß. Er ist darüber hinaus immer mit Hindernissen verstellt, wird immer stark vom Einfluß des entschlossenen (»irrationalen«?) Champions, des beharrlichen Verfechters seiner Idee, beeinflußt. Dies genau ist der springende Punkt. Wir müssen lernen, die Kreativen und Unangepaßten auch dann zu akzeptieren, wenn ihre Arbeitsweise unorthodox, ja manchmal schlampig auf uns wirkt.

Verrückte Experimente und »Skunkwerk«, das Engagement der Champions, die Macht, die man gewinnt, wenn man den innovativen Benutzer (Kunden) und seine Ideen partnerschaftlich und produktiv umsetzt – all dies eignet sich nach landläufiger Meinung nur für die, die nicht weit genug vorausdenken und entsprechend klug planen. Ein Freund bei General Electric meint dazu: »Wer dieses unendlich schlampig gehandhabte, vermasselte und verhunzte Verfahren einmal sieben Jahre lang mitgemacht hat, nur um ein neues Produkt auf den Markt zu bringen, sagt sich am Ende: ›Das hätte jeder Vollidiot besser machen können! Bei der nächsten Runde wollen wir die Organisation besser in den Griff kriegen.‹ In diesem einen Satz: ›In der nächsten Runde wollen wir die Organisation besser in den Griff kriegen‹, liegt schon der Keim der Katastrophe, die unweigerlich kommen muß.«

Wir schlagen folgende Vorgehensweise vor (s. Schaubild auf der nächsten Seite): Unsere Welt ist chaotisch. Wir hoffen, das auch zeigen zu können. Wenn unsere Welt schon chaotisch ist, können wir nur erfolgreich sein, wenn wir ständig experimentieren, permanent aktiv sind. Also brauchen wir Champions, Vorreiter in Sachen Innovation (Skunks). Und wenn wir Champions brauchen, müssen wir erkennen, daß diese seltene Spezies am effizientesten in einer entsprechenden Umwelt arbeitet, nämlich in Skunkwerkstätten, in dezentral organisierten Einheiten für Kreative, die für eine Organisation von so entscheidender Bedeutung sind. Wenn das Modell chaotische Welt – Experiment – Champion/Produktvorreiter – Skunkwerkstätten einen Sinn geben soll, müssen wir ein Klima schaffen, das alle oben genannten Faktoren begünstigt – ein Klima, in dem Experimentierer, Tüftler und Innovationsvorreiter und -verfechter gehegt, gepflegt und gefeiert werden.

Führungskräfte bei Datapoint beteuern, daß ein Landwirt in Arkansas, der sein landwirtschaftliches Unternehmen unter dem Namen Chicken Pride führte, maßgeblich für die Entwicklung der Software in der Vorentwicklungsphase ihrer intelligenten Terminals verantwortlich war. Er hatte einige primitive Softwarekassettenprogramme schon neu programmiert und rief dann an, um sich Rat zu holen: »Was muß ich als nächstes tun?« Die Softwareingenieure bei Datapoint waren maßlos verblüfft, als sie sahen, wie weit er allein gekommen war.

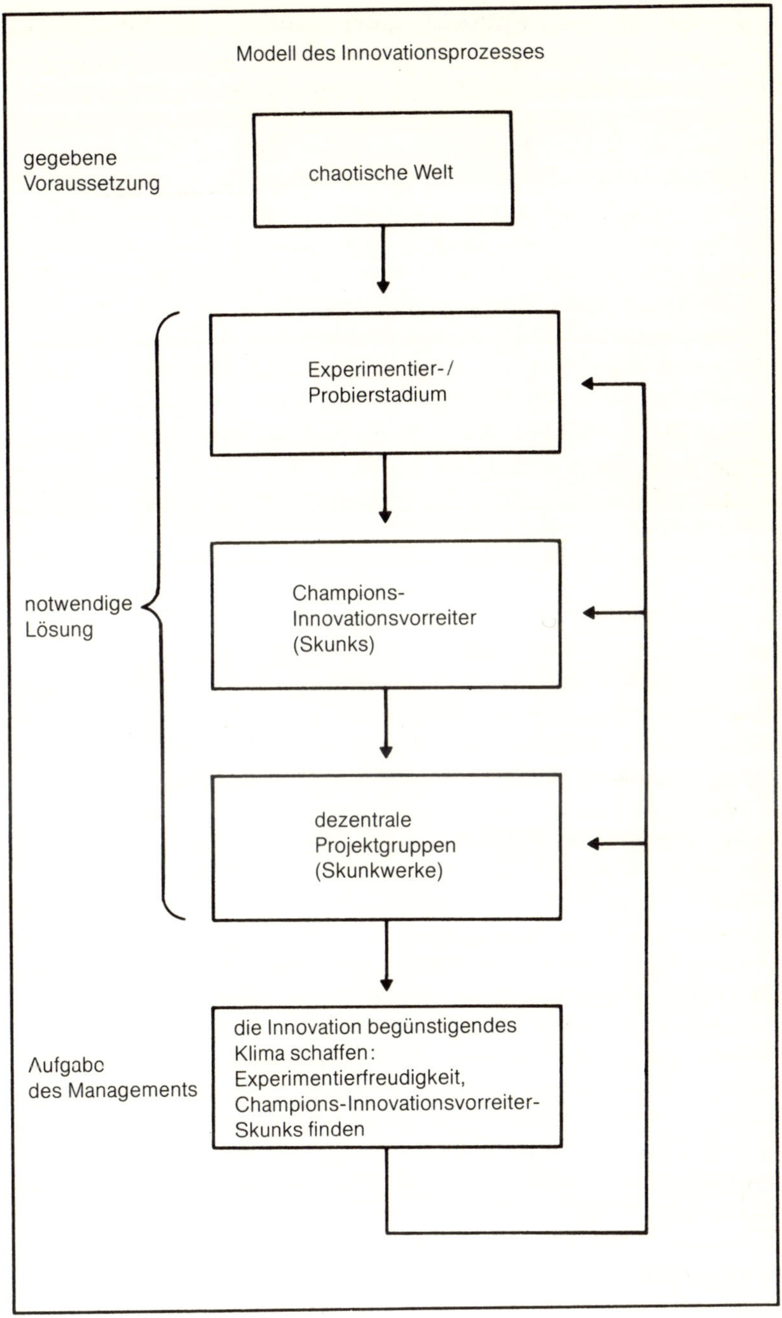

Modell des Innovationsprozesses
gegebene Voraussetzung
chaotische Welt
Experimentier-/ Probierstadium
notwendige Lösung
Champions-Innovationsvorreiter (Skunks)
dezentrale Projektgruppen (Skunkwerke)
Aufgabe des Managements
die Innovation begünstigendes Klima schaffen: Experimentierfreudigkeit, Champions-Innovationsvorreiter-Skunks finden

Im Rennen um die Entwicklung des ersten »intelligenten mobilen Roboters« waren unter anderem United Technologies, General Electric, Westinghouse und IBM. Als erster durchs Ziel aber ging ein gänzlich unbekanntes Unternehmen: Denning Systems, Inc., Washington D. C. – der Roboter war das Ergebnis eines der inzwischen schon legendären »Drei-Mann-Garagen-Betriebe«.

– Wir zitieren Ed Finkelstein, der die unternehmerische Wende bei Macy's eingeleitet hat: »Es gibt Leute, die sich über doppelte Lagerhaltung oder doppelte Besetzung im Einkauf aufregen. Uns aber ist das völlig egal.« Des weiteren zitieren wir aus der *New York Times* (17. Januar 1984). Dort heißt es in einem Artikel über Finkelstein und Macy's: »[Das Unternehmen] legt Wert darauf, ohne Forschungsstab, ohne strategische Planer auszukommen. Es kümmert sich lediglich darum, seine ›rundum unternehmerisch orientierten Führungskräfte‹ aufzubauen, wie es bei Finkelstein heißt.«

– Jack Tramiel von Commodore hat den ersten Prototyp des Personalcomputers Vic in 90 Tagen gebaut. Adam Osborn hatte sich so über das schlampige Design anderer Produkte geärgert, daß er den Osborn-Prototyp in nur vier Wochen baute. Nach mehreren beschämenden, öffentlich dokumentierten Fehlstarts der komplizierten und dem modernsten Stand der Technik entsprechenden Flüssigtreibstoffrakete »Vanguard« wandte sich die NASA (im verzweifelten Bemühen, den von den Russen mit dem »Sputnik« demonstrierten Vorsprung einzuholen) Wernher von Brauns viel simpleren Festtreibstoffraketen »von der Stange« zu, mit promptem Erfolg.

– 25 Jahre lang hat sich Brian Quinn, Professor an der Tuck School der Universität von Dartmouth mit der Industrieinnovation in Amerika beschäftigt. Sein Urteil über IBM: »Es gab kaum ein erfolgreiches Produkt, das nicht Ergebnis der Arbeit von Champions war, sondern Ergebnis des normalen Planungsprozesses.« Jahrelang haben wir Quinns Aussage vor Hunderten von Menschen vertreten. Einwände dagegen haben wir nur einmal erlebt. Sie kamen von einem Vorstandsmitglied bei AT & T: »Unsinn. Ich weiß einfach, daß das für Bell Labs nicht zutrifft.« Er zeigte auffordernd auf ein Vorstandsmitglied (!) der Bell Labs: »Fragen Sie ihn doch.« Der Bell-Labs-Vertreter kratzte sich nachdenklich am Kinn und antwortete dann: »Nun, ich bin zwar erst seit gut 30 Jahren bei Bell Labs, aber ich kann mich absolut nicht daran erinnern, daß aus dem Planungsprozeß für Neuprodukte jemals etwas Vernünftiges herausgekommen ist.«

Woran liegt es, daß der Prototyp eines Computers, eines neuen Service im Geld- und Kreditwesen – oder einer Lokomotive (!) – eher in der Garage als in den wohlgeordneten Bahnen eines Unternehmens entwickelt wird?

Wir werden im folgenden fünf größere und fünf kleinere Legenden untersuchen, die sich um das Innovationsmanagement ranken. Dabei streichen wir bewußt die chaotische Seite der Innovation heraus und vernachlässigen ebenso bewußt die »wohlorganisierten« Strategien und den Mythos der rationalen Innovationsplanung. Wir hoffen, Sie davon zu überzeugen, die chaotische, ja manchmal schlampige Komponente zu akzeptieren, die mit erfolgreicher Innovation nun einmal verbunden ist.

Die folgenden zehn Legenden werden wir näher untersuchen:

1. Mythos: Substantielle strategische/technologische Planung erhöht die Wahrscheinlichkeit, daß als Ergebnis nicht »Überraschungen« herauskommen.

Gegenargument: Sicherlich muß man überlegen, wann man Schwerpunkte richtig setzen will. Ob sich aber innovativer Erfolg einstellt, läßt sich praktisch nicht vorhersehen. Man muß im Hinblick auf Umfeld und Strukturierung immer von Unwägbarkeiten und Variablen ausgehen.

2. Mythos: Nur ausgefeilte technische Spezifikationen und ein nach sorgfältigen Untersuchungen aufgestellter Marktplan können den ersten Grundstein auf dem Weg zum Erfolg bilden.

Gegenargument: Man muß das echte Produkt (auch wenn es noch nicht ausgereift ist) so schnell wie möglich einem echten Test mit echten Kunden unterziehen. Das heißt, Sie müssen experimentieren und sich auf diese Weise an die Perfektion/Vollendung herantasten.

3. Mythos: Wesentlich für kreative Resultate ist der Einbau von Zwangsdenkpausen in den Entwicklungsprozeß.

Gegenargument: Die »Sieger«, also die erfolgreichen Champions oder Skunks, sind vor allem pragmatische, keineswegs weltfremde Träumer.

4. Mythos: Man braucht große Teams, wenn man ein Projekt, besonders ein kompliziertes Projekt, in Rekordzeit durchziehen will.

Gegenargument: Kleine Teams – also Skunkwerkstätten, Freiräume für kleine Stinktiere – können um ein Vielfaches effizienter arbeiten als Großgruppen. Auch bei äußerst komplizierten Vorhaben erledigen sie den Löwenanteil der Aufgabe meistens in einem Bruchteil der Zeit, die eine Großgruppe braucht.

4a) Damit zusammenhängender Mythos: Eine starke Zentralisierung (und damit Organisationen, die streng nach Funktionen gegliedert sind) ist zwingend, wenn den potentiellen Neuerern (aus Forschung und Entwicklung, Konstruktion, Verkauf) eine faire Anhörung zuteil werden soll.

Gegenargument: Kommerziell lebensfähige Innovationen gehen viel eher, wenn auch nicht ganz so wohlgeordnet, aus stark dezentralisierten Organisationen hervor. Wer die Funktionen Konstruktion, Herstellung und Marketing miteinander verwebt und ergebnisorientierte Kleingruppen zusammenstellt, hat damit der wichtigsten Ursache für Verzögerungen im Innovationsprozeß einen Riegel vorgeschoben.

4b) Damit zusammenhängender Mythos: Großprojekte sind aus sich heraus anders als kleine Projekte. Die Planung eines Flugzeugprototyps erfordert andere Strategien als die eines Taschenrechners.

Gegenargument: Selbstverständlich setzen Projekte unterschiedlicher Größenordnung unterschiedliche Planung voraus. Das erfolgreichste Management von Großprojekten ergibt sich aber aus der Erkenntnis, daß das Große sich aus vielen kleinen Einheiten zusammensetzt, bei denen das »Suboptimale« vorsätzlich gefördert wird. Diese Erkenntnis schärft Qualitätsbewußtsein und Innovationsstreben auch für die einzelne kleine Produktionseinheit.

4c) Damit zusammenhängender Mythos: Kompatibilität der einzelnen Produkte in der Produktlinie/Produktfamilie (und Kompatibilität der Produktlinien untereinander) bildet den Schlüssel zum wirtschaftlichen Erfolg.

Gegenargument: Kompatibilität ist wichtig, aber die Verwirklichung der letzten zwei Prozent Kompatibilität führt häufig zum Verlust des Gesamtmarkts.

4d) Damit zusammenhängender Mythos: Wer den ganz großen Erfolg will, muß Optimierung anstreben.

Gegenargument: Rein theoretisch trägt die Optimierung immer den Sieg davon. In der Praxis aber, in der wirklichen Welt unterliegt sie. Für die Optimierung gilt: Auf dem Papier ist sie überlegen, in der wirklichen Welt unterlegen.

5. Mythos: Kunden benennen immer Problemlösungen, die bereits von gestern sind.

Gegenargument: Der »Durchschnittskunde« mag zwar die Vergangenheit reflektieren, die führenden Kunden aber schauen voraus und sind die beste Quelle für bahnbrechende Informationen.

5a) Damit zusammenhängender Mythos: Der Technologieschub ist der Grundstein des Geschäftserfolges und wohl auch der Eckpfeiler des Erfolges der amerikanischen Wirtschaft.

Gegenargument: Daß ein »Marktschub« nichts anderes als eine Bedarfsweckung sei, wie manch einer glaubt, trifft nicht zu. Wirkliche Erfolge hat nur, wer seine Finger ständig am Puls des Marktes hat.

Mythos Nr. 1: Solide Pläne zu entwickeln bedeutet, sich vor unliebsamen Überraschungen zu schützen.
Gegenargument: Man muß mit Unwägbarkeiten leben lernen, sie stellen eine Chance dar.

Strategische Planung zu kritisieren, ist Mode geworden, weil sie als zu starr und zu bürokratisch gilt.

Bei General Electric und Westinghouse, Pioniere seit Jahren, wird sie schon reduziert. Es wurde sogar vorgeschlagen, die strategische Planung ganz abzuschaffen. Vorsicht! Die Devise lautet inzwischen »Innovation« und »Produktion«. Jetzt bietet man uns also »Produktionsstrategie« und »Innovationsstrategie« als »Ersatz« für strategische Planung (oder als Ergänzung?) an. Also noch einmal: Wir sind *für* strategische Planung. Wir sind sogar sehr dafür. Hinsichtlich der »Innovations*strategie*« allerdings sind wir skeptisch. Ehe die Industrie diesen neuen Pfad Hals über Kopf auf der Suche nach einem idealen Rezept einschlägt, wollen wir uns zumindest anschauen, was aus den Prognosen für neue Produkte und Dienstleistungen geworden ist. So makellos waren die Prognosen nämlich offensichtlich nicht.

An Anekdoten ist die Geschichte der Produktprognosen wahrlich nicht arm. »Wir sind nicht der Meinung, daß das Flugzeug einer brauchbaren Verwendung im Krieg zugeführt werden kann.« Diesen Ausspruch tat der britische Kriegsminister im Jahre 1910. Die Vereinigten Staaten verloren die meisten ihrer Flugzeuge zu Anfang des Zweiten Weltkrieges, weil man glaubte, Amerika drohte größere Gefahr von Saboteuren als von den bis dahin noch unerprobten seegestützten Flugzeugen (obwohl die Amerikaner ganz genau wußten, daß die Japaner Flugzeugträger hatten). Wir haben unsere Flugzeuge deshalb also am Boden stationiert. Die Franzosen haben Milliarden Dollars (zum damaligen Wert, 1930) in die Maginotlinie gesteckt, die die Deutschen aufgrund ihrer flexiblen Panzerstrategie von den Flanken her umgingen – wie der junge Charles de Gaulle vorausgesagt hatte.

Gehen wir zurück und schauen wir die ersten Absatzprognosen für Großrechner Ende der vierziger Jahre an. Damals glaubte man, daß man am Markt rund zwölf (!) Rechner absetzen könne – einige jeweils beim amerikanischen statistischen Bundesamt, bei Bell Labs und bei Lawrence Livermore Labs. Xerox führte seinen Großkopierer »9200« ein. Die Prognosen gingen von mindestens 70 000 Mietverträgen im ersten Jahr aus. Zahlreiche Marktforscher hatten Jahre gebraucht, um auf diese Schätzzahl zu kommen. Tatsächlich wurden im ersten Jahr aber nur 7000 Geräte plaziert – ein kapitaler Irrtum, gleich, von welcher Seite aus man es auch sieht! Die Verbraucher retteten dann schließlich die Ehre der Prognostiker. Sie hatten auf den 7000 Maschinen genauso viele Kopien gezogen, wie die Marktforscher für die 70 000 Maschinen prognostiziert hatten.

Was beweisen solche Anekdoten? Nicht viel. Sie können sie zweifellos Ihrer eigenen Sammlung gegenüberstellen, um den Wert von Prognosen zu ermitteln.

Systematische Untersuchung

In einem halben Dutzend Untersuchungen zur Geschichte der Erfindung hat sich herausgestellt, daß die meisten Erfindungen von der »falschen Person« am »falschen Platz« in der »falschen Branche« zum »falschen Zeitpunkt« und mit den »falschen Verbrauchern« als Zielgruppe gemacht werden. Die systematisch beste Analyse liefern John Jewkes und Kollegen in ihrer Schrift *The Sources of Invention* (Quellen der Erfindung). Den Kern bilden ausführliche Fallstudien zu 58 wichtigen Erfindungen. Sämtliche Beispiele stammen aus dem 20. Jahrhundert, aus Europa und Amerika. Die 58 Erfindungen reichen vom Kugelschreiber über automatische Armbanduhren bis zum Penicillin, vom Strangguß im Stahlbereich bis zum Digitalrechner. Aus Jewkes' Untersuchung geht hervor, daß mindestens 46 der insgesamt 58 Erfindungen am »falschen Ort« gemacht wurden: Die Erfindungen stammten von selbständigen Einzelpersonen, aus sehr kleinen Unternehmen, von Einzelpersonen in einer »Außenseitergruppe« in Großbetrieben oder aus Großbetrieben der »falschen Branche«. Typischer Vertreter unter diesen 46 Erfindungen ist Kodachrome, das von zwei Musikern erfunden wurde. Ein Uhrmacher experimentierte mit

Messingguß und erfand das Stahlstrangußverfahren. Farbenchemiker entwickelten synthetische Waschmittel – nachdem die Seifenchemiker das Projekt als uninteressant eingestuft hatten. Die Hersteller der Flugzeug-Kolbentriebwerke taten das Düsentriebwerk als unnütz ab. Die Erfinder wurden ihre Erfindung nicht dort los, wo sie eigentlich hingehört hätte, nämlich bei den Motorenproduzenten, sondern bei den Herstellern von Flugzeugzellen. Der Dieselmotor wurde ursprünglich nur für Fahrzeuge im Bereich der Rangierbahnhöfe entwickelt. Alle Experten waren sich darin einig, daß sich diese Maschine nie für den Einsatz auf Langstrecken eignen würde.

In einer unserer Lieblingsgeschichten über Erfindungen am falschen Ort spielt der ehrwürdige Alfred P. Sloan von General Motors eine Hauptrolle. General Motors hatte schon zu Beginn seiner Unternehmensgeschichte zwei neue wichtige Chemikalien entwickelt: Freon (Monofluortrichlormethan), ein Kältemittel, und Tetraäthylblei, eine Substanz, die das Klopfen des Motors reduziert. Während der 20er Jahre wollten dieselben Forscher synthetisches Gummi herstellen. Weil die Erfindungen aus den Labors von General Motors, nicht aber aus den Labors der Chemieunternehmen, von denen man sie eigentlich erwartete hätte, hervorgegangen waren, schrieb der Präsident von DuPont einen Brief an GM, in dem er sich skeptisch zu deren neuem Interessenbereich äußerte. John Jewkes und seine Autorenkollegen beschreiben diese Geschichte in ihrem Buch *The Sources of Invention* und zitieren aus der Korrespondenz:

Die Besitzverhältnisse von [GM und DuPont waren damals eng miteinander verflochten]: »Ich frage mich, ob es klug ist, daß GM Geld in die Synthetikgummiforschung steckt. An diesem Projekt haben sehr kompetente Leute und wohlorganisierte Forschungsgruppen sehr gründlich gearbeitet. Soviel ich weiß, ist die Chemieabteilung bei GM weder für diese Zwecke gerüstet, noch ist die personelle Besetzung so, daß ein Erfolg wahrscheinlich wäre. Diese Gründe sind es, die DuPont bis dato von einer allgemeineren Beschäftigung mit diesem Projekt haben Abstand nehmen lassen, und wir sind der Meinung, daß DuPont für diese Arbeit bessere Voraussetzungen hat als General Motors.« Sloan antwortete wie folgt: »Sie sagen, die Chemieabteilung bei General Motors sei weder ordnungsgemäß organisiert noch personell so besetzt, daß ein Erfolg wahrscheinlich wäre. Ob die Aussage richtig ist oder nicht, mag dahingestellt bleiben. Offen gesagt, auch ich weiß es nicht. Aber ich meine, daß Sie mir, wenn ich Ihnen vor sechs oder sieben Jahren erzählt hätte, daß sich die Forschung bei General Motors mit der Entwicklung einer Möglichkeit beschäftigt, bestimmte Mengen eines noch unbekannten Mittels dem Benzin beizumischen, um so die Kompression zu erhöhen und einen Treibstoff mit Antiklopfeigenschaften zu entwickeln, dieselbe Antwort gegeben und gedacht hätten, wir seien verrückt, ein Vorhaben zu verfolgen, bei dem wir einen Stoff mit einem anderen Stoff von rein chemischem oder Treibstoffcharakter mischen wollen, und daß dies primär nichts mit der Herstellung von Automobilen zu tun habe. Nach der Entdeckung des Stoffes hätten Sie mich wahrscheinlich nach der Fähigkeit unserer Forschungsabteilung gefragt, Methoden zu entwickeln, damit sich der Stoff auch in der Praxis einsetzen läßt. Dennoch, auch das haben wir erreicht...«

Jewkes hat bei seinen gründlichen Studien der Geschichte der Erfindungen allerdings auch eine Branche entdeckt, in der die Mehrzahl der Innovationen von Anfang an zielgerichtet war, das heißt von Fachleuten für den eigenen Markt entwickelt wurde: die Kunststoffindustrie. Nach der detaillierten Beschreibung stellt Jewkes jedoch in einer sorgfältig belegten Analyse die Ergebnisse in Frage. Seine Schlußfolgerung? Es gibt keine Industriegruppe, in der Innovatives bewußt und strategisch geplant wurde und auch erfolgreich war.

Eine Ausnahme von der Regel?

So manches Mal bekommen wir zu hören, daß die Regel am »falschen Platz« zum »falschen Zeitpunkt« von der »falschen Person« für die pharmazeutische Industrie nicht gilt und nicht gelten kann. Die pharmazeutische Industrie habe nämlich einen Entwicklungs- und Genehmigungszyklus von rund 15 bis 20 Jahren. Wir stimmen zu, daß die Medikamentenentwicklung und die Testphase auf bestimmten Stufen systematisch perfekt durchgeführt werden muß. Die Erfindung – und das gilt ganz besonders für die sogenannten »Wundermedikamente« – vollzieht sich jedoch offenbar genauso »chaotisch« wie in anderen Branchen auch. Zu den Absatzrennern auf dem Pharmaziemarkt gehört *Tagamet* von Smith Kline, ein Medikament gegen Magengeschwüre. Die Entwicklung dieses Medikaments ist wirklich ein Paradebeispiel für den chaotischen Ablauf des Innovationsprozesses. Das Tagamet-Team ist drei- oder viermal (oder auch fünf- oder sechsmal, je nachdem, welche Version der Geschichte man hört, und wir haben mindestens ein halbes Dutzend verschiedener Versionen gehört) angewiesen worden, die Forschungsarbeiten in diesem Bereich einzustellen. Diese Anweisung wurde nach Meinung eines Informanten deswegen gegeben, weil der für die Entwicklung maßgeblich Verantwortliche ein »wenig bekannter einfacher Wissenschaftler aus Glasgow« war (und er fügt mit Ehrfurcht in der Stimme hinzu: »Derselbe einfache Bursche hat anschließend den Betablocker entwickelt«). Im übrigen wurde das Absatzpotential dieses Arzneimittels nach Meinung verschiedener Quellen, man ging von 25 bis 50 Millionen Dollar aus – dramatisch unterschätzt. Es entwickelte sich schnell zu einem Milliarden-Dollar-Umsatzträger.

Gewundene Pfade

Jim Utterback vom MIT beschäftigt sich seit mehr als zehn Jahren mit der Innovationsforschung. Er spricht über die besondere Rolle der Erstbenutzer und kommt zu folgendem Schluß: »Die ursprüngliche Version eines neuen Produkts oder einer neuen Dienstleistung und der ursprüngliche Verwendungszweck, den sich der Erfinder vorstellt, machen nie den größten kommerziellen Erfolg aus.« Um diese These zu untermauern, beschreibt er eine ganze Reihe Erfindungen und deren Wege zum Erfolg. Typisches Beispiel ist die Glühlampe. Sie wurde Ende der 70er Jahre des vergangenen Jahrhunderts zunächst auf Schiffen installiert. Dort, in einem unstabilen Umfeld (Wellengang auf See) sind offene Gaslampen oder überhaupt offene Flammen gefährlich. Die Glühlampe fand also ihre erste Verwendung, um mit Utterback zu sprechen, in einer »hochspezialisierten Endverbrauchernische«. (Auch bei Transistoren sieht die Entwicklung ähnlich aus. Sie wurden zunächst in Raketensteuersystemen eingesetzt; für den Allgemeingebrauch haben sie sich erst 20 Jahre später durchgesetzt.) Dann wurde die Glühlampe, gewissermaßen als Vorläuferin des Flutlichts, dem Baseball nutzbar gemacht, der nun auch abends gespielt werden konnte. Als nächstes diente sie der Straßenbeleuchtung, und erst 15 Jahre später setzte sie sich ganz allmählich auch im Hausgebrauch durch.

Lowell Steele, Manager für Forschung und Entwicklung bei GE, hat ebenfalls eine Geschichte beizusteuern, die beleuchtet, welch gewundene Pfade es von der »zwingenden Idee« zur profanen kommerziellen Wirklichkeit zurückzulegen gilt. Diesmal geht es um Tiefkühlkost: »Die zündende Idee kam Clarence Birdseye im Jahre

1912. Ein zufriedenstellendes Tiefgefrierverfahren zu entwickeln war aber nur der erste Schritt in einem unendlich langsam fortschreitenden Prozeß. Es galt, die verschiedenen Nahrungsmittel auf ihre Gefriereignung zu untersuchen und neue Erntemethoden zu entwickeln. Die Lebensmittel mußten nahe dem Anbaugebiet verarbeitet werden. Man brauchte neue Techniken und neue Geräte, um die Tiefkühlkost zu transportieren, zu lagern und auf dem Markt durchzusetzen. Endverbraucher mußten bereit sein, Tiefkühlgeräte anzuschaffen. Der Durchbruch kam, als sich die Regierung nach dem Zweiten Weltkrieg entschloß, die Preisbindung für Gefrierkost noch vor der Preisbindung für Konserven aufzuheben. Alles in allem aber dauerte es *40 Jahre* [unsere Hervorhebung] ehe alle Voraussetzungen geschaffen waren, dem neuen Produkt einen blühenden Markt zu öffnen.«

In seinem Buch *Patterns of Technological Innovation* hat Devendra Sahal einen treffenden Begriff geprägt: »technologische Leitposten«. Darunter versteht er relativ einfache Produkte, die den Weg zur Weiterentwicklung und -verwendung für andere Produkte geebnet, ja deren Entwicklung oft erst ausgelöst haben. Diese Leitposten gehören nach seinen Feststellungen höchst selten zur Gruppe bahnbrechender technologischer Erfindungen.

Sahal schreibt: »Der technologische Leitposten vereint bis dahin schon erzielte Fortschritte. Er selbst stellt selten einen radikalen technologischen Durchbruch dar.« (Für uns gehört unter den neueren Produkten der Apple II genau in diese Kategorie. Der Apple II war das richtige Produkt zum richtigen Zeitpunkt. Er war ein vernünftiges Produkt mit fortschrittlicher Technik, die aber keineswegs auf dem neuesten Stand des technisch Machbaren war. Weil der Apple II von Anfang an ein Erfolg war, fanden sich auch genügend fähige Software-Programmierer. Viele Leute glauben sogar, daß der Erfolg des Rechners maßgeblich auf das von Visicorp entwickelte elektronische Spreadsheet (Arbeitsblatt) zurückzuführen war. Durch die Verbindung von Hardware und Visicalc konnte das Hobbygerät Heimcomputer in ein für viele Menschen effektives Arbeitsgerät verwandelt werden).

Welche Wege ein Produkt gehen muß, um den Durchbruch zu schaffen, ist also selten abzusehen. Fest steht nur, daß sie lang, kurvenreich und mit Hindernissen verstellt sind.

Es ist schlimmer, als Sie denken

Wenn wir Utterback folgen, müssen wir erkennen, daß die Neigung, genau das Falsche zu tun, offensichtlich organisationsimmanent ist. Nach gründlicher Untersuchung kommt Utterback zu folgendem Schluß: »Von insgesamt 34 Unternehmen entschieden sich 32 Unternehmen dazu, die Investitionen für neue Technologien zu kürzen und mehr Geld in die alten ›bewährten‹ Techniken zu stekken, wenn ihre Marktposition ins Wanken geriet.« Der Marktführer nimmt also die Neuerung nicht nur nicht an, sondern reduziert auch noch seine Investitionen in die Neuheit – absolut und relativ – und bleibt statt dessen dem Alten treu. Auch dafür liefert die Glühlampenindustrie um die Jahrhundertwende – laut Utterback – ein hervorragendes Beispiel. Nach Einführung der Glühlampen durch kleine Unternehmen haben die damaligen Marktführer 15 Jahre lang die inzwischen veraltete Gaslampentechnik weiterentwickelt und damit gutes Geld verdient, weil Gaslampen technisch noch zu verbessern und eine geraume Zeit auch noch in ausreichender Zahl abzusetzen waren. Damit aber blockierten sie ihre finanziellen Mittel, um in die neue Glühlampentechnik zu investieren. Ein ähnliches Beispiel gibt es aus jüngerer Zeit. Keuffel und Esser, führende Hersteller von Rechenschiebern in Amerika, haben versäumt, sich rechtzeitig im Taschenrechnergeschäft zu engagieren und wurden von ihrem Platz verdrängt.

Technologische Hybris

Ungezählte Chancen werden verpaßt, weil das oft schwerfällige Management einem Skunk nur deshalb kein Gehör schenkt, weil der sich nicht an Konventionen und Bewährtes hält. Dieses Phänomen ist im Prinzip uralt.

In einer neueren Studie sind William Broad und Nicholas Wade der Geschichte jener Wissenschaftler nachgegangen, die zu ihrer Zeit ignoriert wurden, weil sie nicht den gesellschaftlichen Normvorstellungen ihrer Zeit entsprachen. Ohm, der berühmte Physiker und Entdecker des Ohmschen Gesetzes, fand keine Beachtung, weil er Jesuit und »nur« Mathematiklehrer war. Der Mönch Mendel, Pionier der Vererbungslehre, fand kein Gehör, weil er nicht in einer Universität arbeitete, sondern in »einer kleinen Experimentierkammer in einem Kloster auf dem Lande«. Das Schicksal des Herrn Semmelweis haben wir in Kapitel 6 schon beschrieben.

Sogar erfolgreiche Erfinder sind manchmal auf einem Auge blind. Edison etwa kämpfte gegen den Einsatz von Gleichstrom. Marconi, Erfinder des Radios, kämpfte gegen den drahtlosen Fernsprechverkehr. Als Beispiel aus neuerer Zeit nennen wir den kreativen Nolan Bushnell, der seinerzeit bei Atari den Ideen seines Mitarbeiters Steve Jobs zu einem neuen Computer keine Bedeutung beimaß und ihm rundweg jegliche finanzielle Unterstützung abschlug. Steve packte seine sieben Sachen und gründete zusammen mit dem bei HP genauso ungeliebten Steve Wozniak das Unternehmen Apple. Der Mensch hat wohl das Bedürfnis, alles zu erklären und zu gliedern. Professor Jewkes sagt dazu: »Erfolgreiche Erfinder sehen sich gerne im romantischen Licht dargestellt . . . Sie sehen ihre Errungenschaften viel lieber als Ergebnis einer makellosen Kette brillanter Entscheidungen und überlegter Vorplanung denn als Ergebnis verzweifelten Herumtappens und häufiger Rückschläge . . . Die Chronisten wissen dann mehr über die Phasen des Erfolges als über die viel zahlreicheren Fehlschläge und schreiben lieber eine sauber gefügte Geschichte, als eine der Verwirrungen. So fördern sie die Legendenbildung.«

»Mit Unwägbarkeiten leben«: einige Fragen – und Anregungen zu Sofortmaßnahmen

Erfahrene Führungskräfte – das gilt für alle Branchen und Unternehmen jeglicher Größe – müssen sich selbst zu »Experten« heranbilden. Wir schlagen Ihnen vor, die Biographien von Wissenschaftlern und Erfindern zu lesen oder sich das Repertoire der Innovationsgruppe der Sloan School des MIT anzueignen.

Setzen Sie sich mit einer Gruppe von zehn bis 15 Mitarbeitern zu einer zweitägigen Konferenz zusammen. Die Gruppe soll bestehen aus Führungskräfte, vertreten von Designern, Einkäufern, Ingenieuren und Marketingfachleuten. Reden Sie zunächst über Ihre eigene Branche – wie ist sie entstanden, wie hat sie sich während der letzten zehn Jahre entwickelt. Prüfen Sie die Ursprünge kleinerer und größerer Erfindungen, und fragen Sie notfalls bei Vertretern anderer Unternehmen nach. Wiederholen Sie am zweiten Tag diese Übung auf Ihr eigenes Unternehmen bezogen. Stimmen die Ergebnisse Ihres Seminars mit denen, die wir hier präsentiert haben, überein?

Führen Sie anschließend dasselbe Verfahren für die Abteilungen EDV, Herstellung, Finanz- und Rechnungswesen durch.

Es wird wahrscheinlich nicht viel konkret Nützliches dabei herauskommen. Wir haben jedoch beobachtet, daß man das Thema Innovation anhand seiner Geschichte und konkreter Beispiele erörtern muß. Erst dann stellt sich das individuelle und auch das Gruppenengagement ein.

Mythos Nr. 2: Wir müssen mit einem Pflichtenheft beginnen, oder etwa nicht?
Gegenargument: Experimentieren und schnell vorankommen

Home-Run-Mentalität* contra Wee-Willie-Keeler-Taktik

Wir erläutern hier eine »Zwei-Wege«-Theorie. Weg eins bezeichnen wir als »Home-Run-Mentalität«, eine zündende Idee wird schnell in eine Studie – auf dem Papier – umgesetzt, die zwei Millionen Dollar kostet und sechs Monate in Anspruch nimmt. Die Bewertung des Papierkonzeptes seitens verschiedener Parteien dauert noch einmal drei Monate. Dann wird grünes Licht für den technischen Entwurf gegeben. Die Aufstellung der technischen Spezifikationen kostet noch einmal drei Millionen Dollar und braucht ein weiteres halbes Jahr. In den anschließenden vier Monaten werden die Spezifikationen von mehreren Gruppen überprüft und beurteilt (wir stehen inzwischen bei sieben bis acht Millionen Dollar und einem Zeitaufwand von bislang eineinhalb Jahren für dieses Projekt).

An diesem Punkt angelangt, wird endlich ein Prototyp gebaut. Er kostet fünf bis zehn Millionen Dollar, und der Bau verschlingt vier bis sechs Monate – und dann? Passen Sie auf: In der Geschichte erfolgreicher Produkte – von der Pommes-frites-Würze bei McDonald's bis zum Computer-Service 360 von IBM – funktioniert der erste Prototyp *nicht und* auch *nicht* der zweite. Man hat auf dem Weg eins aber so viel Zeit (und so viel Geld) investiert, daß die Konkurrenz aufholt oder sogar schon überholt hat.

* Anmerkung des Übersetzers: Home-Run ist ein Begriff aus dem Baseball, Lauf um sämtliche Male auf einen Schlag. Deutsch etwa: Durchbruch auf der ganzen Linie. Der Spieler schlägt den Ball möglichst weit und hoch ins Feld. Wenn er ihn so schlägt, daß ihn niemand mehr erreichen kann, kann er selbst einen Lauf um sämtliche Male auf einen Schlag vollenden und erzielt damit einen sogenannten Home-Run.

Also gehen Sie jetzt in die nächste Phase: die Störfaktoren werden – theoretisch – eliminiert. Inzwischen hängen ganze Karrieren von der erfolgreichen Entwicklung des Prototyps ab. Und es wurde sehr viel Geld ausgegeben. Ihre Mitarbeiter und Sie haben auf der Suche nach der »einzig und allein besten Konstruktion« immense Nervenkraft investiert. Aus all diesen Gründen ignorieren Sie die Daten, die darauf hinweisen, daß das Ganze nicht funktioniert. Die Konkurrenz hat in der Zeit, in der Sie an diesem Projekt gearbeitet haben, drei oder vier neue Produkte eingeführt. Jedes verfügt über deutliche Verbesserungen, und Sie sind im Laufe der Zeit längst ins Hintertreffen geraten. Deshalb müssen Sie jetzt Ihr Produkt mit komplizierten Extras ausstatten. Sie müssen sicherstellen, daß es sich in jeder auch nur denkbaren Hinsicht von denen der Konkurrenz positiv unterscheidet. Wenn schon, denn schon! Sie denken daran, daß dies der Home-Run wird, der Rundumschlag, der Durchbruch, der allen anderen auch nicht die geringste Chance mehr läßt. Also gehen Sie in eine weitere Phase; Sie arbeiten daran, ihr Produkt funktionstüchtig zu machen. Diese Phase dauert wahrscheinlich sechs Monate und kostet noch einmal zehn bis 15 Millionen Dollar. Inzwischen sind drei Jahre vergangen. Die Kosten sind auf 30 Millionen Dollar gestiegen. Sie werden jetzt nicht aufgeben. Also versuchen Sie, den Markt gewissermaßen mit Gewalt zu erobern, nach der Devise: »Jetzt oder nie!« Die Zukunft ist aber *immer* komplizierter als stark vereinfachende Rekonstruktionen der Vergangenheit. Sie denken also: »Wir müssen in *dieser* Version *alle* Merkmale unterbringen, sonst wird uns die Konkurrenz vom Markt verdrängen – für immer.« Diese Hoffnung jedoch entpuppt sich in der Regel als Falle. Während Sie nämlich kostenintensiv herumlaborieren, haben Ihre Konkurrenten, die weise genug waren, auf den »großen Wurf« zu verzichten, in vielen kleinen Schritten ihr Ziel erreicht, ein erfolgreich absetzbares Produkt geschaffen und Sie aus dem Feld geschlagen. Inzwischen geht es für Sie nur noch um Schadensbegrenzung, Sie müssen Ihr Produkt auf den Markt bringen, ob es eine nennenswerte Chance hat oder nicht.

In die entgegengesetzte Richtung zur Home-Run-Mentalität führt der Weg zwei, den wir auch »Wee-Willie-Keeler«-Taktik nennen. Wee Willie Keeler war in den Jahren zwischen 1890 und 1910 ein berühmter Baseballspieler. Ihm wird der Ausspruch zugeschrieben: »In die Lücke stoßen.« Er erreichte bei nur 34 Home-Runs in einer über zwanzigjährigen Sportkarriere das Ruhmespodest der Baseballspieler.

Seine Taktik wird von 3M, Hewlett Packard, Raychem, Mervyn's, Wang, PepsiCo, Citicorp und anderen praktiziert. Wie funktioniert sie? Investieren Sie für den Anfang 25 000, maximal aber 250 000 Dollar. Entwickeln Sie einen Prototyp oder zumindest die entscheidenden Teile innerhalb von 60 bis 90 Tagen. Ob Ihr Produkt eine Dienstleistung oder eine digitale Schaltanlage, ein neues Flugzeug oder ein Computer ist, wir haben genügend Anhaltspunkte dafür, daß innerhalb dieser Zeit immer etwas Brauchbares entsteht, das sich sinnvoll weiterentwickeln läßt.

Prüfen Sie dann Ihren Prototyp auf »Herz und Nieren«. Dazu braucht man weitere 60 Tage. (Selbst zu diesem frühen Zeitpunkt sollten Sie – offiziell oder stillschweigend – ein zweites Team oder eine Skunkwerkstatt fördern, die sich mit demselben Projekt beschäftigt.) Sie haben schon etwas in der Hand, mit dem Sie spielen können, etwas *»Greifbares«*, oder doch zumindest einen Teil davon. Jetzt wagen Sie den nächsten kleinen Schritt zu einem weiterentwickelten Prototyp, der Sie vielleicht ein wenig mehr kostet, sagen wir, dieser Schritt und diese Phase kosten Sie etwa 100 000 bis 500 000 Dollar (oder 1500 bis 5000 Dollar bei einem kleineren Unternehmen). Sie arbeiten wiederum sehr schnell. Mehr als 90 Tage darf es nicht dauern. Vielleicht können Sie den Prototyp oder einen Teil des Prototyps bei einem Großkunden unterbringen, der bereit ist, seine Eignung zu testen. Schritt für Schritt tasten Sie sich so in der Entwicklung Ihres Produkts vor, Sie erhöhen Ihre Investitionen langsam und räumen einer Entwicklungsphase nie mehr als 60 bis 90 Tage ein. Das nennt man »lernende Organisation« oder »experimentierende Organisation«.

Mit jedem Schritt lernen Sie ein wenig mehr. Ihr Vorteil ist, daß Ihr Produkt sich schon sehr frühzeitig in der rauhen Realität bewähren muß. Und Sie können die Entwicklung ebenso frühzeitig abbrechen, wenn es sich nicht bewährt. Wir haben im allgemeinen die Erfahrung gemacht, daß, wenn man mit der Wee-Willie-Keeler-Taktik an eine Produkt- oder Dienstleistungsentwicklung herangeht und gleichzeitig auf zwei Gleisen fährt, sich die übliche Entwicklungszeit um rund 50 Prozent oder mehr verringern läßt. *Und* Sie erhalten mehr potentiell marktreife Produkte, vielleicht nicht die großen Renner, aber solide Produkte, die durchaus Achtungserfolge erzielen können.

Auch Raychem folgt dem Wee-Willie-Keeler-Prinzip. Raychem ist ein gewinnstarkes (700 Millionen Dollar) Unternehmen, das technisch hochentwickelte Werkstoffe herstellt. Anläßlich des

25jährigen Bestehens des Unternehmens im Jahre 1982 schätzte Chairman Pau Cook, daß bei Raychem insgesamt etwa 200000 Produkte hergestellt wurden. Als Hit gilt ein Produkt mit einem Marktanteil von 100 Prozent und einer Betriebsgewinnspanne von 90 Prozent in einem 5-Millionen-Dollar-Markt. Das Unternehmen reagiert schnell und präzise auf Kundenwünsche. Der Leitsatz des Unternehmens »Raychem in Antwortbereitschaft« überrascht uns nicht. Typisch dafür ist folgendes Beispiel: Ein Raychem-Ingenieur erfuhr von einem Unterwasserleck an einer Nordsee-Bohrinsel. Innerhalb von 120 Stunden hatte Raychem die Forscher aus Menlo Park/Kalifornien (Firmenzentrale) und Swindon/England (europäisches Forschungs- und Entwicklungszentrum) an Ort und Stelle fliegen lassen und eine Entwicklungsanlage gebaut, ein dem neuesten Stand der Technik entsprechendes neues Produkt entwickelt, den Prototyp gebaut, sämtliche Fehler beseitigt und den Prototyp installiert.

Strategie für neue Vorhaben

Allen Michels hat seine in Santa Clara angesiedelte Firma Convergent Technologies zu einem 400-Millionen-Dollar-Unternehmen ausgebaut. Sein Geheimnis? Er hat Spin-off-Entwicklungen, hauptsächlich unabhängige neue Vorhaben (an denen Teams von meist nicht mehr als drei Personen arbeiteten), schon in einer sehr frühen Phase in eine selbständige Entwicklung überführt. Der Kern dieser Strategie für neue Vorhaben liegt, wie er sagt, in der Orientierung an Experimenten. Sein Ratschlag lautet, in kleinen Dimensionen zu denken, Entscheidungen zu treffen und nicht lange darüber zu brüten, jeden Tag zu überdenken und vorwärts zu gehen. Vor allen Dingen, fügt er hinzu, »brauchen Techniker Entschlußkraft. Sie dürfen sich nicht an Perfektionismus festbeißen«. Die wesentliche Herausforderung an das Management besteht nach seiner Aussage darin, »schnelle Entscheidungen in einem ungeordneten Umfeld zu fördern, zu hegen und zu pflegen«.

Aus einer ganz anderen Welt als HP, Raychem und Convergent Technologies kommt Mervyn's, das im Handelskonzern Dayton Hudson mit großem Abstand die Spitze hält. Das Geheimnis ihres Erfolges? Sie schaffen in einer Woche, wozu ihre wichtigsten Konkurrenten 13 Wochen oder mehr brauchen. Jeden Mittwoch morgen, in allen 52 Wochen des Jahres, marschieren um 7 Uhr früh 100 Mervyn-Leute – der Präsident, die Vorstandsmitglieder, Händler und Einkäufer des Unternehmens – in einen großen Saal. Vor ihnen auf einer großen Wandtafel sind etwa 30 große leere Schilder. In den nächsten sechs Stunden geht es hier hoch her. Alle Teilnehmer bewerten und interpretieren die Erfolge und Fehlschläge der letzten Woche. Und natürlich sind sie alle sehr unterschiedlicher Meinung. Die Blankokästen werden ausgefüllt, und die Beschlüsse werden in ein 32seitiges Heft eingetragen, in dem die Artikel aufgeführt sind, die in der nächsten Woche in den rund 100 Mervyn-Verkaufsfilialen innerhalb des mehr als eine Milliarde Dollar umfassenden Systems besonders herausgestellt werden. Sie entwickeln die Anzeigenbeilage. Diese Beilage wird weniger als eine Woche später an rund 15 Millionen Menschen verschickt! Mervyn's schlägt seinen gesamten Warenbestand innerhalb einer Woche um. Andere sind froh, wenn sie das in zehn bis 15 Wochen schaffen.

Mach was draus!

Howard Head, Vater der Head-Ski und des Prince-Tennisschlägers, sagt: »Wir probieren, so schnell wie möglich einen Prototyp herzustellen. Ich möchte eine Idee sehen, ich möchte sie halten und berühren.« Das ist der springende Punkt. Frühe Prototypen, selbst die endgültigen eines Wang oder Rolm – sind häufig nicht so »schön« wie das Produkt von Western Electric oder Xerox. Tracy Kidder schreibt in dem Buch *The Soul of a New Machine* über die bemerkenswert schnelle Konstruktion eines Kleincomputers bei Data General. Sie brauchten diesen neuen Computer, um mit DEC konkurrieren zu können. Das Ergebnis wurde von verschiedenen DG-Spielern als »Auswuchs auf einem Auswuchs auf einem Auswuchs« oder als »Furunkel des Eclipse« (das Vorgängergerät, das revolutioniert wurde) bezeichnet.

Bei HP haben uns einige leitende Angestellte aus der Forschung und Entwicklung augenzwinkernd mitgeteilt, daß eine neue Regel eingeführt werden solle: »Wer technische Spezifikationen von mehr als drei Seiten Länge produziert, wird in Bausch und Bogen gefeuert, ohne Möglichkeit, dagegen Berufung einzulegen.«

Der verstorbene Fred Hooven, Inhaber von mehr als 30 wichtigen Patenten, arbeitete als Student bei Orville Wright und Vorstandsmitglied in den Abteilungen Forschung und Entwicklung bei Ford. Er hat sich immer dafür eingesetzt, daß neue Produkte schnell fertiggestellt werden müssen. Er beklagte die mangelnde Experimentierfreudigkeit und nannte uns einige Gründe, mit denen Experimente abgelehnt wurden: »Meine Lieblingsausrede:

›Wir können die Techniker und Modellbauleute nicht zusammenbringen, weil dann die Zeichnungen schmutzig werden.‹« Er sagte weiter, daß der nächste Realtest oder Bau einer Attrappe häufig »nur einer halben Stunde bedarf, wohingegen wenn man es aber nach ›oben‹ schickt, damit die Reinzeichnungen und Spezifikationen gemacht werden, dauert es vier Monate«.

Das Phänomen trifft aber nicht nur auf die Produktentwicklung zu. Auch für die Entwicklung von Prozessen sind Experimente wichtig. Joseph Limprecht und Robert Hayes haben in der *Harvard Business Review* von November/Dezember 1982 einen Artikel unter der Überschrift »Germany's World-Class Manufacturers« veröffentlicht. Darin führen sie unter anderem aus, daß die amerikanische Fixierung auf den Home-Run, auf den Volltreffer, eine sehr wichtige Rolle für die Herstellungsverfahren spiele: »Wie Vertreter der Automobil-, Stahl- und Werkzeugmaschinenbranchen zähneknirschend zugeben, sind die Amerikaner auf dem Gebiet der schrittweisen Verbesserung von Reifentechnologien nicht so fleißig gewesen [wie die Deutschen] . . . Amerikanische Unternehmen vertrauen zu sehr darauf, gleich den großen Durchbruch zu erzielen.« Firmen wie Milliken oder Perdue Farms verhalten sich ganz anders. Man hofft auf Verfahrensdurchbrüche, konzentriert sich aber von der Führung her hauptsächlich auf die ständige Realisierung kleiner Leistungsverbesserungen, durch die sich die Produktqualität langsam, aber stetig steigern läßt.

»Experimentieren«: einige Fragen – und Vorschläge zu Sofortmaßnahmen

– Suchen Sie Beispiele aus jüngerer Zeit für die erfolgreiche Einführung eines neuen Produkts, einer neuen Dienstleistung (oder eines neuen Unternehmens). Suchen Sie gleichermaßen zwei Projekte, die gescheitert sind oder sich übermäßig verzögert haben. Führen Sie eine detaillierte Analyse durch. Gibt es Unterschiede, die sich mit dem hier Beschriebenen erklären lassen? Haben sich Erfolge eher eingestellt, wenn man nach dem Motto »sofort testen« verfahren ist? (Nehmen wir an, Fehlschläge sind eingetreten, weil zu wenig experimentiert worden ist. Was waren die Gründe für die mangelnde Experimentierfreudigkeit? Mangelnde Koordination zwischen rivalisierenden oder einander entgegengesetzten Funktionsbereichen? Verzögerungen, weil man die Spezifikationen bis ins letzte Detail ausfeilen wollte, ehe ein Prototyp gebaut wurde?

Notieren Sie sich zehn typische Produktionshindernisse, und geben Sie an, was Sie tun können, um sie zu beseitigen.)

– Führen Sie dieselbe Analyse für die gesamte Branche durch. Überprüfen Sie die Vorgehensweise der zwei führenden und der zwei am unteren Ende der Skala stehenden Branchenvertreter durch. Schauen Sie sich dann drei oder vier jüngere Innovationen an. Entstanden sie aufgrund von Entscheidungs- und Experimentierfreude oder aus umfänglichen, genau geplanten mehrjährigen Bemühungen heraus?

– Sind Sie bereit, das Risiko einzugehen, ein Produkt schnell in der Realität zu testen, etwa bei zwei Kunden? Sind Sie bereit, einen potentiellen »Benutzer« anzusprechen und heranzuziehen, ehe das endgültige Design verabschiedet wird? Ist ein solches Verhalten die Norm oder die Ausnahme? (Auch hier sollten Sie wieder systematisch einige Erfolge und Fehlschläge überprüfen, das hilft bei der Analyse.) Für den Praxistest: Schauen Sie, ob Sie die geplante Zeit nicht halbieren und zwei neue (noch im Entwicklungsstadium befindliche) Dienstleistungen oder Produkte bei führenden Benutzern oder in Testmärkten unterbringen können. (Denken Sie immer daran, daß die Testmärkte viele verschiedene Ebenen haben. Schon lange vor der Einführung auf dem eigentlichen Testmarkt können Sie viele Schnelltests durchführen, Stichproben bei fünf Personen, um die Reaktion auf Teile der Prototypen zu testen.)

– Ganz allgemein und Hand aufs Herz: herrscht bei Ihnen ein Klima, das die Devise »probieren geht über studieren« fördert?, im Bereich der Produktplanung, in der Herstellung, in der Verwaltung, in der EDV? Sind die meisten Ihrer Leute (besonders die jungen) der Überzeugung, daß man, »um vorwärts zu kommen, immer wieder etwas neu ausprobieren muß«, oder gilt eher das Motto »hier zählt, daß man sich seine Finger nicht schmutzig macht«?

– Drängen Sie ein Team, das an einem neuen Produkt oder an Verbesserungen arbeitet, dazu, dessen Funktionsfähigkeit früher auszuprobieren, den bürokratischen Aufwand zu verringern und das praktische Experiment voranzutreiben? Wenn nicht, sollten Sie fünf bis zehn Ihrer Mitarbeiter für drei oder vier Stunden zusammentrommeln. Nach unserer Erfahrung erhalten Sie dann in den nächsten 15 bis 30 Tagen rund 20 bis 30 praktische Tips.

Mythos Nr. 3: Kreativität (Innovation) folgt aus Reflexion
Gegenargument: Champions und Skunks sind eine Notwendigkeit

Wer auf den Home-Run, also den Gesamtsieg aus ist, muß ein muskelbepackter Athlet sein. Wenn Innovation großer »Denker« bedürfte, müßten diese Denker eigentlich regelmäßig auf einen Berggipfel klettern und ihren Blick über die Fichten schweifen lassen, um in Ruhe ihre bahnbrechenden Ideen zu entwickeln. Wenn auf der anderen Seite das Wee-Willie-Keeler-Paradigma in innovativen Organisationen die Norm ist, was wir behaupten, müßte man auf Leute mit müden Augen treffen, die angestrengt auf Bildschirm oder Teströhren starren oder mit einem verrückten Designer in einer Ecke sitzen und diskutieren.

Champions allerorten oder Leidenschaft für die Sache als Voraussetzung

Wenn endlose Serien praktischer Experimente im wirklich innovativen Unternehmen die »Norm« sind (denken Sie an das Duell um den Nobelpreis, in dem es galt, Schweinehirne zu zerkleinern), sind Menschen, die sich ganz und gar einsetzen, dafür unverzichtbar.

Wir sammeln Geschichten, die diese Tatsache untermauern. Formale innerbetriebliche Untersuchungen über die Erfolge von Forschungsprojekten bei IBM zeigen immer, daß ein Champion oder ein begeisterter Neuerer dahintersteckt. Aus Untersuchungen der National Science Foundation geht hervor, daß diese bei der erfolgreichen Realisierung einer Idee die entscheidende Geburtshilfe leisten. Ed Schon vom MIT führt dazu ganz allgemein folgendes aus: »Die neue Idee findet entweder einen Verfechter oder sie stirbt. Ein normales Engagement für eine neue Idee erzeugt nie die Art von Energie, die notwendig ist, um die Gleichgültigkeit und den Widerstand zu überwinden, den der Wandel hervorruft.« John Masters, Canadian Hunter, fügt im Rückblick auf erfolgreiche Projekte noch hinzu: »Eine tatsächlich neue Idee hat zunächst nur einen einzigen Gefolgsmann.« Brian Quinn, den wir schon zitiert haben, schließt, »daß Besessenheit wesentlich ist«. Und Peter Drucker, der auf 50 Jahre Erfahrung zurückblickt, bemerkt in seinem Buch *Adventures of a Bystander* (deutsch: Zaungast der Zeit, Düsseldorf 1981): »Alles, was wirklich erreicht wurde, wird nach meinen Erfahrungen immer von einem Monomanen mit einer echten Mission vollbracht.« Thomas Edisons erster Biograph kam zu der Schlußfolgerung: »Was Edison von den anderen unterschied war, daß er mit seiner grenzenlosen Übertreibung das Gefühl vermittelte, er werde Erfolg haben, welches auch immer die Hindernisse waren, er würde sie so lange bekämpfen, bis er sie überwunden hätte.« Ein erfolgreicher Manager im Konsumgüterbereich sagt uns, daß ein wichtiges Kriterium für die Beförderung eines Produktmanagers darin liegt, daß der erfolgreiche Kandidat ein »Rowdy« sein müsse – das heißt, er muß entschlossen sein, jegliche Hindernisse auf seinem Weg niederzureißen. Aus einer Untersuchung über Gewinner des Nobelpreises geht hervor, daß die Preisträger im Vergleich zu ihren Spitzenkollegen im IQ-Test immer einige Punkte weniger aufweisen. Die Kollegen urteilen immer wieder, daß sie statt dessen beispielsweise über »Robustheit«, »einen Schuß Brutalität« und »Killerinstinkte« verfügen und »gute Vollender« seien.

Diese Erkenntnis hat weitreichende Konsequenzen. In der guten Zeit des Organizational Development in den 60er und 70er Jahren galten Kooperation und die Fähigkeit, Konflikte zu glätten, als die wünschenswerten Charakterzüge eines Menschen, der in einem Unternehmen von ansehnlicher Größe arbeitete. Unsere Champions verkörpern jedoch meist nicht gerade Sanftmut, Diplomatie und Charme. Jewkes meint dazu: »Die besten erfinderischen Köpfe haben eine angeborene Aversion gegen Kooperation.« Das stimmt. Die hartnäckigsten und engagiertesten Champions sind häufig richtige Querulanten, auch wenn die, die unmittelbar mit ihnen zusammenarbeiten, häufig für sie durchs Feuer gehen würden. Sie sind geltungssüchtig, konkurrenzbewußt, sie sind leidenschaftlich, sie sind hartnäckig. Diese Charakterzüge findet man bei Menschen, die sich auch von einer verletzenden Abfuhr nicht entmutigen lassen. Man muß ihre Eigenschaften akzeptieren, sie motivieren und ihnen jede erdenkliche Arbeitsmöglichkeit schaffen.

Auch Versagen will akzeptiert sein

In einer Organisation, die Champions heranziehen will, ist grundsätzlich zu beachten, daß man auch Versagen und Scheitern tolerieren muß. General George Doriot, Mentor der Unternehmensneugründungen an der Route 128/Massachusetts, sagte in einem Vortrag vor Digital Equipment: »Wenn ein Scheitern erklärt werden kann und es dazu nicht aufgrund mangelnder moralischer Grundsätze kam, ist ein Fehlschlag für mich akzeptierbar.« Die bestgeführten Unternehmen, mit denen wir uns beschäftigt haben, riskieren ausdrücklich auch die Fehlschläge, weil sie wissen, daß Fehlschläge auf dem Weg zum Erfolg unvermeidlich sind. Gewinner nämlich sind Menschen, die durchhalten. Menschen, die scheitern, und das kann manchmal sehr teuer sein, werden vielleicht in andere Positionen versetzt – aber die Reihen der Vorstandsmitglieder sind dicht besetzt mit Menschen, die aus »Sibirien« zurückgekehrt sind, um ein kritisches Produkt auf den Markt zu bringen oder auf sonstige Weise wichtige Beiträge zu leisten. Selbst große Fehlschläge werden so als ein selbstverständliches Hindernis auf dem Weg zum letztendlichen Erfolg gesehen.

»Champions«: einige Fragen – und Anregungen zu Sofortmaßnahmen

– Nehmen Sie 20 Erfolgsprojekte – kleine (hauptsächlich) und große, Verfahren (alle Funktionsbereiche) und Produkte (oder Dienstleistungen). Zeichnen sich die Erfolge eher durch den engagierten Einsatz der Champions aus als die Fehlschläge? Diese Analyse sollte am besten im Kreis von fünf bis 15 Leuten diskutiert werden. Jeder Teilnehmer muß sich zuvor seine eigenen Gedanken über diese beiden Fragen gemacht haben (Teilnehmer aus allen Funktionsbereichen).

– Wenn die Erfolge von Champions errungen wurden – hat man sie entsprechend gut behandelt? War ein Mentor dazwischengeschaltet? Oder haben sie sich ihr eigenes Territorium ohne Hilfe erkämpft? Was war die Regel? Wir stellen fest, daß in allen Umfeldern, ob sie innovativ ausgerichtet sind oder nicht, zumindest einige Champions eine wichtige Rolle spielen. In den hochinnovativen Unternehmen sind mehr Champions vertreten, denen bewußt jede Unterstützung gewährt wird. Die wenigen vorhandenen Champions in den weniger innovativen Unternehmen sind einsame Wölfe, die sich ohne Unterstützung ihren Weg gebahnt haben.

– Nehmen Sie vier hervorragende Champions mittleren Alters. Wann haben sie begonnen, für ihre Ideen zu kämpfen? Die Antwort lautet meist: »Schon sehr früh in ihrem Berufsleben.« Werden also Champions schon auf den unteren Ebenen der Organisation gefördert? (Stärkster Hinweis für eine beginnende oder schon ausgeprägte Atrophie ist das Nichtvorhandensein von Champions unter den jungen Mitarbeitern.)

– Gehen Sie noch genauer vor. Schauen Sie sich Ihren Berufsweg an – alleine oder zusammen mit vier oder fünf Kollegen während einer halbtägigen Sitzung außerhalb des Unternehmens. Sind Sie alle oder einige von Ihnen ehemalige Champions? Wenn ja, wie ist es dazu gekommen (die Rolle Ihres Mentors)? Wenn nein – warum/wie wurden Sie daran gehindert, sich zum Champion zu entwikkeln?

– Schauen Sie sich ganz spezifisch nach potentiellen Champions auf unteren Ebenen, nicht in Linienfunktionen, um: Sitzen sie auch in der EDV, im Finanz-, Rechnungs- und Personalwesen? Wenn nicht, warum nicht?

– Wie gehen Sie und Ihre Kollegen mit sogenannten Fehlschlägen um? Positiv (wenn dem Unterfangen trotz seines Scheiterns Mühe und ein genau durchdachter Plan zugrunde lag)? Oder negativ? Nehmen Sie ein oder zwei Produkte, auf die Sie sehr stolz sind. Sind auch ihrer Entwicklung mehrere kleinere Fehlschläge vorausgegangen? Wenn ja – tolerieren Sie solche Fehlschläge bei anderen? Dazu das Zitat eines Vorstandsmitgliedes Marketing eines Dienstleistungsunternehmens: »Wir müssen hier bei uns schneller scheitern [das heißt die unumgänglichen Fehler früher aus dem Wege räumen].« (Eine ausführlichere Erörterung zum Thema Fehlschläge findet sich in Kapitel 11.)

Mythos Nr. 4: Große Gruppen sind wichtig
Gegenargument: Skunkwerkstätten als Norm

Großprojekte erfordern große, wohlintegrierte Gruppen, so heißt es. Ist der BOF (Sauerstoff-Aufblas-Konverter), mit dem Japan und das MITI der amerikanischen Stahlindustrie angeblich vorsätzlich (lies zentrale Planung) so sehr geschadet haben, ein großes Projekt? Ist der Einstieg von General Electric in die Produktion von Kunststoffen und Flugzeugtriebwerken ein großes Projekt? Das System 360 von IBM? Das Polaris-U-Boot? Natürlich ist jedes einzelne ein Großprojekt, aber wir werden feststellen, daß dic wichtigstc Rollc bei all diesen Projekten ein »Skunk« spielte, der sich wenig oder gar nicht um die traditionelle Unternehmensstruktur geschert hat.

Kollmorgen, Raychem, Convergent Technologies, Macy's und J&J bestehen im Grunde genommen nur aus einem Netz von Skunkwerkstätten, kleinen Teams in relativ kleinen Unternehmensbereichen, die zahlreiche Projekte außerhalb des allgemeinen Rahmens verfolgen.

Das gilt sogar für den Großkonzern IBM: Sein Personal Computer (PC) entstand aus der Arbeit von nicht weniger als einem halben Dutzend parallel arbeitender Teams.

Die Beweise für den Erfolg dezentralisierter Produktion mehren sich: Die meisten Innovationen entstanden in einer Skunkwerkstatt mit einem Kern von normalerweise sechs bis 25 Mitgliedern, die am Rande des regulären Firmenbetriebs arbeiten.

Diese innerbetriebliche »Schwarzarbeit« war bei General Electric kennzeichnend für jeden einzelnen Schritt (vom ersten technischen Triumph bis zur Organisationsform der Verwertungsgruppe) auf dem Wege zu seinen spektakulären Erfolgen im Bau von Flugzeugtriebwerken und in der Produktion technischer Kunststoffe. Ihre erste Lokomotive und ihr erster Geländewagen sind in »Schwarzarbeit« entstanden. Bei General Electric ist jeder große, intern gewachsene Unternehmenserfolg von den High-Tech-Turbinen bis zur GE Credit Corporation (GECC) und zur GE Information Services Company (GEISCO) von einem Champion durchgesetzt worden, der sein Ziel geradezu besessen verfolgt hat. In den 70er Jahren wurde die »Planung« dann zentralisiert – und schon geriet das Unternehmen in eine kritische Phase. Als Jack Welch im April 1981 Chairman wurde, hat er gleich zu Beginn seiner Amtszeit den zentralen strategischen Planungsstab des Unternehmens um zwei Drittel verringert. Er hat dies nicht etwa aus Antipathie gegen strategische Planung getan, sondern er war zu dem Schluß gekommen, daß er, wenn er der Technologie wieder den Vorrang geben wollte, mehr Skunks fördern müsse.

Wenn Sie nach Ursachen für die herausragenden Leistungen in verschiedenen Branchen suchen, werden Sie immer unfehlbar auf eine Skunkfährte stoßen. Das relativ kleine Unternehmen L. M. Ericcson spurtet im internationalen Markt für digitale Schaltanlagen im Bereich der Telekommunikation unaufhaltsam an die Spitze. Und zwar, weil eines Tages 20 unzufriedene Techniker wütend auf ihre Bosse waren, sich zusammenschlossen (innerhalb des Unternehmens) und die AXE-Schaltanlage bauten. Diese Handvoll Männer hat einige Großkonzerne das Fürchten gelehrt, z. B. das Unternehmen Siemens. Das Betriebssystem UNIX, wahrscheinlich Industriestandard der Zukunft, wurde bei AT&T/Bell Labs eigentlich eher als Hobbyprojekt betrieben. Die Teammitglieder nutzten freie Computerkapazitäten, um eine Sprache zu entwickeln, die den Erfordernissen einer kleinen Gruppe (ganzen zwei Personen!) entsprach.

Betrachten wir eine andere Branche! Mercantile Bank, eine Regionalbank mit Zentrale in Dallas, hat sich die Telekommunikations- und Computertechnologie sehr viel früher und schneller zunutze gemacht als 99 Prozent des gesamten Bankgewerbes. Mercantile Bank bietet in einem Netz von inzwischen 600 Banken differenzierte Dienstleistungen an. Sind sie aus einem großen, sorgfältig geplanten, zentralisierten Projekt unter der Ägide der MIS-Abteilung entstanden? Nein! Ein einzelner hatte die Idee, und George Clark, der Präsident der Bank, war vernünftig genug, ihn diese Idee verwirklichen zu lassen. Der Bursche arbeitete hauptsächlich zu Hause daran. Er brauchte etwa drei Monate, und sein System kostete nur 200 000 Dollar. Es war einfach, praktisch und perfekt.

Nun könnte etwa dieser Einwand folgen ... »klar, Bill Hewlett hat es mit dem Taschenrechner geschafft. Schließlich kann man sich so ein Ding in seine Hosentasche stecken. Wie aber steht es mit den großen Produkten?« Dafür ist die GE-Lokomotive ein typisches Beispiel. General Electric hatte bisher einzelne Bauteile gestellt. Eine Arbeitsgruppe aber wollte das Gesamtprodukt bauen. Den Leuten wurde klipp und klar bedeutet – nicht einmal, sondern viermal –, das Ganze zu vergessen. Offensichtlich war das genau der Ansporn, den sie brauchten. Sie haben ihre Lokomotive in einer nicht ausgelasteten Werkstatt in Erie/Pennsylvania in »Schwarzarbeit« gebaut.

Betrachten wir das Thema noch einen Moment von seiner amüsanten Seite. Denken wir an die Entwicklung des Sauerstoff-Aufblas-Konverters (BOF). Wie sich herausstellt, war seine Entwicklung keineswegs über zehn Jahre vom MITI sorgfältig als Produktionsschwerpunkt geplant. Die BOF-Technik hat sich aus Nippon Kokan herausentwickelt. Das Unternehmen war damals Japans drittgrößtes Stahlwerk (es steht jetzt an zweiter Stelle und wird wohl bald die Spitzenposition halten). Vielmehr machte sich eine Gruppe von Technikern aus dem zweiten Glied an die Arbeit. Einer dieser Männer reiste gegen den Willen seiner Vorgesetzten nach Österreich und informierte sich über die ersten Erfahrungen mit dem BOF. Er kam zurück, besorgte sich einiges eher veraltetes Gerät (eine alte Gießkanne) und begann zu experimentieren. In Wirklichkeit ist die Geschichte natürlich komplizierter. Aber immerhin sind die Japaner den Amerikanern in diesem Bereich um ein halbes Dutzend bis zu einem Dutzend Jahre voraus, und das haben sie unter anderem diesen Skunks zu verdanken.

Zeitaufwand

Wie arbeiten diese Gruppen von sechs bis 25 Leuten in ihren Skunkwerkstätten? Offenbar außerordentlich schnell! Allen Michels von Convergent Technologies sagt, die Arbeit von vier Jahren werde regelmäßig auf ein Jahr verkürzt. Gerhard Neumann, General Electric (Flugzeugtriebwerke), und Kelly Johnson, Lockheed (Flugzeugzellen), haben die Entwicklungszeit von Großprojekten regelmäßig um 50 bis 90 Prozent unter die Norm gedrückt. Tom West, Projektmanager für Computerentwicklung bei Data General geht davon aus, daß die wirklich wichtigen Durchbrüche beim Mikrocode innerhalb einer Woche (und wahrscheinlich inklusive eines langen Wochenendes) erzielt worden sind. Bei Hewlett-Packard wurde die schon erwähnte Zeichnung in nur 17 Wochen zu einem konkreten Produkt entwickelt. Diese Zeitspanne liegt rund ein halbes Jahr unter der »Norm«. Wenn die Manager von Bell Labs von der Entwicklung der digitalen Schaltanlage sprechen, erwähnen sie immer wieder die »Durchbrüche«, die einzelne Leute an einem Wochenende in ihrem Keller zu Hause erzielt haben. Viele Manager bei Xerox sprechen liebevoll über die Skunkwerkstatt in East Rochester (eine zehn- bis 15köpfige Gruppe, die seit 1978 abgeschieden in einem »zugigen Speicherraum im 4. Stock« in einem zerfallenden, schon 80 Jahre alten Gebäude arbeitet): dort entsteht ein Produkt nach dem anderen – häufig innerhalb weniger Wochen. Eines davon hat inzwischen Erträge von 3 Milliarden Dollar eingebracht. Im Hauptlabor dagegen sind oft Hunderte von Mitarbeitern jahrelang vergebens um sinnvolle Innovation bemüht.

Wir fassen zusammen: Wenn große Arbeitsgruppen mit ihrer Weisheit am Ende sind, wenden sie sich an die Skunkwerkstätten, die oft innerhalb kürzester Zeit das gewünschte Ergebnis liefern. Woran liegt das? Ein Grund dafür ist sicherlich, daß in solchen Gruppen niemand den Schwarzen Peter anderen zuschiebt. Alle stehen unter Druck. Termine müssen eingehalten werden, auch dann, wenn sie nicht realistisch sind. Die Skunks befinden sich in guter Gesellschaft: Thomas Edison soll seine Erfindungen immer erst der Presse angekündigt und sich erst dann an die Arbeit gemacht haben. So hat er sich mit einem absurden Termin selbst unter Druck gesetzt.

Die Sache mit der Qualität

Muß man aber bei diesem Arbeitstempo nicht mit Qualitätsmängeln rechnen? Nein! Was die Skunkwerkstätten verläßt ist meist sogar von höherer Qualität. Unter dem Druck kaum einzuhaltender Termine und personeller Unterbesetzung wird in den Skunkwerkstätten nur selten »das Pulver erfunden«. Vor kurzem stieß Tom auf eine Art »Umkehrentwicklung« eines hochtechnischen Produktes. Die Herstellungskosten des Klienten lagen bei rund 1400 Dollar pro Einheit. Die Kosten des Konkurrenten aus Japan lagen bei etwa 800 Dollar. Es war schon festgestellt worden, daß der Unterschied nicht an der »besseren« japanischen Technik oder an den billigeren japanischen Arbeitslöhnen lag. Tom und seine Kollegen beschlossen also, sich einen kleinen Bauteil des Gerätes näher anzuschauen, einen kleinen Elektromotor, der eine ganz profane Aufgabe erfüllen soll. Diese kleine Einheit kostete sage und schreibe 60 Dollar. Was war geschehen? Die Techniker hatten gewissermaßen den Elektromotor (im Jahre 1980) »neu erfunden«, das heißt, ihn genau ihren Bedürfnissen angepaßt. Die Japaner dagegen besorgten sich bei einem Lieferanten einen ganz normalen Verbrennungsmotor für den Preis von 2,95 Dollar. Sie brauchten nur noch Widerstände im Wert von 25 Cents hinzuzufügen und hatten so die Laufeigenschaften des Motors verändert. Dieser Typ des Verbrennungsmotors wurde etwa 1940 entwickelt. Seine Zuverlässigkeit ist bis heute unübertroffen.

Große Gruppen neigen dazu, das »Pulver neu zu erfinden«, mit jeder Aktivität wieder von vorn anzufangen. Kleine Gruppen *müssen* improvisieren – und die Improvisation bedeutet meist die Anpassung eines Standardstücks, das schon seit Jahren ohne Fehler hergestellt wird, an die eigenen Bedürfnisse. Kelly Johnson von Lockheed weist immer wieder darauf hin, daß eine der 14 »goldenen Regeln« für den erfolgreichen Skunk die Fähigkeit sei, seine Bauteile überall zu kaufen, sogar bei der Konkurrenz.

Small is beautiful – klein ist schön

Dennoch müssen wir fragen, aus welcher Quelle die Skunkwerkstätten ihre innovative Kraft schöpfen. Was treibt die Skunks zum Erfolg, wenn größere Gruppen mit ihrem Latein am Ende sind? Wir glauben, es ist vor allen Dingen eine Art Besitzgefühl, das so viel Engagement freisetzt. West beschreibt das Phänomen für Tracy

Kidder in *The Soul of New Machine*: »Dort draußen stehen die 30 Mann, die glauben, es ist ihre Maschine, und nicht wollen, daß daran herumgepfuscht wird.« Auf dieses Thema werden wir in Kapitel 14, »Eigentum«, noch näher eingehen. An dieser Stelle wollen wir nur betonen, wie wichtig die kleine Einheit ist. Der Innovation dient die Kleingruppe wesentlich besser. In neueren Untersuchungen der National Science Foundation wird die optimale Größe einer Forschungsgruppe mit sieben Mitgliedern angegeben. Convergent Technologies geht davon aus, daß ein Entwicklungsteam maximal aus zwei bis drei Personen bestehen dürfe, Raychem von fünf, HP von sechs, 3M von höchstens acht bis zehn, Digital von 15 bis 20. Die genaue Zahl ist nicht so entscheidend, auch wenn es nachdenklich stimmen sollte, daß selbst für derart komplexe Projekte wie Flugzeugentwicklung von Jewkes nicht mehr als maximal 50 »Kreative« eingesetzt werden.

Die Rolle des Wettbewerbs

Weil dieses Eigentumsgefühl und dieses Engagement existieren, ist auch Wettbewerb wesentlich für Innovationsförderung. Im Fall Data General wurde der Wettbewerb auf allen Ebenen gefördert. West Team kämpfte gegen die gesamte Branche (und baut den inzwischen besten 32-Bit-Minicomputer), beispielsweise gegen Digital, die mit ihrem Produkt lange Qualitäts- und Marktführer waren. Als »Tochterunternehmen« kämpfte der Betrieb darüber hinaus noch gegen den eigenen Konzern, der die Mittel für Wests Projekt gestrichen hatte und damit das Team zwang, »schwarz« zu arbeiten. Schließlich herrschte auch noch Konkurrenz innerhalb des Teams, Minigruppe gegen Minigruppe (Hardware-Leute gegen Software-Leute), und gelegentlich standen sogar einzelne im Wettbewerb gegeneinander, wenn es beispielsweise galt, eine Fehlerquelle als erster zu erkennen *und* als erster zu beseitigen.

Die theoretische Erkenntnis des Wertes der internen Konkurrenz dürfte wohl bei General Motors in den 20er Jahren ihren Anfang genommen haben. Alfred P. Sloan hat damals sehr wohl gewußt, warum er sich überlappende Unternehmensbereiche schuf. Bei Procter & Gamble wurde der Wettbewerb zwischen den einzelnen eigenen Marken schon 1931 eingeführt. P & G war damals noch ein recht kleines Unternehmen. Man glaubte, die Kraft zur Innovation werde versiegen, wenn nicht heftig interne Konkurrenz herrsche. Selbstverständlich hat diese Art von Wettbewerb zu Doppelgleisigkeiten geführt, und sie tut es noch heute. Selbstverständlich sind einige P-&-G-Produkte aufgrund dieser Strategie vom Markt verschwunden – und zukünftige Produkte werden wieder verschwinden. Darüber hinaus ist diese Strategie teuer. Das positive Ergebnis aber – sicherzustellen, daß das nächste Produkt nicht von der Konkurrenz, sondern von P&G stammt – wiegt all diese Nachteile bei weitem auf.

3M verfolgt unerbittlich die Devise, derzufolge das »zweite Produkt in einer Produktgruppe aus einem konkurrierenden 3M-Unternehmensbereich zu stammen hat, nicht von einem Konkurrenten«.

Man kann deshalb durchaus auch auf ausländische Märkte ausweichen und dort in Wettbewerb mit den eigenen Tochtergesellschaften treten, wie beispielsweise Mars es praktiziert.

Das Management des internen Wettbewerbs ist sehr schwer. Es verlangt Raffinement und die Fähigkeit, Fallen auszuweichen. Wir haben dafür einen Begriff geschaffen, der die Chance kennzeichnet (und das Problem trifft): »(ED) IC« – (Extern dirigierte) interne Konkurrenz. Die interne Konkurrenz bei Data General – Wests »Kampf« mit North Carolina – war auf die Entwicklung eines harten Produktes zur Ausfüllung einer Lücke der Produktpalette von Data General gerichtet. Nicht entscheidend dafür waren die unterschiedlichen Ansichten der Fachleute, nach der Devise: Marketingfachmann gegen Planungs- und Entwicklungsexperten gegen Finanzfachleute.

Nervensäge

Wie aber führen Sie nun eine ganze Gruppe von Skunkwerkstätten? In *Auf der Suche nach Spitzenleistungen* haben wir über »durchlässige Systeme« geschrieben. Dieser Begriff stammt von Tait Elder, Präsident der für unternehmensinterne neue Pläne verantwortlichen Gruppe bei Allied Corporation. Manager von HP, IBM, 3M, Citicorp, American Express könnten Ihnen viel von »Schwarzarbeit« im hier beschriebenen Sinne erzählen. Wahrscheinlich bekämen Sie dabei ebenso glänzende wie staunende Augen. Wer unter diesen Bedingungen ein Unternehmen führt, muß ständig auf der Höhe sein.

Champions und Skunkwerkstätten zu führen bedeutet, fortwährend im Ring zu stehen. Diesen »Streß« kann Ihnen niemand abnehmen. Wir können Ihnen nicht sagen, wie viele Skunkwerkstätten Sie nach Funktion und Größe Ihres Unternehmens und hinsichtlich dessen Position im Lebenszyklus Ihrer Branche benötigen. Wir freuen uns dagegen schon, wenn uns ein Seminarteilnehmer wenigstens erzählt, er habe es mit einer Skunkwerkstätte »versucht oder jedenfalls gefühlsmäßig eine Gruppe von Skunks nicht sofort in ihrer Entwicklung gehemmt, wenn ich sehe, daß sich so etwas zusammenbraut«. Sicher wissen wir nur, daß ohne Skunkwerkstätten Innovation unmöglich ist. Dabei spielt es keine Rolle, ob Sie eine Kreditorenbuchhaltung mit zwölf Mitarbeitern leiten, gemeinsam mit 25 Mitarbeitern für die Gesundheitspflege in einer Kleinstadt sorgen oder Vorsitzender eines Unternehmens sind, das in der Liste der 500 größten Unternehmen in der Zeitschrift *Fortune* geführt wird. Wir haben aber einige Vorschläge, wie Sie ein Umfeld schaffen können, in dem sich Skunkwerkstätten ganz natürlich entwickeln. In Kapitel 11 werden wir diese Vorschläge noch näher erläutern. Lassen Sie sich aber warnen: Management im traditionellen Sinne gehört nur am Rande dazu.

Das begeisterte Team ist wohl wichtigste Voraussetzung für jegliche Innovation. Auch wenn große Projekte verwirklicht werden, z. B. die Endmontage und Einführung des Systems 160 von IBM oder ein neues Raketensystem, können Sie auf Skunkwerkstätten nicht verzichten, zumindest nicht in Krisensituationen. Dies gilt auch für den Verkauf: bei GE, HP, 3M und Citicorp geben die Manager alle zu, daß auch im Verkauf den Vorschlägen aus den Skunkwerkstätten gefolgt wird.

Zehn kurze Fragen und Antworten zu Skunkwerkstätten

1. Kann man Skunks »ernennen« oder »designieren«?
Ja. Erfahrungen bei Convergent Technologies, Mercantile Bank, Raychem, Apple Computer, Monarch Marking (Pitney Bowes) und IBM deuten unter anderem darauf hin, daß dies möglich ist. Andererseits sollte allerdings ein Betriebsklima angestrebt werden, in dem sich diese Skunks nicht nur ganz *selbstverständlich* entwickeln können, sondern dies auch ganz *natürlich* tun.

2. Was ist die ideale Personenzahl für eine Skunkwerkstatt?
Die Erfahrungswerte reichen von zwei bis 125. Die meisten Teams bestehen aus fünf bis 25 Mitgliedern. (Auch bei einem Team von zwei bis drei Mitgliedern sind gründliche Erfahrungen in vielerlei Funktionen – in der Herstellung und im Marketing, genauso wie in der Planung,

Entwicklung und Konstruktion – nach Aussage der Profis ein unbedingtes Muß.)

3. Können Leiter oder Mitglieder der Skunkwerkstätten auch Teilzeitarbeiter sein?
3M würde diese Frage mit Nein beantworten. Auch wir sagen nein. Eigentumsgefühl, Motivation und Engagement entstehen nicht bei Teilzeitarbeit. Alles andere ist ein Trugschluß.

4. Wer ist die beste Führungskraft unter den Skunks?
Hier sind sich alle einig: ein »Tüftler« mit Drang zum Handeln, nicht ein »Phantast« oder Träumer. In effizienten Skunkwerkstätten geht die Schubkraft entschieden nach außen: effiziente Skunks sind Pragmatiker, das heißt an Kunden und Leistung orientiert.

5. Gibt es etwa keine Normen?
Doch, es gibt sie. Kelly Johnson legt jedoch Wert darauf, daß sie ebenso einfach wie präzise sind. Diese Meinung vertritt auch Gerhard Neumann von General Electric. Michels zufolge sind solche Regeln sinnvoll und wichtig – solange es nicht mehr als vier bis fünf sind. (»Und ich spreche dabei nicht über PERT-Diagramme«, fügt er hinzu.)

6. Müssen wir davon ausgehen, daß die Qualität leidet?
Nein. Sie wird wahrscheinlich besser werden. Aber die Kompatibilität kann geringfügig leiden. 5 Prozent »Kostenaufwand« für mangelnde Kompatibilität sind im Normalfall ein wirklich vernünftiger Preis für die zu erwartende Steigerung der Effizienz.

7. Was tun wir, wenn in den Skunkwerkstätten Fehler gemacht werden?
Man muß die Skunkwerkstätten effizienter machen, das heißt, sie müssen die Möglichkeit haben, immer an mehreren Projekten gleichzeitig zu arbeiten, um die positiven Ergebnisse sofort sinnvoll einsetzen zu können.

8. Sind Skunks teuer?
Nein. HP und 3M bieten keine Extraleistungen an und zahlen keine Spitzengehälter. Skunks arbeiten, weil sie erfolgsorientiert, ehrgeizig und neugierig sind.

9. Darf man einen, wie es bei P&G genannt wird, »zügellosen« Wettbewerb zwischen den einzelnen Skunkwerkstätten zulassen?
Nein. Man hat sich immer an den (auch für P&G gültigen) äußerst hohen Qualitätsmaßstab zu halten. Für HP gilt dasselbe. Der Wettbewerb bei P&G/HP unterliegt zweierlei Einschränkungen: Orientierung nach außen – den Kunden in seiner Eigenschaft als lebendiges Wesen mit realen Bedürfnissen zu betreuen. Das Produkt muß von erstklassiger Qualität sein, nichts Minderwertiges, mit dem man eines der eigenen qualitativ hochwertigen, am Markt führenden Produkte aus dem Rennen werfen könnte.

10. Was ist darüber hinaus zu bedenken?
Kelly Johnson meint, Skunkwerkstätten *müssen* Einkaufsbefugnis haben. Es muß ihnen gestattet sein, wenn nötig, Bauteile auf dem freien Markt zu beschaffen und nicht auf Produkte des eigenen Unternehmens angewiesen zu sein, in dem ein solches Bauteil zwar auch produziert wird, aber womöglich zu einem höheren Preis, oder ein Bauteil, das zu kompliziert ist oder zu spät zur Verfügung steht.

11. (Bonus) Wann darf man mit Ergebnissen rechnen?
Mit greifbaren Ergebnissen (nicht Endprodukten) dürfen Sie in 60 bis 90 Tagen rechnen. Vergessen Sie's, wenn bis dahin nichts herausgekommen ist.

»Skunkwerkstätten«: einige Fragen – und Anregungen zu Sofortmaßnahmen

– Individuelle Übung: Erinnern Sie sich an Ihre Studentenzeit. Denken Sie an fünf Begebenheiten, auf die Sie stolz sind – Mitglied einer Sportmannschaft gewesen zu sein, der ein Durchbruch gelang und damit alle überraschte, einen literarischen Versuch oder ein gemeinsames Lernverfahren. Wie viele dieser Leistungen sind aus einer Art »Skunkwerkstatt« hervorgegangen? (Die meisten stellen fest, daß dies auf alle oder zumindest die meisten Erfolge zutrifft.) Überlegen Sie, welche Umstände das Team beflügelt haben, welche Bedingungen zur Gründung einer Skunkwerkstatt führten. Denken Sie darüber nach, was diese Höchstleistung gefördert hat. Gelten diese Bedingungen auch für Ihre Organisation?
– Prüfen Sie Ihre letzten zehn Innovationen (kleine oder große, Prozeßinnovationen oder Produkt-/Dienstleistungsinnovationen) darauf hin, wie viele aus Skunkwerkstätten stammen oder in wel-

chen Fällen Skunks den Stein ins Rollen brachten. Prüfen Sie zwei Projekte, die sich in jüngster Zeit festgefahren haben oder gescheitert sind: sind Skunkwerkstätten vorhanden oder nicht vorhanden? Und nehmen Sie zwei *gescheiterte* Skunkwerkstätten unter die Lupe. Was ist falsch gelaufen? Gab es keinen freiwilligen Vollzeit-Champion, keinen frühen Kundenkontakt, keine Freizügigkeit für den Einkauf von unternehmensfremden Hilfsmitteln und Dienstleistungen? Hat sich die Unternehmensleitung zu früh, nämlich zu einem Zeitpunkt, an dem das Produkt noch ein Erfolg zu werden versprach, eingemischt?

– Betätigen Sie sich als Rechercheur! Sammeln Sie zehn großartige »Skunkgeschichten«, von den Anfängen bis heute. Erzählen Sie sie, stellen Sie Videoclips dazu her, wenn Sie die Protagonisten noch erreichen können. Sorgen Sie unter anderem auf diese Weise dafür, daß sich herumspricht: »Skunkarbeit ist ein ganz normaler Bestandteil effizienten unternehmerischen Denkens.«

– Setzen Sie sich in den nächsten zehn Tagen mit einem Projektteam zusammen, das sich in seiner Arbeit festgefahren hat. Hören Sie ihnen zu – möglicherweise einen ganzen Tag lang. Suchen Sie nach Gelegenheiten, eine kleine Gruppe von bis zu drei Personen zusammenzustellen und sie kurzfristig an einem Teilprojekt arbeiten zu lassen (Semi-Skunkwerkstatt), um den toten Punkt zu überwinden. (Derartige partielle und gesteuerte Anfänge sind die Basis für eine Wende in Richtung auf ein unternehmerisches Denken auf allen Ebenen.)

Verwandter Mythos 4a: Nur starke Funktionsbereiche garantieren ein Interesse an Innovation
Gegenargument: Die Funktionsbereiche müssen zusammengelegt werden.

»In divisionalen Organisationen sind die Techniker/Konstrukteure dem Planungsstab und dem Finanzwesen immer unterlegen.« – »Die Division ist nur an einer kurzfristigen Gewinnerzielung interessiert.« – »Eine Führungskraft im Bereich Technik/Konstruktion/Einkauf/Markenmanagement (und die Innovation) kann ihre Position nur dann halten, wenn ein starker funktionaler Block besteht.« So lauten die üblichen Argumente. Theoretisch treffen sie zu. In der Praxis aber bewähren sie sich nicht. Der funktionale Block bedeutet Bürokratie. Er »blockiert« dagegen Einsatzfreude/kleine Teams/Skunkwerkstätten/Aktivität.

Aufteilung in Unternehmensbereiche bedeutet Anpassungsfähigkeit

Für an ständiger Innovation orientierte Unternehmen – Hewlett-Packard, 3M, Johnson & Johnson, PepsiCo, Raychem, Emerson Electric, Mars, Rolm, Kollmorgen, Citicorp – ist die Gründung neuer Unternehmensbereiche Problemlösung und Strategie zugleich. Die Parole von Johnson & Johnson lautet: »Groß werden und gleichzeitig klein bleiben.« Dazu sagt Jim Burke, Chairman von J&J: »Die Dezentralisierung bewirkt Kreativität, die wiederum zu Produktivität führt. Diese Form der Produktivität [getrieben von der Kreativität] ist allen anderen Formen meilenweit voraus.« PepsiCo ist stolz darauf, das größte Unternehmen der Welt zu sein, das unter den Rahmenbedingungen von Kleinunternehmen arbeitet, dasselbe gilt auch für IBM.

Die Struktur dieser Unternehmen dient nicht nur der Motivation und der strategischen Form. Für sie ist gleichsam Struktur die Strategie. Ein leitender Angestellter bei Rolm untermauert dieses Argument: »Von innen haben unsere computergesteuerten Nebenstellenanlagen eine gewisse Ähnlichkeit mit unserem Unternehmen – man sieht eine Reihe von Mikroprozessoren auf einem Brett, die miteinander reden.« Das Innenleben der Anlagen eines Konkurrenten dagegen spiegelte genau den inneren Zustand des Unternehmens wider – unflexibel und hierarchisch gegliedert.

Zur Zeit beobachten wir eine neue Welle von radikalen Dezentralisierungsmaßnahmen, die direkt darauf ausgerichtet sind, die Innovationskraft zu steigern. Die erste Welle – wir bezeichnen sie als Runde eins – rollte von 1950 bis etwa 1970. Im Anschluß daran stellte sich der Trend zur Matrixorganisation ein. Die amerikanischen Unternehmen hatten sich zu Riesenorganisationen entwikkelt. Die einzelnen Unternehmenssparten waren inzwischen größer, als das Gesamtunternehmen zu dem Zeitpunkt war, an dem die Dezentralisierung eingeführt wurde. Mit Hilfe der Matrixorganisation sollten diese Riesen unter Kontrolle gebracht werden. Diese Runde – »Runde Nr. zwei« – wurde hauptsächlich in ausgereiften Industriezweigen eingeläutet. Führend in dieser Entwicklung waren beispielsweise Campbell Soup und Brunswick. Interessanterweise haben diese beiden Unternehmen der Portfolio-Theorie inzwischen entschieden den Rücken gekehrt. In allen Abteilungen haben alle Beteiligten inzwischen freie Hand – nach dem Vorbild von J&J/3M/HP, neue Märkte zu schaffen.

Die Dezentralisierung in Runde Nr. eins ging nicht immer Hand in Hand mit einer Verschlankung der Unternehmensstäbe. Das Gegenteil war häufig der Fall: Die zentralen Stäbe wuchsen. In Runde Nr. zwei wurde das Personal der zentralen Stäbe unerbittlich verringert. Jack Reichert bei Brunswick hat z. B. das Personal der zentralen Stäbe von 560 auf 230 reduziert. Er hat die zusätzlich etablierte Führungsebene völlig abgeschafft. Außerdem hat er in jedem Unternehmensbereich die Kompetenz eingeräumt, sechsstellige Summen auszugeben. Ein Teilergebnis: »Entscheidungen, für die früher Wochen oder Monate gebraucht wurden, werden nun in wenigen Stunden oder Tagen gefällt.« Die Runde Nr. zwei hat darüber hinaus eine Wende zu sehr viel kleineren Abteilungen ermöglicht. Angeblich kostengünstige Massenproduktion, die ihren Zweck meist ohnehin nicht erfüllt, kann deshalb auch den innerbetrieblichen und Produktionsablauf nicht mehr behindern. Man glaubt heute nicht mehr daran, daß man um so kostengünstiger produziert, desto stärker man expandiert.

Funktionen miteinander verknüpfen

Wer sein Unternehmen in kleine Teams oder Abteilungen gliedert, hat einen wesentlichen Vorteil: Die Vorgänge an den Schnittstellen (z. B. von der Konstruktion zur Herstellung oder zum operativen Bereich), an denen sich unserer Schätzung nach 75 Prozent aller Verzögerungen in der Entwicklung neuer Produkte und neuer Dienstleistungen in sämtlichen Branchen, von der Spitzentechnologie bis hin zum Bankgewerbe, ergeben, lassen sich sehr viel unkomplizierter managen. Bei HP sind die Bereiche Fertigung, Absatz und Vertrieb und Entwicklung und Konstruktion gleichwertige Partner im Entwicklungsprozeß. Diese Partnerschaft beginnt schon in einem sehr frühen Stadium der Entwicklung. (Einer der Teilnehmer an Toms Seminaren, Mitarbeiter bei IBM, ging so weit, diese Partnerschaft als bestes Prinzip des Unternehmens HP – im Vergleich zu IBM – zu charakterisieren.) 3M folgt demselben Prinzip. Ein Vertreter der Herstellung sitzt lange, ehe sich ein konkretes Projekt (auf dem Papier) abzeichnet, als vollwertiges Mitglied im Team. Wenn das Projekt dann in die Herstellung geht, ist eine weit höhere Effektivität gewährleistet, weil viele Hindernisse schon aus dem Weg geräumt wurden.

Die Erfolge von John Masters, Canadian Hunter, wurzeln größtenteils in einem ähnlichen Procedere – er versammelt Geologen und Ölingenieure an einem Tisch, wo sie gemeinsam Probleme erörtern und Problemlösungen finden: »Wir erweitern den Horizont unserer Techniker und Geologen durch konstantes Miteinander, durch Osmose. Wir treffen uns zu Arbeitsessen, wir haben Managementmeetings, es gibt gesellschaftliche Ereignisse. Wir geben ihnen den Rahmen, in dem sie sich beschnuppern können ... Mit einemmal dann fängt ein Techniker an zu denken wie ein Geologe und umgekehrt.«

Ford folgt interessanterweise demselben Kurs. Das Unternehmen fordert inzwischen systematisch Input in allen Funktionen, auch von gewerblichen Mitarbeitern am Fließband – und zwar schon früh im Entwicklungsprozeß. Vorarbeiter kommentieren die Praktikabilität von Herstellungsverfahren verschiedener Bauelemente. Sie sind vollwertige Mitglieder der Entwicklungsteams, auch wenn das Projekt schon sehr weit fortgeschritten ist. Ein seit vielen Jahren bei Ford in leitender Funktion tätiger Manager sagte 1983: »Wir haben dieses Verfahren auf unsere letzten beiden Neuprodukte angewandt. Mehr als zwei waren dafür nicht erforderlich. Die Ergebnisse waren außergewöhnlich. Ich glaube nicht, daß es noch jemanden in unserem Unternehmen gibt, der ernsthaft das alte Verfahren bevorzugt.« Er hat die Ergebnisse gezählt: die gewerblichen Mitarbeiter haben bei einem Ford-LKW (dem erfolgreichen Bronco) allein 700 Konstruktionsänderungen vorgeschlagen und auch durchgesetzt!

Auch die Customer Action Teams (CATs) bei Milliken folgen dem Grundsatz von Transparenz, Kommunikation und Mitspracherecht auf allen Ebenen. Milliken ist ein fertigungsorientiertes Unternehmen. Verkäufer und Marketingfachleute galten bislang als Mitarbeiter zweiter Klasse.

Inzwischen hat sich diese Meinung gründlich geändert. Schon auf das geringste Zeichen werden ein CAT – ein Aktionsteam, aber auch Kunden – zusammengerufen. Es besteht aus vier oder fünf Milliken-Leuten (aus dem Verkauf, dem Marketing, der Konstruktion, der Herstellung, dem Rechnungswesen) und einigen Vertretern der Kundenfirma. Mit der für Milliken typischen Konsequenz sind in den ersten 15 Monaten nach Einführung dieses Verfahrens 1100 (!) Teams zusammengestellt worden, die viele bis dahin nicht genutzte Marktchancen erkundet und die Lieferzeit für Musterprodukte, die bis dahin durchschnittlich Monate dauerte, auf acht bis zehn *Tage* verkürzt haben.

Wir wollen an dieser Stelle unbedingt den häufigsten Einwand erörtern, der gegen dieses Argument immer wieder vorgebracht wird: »Werden nicht die ›kreativen‹ Fähigkeiten darunter leiden, wenn wir diese Experten einem kaufmännischen Team, das auf die kurzfristige Erzielung von Ergebnissen ausgerichtet ist, zuteilen?« Diese Frage spannt unseren Geduldsfaden regelmäßig bis zum Zerreißen: Die Antwort lautet selbstverständlich: teilweise ja. Nur eine rein funktional orientierte Organisation wird auch die »reine Lehre« vertreten können. In der »Realität« aber lautet die Antwort ganz eindeutig »nein«. Es liegt in der Natur der Sache, daß ihre Mitarbeiter Studien verfassen wollen und ihre Leistungsfähigkeit nach eher konventionellen Gesetzen unter Beweis stellen. (Es heißt ja auch, daß Werbetexter primär für ihre Kollegen texten und nicht für ihre Kunden.) Darüber brauchen Sie sich keine Gedanken zu machen. Das Managementziel besteht darin, reale Neuprodukte oder Neudienstleistungen schnellstens zu liefern – und dieser Prozeß läßt sich am besten beschleunigen, wenn die Realisten (z. B. in der Herstellung) schon sehr früh an der Entwicklung teilhaben, selbst wenn die Konstrukteure dadurch häufiger aus ihren Höhenflügen gerissen werden.

»Funktionen zusammenlegen«: einige Fragen – und Anregungen zu Sofortmaßnahmen

– Werten Sie die Leistung Ihrer dezentralen Elemente – sowohl der beabsichtigten (beispielsweise kleine Unternehmensbereiche) als auch der ungeplanten (beispielsweise Skunkwerkstätten, die sich gebildet haben, Teams, die für einige Projekte zusammengestellt wurden). Prüfen Sie rund sechs positive Vorschläge oder Veränderungen, bei denen dezentralisierte Einheiten die Vorlage gegeben haben. Vergleichen Sie diese Vorkommnisse – ganz spezifisch – mit der Leistung zentralisierter Elemente. Entsteht hier ein Leistungsraster, nach dem der dezentralisierten Einheit der Vorzug zu geben ist?

– Prüfen Sie die Strukturen Ihrer Geschäftsbereiche (Betrieb, Ladengeschäft). Haben Sie die Befugnisse Ihrer Mitarbeiter vielleicht in Hunderten von Einzelfällen, wenn auch *unbeabsichtigt* beschnitten, seit Sie vor vielleicht vier oder auch zehn Jahren Ihr Unternehmen durchstrukturiert haben? Ihre eigene Meinung ist dabei nicht allein maßgebend. Fragen Sie die Führungskräfte in den jeweiligen Bereichen. Sie sollen anhand der inzwischen aufgelaufenen Handbücher usw. *demonstrieren*, daß es heute *nicht* schlimmer ist als vor

»x« Jahren. (Sie müssen also in bezug auf die Feststellung der »Qualität« den genau umgekehrten Weg beschreiten. *Sie* sollten davon ausgehen, daß Sie ihnen gegenüber unfaires Spiel gespielt haben. Lassen *Sie* Ihre Mitarbeiter beweisen, daß dies *nicht* der Fall ist! Wir wetten zehn zu eins, daß Sie dabei verlieren.)

– Suchen Sie sich drei bis vier Entwicklungsprojekte heraus. Wie viele haben sich wegen der Übertragung von der Labor- auf die Produktionsebene und wegen hoffnungslos unrealistischer Annahmen hinsichtlich der finanziellen Voraussetzungen usw. verzögert? An welchem Punkt werden die Fachkräfte aus der Herstellung (oder aus dem operativen Bereich), zu welchem Zeitpunkt werden die Finanzplaner in die Teams eingebunden? Können Sie deren Mitarbeit in den Teams schon früher realisieren? Versuchen Sie es! (Vorsicht: wir verstehen darunter, daß Sie verfahren wie bei 3M, HP, Ford – volle Unterstützung zu jeder Zeit und in allen Funktionsbereichen, darüber hinaus muß diese Unterstützung so geartet sein, daß der »Helfer« danach beurteilt wird, wie gut die Leistung des Gesamtteams ist, und nicht danach, wie eifrig er oder sie sich nur für den eigenen Funktionsbereich einsetzen. Es geht darum, daß auch Mitglieder der Mannschaft, die nur eine Nebenrolle spielen, sich voll und ganz auf das Projekt konzentrieren. Sie dürfen nicht als neutrale »Teilzeit-Experten« fungieren.)

Verwandter Mythos 4b: Für Großprojekte gelten andere Voraussetzungen

Gegenargument: die kleine Einheit innerhalb der großen

»Moment mal«, wenden Sie beispielsweise ein, »ich bin Einkäufer bei Bloomingdale's, Macy's oder HP im Taschenrechnerbereich oder bei Raychem. Sie haben da die Geschichte über die Lokomotive von General Electric ausgegraben, und auf der anderen Seite präsentieren Sie uns den Erfolg von Nippon Kokan mit dem BOF. Wie aber sieht es im Bereich der tatsächlichen Großprojekte aus? Im Raumfahrtprogramm? Bei der Erfindung des Transistors bei Bell Labs? Bei der MX-Rakete? Bei der Boeing 767? Bei diesen Großprojekten wurde doch sicherlich anders verfahren?«

Nehmen Sie die großen Erfolge genauer unter die Lupe

Zunächst einmal bezweifeln wir, daß sogenannte große Durchbrüche viel mit Planung zu tun haben. Selbst wenn wir relativ »kleine«, aber wirksame Erfindungen unter die Lupe nehmen, wie etwa Howard Heads Metallski in Sandwichbauweise, wissen wir genau, daß mindestens 25 Menschen (wahrscheinlich eher 250 Menschen) in den letzten 20 Jahren zu den Fortschritten in der Werkstoffkunde beigetragen haben. Nur deshalb konnte Head zum gegebenen Zeitpunkt seine Lösung anbieten. Ähnliches gilt für die Computerindustrie, die ihren Fortschritt hundert und einer wichtigen Entwicklung in der Naturwissenschaft, von der Polymerchemie und der Oberflächenphysik bis hin zur Optik, zu verdanken hat. Unseren Argumenten widerspricht das allerdings keineswegs. Die meisten Fortschritte entstehen, nomen est omen, Schritt für Schritt, und die meisten »Durchbrüche« werden als Ergebnis kumulativer Innovationen so bezeichnet. In einer neueren Analyse des Space-shuttle-Programms heißt es, es seien keine wahrhaft monumentalen technologischen Fortschritte erforderlich gewesen, um diese Leistungen zu erbringen. Ihre Entwicklung war vielmehr auf längst bekanntes Wissen zurückzuführen, das bekannten und neuen Technologien nur nutzbar gemacht werden mußte! (Das *Duell um den Nobelpreis* ist ein weiteres Beispiel.)

Die kleine Einheit innerhalb der großen

Selbst wenn wir davon ausgehen, daß erfolgreiche Großprojekte und nicht alle »Durchbrüche« das Ergebnis kumulativer Innovationen sind, wagen wir zu behaupten, daß auch der Erfolg dieser Großprojekte in erheblichem Maße auf Skunkwerkstätten zurückzuführen ist. Das Prinzip, das wir als »kleine Einheit innerhalb der großen« bezeichnen, wird seinem Ziel gerecht.

Oberflächlich betrachtet ist die digitale Schaltanlage von Bell Labs und das System 360 von IBM *nicht* in Skunkwerkstätten entwickelt worden. Mit anderen Worten: die Entwicklung dieser Projekte hatte seinerzeit in beiden Unternehmen absoluten Vorrang. Bei näherem Hinsehen aber erkennt man, daß hier doch Skunks sehr gründlich ihre Arbeit taten. Die meisten »Durchbrüche« in der Entwicklung dieser beiden Projekte kamen von Champions, die allein oder mit kleinen Teams zusammenarbeiteten. Bei IBM sind immer wieder Gruppen von circa 25 Leuten für zehn Tage gewissermaßen aus dem Unternehmen ausgebrochen. Sie haben sich meist in ein Motel zurückgezogen und in dieser Zeit einen toten Punkt überwunden, an dem die aus mehreren hundert Personen bestehende Hauptgruppe schon seit Monaten gescheitert war. Unsere Informanten bei Bell Labs erzählen, daß die entscheidenden Ideen für die Entwicklung der digitalen Schaltanlage in irgendwelchen privaten Kellerräumen erdacht wurden. Ein leitender Angestellter im Bereich Steuer- und Regeltechnik von Honeywell formuliert den Grund für den Erfolg seines Unternehmens in dieser Sparte treffend so: »Ich halte sehr viel von der Projektplanung. Nur sehe ich unsere große Planungskarte als eine Art Christbaum an, an dem ich die Skunkwerkstätten wie Christbaumschmuck aufhänge.«

Betrachten wir die Entwicklung des luftgestützten Marschflugkörpers (ALCM) von Boeing, eines komplexen technologischen Systems, dessen Entwicklung konventioneller Meinung zufolge zweifellos eines umfassenden Netzplanes bedurft hätte. Dem war aber nicht so. Die Rakete wurde in zehn Großelemente aufgeteilt. Es entstanden sieben im wesentlichen eigenständige Aufgabenbereiche. Diese Bereiche wurden von sehr großen Gruppen betreut. Für Außenstehende ergab sich allerdings ein entschieden anderer Eindruck: die einzelnen Aufgabenbereiche schienen keineswegs eigenständig zu sein. Theoretisch bildeten sie selbstverständlich auch eine Einheit. Die Unternehmensleitung von Boeing allerdings, und das ist der springende Punkt, erklärte die Aufgabenbereiche gewissermaßen per Diktat zu eigenständigen Projekten. Jedem Projekt war ein Champion zugeteilt. Jedes stand im Hinblick auf Geschwindigkeits- und Qualitätsmeßgrößen im Wettbewerb mit sämtlichen anderen Projekten – mit hervorragendem Ergebnis: die einzelnen Gruppen erreichten, an der Norm gemessen, in bemerkenswert kurzer Zeit ihr Ziel. Die Ergebnisse waren keineswegs sofort perfekt. Als die Bauteile der sieben Gruppen zusammengefügt wurden, waren sie nicht paßgenau. Also mußten die Teams weitere Zeit aufwenden, um diese Mängel zu beheben.

Viele Leute nehmen natürlich Anstoß an solch »schlampigen Nachrüstaktionen«. Selbstverständlich ist das Endprodukt technisch meist nicht so makellos, wie es der theoretischen Planung zufolge hätte sein müssen, hätte es diese gegeben. Auch wenn man in mehreren Durchgängen »nachrüsten« muß, braucht man dazu doch sehr viel weniger Zeit. Die Systeme, die so entstehen, sind letztlich einfacher (zuverlässiger) und praxisorientierter (wenn auch weniger »schön«) als die, denen eine detaillierte theoretische

Gesamtplanung nach konventionellem Muster vorausging. (Boeing hat den ALCM-Marschflugkörper über ein Jahr früher als geplant fertiggestellt und das angesetzte Budget dabei nicht einmal ausgeschöpft.) Wer sich also von vornherein dafür entscheidet, Großprojekte dezentralisiert zu entwickeln, erhält als Ergebnis eine Reihe schnell fertiggestellter und relativ einfach konstruierter Produkte. Bis zu dieser Phase braucht man, nehmen wir einmal an, sechs Monate, dazu kommen noch einmal zwei Monate für die »Nachrüstung«. Danach gehen die Teams wieder an die Arbeit und verleihen ihren Produkten den letzten Schliff, was noch einmal drei Monate dauert. Weitere zwei Monate muß man dafür rechnen, die einzelnen Elemente einander anzupassen. Damit haben sie also den gesamten Weg zum Ziel in rund 13 Monaten zurückgelegt und ein zuverlässiges, praxisorientiertes System erhalten. Bei einer durchstrukturierten Gesamtplanung hätten sie wahrscheinlich von vornherein zwei Jahre Entwicklungszeit ansetzen müssen und mit ziemlicher Sicherheit ein viel zu kompliziertes System entwickelt, dessen Funktionstüchtigkeit zu wünschen übrigläßt und das in vielen Fällen auch noch am Markt vorbei produziert wurde. In diesem Fall wäre ihnen mit einer Nachrüstung nicht geholfen. Die erforderliche »Rundumerneuerung« aber kann einige Jahre dauern.

Die kleine Einheit hat die größere Chance

Unser Freund Karl Weick hat eine fabelhafte wissenschaftliche Abhandlung unter dem Titel »Small Wins« (*The American Psychologist*, Januar 1984) geschrieben. Er geht direkt auf das Thema des kleinen Teilsystems innerhalb eines großen Gesamtsystems ein:

Diese Prämisse ist auch Bestandteil von Herb Simons (der Nobelpreisträger) Analyse der »beinahe zerlegbaren Systeme« und wird anhand eines einleuchtenden Beispiels demonstriert:

Ihnen ist die Aufgabe gestellt, 1000 Blatt Papier abzuzählen. Dabei werden Sie ständig unterbrochen. Bei jeder Unterbrechung verlieren Sie den Überblick und müssen wieder von vorn beginnen. Wer von eins bis 1000 durchzählt, kann bei einer Unterbrechung im schlimmsten Fall bei der Zahl 999 den Faden verlieren. Wer die Blätter jedoch in Stapel von jeweils 100 teilt, wobei die einzelnen Stöße von Unterbrechungen nicht berührt werden, muß im schlimmsten Fall bei einer Unterbrechung höchstens 108 noch einmal zählen. Diese Zahl setzt sich zusammen aus dem Abzählen der neuen Stöße von je 100 Blatt und dem Abzählen der 99 einzelnen Blätter. Wenn die Blätter aber zuerst jeweils in Stößen von zehn zusammengelegt und dann in Stößen von jeweils

100 Blättern gebündelt werden, muß man bei einer Unterbrechung höchstens bis 27 nachzählen. Diese Zahl setzt sich zusammen aus neun Stößen von jeweils 100 Blatt plus neun Stößen von jeweils zehn Blatt plus neun einzelne Blätter. Wer das Papier in »Subsysteme« zu zehn und 100 einteilt, braucht nicht nur sehr viel weniger Zeit fürs Nachzählen, sondern es erhöhen sich auch die Chancen, daß das Gesamtergebnis richtig ist.
Dieses Prinzip gilt auch für das kleine Teilsystem oder die kleine Produktionseinheit. Beide sind weniger störanfällig und brauchen sehr viel weniger Aufwand an Koordination.

Für Großprojekte gelten andere Voraussetzungen

Die Herstellung von Taschenrechnern und die der MX-Rakete sind selbstverständlich nicht miteinander zu vergleichen. Dasselbe gilt für die Entwicklung der Boeing 767 und die Umstellung einer Mervyn's-Filiale auf eine andere Ladenfläche. Dennoch bleiben wir dabei, daß die Arbeit der Champions, die kleine Gruppe, sehr knappe Termine, interner Wettbewerb und Engagement die Voraussetzungen für den Schlüssel zum Erfolg sind.

Die kleine Einheit innerhalb der großen: einige Fragen – und Anregungen zu Sofortmaßnahmen

– Analysieren Sie Ihre zwei oder drei größten Projekte. Von Zeit zu Zeit geraten sie ins Stocken. Wenn es Ihnen gelungen ist, aus dieser Sackgasse herauszukommen, woran lag das? Ist eine Skunkwerkstatt entstanden? Oder haben sich Ihre beiden Programme dadurch ausgezeichnet, daß kleine eigenständige Teilsysteme ein großes Gesamtsystem bilden?
– Überprüfen Sie die beiden schlimmsten Reinfälle, die Sie mit Großprojekten erlebt haben. Wurden sie anhand eines ebenso umfassenden wie detaillierten Netzplanes entwickelt?
– Wenn Ihre Analyse anhand der beiden oben gestellten Fragen mit unseren Schlußfolgerungen übereinstimmt, sollten Sie sich fragen, was Sie dagegen tun können – ein großes Projekt, das in einer Sackgasse steckt, in kleinere aufzuteilen und so die Hürde zu überwinden? Und das sofort?
– Wovon ist die Diskussion über dieses Thema geprägt? Stoßen die Argumente (besonders bei den Technikern) für diese Art Analyse auf Verachtung? Glaubt man eben doch, daß *bessere* PERT-Netz-

pläne – und *bessere* Manager des Rätsels Lösung seien? Wenn dem so ist, können Sie überzeugende Beweismittel vorlegen oder sofort ein Experiment starten, um den Skeptikern den Wind aus den Segeln zu nehmen und um Ihre Vorstellungen auf den Prüfstand der Praxis zu stellen.

Verwandter Mythos 4c: Kompatibilität ist Antrieb für alles
Gegenargument: Die letzten zwei Prozent können Sie den Markt kosten

Ein guter Plan, der sofort ausgeführt wird, ist sehr viel besser als ein perfekter Plan, der erst nächste Woche ausgeführt wird.

General George Patton

IBM hat sein System 360 angekündigt und bei den wichtigsten Kompatibilitätsfaktoren sechsmal zum Rückzug blasen müssen. Die Nichtkompatibilität belastet IBM auch heute noch. Das System 360 aber ist inzwischen Legende. Der Intel Processor 8080 (ein Meilenstein) wurde mit sehr viel weniger Produkteigenschaften als geplant (und ursprünglich versprochen) auf den Markt gebracht. Techniker, Marketingfachleute und Verkäufer bei Hewlett-Packard beklagen die Nichtkompatibilität (und die partielle Überschneidung) bei einigen Produkten. Ein anderer Computerhersteller aber, der ein Produkt rund sechs Monate nicht für die Herstellung freigeben wollte, mußte erleben, wie ein wichtiger Wettbewerber mit einem Produkt herauskam, das nur 75 Prozent der Qualität seines eigenen Produktes erreichte, auf dem Markt aber eine wichtige Nische besetzte. Viele große Hersteller haben die Freigabe ihrer Produkte monatelang verzögert, während sie versuchten, die Netzwerkeigenschaften und die Kompatibilität zu verbessern. In der Zwischenzeit ist ein nicht gerade bekanntes Unternehmen, nämlich Online Software International, mit einem dezentralisierten Softwareprodukt herausgekommen, mit dessen Hilfe die meisten Personal Computer mit den unternehmenseigenen Datenbanken in Dialog treten können.

Der Apple III kam 1982 auf den Markt, noch ehe die Kompatibilität mit IBM rundum sichergestellt war – ein großer Fehler, wie manch einer glaubte. Nur kurze Zeit später waren die entsprechenden Softwarepakete von Base Two, Core Technology, Ergonomic Software, Mesa Graphics, Microlink NESTAR Systems, Protocol Computers, Viking, Soft-Tronics, Softwestern Data, Teksim – um nur einige zu nennen – entwickelt. Damit war der Apple III im wesentlichen mit den verschiedenen IBM-Systemen kompatibel. Unser Kollege Bob Waterman hat Ende 1982 in Brooks Hall in San Francisco einen Computersystemmarkt besucht. Er berichtet: »Es waren 1500 Aussteller da. 750 paßten Apple an IBM an, und die übrigen 750 paßten IBM an Apple an.«

Wir sind mit Sicherheit nicht gegen Kompatibilität. Besonders in den schnellebigen Märkten aber, dazu gehören Computer, Daten, und Telekommunikation, gibt es mehrere tausend Unternehmer, die in vorhandene Lücken vorstoßen wollen und das auch tun. Wer dagegen wartet und versucht, auch noch das letzte Prozent Kompatibilität zu erreichen, kann sehr schnell wichtige Märkte verlieren.

Dasselbe Phänomen gilt auch auf vielen anderen Märkten. Darum fördern Unternehmen wie Procter & Gambel, 3M, Mars und Johnson & Johnson den internen Wettbewerb zwischen den Unternehmensbereichen und Produktmanagern. Bloomingdale's tut dasselbe bei seinen Einkäufern und bei der Belegung der Verkaufsflächen in seinen Filialen. Auch Macy's ist mit dieser Praxis gut gefahren. In den meisten Märkten wird fortwährend Neues entwickelt. Der Löwenanteil dieser Aktivitäten vollzieht sich im stillen. Häufig erkennt man dies erst, wenn es schon zu spät ist. Dagegen gibt es nur eine Waffe: Man muß ein Produkt auf den Markt bringen, und zwar sofort, auch wenn man auf Kosten perfekter Kompatibilität produziert.

Hier ist aber auch eine Warnung angebracht: Die übereilte Freigabe eines neuen Produktes kann in einer Katastrophe enden. Wenn wir also eine frühe Freigabe predigen und zum Verzicht auf *perfekte* Kompatibilität raten, heißt das nicht, daß wir nicht eine erstklassige Gesamtqualität fordern. Allzuoft kommen Produkte auf den Markt, die ihre Kinderkrankheiten noch nicht überwunden haben. Der technische Vorsprung oder andere Vorzüge werden durch die mindere Qualität, die mangelnde Zuverlässigkeit oder die schlechte Wartung wieder entwertet. Was auf den Markt kommt, muß auch funktionieren und sollte einige neue Qualitäten aufweisen, die Ihnen eine gute Position auf dem Markt sichern.

Leicht ist es nicht, diesen beiden Zielen ausgewogen gerecht zu werden. Unserer Erfahrung nach zeichnet sich aber eine eindeutige Tendenz – in sämtlichen Branchen – ab. Die Irrtümer liegen weitaus häufiger auf der Seite der Perfektionisten, derjenigen, die auch das letzte Viertelprozent Verbesserung noch erreichen wollen, die im

Aufsichtsrat hervorragend dastehen wollen. Auf dem Papier wirken ihre Argumente überzeugend. Ihr Standardsatz lautet: »Außerdem werden wir dazu höchstens noch weitere 30 Tage brauchen.« Leider werden aus diesen höchstens 30 Tagen meistens mindestens 120 Tage – wenn man Glück hat!

»Die letzten zwei Prozent Perfektion können Sie den Markt kosten«: einige Fragen – und Anregungen zu Sofortmaßnahmen

Prüfen Sie fünf Projekte, die im Wettbewerb der letzten sechs bis 18 Monate nicht bestehen konnten. Gab es Fälle, in denen Sie hätten reagieren können, aber lieber gewartet haben, weil Sie es um die letzten zwei Prozent verbessern wollten? Hätten Sie das Produkt unter Einhaltung der Qualitätsnormen früher freigeben können? Suchen Sie drei positive Beispiele heraus, bei denen es Ihnen gelungen ist, die Konkurrenz um Nasenlängen zu schlagen. Was haben Sie getan, um die Freigabe bei Aufrechterhaltung der Qualität zu beschleunigen? Könnten Sie dies häufiger tun? Prüfen Sie anhand eines oder zweier Projekte in den nächsten 90 Tagen, ob Sie den Zeitpunkt der Freigabe deutlich vorziehen können.

Mythos Nr. 4d: Optimieren!
Gegenargument: Optimierungsstrategie kann in der Realität nur verlieren

Wenn Menschen sich doch nur nicht immer wie Menschen verhielten! Dann leisteten Gruppen, die aus 10 000 Personen bestehen, die effizienteste Arbeit, dann wären PERT-Netzpläne ein unverzichtbares Instrument erfolgreicher unternehmerischer Politik. Man könnte Unsummen für technische Prognosen ausgeben und damit im Wettbewerb den Kunden für sich gewinnen und technologischen Überraschungen zuvorkommen. Dann könnte man sämtliche Eingeweide in einem Maschinenteil neu entwickeln und so eine unschlagbare Qualität erreichen. Aber Menschen verhalten sich wie Menschen.

Was ist optimal? Wir stellen fest, daß ein nur beinahe perfektes Produkt in der Realität in den meisten Fällen dem theoretisch perfekten überlegen ist. Seine Teilsysteme sind flexibler, Fehler werden früher erkannt, seine Entwicklung geht wesentlich schneller voran, deshalb hat es die weitaus besseren Chancen, in ökonomische Nischen vorzustoßen oder sogar ganze Marktsegmente zu erobern.

Das eigentliche Problem liegt in der wörtlichen Bedeutung des Begriffs Optimierung an sich und in unserer Ausbildung und Erziehung. Das gilt besonders für Ingenieure und Finanz- und Verwaltungsfachleute. Wenn wir den Begriff »beinahe optimal« für die Beschreibung einer Skunkwerkstätte verwenden, meinen wir damit explizit, daß das Optimale in der Realität *möglich* ist. Was aber in der Realität optimal ist, ist das Produkt einer Skunkwerkstätte – ein simples, praktikables, zum richtigen Zeitpunkt auf den Markt kommendes Produkt, das ein praktisches Bedürfnis erfüllt und funktioniert. Optimal für uns ist die Arbeitsgruppe, die nach »draußen« geht, um äußerst zuverlässige Fertigteile zu kaufen, die Gruppe, die eine Aufgabe, für die normalerweise 15 Monate veranschlagt werden müssen, innerhalb von 15 Wochen löst. Fazit: Optimal ist die *praktisch* erzielbare optimale Kombination technischer und menschlicher Ressourcen innerhalb eines finiten, von der Wettbewerbsfähigkeit gesehen vernünftigen Zeitraums.

»Das Optimale unterliegt in der Realität«: einige Fragen – und Anregungen zu Sofortmaßnahmen

– Wir bitten Sie lediglich darum, die letzten drei bis vier schriftlichen Untersuchungen über Einsparungen bei Zentralisierung, Integration und Matrixstrukturen noch einmal durchzugehen, noch einmal zu überprüfen, wieviel mehr an Genauigkeit sich aus der Anwendung zehn weiterer Meßgrößen oder sonstiger Maßnahmen ergeben haben, wieviel mehr Gewißheit entstanden ist, wenn man weitere vier Monate Verzögerung in Kauf genommen hat, um »sämtliche Daten« koordinieren zu können. Wir gehen davon aus, daß sich die große Mehrheit all dieser Verzögerungen oder Komplizierungen nicht bezahlt gemacht haben. Erfolge dagegen erzielen meist kleine, dezentralisiert und unkonventionell arbeitende Gruppen. Lassen Sie sich all dies noch einmal durch den Kopf gehen, wenn Sie sich wieder einmal hinsetzen und einen genialen Vorschlag beurteilen sollen, in dem es um ein dem neuesten Stand der Technik entsprechendes Megaprojekt geht.

Mythos Nr. 5: Kundenvorschläge sind meist »Schnee von gestern«

Gegenargument: Führende Kunden sind der Entwicklung um Jahre voraus

Wie in unserer Erörterung zum Thema MBWA und Innovationen schon erwähnt, ist es uns gelungen, ungefähr 80 Untersuchungen über die Quellen der Ideen zu Neuprodukten auszugraben. Damit decken wir ungefähr 30 Branchen ab – von Massenchemikalien über Computer bis hin zu Schuhen. Nur in einem Fall stammte der Löwenanteil neuer Vorschläge aus der für die Produktentwicklung zuständigen Abteilung. Analyse nach Analyse zeigt, daß die große Mehrheit neuer Ideen von den Kunden kommt. Dieser Aspekt wird durch unsere eigenen Nachforschungen bestätigt, nicht nur in der Spitzentechnologie, sondern auch im Bankgewerbe, im Gesundheitswesen und in der Hamburger-Branche.

Ein der Flugzeugindustrie nahestehender leitender Angestellter bot uns ein klassisches Beispiel. Es geht in diesem Fall um den sich sehr schnell entwickelnden Bereich CAD/CAM (Computer-Aided Design/Computer-Aided Manufacturing – computergestützte Konstruktion, computergestützte Herstellung). Unser Mann arbeitet bei McDonnell-Douglas. Das Unternehmen verfügte Ende der 70er Jahre über das mit großem Abstand führende CAD-System. Bei McDonnell-Douglas kam man zu dem Schluß, daß das eigene System so gut sei, daß man es für sich selbst behalten wolle, um den Vorsprung aufrechterhalten zu können. Unser Kollege arbeitet auch mit dem CAD-System von Lockheed. Lockheed kam sehr spät auf den Markt, mußte mit einem der weiteren Plätze hinter McDonnell-Douglas vorliebnehmen und beschloß, einer anderen Strategie zu folgen – nämlich den Großteil der Entwicklung mit Hilfe der Anwender besorgen zu lassen. Lockheed hat das System nicht nur im Eigenbedarf verwendet, sondern verkauft. Innerhalb von drei Jahren haben sie 250 kommerzielle Kunden gewonnen (wir bezeichnen sie als 250 »freie Entwicklungszentren«). In nur wenigen Jahren gelang es dem Lockheed-System, das erst sehr spät auf den Markt kam, das System von McDonnell-Douglas dank des Inputs neuer Ideen von diesen 250 Benutzern mit einem Riesenvorsprung hinter sich zu lassen.

In der Computerindustrie gibt es solche Beispiele in Hülle und Fülle. Ein Großteil des Geldes für die Anwendungsentwicklung im Feld kam von MIT, Carnegie-Mellon, Penn State, Michigan und

Bell Labs. Alle dienten dem Test des ersten Prototyps. Carnegie-Mellon ist heute als wichtigster Benutzertester eines ganz neuen Konzepts der Netzwerkarchitektur, die IBM für die 90er Jahre testet. Die heftigen Kämpfe zwischen IBM und General Electric (damals war General Electric noch in der Computerbranche), um die Möglichkeiten, die Bedürfnisse der Verbraucher zu testen – z. B. bei Bell Labs –, in den Anfängen der dezentralisierten Datenverarbeitung zeigen uns, wie wichtig die führenden Repräsentanten der Kunden sind. ASK Computer hat HP (und anderen) heftige Kopfschmerzen bereitet – die ASK entwickelt Computersoftware für Herstellungssysteme. Der Vorsprung von ASK beruht im wesentlichen darauf, daß das Unternehmen nicht technische Hybris walten läßt, sondern seinen »führenden Benutzern« intensiv-offen-naiv zuhört.

Schlüsselwort in diesem Zusammenhang ist der *führende Benutzer.* Im Diagramm auf der folgenden Seite wird dies näher illustriert. De-facto-Analysen für sämtliche Branchen – von Bluejeans über Hamburger bis hin zu Großrechenanlagen und Flugzeugtriebwerken – zeigen, daß Produkte, die 1995 auf den Markt kommen, ungefähr 1985 erfunden und im Prototyp hergestellt wurden.

Das Diagramm verdeutlicht auch eine interessante Debatte, die sich auf diesem Gebiet entwickelt hat. Bob Hayes, der verstorbene Bill Abernathy (»Managing Our Way to Economic Decline«) und andere meinten, die amerikanischen Unternehmen seien zu »marktorientiert« und nicht genügend »technologieorientiert«. Dem stimmen wir zu, solange wir von De-facto-Umfragen sprechen, in denen festgestellt werden soll, was die Benutzer brauchen. Hier kann man tatsächlich nur feststellen, wie Wünsche und Bedürfnisse des Durchschnittsbenutzers *gestern* aussahen. In technisch hochentwickelten Industrien aber (und das sind eigentlich *alle*!) stellen wir fest, daß die Bedürfnisse der Benutzer einer Normalverteilung entsprechen. Am Beginn der bogenförmigen Kurve stehen jene, die der Durchschnittskonkurrenz um häufig zehn bis 15 Jahre voraus sind (GM und Boeing z. B. waren den anderen in der CAD-Anwendung so weit voraus). Sie sind bereit, für eine neue Erfindung ein Risiko einzugehen. Gleichermaßen begrüßt der führende Hersteller (das gilt besonders, wenn es sich um ein kleineres Unternehmen handelt) die Vorschläge der führenden Benutzer. Sie hören auf ihre führenden Benutzer. Sie greifen deren Ideen auf, um noch besser auf sie eingehen zu können. Außerdem achten sie darauf, was kleine führende Produzenten anderen führenden Be-

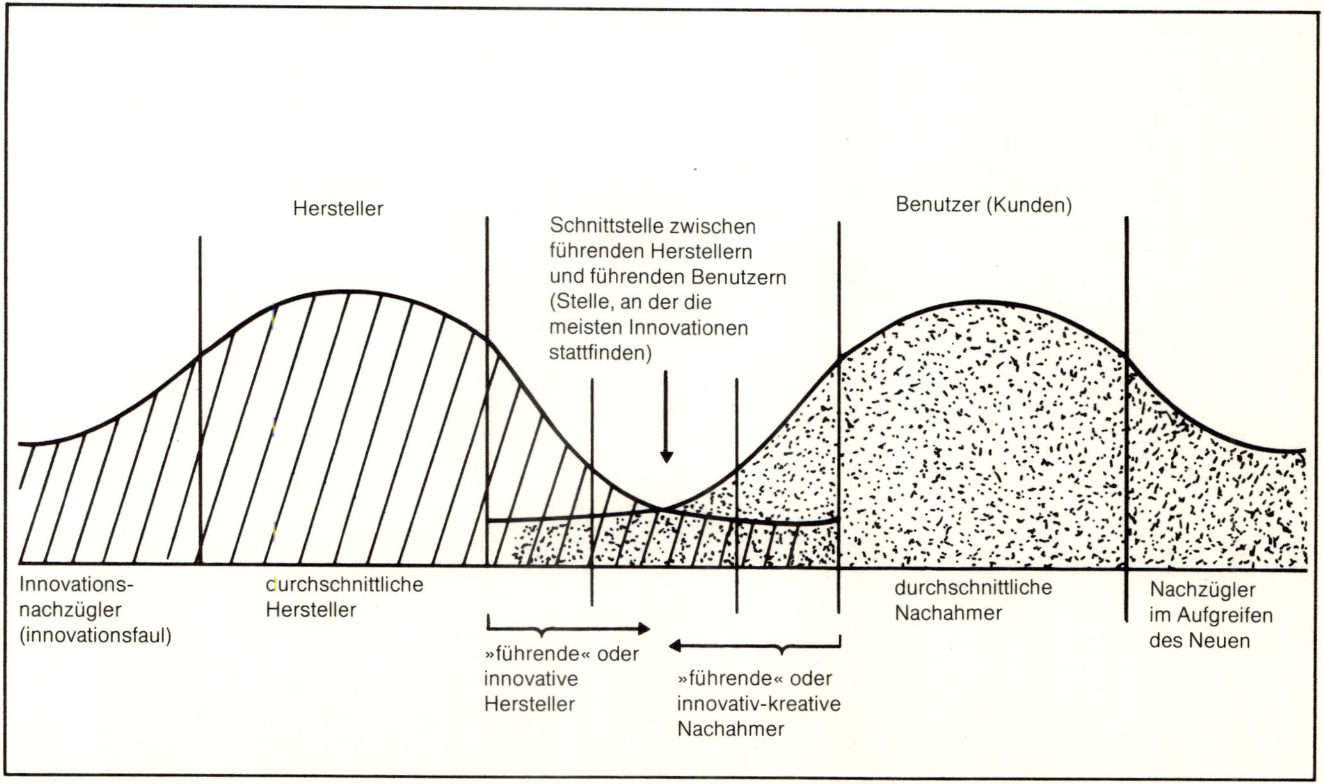
Hersteller
Benutzer (Kunden)
Schnittstelle zwischen führenden Herstellern und führenden Benutzern (Stelle, an der die meisten Innovationen stattfinden)
Innovations-nachzügler (innovationsfaul)
durchschnittliche Hersteller
»führende« oder innovative Hersteller
»führende« oder innovativ-kreative Nachahmer
durchschnittliche Nachahmer
Nachzügler im Aufgreifen des Neuen

nutzern zur Verfügung stellen. (In *Auf der Suche nach Spitzenleistungen* haben wir die meisten Formen der Unternehmensakquisition negativ beurteilt. Wir müssen aber feststellen, daß 3M, PepsiCo, P&G, Mars usw. regelmäßig *winzige* »führende Hersteller« hinzukaufen und sich so eine Möglichkeit schaffen, neue Produkte und neue Technologien aufzunehmen.) Eric von Hipple/MIT, der sich seit Jahren intensiv mit diesem Prozeß befaßt, kommt zu dem Fazit:

»Die Marktforschung, die zur Zeit auf die Erhebung und Analyse von Daten ausgerichtet ist, sollte ihre Orientierung ändern und sich statt dessen auf die Erhebung von Daten zu *Prototypen beim Benutzer* konzentrieren.«

»Führende Benutzer sind um Jahre voraus«: einige Fragen – und Anregungen zu Sofortmaßnahmen

– Lassen Sie in jeder Unternehmenseinheit die Quellen der Ideen zu neuen Produkten/Dienstleistungen für die letzten zwei oder drei Jahre analysieren (je detaillierter, desto besser). Wie viele Ideen kamen von den Benutzern? Gehen Sie beim Zuhören systematisch vor (Berichte über Aussprachesitzungen, jährliche Gespräche, in denen sich die Kunden aussprechen können usw.)? Nennen Sie fünf neue »Zuhör-Programme«, die Sie in den letzten 18 Monaten eingeführt haben. Setzen Sie sich mit einer Gruppe von zehn bis 15 Personen einen Tag lang zusammen. Machen Sie eine Bestandsaufnahme und stellen Sie einen Maßnahmenplan für die nächsten 30 Tage auf, in dem es darum geht, das »naive« Zuhören zu verbessern und den Fortgang zu verfolgen (übrigens kann man dies gewinnbringend, schnell und effektiv unternehmensintern durchführen – z.B. mit dem Bereich MIS, Management-Informations-Systeme, und verschiedenen Abteilungen als führenden Benutzern).
– Spielen Sie dasselbe für die gesamte Branche durch. Gehen Sie wenn möglich zehn Jahre zurück. (Wenn Sie das nicht können, haben Sie immerhin etwas Positives erreicht: Sie haben festgestellt, wie wenig Sie von diesem Bereich wissen!)
– Bemühen Sie sich um »führende Benutzer« (besonders kleine, innovationsstarke Unternehmen), und lassen Sie alle (!)/einige/ein paar Ihrer neuen Programme dort in der Praxis erproben? Wenn nicht, warum nicht?

Verwandter Mythos 5a: Technologieschub ist des Rätsels Lösung

Gegenargument: Zuhören führt auf die Siegesstraße

Es gilt offenbar die Devise, mehr Wissenschaftler in größeren Labors mit besserer Planung und besserem Instrumentarium arbeiten zu lassen. Riesige Forschungs- und Entwicklungsprojekte mit den besten Mitteln auszustatten, damit die Vereinigten Staaten ihren Vorsprung im internationalen Wettbewerb halten können. Für uns steht fest, daß dieser Ansatz von den falschen Voraussetzungen ausgeht. Nicht nur, weil Skunks damit von vornherein jede Entwicklungsmöglichkeit genommen wird, sondern auch, weil das Produkt, das theoretisch über allerbeste Eigenschaften verfügt, nicht immer oder sogar selten dem entspricht, was der Kunde will.

Arch McGill haben wir schon zitiert: »Der einzelne nimmt den Service auf seine eigene Weise von seiner eigenen Warte aus wahr.« Der Kunde möchte sich mit dem Produkt »wohl fühlen«. Dabei spielt es keine Rolle, was für ein Produkt es ist. Der Chairman in einer Bank in Ohio hat einmal entschuldigend zugegeben, daß er ein IBM-System gekauft habe, anstatt sich für »ein viel preisgünstigeres und technisch besseres« Amdahl-System zu entscheiden. Er sagte: »Ich fühle mich mit dem IBM einfach wohler.« Für dieses gute Gefühl kann richtiges Design die Ursache sein. Ein Design, in dem Dutzende von Einzelheiten die Benutzerfreundlichkeit erhöhen und zur leichteren Wartung beitragen. Das gute Gefühl kann sich auch einfach durch die Form einer Verpackung einstellen (ein besseres Verpackungsdesign war lange Zeit charakteristisch für Raychem. Darauf wurde sehr geachtet. Jede Verpackung wurde von Chairman Paul Cook abgesegnet).

Es geht darum, daß dieses ganze »Drumherum« – so wird es leider von viel zu vielen unserer erstklassig ausgebildeten Freunde aus Technik und Finanzwesen bezeichnet – im *Innovationsprozeß* eigentlich an erster Stelle stehen sollte. (Damit brechen wir in der Tat wieder eine Lanze für die Skunkwerkstätten. Skunks sehen das Produkt pragmatisch und aus schierer Notwendigkeit aus dem Blickwinkel des Kunden.)

»Zuhören führt auf die Siegesstraße«: einige Fragen – und Anregungen zu Sofortmaßnahmen

– Orientieren Sie sich während des Konstruktions- und Entwicklungsprozesses *von vornherein* energisch an ganz »profaner Benutzerfreundlichkeit«? (Stellen Sie sich auf die Probe: Können Sie *fünf* neuere Beispiele aufzählen, bei denen Sie von einem Konkurrenten aus dem Felde geschlagen wurden, weil er im Detail auf benutzerfreundliche Eigenschaften mehr geachtet hat als auf größeren technologischen Fortschritt? Sie können auch Beispiele wählen, bei denen Sie einen Konkurrenten absichtlich oder unabsichtlich auf diese Weise übertrumpft haben.)

– Begreifen sich *alle* Funktionsbereiche im Unternehmen (d. h. Einkauf, Debitorenbuchhaltung, MIS und sonstige) als integraler Bestandteil des Innovationsprozesses, des Prozesses zur Entwicklung neuer Produkte? Sehen Sie Ihre Rolle darin, auch noch die scheinbar unwichtigste Produkteigenschaft oder Dienstleistung hinsichtlich ihrer »Benutzerfreundlichkeit« zu verbessern? Feiern Sie (und belohnen Sie) »Innovationen im Bereich Kundenfreundlichkeit, wenn Sie aus dem Kundendienst, dem Rechnungswesen und den Einkaufsabteilungen kommen, genauso begeistert wie die Innovationen, die im Marketing oder Konstruktionsbereich entstehen? Wenn nicht, warum nicht? Können Sie umgehend einen Innovationswettbewerb für *alle* Abteilungen ausschreiben, einen allgemeinen oder einen Wettbewerb, der sich auf ein spezifisches Neuprodukt bezieht?

10.
Drei Skunks

Über Skunks werden selten Biographien geschrieben. Die meisten Skunks scheitern, viele werden gefeuert. Don Estridge drückt es so aus: »Die Pioniere kann man immer genau erkennen. Es sind diejenigen, die auf dem Weg vor Ihnen liegen, mit dem Gesicht nach unten und einem Pfeil im Rücken.« Wir kennen drei ganz besonders erfolgreiche: Tom West von Data General, Kelly Johnson von Lockheed und Gerhard Neumann von General Electric. Damit Sie diese drei besser verstehen können, veröffentlichen wir erstens einige Auszüge aus Tracy Kidders *The Soul of a New Machine.* Dort wird über Tom Wests erfolgreiche 30-Mann-Gang bei Data General berichtet. Zweitens veröffentlichen wir einen Brief, den Tom von H. S. »Blacky« Shanlian erhielt, der mit Kelly Johnson bei Lockheed jahrelang zusammengearbeitet hat. (Was in diesem Brief stand, stimmte mit dem überein, was wir in Interviews mit Kelly und seinen früheren Kollegen erfahren haben). Drittens werfen wir einen kurzen Blick darauf, was Gerhard Neumann bei General Electric Management praktiziert hat. Diese Informationen entnehmen wir überwiegend seiner 1984 erschienenen Autobiographie *Herman The German.*

Tom West

Eine bessere Darstellung einer Skunkwerkstätte als die von Tracy Kidder in *The Soul of a New Machine* gibt es nicht. Hier wird erzählt, wie der Computer MV/8000 (der »Eagle«) bei Data General von der Eclipse Group entwickelt wurde. Diese Gruppe ging ihren Weg damals als ein Team von Außenseitern. Champion des Ingenieursteams war Tom West. Der Eagle sollte das verbesserte Nachfolgemodell für den schon bestehenden Computer Eclipse werden. Die folgenden Auszüge zeichnen Wests Arbeit an dem neuen Gerät nach und verdeutlichen seine Beziehungen zu den jungen kreativen Kräften (den Hardy-Boys und den Microkids), zu seinen Managern, zu Ed Rasala (dem Hardware-Entwickler) und Carl Alsing (dem Software-Konstrukteur). Wir beginnen mit Alsings Beschreibung der Person des Tom West.

West kommt nie unvorbereitet in eine Sitzung. Er spricht weder schnell noch laut. Er vermittelt etwas, was eigentlich weniger Begeisterung verkörpert als die Intensität eines Menschen, der einem Sturm standhält und uns den Ausweg zeigt. Er sagt: »Schauen Sie, wir müssen so vorgehen.« Wenn er dann die Vorstandsmitglieder soweit hat, daß sie sagen, es klinge gut, geht Tom zu einigen Software-Leuten und zu einigen seiner eigenen Leute. »Die Bosse haben sich zur Durchführung dieses Projektes verpflichtet«, sagt er ihnen. »Wie steht's mit Ihnen, verpflichten Sie sich dazu, Ihren Teil zu tun?« So dreht er also seine Runde, spricht mit jedem einzelnen und begeistert sie für die neue Idee. Sie sagen: »Uh, das klingt ja so, als ob Sie ein Anhängsel vorhaben, das dem Eclipse nur aufgestülpt werden soll.« Tom hat dann immer nur gegrinst und gesagt: »Das werden wir in einem affenartigen Tempo über die Bühne ziehen.« Er teilt ihnen mit: »Bis April werden wir's geschafft haben.« Es bleibt also nicht einmal mehr ein ganzes Jahr, aber das macht nichts. Tom bringt folgende Botschaft rüber: »Also, Leute, macht ihr's, oder wollt ihr auf eurem Hintern sitzen bleiben und euch beklagen?« So packt er sie beim Portepee. Es ist eine Herausforderung...
Es war wohl eine Art von geheimnisvollem Ritual, dem sich so gut wie jedes Gruppenmitglied irgendwie unterzog. Die älteren sprechen von der »feierlichen Verpflichtung«. West hat den Begriff, nicht aber die Praxis geprägt. Wer sich einem Projekt verpflichtet, verspricht alles zu tun, damit die Sache ein Erfolg wird. Er erklärt sich bereit, sogar Familie, Hobbys und Freunde zu vernachlässigen – sofern er überhaupt noch welche hat, denn die wenigsten Menschen haben Verständnis für ein solch bedingungsloses Engagement. Aus der Sicht einer Führungskraft ergeben sich aus dieser Hingabe an ein Ziel in der Praxis erhebliche Vorteile. Mitarbeiter müssen nicht mehr für bestimmte Projekte zwangsweise abgestellt werden, sie melden sich freiwillig. Wer sich feierlich verpflichtet, erklärt damit: »Ich will diese Aufgabe erfüllen und verschreibe mich dieser Aufgabe mit Haut und Haaren.« Carl Carman, Vorstandsmitglied im Bereich Technik, der den Begriff kannte, sagte dazu sehr viel später: »Manchmal frage ich mich, ob ich nicht zu sehr ›gepuscht‹ habe. Ich habe allerdings versucht, die anderen nicht härter anzupacken als mich selbst. Deshalb muß man im übrigen den Weg der

offiziellen Verpflichtung gehen, um sicher zu sein, daß man niemanden beschwindelt.« ...
West hat sich die Gesamtzuständigkeit für die Schaltkreisentwicklung vorbehalten. Er hat die ganze Gruppe locker geführt. Wie haben die Hardy-Boys den Generalplan für die Hardware entwickelt? Dazu sagt Ed Rasala: »Das war im wesentlichen so: Ich habe mich mit einigen Leuten zusammengesetzt, und wir haben entschieden, welche Elemente wir brauchten.« Im Mikroteam übernahm Chuck Holland, ohne daß er je dazu aufgefordert wurde, die Aufgabe, die Mikrokodierung zu organisieren. Holland und Ken Holberger übernahmen die Verbindung zwischen den Hardy-Boys und den Microkids und haben so für die entsprechende Kommunikation gesorgt. Im allgemeinen aber haben die alten Hasen sie einfach vorarbeiten lassen. Die Gesamtcrew, die mit dem Eclipse beschäftigt war, hat stark intuitiv gearbeitet, das gilt besonders für die Führungskräfte im Team. Es gab nur minimale formale Vereinbarungen. So etwas wie Diagramme, Graphiken oder Organigramme gab es praktisch kaum. Wichtig war das Netz der freiwillig übernommenen und für jeden einzelnen geltenden Verantwortung. Diese Verantwortung ist aus den vielen persönlichen Verpflichtungen entstanden... Auf einen Neuling wirkte das Ganze natürlich wie das reinste Chaos. Wer glaubt, ein Computer müsse von langer Hand erdacht und geplant sein, ein Computer brauche sehr viele Probeläufe, und wer Anhänger starrer Steuerung und Überwachung ist, hätte sich bei diesem Unterfangen nicht wohl gefühlt. Diese Art der Kritik hat West als Schmeichelei aufgefaßt: »Zeigen Sie mir, was ich falsch mache«, sagte er immer und lächelte dabei hintergründig.
Die Gruppe hat den Computer dann tatsächlich in rund sechs Monaten entwickelt und damit wahrscheinlich einen Geschwindigkeitsrekord gesetzt. Die Aufgabe war ziemlich komplex...
In jenem Herbst hat West einen neuen Begriff in seinen Wortschatz aufgenommen: *Vertrauen.* »Vertrauen bedeutet Risiko, und Risikovermeidung heißt das Spiel, um das es im Wirtschaftsleben geht«, sagte er und meinte dies als Kompliment an seine Leute. Er hatte beschlossen, sein Team durch gegenseitiges Vertrauen zu binden. Wenn sich jemand dazu verpflichtete, eine Aufgabe für ihn zu erfüllen, schenkte er dafür dieser Person sein Vertrauen und war überzeugt, daß er diese Aufgabe auch erfüllen werde.
Rasala legte vor allen Dingen Wert darauf, mit Ingenieuren zu arbeiten, denen der Gesamtcomputer am Herzen lag. Er konnte keinen Techniker gebrauchen, der sich nur für jenen Teilaspekt interessierte, den er selbst entwickelt hatte. Er wollte die Hardy-Boys richtig in das Team

einbinden. Enttäuscht war er von Technikern, die nicht an Schaltkreisen weiterarbeiten wollten, die jemand anders entwickelt hatte, die sich nur wohl fühlten, wenn sie an eigenen Entwicklungen arbeiteten ...

Bei Holberger taucht ein Problem auf – er muß ein PAL (eine programmierbare logische Anordnung) neu programmieren. Dazu braucht er einen funktionsfähigen Computer. Er eilt also in sein Kabuff und schaltet den Terminal ein, der an den Eclipse angeschlossen ist und der unternehmensintern Woodstock heißt. Auf seinem Bildschirm erscheint eine Nachricht, die ihm sagt, daß das Programm nicht laufen kann, er müsse warten. »Woodstock« sei im Moment von anderen belegt. Holberger kann aber nicht warten, also gibt er von seinem Terminal aus eine ALARM-Meldung durch. Diese Nachricht erscheint im Keller sofort auf jedem Bildschirm, an dem zur Zeit mit »Woodstock« gearbeitet wird. Sie besagt: »Terminal sofort abschalten, weil ein Systemabsturz droht.« Von seinem Gerät kann Holberger die verschiedenen Reaktionen auf diesen künstlichen Alarm beobachten. Amüsiert stellt er fest, daß einige Leute weiterarbeiten, als ob nichts geschehen wäre. »Das sind die Zyniker und Arbeitspferde«, sagt er. Die meisten aber haben ihre Terminals abgeschaltet, so daß Holberger das PAL-Programm laufen lassen kann.

Holberger grinst: »Ich habe so das Gefühl, daß das genau das Verhalten ist, das West gerne sieht.« ... Wer Zeit hatte, einmal von seinem Gerät aufzusehen, konnte erkennen, daß sie den Eagle selbständig entwickelten – ohne intensive Hilfe ihres Vorgesetzten. Es war *einfach ihr Projekt*. West verkörperte nur ein Büro, aus dem »unzusammenhängende Inputs und Outputs kamen«, sagte einer der Hardy-Boys.

Alsing hörte zu, lächelte gelegentlich. »Wenn dies vorbei ist, wird der Eagle rund 30 Väter haben«, sagte er voraus. »Tom läßt sie im Glauben, daß sie ihn erfunden haben. Das ist billiger als Geld.«

Jeder, der eine Zeitlang im Team mitgearbeitet hatte, wußte, worum es ging, eben nicht um etwas wie Aktienbezugsrechte. Es ging um ein Spiel höherer Ordnung, das »Flippern«. West hatte diesen Begriff geprägt. Sämtliche alten Hasen haben ihn verwendet. »Man gewinnt ein Spiel und bekommt zur Belohnung ein weiteres. Ihr gewinnt mit diesem Gerät, also dürft ihr das nächste bauen.«

Vielleicht gab es Ende der 70er Jahre in der Branche tatsächlich Interessanteres als einen Computer zu entwickeln und auf Herz und Nieren zu testen. Es waren aber eine ganze Reihe Ingenieure im Team, die zumindest anfänglich den Eagle-Computer für ein ziemlich langweiliges Projekt hielten. Dennoch haben zwei Dutzend Leute eineinhalb Jahre lang jede Menge Überstunden gemacht, ohne sich davon Gehaltserhöhungen, Prämien oder Beförderungen zu versprechen. Anschließend waren die meisten dennoch froh, beteiligt gewesen zu sein. Dies lag hauptsächlich daran, daß West und die übrigen Führungskräfte ihnen genug Spielraum zum Tüfteln gelassen und sie gleichzeitig zum Erfolg geführt haben. West hat nie eine Gelegenheit ausgelassen, die Arbeit an dem Projekt spannend zu gestalten. Es ist ihm doch tatsächlich gelungen, eine Kontroverse zwischen den Ingenieuren in den sogenannten »Krieg der Rosen« umzuwandeln. Er hat nach Aussage von Rasala eine lange Serie von »Bränden« gelegt und damit seine Leute angestachelt, sie wieder zu löschen. Auch vorgeblicher Routinearbeit hat er Pfiff und Spannung zu verleihen gewußt. Einen Journalisten, der sein Team beobachten sollte, hat er sofort mit offenen Armen empfangen, und er war richtig begeistert, als eines der »Kids« dann sagte: »Was wir tun, muß sehr wichtig sein, wenn schon ein Reporter kommt, um darüber zu berichten.«

Kelly Johnson

H. S. »Blacky« Shanlian hat jahrzehntelang in der ehemaligen Kelly-Johnson-Skunkwerkstatt bei Lockheed gearbeitet. In einem Brief hat er Tom von seinen Erlebnissen berichtet:

Sunnyvale, Ca 94089
25. Juli 1984

Dr. Thomas J. Peters
505 Hamilton Ave., Suite 201
Palo Alto, CA 94301

Sehr geehrter Herr Dr. Peters!
Mit großem Interesse habe ich Ihr Buch *Auf der Suche nach Spitzenleistungen* gelesen. Da ich seit über 40 Jahren bei Lockheed an führender Stelle tätig bin, habe ich mich in vielen guten und auch weniger guten Situationen, die Sie beschrieben haben, wiedergefunden ... Der Unternehmensbereich »Skunkworks« war das geistige Produkt von Clarence L. »Kelly« Johnson. Er hat diesen Unternehmensbereich im Jahre 1943 organisiert. Ziel war Planung und Entwicklung, Bau und Erprobung des ersten taktischen Düsenbombers in den Vereinigten Staaten, des XB 80. Nach 143 Tagen war dieses Flugzeug entwickelt, gebaut und flugfähig. Erfolgreich abgeschlossen wurde dieses Projekt, weil Kelly die Prinzipien praktiziert hat, die Sie in Ihrem Buch analysiert haben. Dasselbe gilt für viele weitere Projekte ...
Daß sich der Begriff »Skunkwerkstatt« für den Experimentierbereich bei Lockheed durchgesetzt hat, war z. T. mehreren Ingenieuren zu

verdanken, denen es »stank«, daß die Gruppe nicht nach den normal akzeptierten Richtlinien organisiert war. Die Meckerer verschwanden im Laufe der Zeit, der Name aber blieb. Ich war unter den Gründungsmitgliedern in Kellys Team. Ich habe 20 Jahre mit ihm zusammengearbeitet. Die folgenden Bemerkungen entspringen also meinen persönlichen Beobachtungen.

Das ursprüngliche Team hat Kelly so organisiert: Er hat jeweils den Besten genommen, den er in den einzelnen Disziplinen fand. Jedem wurde gesagt, warum er ausgewählt worden war. Er war der beste, den es gab. Ob es objektiv gesehen stimmte oder nicht – jeder glaubte es und tat sein verflucht Bestes, um diesem Anspruch gerecht zu werden.

Kelly war der große Motivator. Er versprach, alle 75 Mitarbeiter zur Beobachtung des ersten Fluges der XB 80 mitzunehmen, wenn es gelingen würde, das Flugzeug vor der der Luftwaffe versprochenen Frist (sechs Monate) fertigzustellen. Kelly hielt Wort, seine begeisterte Crew unterschritt den gesetzten Termin. Alle nahm er mit nach Muroc. Alle durften dem wunderbaren Erstflug eines Flugzeugs ohne Propeller zuschauen. Milo Burcham, der Testpilot, war so beeindruckt von der Reaktion auf seinen ersten Start und seine erste Landung, daß er abflog und uns eine Kunstflugvorstellung gab! So etwas hatten wir noch nie gesehen.

Kelly ermunterte jeden einzelnen dazu, trotz der jeweiligen Stellenbeschreibung sein Äußerstes für das Programm zu geben. Ich hatte einmal 24 Fertigungs-und Montagearbeiter unter meiner Aufsicht. Ich habe aber nicht nur die Aufsicht geführt, sondern auch sämtliche Planungs- und Beschaffungsarbeiten erledigt, Akten geführt, die Verbindung zu den Technikern gehalten und für die Koordination mit den Konstrukteuren gesorgt. Außerdem war ich Zeitnehmer, war verantwortlich für Arbeitssicherheit und Werkschutz und auch noch für Personalangelegenheiten. Mir hat jede einzelne Minute Spaß gemacht.

Kelly hat uns ständig motiviert. Ehre, wem Ehre gebührt. Danach hat er gehandelt. Wir haben uns darum bemüht, mehr zu tun, als von uns erwartet wurde, damit Kelly uns Komplimente machte. So wurden wir zu einem Team mit einem gemeinsamen Ziel zusammengeschweißt.

Kelly war immer für die einfache Lösung, ob es dabei um die Konstruktion, die Dokumentation oder um Problemlösungen ging. Der Papierkram wurde auf ein Minimum beschränkt. Selbst die von der Luftwaffe angeforderten Formulare und Berichte wurden auf einem Minimalstand gehalten. Verfahrenshandbücher oder strategische Leitlinien wurden von ihm nie herausgegeben. Seine Grundphilosophie hat er so formuliert: »Die bestmögliche Arbeit auf einfachste Weise zu den geringsten

Kosten in kürzester Zeit.« Diese Philosophie wurde in die Praxis umgesetzt. So gelang es, knappe Termine einzuhalten oder sogar zu unterschreiten und sogar Gelder wieder an den Kunden zurückzuüberweisen, weil es uns gelungen war, den Vertrag zu geringeren Kosten zu erfüllen. Kelly arbeitete mit wenig Leuten. Es gab nur zwei Führungsebenen zwischen dem Vorstandsmitglied und dem »geringsten« gewerblichen Mitarbeiter. Ein Organigramm wurde nicht gebraucht. Jeder wußte, wem er unterstellt war, was er zu tun hatte, wann er seine Aufgabe zu tun hatte, und erledigte sie.

Kelly stand in direkter Verbindung mit allen Mitgliedern seines Teams, nicht nur zu einem oder zwei Führungskräften. Er teilte uns alle seine Ziele mit. Er sprach über sein Vergnügen an der Sache, seine Befürchtungen und darüber, daß er stolz auf uns sei. Nach einer Begegnung mit ihm gab es nichts, was der Betreffende nicht tun würde. Er sprach nicht nur zu uns, sondern hörte auch zu und hat häufig unsere Vorschläge akzeptiert, wenn sie es wert waren. Wir achteten ihn, und er achtete uns. Es war eine Freude und eine Ehre im Team von Kelly Johnson mitarbeiten zu dürfen.

Mit freundlichen Grüßen
H. S. »Blacky« Shanlian

Gerhard Neumann

Daß es General Electric gelang, eine beherrschende Position im Bereich Flugzeugtriebwerke zu erringen, war der treibenden Kraft von Gerhard Neumann zu verdanken (und das gegen den scharfen Wettbewerb von Pratt & Whitney bei United Technologies). In seiner 1984 erschienenen Autobiographie hat er eine ganze Reihe von Geschichten, die wir bis dahin nur über ihn gehört hatten, selbst bestätigt. Sie stützen unseren Standpunkt zur Rolle von Skunkwerkstätten und leidenschaftlichen Champions:

Unsere Wahrnehmungen	**Neumann**
Kleine Gruppen sind von Vorteil	»Das Projekt [die Entwicklung des Experimentaltriebwerks mit variablem Stator] erinnerte mich an die Flying Tigers in China . . . personell unterbesetzt, überarbeitet und erfolgreich!«

Unsere Wahrnehmungen	Neumann
Große Zeitersparnis	»Normalerweise braucht man für diese Aufgabe 24 Monate . . . mir wurde gerade ein Jahr Zeit gelassen.«
Wichtig sind integrierte Teams	»Wir waren alle ein Team: Arbeiter, Führungskräfte, Schichtführer und Ingenieure.«
Ein Team isolieren, um Corpsgeist aufzubauen	»Ich habe darauf bestanden, daß unser Bereich im Kontrast zum üblichen unattraktiven dunklen Fabrikgrau schneeweiß angestrichen wurde. Wer in dem weißen Bereich arbeitet, kam nicht umhin, sich umsorgt und wichtig zu fühlen.«
Dramatik, Drumherum, Schau	»Jeden Morgen habe ich mich auf meinen Schreibtisch gestellt, mit meiner Schweizer Kuhglocke gebimmelt und so meine [120] Mitarbeiter zusammengetrommelt . . . Eines Freitags stießen wir auf ein Problem, zu dessen Lösung es eines Wunders bedurfte. ›Ist hier denn niemand, der ein Kaninchen aus seinem Hut hervorzaubern kann?‹ fragte ich. Unter dem Tisch hatte ich ein lebendiges Kaninchen auf meinen Knien. Ich schob den Hut in die Mitte des runden Konferenztisches und zog das Kaninchen zu seiner Überraschung an den Ohren heraus. Wir *haben* an jenem Nachmittag eine Lösung gefunden.«
Keine Extrawurst für den Boss	»Ich bin aus meinem Einzelbüro ausgezogen, um bei der Truppe sein zu können . . . Einen Teppich oder eine private Toilette –

Unsere Wahrnehmungen	Neumann
	Dinge, die für sämtliche Topmanager in der amerikanischen Großindustrie offensichtlich wesentlich sind – habe ich abgelehnt.«
Tägliches Briefing	»Ich habe die versammelte Mannschaft täglich davon informiert, was wir in den letzten 24 Stunden geschafft hatten, welche Probleme entstanden waren und wie viele Tage bis zum nächsten Meilenstein blieben ... Besprechungen zu Konstruktionsänderungen fanden mehrmals pro Woche statt. Ich habe [in einer größeren Gruppe] ein System unter der Überschrift ›Wichtige Punkte‹ eingeführt: Ein getippter einseitiger Tagesbericht über die wichtigsten Ereignisse der letzten 24 Stunden war Pflicht für jeden, der uns unterstellt war. (Die Abfassung dieses Berichtes zu delegieren, war strikt ›verboten‹.)«
MBWA	»... meine nächtlichen Wanderungen durch das Werk ... informelle Gespräche während der ersten, zweiten und dritten Schicht wurden zur Routine.«
Mannschaft muß Bauteile draußen kaufen können	»Ich habe angefangen, Fremdhersteller dazu aufzufordern, mit unseren eigenen Werken zu konkurrieren.«
»Feeling« ist wichtig	»Ich habe auf meinem Berufsweg das Glück gehabt, in meinem Fachgebiet, der Flugzeugtechnik, arbeiten zu können. So konnte ich ein überragendes

›Feeling‹ dafür entwickeln, was in der Praxis technisch ›geht‹ und was ›nicht geht‹ – auch wenn die Theorie oder die Information aus dem Computer anders aussah.«

Besessenheit

»Was ich an Zeit zur Verfügung hatte, habe ich in das Lesen der ›wichtigen Punkte‹, in das Studium von Berichten und in meine Wanderungen durch die Werkshallen gesteckt. Die Frage ›Würden Sie es wieder tun?‹ will ich hier nicht beantworten.«

11. Innovation im Kontext

Das eigentliche Geschenk meines Vaters und seine Leistung für U.S. Shoe liegt nicht in der ›sauberen Segmentierung des Marktes‹. Er hat vielmehr ein hervorragendes Unternehmensklima geschaffen, in dem Risikobereitschaft belohnt wird, in dem diejenigen, die ein oder zwei schlechte Jahre gehabt haben nicht bestraft, sondern gestützt werden, in dem Ideen von unten nach oben wahrgenommen werden.

Michael Barach in einem Leserbrief zu einem Artikel der Zeitschrift *Fortune* über U. S. Shoe.

Es gibt einige legendenumwobene (und irgendwie leicht verrückte) Champions: Steve Jobs und Steve Wozniak bei Apple, Howard Head, Barney Oliver bei HP, Ken Stahl bei Xerox, Tom West, Gerhard Neumann und Kelly Johnson. Leute wie sie sind zwar sehr wichtig, stellen aber *nicht* die eigentliche Voraussetzung für das kontinuierlich innovative Unternehmen dar. Sie sind lediglich lebendige Symbole für das, was sich erreichen läßt. Eigentlich kommt es darauf an, die 10 Prozent (oder die 30 Prozent) der potentiell Besten in Champions oder bedingungslose Verfechter von Innovation zu verwandeln, die dauernd große und kleine praktische Innovationen im Rechnungswesen wie in der Produktentwicklung hervorbringen. Aus diesem Stoff sind die Wunder bei Schlumberger (mit seinen Technikern vor Ort), bei The Limited (mit seinen Filialleitern), bei Citicorp (mit seinen Länderbereichsleitern), bei Macy's, Bloomingdale's und Mervyn's (mit seinen Einkäufern), bei 3M, Raychem (mit seinen Produktentwicklern), bei PepsiCo (mit seinen Markenmanagern), bei Trammell Crow (mit seinen unternehmerisch eingestellten Kollegen). Der unnachgiebige Erfinder der Post-it-Haftnotizen bei 3M, der Entwickler der Doritos bei Frito-Lay, der unternehmerisch orientierte Grundstücksmanager bei Merriott, der mit der Hotel- und Freizeitanlage Rancho Las

Palmas in Palm Springs/Kalifornien den großen Coup landete – sie alle sind unser Vorbild: »ganz normale« Menschen, die hartnäckig und begeistert ihre Ideen vorangetrieben haben. Ihre Umgebung hat es ihnen ermöglicht, zu Champions zu werden. Dieses spezifische Milieu, in dem Innovationen gedeihen, ist Thema dieses Kapitels.

Der Besuch

Das Gespräch mit dem Spartenleiter ist vor zwei Wochen vereinbart worden. Er leitet eine Sparte mit 40 Millionen Dollar Jahresumsatz und hat eine kaum zu übersehende Vielzahl von Abläufen zu organisieren. Also muß sich ein Techniker auf mittlerer Unternehmensebene schon rund zwei Wochen vorher anmelden, um einen Termin bei ihm zu bekommen. Die Stunde des Gesprächs rückt näher, der Termin ist für 10.45 Uhr angesetzt. Man betritt das Vorzimmer. Seine perfekt frisierte Sekretärin fordert mit einer Geste dazu auf, Platz zu nehmen. Während der nächsten zwanzig Minuten beobachtet man, wie aggressive junge Stabsmitarbeiter sein Allerheiligstes betreten und dann wieder verlassen. Die Stapel mit Dokumenten, die sie davontragen, werden von Mal zu Mal dicker. Endlich wird man »vorgelassen«. Man wird in den zehn Quadratmeter großen Raum geführt. Sein Schreibtisch steht in einer hinteren Ecke, makellos, staubfrei. Es ist ein wunderschöner alter Mahagonischreibtisch, von dem es heißt, daß schon der Gründer des Unternehmens vor über 60 Jahren an ihm gesessen hat. Man ist versucht zu glauben, das Holz müsse noch von der *Mayflower* stammen. Er sitzt aufrecht da, im dunkelblauen Anzug mit zugeknöpfter Weste, obwohl draußen die Augusthitze flimmert. Mit seinem Cross-Kugelschreiber klopft er leicht auf den Schreibtisch, spricht mit seiner Sekretärin über die Sprechanlage und fragt nach dem nächsten Termin, der in genau 25 Minuten angesetzt ist.

Irgendwie würde es seltsam anmuten, hier zu sitzen und einen kleinen Schwatz über »kreatives Chaos« im Labor, bei Lieferanten oder in einem vorläufigen Testmarkt zu beginnen. Hier muß man schon Präzises auszusagen haben. Wehe, man bringt nicht die guten Neuigkeiten, die er gerne hören möchte.

Leider spielt sich diese Szene in großen und auch in kleinen Organisationen immer noch viel zu oft so oder so ähnlich ab. Eine solche Atmosphäre steht in starkem Gegensatz zu einem Gespräch, das wir Ende 1983 mit einer Gruppe von acht bis zehn leitenden

Angestellten eines großen Pharmaunternehmens zum Thema »Hege und Pflege von Champions« führten. Der Name eines bestimmten Mentors wurde immer wieder lobend erwähnt. Ihn hielt man für den ersten Anwärter auf den Eingang in die Ruhmeshalle. Er zeichnete als »leitender Champion« für außerordentlich viele erfolgreiche Neuprodukte verantwortlich und arbeitete äußerst effizient, wenn es galt, diese durchzusetzen. Er war kein Genie, kein brillanter Organisator. Er besaß keines der üblichen Merkmale eines »Stars«. Schließlich sind wir aber doch noch auf eine ganze Reihe von bemerkenswerten Eigenschaften gestoßen, die ihn auszeichneten:

– »Gleich, was gewesen war, gleich welche schlechten Nachrichten an dem Tag eingegangen waren, er fragte immer, wenn man in sein Büro kam: ›Macht's Ihnen Spaß? Was haben Sie im Sinn? Etwas, das Sie besonders motiviert?‹ «

– »Es war interessant. In seinem Büro herrschte ein unbeschreibliches Durcheinander: Überall lagen Produktmuster, mit denen er etwas zu tun gehabt hatte, ganz besonders deutlich sichtbar jene, die sich als krasse Fehlschläge erwiesen hatten, aber auch fehlgeschlagene Projekte, an denen die von ihm geförderten Champions gearbeitet hatten. Es gab sogar an deutlich sichtbarer Stelle ein Schild mit der Aufschrift: »DUMMKOPF DES JAHRES«. Und dann war da das Prunkstück, sein ganzer Stolz. Sein Sessel. Es war – können Sie sich das vorstellen – ein altmodischer Friseurstuhl. Wenn man hereinkam, stolzierte er zu seinem Sessel und schmiß sich mit Tatütata hinein. Er schaute einen direkt an: ›Erzählen Sie mir, was sich Interessantes tut.‹ «

Ohne Frage war dieser Champion der Champions ein standfester Charakter. »Man ist nur zu ihm gegangen, wenn man auch *wirklich* etwas zu sagen hatte. Schlampige oder nachlässige Arbeit konnte er nicht ausstehen. Man spürte aber, daß dieser Mensch aus eigenem Erleben wußte, worum es ging. Man spürte, daß er einen verstand, daß er den ungeordneten Ablauf von Innovationsarbeit von Grund auf kannte.« Man konnte sofort erkennen, daß er etwas für interessante Experimente übrig hatte und daß ihn fehlgeschlagene Experimente beinahe ebenso freuten wie erfolgreiche Experimente – solange man etwas aus den Fehlschlägen *gelernt* hatte. Ein Teilnehmer meinte: »Ich glaube, ihm waren die Fehlschläge sogar noch *lieber*, wenn man selbst und er auch etwas Interessantes daraus lernen konnte. Er wollte immer genau wissen, was man gelernt hatte, ob man dadurch auf dem Weg zur Lösung des selbstgesetzten

Problems einen Schritt weiter gekommen war. Irgendwie fand er Erfolg wohl ein wenig langweilig. Von Erfolgen wollte er nicht lange reden. Er hat uns immer auf den nächsten Stolperstein, der im Grunde als Fehlschlag definiert werden mußte, hingewiesen. Die neuen Hindernisse waren das Wesentliche, über die sollte man nachdenken, denn sie mußten überwunden werden. Dann hat man den vernünftigen nächsten Schritt diskutiert, der natürlich eiligst gegangen werden mußte.«

Das unternehmerische Umfeld

In den Jahren nach der Drucklegung unseres Buches *Auf der Suche nach Spitzenleistungen* haben wir 3M genauer kennengelernt. In unserem 1982/83 erschienenen Buch haben wir 3M in einem Kapitel zum Thema Unternehmertum beschrieben. Tom war recht stolz auf dieses Kapitel. Er meinte, es sei weit über die üblichen Diskussionen zur Innovation hinausgegangen. Es ging darin nicht um »strategische Technologieplanung«, auch von der Organisationsstruktur haben wir kaum gesprochen. Statt dessen ging es uns um die einzigartige Zusammensetzung eines 3M-Produktteams und darum, wie die Mitglieder dieser Mannschaft als Gruppe belohnt und gefördert wurden. Soweit war die Erörterung also gut. Seitdem haben wir allerdings sehr viel subtilere und – wie wir behaupten – wichtigere Dinge entdeckt. Wir wollen versuchen, Ihnen einen tieferen Einblick in das Innovationsmilieu bei 3M zu vermitteln.

Vor einiger Zeit wurde Tom eingeladen, vor einer großen Gruppe aus der Außendienstmannschaft von 3M im Westen der Vereinigten Staaten zu sprechen. Um solche Veranstaltungen besser vorbereiten zu können, bitten wir die jeweiligen Organisationen immer darum, uns vorab einige Informationen über ihr Unternehmen zu senden. Meistens bekommen wir den letzten Jahresbericht, manchmal ist es auch die Unternehmensphilosophie, eine neuere Rede des Präsidenten vor Wertpapieranalytikern, und gelegentlich ist es auch einmal ein gekürztes Strategiepapier. Das 3M-Paket traf ein. Es muß rund zwei Pfund gewogen haben. Was war darin? Ein Gesamtkatalog sämtlicher Produkte, die das Unternehmen in diesem Bereich (der Gesundheitspflege) verkaufte, mit kompletten Produktbeschreibungen und ausführlichen Informationen zu neuen Produkten. Bei 3M liegen neue Produkte immer »in der Luft«. Wer sich über 3M informieren will, muß ihre Produkte kennenlernen!

Der Produktkatalog von 3M war der erste, den wir erhielten. Im

Juli 1984 traf ein zweiter, von der Raychem Corporation, ein. Raychem hat 3M sogar noch übertroffen. Sie kamen unaufgefordert in unser Büro und führten uns eines ihrer Produkte – einen technisch hochentwickelten Thermosensor – vor.

Wir reisten also an zur monatlich stattfindenden Verkäufertagung, anläßlich derer sich die 3M-Außendienstmannschaften versammeln, um miteinander über ihre Produkte zu sprechen. Diese Monatstagungen sind seit einigen Jahren fester Bestandteil des Gesamtprogramms. Die verschiedenen Außendienstmannschaften (3M hat etwa 50 spezialisierte Verkäuferteams) sollen sich während dieser Tagungen wechselseitig über ihre Produkte informieren. In unserem Fall waren etwa sechs Außendienstmannschaften aus dem Bereich Gesundheitspflege zusammengekommen. Wäre dies ein Kongreß für Kunden gewesen – wie man ihn aus der Computerindustrie kennt –, hätten wir die sehr umfangreiche Produktausstellung durchaus verstanden. Hier bei 3M war es aber lediglich eine routinemäßige monatliche Tagung, und dennoch hatten die 3M-Leute schier Unglaubliches auf die Beine gestellt und eine fast unübersehbare Vielfalt an neuen Produkten präsentiert. Wir können gar nicht beschreiben, wie sehr uns dies alles beeindruckt hat (und wie stark sich diese Ausstellung von allen anderen unterschied). Solche Veranstaltungen riechen geradezu nach Innovation. Alle haben die neuen Produkte ausprobiert und mit den Kollegen diskutiert. Das war kein vorgetäuschtes Interesse, wir hatten Mühe, die 3M-Leute in den Konferenzsaal zu bekommen.

Das Geschäftsjahr war ein gutes gewesen, es gab allerdings keinen Anlaß zur Euphorie. Die Standard-Erstattungssätze für Verbands- und Hilfsmittel machen einem an Hochpreispolitik orientierten Unternehmen wie 3M selbstverständlich zu schaffen. Es gab also keinen Grund zur Trauer, aber auch keinen zu übertriebener Freude. Dennoch waren sie offenbar mit echtem Spaß bei der Sache. Eine Nachwuchsgruppe hatte soviel Umsatz erzielt, daß dieser Bereich – in Übereinstimmung mit den bei 3M herrschenden Regeln – automatisch in den Status einer selbständigen Sparte erhoben wurde, was mit begeistertem Beifall kommentiert wurde. Tom war überrascht. In den meisten Unternehmen gibt es so etwas nicht, von bestimmten Regeln, von wann an eine Abteilung den Status eines selbständigen Unternehmensbereiches erlangt, ganz zu schweigen. Wird aber doch einmal ein neuer Unternehmensbereich eingerichtet, würde wohl nur der Vorstand oder die Spartenleitung davon Notiz nehmen. Hier aber, bei 3M, interessierte es jeden.

Vielleicht ist dies ganz und gar ungewöhnliche Engagement darauf zurückzuführen, daß einzelne Produktgruppen regelmäßig von einer Außendienstmannschaft in die Zuständigkeit einer anderen Mannschaft übergeben werden, und zwar ohne viel Aufwand oder gar destruktive und demoralisierende Kämpfe, wie wir sie so oft beobachten. Von 3M-Verkäufern haben wir immer nur Sätze wie diesen gehört: »Wir haben gerade das ›Blank-und-Blank‹-Produkt von der Blank-und-Blank-Sparte geerbt. Folgendes haben wir damit vor.«

1984 waren wir zu einer weiteren 3M-Konferenz eingeladen. Dieses Mal war es eine Klausurtagung für die 150 leitenden Angestellten der höchsten Unternehmensebene. (Das Thema lautete »Engagement für Innovation« – wie hätte es auch anders lauten können?) Wir überflogen die Tagesordnung, die aus zwei bis drei Seiten mit der Ankündigung verschiedener Präsentationen bestand. Was uns auffiel war, daß nur Vornamen genannt wurden. Der Vortrag des Chairman Lew Lehr wurde tatsächlich offiziell als »Lews Rede« angekündigt. Das ist unserer Meinung nach keine Kleinigkeit. (Spaßeshalber haben wir unsere eigenen Unterlagen durchwühlt und uns aufs Geratewohl die Programme zu einigen anderen Unternehmenskonferenzen herausgesucht. Wir hatten Tagesordnungen von Banken, Versicherungen und Pharmazieunternehmen. Es waren 15 an der Zahl, die alle ziemlich ähnlich aufgemacht waren. In fünf Programmen wurden die einzelnen Redner als Herr oder Frau X aufgeführt. In neun Programmen standen die Vortragenden mit den Anfangsbuchstaben ihrer Vornamen: B. L. Smith, C. N. Jones. Im letzten Programm fanden wir nur die Nachnamen. In keinem einzigen war ein Vorname voll ausgeschrieben.)

In den letzten Jahren haben wir auch Gelegenheit gehabt, 3M-Leute als Kollegen bei Podiumsdiskussionen zu begrüßen. Überall bekennen sie sich zu dem Chaos, in dem Innovation offenbar besonders gut gedeiht. Vorstandsmitglied Ken Schoen begann einen Vortrag mit den Worten: »Man muß bei folgender unanfechtbarer Prämisse ansetzen: Innovation ist immer ein chaotischer Prozeß.« Dann sprach er davon, wie wichtig es sei, ein »Gespür für die Bedürfnisse des Kunden zu entwickeln«. Dieses Gespür sei mehr wert als tonnenschwere Marktforschungsstatistiken. Beiläufig bemerkte er dann noch: »Diese Woche haben wir einen neuen Unternehmensbereich geschaffen . . .« Es klang so, als wolle er sagen: »Ist heute Montag? Dann müssen wir auch einen neuen Unternehmensbereich schaffen.« In den meisten Unternehmen dauert es Jahre, ehe eine neue Sparte aus der Taufe gehoben wird. Solchen Gründungen gehen prinzipiell »politische« Machtkämpfe voraus. Bei anderer Gelegenheit hat uns Ken lachend erzählt, daß er einmal einen Juristen für seinen Unternehmensbereich einstellen mußte, obwohl ein totaler Einstellungsstopp verhängt worden war. Er brauchte ihn für den juristischen Kampf für ein Produkt seines Bereiches gegen den Syndikus der Zentrale. Können Sie sich so etwas in einem Durchschnittsunternehmen vorstellen? Es grenzt schon fast an Ketzerei. Bei 3M aber wird diese »Ketzerei« von einem Spartenleiter *erwartet.* Nichts und niemand und ganz besonders nicht die Zentrale darf sich dem Unternehmensbereich in den Weg stellen. Dafür mußte man in der Unternehmensspitze sorgen.

Schon in dieser kurzen Schilderung sind wohl einige Voraussetzungen für dieses Erfolgskonzept deutlich geworden: zwanglose, unbürokratische Atmosphäre, das konkret greifbare Gefühl für Innovation, das Engagement für und das rege Interesse aller an neuen Produkten, Spaß an der Sache, also ein gewisses Lustprinzip, Gründung neuer Unternehmensbereiche und Verlagerung von Zuständigkeiten in andere Bereiche als Regel, die Rolle des Mannes an der Unternehmensspitze, der alle vorantreiben und einstimmen muß.

»Das unternehmerische Umfeld«: einige Fragen – und Anregungen zu Sofortmaßnahmen

Auf den folgenden Seiten werden wir noch detaillierter auf unser Anliegen eingehen. Zunächst einmal aber bitten wir Sie, über unsere Themen »Besuch« und »unternehmerisches Umfeld« nachzudenken. Beschäftigen Sie sich mit zwei oder drei innovativen Abteilungen in Ihrem eigenen Unternehmen oder einem innovativen Unternehmen, in dem Sie selbst einmal gearbeitet haben. Anschließend beschäftigen Sie sich bitte mit zwei oder drei nicht-innovativen Bereichen. Wie hat sich jeweils das Management für neue Produkte und Innovationen engagiert, können Sie eine Art von Unterschied »spüren«? Besuchen Sie jeweils eine innovative und eine nicht-innovative Abteilung. Woran zeigen sich die äußeren Unterschiede zwischen den innovativen und den nicht-innovativen Gruppen? Zählen sie zehn bis fünfzehn vorgeblich nicht wichtige Unterschiede im Sprachgebrauch, in der konkreten Umgebung usw. auf.
– Befassen Sie sich noch einmal mit dem »Maschinenstopp«-Beispiel von HP. Wie ausgeprägt ist das »Leben für die Innovation« in

den unterschiedlichen Unternehmensbereichen? Wäre das, was sich bei HP abgespielt hat, auch in Ihrem Unternehmen möglich? Ist es Ihrer Ansicht nach *überhaupt* möglich? Ist es gang und gäbe? Sind Sie sicher, daß Sie diese Frage zutreffend beantworten können? (Versuchen Sie, Ihre Antwort mit den entsprechenden Fakten zu untermauern.)

– Eine erste Maßnahme: Setzen Sie sich mit einigen Kollegen aus verschiedenen Funktionsbereichen zusammen und erörtern Sie Ihre Erkenntnisse. Nehmen Sie kein Blatt vor den Mund, und ermutigen Sie Ihre Kollegen, ebenfalls offen Kritik zu äußern. Es gilt, der Wahrheit auf die Spur zu kommen.

Die Frage heißt: Offenheit oder Heimlichtuerei?

Wer mit leitenden Angestellten von HP spricht wird, ob die obersten Vorgesetzten anwesend sind oder nicht, immer erleben, daß sich das Gespräch sehr schnell um neue Produkte dreht. Argumente werden meist in respektlosem Ton vorgetragen, weil ihre Verfechter immer stolz darauf sind, wenn es ihnen gelingt, ein Produkt auf den Markt zu bringen, *bevor* sich die zentrale Unternehmensleitung überlegt hat, ob sie das betreffende Produkt überhaupt will. Der Unternehmensvorstand ist auch oft Zielscheibe von Witzen. Niemand hat Angst, solche Witze zu erzählen.

Auch bei den HP-Nachwuchskräften herrscht dieselbe Stimmung: »Schon in der ersten Woche hat man begriffen, daß man hier *nichts* gilt, ehe man nicht an einem erfolgreichen Produktentwicklungsteam beteiligt war.« Im Gespräch wird immer wieder deutlich, daß man »auf Biegen oder Brechen« alles erdenklich Mögliche tun muß, will man in diesem Unternehmen bestehen. Im Durchschnittsunternehmen darf man sich nicht wie ein Elefant im Porzellanladen bewegen, gerade dann nicht, wenn man zum Nachwuchs gehört. Wird aber doch einmal Porzellan zerdeppert, bleibt dies ein wohlgehütetes Geheimnis. Es ist kein Thema für eine offene Diskussion unter den erfahrenen Führungskräften.

Diese Art Offenheit und Freimütigkeit ist wichtig. Auch in den weniger innovativen Unternehmen ist der Einfallsreichtum begleitet von Chaos, Experimentierwut und der Herrschaft des Zufalls. Es gibt energische Champions, die ihre Neuentwicklungen »unter der Hand« durchziehen. Für Projekte, die insgesamt rund 100 000 Dollar kosten, läßt man sich die Mittel Schritt für Schritt vielleicht in Summen von 1000 Dollar genehmigen.

Innovation ist also eine Frage der Einteilung, nicht der Größe. In den großen innovationsstarken Unternehmen – Raychem, HP, 3M, Citicorp, Macy's, PepsiCo – merkt man schon an der Ausdrucksweise und Begriffswahl, daß chaotisches Arbeiten am Rande der Dienstwege von allen akzeptiert wird, ja üblich ist.

Der Untertitel unseres Buches »The Leadership Difference« soll signalisieren, daß Transparenz auf allen Ebenen, will sagen, offenem Gespräch, Experimentierfreude, Hinwendung zu Kunden und Mitarbeitern und anderem, inzwischen sattsam Bekanntem allein dazu befähigen, »Hits zu landen«.

Ein »Hoch« auf Skunks und Schlitzohren

Als wir uns mit einem Kollegen über die innovativen Abläufe in seinem nicht allzu innovationsstarken Unternehmen unterhielten, sagte er: »Das Schlimme ist, daß unsere Leute hier, sobald sie an die Spitze kommen, vergessen, wie ihnen dieser Aufstieg gelungen ist. Sie vergessen, wie schlitzohrig sie einmal gewesen sind. Einmal oben angelangt, sind sie plötzlich ein Ausbund an Tugend und können kein Wässerchen mehr trüben.« Seine Kritik zielte auf einen ganz bestimmten Vorgesetzten, mit dem wir uns anschließend unterhalten haben. Gemeinsam ließen wir fünf oder sechs sehr erfolgreiche Projekte Revue passieren, Projekte, die ihm jeweils zu einer Beförderung verholfen hatten. Es stellte sich heraus, daß bei jedem Projekt irgendwie »manipuliert« worden war. Wenn wir von Manipulation sprechen, meinen wir weder Diebstahl noch unmoralisches Verhalten. Wir meinen damit vielmehr, daß es gelungen ist, Mitarbeiter, finanzielle Mittel und häufig auch Kunden schneller zu organisieren, als es bei Einhaltung aller bürokratischen Vorschriften möglich wäre. Es stellte sich also heraus, daß dieser Chef ein unverbesserliches Schlitzohr war und ist! Schade ist nur, daß er sich nicht dazu bekennt. Da er niemanden in seine Vorgehensweise einweiht, kann er auch niemanden dazu anregen, denselben Weg des Erfolges zu gehen. Dagegen verhält er sich wie der typische Chef, der Kritik verabscheut und auf Hierarchie besteht.

Ganz anders verlief ein Gespräch mit einem leitenden Angestellten von Raychem: »Überall braucht man einen Champion, einen, der sich für seine Produkte einsetzt... Sicherlich haben wir Unternehmenspläne, aber sie sind doch der allerletzte Mist... Es gibt nichts, was sich nicht von einem Tag zum anderen machen ließe... Ein Mißerfolg ist doch wirklich keine Katastrophe. Den kann man doch wieder ausgleichen!« Schlitzohren werden bei Raychem ausdrücklich anerkannt und geehrt. Schlitzohrigkeit wird sogar verlangt. In Gesprächen mit Führungskräften der mittleren Unternehmensebene haben wir ähnliche Aussagen gehört, die wahrlich Gold wert sind: »Hier ist alles möglich.« – »Was richtig ist, bestimmen wir selbst.« – »Ordnungsliebende und streng systematisch vorgehende Menschen haben hier nichts zu suchen.« – »Jeder kann bei [Chairman Paul] Cook Vorschläge machen.« – »Hier ist immer etwas los.« Zum Schluß kommt der beste Ausspruch: »Jeder glaubt, daß alles möglich sei.«

Ein leitender Angestellter von Honeywell hat uns genau gesagt, wie er sein Ziel anpeilt. »Natürlich sage ich niemandem ausdrücklich, daß er organisieren soll. Ich spreche nur regelmäßig mit den Entwicklungsteams, den Leuten aus dem Marketing, den Konstrukteuren und den Leuten aus der Herstellung, die an der Entwicklung neuer Produkte beteiligt sind. Dabei kümmere ich mich besonders um die jüngeren Mitarbeiter. Ich erzähle ihnen, was ich getan habe, als ich in ihrem Alter war. Ich spreche ganz offen von dem ›Mist‹, den ich gebaut habe, wie ich mir Mittel organisiert habe und kein Wort darüber verlauten ließ, wenn ich mit einem Projekt fertig war. So habe ich mir Zeit erkauft, um nebenbei noch an einem anderen Projekt arbeiten zu können. Ich verlange von ihnen nicht, daß sie dasselbe tun. Ich erzähle ihnen nur, wie *ich* vorgegangen bin, und dann gehe ich.« Ein anderer Kollege, Berater eines Großunternehmens, erzählte uns ähnliches: »Offiziell unterstütze ich das natürlich nicht. Ich lächle nur beifällig und wissend, wenn solche Geschichten erzählt werden.«

Diese Geschichten zeigen, worauf es ankommt, wenn man Innovation vorantreiben will: auf Hartnäckigkeit und Experimentierfreude. In allen innovativen Unternehmen kursieren zahlreiche Anekdoten darüber, wie sich Erfolgsstories tatsächlich abgespielt haben. Betont wird dabei, daß ein chaotisches Element und unbedingter Vorwärtsdrang entscheidende Voraussetzungen für Innovationen sind.

Andere Geschichten beweisen wieder, wie wichtig Präsentation auch über Sprach- und Ausdrucksweise ist, Geschichten, die erzählen, wie aus kleinen Anfängen ein großartiger Erfolg entstand. In Kapitel 2 haben wir schon von der Verwandlung der PepsiCo in eine innovative und unternehmerisch denkende und handelnde Firma gesprochen. Wir haben die Reden der PepsiCo-Vorstände (intern und extern) gelesen. In jedem Vortrag, gleich zu welchem Thema, klingt durch, daß man Wege finden muß, um kleine unternehmerische Aktivitäten wachsen zu lassen. Immer erzählen diese Geschichten davon, wie beispielsweise Frito-Lay und Pizza Hut angefangen haben. Beide Unternehmensableger haben mit einem 500-Dollar-Darlehen, das die Muttergesellschaft der Tochtergesellschaft gab, begonnen! Offensichtlich will man damit sagen, daß aus ökonomisch wenig unterfütterten Ideen Großes entstanden ist, dessen Erfolg minuziös geplanten Millionen-Projekten in keiner Weise nachsteht.

Aus alldem ergibt sich ein ganz einfacher Lehrsatz: *Wer Innovation will, muß unablässig über Innovation reden.*

Wer Skunkwerkstätten will, muß über Skunkwerkstätten reden. Wer will, daß die Mitarbeiter »Kniffe und Tricks« anwenden, muß darüber reden, wie diese »Schlitzohrigkeit« belohnt wird. Wer will, daß sich die Mitarbeiter für kleine, riskante Aktivitäten einsetzen, muß Geschichten erzählen, aus denen hervorgeht, daß die Helden von heute einst auch risikofreudige, unternehmerisch denkende und handelnde Menschen innerhalb des Unternehmens waren – und unter ähnlich problematischen Bedingungen gearbeitet haben.

Man muß sich also mit bestimmten Verhaltensweisen identifizieren und dies auch durchblicken lassen. In der Zeitschrift *Chief Executive* hat Robert W. Lear, ehemaliger Chairman von F & M Schaefer (heute Professor an der Columbia University) im Frühjahr 1984 dieses Argument untermauert:

In vielen Unternehmen muß der Vorstandsvorsitzende häufig den Advocatus diaboli und damit eine kalkuliert negative Rolle spielen. Es gibt Zeiten, in denen es gilt, Katastrophen zu vermeiden, Risiken zu minimieren und abzuwarten. Gefährlich ist nur, daß dadurch sein gesamter Führungsstil negativ werden kann. Irgendwann sieht sich der Vorstandsvorsitzende vielleicht nur noch als jemand, der die schwierigsten Fragen beantworten, auf Einhaltung der Verfahrensrichtlinien drängen und hohe Ziele vorgeben muß. Allzuleicht bestraft er Mitarbeiter, die etwas versucht und gewagt haben und daran gescheitert sind. Allzuleicht belohnt er diejenigen, die jedes Risiko scheuen... Ein Vorstandsvorsitzender kann der Entwicklung von Neuprodukten aber auch mit ein wenig Humor auf die Sprünge helfen. Admiral Chester Nimitz, seinerzeit Chef des Stabes bei Perkin Elmer, erzählte mir von seiner Teilnahme an einer Produktentwicklungs-Präsentation. Am Ende der Show sagte er gegenüber den Führungskräften: »Ich hoffe, Sie haben meinen Salto rückwärts bemerkt. Ich stehe voll hinter diesem neuen

Produkt. Mir gefällt die Idee so gut, daß ich mit ihr identifiziert werden will, wenn sie sich durchsetzt.« Ein solches Statement bewirkt eindeutig mehr als Nörgelei und fortwährende Äußerung von Besorgnis.

Sie sollten Ihren Wortschatz also um den Begriff »Salto rückwärts« bereichern. Ein Finanzvorstand von IBM sagte zu uns: »Ich weiß, wo all das Schwarzgeld für Nebenprojekte versteckt ist – jedenfalls ungefähr.« Wieder ein neues Wort für Ihren Wortschatz: »jedenfalls ungefähr«. Tracy Kidder hat in *The Soul of a New Machine* darüber spekuliert, ob der Vorstandsvorsitzende von Data General, Ed de Castro, von Tom Wests Skunkwerkstatt gewußt hat oder nicht. Selbstverständlich hat er davon gewußt – jedenfalls ungefähr! West meinte dazu: »Es gibt eine ganze Menge Leute, die vorgeben, daß dieses Projekt gar nicht existiert.« Noch ein neues Wort: »vorgeben«! Diese wenig präzisen Ausdrücke kreisen das, worum es geht, dennoch eng ein. Wie werden bei Ihnen Redewendungen wie »drehen«, »jedenfalls ungefähr«, »Salto rückwärts«, »vorgeben« oder »scheitern« benutzt?

Chaotisch, aber nicht schlampig

Eine Warnung müssen wir hier aussprechen: Chaos gehört zur Innovation wie das Amen zum Gebet. Aber nur kreatives, zielorientiertes Chaos, das mit genereller Schlamperei oder schludrigem Denken nicht verwechselt werden darf. Wenn wir sagen, daß 3M das Chaos absegnet, sagen wir damit, daß dort Achtung vor der unumstößlichen Notwendigkeit herrscht, zu probieren und wieder zu probieren, zu testen und wieder zu testen, um die zahlreichen Hindernisse, die sich einer Neuentwicklung auf dem Weg zu kommerziellem Erfolg immer in den Weg stellen, so schnell wie möglich zu entdecken und zu überwinden. Paradoxerweise muß man gerade bei diesem chaotischen Verfahren ganz genau wissen, was man bei den einzelnen Experimentierschritten lernen will. *Je mehr man einsieht, daß die natürliche Welt ein Chaos ist, desto größer muß die Disziplin sein, mit der man sich diesem Chaos stellt, und desto größer der Eifer, mit dem man voranstrebt.* Als Fazit könnte man sagen: je innovativer das Unternehmen, desto zäher und hartnäckiger ist die Geschäftsführung: Bei PepsiCo, Mervyn's, Macy's, HP, 3M, Bloomingdale's, Convergent Technologies, W. L. Gore, Kollmorgen und Raychem fürchtet man Kleinmut und Zaghaftigkeit mehr als der Teufel das Weihwasser. Auf der »anderen Seite« stehen die Unternehmen, die fest an ihre Netzpläne glauben und denken, damit jedwedes Risiko ausschalten zu können und bürokratisch-präziser Planung zum Sieg zu verhelfen. Diese Unternehmen gelten als unfähig und ihre Führungskräfte als Weich- und Feiglinge.

»Ein Hoch auf Skunks und Schlitzohren«: einige Fragen – und Anregungen zu Sofortmaßnahmen

Geben Sie auch zu, daß Sie, um dorthin zu gelangen, wo Sie jetzt sind, gelegentlich manipuliert haben? Sind Sie stolz darauf? Sprechen Sie darüber mit Nachwuchskräften? Regelmäßig? Wie steht es mit Ihren Kollegen (hier gelten dieselben Fragen. Fragen Sie fünf Kollegen aus verschiedenen Funktionsbereichen). Wenn sie glauben diesen Test »bestanden« zu haben, sollten Sie Ihre Annahmen auch bei sehr jungen Nachwuchskräften testen. Gelten Sie in *deren* Augen als »Organisator« oder als »guter Bürokrat«? Fragen Sie sie offen heraus? Setzen Sie sich mit einem halben Dutzend Ihrer Kollegen zusammen: Stellen Sie fest, wann Sie (unter Angabe des Ortes und des Datums) mit Ihren Fähigkeiten, etwas »unter der Hand« zu leisten, angegeben haben, liegen diese Begebenheiten länger als 30 Tage zurück? (Wenn ja, haben Sie wahrscheinlich ein Problem.)

– Sind die Entstehungsgeschichten Ihrer »schwarz« erarbeiteten Neuprodukte schriftlich festgehalten? Gibt es auch Geschichten über junge Mitarbeiter, die sich schon als Champions hervorgetan haben? Kommen die Champions aus *allen* Funktionsbereichen (Managementinformationssysteme, Rechnungswesen, Herstellung, Konstruktion und Entwicklung, Vermarktung)? Wird in ihren Geschichten das »großartige Erlebnis aus kleinen Anfängen« betont? (Sind Sie sicher? Haben diese Geschichten eine effektive Wirkung? Prüfen Sie behutsam zehn Mitarbeiter: Was ist ihnen lieber, eine Nebenrolle in einem großen Projektteam – in dem sie *vermeintlich* eher Aufmerksamkeit erlangen –, oder wollen sie lieber eine zentrale Rolle in einer kleinen Mannschaft spielen?)

– Erörtern Sie einen halben Tag lang die Begriffe »jedenfalls ungefähr«, »vorgeben«, »Salto rückwärts« usw. Wo crfolgreich »unter der Hand« entwickelt wird, gibt es auch eine eigene Ausdrucksweise. Setzen Sie diese Ausdrucksweise bewußt ein?

– Betrachten Sie die bei Raychem üblichen Aussagen noch einmal genauer: »Für alles braucht man einen Champion.« – »Ordnungsliebende und systematische Menschen können es hier zu nichts bringen.« – »Alle glauben, daß alles möglich ist.« Stellen Sie daraus einen Fragebogen zusammen, in dem auf diese Aussagen mit »Ja«

oder »Nein« geantwortet werden muß. Legen Sie diesen Fragebogen unter Wahrung der Anonymität circa sechs Führungskräften aus verschiedenen Funktionsbereichen vor (z. B. Konstruktion und Entwicklung, EDV, Herstellung) und auf verschiedenen Ebenen (Eingangsebene, Meisterebene, Abteilungsleiterebene). Wie sehen die Ergebnisse aus? Stimmen sie mit dem überein, was Sie sich eigentlich vorstellen?

Versagen im Brennpunkt

Wir vertreten folgende Meinung: »Wichtig ist, daß sich jeder bemüht und das gut durchdachte Experiment. Selbst wenn es fehlschlägt, ist es okay, ja, es ist sogar normal, daß so etwas passieren kann.

Gerade die guten Innovatoren stehen auch zu ihren gescheiterten Versuchen. Pete Thigpen soll die Probleme bei Levi Strauss lösen. Um in die Zukunft hineinwachsen zu können, muß das Unternehmen viel Neuartiges ausprobieren, Experimente fallen schwer. Man muß immer wieder probieren und muß damit rechnen, wiederholt danebenzugreifen. Pete sagt sogar, man müsse »die Quote des Scheiterns erhöhen«, um die unvermeidbaren – aber auch notwendigen – Fehler so schnell wie möglich zu erkennen und damit beseitigen zu können. Diesen Standpunkt vertritt er überall und geht dabei ausführlich auf seine eigenen, keineswegs geringen Mißgriffe ein. Damit will er unterschwellig, aber deutlich signalisieren, daß man durchaus Mißgriffe tun, daraus lernen und so schließlich an die Spitze gelangen kann.

Bill Smithburg, neuer Chairman von Quaker Oats, ist dabei, dieses ordentliche, aber irgendwie rückständige Unternehmen von Grund auf umzukrempeln. Auch er legt Wert darauf, daß gescheiterte Experimente und Pläne nicht vertuscht werden. Häufig spricht er von seinen eigenen Mißerfolgen. »Das ist doch wie beim Reiten. Wer nie vom Pferd gefallen ist, wird nie ein guter Reiter.«

Es gibt Unternehmen, die in ihrer Philosophie Mißerfolge ausdrücklich akzeptieren: »Wir sagen unseren Leuten, daß sie pro Tag mindestens zehn Fehler machen sollen. Wer keine zehn Fehler pro Tag zu verzeichnen hat, hat nicht genug riskiert, sich also nicht intensiv genug bemüht. Diese Zahl ist selbstverständlich eine Art »Hausnummer« denn die »fruchtbare Fehlerquote« hängt von Größe und Komplexität des Unternehmens ab.

Hier müssen wir zwei weitere Punkte betonen. Zunächst einmal ist »chaotisch« nicht gleich nachlässig oder schlampig. Wer Fehler und Mißerfolge akzeptiert, unterstützt damit keineswegs das große Chaos. Wir sprechen hier von durchdachter Risikobereitschaft, aus der man im Falle des Scheiterns schnell und *konkret* lernen kann. Dafür, und nur dafür, dürfen keinerlei Grenzen gesetzt werden. Wir sind allerdings des öfteren angegriffen worden: »Ich kann doch nicht wollen, daß mein *Pilot* pro Tag zehn Fehler macht!« Als Vielflieger wollen wir das natürlich auch nicht. Was wir aber wollen – und dies ist ganz bestimmt nicht unwichtig – ist, daß der Mensch am Steuer unseres Flugzeugs sämtliche möglichen Fehlerquellen durchgespielt hat und weiß, wie er reagieren muß. Bei jedem Beinahe-Unfall muß er sich eine unauslöschliche Lektion eingeprägt haben. Dasselbe gilt für den Chirurgen, der Operationen am offenen Herzen vornimmt oder Gallensteine entfernt.

Wir haben uns mit dem Themenbereich »Mißerfolg, Scheitern und Versagen« lange Zeit beschäftigt. »Probieren geht über Studieren« im qualitäts- und verantwortungsbewußten Sinne ist der Schlüssel zu »erfolgreicher Innovation«. Sogenanntes Versagen aber ist immer noch ein Tabu.

Ist es schwer, Mißerfolge zu tolerieren? Die Kunst der sinnvollen Ungeduld

Es gibt Chefs, denen der Ruf vorausgeht, »unerbittlich harte Manager« zu sein – Walter Wriston, ehemaliger Chairman von Citicorp, Jack Welch bei GE, Andy Pearson, ehemaliger Präsident von PepsiCo, Ed Finkelstein, Macy's. Sie alle vertreten das Prinzip »Mißerfolge sind normal«, ja sogar »Scheitern muß belohnt werden«. Warum geht ihnen dann dieser Ruf voraus? Weil sie jene uneingeschränkt verachten, die inaktives Verhalten tolerieren. Scheitern, Lernen und schnell mit neuen Ideen reagieren gilt als Norm. Wer sich aber hinsetzt und abwartet, bis »sämtliche Daten und Fakten« vorliegen, gilt als untragbar. Verachtet wird, wer es wagt, etwa folgendes zu äußern: »Ich hätte es schaffen können, *aber*.../die Einkaufsabteilung hat nicht mitgezogen, das Rechnungswesen hat mir die Zahlen nicht mitgeteilt«. Jeder weiß, daß er dafür bezahlt wird, etwas zu bewegen. Vorgebliche, formale, aber auch existente, wenngleich überwindbare Hindernisse sind keine Entschuldigung, von dieser Prämisse abzuweichen.

Über Welch kursiert eine hübsche Geschichte. Er hatte einige Mitarbeiter aus dem Einkauf darum gebeten, bestimmte Aufgaben zu erledigen. Einige Wochen später hörte er sich ihren Bericht dazu an. Zu seinem

Entsetzen konnten sie keinerlei Maßnahmen vorweisen. Sie hatten nur gewichtige Analysen erstellt und sich halbherzig um Koordination bemüht. Welch war wütend. Er unterbrach die Sitzung abrupt und erklärte, die Besprechung werde in vier Stunden fortgesetzt, und zwar mit einem Bericht über die erzielten Fortschritte. Diesen Bericht erhielt er dann auch. In diesen vier Stunden wurde mehr bewirkt als in den Wochen zuvor.

Diese zweckgerichtete Ungeduld mag manchen kleinlich erscheinen. Nach unserer Erfahrung ist sie das aber nicht, sondern sie stellt wahrscheinlich den Hauptunterschied zwischen denen, die gewinnen, und denen, die verlieren, dar. Bei denen, die verlieren, gilt: 1. Eine »gute Präsentation« zählt genauso viel wie ein Bericht über konkrete Maßnahmen. 2. Logische Gedankengänge und Unmengen von Daten werden als Ersatz für Aktivitäten akzeptiert. 3. Folgende Erklärung gilt als plausibel: »Das Ganze war unmöglich, da das Budget nicht ausreichte oder weil verschiedene Abteilungen nicht nur nicht zur Kooperation zu bewegen waren, solange es ›Beweise‹ dafür gibt, daß ›wir‹ es versucht haben und ›sie‹ sich dem widersetzt haben. 4. Man braucht mehr Unterstützung seitens der Stäbe, oder ›Daten, deren Erhebung sehr viel kostspieliger ist‹, oder ›Man sollte einen Ausschuß bilden‹.

Wie weit entsprechen Sie, Ihre Kollegen, Ihr Team, Ihre Gruppe und Ihr Unternehmen dem oben gezeichneten Profil? Wird bei Ihnen die Aussage akzeptiert: »Ich konnte nicht, weil ...«? Ist es bei Ihnen anders? Verlangen Sie sofortiges Agieren? Wenn bei Ihnen eher das letztere zutrifft, möchten wir Sie nur daran erinnern, daß dies unmöglich ist, es sei denn, daß die Duldsamkeit gegenüber einem guten, aber gescheiterten Versuch mit einer zweckgebundenen Ungeduld sinnvoll gepaart ist. Wer ungeduldig ist und gleichzeitig den geringsten Fehler ängstlich zu vermeiden sucht, ist entweder irrsinnig oder hat Höchstumsätze für sich gepachtet (aber aus Zufall!). Allzuoft haben wir dies beobachten müssen. Schön ist es nicht.

»Mißerfolge«: einige Fragen – und Anregungen zu Sofortmaßnahmen

– Wie stehen *Sie* zu Mißerfolgen? Denken Sie über die obige Analyse zunächst allein nach, dann gemeinsam in einer kleinen Kollegengruppe. Halten Sie Fehler (in dem Sinne, wie sie hier beschrieben werden) für eine natürliche Sache? Wenn ja, stehen Sie zu Ihren eigenen Fehlern, und reden Sie offen darüber? Nehmen wir an, es ist so, wird dies auch anderen klar? Auch Mitarbeitern in den unteren Ebenen? (Können sich Ihre Mitarbeiter beispielsweise spontan an fünf Begebenheiten erinnern, in denen Sie Ihr eigenes Versagen zugegeben haben?)

– Werden auch kleine Fehler verheimlicht (wodurch sie sich zwangsläufig zu größeren entwickeln müssen), oder werden sie sofort zugegeben und erörtert? Dies ist ein heikles Thema, das man ausschließlich sachlich erörtern kann. Vielleicht denken Sie einmal an nur kurz zurückliegende Mißerfolge. Hätten Sie über ein kleineres Problem offen informieren sollen, oder lieber nicht? Wenn nicht, warum nicht? Untersuchen Sie auch ein oder zwei Erfolgserlebnisse: Welche geringfügigen Probleme haben sich lösen lassen, *ehe* sie sich zu größeren auswachsen konnten? War das Klima anders, wenn das geringfügige Problem sofort offen genannt und behoben werden konnte? Vielleicht können Sie auch eine anonyme Umfrage zu diesem Thema durchführen. Dieser Bereich ist gar nicht zu überschätzen und ist es wert, viel Mühe zu investieren. Sie müssen dabei aber unbedingt konkrete Daten zu konkrekten Fällen und konkrete Punktbewertungen zu unterschiedlichen Fragen erstellen.

– Sie können es sich zum Prinzip machen, Ihre eigenen »Mißerfolgsgeschichten« weiterzuerzählen. Versuchen Sie, Ihre Kollegen dazu zu bewegen, dies ebenfalls zu tun. Vielleicht können Sie auch ein Programm institutionalisieren, bei dem derjenige belohnt wird, der »einen Fehler sofort bekannt macht«. Führen Sie dieses Prinzip in sämtlichen Abteilungen ein. Veröffentlichen Sie jede Woche eine Liste Ihrer eigenen »fünf besten Fehler«, und geben Sie dabei an, was Sie »konkret« daraus gelernt haben. Geben Sie jede Woche für ein neues Produkt oder für jede Projektgruppe an, »was jeder aus seinen Fehlern gelernt hat«. Vielleicht können Sie auch einen »Fehlerwettbewerb« organisieren – prämiiert werden jene Mitarbeiter, die am schnellsten aus einem gescheiterten Experiment gelernt haben. (Auch hier sollten Sie wieder versuchen, sämtliche Abteilungen einzubeziehen.)

– Alles hier Gesagte ist darauf ausgerichtet: gut durchdachte, schnell realisierte Experimente und damit verbundene Fehler und Fehlschläge, aus denen wir lernen können, zu erkennen und zu analysieren. Dazu aber müssen diese »positiven« Fehler erst einmal gemacht werden. Es gibt natürlich auch »dumme« Mißerfolge, deren Ursachen rasch geklärt werden müssen, damit sich kein Lawineneffekt daraus entwickelt. Schreiben Sie jede Woche *Dankeschön-Briefe* an zwei oder drei Mitarbeiter, die den Mut hatten, für sie unbequeme Informationen sehr früh weiterzugeben. Versuchen Sie, auch Kollegen zum Mitmachen bei dieser Aktion zu bewegen.

Wie Innovationsfreude nach außen wirkt

Den Wert der *äußeren* Merkmale von Innovationsfreude kann man gar nicht genügend hervorheben. 3M legt Wert darauf, neue Produkte innerbetrieblich auszustellen und zu testen; bei Hewlett-Packard lassen alle ihre jeweiligen Produkte auf der Werkbank liegen, um Kollegen genau dies zu ermöglichen. So kann nicht nur jeder, sondern soll auch seinen Kommentar dazu abgeben.

Vielleicht erscheinen Ihnen diese einfachen Maßnahmen irrelevant, trivial oder gar ein wenig »spinnert«. »Meine Ingenieure haben Angst davor, daß man ihnen ihre Ideen stehlen könnte. Das, was Sie berichten, kann ich mir einfach nicht vorstellen. Wie *machen* die das bloß?« hielt uns einmal der Präsident eines kleineren Unternehmens entgegen. Wir konnten darauf leider nur ziemlich lahm antworten: »Bei denen war es immer schon so.« Selbstverständlich steckt aber mehr dahinter. Die »Stars« bei Hewlett-Packard können sich darauf verlassen, daß man miteinander kooperiert und sich wechselseitig hilft. Sie brauchen keine Angst davor zu haben, daß ihnen jemand eine Idee oder ähnliches »stiehlt«. Unser Mann aber hatte das Problem, daß er zu viele »Produktrenner« erwartete. Er verteilt seine Preise an die Mitarbeiter sporadisch, wobei diese Preise mit Summen zwischen 25 Dollar und 50 000 Dollar dotiert waren. Er verlieh aber nicht genügend Preise, die mit jeweils 100 Dollar dotiert waren (auf die Leistungsanreizsysteme werden wir noch zurückkommen).

Ein weiteres konkretes Merkmal innovativer Organisationen ist das folgende: Bei Hewlett-Packard sind Mitarbeiter aus der Konstruktion, dem Marketing und der Herstellung an einem Ort konzentriert. Dasselbe gilt für 3M. Ein anderes Beispiel: Monarch Marking, eine Tochtergesellschaft von Pitney Bowes mit 100 Millionen Dollar Jahresumsatz, richtete eine Skunkwerkstatt ein. Bob Vanourek, der Chef, mietete eine alte Gaststätte in unmittelbarer Nachbarschaft der Unternehmenszentrale an und erklärte sie ohne Skrupel zu ebendieser Skunkwerkstatt. Von nun an war dieses schäbige Quartier Teil des Unternehmens, blieb aber dennoch eine unabhängige Keimzelle der Kreativität. Allen Michels von Convergent Technologies ist ebenfalls der Überzeugung, daß eine Skunkwerkstatt per definitionem geographisch und physisch vom eigentlichen Unternehmen getrennt sein muß. Also installiert er seine kleinen Mannschaften in separaten, spartanisch ausgestatteten »Zellen«.

Wir haben uns mit vielen Menschen über dieses Prinzip der räumlichen Trennung unterhalten. Der Konsens geht dahin, daß man der Mutterorganisation nahe genug sein müsse, um entsprechenden Input zu erhalten, gleichzeitig aber weit genug entfernt, um Teamgeist aufbauen und dem allgemeinen bürokratischen Geist entfliehen zu können. Tom West etwa bei Data General hat danach gehandelt. Seine »Jungtürken« waren in einem schäbigen Keller untergebracht. Sie waren weit weg vom Schuß. Seine Leute arbeiteten also in einer ganz anderen Umgebung als die institutionalisierte Forschungs- und Entwicklungsabteilung des Unternehmens in ihrem Tadsch Mahal in North Carolina, die die Entwicklung in Konkurrenz mit Wests Mannschaft vorantrieb. Interessanterweise ließ der außerordentliche Teamgeist von Wests Gruppe nach, als eine lange geforderte und lange versagte Genehmigung endlich erteilt wurde: den einzelnen Mitgliedern des Teams wurden eigene Büros zugestanden. Der Keller wurde durch Stellwände aufgeteilt. Der Teamgeist – »wir gegen die anderen« – ließ aufgrund dieser eigentlich sehr formalen Veränderung nach.

Räumliche Trennung ist wichtig. Genauso wichtig aber ist auch räumliche Nähe. Die Textilindustrie hat in der Forschung und Entwicklung keinen besonders guten Ruf. Eine Ausnahme davon ist Milliken & Co. Roger Milliken setzt sich in seinen Fertigungseinrichtungen leidenschaftlich für konstantes Experimentieren ein. Diese Einstellung signalisiert er sehr deutlich: Sein Büro befindet sich inmitten des hervorragenden Milliken Research Park. Die Prototypenanlage, in der Herstellungstechniken regelmäßig getestet werden, befindet sich genau unter Rogers Fenster. Er ist stolz darauf, daß ihn seine eigenen Leute und die Kollegen in der Branche für verrückt hielten, als er diese Prototypen-Testeinrichtung bauen ließ. Nicht selten trifft man Roger in dieser Einrichtung dabei an, wie er sich nach den neuesten Testläufen erkundigt. Wie sehr Roger auf Innovationen bedacht ist, ist hier mehr als deutlich zu erkennen. Einerseits kann die räumliche Trennung für eine Skunkwerkstatt nur von Vorteil sein, andererseits aber ist die räumliche Nähe zum Hauptlabor oder zum Chef ein deutlich sichtbares Merkmal für die Bedeutung, die den Innovationen im Unternehmen beigemessen wird. Dieses Argument wurde in einem Gespräch mit dem Präsidenten eines kleinen pharmazeutischen Unternehmensbereiches erhärtet. Vor einigen Jahren hatte er sich zwei Tage lang in den zentralen Forschungseinrichtungen eines Großunternehmens aufgehalten, mit deren Produkten sein Unternehmen Joint Venture pleite gegangen war. Die Forschungseinrichtungen waren erst kürzlich aus der Unternehmenszentrale an einen neutralen Standpunkt in 40 Kilometern Entfernung verlegt worden. Nach diesen zwei Tagen besuchte er den Vorstandsvorsitzenden des Konzerns. »Nach nur zwei Tagen wußte ich mehr über die Forschungsarbeiten des Unternehmens als der Vorstandsvorsitzende«, sagte er. »Wenn man so weit von einander entfernt ist, bekommt man einfach nicht alles mit.« Es ist also kein Zufall, daß dieser Mann recht extreme Ansichten dazu hat, wie wichtig der Standpunkt als Symbol und Merkmal dafür ist, welche Bedeutung dem kreativen Bereich in einem Unternehmen beigemessen wird.

»Wie Innovationsfreude nach außen sichtbar wird«: einige Fragen – und Anregungen zu Sofortmaßnahmen

– Stellen Sie Ihr Produkt deutlich sichtbar aus und zwar in Funktionsbereichen? Sind alle Mitarbeiter mit den Produkten oder Dienstleistungen, und insbesondere mit neuen Produkten oder Dienstleistungen, vertraut? Führen Sie neue Produkte und Dienstleistungen in der Praxis oder zumindest theoretisch sämtlichen Unternehmensebenen und sämtlichen Funktionsbereichen vor?
– Sind alle neuen Produkte im Bereich Konstruktion und Entwicklung für den Einkäufer konkret verfügbar, so daß sich alle damit befassen und ihr Urteil dazu abgeben können, finden bei Ihnen viele interne Konferenzen statt, in denen Kollegen über die jeweiligen Neuprojekte auf dem laufenden gehalten werden? Frage: Was ist bei Ihnen üblich! Andere teilhaben zu lassen oder sie auszuschließen?
– Achten Sie auch auf die räumlichen Gegebenheiten für kleine Entwicklungsteams? Legen Sie Wert auf räumliche Trennung und spartanische Ausstattung, die solche Teams zusammenwachsen läßt? Haben Sie es auf der anderen Seite so eingerichtet, daß man aus der räumlichen Nähe der Entwicklungs- und Konstruktionsabteilungen deutlich ableiten kann, daß Sie (als Chef, Spartenleiter usw.) starkes Interesse an innovativen Entwicklungen hegen?

Netzwerke

Silicon Valley ist eigentlich nichts anderes als eine Ansammlung zahlloser Skunkwerkstätten, von denen einige Erfolg gehabt haben. Mit ihren Erfolgen aber haben sie Öl in die Flammen gegossen: Die wirklich Besten haben die sehr Guten aus dem Feld geschlagen (was auf die Sturheit zurückzuführen ist, die Voraussetzung für jeden Erfolg ist – auch und gerade im chaotisch-kreativen Elektronikgeschäft). Einige dieser Leute arbeiten zur Zeit an ihrem dritten oder vierten Erfolg (oder auch Fehlschlag). Silicon Valley sagt etwas aus über die Rolle der kritischen Masse für Experimente, Champions und Skunkwerkstätten. Sobald die kritische Masse erreicht ist, bildet sich ein Netzwerk, und ein Perpetuum mobile der Kreativität rückt in den Bereich des Möglichen. Ohne die kritische Masse, das heißt ohne ein bestimmtes Volumen an Experimenten und Skunkwerkstätten und eine ausreichende Zahl von Champions fällt die Möglichkeit kontinuierlicher Innovation in sich zusammen.

1984 veröffentlichten Ev Rogers, Stanford, und Judith Larsen, Cognos Associates, *Silicon Valley Fever: Growth of High-Technology Culture.* Sie entwickeln darin ein Modell, das für Einzelunternehmen ebenso wie für Silicon Valley gut geeignet ist. »Netzwerke« sind Thema eines ganzen Kapitels. Dem Risikokapital wird ein weiteres Kapitel gewidmet. Auch hier wiederum spielt das Phänomen der kritischen Masse eine existentielle Rolle.

Roger und Larsen gehen auf das Konzept der kritischen Masse*in Silicon Valley ein:

Silicon Valley ist durch ein sehr eng geknüpftes Netzwerk gekennzeichnet. Deshalb konnte in dieser Region ein so großer technologischer Vorsprung erreicht werden. Nolan Bushnell (damals bei Atari) hat sich hierzu geäußert: »Das Netzwerk hier in Silicon Valley ist ohnegleichen. Ich habe vor kurzem eine Gruppe von Ingenieuren in London besucht, die an einem neuen Produkt arbeitete und dabei mit einer Gruppe hier in Silicon Valley konkurrierte. Beide begannen zur selben Zeit, das Team aus Silicon Valley aber konnte sein Projekt sechs Monate früher abschließen. In unserer Gruppe war ein Ingenieur, der einen Freund bei Intel hat. Dieser Freund hat einige Prototypen eines neuen Intel-Chips herausgeschmuggelt, und dieser Chip war genau das, was sie brauchten. Der Chip sollte rasch auf den Markt kommen,

* Dieser Begriff aus der Kernphysik ist hier im Sinne von Menge gemeint, die aus sich heraus explosive Kräfte entwickeln kann, eine naturwissenschaftlich nicht ganz korrekte Metapher (Anm. d. Red.)

war aber im Katalog noch nicht aufgeführt. Intel war sehr froh über die Entwicklung, weil sich für diesen Chip sofort Käufer fanden. Diese sechs Monate Vorsprung zeigen, daß wir hier enorme Vorteile haben. Darum ist Silicon Valley immer vorn.« In einem Bericht der Federal Trade Commission (Bundeshandelskommission, amerikanische Kartellbehörde) heißt es, die amerikanische Halbleiterindustrie ziehe ihre unvergleichliche Stärke aus der Tatsache, daß Hersteller die Chips anderer Hersteller schnell und entschlossen kopieren, wenn dies dem innovativen Vorankommen dient.

Und:

Bei Fairchild-Atari gibt es ein eng geknüpftes Kontaktnetz zwischen den alten Hasen. Das Äquivalent in der Mikrocomputerindustrie ist der *Home Brew Computer Club.* Diese Organisation wurde im März 1975 in der Garage des Mikrocomputerfans Gordon French in Menlo Park gegründet. 22 Mikrocomputerfirmen sind seitdem von Clubmitgliedern gegründet worden! 20 dieser Firmen sind immer noch erfolgreich am Markt. Viele waren oder sind führende Gesellschaften in der Mikrocomputerbranche: Apple, Cromemco und North Star, um nur einige zu nennen. Manche Home-Brew-Mitglieder leisteten Pionierarbeit im Bereich der Computersoftware, andere wie Paul Terrell und Boyd Wilson eröffneten Computerläden, wieder andere, wie Jim Warren, haben Computer-Messen ins Leben gerufen. Bei seiner Gründung hatte der Home-Brew-Computer-Club rund 500 – meist junge und männliche – Computerfreunde als Mitglieder. Der Club sollte den Informationsaustausch zwischen den »Computerverrückten« erleichtern. Es wurden keine Mitgliedsbeiträge oder Aufnahmegebühren erhoben, und es gab keine Satzung. Die Zusammenkünfte begannen mit einer Art ›Markt‹ – Neuigkeiten wurden verkündet, es wurde gekauft und verkauft, getauscht und verschenkt. Anschließend fand man sich in Gruppen Gleichgesinnter zusammen. Hier konnten sich beispielsweise die Anhänger des Mikroprozessors Intel 8080 miteinander unterhalten und Informationen austauschen. Die Mitglieder tauschten Computerprogramme und Schaltkreispläne aus, ein Wissen, das paradoxerweise einige Jahre später Unternehmensgeheimnis war. Mitte der 70er Jahre verteilte Steve Wozniak Fotokopien von seinen Schaltkreisen für seinen Apple-Computer. Als Gegenleistung bestärkten seine Kollegen ihn und machten Verbesserungsvorschläge. Im Home-Brew-Computer-Club hätte niemand gedacht, daß sich Mikrocomputer zu einer wettbewerbsfähigen Branche entwickeln würden.

Dezentralisierung und »Respektlosigkeit«

»Klein ist schön« gilt für Innovation noch mehr, als wir anfangs glauben wollten. *Sämtliche* erfolggekrönten Innovationen – in innovativen *oder* nicht-innovativen Unternehmen, in der Fabrik wie im Bereich der Entwicklung neuer Produkte und Dienstleistungen – entstehen in Skunkwerkstätten, oder diese sind zumindest maßgeblich daran beteiligt. Es geht also nicht um das theoretisch zutreffende Konzept, dem zufolge Skunkwerkstätten Innovationszentren sind, sondern um die *Zahl:* Haben sie *genug* Skunkwerkstätten, um sich in einer Welt, in der die Chancen für neue Produkte oder Dienstleistungen 20 zu 1 stehen, zu behaupten?

Ein wichtiger Punkt in diesem Zusammenhang ist die sprachliche Umsetzung dieser praktischen Erkenntnisse. Bei 3M heißt es: »Große Erfolge entstehen aus kleinen Anfängen.« PepsiCos Schlagwort ist die These von den Riesengeschäften, die sich aus Kleininvestitionen in Höhe von 500 Dollar ergeben haben. Innovative Unternehmen predigen lautstark (und unablässig), daß eine kleine Mannschaft den alles entscheidenden Beitrag zu einem Erfolg leisten kann. In einer Rede vor den Kollegen bei Digital hat Präsident Ken Olsen eine zehnjährige Chronik der Entwicklungserfolge und Entwicklungsfehlschläge zusammengefaßt. Er meinte, wesentliche und kommerziell erfolgreiche Projekte seien immer nur in Teams entstanden, denen nur »unzureichende Mittel« zur Verfügung gestanden hätten. Erfolge hatten sich immer nur bei Gruppen eingestellt, die »organisieren« und »unter der Hand« Mittel abknapsen mußten.

Das Innovationsmilieu wird davon bestimmt, inwieweit die Wirklichkeit des Innovationsprozesses beachtet wird: häufige Versuche, häufige Fehlschläge, viel »Organisation« aber *immer* »action«. Dazu gehört auch die Fähigkeit, Respektlosigkeit zu entwickeln und – bei anderen – zu akzeptieren: Dazu sagte ein nachdenklicher Kollege: »Wir brauchen genügend Selbstvertrauen, um unseren eigenen Institutionen respektlos zu begegnen.« Er meinte damit die bei HP Ende der 60er Jahre getroffene Entscheidung, radikal zu dezentralisieren, ehe man von den Marktkräften dazu gezwungen wurde. Er war davon überzeugt, daß sich HP deshalb so hervorragend weiterentwickelt habe, während sein eigenes Unternehmen, das einst mit HP gleichauf gelegen hatte, stagniert habe. Jim Burke, Chairman von J & J äußerte sich ähnlich: »Ich sehe meine Rolle darin, zu jenen ›nein‹ zu sagen, die alles wieder rezentralisieren wollen. Sobald sich irgendwo Schwierigkeiten ergeben, heißt es: ›Unterstellen wir diesen Bereich doch wieder der Zentrale, damit wir alles wieder in die Reihe bringen können.‹ Dies aber wäre ein Todeskuß.« Diese Logik liegt auch der radikalen Dezentralisierung des Unternehmens Campbell Soup durch Gordon McGovern zugrunde: »Wir haben zunächst unser Geschäft in (52) überschaubare Einheiten aufgeteilt und so die Zahl der Mitarbeiter vervielfacht, die unternehmerische Chancen ergreifen und handeln. Dann haben wir ein flexibles, offenes Konzept gemeinsam mit diesen Mitarbeitern eingeführt, dadurch können sie so viele Chancen wahrnehmen, wie wir uns das an der Spitze *nie hätten vorstellen können*!«

J & J, IBM (mit seinen neuen Independent Business Units, unabhängigen Geschäftseinheiten), Kollmorgen und Gould etablieren in ihren Unternehmensbereichen und Gruppen beispielsweise eigenständige Vorstände. Ziel ist, daß die Unternehmenszentrale nicht störend in die Geschäfte der autonomen Sparten eingreift. Das ist wirklich eine Art von Weisheit: zu wissen, daß man *nicht* klug genug ist, zu wissen, wann man an falscher Stelle eingreift. Also wird ausdrücklich ein Schutzschirm aufgebaut, um die operativen Bereiche vor der Verwaltung zu schützen. Bei IBM gilt: Die erste Aufgabe eines unabhängigen Geschäftsbereiches besteht darin, dem Planungsprozeß des Gesamtunternehmens *nicht* zu folgen. Das Unternehmen Ore-Ida hat in Zusammenarbeit mit unserem Kollegen Bob Waterman ein innerbetriebliches unternehmerisches Programm eingerichtet, mit dessen Hilfe hohe Dividenden erzielt werden. Das Unternehmen bekennt sich offiziell zu dem Ziel, »das System kurzzuschließen«. Auf dieses Thema werden wir in Kapitel 17 noch näher eingehen. Hier geht es uns um die Entbürokratisierung als Norm, um eine Atmosphäre, in der ein Umgehen der bürokratischen Regeln gefördert wird. Dies ist wesentlich für Innovationsfähigkeit.

Gegen die Zentrale anzukämpfen ist alles andere als leicht. Man muß ständig auf der Hut sein, Burke sagt, man tendiere immer wieder dazu, doch zu Zentralisierung und »Konsolidierung« zurückzukehren. Immer wieder heiße es, alles lasse sich anhand von Netzplantechniken lösen. David Ogilvy hat es wahrhaft verdient, das dazu abschließende Wort zu sagen: »Sorgen Sie dafür, daß sich ein Vorstandsmitglied an die Spitze der Revolution stellt und sein Geist auf seine konventioneller eingestellten Kollegen abfärbt.« Wie schneiden Sie selbst ab, wenn es gilt, zweckgebundene Respektlosigkeit nicht nur zu akzeptieren, sondern gezielt zu fördern?

»Dezentralisierung und Respektlosigkeit«: einige Fragen – und Anregungen zu Sofortmaßnahmen

– Auch wer Schlitzohren akzeptiert, fördert auf seine Weise Respektlosigkeit. Darüber haben wir schon gesprochen. In diesem Teil gehen wir auf eher formale Merkmale ein. »Zeigen Sie Respektlosigkeit«, indem Sie Skunkwerkstätten (mit zwei bis drei oder zehn bis 20 Mitgliedern) *direkt* mit anderen eher formal-orientierten Arbeitsgruppen konkurrieren lassen? Fördern Sie Dezentralisierung? Kämpfen Sie *nachdrücklich* gegen eine Rezentralisierung aufgrund von Fehlschlägen? Setzen Sie Vorstände oder sonstige Gremien ausdrücklich deshalb ein, um das zentrale Planungssystem »kurzzuschließen« und fragile innovative Bemühungen kleiner Gruppen vor verfrühten oder übertriebenen Eingriffen der Zentrale zu schützen? Halten Sie solche Instrumente für wesentlich, oder gelten sie Ihnen als Zeichen dafür, daß sie »nicht gut genug organisiert sind«? – Denken Sie über all dies nach und sprechen Sie auch mit Kollegen darüber! (Schauen Sie sich die besten innovativen Unternehmensbereiche oder Gesamtunternehmen in Ihrer Branche an. Können Sie dort ein solches Verfahren beobachten?) Gelten diese Instrumente bei Ihnen als »Luxus«, den sich nur ein Branchenriese leisten kann, oder können Sie sich vorstellen, so etwas Ähnliches auch in Ihrem eigenen Bereich oder in den Ihnen unterstehenden drei Filialen einzuführen? (Wir meinen, daß der Dezentralisierungsprozeß am besten dort einsetzt, wo ein Gewinn von zwei bis drei Millionen Dollar erreicht wird. Bei einem Umsatz von drei Millionen Dollar liegt die Höchstgrenze!)

– Wie sehen Sie und Ihre Kollegen Ihre Rolle hinsichtlich der Innovation? Sind Sie eher fördernd tätig oder eher planerisch und ordnend? Haben Sie die Gruppen, die an neuen Projekten arbeiten, in den letzten zwei Monaten wenigstens ein halbes dutzendmal besucht? Haben Sie bei dieser Gelegenheit oder sofort danach mindestens drei eigentlich selbstverständliche Maßnahmen durchgeführt, um dem Team überflüssige Hindernisse aus dem Weg zu räumen. (Diese Fragen gelten für alle Unternehmensbereiche. Auch der Buchhalter, der Mitarbeiter in der EDV und der Mitarbeiter in der Personalabteilung muß sich mit seiner Aufgabe so identifizieren wie die Mitarbeiter in den operativen Bereichen.) Besuchen Sie im Rahmen dieser Analyse ein oder zwei Teams, und fragen Sie, ob Sie ihnen die Arbeit erleichtern, ob andere Abteilungen die Arbeit erleichtern oder Hindernisse aufbauen oder gar – was die schlimmsten Folgen hat – einfach ignorieren. Nehmen Sie sich vor, einen solchen Besuch innerhalb der nächsten *zehn* Tage durchzuführen. Setzen Sie sich zum Ziel, mindestens *fünf* Irritationsfaktoren aus dem Weg zu räumen, und mögen sie vorgeblich noch so unbedeutend sein.

Champions müssen gehätschelt werden

Ein leitender Angestellter von Bell Labs beschreibt seine erfolgreiche Arbeit so: »Zunächst einmal laufe ich überall herum und versuche, die kleinen Irritationsfaktoren zu beseitigen, die einem Ziel im Wege stehen. Eine Arbeitsgruppe braucht beispielsweise 4000 Dollar für einen Personalcomputer. Ich will doch nicht, daß die sechs Monate warten muß, bis diese Ausgabe genehmigt wird. Ich gebe ihnen das Geld. Ein anderer braucht für zwei Wochen die Hilfe eines Ingenieurs aus der Fertigung. Ich finde jemanden für ihn.«

Die Unternehmen, bei denen die Innovationstätigkeit *formal hervorragend* organisiert ist (z. B. HP, J & J, Raychem, Kollmorgen) begreifen auch, wie wichtig es ist, daß bestimmte Personen den Innovatoren unterstützend zur Seite stehen. Ein Vorstandsmitglied von 3M sagt dazu: »Woran es wirklich mangelt, sind Menschen, die unsere Champions hegen und pflegen.« Dieser Ausspruch kommt ausgerechnet von 3M, einem Unternehmen, in dem sämtliche formale Verfahren und Strukturen ohnehin schon auf eine Maximierung der Innovationsleistung ausgerichtet sind.

Schlitzohrigkeit und »Organisieren« gut zu heißen, vermittelnd zugunsten von Champions einzugreifen, ist aber noch nicht genug. Sobald das Team seine Leistung erbracht hat, muß diese Leistung auch entsprechend honoriert werden, und zwar nicht finanziell, sondern indem man Imagepflege treibt. Wichtig ist auch, daß alle Mitarbeiter der Organisation in ähnlichen Bahnen denken. Die Innovatoren werden als »Helden« gefeiert, weil sie einen Sieg errungen haben, der nicht möglich gewesen wäre, wenn sie nicht mit hoher Risikobereitschaft die übrigen Regeln übertreten hätten. Illusionäre sind nicht gefragt. Der Innovator/das »Schlitzohr« – damit sind Champions/Teams/Skunks gemeint – ist vor allem Pragmatiker. Lassen wir David Ogilvy (in Zusammenhang mit der Werbung) noch einmal zu Wort kommen: »Wenn es sich nicht verkauft (das Produkt), ist es nicht ›kreativ‹.« Wir haben festgestellt, daß effektive Produkt- und Dienstleistungsmanager durch und durch pragmatisch denken und handeln und die Ideen anderer aufgreifen und ausnutzen. Sie sind Tüftler mit einem unstillbaren Bedürfnis, die Funktionsfähigkeit ihrer Idee zu beweisen.

Es ist außerordentlich wichtig, Champions zu hätscheln und sie in allen Phasen ihrer Innovationstätigkeit als Champions zu behandeln. In einem Gespräch mit der Forschungsleitung eines pharmazeutischen Unternehmens wurden zwei Phasen in der Produktentwicklung unterschieden: »Entdeckung« und »alles, was anschließend kommt«. Die Entdeckung ist der dramatische und deutlich erkennbare Teil. Die Entdeckung gehört zur pragmatischen und wissenschaftlichen Grundlagenforschung. Aus diesem Stoff sind Nobelpreise, preisgekrönte, wissenschaftliche Arbeiten oder auch »nur« Artikel in *Science* gemacht. »Alles, was danach kommt« sind die *»letzten 90 Prozent«* des Prozesses – klinische Tests, Zulassungen usw. Es gibt Unternehmen, in denen diese »letzten 90 Prozent« mechanisch und bürokratisch realisiert werden, für die Sachbearbeiter und Automaten zuständig sind. Es hat sich aber gezeigt, daß ein »leidenschaftlicher Champion« sehr viel mehr dazu beitragen kann, das gesamte Procedere erfolgreich und rasch zu einem guten Ende zu bringen, als das Genie, das die eigentliche Entdeckung gemacht hat.

Im medizinischen Bereich kann er beispielsweise die für die klinischen Tests eines Medikaments Verantwortlichen zur Eile antreiben und generell für massive Unterstützung trommeln. Solche Champions können den Zeitraum, der nomalerweise bis zur endgültigen Freigabe eines Medikaments vergeht, um bis zu 75 Prozent verkürzen. Also gibt es auch in dieser Branche, in der traditionell nur der rein wissenschaftlich Arbeitende einen Lorbeerkranz gewinnt, auch Unternehmen, die klug genug geführt sind, den Einsatz der Pragmatiker für genauso wichtig zu halten wie den der nur »theoretischen« Köpfe. Wer diese letzten 90 Prozent der Wegstrekke erfolgreich zurücklegt, wird ebenso oder noch mehr geehrt als der Grundlagenforscher, dessen Name anschließend in allen Zeitungen steht. Ein wichtiges Wort zum Schluß: Nicht nur die, das bizarre Sprachbild sei erlaubt, kreativen Pragmatiker, auch die häufig gänzlich ignorierten Mitarbeiter in der Administration haben Lorbeerkränze verdient. Ihre Arbeit ist nämlich ebenfalls einer der Schlüssel zum kommerziellen Erfolg.

Leistungsanreize für alle

Von »Helden«, die Lorbeerkränze erringen, wimmelt es bei 3M geradezu, ob sie nun mit einem erfolgreichen Produkt zehn Millionen Dollar Umsatz machen oder 200 Millionen Dollar. Bei Hewlett-Packard arbeiten unzählige »kleine Helden«, und die Geschichten ihrer Erfolge werden überall erzählt. Die Innovationskurve flacht jedoch ab, wenn zuviel des Guten getan wird. Wer Prämien in Höhe von 100 000 Dollar aussetzt, schafft ein »Superstar-Syndrom«. Unterschwellig klingt nämlich durch: »So etwas können nur einige wenige.« Bei 3M, HP, Milliken, Wal-Mart, Raychem, Domino's, Dana, The Limited u. a. glaubt man jedoch, daß ein sehr großer Teil der Bevölkerung eigentlich zu innovativem Denken fähig wäre und die Belegschaft eines jeden Unternehmens nur einen repräsentativen Querschnitt dieser Bevölkerung verkörpert. Deshalb gilt: Große und kleine »Sieger« werden mit viel Ehrbezeugung, aber nie mit Geld belohnt. Es herrscht ein anscheinend ehernes Gesetz: wenn die Entlohnungsstruktur nur auf die ganz großen, sporadischen »Hits« angelegt ist, wird dies zu viel Heimlichtuerei führen, jeder will seine Chance erhöhen, die ganze Ehre für sich einzufahren. Mitarbeiter wollen ihr Wissen nicht mehr mit anderen teilen. Die Bereitschaft zur Zusammenarbeit erlahmt. Skunkwerkstätten haben in einer solchen Atmosphäre nicht die geringste Chance.

Innovative Unternehmen haben sich dem Prinzip der Kreativität mit Haut und Haaren verschrieben – ohne jedes Wenn und Aber. Skunkwerkstätten und Querulanten werden extrem gefördert, und zwar auch in der EDV, im Personalwesen und in der Herstellung. Ein Mitarbeiter von HP erzählte uns folgende Geschichte: In Konstruktion und Entwicklung war eine nicht gerade funktionsfähige Tastatur gebaut worden. Als sie in die Produktion gehen sollte, stellte ein Mitarbeiter in der Fertigung die in diesem Zusammenhang zu erwartenden Probleme fest. Was tat er? Er sah sich das Ganze an und baute nach Feierabend ein verbessertes Modell. Wie hat sein Chef reagiert? Er hat zustimmend genickt. Das ursprünglich komplexe Design ließ sich in der Herstellung nicht verwirklichen. Da aber bei HP in sämtlichen Funktionsbereichen Initiative erwartet (und gefördert!) wird, war das Problem schnell überwunden. Ein besseres Design wurde entsprechend rasch entwickelt.

It was just an idea.

An idea is a fragile thing. Turning it off is much easier than keeping it lit.

A company called TRW lives on ideas. So we look for people who have them and for people who won't snuff them out. In recent years TRW has been issued hundreds of patents in such diverse fields as fiber optics, space, lasers and transportation electronics.

Those ideas shone because somebody had them and somebody helped them. And nobody turned them off.

Tomorrow is taking shape at a company called TRW.

TRW

A Company Called TRW

Champions, Helden – Leistungsanreize für alle: einige Fragen – und Anregungen zu Sofortmaßnahmen

– Erheben Sie und Ihre Kollegen Mitarbeiter zu »Helden«? Freuen Sie sich über Champions, auch wenn sie Ihnen auf die Nerven fallen? Legen Sie aber dennoch Wert darauf, daß keine Götzenbilder verehrt werden, will sagen: auch kleine Helden auf breiter Basis honoriert werden? Reservieren Sie Ihren Applaus für den pragmatisch arbeitenden Champion und auch für die Personen, deren Beitrag zum Erfolg dieses Projektes normalerweise nicht wahrgenommen wird, die aber besessen und leidenschaftlich dazu beigetragen haben. Wie (und wie oft) würdigen Sie solche Heldentaten? Wissen alle Leute auf jeder Führungsebene und in allen Funktionsbereichen genau, was Sie unter »Heldentum« verstehen? Die Definition von »Helden des Implements« einerseits und »Helden des Pragmatismus« andererseits ist sicher nicht leicht. Die Helden, die wir hier meinen, wirken meist im stillen und lassen sich nicht so leicht herausfinden wie der brillante Einkäufer oder geniale Forscher. Sie werden sich also auf eine intensive Schatzsuche machen müssen, an der sich alle beteiligen können und die sich so gut wie immer lohnt.

– Ist Ihr Begriff von Innovation begrenzt? Gilt auch eine kleine Verfahrensverbesserung seitens eines Mitarbeiters am Empfang als Kreativität? Denken Sie darüber nach – lange und gründlich!

– Wie haben Sie Ihre Anreize zur Innovation strukturiert? Gibt es sie überhaupt? Gibt es Geldprämien oder ein eher immaterielles System der Honorierung, und wenn doch Geldprämien, wenige hohe oder viele niedrige? Wer bekommt das Geld? Der einzelne oder eher das ganze Team? Geht der Löwenanteil nicht an das gesamte Team, sind Sie mit Ihren innovativen Bemühungen wahrscheinlich von vornherein zum Scheitern verurteilt. (Aufmerksamkeit ist der Schlüssel. Denken Sie immer daran! Ein guter Vorgesetzter, der für eine großzügige Veranstaltung für 300 »Innovatoren aus stützenden Funktionen« 75 Dollar pro Kopf ausgibt, tut damit mehr für seine Mitarbeiter, als wenn er ihnen 250 Dollar mehr Gehalt zahlt, und den Mitarbeitern davon dann auch noch sämtliche Sozialleistungen und Steuern abgezogen werden.)

12.
Die Atmosphäre der Innovation

Wie stellt man fest, ob in einem Unternehmen eine innovative Atmosphäre herrscht? Wir verraten 23 Anhaltspunkte:

1. Inaktivität wird *nicht* geduldet! Führungskräfte stoßen allerorten auf Skepsis, wenn sie Argumente vortragen wie: »Wir brauchen mehr Leute hier.« – »Wir brauchen mehr Daten.« – »Dazu muß ein Ausschuß gegründet werden, der sich näher damit befassen soll.« – »Wir selbst wären ja weitergekommen, *aber* der Einkauf [usw.] hat uns das und das nicht rechtzeitig besorgt.« Die häufigste Frage lautet: »Was haben Sie in den letzten 24 oder 48 Stunden geleistet?«

2. Dagegen sind Äußerungen folgender Art erwünscht: »Probieren geht über Studieren.« – »Testen.« – »Schnell zusammenschustern.« – »Besorgen Sie mir zwei stichhaltige Daten oder Fakten [nicht etwa 22 oder 220], und dann machen wir, daß wir weiterkommen.« Solche Stichworte und Satzfetzen hört man in innovativen Unternehmen viel häufiger als etwa: »Stellen wir doch eine Analysegruppe zusammen.« – »Nur nichts überstürzen.« – »Was halten X, Y und Z [und L und M und N . . . SU davon?« (Achten Sie einmal darauf, welche Fragen üblicherweise gestellt werden und wie man die Punkte der Tagesordnung bei formellen und informellen Besprechungen behandelt.)

3. Für innovativen Erfolg spricht etwa folgende Aufforderung: »Wie wäre es, wenn Sie sich mit J [im Marketing], B [in der Herstellung] und A [im Verkauf] zusammensetzen, die zwei Leute aus der Sparte ZZ *heute nachmittag* zusammensetzen und das Rätsel gemeinsam entwirren? Und – ach ja – bitten Sie auch noch B [einen Kunden] dazu.

4. Mißerfolge werden nicht nur toleriert, sondern auch noch gelobt, wenn der Denkansatz sinnvoll war und man daraus lernen kann. Folgendes hören wir häufig: »Puh, das war wirklich ein interessantes Problem, das in der Herstellung aufgetaucht ist, als sie

unsere Baureihe von der Konstruktions- auf die Produktionsebene übertragen sollten. Da hat man uns aber wirklich kalt erwischt. Allerdings haben wir daraus und daraus und daraus einiges gelernt. Können wir morgen unseren verbesserten Prototyp vorlegen?« Ein weiteres Beispiel: »Die Schwerpunktgruppe hat aber wirklich kein gutes Haar an unserer neuen Verpackung gelassen. Vielleicht sollten wir doch noch eine andere Gruppe daran arbeiten lassen. Allerdings muß ich sagen, daß wir hier wohl ganz klar Mist gebaut haben. Schauen wir doch, daß wir die Gruppe heute abend zusammentrommeln und gemeinsam überlegen, wie wir die Verpackung unter Berücksichtigung der unterschiedlichen Meinungen noch ändern können oder ob wir sie lieber ganz vergessen und etwas anderes ausprobieren.« Folgende Aussage spricht für Innovationsträgheit: »Diese Blödmänner in der Herstellung haben uns doch wahrhaftig einfach nicht fair behandelt. Meinem Chef werde ich aber noch nichts davon sagen. Ich weiß doch, daß unsere Konstruktion vernünftig ist. Wir werden eine Analyse zusammenstellen und sie am Donnerstag in der Abteilungsleiterbesprechung damit konfrontieren. Wir können einfach nicht mehr zulassen, daß sie uns andauernd diesen Mist liefern. Ich habe dem Chef doch schon gesagt, daß das Modell gut ist und die Produktion gestartet werden kann. Was mich betrifft, hat sich daran nichts geändert. Sorgen Sie dafür, daß der Kerl in Ihrer Abteilung dann seinen Mund in dieser Angelegenheit hält.«

5. Die Karriereleiter der Spitzenleute ist ein wackliges Gestell. Sie sprechen oft und gern von ihrem »größten Reinfall«, »meinen zehn schlimmsten Mißerfolgen im Jahr 1985«, machen dabei aber immer deutlich, daß sie »drangeblieben sind«, bis das Ziel erreicht war. Folgende Beschreibungen werden einen erstklassigen Manager *nie* charakterisieren: »Guter Präsentierer«, »hält sich zurück, bis sämtliche Truppen aufgestellt sind, um den langen Marsch zum Leiter der Sparte anzutreten«, »ich glaube nicht, daß er überhaupt *je* einen Fehler gemacht hat.«

6. Die »Ruhmeshalle« wird von jenen bevölkert, die ihre Produkte/Dienstleistungen als Champions zäh durch dick und dünn vorangetrieben und auch Kämpfe mit der Unternehmenszentrale nicht gescheut haben. Champions gelten zwar auch ein wenig als Exoten, aber niemand würde wagen, ihnen Zähigkeit und eisernen Willen zu bestreiten.

7. »Exoten« werden offen toleriert, dennoch legt man Wert auf *die praxisnahe Arbeit im Team*. Die Champions, die in die Ruhmes-

halle vordringen, gelten als Menschen, die nichts von Unternehmenspolitik, strategischen Richtlinien und Stabsarbeit halten, aber Wunder leisten in der *praktischen* Koordination und meisterhafte Spitzenteams zusammenstellen, Zeit, Raum und andere unabdingbare Voraussetzungen für erfolgreiche Arbeit meist am Rande des Dienstweges herausschlagen können, um einem aufregenden Projekt zum Durchbruch zu verhelfen.

8. Ideen *in Zusammenarbeit mit Kunden* zu realisieren ist gleichermaßen gängige Praxis wie goldene Regel. Auch Mitarbeiter, die nicht direkt im Verkaufs- oder Marketingbereich arbeiten, werden dazu ermuntert, direkte und kreative Kundenkontakte zu pflegen. Immer werden auch die Kunden zur Mitarbeit an Problemlösungen herangezogen (die Organisation ist an die Anwesenheit ihrer Kunden gewöhnt – in Schwerpunktgruppen, bei Erstversuchen mit Prototypen, in Brainstorming-Sitzungen, in denen es um die ersten Designs oder die Übertragung von der Labor- auf die Produktionsebene geht).

9. »Innovation um der Innovation willen« gilt auf *allen* Unternehmensebenen und in sämtlichen Funktionsbereichen als ein der Belohnung wertes Unterfangen, *auch* wenn Mitarbeiter aus dem Empfangsbereich, auf den Verladerampen oder im Rechnungswesen, sich darum verdient gemacht haben, indem sie Risikobereitschaft bewiesen und als unanfechtbar geltende Regeln mißachtet haben. Ein solches Verhalten wird darüber hinaus routinemäßig für die Leistungsbeurteilung verwertet.

10. Die Arbeitsumgebung ist (überall) so gestaltet, daß zwanglose Kommunikation gefördert wird. Dies gilt ganz besonders für die funktionsübergreifende Kommunikation. Gruppen werden ganz spontan und schnell gebildet, ihnen wird unmittelbar für einen bestimmten Zeitraum ein eigener Platz eingeräumt. Bei gesellschaftlichen und informellen Anlässen wird die funktions- und spartenübergreifende Kommunikation ganz besonders gefördert.

11. Es gilt als ganz normal, ja wird eigentlich vorausgesetzt, daß alle, insbesondere Konstrukteure/Einkäufer/Produktmanager/Kreditbearbeiter/Ingenieure zehn bis 20 Prozent ihrer Zeit für Arbeit »am Rande der Arbeitsplatzbeschreibung« aufwenden. Wer diesen »Schwarzarbeitern« hilft kann Pluspunkte ernten. Der Chef beobachtet genau, ob seine Mitarbeiter auch außerhalb ihres eigentlichen Arbeitsplatzgebietes Aktivitäten entfalten.

12. Die Geschichten, die im Unternehmen kursieren, handeln immer von halbverrückten, innovationsbesessenen Champions,

von offiziell nicht genehmigten Projekten und Begebenheiten, in denen der Unternehmensleitung ein Schnippchen geschlagen wurde. Es wird erzählt, wie diese Gruppen Mittel »organisiert« haben und sich auf halblegalem Wege Hilfe in anderen Funktionsbereichen gesucht und diese Hilfe andererseits auch selbst gewährt haben. Der Durchschnittsmanager wird in diesen Geschichten gewissermaßen als ein »geliebter Feind« dargestellt.

13. In ihren ersten Berufsjahren legen alle großen Wert darauf, in einem kleinen Team an einem bescheidenen Projekt (das aber ihr »Baby« ist) mitzuarbeiten. Auf eine Nebenrolle in einem routinemäßig angesetzten Großprojekt des Unternehmens, der Sparte oder der Abteilung dagegen können diese jüngeren Leute eher verzichten. Die bedeutendsten Helden sind nicht jene, die aus Hierarchiegründen problemlos ihre eigenen Imperien errichten können. Als Held gilt vielmehr, wer seinen bequemen Job aufgibt, um sich mit »kleinen«, aber entscheidenden zukunftsorientierten Problemen, Projekten und Aufgaben zu befassen.

14. Probleme werden normalerweise in spontan und schnell zusammengesetzten kleinen Teams (fünf bis zehn Mitglieder oder weniger) gelöst. Der Einsatz sämtlicher Mittel gilt nicht als optimale Methode.

15. Führungskräfte stellen ihren mangelnden Respekt gegenüber den eigenen Richtlinien und Strukturen *offen* zur Schau. Auch ihre Mitarbeiter halten sie dazu an, Regeln zu umgehen.

16. Wenn sich Nachrichten über das Entstehen einer neuen Skunkwerkstatt verbreiten, ist die Reaktion meist ein vergnügtes Augenzwinkern oder Lächeln (»XYZ führt also wieder was im Schilde«). Der Innovator wird keineswegs gestoppt. Man hat keine Angst davor, daß er dem offiziell ernannten Team in die Quere kommen könnte.

17. Gut die Hälfte der Unternehmensspitze (damit meinen wir die obersten 25) kann auf mindestens einen »mühsamen Innovationserfolg« verweisen. Das Topmanagement besteht also auch aus Innovatoren.

18. Es ist ganz normal, wenn Produkt- oder Dienstleistungsvorhaben sich störend auf den ordnungsgemäßen Ablauf in den operativen Ebenen/in der Fertigung auswirken. Es ist ganz normal, wenn ein Skunk oder ein sonstiger Kreativer den Herstellungsablauf stört, damit sein Prototyp getestet werden kann. Ein »Tiebreak« geht immer zugunsten der Produktneuentwicklung aus.

19. Champions, die sich intensiv für Neuentwicklungen einset-

zen, werden häufig auch dann befördert, wenn sie nicht die besten Managerqualitäten besitzen.

20. Kleine Teams werden ausdrücklich unterstützt. Man stellt ihnen aber ganz gezielt nur geringe Mittel zur Verfügung und setzt ihnen enge Termine. Das Management hält die Gruppe absichtlich kurz und sorgt dafür, daß das Wesentliche schnell getan wird.

21. Ausführliche Netzpläne existieren nicht. Statt dessen einigt man sich auf einige wenige signalträchtige Zwischenziele, und die Teams schwören heilige Eide, diese Ziele auch zu erreichen.

22. Überlappende Arbeit mehrerer Entwicklungsteams wird in gewissen Grenzen toleriert. Doubletten, die Ausschlachtung schon vorhandener Produkte und deren Inkompatibilität wirken sich nicht automatisch störend aus.

23. Im Unternehmen sind die Produkte überall »atmosphärisch« präsent. Man ist stolz darauf. Überall (auch in dem letzten Winkel) kann man Exemplare betrachten.

Selbstverständlich sind nicht alle hier benannten Merkmale in allen hochinnovativen Unternehmen gleich stark ausgeprägt. Wir haben unsere Aufzählung aus empirischen Beobachtungen zusammengestellt. Wir hoffen, daß sie Ihnen als Richtschnur für eine vorurteilsfreie Beurteilung der Innovationsstärke Ihrer eigenen Organisation dienen.

Teil IV
Menschen, Menschen, Menschen

Merken Sie sich eines! Da draußen sitzen 1200 der großartigsten Menschen auf Gottes Erde. Ich möchte, daß Ihre Rede entsprechend ausfällt. Für sie ist das Beste gerade gut genug!

Dave Thomas, Gründer des Unternehmens Wendy's anläßlich eines Vortrags von Tom Peters vor den Konzessionären der Wendy-Imbißkette

Auf das Kapitel »Produktivität durch Menschen« in *Auf der Suche nach Spitzenleistungen* war Tom Peters besonders stolz. Dabei handelte es sich damals um eine erste Annäherung an den gesamten Fragenkomplex. Was alles im Begriff »Mitinhaberschaft«, »Arbeiten, als wär's mein Eigenes« steckt, ist erst in den letzten drei Jahren hinreichend deutlich geworden. Entsprechend verhärten sich die Fronten immer mehr zwischen jenen, die an den prinzipiellen Leistungswillen des Menschen glauben, und den eingefleischten Skeptikern, die diesen Willen einfach leugnen.

Eine »Nase« für Kundenbedürfnisse, eine »Antenne« für Innovationsmöglichkeiten, das sind keine Eigenschaften, die sich einfach so aus dem genialen Konzept eines Projektes ergeben. Sie entwickeln sich viel eher aus der Liebe zum Detail und dem Bekenntnis zu zwei sehr wesentlichen Forderungen: mehr Höflichkeit, Seriosität, mehr Stil im Umgang mit Kunden (Gästen) und mehr Anreize zur Leistung für den Champion und Skunk, der in sehr vielen Menschen schlummert.

Wir halten fest: Ein Vorsprung auf diesen beiden Gebieten erwächst nicht aus irgendeiner nebulösen Begabung einiger weniger Begnadeter; er setzt ganz einfach einen unbedingten Leistungswillen aller Beteiligten voraus, ein Bekenntnis zu Qualität, Service, Innovation, Verbesserung. Kurzum: auf die Menschen kommt es an!

Dies ist eine unumstößliche, aber ein wenig problematische Feststellung! So um 1980 herum schien der Siegeszug der »Strategen« unaufhaltsam. Die Leute in den Chefetagen der Betriebe (privater und öffentlicher) hörten auf ihre Fachberater und folgten deren Richtlinien bedingungslos. Der Mensch galt als sogenannter »weicher« Einflußfaktor (man stelle sich vor: der Mensch als »Faktor«!). Nur kommt es – den Modellen der Betriebswissenschaftler und den Scheuklappen der Führungskräfte zum Trotz – eben doch auf die Menschen an, die Menschen, die die Straßen reinigen, die unsere Kinder unterrichten und die Buletten braten. Es war schon immer so, und es wird wohl immer so bleiben. »Strategien« schaffen keine Qualitätsprodukte, erziehen keine Kinder, holen den Müll nicht pünktlich ab. Es sind Menschen, Menschen, die sich voll und ganz engagieren, sofern man sie als existenzberechtigte mündige Individuen anerkennt und behandelt.

Dieser Teil des Buches ist in drei Kapitel gegliedert. Wir beschäftigen uns zunächst mit den Grundsätzen der Manager hinsichtlich der Menschen, die sie führen. Fast unüberbrückbar gähnt die Kluft zwischen denen, die im kleinen Sachbearbeiter den Menschen erkennen, und denen, die ihn am liebsten als bessere Schachfigur behandeln würden. Dann wenden wir uns dem Begriff der »Mitinhaberschaft«, der »inneren Motivation« zu: sieht sich der Durchschnittsarbeitnehmer als eigenverantwortlich tätiger, anerkannter Mit-Arbeiter, als wichtiges »Rädchen im Getriebe« (der Schule, der Verwaltung) oder nicht? Dann geht's darum, wie man die Arbeit dieser Leute gebührend honoriert. (Kapitel 15: »Applaus, Applaus!«): Mensch sein heißt Freude und Trauer empfinden können. Teilnehmen heißt Anteil nehmen. Diese Anteilnahme zu würdigen (ob sie nun augenfällig ist oder nicht), darf eben nicht zur Nebensache verkommen. Sie ist nachweislich ein zentraler Bestandteil des Erfolges von Firmen wie Apple, People Express, Milliken oder The Limited.

Nur noch eines vorab: Bevor Sie anfangen zu lesen, sollten Sie sich ein stilles Plätzchen suchen, an dem Sie unbeobachtet und ungestört für sich sein können. Wir rühren hier an einige sehr persönliche Vorstellungen vom Menschen. Eine Prise nüchterner Selbsteinschätzung ist vonnöten, wenn Ihnen dieser Teil des Buches Gewinn bringen soll.

13. Die Glaubensfrage

Bert Snider, Generaldirektor von Bourne, einem gutgehenden mittelständischen Instrumentenhersteller, ist entsetzt: »Wissen Sie was? Einige unserer neuen Sekretärinnen wissen nicht, was ein Potentiometer ist!« Warum sollten sie? werden Sie möglicherweise fragen. Warum ist Bert Snider deshalb so enttäuscht? Nun, es geht ihm um nichts anderes als die Würde eines jeden Mitglieds der Bourne-»Familie«, die Erwartung, daß jeder Bescheid weiß und über die grundlegenden Belange der Firma informiert ist – jeder bis hin zu den neu eingestellten Schreibkräften.

Dies galt und gilt für Tom Beebe, ehemaliger Chairman von Ren McPherson, dem einstigen Unternehmenschef der Delta Corporation, für Bill und Vieve Gore von W. L. Gore & Associates, Max DePree von Herman Miller und Tom Monaghan von Domino's Pizza genauso wie für Stew Leonard von Stew Leonard's und Dave Thomas von Wendy's.

Bert Sniders Haltung steht aber in erschreckend krassem Gegensatz zu dem, was allzu oft Realität ist: Der Präsident des Unternehmens (600 Millionen Dollar Jahresumsatz) spricht zu seinen Mitarbeitern. Auch Tom ist dabei. Die Vorstandsmitglieder sitzen in geschlossener Front und selbstverständlich in der ersten Reihe. Hoch oben am Rednerpult baut sich der Präsident auf. Und er beginnt gravitätisch: »Es war ein gutes Jahr für uns.« Er wendet sich den Vorstandsmitgliedern zu: »Speziell Ihnen möchte ich danken für das, was Sie in Ihren jeweiligen Abteilungen geleistet haben, und in diesen Dank« – hier unterbricht er sich mit großer Geste – »möchte ich alle einschließen, die zu unserem Erfolg beigetragen haben, auch die vielen, die heute nicht dabei sind.« Tom dreht sich der Magen um.

Nach einem Referat bei einem Ehemaligentreffen an der Cornell University werden wir vom Besitzer eines alteingesessenen mittelständischen Unternehmens angesprochen. »Ihr seid vielleicht naiv«, hält er uns vor. »Hier oben wimmelt es überall von Gewerkschaftsmitgliedern, meistens in der zweiten oder dritten Generation. Für die ist Leistung – und insbesondere Qualität – ein Fremdwort. Null Bock auf der ganzen Linie!« Kein Wunder, denken wir, es ist wahrlich kein Wunder, wenn der Probleme hat.

Am ehesten verraten wir uns durch unser tägliches Verhalten – und durch unseren Sprachgebrauch. Der Geschäftsführer einer Einzelhandelsorganisation wollte den Schwerpunkt seiner Marktstrategie auf Warenwirtschaft umstellen. Tom setzte er im vertraulichen Gespräch auseinander, warum er entgegen des firmenüblichen Verfahrens die Einkäufer fast ausnahmslos von auswärts rekrutieren wollte: »Sehen Sie, unter uns gesagt, als Geschäftsführer im Einzelhandel muß man nicht besonders helle sein.« Wie man in den Wald hineinruft, so soll es ja wohl herausschallen. Wenn »die da oben«, auch in strenger Klausur, sagen (und glauben), daß man »nicht besonders helle sein muß«, dann sickert das irgendwo unweigerlich durch und demotiviert die gesamte Organisation. Nach dem Motto: »Ja, wenn wir sowieso blöde sind, brauchen wir uns wohl auch kein Bein auszureißen.« In einem vorangegangenen Kapitel sprachen wir von »schlecht verhohlener Verachtung« für den Kunden. Was signalisieren solche Verfahrensweisen anderes als »schlecht verhohlene Verachtung« für die Mitarbeiter der Organisation?

Wir sind auch schon auf den »Tausend-Prozent-Faktor« zu sprechen gekommen – 100 motivierte Leute können in kürzerer Zeit mehr und bessere Arbeit leisten als 1000 nicht motivierte. Um den »Tausend-Prozent-Faktor« geht es auch in diesem Kapitel.

»Ob man's glaubt oder nicht«

John McConnell, Chairman von Worthington Industries, kommt in seinen Stahlwerken ohne Verfahrenshandbuch aus. Statt dessen hat er seine Philosophie in eine einzige goldene Regel zusammengefaßt: Kümmere dich um die Kunden und die Mitarbeiter, um den Markt brauchst du dich dann nicht mehr zu kümmern! Kaum zu glauben? Vielleicht, aber McConnell steht nicht allein mit seiner Meinung. Bob Swiggett von Kollmorgen sagt: »Vertrauen und die goldene Regel – das ist das A und O.« Tom Monaghan von Domino's Pizza (übrigens auch der Mann hinter der sensationell erfolgreichen Detroit Tigers-Football-Mannschaft): »Achte auf die goldene Regel, und die Welt liegt dir zu Füßen!« Mo Siegel von

Celestial Seasonings und auch der große alte Mann von IBM, Tom Watson, halten die goldene Regel hoch in Ehren. Stahl, Pizza, Computer. Und alle sind sich einig: Was zählt ist einzig und allein die goldene Regel.

Tom Beebe, dem früheren Chairman der Fluggesellschaft Delta Airlines, ist Tom während eines Fluges von Atlanta nach Dallas im Frühjahr 1983 zum ersten Mal begegnet. Kurz zuvor hatten sich 25 000 Delta-Mitarbeiter zusammengetan, um der Firma in den dunklen Tagen der Rezession ein neues Flugzeug im Wert von 30 Millionen Dollar zu stiften: Tom sprach Beebe darauf an, nicht ohne einen Anflug von Skepsis: »Sagen Sie mal, was ist nun wahr an der Geschichte mit dem geschenkten Flugzeug?« Beebe ging bereitwillig auf die Frage ein, schwärmte insbesondere von dem Anblick des nagelneuen Flugzeugs (in einer Geschenkverpackung!) auf der Rollbahn. Seine Stimme schwankte gerührt, und auch seine Augen waren nicht ganz trocken. Damals war Tom Beebe 68 Jahre alt, 40 Jahre davon hatte er in der Flugbranche verbracht – aber von Abgebrühtheit keine Spur! Unmittelbar danach machte er Tom mit seinem ehemaligen Chefpiloten bekannt. Als er in Pension ging, hatte dieser Mann sich mit ganzseitigen Anzeigen in den Morgen- und Abendausgaben sämtlicher Zeitungen von Atlanta für seine großartige Karriere bei Delta bedankt.

In diesem Zusammenhang bedient sich Max DePree von der Firma Herman Miller eines Vergleichs aus dem Sport: Was nützt einer Mannschaft der tollste Steilpaßkünstler, wenn da vorn keiner steht, der die Vorarbeit in Tore verwandeln kann? »Berühmt sind wir hier bei Herman Miller wegen unserer Ballkünstler – unserer Designer also. Aber unseren Erfolg haben wir im wesentlichen unseren Torjägern zu verdanken, den Leuten, die die kunstvolle Vorlage in konkrete Produkte und Verkaufsziffern verwandeln.« Und noch einmal Max DePree (diesmal ist seine Geschichte allerdings wirklich kaum zu glauben, geht es doch in dieser Geschäftswelt ausschließlich um kurzfristige Gewinnsteigerung): »Für Herman Miller wünsche ich mir nur eines: Die Leute sollen in uns ein Vorbild sehen, eine Quelle der Inspiration.« Und wie soll das in der Praxis aussehen? Wie hat DePree diese »Philosophie« so gewinnträchtig in die Tat umgesetzt? Sicherlich auf hunderterlei Art und Weise, aber ganz oben steht eine Art Menschenrechtscharta, eine Liste der Grundrechte der Menschen, wie DePree sie sieht. Darunter »das Recht, gebraucht zu werden, das Recht, eingeweiht zu sein, das Recht, sich zu beteiligen, eingebunden zu sein, das Recht auf ein echtes Zugehörigkeitsverhältnis zur Firma, das über das rein Vertragliche hinausgeht und auf Gleichgesinntheit und gemeinsamen Werten und Zielen fußt, das Recht, das eigene Schicksal in die Hand zu nehmen, das Recht auf Eigenverantwortlichkeit, das Recht, sich gegebenenfalls zur Wehr zu setzen«. Eine zentrale Rolle spielt dabei DePrees Auffassung, die man leider nur sehr selten antrifft, von der Aufgabe der Manager: »Es heißt normalerweise, die Manager Amerikas müßten lernen, ihre Mitarbeiter zu motivieren. Unsinn! Die Mitarbeiter sind selbst motiviert. Was sie in der Arbeit suchen, ist vielmehr Selbständigkeit, Engagement, Einsatzfreude, Verantwortung, Selbstverwirklichung.« Menschenführung als die Kunst, Begabungen zu fördern, nicht als die Durchsetzung repressiver Maßnahmen – eine Devise, die in allen hier beschriebenen Erfolgsunternehmen in Ehren gehalten wird.

Bill und Vieve Gore von W. L. Gore & Associates reden gar nicht erst von »Angestellten« oder »Arbeitern«. Sie haben nur »Kollegen«. Und der Zusammenhalt der Kollegen in der Organisation wird durch die vier Leitprinzipien der Gores gewährleistet: »Fairness, die eine destruktive Konfrontationsmentalität unterbindet; Freiheit, die den Kollegen auch mal Mißerfolge zugesteht; Engagement, der Motor des Erfolgswillens; und Loyalität, die firmenschädigendes Verhalten auf ein Minimum reduziert.« Und wie zufrieden sind die Brüder Gores mit dem Ergebnis ihrer Haltung? Bill sagt: »Mit solchen Kollegen können wir die Welt verändern!« Und das ist nicht nur so dahergeredet. In der warmen Septembersonne am Hudson River hält uns Bill Gore zwei geschlagene Stunden lang einen Vortrag über seine Mitarbeiter. Für ihn sind die Kollegen in Newark, Delaware und den vielen anderen Gore-Niederlassungen die großartigsten Menschen der Welt. Er glaubt fest daran, daß ihr neuer Stil der Zusammenarbeit in Amerika immer mehr Nachahmer finden wird.

»Mit solchen Kollegen können wir die Welt verändern.« Diese Art der Verbundenheit vermißt man schmerzlich in Äußerungen wie »Ich danke auch denen, die heute nicht dabei sind« oder »für alte Gewerkschafter ist Leistung ein Fremdwort«. Für die Gores gibt es keine Leute, die nicht »dabei« sind. Sie gehen davon aus, daß alle Menschen Leistung und Engagement entwickeln können, vorausgesetzt ihre Manager setzen sich auch für sie ein. Jeder ihrer »Kollegen« kämpft mit an der vordersten Front – Schulterschluß für eine bessere Welt. Wie bei Bourne erwartet man auch hier von jedem einzelnen, daß er/sie spätestens am Ende des Tages genau weiß, was ein Potentiometer ist. Klar! Denn: Wer nicht weiß, worum es geht, der kann es auch nicht weiterbringen, weder im Sinne der Firma noch im eigenen.

Bill und Vieve Gore konnten es gar nicht fassen, daß uns gegenüber Äußerungen wie die folgende wirklich gefallen sein sollen: »Seid doch mal ehrlich, Tom und Nancy. Ihr wißt doch ganz genau, daß 30 Prozent der Leute lieber gar nicht wissen wollen, was läuft!« Dagegen sagte Swiggett von Kollmorgen (gegenüber der Zeitschrift *Inc.*, April 1984): »Menschen führen heißt Perspektiven aufzeigen, nicht Mitarbeiter zur Sau machen. Menschenführung ist gleichzeitig Dienst am Menschen. Man muß seine Leute schützen und stützen, fordern und fördern, eine Atmosphäre des Verständnisses und Vertrauens schaffen und darf dabei die Menschenliebe nicht vergessen. Jeder einzelne, egal, wo er steht, soll das Gefühl haben, sein Schicksal selbst schmieden zu können. Für autoritäre Strukturen ist kein Platz. Leute, die den ›Big Boss‹ herauskehren wollen, werden von ihren Kollegen einfach nicht akzeptiert ... Vertrauen ist unsere Devise, Vertrauen und die goldene Regel.«

Jimmy Treybig nahm seinen Hut bei Hewlett-Packard und gründete das Unternehmen Tandem Computer, eine vorbildliche Firma, in der die Erfordernisse der Zeit immer schon etwas früher erkannt werden. Tandems glänzender Ruf basiert hauptsächlich auf dem ganz außergewöhnlichen Service-Standard, der sie von vornherein zu einem ebenbürtigen Konkurrenten von IBM machte, auch in den traditionell von IBM beherrschten Märkten. Treybigs Erfolgsphilosophie: »1. Alle Menschen sind gut. 2. Menschen, Arbeiter, Manager, Firma – alles ist eins, es gibt keinen Unterschied. 3. Jeder einzelne Mitarbeiter der Firma muß über deren wesentliche Belange informiert sein. 4. Jeder Mitarbeiter muß am Erfolg der Firma teilhaben. 5. Es geht darum, eine Umgebung zu schaffen, in der all das möglich ist.« Schlicht, bündig, ergreifend – und leider ziemlich einmalig.

Teleflex, ein Unternehmen im Bereich Anwendungstechnik (150 Millionen Dollar Umsatz, Steuer- und Regelungstechnik, Beschichtungen) wurde von Bim Black wieder auf Erfolgskurs getrimmt. Er schaffte dies, indem er eine hierarchisch-verknöcherte Organisationsform durch einen zielgerichteten, unternehmerischen Führungsstil ersetzte. Auch seine Philosophie war ganz auf den Menschen ausgerichtet:

– Menschen sind Menschen ... nicht Personal.
– Menschen haben nichts gegen Arbeit ... Wirb um ihr Verständnis für gemeinsame Zielsetzung, und sie werden von sich aus ungeahnte Leistungsreserven mobilisieren.
– Die beste Ausbildung ist Anschauungsunterricht durch Umgang mit erfahrenen Kräften ... am Arbeitsplatz!
– Menschen haben Selbstentfaltungs- und Selbstverwirklichungsbedürfnisse ... Sie werden sich nur soweit engagieren, wie eine Befriedigung dieser Bedürfnisse gewährleistet ist.
– Wahre Motivation kommt nicht von außerhalb ... Dieser Weg ist von vornherein gesperrt. Menschen sollten in einer Umgebung arbeiten, die die Selbstmotivation fördert, eine realistische Selbsteinschätzung ermöglicht und Selbstvertrauen aufbaut.
– Das Betriebsklima sollte anregend, herausfordernd und nicht lustfeindlich sein ... und die Belohnung sollte in einem möglichst eindeutigen Verhältnis zur Leistung stehen.
– Ein Klima des Vertrauens schafft Mut zum Risiko; und einzig aus dem Mut zum Risiko entsteht Wachstum ... Belohnung ... Selbstvertrauen ... Führungsbefähigung.

Renn Zaphiropoulos ist Leiter des Bereichs Bürotechnik bei Xerox, das für Milliarden Dollar verantwortlich zeichnet. Noch vor kurzem hatte er bei Versatec das Sagen, einer geradezu phänomenal erfolgreichen Tochterfirma von Xerox, die er selbst gegründet und zum Erfolg geführt hat. Er steht nach wie vor zu seiner bei Versatec entwickelten Philosophie, die er 1983 für die Mit- und Nachwelt auch schriftlich festhielt. Sein Credo lautet so: »Ein Grundübel steht einer erfolgreichen und produktiven Zusammenarbeit entgegen: Verachtung. Verachtung lädiert das Selbstverständnis, wirkt tödlich auf das Selbstwertgefühl. Kritik sollte niemals Verachtung beinhalten. Das häufigste Verbrechen im Wirtschaftsleben heute ist die grundlegende Mißachtung der Menschenwürde. Verachtung zeigt sich beispielsweise in bestimmten Äußerlichkeiten. Privatparkplätze sind ein Zeichen der Verachtung gegenüber denen, die keine haben.« That's it! Wir halten die Einrichtung von Privatparkplätzen für eine Art Todsünde – wie auch gesonderte Kantinen für Führungskräfte und (o doch, es gibt sie noch!) für Manager reservierte Toiletten. Der Leiter eines Zulieferbetriebes für die Automobilindustrie, der seit Jahren für die Großen Drei der amerikanischen Automobilindustrie arbeitet und auf 35 Jahre Erfahrung in diesem Geschäft zurückblicken kann, sagte uns folgendes: »Fabrikarbeiter kriegen nicht die Wut, weil sie 19000 Dollar im Jahr verdienen, während der Werkleiter 70000 kassiert. Nein, die echte Sauwut, der reine demotivierende, demoralisierende Zorn packt sie an einem Januarmorgen, wenn sie im Schneeregen gegen 5.45 Uhr zum Schichtwechsel antreten. Sie stellen ihr Auto ab – hundert Meter von der Fabrik entfernt, in Schnee, Dreck und Matsch. Und dann laufen sie bibbernd und fluchend zum Fabrikeingang, der sich genau neben dem leeren Privatparkplatz des Werkleiters befindet. Und dann begreifen sie, daß sie zu minderwertigen, unmündigen Arbeitstieren abgestempelt worden sind.« Recht hat der Mann! Die vielen kleinen Zeichen der Geringschätzung, die Häufung der unmerklichen Beleidigungen wirken zerstörerisch auf das psychische Befinden und damit auf das Leistungspotential und die Leistungsbereitschaft.

Wahrscheinlich würden Sie uns jetzt gern fragen: »Mal ehrlich, gibt's denn solche Leute überhaupt?« Wir haben diese Frage immer wieder gestellt. Alles scheint dafür zu sprechen. Noch während unserer Recherchen zu diesem Teil des Buches erschien ein Artikel in der Zeitschrift *USA TODAY* (16. Mai 1984), der unsere Ansicht stützt. Monolithic Memories ist eine Firma mit 200 Millionen Dollar Jahresumsatz auf dem heißumkämpften Halbleitermarkt. Vor zwei, drei Jahren stand sie vor dem Ruin. Die Aussichten waren so düster, daß der Vorstand auf jegliche Beratung von externen Experten verzichtete. Der Firmenvorstand wurde mit dem Sanierungsversuch betraut, weil es ja schlimmer ohnehin nicht werden konnte. Und er als Finanzmensch wollte versuchen, die rasante Talfahrt wenigstens ein bißchen zu bremsen. Heute hat Monolithic Memories die höchste Wachstumsrate in der wettbewerbsintensiven Halbleiterbranche. Verantwortlich dafür ist der inzwischen zum Präsidenten avancierte Irwin Federman, ein Buchhalter aus Brooklyn. Was hat diese spektakuläre Rettung möglich gemacht? Federman sagt: »Mut zum Menschlichen hat diese Firma wieder auf die Füße gestellt.«

Auf der anderen Seite des großen Teiches, bei Marks & Spencer hört man genau diese Töne. Der damalige Chairman begann 1982 seine Rede anläßlich einer Geschäftsführerkonferenz in Tylösand/ Schweden so: »Ich sollte hier eine Rede über die Arbeitgeber/ Arbeitnehmer-Beziehungen halten. Tut mir leid, aber damit kann ich nicht dienen. Die einzigen Beziehungen, die ich kenne, sind die zwischen Menschen und anderen Menschen.« Sein erster Gang in einer Marks-&-Spencer-Filiale führt ihn in die Toiletten. Seine

Devise lautet: »Wenn die nicht gut genug sind für die höheren Chargen (der Organisation), sind sie auch nicht gut genug für die Mitarbeiter.«

Achtung, Fürsorge und Vertrauen für alle Menschen lautet also die Devise. Wie ist es mit Ihrer Achtung vor den Mitarbeitern einer Niederlassung bestellt, deren Dienste Sie nicht regelmäßig in Anspruch nehmen? Sicher ziemlich schlecht. Im Winter des Jahres 1983 war Tom erneut in Schweden. Er unterhielt sich dort mit einem Mann, der ein mittelständisches Vertriebsunternehmen für Elektro- und Sanitärbedarf leitet. Er hatte den Posten übernommen, als die Firma sich auf dem absteigenden Ast befand. Innerhalb von nur 18 Monaten wendete er auf Erfolgskurs. Sein Leitsatz lautet: Die Leute müssen ihr Selbstvertrauen wiederfinden, ihre Selbstachtung. Um das zu bewerkstelligen, tat er etwas für dortige Verhältnisse Unerhörtes: 150 Arbeitstage pro Jahr verbrachte er mit seinen Mitarbeitern an der Front. Die Firma war einer der Hauptarbeitgeber in der eher kleinen Stadt. Besorgte Vertreter der örtlichen Presse hielten ihm sein »merkwürdiges« Verhalten vor: »Diese Firma geht doch vor die Hunde. Warum unternehmen Sie als Manager nichts dagegen?« (Vermutlich gingen sie davon aus, daß ein Manager im Büro zu sitzen hat, wo er in Ruhe seine Bleistifte spitzen und seine Strategiepläne entwerfen kann.) Seine Antwort lautete: »Wenn ich nicht hinausgehe, wenn ich nicht an der Front mitmische und dadurch zeige, für wie wichtig ich die Arbeit da draußen halte, wie soll ich von den Mitarbeitern erwarten, daß sie ihre Arbeit ernst nehmen?« So ist es! Und wo verbringt der 69jährige Roger Milliken mindestens ein Drittel seiner Zeit? In den Betrieben, im Gespräch mit seinen Mitarbeitern, auf den Knien vor irgendeiner widerspenstigen Maschine. Wenn Sie nicht zeigen, daß alle Abläufe im Betrieb Ihnen wichtig sind, warum sollten sie den Leuten vor Ort wichtig sein? Es geht um Führungsqualität, für die ein gutes Vorbild, eine positive Einstellung Voraussetzungen sind. Der erfolgreiche Lockheed-Manager Joe Schultz sagt: »Ich habe nur eine Regel: Was ich darf, dürft ihr auch.« Darin besteht womöglich das ganze Geheimnis.

Die »Glaubensfrage«: einige Fragen – und Anregungen zu Sofortmaßnahmen

– Gehen Sie in sich. Denken Sie über das eben Angesprochene gründlich nach, über Erfolge und Mißerfolge Ihrer Zusammenarbeit mit den Teams und über Organisatorisches überhaupt. Denken Sie allein, diskutieren Sie mit einem Kollegen, in einer kleinen Gruppe von Mitarbeitern. Was war charakteristisch für diese Höhen und Tiefen im Hinblick auf »Glauben an die Mitarbeiter?« Wie stellte sich der jeweilige Chef dar? Wie verhielten sich Gleichgestellte untereinander? Besinnen Sie sich gemeinsam auf das, was charakteristisch war für das Auftreten zweier oder dreier vorbildlicher Chefs. Wiederholen Sie dieses Planspiel hinsichtlich einiger unfähiger Chefs.

– Investieren Sie darüber hinaus etwas Zeit: Werden Sie Experte in Sachen »Praxis«! Besuchen Sie ein gutgehendes Geschäft, eine erfolgreiche Fußball-Jugendmannschaft oder Pfadfinder(innen)-truppe! Reden Sie mit dem Trainer/Geschäftsführer! Beobachten Sie ihn! Wie macht sich sein Vertrauen in seine Leute bemerkbar. (Das kostet viel Zeit. Aber wie könnten Sie Ihre Zeit besser verbringen, wenn es Ihnen wirklich ernst ist mit der Verbesserung Ihrer eigenen Führungsqualität? Jeder Manager, in jeder Organisation, auf jeder Ebene, ist eine professionelle Führungskraft. Aber kaum einer nimmt sich die Zeit, die Menschenführung anderer zu beobachten.

– Fragen Sie Ihre Sekretärin, Ihre Kollegen, einen vertrauten Mitarbeiter (es wird nicht einfach sein), welche Kleinigkeiten in Ihrem Benehmen verraten, daß Sie ab und an doch menschenunwürdiges, subalternes Verhalten erwarten? (Vergessen Sie nicht: Der Teufel steckt im Detail!)

– Und nun zur Gretchen-Frage: Sind Sie wirklich davon überzeugt, daß der Mann an der Verladerampe genauso wichtig oder gar wichtiger ist als der Einkäufer oder Designer oder Werbetexter? Wenn ja, zeigen Sie es auch? Und wie? (Nennen Sic 20 Möglichkeiten innerhalb von fünf Minuten!) Wenn Sie nicht daran glauben (und damit sind Sie bestimmt nicht allein), dann möchte ich Sie bitten, sich diese Frage einmal durch den Kopf gehen zu lassen, allein oder gemeinsam mit Kollegen. (Wir nehmen uns viel zu wenig Zeit, unsere Einstellung anderen gegenüber kritisch zu überprüfen, obwohl wir ja alle – zumindest im Prinzip! – darin einig sind, daß dem Menschen der absolute Vorrang gebührt.)

– Wissen alle Ihre Mitarbeiter, was bei Ihnen ein Potentiometer ist? Sind Sie sicher? Wann haben Sie das letzte Mal gefragt? Kennt jeder die Verkaufszahlen und die Gewinnquote des letzten Quartals? Kennt jeder die drei neuesten Produkte/Dienstleistungsangebote der Firma? Kann jeder die Firmenstrategie in maximal 25 Worten zusammenfassen? Wenn nicht, warum nicht? Und noch wichtiger: Wann haben Sie sich das letzte Mal danach erkundigt?
– Gibt es auch bei Ihnen eine »Menschenrechtscharta«? Wenn nicht, haben Sie jemals eine aufgesetzt? Wenn ja, ist sie ein theoretischer Ansatz geblieben, oder ist sie im Bewußtsein der Mitarbeiter präsent? Finden Sie es heraus, wenn Sie die Frage nicht aus dem Stand beantworten können!
– Zeigen Sie Ihre Achtung vor den Mitarbeitern, indem Sie 25 bis 50 Prozent Ihrer Zeit in den Zweigniederlassungen, Fabrikhallen, auf der Verladerampe zubringen? Zu ganz unterschiedlichen Zeiten? Wenn nicht, warum nicht?

Was ist das Ergebnis Ihrer Bemühungen? The Leadership Difference! Zunächst scheint es dringend geboten, ein gängiges Mißverständnis auszuräumen. In diesem Buch geht es uns in erster Linie um zufriedene Kunden (bzw. Studenten, Patienten oder Bürger), um erstklassige Produkte und Dienstleistungen, um einen kontinuierlichen Innovationsprozeß, der ständig Produkte, Dienstleistungen und Konzeptionen auf den neuesten Stand bringt. Anders gesagt, um einen Managementstil, der sich an Ergebnissen orientiert, der keine Kompromisse eingeht. (Es geht also auch um bessere Lebensqualität in den Städten, bessere Ausbildungsbedingungen in den Schulen etc.) Auch in diesem Kapitel, das ja eigentlich den Menschen zum Thema hat, geht es um knallharte Leistungsmaximierung.
Von den 43 Unternehmen, die wir in *Auf der Suche nach Spitzenleistungen* unter die Lupe genommen haben, kennen wir Hewlett-Packard am besten. Und wir können ohne zu zögern behaupten, daß bei Hewlett-Packard ein verdammt rauher Wind weht! Manch einer würde das Klima wohl als unfreundlich bezeichnen. So sagte etwa unser Kollege Bob LeDuc: »So was wie bei HP habe ich noch nirgendwo erlebt, und ich habe als Beratungsingenieur bei SOCAL (Standard Oil of California) angefangen! Hier (bei HP) wird einem das nötige Rüstzeug in die Hand gegeben, und dann werden sofort Ergebnisse erwartet.« Und haargenau darauf kommt es auch an.
Firmen wie HP geben ihren Leuten das Rüstzeug mit, das heißt eine harte, an Perfektion orientierte Ausbildung. Es gibt keine albernen

Verhaltensvorschriften, die Zeit kosten und Höchstleistungen nur im Wege stehen. Die Ansprüche an die Mitarbeiter sind klar umrissen, unmißverständlich formuliert und von eiserner Konsequenz, die Erwartungen sind fair und realistisch. Was bedeutet das? Es bedeutet, daß man als Mitarbeiter nicht geschont wird, nichts »aufgefangen« oder »mitgetragen« wird. Es wird kein Pardon gegeben. Wer etwas nicht erfolgreich zu Ende bringt, muß mit sich selbst ausmachen, wie er die Sache wieder ins Lot bringt. Man kann es auch anders sehen: Mit einem Führungsstil, der sich am Menschen orientiert, hat man hier eine pragmatische, realistische und leistungsorientierte Unternehmensstruktur geschaffen.

Es gibt Führungskräfte, die an den Menschen glauben – und zwar an den Menschen, der sein Bestes geben will, wenn man ihm nur die Möglichkeiten dazu bietet. Man darf ihm eben nur keine unnötigen Steine in den Weg legen, muß ihm vielmehr festumrissene, klare und kontinuierliche Vorgaben setzen. Wir wurden einmal gefragt, ob solche Führungskräfte wohl auch in »freien Wahlen« – falls ein Unternehmen sie durchführen würde – von ihren künftigen Untergebenen favorisiert würden. Und ob dann die Führungskräfte in weniger erfolgreichen Unternehmen wohl unterliegen würden. Das läßt sich natürlich nicht beantworten. Eines aber steht fest: Man kann zwar in aller Regel einen Untergebenen dazu verdonnern, an fünf Wochentagen jeweils achteinhalb Stunden an seinem Arbeitsplatz zu sitzen. Man kann aber niemanden dazu verdonnern, Hervorragendes zu leisten – »hervorragend« verstanden als kooperativ *und* selbständig. Hervorragende Leistung kann – und das gilt auf allen Gebieten – allein freiwilligem Engagement entwachsen, das heißt nur dann entstehen, wenn die Arbeit als Tätigkeit in echter Eigenverantwortung empfunden wird. Die Innenwelt (Vertrauen, Menschlichkeit) schlägt sich nieder in der Außenwelt (Gewinnmargen, eine effiziente Stadtverwaltung etc.)

Das ist, psychologisch gesehen, sicher keine bahnbrechende Erkenntnis: Vertrauen, Menschlichkeit, Achtung vor dem anderen zu praktizieren ist nichts unerhört Originelles. Bemerkenswert daran ist allerdings unserer Meinung nach ein gewaltiger Unterschied in Umgangston und Haltung zwischen den Sniders, Beebes und Gores dieser Welt und den anderen – die nur egalitaristische Maulhelden sind, deren subtile Geringschätzung ihrer Mitarbeiter mehr in dem spürbar wird, was sie unterlassen, als darin, was sie tun.

Menschlichkeitsapostel der nur bekennenden Spezies gibt es wie Sand am Meer. Aber bei unseren Recherchen sind wir auch auf Leute mit wirklich humanitärer Grundeinstellung gestoßen. Beispielsweise auf Ron McPherson während des ersten (viertägigen) Skunk-Camps im September 1984. Er ist ein Mensch, der das Herz auf der Zunge trägt. Manchmal geht es einfach mit ihm durch: »Herrgott noch mal, Tom, was redest du denn da schon wieder? Es darf einfach nicht heißen: ›Tut dies oder das für *eure* Leute.‹ Es sind nicht eure Leute. Nein, nein und nochmals nein. Sie gehören einem ja nicht. Kapierst du das nicht? Gerade auf solche Kleinigkeiten kommt's an!« Derartige Empfindsamkeit markiert den kleinen Unterschied und seine großen Folgen.

Einmal mehr zum Thema Integrität

Sich dem Prinzip der Menschlichkeit zu verschreiben, Menschenführung auch als eine Art Dienerrolle aufzufassen, erfordert ein hohes Maß an persönlicher Integrität. Kürzlich war Tom einige Tage bei einem Unternehmen im Nordwesten der USA, das jeden Sommer eine Art einwöchiges Firmenfestival (sie nennen es »Anerkennungswoche«) veranstaltet. Sie feiern einfach aus Spaß an der Freude, weil es ihnen gutgeht, weil sie Qualitätsprodukte herstellen, von denen auch die Kunden begeistert sind. Auf dem Rasen zwischen den Gebäuden stehen große Zelte, und die Mittagspause ist länger als sonst, damit sich die Leute in Ruhe miteinander unterhalten, ein Bier trinken und etwas Gegrilltes essen können. Es ist die Woche der offenen Tür – selbst in der Rechtsabteilung und der Buchhaltung –, und jede Abteilung gibt in einer Art kleiner Ausstellung einen Überblick über die eigene Arbeit und auch über die Zusammenarbeit mit den anderen Abteilungen. Zu den Attraktionen gehört auch eine Variante der alten Wurfbude, wie man sie früher auf der Kirmes finden konnte: Bei Volltreffern auf die Zielscheibe wird ein Mechanismus ausgelöst, der ein hübsches Mädchen sanft in ein Wasserbassin befördert. In unserem Fall aber saßen anstelle der Badenixe die leitenden Angestellten reihum im Schleudersitz. Die Idee stammte vom Vorstandsvorsitzenden dieses 75 Millionen-Dollar schweren Unternehmens, einem intelligenten, dynamischen, aber eben an menschlichem Miteinander orientierten Mann. Tom fand die Idee hervorragend und originell. Aber der Vorstandsvorsitzende erzählte, daß es für die älteren Jahrgänge doch erst mal ein ziemlicher Schock gewesen sei. Einige hätten sich beschwert, bei so etwas würden sie doch das Gesicht verlieren. Das Gesicht? Wenn Persönlichkeit und Autorität von einem Dreiteiler mit Weste abhängen, kann man seine guten Absichten getrost zu

Grabe tragen! Und wenn es unter der Würde der leitenden Angestellten ist, sich ins Wasser werfen zu lassen, wer wäre dann Ihrer Meinung nach dafür geeignet? Ein hübsches Mädchen aus dem Kreis der »kleineren« Angestellten etwa? Hat sie vielleicht keine Würde zu verlieren? Das wäre wohl eine etwas problematische Einstellung!

Der Chef von Nissans enorm erfolgreicher Betriebsstätte in Smyrna/Tennessee hat es sich zur Gewohnheit gemacht, die betriebseigene Schutzkleidung zur Arbeit anzuziehen, und zwar unbeirrt – auch in Anwesenheit hochgestellter auswärtiger Gäste. Wir finden das großartig, wir sind aber auch zugegebenermaßen etwas voreingenommen. Entweder man gehört zur Mannschaft oder eben nicht! Die Leute in den Werkhallen werden zwar wohl kaum erwarten, daß Sie bei Kundenbesuchen Arbeitsmontur tragen – aber wenn Sie sich unwohl dabei fühlen, bei einem Rundgang durch den Betrieb die gleiche Kleidung zu tragen wie Ihre Leute, dann gehören Sie nicht wirklich dazu! Natürlich gibt es auch den Typus Manager, der in einer solchen Kluft einfach lächerlich wirken würde, und der sollte sie dann wohl auch besser nicht tragen. Nur hegen wir den starken Verdacht, daß dieser Typus bei der Leitung eines hochkarätigen Unternehmens auch sonst keine sonderlich gute Figur machen würde.

Sein Gesicht verliert auch nicht, wer zugibt, daß er sich geirrt hat. Die Geschäftsleitung einer größeren Flugzeugfirma hatte eine große Fehlentscheidung getroffen: An die Stelle eines sehr günstig gelegenen Parkplatzes sollte etwas anderes (wir wissen nicht mehr, was) gebaut werden, was wirklich nicht unbedingt dort stehen mußte. Fast jeder war zu Recht empört, und die Führungsmannschaft beratschlagte stundenlang, wie man den Fauxpas wohl am besten wieder gutmachen könne. Dann hatte der Werkleiter den rettenden Einfall und setzte ihn umgehend in die Tat um, ohne die anderen davon zu informieren: Er machte die unsinnige Entscheidung rückgängig und ließ dann beides – sowohl den Irrtum als auch dessen Korrektur – auf die Titelseite der Firmenzeitung setzen. Wer eingesteht, daß er einen kapitalen Bock geschossen hat, aber dann auch die Souveränität besitzt, die Sache wieder offen ins reine zu bringen, und zwar umgehend, beweist nicht nur sein fundamentales Selbstvertrauen, sondern auch sein Vertrauen in andere. Wer dagegen glaubt, daß Menschen nicht damit umgehen können, wenn »die da oben« auch mal einen Fehler machen, unterschätzt diese Menschen gewaltig. Schließlich sind sie es, die Tag für Tag, jahraus, jahrein unmittelbar mit Ihren Fehlern leben müssen.

Haben Sie also Vertrauen in Ihre Überzeugungen! Und stehen Sie konsequent dazu, denn: Der Ton macht die Musik. Das alles ist bestimmt nicht immer ganz leicht. Ohne eine klare und feste Position anderen Menschen gegenüber ist eine zuversichtliche und konsequente Haltung unendlich viel schwerer. Vielleicht ist das in der Tat des Pudels Kern.

14.
»Mitinhaberschaft« – »innere Motivation« – »als wär's mein Eigentum«

Tom und Bob Waterman haben in *Auf der Suche nach Spitzenleistungen* Dana Corporation bereits ausführlich erwähnt. Während der vergangenen drei Jahre haben wir den ehemaligen Chairman von Dana, Ren McPherson, immer besser kennengelernt. Und es war für uns eine zunehmend wertvolle Erfahrung. Eine von Rens Anzeigen, die monatelang in *Fortune*, *Forbes* und *Business Week* erschien, lautete: »Talk Back to the Boss« (etwa: »Dem Chef die Meinung sagen«). Dana, ein Achsenproduzent mit Sitz in Toledo/ Ohio wurde einmal von einem eigenen Chairman so beschrieben: »Die Firma mit der miesesten Produktpalette, mit der je ein ›Fortune 500‹-Mitglied gestraft war.« In den siebziger Jahren allerdings hatte Dana bereits die zweithöchsten Kapitalerträge im gesamten Fortune-500-Verband, und obwohl es in den Jahren 1979 bis 81, genau wie andere Unternehmen der Kfz-Industrie, ziemlich zu kämpfen hatte, hat sich das Unternehmen inzwischen erstaunlich gut wieder hochgerappelt. McPhersons Devise war denkbar einfach: »Alle Macht den Menschen an den Arbeitsplätzen.«

Der Schlüssel zum Erfolg dabei war die radikale Dezentralisierung von Personal- und Rechtsabteilung, Einkauf und Rechnungswesen. Dem lag eine ganz schlichte Überlegung zugrunde. Hierzu sagt McPherson: »Zentraler Einkauf sieht auf dem Papier zwar immer gut aus, klappt dann aber in Wirklichkeit nie so wie geplant. Auch wir haben ein paar Bereiche, wo ein zentraler Einkauf wegen des Mengenrabatts theoretisch schon sinnvoll wäre: bei bestimmten *steel shapes*, bei Transport, Energieversorgung usw. Aber sehen Sie, ich möchte, daß meine 90 Werkleiter für ihre Quartalsabschlüsse selbst voll verantwortlich zeichnen. Und ich möchte nicht, daß sie 90 Tage später ankommen und sagen: ›Ren, ich hätte es schon hingekriegt, aber die vom Einkauf haben meinen Stahl nicht rechtzeitig rangeschafft, und da mußte ich eben meine zwei besten Kunden sitzenlassen. Nächstes Quartal ...‹ Mit so etwas brauche ich mich nicht abzugeben. Denn ich habe ja den letzten Trumpf in der Hand: 90 sehr intelligente Werkleiter! Wenn sieben von denen wissen, daß sie sich zusammentun müssen, um für ein bestimmtes *steel shape* Mengenrabatt zu bekommen, dann tun sie das auch. Die brauchen keinen ›von oben‹, der ihnen sagt, wann oder wie sie's anstellen sollen.«

Einer der Direktoren von Dana drückte das in einer Rede vom Spätsommer 1982, mitten in der Rezession der Jahre 1981 bis 83, folgendermaßen aus: »Wir haben bei Dana keine festgeschriebenen Unternehmensrichtlinien. Ende der sechziger Jahre haben wir die Handbücher abgeschafft. Bei uns gibt es keine ellenlangen Berichte, bei uns gibt es keine Stechuhren mehr. Statt dessen gibt es Vertrauen.« Vertrauen! Vertrauen, das vom mündigen Erwachsenen in seine ebenso mündigen und erwachsenen Partner gesetzt wird. Während der Rezession mußte Dana zehntausend Leute entlassen. Einmal die Woche schickte das Management jedem Mitarbeiter – auch denen, die entlassen worden waren – eine ausführliche Informationsbroschüre. Es wurde darin gesagt, wo es Entlassungen gegeben hatte, wie die Zukunftsaussichten waren und sogar – und das war mutig – wo es möglicherweise noch zu weiteren Entlassungen kommen könnte. Was war das Ergebnis dieser schonungslosen Offenheit? Unter anderem ein Vertrauensbeweis, auf den McPherson besonders stolz ist: Vor den Entlassungen besaßen 80 Prozent der Mitarbeiter Aktien der Gesellschaft, die sie im Rahmen eines speziellen Beteiligungsprogrammes erworben hatten. Zum Zeitpunkt der meisten Entlassungen lag die Zahl der beteiligten Mitarbeiter knapp *über* 80 Prozent, einschließlich aller 10 000 Leute, die man hatte entlassen müssen.

Während wir noch an diesem Kapitel arbeiteten, hielt Tom einen Vortrag, in dem er hervorhob, wie wichtig es sei zu erfassen, ob und in welchem Maß ein Kunde zufrieden ist, um auf diese Weise einen Leistungsbewertungsmaßstab für die Mitarbeiter zu gewinnen (s. Kap. 6). Alle Anwesenden stimmten dem offenbar zu. Kaum jemand aber arbeitet aktiv auf dieses Ziel hin. Im Anschluß unterhielt Tom sich mit einem Manager, der sagte: »Aber wie sollen wir die Zufriedenheit der Kunden in Meßgrößen fassen, mit denen der Mann in der Fabrikhalle etwas anfangen kann?« Darauf antwortete Tom: »Warum fragen Sie denn nicht die Leute in der Halle, wie das aus deren Sicht am besten zu bewerkstelligen wäre? Denn die betrifft es ja, oder?« Der Manager hielt diesen Gedanken nach einer kurzen Denkpause für sehr gut und gab dann nachdenklich zu, daß man in seinem Unternehmen noch nie auf den Gedanken gekommen war, die Mitarbeiter nach ihrer Meinung zu fragen. Nach ungefähr drei Wochen bekamen wir einen sehr netten, zwei Seiten langen Brief von ihm. Er hatte die Leute gefragt – so schrieb er – und sehr gute Anregungen bekommen. Einige Leute (aus der Produktion) besuchten aus eigener Initiative sogar Kunden und sprachen mit ihnen darüber. Man wollte jetzt versuchen, anhand verschiedener Vorschläge bestimmte Daten gezielt zusammenzustellen. Der Brief schloß mit den Worten: »Sie haben an einen wunden Punkt gerührt. Wir sollten wirklich unsere Initiative in diese Richtung entwickeln.«

Wir waren erfreut, aber auch gleichzeitig frustriert: erfreut darüber, daß er etwas unternommen hatte, frustriert, weil es für so viele offenbar immer noch eine so ausgefallene Idee ist, die eigenen Leute anzusprechen. Warum um alles in der Welt sollten sich Menschen beispielsweise für die im Vergleich zur Konkurrenz hohe Ausschußquote interessieren, wenn Ihnen auch sonst keine Informationen über Ausschußraten zur Verfügung gestellt werden. Warum sollten sie an Rentabilitätsvergleichen interessiert sein, wenn man ihnen auch sonst nicht mitteilt, wie sie abschneiden? Wir wundern uns, daß unsere Mitarbeiter sich nicht für das Wohl der Firma interessieren – aber wir haben ihnen auch nie erklärt, was nun eigentlich das Wohl der Firma ausmacht!

Dana handelt also nach der Devise: ›Alle Leute sind Geschäftsleute‹; Beteiligung aller Mitarbeiter am strategischen Informationsfluß innerhalb des Betriebs. Jeder wird Miteigentümer. Ed Carlson, ehemaliger Chairman der United Airlines, führte einen ständigen Kampf gegen den »MEKE-Faktor« (Mir Erzählt Keiner Etwas). McPherson ist unerschütterlich davon überzeugt, daß alle Mitarbeiter wissen sollten, wann und wo die nächsten Entlassungen anstehen. Treybig (Tandem) sorgt persönlich dafür, daß alle Mitarbeiter – auch die neu eingestellten Sekretärinnen – im Besitz eines vollständigen Strategieplans sind. Von neuen Schreibkräften bei Bourns wird ja erwartet, daß sie wissen, was ein Potentiometer ist (und daß sie sich auch dafür interessieren). Es besteht dafür keine technisch bedingte Notwendigkeit im Zusammenhang mit ihrer Arbeit. Sie werden aber grundsätzlich als vollwertige Mitglieder der Bourns-Mannschaft behandelt, und deshalb gehört dieses Wissen einfach dazu. Menschen, die sich als Teil des Ganzen begreifen, die die Firma »mitbesitzen«, entwickeln nachweislich eine oft unendlich höhere Leistungsbereitschaft und Kapazität. Wenn man alle Mitarbeiter wie selbstverantwortliche, selbst denkende Geschäftsleute behandelt, dann verhalten sie sich auch entsprechend – sie engagieren sich voll und ganz und identifizieren sich hundertprozentig mit dem Ziel des Unternehmens.

In *Auf der Suche nach Spitzenleistungen* berichteten wir von einem betriebspsychologischen Experiment: Eine Gruppe von Probanden wurde ins Labor gebeten und sollte dort angeblich an einem Versuch über Umweltbelastung im Betrieb im allgemeinen und speziell über die Auswirkung von Lärm auf die Produktivität teilnehmen. Sie hatten eine schwierige Denkaufgabe zu lösen und mußten einen ziemlich langweiligen Text Korrektur lesen. In der Zwischenzeit lief ein Tonband, auf dem ein Vortrag auf Spanisch, ein Gespräch auf Armenisch, eine Kopiermaschine, eine Schreibmaschine und Straßenlärm zu hören waren. Die Hälfte der Probanden konnte den Lärm mit Hilfe eines Knopfdrucks abschalten. Die andere Hälfte hatte diese Möglichkeit nicht. Wie zu erwarten, lösten jene, die den Lärm abstellen konnten, fünfmal soviele Denkaufgaben wie ihre Mitprobanden und berichtigten außerdem viermal soviele Druckfehler. Aber – und jetzt kommt der Clou – sie betätigten den Abstellknopf nicht ein einziges Mal! Allein das *Bewußtsein*, daß sie die *Möglichkeit* hatten, selbst zu entscheiden, ob sie die Tonbänder zum Schweigen bringen wollten oder nicht, verursachte diese enorme Leistungssteigerung. Verblüffend, ja erschreckend, was alles durch bloße *innere Motivation*, dieses Gefühl, die Dinge selbst in der Hand zu haben, ausgelöst werden kann!

Aber genug von steriler Betriebspsychologie, und zurück zur Wirklichkeit oder genauer: in die Montagehalle der Ford Motor Company in Edison/New Jersey. Vor einiger Zeit wurde hier ein Experiment gestartet, das einige Ähnlichkeit mit dem oben beschriebenen hat und in Japan teilweise schon zum Betriebsalltag gehört. Jedem Mitarbeiter in der riesigen Montageanlage wurde die Möglichkeit gegeben, per Knopfdruck die ganze Maschinerie zu stoppen – ein mutiger Entschluß seitens des Werkleiters. Wir wollen hier von den Ergebnissen berichten, die sich im Verlauf der ersten zehn Monate ergaben (seither hat sich allerdings auch zwischenzeitlich nichts Wesentliches daran geändert). Erstens – und das überrascht wohl kaum – ging es in Edison nicht so zu wie im betriebspsychologischen Testzentrum: Die Mitarbeiter drückten ziemlich häufig auf den Knopf und brachten die Anlage 20- bis 30mal pro Tag zum Stehen. Nur – und jetzt kommt das Positive –, jede Stillegung dauerte im Schnitt nur etwa zehn Sekunden, die Zeit, die man eben für irgendeinen kleinen korrigierenden Handgriff braucht, um eine Schraube oder eine Mutter festzuziehen.

20 bis 30 Stillegungen von jeweils etwa zehn Sekunden ergeben täglich einen Zeitverlust von 200 bis 300 Sekunden, eine Durchbrechung des Arbeitsablaufs, der überhaupt nicht ins Gewicht fällt. Die Produktivität der Anlage erlitt nicht die geringsten Einbußen. Aber drei weitere Meßwerte veränderten sich substantiell: In den ersten Monaten des Versuchs fielen die festgestellten Fertigungsmängel im Schnitt pro Auto von 17,1 Prozent auf 0,8 Prozent. Die Anzahl der Wagen, die nach der Fertigstellung noch überarbeitet werden mußten, fiel um 97 Prozent. Und die an die jeweiligen Gewerkschaftsvertreter gerichteten Beschwerden gingen schlagartig von ca. 200 auf weniger als zwölf zurück – bezogen auf die gesamte Anlage.

Die Einstellung, erkennbar auch am Sprachgebrauch der Mitarbeiter, veränderte sich ähnlich positiv. Ein alter Hase sagte: »Es ist, als hätte man ein Fenster aufgemacht. Man hat einfach mehr Luft.« Zur veränderten Einstellung der Vorarbeiter unter dem neuen Team-orientierten System äußerte er sich so: »Sie sind nicht mehr Aufpasser, sondern Berater.« Als Beleg für die veränderte Einstellung der Mitarbeiter mag ein Beispiel von unendlich vielen genügen: Es hatte immer wieder Probleme mit der Anbringung der Sitzbezüge gegeben. Einer der Mitarbeiter knobelte ein System aus, bei dem durch Verwendung einer speziellen Folie an entscheidenden Stellen die Gleitfähigkeit erhöht und das Beziehen der Sitze erleichtert wurde. Er führte das Experiment ganz allein durch – bei sich zu Hause, brachte dann die Ergebnisse mit in die Fabrik und teilte sie seinen Kollegen mit. Und so etwas passiert ausgerechnet in der amerikanischen Autoindustrie.

Viele Führungskräfte begnügen sich nicht mit einer eher ideellen Identifikation als Miteigentümer; sie ruhen nicht, bis möglichst viele Mitarbeiter konkrete Anteile an der Firma erworben haben. Wie McPherson bei Dana, so ist auch George Jenkins von Public Super Market fest davon überzeugt, daß alle Mitarbeiter Aktionäre der eigenen Firma sein sollten, denn in diesem Fall arbeiten sie zum eigenen Vorteil. Diese Überzeugung war ihm so wichtig, daß er all denen das Gehalt erhöhte, die andernfalls keine Anteile oder Aktien hätten erwerben können. Da handelt einer wirklich nach seinen Glaubensgrundsätzen!

»Mitinhaberschaft« – konkret durch erworbene Firmenanteile

fundiert oder eher motiviert aufgrund ideeller Identifikation, dieses Gefühl der Selbst- und Mitbestimmung hat Kräfte in Menschen freigesetzt, die niemand vorher erahnen konnte. Nennen wir einige Beispiele für diese wahrlich erstaunlichen Mechanismen:

SAS: Von dem Sanierungswunder des Jan Carlzon bei Scandinavian Air Systems haben wir schon berichtet. Lassen wir Carlzon selbst zu Wort kommen: »Unser Ziel war, die pünktlichste Fluggesellschaft in ganz Europa zu werden. Nur wußte ich nicht, wie wir das am besten anfangen sollten. Ich überlegte mir, welcher Gruppe von Mitarbeitern die Hauptverantwortung für eine dahingehende Initiative übertragen werden sollte. Schließlich hatte ich die Gruppe ausgemacht, die wohl am ehesten etwas Entsprechendes bewerkstelligen konnte. Ich ließ den Leiter der betreffenden Abteilung kommen und sagte: ›Was brauchen wir, um Nummer eins für Pünktlichkeit in Europa zu werden? Kriegen Sie heraus, ob das machbar ist, und melden Sie sich in einigen Wochen wieder bei mir!‹ Einige Wochen später ließ er sich einen Termin bei mir geben. ›Nun, schaffen wir's oder nicht?‹ fragte ich. Er sagte: ›Doch, es geht. Wir brauchen etwa ein halbes Jahr und anderthalb Millionen Dollar.‹ Da fiel ich ihm schon ins Wort. Auch wenn es fünfmal soviel gekostet hätte, wäre es immer noch billig gewesen. ›Gut‹, sagte ich, ›machen Sie sich an die Arbeit!‹ Er reagierte verblüfft: ›Augenblick noch, ich habe meine Leute mit. Wir haben eine genaue Aufstellung und einen Arbeitsplan zusammengezimmert!‹ – ›Interessiert mich nicht‹, sagte ich, ›Sie haben freie Hand. Nun legen Sie los!‹ Um es kurz zu machen: Viereinhalb Monate später kam er zu mir mit den entsprechenden Angaben über pünktliche Abflugzeiten für den vorausgegangenen Monat. Er hatte uns in der Tat an die erste Stelle gehievt. Aber das war nicht der einzige Grund für seinen Besuch. Er hatte noch etwas Erfreuliches mitzuteilen: ›Eine halbe Million Dollar kriegen Sie auch zurück. Das ganze Unterfangen hat uns nur eine Million Dollar gekostet.‹«

Quad/Graphics: Folgendes Zitat über diese erfolgreiche Firma entnahmen wir einem Artikel mit dem Titel »Führen durch Weglaufen«, abgedruckt in der Zeitschrift *Inc.* (Oktober 1983): »›Wir halten nicht viel von allzu genau definierten Verantwortungsbereichen‹, erklärt Unternehmenschef Quadracci. ›Wir meinen, Verantwortung sollte freiwillig übernommen und geteilt werden. Nichts sollte jemals eindeutig in den Zuständigkeitsbereich von jemand anderem gehören. Wer erkennt, daß irgend etwas getan werden muß, sollte auch die Verantwortung dafür auf sich nehmen. Unsere

Leute sollten nicht warten, bis ich – oder ein anderer – ihnen sagt, was sie zu tun haben.‹ Oft weigert sich Quadracci geradezu, den Mitarbeitern Anweisungen zu geben. Es stellte sich beispielsweise heraus, daß die Erweiterung des LKW-Fuhrparks der Firma nur finanziert werden könnte, wenn die Wirtschaftlichkeit der gefahrenen Transportwege erhöht, das heißt Rückfahrten zur Fabrik ohne Ladung vermieden würden. Da gab Quadracci jedem einzelnen Fahrer die Schlüssel zu einem der großen Peterbilt-Laster und deklarierte sie ab sofort zu Mitinhabern der Firma, zu gleichberechtigten Partnern der neugegründeten DuPlainville-Transport-Abteilung. Ihre Pflicht war es nun, die Rückfahrten profitabler zu gestalten. Gefragt, was sie denn auf den Rückfahrten verladen sollten, erwiderte Quadracci: ›Was weiß ich? Bin ich etwa ein gelernter Lastwagenfahrer? Ihr müßt sehen, wie ihr ohne mich klarkommt!‹ « Horribile dictu, der Mann hatte recht!

Trust House Forte: Hier ein Bericht aus ›*The Winning Streak*‹ (›Die Glückssträhne‹) von Goldsmith und Clutterbuck:

Daß Autonomie und zentralisierte Organisationsstrukturen nicht notwendigerweise inkompatibel sein müssen, zeigt das Beispiel THF in Zusammenhang mit der Übernahme der drei Nobelherbergen George V, La Tremoille und Plaza-Athenée. Die Gewerkschaften hatten sich vehement gegen eine Übernahme der drei Hotels durch einen ausländischen Konzern zur Wehr gesetzt. Um Öffentlichkeit herzustellen, demonstrierten die Köche, Pagen und Kellner in voller Berufsmontur vor den Hotels. Als die Übernahme perfekt war, stellte sich heraus, daß die Geschäftsleitung des Plaza-Athenée-Hotels eigentlich nur dem Namen nach bestand: die wirkliche Führung des Hotels lag nun schon seit Jahren in den Händen der Gewerkschaft. Einer jener epochalen Eingebungen folgend, die eben unternehmerische Genies von normalen Geschäftsleuten unterscheiden, bot Forte den Geschäftsführerposten dem Gewerkschaftsvertreter, nämlich dem Chefportier, an.
Diese Wahl war weder opportunistisch noch irrational. Bei einer Situationsanalyse, die die Probleme des Hotels klären helfen sollten, kam der THF-Vertreter in Paris sehr schnell dahinter, daß der betreffende Chefportier eine wesentlich präzisere Vorstellung von den zu ergreifenden Maßnahmen hatte als alle anderen.
Der neue Geschäftsführer erarbeitete ein Mitbestimmungsmodell für die Mitarbeiter des Hotels, das in der gesamten THF-Organisation einzigartig war. Ein eigens dafür gebildeter Mitarbeiterbeirat kümmerte sich um Verspätungen, Fernbleiben und andere Disziplinarfragen. Es

wurde ein System ausgearbeitet, nach dem die Mitarbeiter an allen Gewinnen beteiligt waren, die 5 Prozent des Umsatzes überstiegen. Im Gegenzug wurden 20 Prozent der Beschäftigten entlassen. Daraufhin stiegen die Gewinne um das Dreieinhalbfache, gemessen an den Zahlen zur Zeit der Übernahme. Das Jahreseinkommen der verbleibenden Angestellten verbesserte sich innerhalb von fünf Jahren um 100 Prozent.

Tupperware: Die psychologische Identifikation mit dem Unternehmen, das »Eigentumsgefühl«, die innere Motivation beinhalten auch gesteigertes Selbstbewußtsein, Stolz auf die eigene Leistung und auch auf die der engeren Mitarbeiter. In jeder der vielen hundert Vertriebsstellen von Tupperware läuft wöchentlich ein Programm namens ›Rally‹. Diese Rallies gipfeln in einer großangelegten Feierstunde genannt ›Count-Up‹, bei der jede Verkäuferin unter Applaus zum Podium marschiert, wenn die entsprechenden Umsatzzahlen ausgerufen werden: Wird beispielsweise die Summe von 300 bis 500 Dollar ausgerufen, so geht auch einer mit, der Tupperware-Produkte im Wert von 319 Dollar verkauft hat. So wird verfahren, bis die fünf Spitzenverkäuferinnen der Woche an der Reihe sind. Sie treten auch nach vorn, aber stellen sich vor eine große Tafel, auf die jede einzelne ihren Namen schreibt. That's OWNERSHIP!

Sunset Publications: »Mitinhaberschaft« heißt auch beteiligt sein am Geschäft, egal auf welche Art. Sunset Publications gibt Kochbücher heraus. Jedes Rezept, das Eingang in ein Sunset-Kochbuch findet, wird in der Versuchsküche der Firma in Menlo Park/Kalifornien ausprobiert und zwar von sechs ausgewählten Angestellten, deren Namen einer speziellen Mitmacher-Liste entnommen werden. Sie werden das vielleicht nicht gerade für originell halten – aber Sie täuschen sich! Hunderte von Leuten stellen sich als Vorkoster der Nation zur Verfügung. Die Liste umfaßt Namen von der obersten Spitze der Firma bis hin zu den bescheidensten Mitarbeitern. Eines verbindet sie: der Wunsch, am Entstehungsprozeß aktiv beteiligt zu sein. Es macht ihnen Spaß, daß ein Rezept im vielgelesenen Sunset-Kochbuch nur deswegen berücksichtigt wird, weil sie ihr Placet gegeben haben. Vielleicht wirklich keine originelle Idee, aber eine von großer Wirksamkeit.

Markem (Keene/New Hampshire) gibt einen Kalender mit lauter Zitaten heraus, die weder von Samuel Johnson noch von Hemingway, nicht einmal von Michael Jackson stammen, sondern von

Markem-Mitarbeitern: »Gedanken von Markem-Mitarbeitern, die Blütenlese eines einzigen Jahres, die uns hilft, unser Bestes zu geben!« (Titelseite). Circa jeder dritte Tag im Monat trägt ein Zitat – hier das vom 15. Januar 1985: »Leistung ist die Krönung persönlichen Engagements.« – Barbara Yoerger. Oder der Beitrag von George Scott, 23. April 1985: »Unbezahlbarer Bestandteil eines jeden Produkts ist die Seriosität und Integrität derjenigen, die an seiner Herstellung beteiligt sind.« Oder etwa Jim Larence, am 2. August 1985: »Qualität bedeutet, sich selbst immer einen Schritt voraus sein.«

People Express: Diese bemerkenswerte Fluggesellschaft hat für ihre über 3000 Ganz- und Teilzeitmitarbeiter einen völlig neuen Modus der Zusammenarbeit kreiert: Jeder Angestellte ist ein »Leiter«. – Andere Fluggesellschaften haben Flugbegleiter – People Express hat »Service-Leiter«. Bei anderen sitzen Piloten im Cockpit, bei People Express sind es »Flugleiter«. Und überall trifft man nicht nur auf Mitarbeiter, sondern auf Mitbesitzer im sehr konkreten Sinne. Jeder Festangestellte besitzt Unternehmensanteile. Don Burr, Präsident und Gründer von People Express sagt dazu in einer Unternehmensanalyse der Harvard-Universität: »Ich glaube, mein eigentliches Motiv für die Gründung eines neuen Unternehmens war, daß ich neue Wege der Zusammenarbeit erproben wollte... Von daher auch der Name ›People Express‹. Alles ist auf Menschlichkeit und gegenseitiges Vertrauen abgestellt. Das ist die treibende Kraft hinter allem, was wir tun. Ich bin kein Philantrop aus Leidenschaft. Ich verstehe mich nicht als Sozialwissenschaftler, Geistlicher oder Wohltäter der Menschheit. Ich sehe mich als knallharten Geschäftsmann, dem es in erster Linie darum geht, Güter und Dienstleistungen mit Gewinn an den Mann zu bringen.« Die Fluggesellschaft hat von vornherein Hierarchie vermieden und kann noch immer auf Vorstandsmitglieder, Vorgesetzte und Ganztagssekretärinnen verzichten. Alle machen mal Telefondienst, erledigen ihre eigene Korrespondenz. Keiner ist auf einen bestimmten Bereich festgelegt. People Express nennt das »Multi-Funktionalität«. Ein Flugleiter zum Beispiel kann heute fliegen und morgen in der Hauptverwaltung in Newark/New Jersey sitzen. Serviceleiter nehmen auch Reservierungen entgegen; die sechs Führungskräfte an der Spitze des Unternehmens (die Gründungsmannschaft der Fluggesellschaft) begleiten ebenfalls Flüge, arbeiten als Serviceleiter oder im Bodendienst bei der Gepäckabfertigung oder beim Einchecken der Passagiere.

Die zwei Lieblingswörter des Don Burr sind »beeindruckend« und »Selbstbestimmung«. Die Leistungen der Mitarbeiter von People Express sind »beeindruckend«; was sie brauchen, ist die Möglichkeit zur Selbstbestimmung und keine Fremdbestimmung von oben.

Ausbildungsrichtlinien
Eine Geschäftsfrau im Einzelhandelsbereich leitete sechs oder sieben Jahre lang ein eigenes Einzelhandelsunternehmen und hatte immer selbst die gesamte Lehrlingsausbildung übernommen. Sie erachtete diesen Bereich zu Recht für sehr wichtig. Als die Belegschaft auf 75 Mitarbeiter gestiegen war (mit der für den Einzelhandel typischen Fluktuation, obwohl diese bei ihr weit unter dem Durchschnitt lag), wuchs ihr die Aufgabe langsam, aber sicher über den Kopf. Deshalb verfaßte sie Richtlinien für die Lehrlingsausbildung und erwog, zu ihrer eigenen Entlastung einen Ausbilder einzusetzen. Was ihr aber dann doch als zu bürokratisch erschien. Sie beschloß also, das Problem anders zu lösen: sie fragte ihre besten Leute in jeder Abteilung, ob sie bereit wären, einen Teil der Lehrlingsausbildung zu übernehmen. Und ob sie das waren! Sie hatte nicht damit gerechnet, daß ihr Vorschlag solche Resonanz finden würde. Langjährige Mitarbeiter nahmen selbst die unbeliebtesten Zeitschichten in Kauf, um die Neulinge richtig einzuweisen. Wer ausbilden durfte, sprich: dafür erwählt wurde, betrachtete dies als eine besondere Auszeichnung. Und dieses Engagement – von der Begabung dafür ganz zu schweigen – hatte zwei Jahre über brachgelegen! Darüber hinaus gestand sie freimütig, daß »die Ausbildung jetzt wesentlich besser war, in erster Linie deshalb, weil die neuen ›Ausbilder‹ mit soviel Begeisterung dabei waren.«

Mervyn's, der ganz große Stolz von Dayton-Hudson, liefert ein gutes Beispiel für »Eigenverantwortung, die durch Zufall entsteht« (das unterstellen wir zumindest). Für solche Einzelhandelsunternehmen ist heute typisch, daß der Einkauf mehr oder weniger »von oben« geregelt wird. Das heißt, alle großen Handelsketten haben mittlerweile ihren Einzelhandelsniederlassungen diesen Verantwortungsbereich entzogen. Das traf Sears Ende der 70er Jahre ganz besonders hart. Geschäftsführer, die einst das Sagen in diesem Punkt hatten, wurden zu Mitarbeitern zweiter Klasse degradiert, Bürokraten, die sich nolens volens den Anweisungen aus Chicago fügten und die ihren Unmut – bewußt oder unbewußt – auf jede nur erdenkliche Weise zum Ausdruck brachten. Aber zurück zu Mervyn's: auch hier kann man es sich nicht leisten, die Zeichen der Zeit zu ignorieren. Ein Modemarkt, auf dem ein neuer Trend den anderen jagt, erfordert eine weitgehende Zentralisierung des Einkaufs. Die Einkäufer stellen die »Kollektionen« zusammen, diese werden dann in die einzelnen Filialen übernommen. Eine solche Kollektion nennt man auch ein Karussell, nach den Rundständern, auf denen eine jeweils abgestimmte Auswahl von Röcken, Mänteln usw. hängt. Die Einkäuferzentrale von Mervyn's steht unter einer tatkräftigen Leitung, bei der Zusammenstellung der Kollektionen haben sie sich in ihrem Eifer wechselseitig wirklich überboten, dabei aber des Guten zuviel getan, zumindest zuviel für die einzelnen Filialen: »Wir haben eine Zuteilung von 105 Kollektionen, aber leider nur 70 Karussells pro Laden.« Was bedeutet das? Trotz Mervyn's' straffer Planung stellt sich heraus, daß die Geschäftsführer in erheblichem Maße noch ein Mitspracherecht bewahrt haben. Sie haben nur Platz für 70 Kollektionen, laut Bestimmung von oben müssen sie aber 105 Kollektionen führen, anbieten und verkaufen! Was machen sie also? Sie machen das Beste aus dem, was ihnen aufgezwungen wurde. Dennoch entscheiden die meisten Filialleiter aus Verantwortungsgefühl gegenüber dem Unternehmen, nur das zu übernehmen, was sie auch mit einiger Chance auf Erfolg wieder verkaufen können.

Produktivität in der Forschung

Die Verwaltungsbeamtin eines Krankenhauses, in dem vorwiegend klinische Forschung betrieben wird, sprach Tom nach einem Seminar an, das er für die Association of Western Hospitals gehalten hatte. Ihre Geschichte war recht verwickelt, läßt sich aber auf ein paar Punkte reduzieren. Etwa ein Jahr zuvor hatte sie es bei ihren Forschungsgruppen mit einem neuen Organisationsstil versucht: »Meine Methode bestand darin, daß ich zu den Leuten in der Abteilung sagte: ›Ihr könnt machen, was ihr wollt, solange es sich im Rahmen der Legalität und unserer Finanzmittel bewegt.‹« Sonst hatte sie praktisch keine Richtlinien vorgegeben. Und was kam dabei heraus? »Ich war baß erstaunt. Die konkreten Forschungsergebnisse der Abteilung, sprich Artikel und Berichte, die tatsächlich zur Veröffentlichung gelangten, nahmen etwa um das Sechsfache zu! Innerhalb eines einzigen Jahres! Ich kann es immer noch nicht glauben!«

Seattle First (kurz auch: Seafirst), eine Großbank, war im wesentlichen aufgrund einiger fehlkalkulierter Energieanleihen in Schwierigkeiten geraten. Die Bank of America griff Seafirst jedoch unter die Arme, und die neue Führungsmannschaft sollte das Unternehmen wieder auf Vordermann bringen, das heißt ihm wieder zu altem Ansehen verhelfen. Ein grundlegendes Problem war dabei nicht nur die Finanzlage, sondern auch die Tatsache, daß sich alle Mitarbeiter in einem Zustand höchster Verunsicherung befanden. Der neue Chairman, Dick Cooley, entwarf einen ausgeklügelten strategischen Plan, der einerseits dieses Übel abstellen und andererseits für neue Geldzufuhr sorgen sollte. Er teilte die gesamte Belegschaft der Bank in 900 Arbeitsgruppen ein – Arbeitsgruppen in allen Bereichen: Empfang, EDV, Kundenbetreuung, Kreditabteilung. Es wurde eine – für alle transparente – Wettbewerbsaktion gestartet mit dem einzigen Ziel, neue Konten zu akquirieren. Das Ergebnis war phänomenal: Konten im Wert von 500 Millionen Dollar in 90 Tagen! Am bedeutsamsten für die längerfristige Erholung des Geldinstituts war, daß die Gewinner des Wettbewerbs in den seltensten Fällen aus der »dafür zuständigen« Ecke kamen, nämlich aus der Kreditabteilung. Die Gewinner waren EDV-Leute, die es für außerordentlich spannend gehalten hatten, auch mal in den Verkaufsprozeß einzugreifen und Freunde und Nachbarn als Kunden zu gewinnen. Innere Motivation – »Mitinhaberschaft«!

In Baltimore startete Bürgermeister Schaefer eine Reihe von Aktionen, die dem Bürger das Gefühl für Verantwortung und eine Art »Mitregentschaft« an seiner Stadt vermitteln sollten. Am Valentinstag »verkaufte« er beispielsweise Schlaglöcher – zu 35 Dollar das Stück (Studenten und Rentner erhielten Rabatt – 5 Dollar). Die Stadt ließ das jeweilige Loch ausbessern und malte dann, wenn es fertig war, ein Herz darauf. Dann schickte sie eine Karte mit dem Foto des »herzigen Schlaglochs« an die Adresse des/der Angebeteten. Die Aktion war ein voller Erfolg. Der Bürgermeister bestand darauf, daß sich bestimmte Stadt- bzw. Wohnviertel – auch die mit weniger wohlhabenden Einwohnern – an den städtischen Projekten beteiligten.

Richard Ben Cramer berichtet in *Esquire* (Oktober 84) von einer Unterredung zwischen einer lokal sehr rührigen Stadtteilvereinigung und dem Bürgermeister:
»Wir haben ein Recht auf Spielplätze.«
Schaefer: »Übernehmen Sie die Instandhaltung?«
»Das können wir nicht.«

»Dann bauen wir auch keinen.«

Bald darauf verlangte er, daß die Bewohner des betreffenden Viertels das Geld für Schaukeln und Klettergerüst aufbringen sollten. »Das kostet Sie 1000 Dollar«, sagte er. »Von mir aus verkaufen Sie selbstgebackene Plätzchen. Wie Sie das Geld zusammenkriegen ist mir egal.« Die Bewohner des Viertels mußten sich also zusammensetzen und sich absprechen – sofern sie das bisher noch nicht getan hatten. Dann mußten sie ihr Selbstgebackenes zu Geld machen und die Schaukeln kaufen. Und bald – erst vereinzelt, dann in immer mehr Stadtteilen – sprachen die Leute Schaefer an und zeigten ihm ihre Spielplätze. Sie zeigten ihm auch, wie sie die Pläne der Stadtverwaltung in ihrem Sinne geändert hatten, zeigten weiter, wo sie meinten, daß ein Jugendzentrum fehlte. Sie wollten einen Teil des Geldes selbst aufbringen und fragten am Rande und ganz bescheiden, was denn die Stadt dazu beitragen könne.

»Mitinhaberschaft«: MBWA mit Kunden

Im Bericht aus Sparrows Point/Maryland schreibt das *Wall Street Journal* am 12. Dezember 1984:

Als Robert Felts bei den Bethlehem-Steel-Stahlwerken von seinen Vorgesetzten gebeten wurde, einen Kunden zu besuchen, war der erfahrene Maschinist ohne langes Überlegen sofort dazu bereit. Eines allerdings blieb problematisch: Der Kunde wohnte im Osten von Texas, und Felts mußte zum ersten Mal in seinem Leben ein Flugzeug besteigen.

»Das war mir nicht recht. Und ich mußte insgesamt viermal umsteigen«, erinnert er sich mit Schaudern.

Neue Situationen, ungewohnte Rollen, mehrmaliges »Umsatteln« – wie auch im Falle Felts – sind charakteristisch für einen totalen Umbruch in der traditionellen Rollenverteilung unter Führungskräften, Angestellten und Arbeitern, eine Umverteilung, die sich in allen wichtigen nationalen Industrien gegenwärtig vollzieht. Immer häufiger suchen die Leute aus den Chefetagen den Rat von Arbeitern, statt sich automatisch wie früher an die Beratungsingenieure oder Führungskräfte zu wenden. Mitarbeiter wie Mr. Felts machen Kundenbesuche, ja, manchmal besuchen sie sogar ausländische Konkurrenten, um aus erster Hand beurteilen zu können, wie ihre eigenen Produkte abschneiden.

Der Sprecher der Geschäftsführung, John G. Roberts, gilt allgemein als der Initiator des Mitarbeiter-Informationsprogramms: »Das Management muß immer noch unpopuläre Sparmaßnahmen verfügen. Aber es fällt leichter, wenn die Mitarbeiter wissen, worum es geht, und dem Management vertrauen«, sagt er.

Die Hauptverwaltung von Sparrows Point informiert ihre Mitarbeiter auch über den Eisen- und Stahlmarkt. Jede Woche wird überall in der Fabrik ein kurzer Lage- und Geschäftsbericht verteilt. In einer der letzten Ausgaben stand, der Anteil von ausländischem Stahl auf dem Inlandsmarkt betrage in den Monaten Juli und August etwa 31 Prozent.

Wie es scheint, funktioniert das Programm. Für die Leute in der Halle galt jahrelang die Devise, soundsoviele Tonnen Stahl zu produzieren und auf die Qualität weniger zu achten. Aber Tony de Luca, von Beruf Stahlarbeiter, änderte für sich diese unter seinen Kollegen übliche Haltung nach einem Kundenbesuch gründlich. Er erinnert sich: »Dort sagte einer der Vorarbeiter: ›Ihr da oben in Sparrows Point produziert wohl direkt für den Sperrmüll!‹ Da fühlte ich mich bei meiner Ehre gepackt!« Andere Stahlarbeiter wissen noch, was für ein Schock es war, als sie in dem von ihrer Anlage produzierten Stahlblech in den Endprodukten ihrer Kunden mit bloßem Auge Mängel erkannten.

»Besonders deutlich wird es einem bei Besuchen in den Lagerhallen der Kunden. Da sieht man den ausländischen Stahl, alles schön verpackt wie Weihnachtsgeschenke«, sagt Stahlarbeiter Greg Blackenship. »Inzwischen wissen wir, worum es geht. Früher haben wir den Stahl nur produziert.«

Auch für die Kunden sind derartige Besuche von Vorteil. Etwaige Beschwerden können sie nämlich gleich an die unmittelbar Verantwortlichen weitergeben. Darüber hinaus gelten die Besuche als Zeichen für die Seriosität der Lieferfirma. Einkäufer Dale Aulthouse von High Steel Structures, Inc., Lancaster/Pennsylvania ist einer der Hauptabnehmer von Bethlehem Steel. Er wollte gerade zur Konkurrenz wechseln, weil etliche Mängelbeschwerden bei der Führung der Sparrows-Point-Werke auf taube Ohren gestoßen waren. Eine Gruppenführung für die Sparrows-Point-Arbeiter war, wie er meinte, ›die letzte Chance‹. Als die Arbeiter mit eigenen Augen die Probleme sahen, die ihre mangelhaften Produkte verursachten, haben sie sich richtig geschämt und dafür gesorgt, daß die Mängel sofort beseitigt wurden.

H. H. Robertson (ein umsatzstarkes Edelstahlunternehmen in England): In der *Financial Times* vom 14. 11. 83 steht zu lesen: »Hier ist nicht einmal nur Effizienz in der Produktion ausschlaggebend für den Erfolg gewesen. Vor etwa einem Jahr wurde in Robertsons Geschäftsführer Cliff Dyer das Gefühl übermächtig, daß sich die Auftragslage des Unternehmens ohne weiteres noch verbessern ließe. Zu diesem Zweck entwickelte er ein Programm, von dem er sich radikale Änderungen versprach, das sogenante ›Ginger-Group-Programm‹. Es handelt sich bei diesen ›Auftragskommandos‹ um Ad-hoc-Gruppen, die sich für spezifische Vorhaben oder Auftragsziele jeweils anders formieren. Beteiligt sind alle zentral in Frage kommenden Mitarbeiter, unabhängig von ihrem Status innerhalb der Firmenhierarchie. So können beispielsweise Leute aus Design, Verkauf, Produktion, Kostenrechnung und Einkauf involviert sein; häufig können sich hier auch Mitarbeiter, die relativ neu sind, ihre ersten Sporen verdienen. Das System hat für eine erhöhte Durchlässigkeit zwischen den verschiedenen Abteilungen gesorgt, eine flexible, kreative Arbeitsweise, die Dyer als ›analog‹ bezeichnet, im Gegensatz zur ›digitalen‹ Organisationsstruktur, die durch strikte Aufgabentrennung und formalisierte Kommunikation zwischen den Abteilungen oft zum wirtschaftlichen Verhängnis werden kann.« Hier hat ein Fachmann gesprochen, und eine Fachzeitung hat dies entsprechend gewürdigt.

Farbe bekennen – auch auf der Toilette

Chef der General-Motors-Gießerei in Buffalo/N. Y. war Anfang der achtziger Jahre ein drahtiger alter Hase, der das stagnierende Unternehmen innerhalb von nur 18 Monaten gründlich sanierte. Sein Geheimnis? Eine eher schlichte Grundausrüstung: ein Eimer Farbe und die mit Unschuldsmiene vorgebrachte Frage: »Gibt es einen triftigen Grund, warum eine Gießerei nicht weiß sein darf?« Niemand konnte einen nennen.

Und was hat dieser lobenswerte Einsatz für einen freundlichen Arbeitsplatz mit Toiletten zu tun? Wie wichtig dieses vorgeblich »stille Örtchen« sein kann, haben wir schon erörtert. Ed Carlson, Sanierungskünstler bei UAL in den frühen sechziger Jahren, vergaß ebenfalls nie zu betonen, wie wichtig sanitärer Komfort für die Mitarbeiter ist. Zu deutsch: Mängel in diesem Bereich drücken Verachtung gegenüber den Benutzern aus. A. Ray Smith machte aus der bedeutungslosen Louisville-Redbirds-Mannschaft einen Spitzenreiter der Football-Liga. Sein Rezept? Saubere Toiletten und Duschräume, die man mit Stolz der eigenen Familie vorführen konnte. Nach einer Rede vor Hewlett-Packard-Kunden in Dayton/Ohio zum Thema »Vorbehaltsloser Glaube an den Menschen« wurde Tom von dem wohl mehr als 70 Jahre alten Manager einer Reihe von Gießereien in der Umgebung von Cleveland/Ohio beiseite genommen: »Das war im Prinzip alles richtig, junger Freund, aber viel zu abstrakt. Saubere Örtlichkeiten – darauf kommt's an! Da muß man ansetzen. Wenn es dort zum Himmel stinkt und wie die hinterletzte Jauchegrube aussieht, wenn Sie dort vor lauter Angst, sich anzustecken, nicht den Hosenladen aufzumachen wagen, wo soll denn das Engagement herkommen, der Stolz, die Selbstachtung? Wie kann man die Identifikation mit dem Produkt überhaupt glaubwürdig predigen, wenn sich der Gestank von den Toiletten bis in die Fertigungshalle bemerkbar macht? Viel zu wenig Leute verstehen das. Sagen Sie es ihnen weiter, mit einem schönen Gruß von mir!«

Welche Gemeinsamkeiten zeichnen all diese Beispiele aus? Mit einem Wort: das Gefühl, ein/e vollwertige/r Geschäftspartner/in zu sein, unentbehrlich für die firmeneigene Produktion, eingeschworen auf den Dienst und die Orientierung am Kunden. Stolz, Begeisterungsfähigkeit, Mobilisierung für eine alltäglich-bis-triste Aufgabe, dergestalt, daß sich der Betroffene nicht mehr als x-beliebiger Verrichter einer Routinearbeit, sondern als geschätzter Experte begreifen kann, wozu auch Anerkennung und Achtungsbeweise gehören. Gerade dann, wenn Mitarbeiter Aufgaben erfüllen, die normalerweise ignoriert werden, die Gewißheit, Teil einer durch und durch motivierten Mannschaft zu sein, mit pragmatisch definierten Zielen, ausreichenden Ressourcen und einer realisierbaren zeitlichen Vorgabe und eben nicht der verfügbare Befehlsempfänger.

Hier geht es auch um Geschichten über Mut und Integrität, letzteres im Sinne eines unbedingten Glaubens an die Schaffenskraft der Mitarbeiter, im Sinne der Bereitschaft, Anerkennung zu zollen, Möglichkeiten zu eröffnen, ohne sich dabei anzubiedern oder gar gönnerhaft Almosen zu verteilen. Chairman Bill Lane und seine Kollegen bei Sunset haben die Devise »Rezepte ausprobieren« nicht als einen Trick zu größerer Motivation eingeführt. Sie glauben wirklich, daß ihre Mitarbeiter auf diese Weise einen echten Beitrag zum Erfolg leisten können. Und mutig ist es allemal, wenn Führungskräfte auf Kontrollmöglichkeiten verzichten, indem sie den Weg zum Erfolg eben nicht von vornherein festlegen, indem sie der Versuchung des Eingreifens widerstehen, das Selbstbestimmungsangebot nicht zurückziehen, bevor es richtig angenommen werden konnte – auch wenn sich vorerst kleinere oder auch größere Fehlschläge nicht vermeiden lassen.

Und wovon handeln unsere Geschichten *nicht?* Auf keinen Fall von teuren Programmen. Unser guter Freund Jim Kouzes veranstaltete vor einiger Zeit ein Seminar für Manager aus der Ingenieursbranche. Nach eingehender Diskussion von Fragen wie Autonomie und »Mitinhaberschaft« für Mitarbeiter brachte einer der Kursteilnehmer das Problem auf folgende Formel: »Das ganze Zeug ist kostenlos. Und es funktioniert.« Wir reden also nicht von ausgefallenen Programmen, die monatelange Planung voraussetzen. Unsere Beispiele erzählen von dem Erfolg des angewandten gesunden Menschenverstandes zum Zwecke des erhöhten inneren und äußeren Engagements von Menschen an ihrer eigenen Arbeit, dazu gehören auch Aktien oder Gewinnbeteiligung. Denken Sie darüber nach!

Qualität kommt Ihren Mitarbeitern zugute
Sie streben bessere Qualität an? Höflichkeit? Stolz, der sich durch Begeisterung und Engagement an die Kundschaft vermittelt?
Den anderen um Längen voraus zu sein, vermittelt den Mitarbeitern das Selbstbewußtsein, zu den Spitzenkräften zu gehören. Und auf Spitzenkräfte ist Verlaß, wenn es einmal wirklich darauf ankommt. Ein Angestellter sagt: »Geben Sie mir eine 08/15-Behandlung, und die Leistung wird entsprechend sein. Behandeln Sie mich aber wie eine Spitzenkraft, und meine Arbeit wird ebenfalls entsprechend sein oder zumindest das Beste, was ich eben geben kann.«

»Mitinhaberschaft« – Innere Motivation – »Als wär's mein Eigenes«: einige Fragen – und Anregungen zu Sofortmaßnahmen

– Gehen Sie die soeben erzählten Geschichten noch einmal durch. Reden Sie mit Kollegen auf allen Stufen, in allen Abteilungen, sammeln Sie vergleichbare Beispiele aus Ihrer eigenen Gruppe, Abteilung, Firma. Tragen Sie 15 bis 20 solcher Geschichten zu einem kleinen Dossier zusammen. Wo liegen die Gemeinsamkeiten? Was ist daraus zu lernen? Lassen Sie echte Autonomie entstehen, bilden Sie kleine, selbständige Gruppen, die Problemlösung praktizieren, wie SAS, H. H. Robertson, Quad/Graphics! Fördern Sie »Mitinhaberschaft« mit Hilfe kleiner Anerkennungen, wie bei Sunset, Tupperware, IBM und dem kleinen Einzelhändler üblich? Achten Sie darauf, kleine Abteilungen auf Touren zu bringen, anstatt sie auf das Abstellgleis zu schieben?

Sehen Sie zu, daß Mitarbeiter noch ›Luft‹ haben bei der Ausführung ihrer Tätigkeiten – wie bei Mervyn's?

– Wie ist es mit Information und Transparenz auch auf den unteren Stufen der Organisation bestellt? Verfügen alle Mitarbeiter über detaillierte Daten einer sie und auch andere Gruppen betreffenden Leistungskurve?

– *Achtung:* Wir haben jetzt wieder einen größeren Anschlag auf Sie vor! Sie sollen sich einen Vorgesetztenposten in drei zentralen Bereichen Ihrer Organisation vornehmen. Verbringen Sie je zwei Tage mit den betreffenden drei Vorgesetzten, ›beschatten‹ Sie sie und lassen Sie sich dann einen ausführlichen Bericht erstatten (oder noch besser: übernehmen Sie die Vorgesetztenfunktion eine Woche lang selbst, vorzugsweise in Vertretung der Kollegen). Verfassen Sie eine zehn- bis fünfzehnseitige Beschreibung unter besonderer Berücksichtigung effizienz-feindlicher Zwänge und Output-hemmender Vorschriften. (Sie können sich auch von einigen Kollegen unterstützen lassen. Danach gehen Sie dann anderthalb bis zwei Tage in Klausur und bringen die Analyse zu Papier.)

Wenn Sie nur fünfzig kleine Achtungsbeweise Ihrer Organisation an die Mitarbeiter – denken Sie an die »Tupperware-Tafel« – suchen, werden Sie sie auch finden? Suchen Sie fünfzig kleine *Mißachtungs*beweise (z. B. Umgangssprache, Einrichtungen für Mitarbeiter, mangelnder Informationsfluß, diskriminierende Vorschriften, provozierende Privilegien für Führungskräfte – und die zahlreichen anderen Zeugnisse der Mißachtung Ihrer Mitarbeiter). Geben Sie gefälligst nicht auf, bevor Sie die 50 Beispiele gefunden haben. Es gibt sie. Eliminieren Sie einige davon (fünf innerhalb der ersten 96 Stunden nach der Bearbeitung dieser Frage). Diese Übung ist alle drei, mindestens aber alle sechs Monate zu wiederholen.

Diese Übungen setzen härteste Arbeit voraus. Wir meinen aber, daß eine derartige »Zusatzarbeit« eigentlich selbstverständlich sein sollte. Selbstbestimmung ist ein *elementarer* Faktor im Bemühen um höhere Qualität, Innovation und perfektionierten Service. Es gibt dafür keine wichtigere Voraussetzung. Wenn Sie anderer Meinung sind, legen Sie Ihre Gründe dar (für sich und Ihre Mitarbeiter)!

Selbstbestimmung an der Schmerzgrenze

Ein guter Freund, Julien Phillips, machte uns auf folgenden Abschnitt im *Wall Street Journal* (8. 2. 1984) aufmerksam:

Hersteller medizinischer Geräte wollen in diesem Jahr einen Apparat für den Krankenhausbedarf auf dem amerikanischen Markt lancieren, der dem Patienten erlaubt, seine Schmerzmitteldosierung selbst in die Hand zu nehmen. Einige Krankenhäuser – darunter das Klinikum der Universität Kentucky in Lexington – machen schon Probeläufe mit den neuen Infusionspumpen. Das neue an diesen Pumpen ist die Möglichkeit für den Patienten, die Schmerzbekämpfung gewissermaßen selbst zu steuern. Gegenwärtig werden Schmerzmittel oft nur sehr zurückhaltend verabreicht. Angst vor Überdosis oder Suchtbildung führt dazu, daß die »Ärzte bei der Verschreibung und die Krankenschwestern bei der Vergabe übervorsichtig sind«, sagt Terence Murphy, Professor für Anästhesie am Schmerzforschungszentrum der Universität Washington in Seattle. »Da wird kein großer Schaden angerichtet. Nur fühlt sich der Patient weniger wohl, als er sich fühlen könnte.«

Es stellt sich heraus, daß sich die Schmerzkontrolle vom Patienten selbst nicht nur effektiver, sondern auch ökonomischer durchführen läßt. Dies zeigt sich an den Ergebnissen eines Experiments mit Patienten, die sich einer Magenoperation unterzogen hatten. Sie wurden in zwei Gruppen eingeteilt; die erste erhielt schmerzstillende Spritzen, die zweite wurde an eine der neuen Schmerzpumpen angeschlossen. Die zweite Gruppe brauchte 31,5 Prozent weniger Schmerzmittel als die Patienten, die die Spritzen bekamen. Lonnie Weddington, ein Patient in der Klinik in Kentucky, gibt an, er habe nur relativ selten zur Pumpe gegriffen, obwohl er das Schmerzmittel theoretisch alle sechs bis acht Minuten habe ›abrufen‹ können.

Kein Wunder, sagen die Forscher. Bestimmte psychische Dimensionen des Schmerzes werden durch die bloße Anwesenheit der Pumpe ›ausgeschaltet‹. Hat ein Patient ein Mittel in der Hand, seine Schmerzen zu bekämpfen, dann werden die Schmerzen bereits dadurch gemindert. Und diese relative Schmerzfreiheit bedeutet wiederum, daß die ›Pumpenpatienten‹ viel eher dazu bereit sind, »zu husten, aufzustehen und all die anderen Dinge auf sich zu nehmen, die zum postoperativen Erholungsprozeß dazugehören«, sagt Eulene Boyle, Krankenschwester auf der Intensivstation des Klinikums der Universität von Kentucky. Theoretisch – konkrete Untersuchungsergebnisse stehen noch aus – müßte patientengesteuerte Schmerzkontrolle die postoperative Erholungszeit verkürzen, sagt Dr. Bennett. Fest steht aber bereits jetzt, daß sich ein solches Gerät für das Pflegepersonal sehr zeitsparend auswirkt. Von einer Krankenschwester an einem Chicagoer Krankenhaus erfahren wir, was alles zur Bereitung einer schmerzstillenden Spritze gehört: einen doppelt verschlossenen Arzneimittelschrank öffnen, Empfang des Mittels quittieren, Rechenschaft darüber ablegen, warum es notwendig war, das Medikament zu verabreichen.

Gegner der Pumpe melden Bedenken bezüglich der Sicherheit des neuen Verfahrens an. Darf man den Patienten selbst bestimmen lassen, wenn es um Narkotika geht? Eine Oberschwester an einem Chicagoer Krankenhaus dazu unmißverständlich: »Das Gerät kommt mir nicht auf die Etage!« Sie fürchtet die Abhängigkeit von der Pumpe. Dagegen sagt Artur Lipman, Professor der Klinischen Pharmazie an der Universität Utah: »Die Angst vor Abhängigkeit und Suchtbildung wird unglaublich übertrieben. Patienten mit Schmerzen sind ja schließlich keine Fixer mit Entzugserscheinungen.« Nach seinen Erfahrungen mit der Pumpe an der Universitätsklinik Utah »kommen die Patienten mindestens genauso schnell von dem Gerät los wie von den Schmerzspritzen«. Die zweite große Gefahr besteht nach Ansicht einiger Leute in einer versehentlichen Überdosis. Aber laut Dr. Bennett (Kentucky) ist die Pumpe so konstruiert, daß sie mit fast hundertprozentiger Sicherheit Überdosis und Suchtbildung ausschließt. Hat die Pumpe einmal eine kleine Dosis des Narkotikums freigegeben, so wird das Gerät auf einen vom Arzt im voraus zu bestimmenden Zeitraum ›gesperrt‹. Drückt der Patient in diesem Zeitraum auf den Freigabeknopf, wird einfach kein Schmerzmittel gegeben.

Diese Erfahrung bestätigt unsere anderen Aussagen über Selbstbestimmung und das, was sie leisten kann, und die eben nicht mißbraucht wird (31,5 Prozent *weniger* Schmerzmittelverbrauch!). Leider wird diese Selbstbestimmung, wie kaum anders zu erwarten, bekämpft. Selbstbestimmung zuzulassen ist riskant – für die Manager wie für die Krankenschwester. Schmerzlinderung ist ein substantieller Bestandteil des Selbstbildes der Krankenschwester (›rettender Engel‹). Für Manager auf jeder Ebene gehört es zum Selbstverständnis, daß sie den Mitarbeitern sagen, wie sie ihre Arbeit zu machen haben. So gesehen, stellt ja Selbstbestimmung eine Bedrohung für einen traditionellen Machtbereich der Führungskräfte dar.

Noch einmal: Gruppenstärke

Bei den Themen Kunden und Innovation stellten wir fest, daß kleinere Gruppen einen höheren Qualitätsstandard, besseren Service und eine gesteigerte Innovationsfähigkeit aufwiesen als größere Einheiten. Es sieht so aus, als sei Gruppenstärke – für in Teams arbeitende, eigenständige Kleingruppen – ein wesentlicher Faktor für Höchstleistungen. Fazit: »Mitinhaberschaft« ist in größeren Gruppen nicht erreichbar.

Wie steht es mit Mitinhaberschaft, wenn sie sich über die ganze

Organisation erstreckt? Am besten wenden wir uns da wieder W. L. Gore & Associates zu: »Die Leitung des Unternehmens liegt nicht bei uns. Wir haben in 25 Jahren gelernt, daß wir dem Unternehmen selbst die Leitung überlassen müssen. Freiwilliges Engagement und nicht Befehle von oben ist das Rezept für den Erfolg.« Bill Gore nennt als wesentliches Element eines Unternehmens die »Vernetzung«. Keiner kommt ohne den anderen aus. Er sagt weiter: »Einige Aspekte dieser Vernetzung lassen sich so beschreiben: keine starre Vorgesetztenhierarchie, kollegiale Berater anstelle von Chefs, die Ausbildung natürlicher Führungseigenschaften, das persönliche Gespräch, Erstellung von Zielsetzungen durch diejenigen, die in dem betreffenden Bereich für den Erfolg verantwortlich sind, die freiwillige Übernahme von Aufgaben und Funktionen durch einzelne Mitarbeiter. Bei uns gibt es keine ›Menschenführung‹, die Menschen führen sich selbst.«

Vor einiger Zeit sprach Tom vor einem hochkarätigen Zuhörerkreis über Gore. Nach dem Vortrag trat ein leitender Angestellter eines anderen Unternehmens auf ihn zu und klopfte ihm auf die Schulter: »Das ist ja alles richtig. Aber Sie untertreiben. (Das ist uns jetzt schon so oft passiert. Wir sprechen z. B. über den phantastischen Aufwärtstrend bei Ford in Edison/New Jersey, und irgend jemand kommt zufällig dorthin und teilt uns in einem langen Brief mit, wir hätten immer noch tiefgestapelt.) Die Gores haben meine Tochter vom Fleck weg eingestellt. Sie hatte eine clevere Idee, und schon 30 Tage, nachdem sie dort angefangen hatte, gaben sie ihr mehr als 3000 Dollar zur freien Verfügung. Es ist natürlich drin, daß das, was sie sich ausgedacht hat, schiefgeht. Aber das weiß sie. Und sie weiß auch, daß sie, wenn sie ihre Sache gut macht, keine Angst vor etwaigen Mißerfolgen zu haben braucht. Dazu muß man vielleicht noch sagen, daß sie keinerlei einschlägige Berufserfahrung hat, bereits jetzt aber zur ›Mentorin‹ für andere avanciert ist. Und das alles innerhalb von vier Monaten! Diese Leute meinen wirklich, was sie sagen.«

Worauf wir im Zusammenhang mit dieser Geschichte über Gore hinauswollen, ist das Thema Arbeitsgruppen und Gruppenstärke. Oder, um es auf einen Nenner zu bringen: »Mitinhaberschaft« und Engagemant und Stolz auf erstklassige Arbeit basieren auf dem Glauben, daß alle Mitarbeiter »Geschäftspartner« sind, und diese Einstellung ist praktisch unvereinbar mit sehr großen, in sich hochspezialisierten Betriebseinheiten. Bill Gore ist ein harter, analytisch denkender Pragmatiker. Ehe er vor mehr als 25 Jahren gemeinsam mit Vieve sein eigenes Unternehmen gründete, hatte er eine leitende Stelle in einer Forschungsabteilung bei Du Pont. Er war fest davon überzeugt, daß Größe an sich ein überaus wichtiger Faktor ist. Deshalb sorgte er zu Beginn in schwindelerregendem Tempo für Expansion. Heute dagegen demonstriert Bill Gore seine Vorstellungen von optimaler Betriebsgröße anhand aufwendiger Tabellen und Diagramme. Aber seine eigentlichen Erfahrungen stammen aus eingehenden eigenen Beobachtungen. Er sagt: »Wenn sich die Zahl (der Mitarbeiter in einem Betrieb) auf 200 zubewegt, dann wird aus der anfänglichen Gruppe unweigerlich eine *Masse*, in der der einzelne zunehmend anonym wird und weit weniger Bereitschaft zur aktiven Mitarbeit zeigt.« Deshalb wachen die Gores mit fast religiösem Eifer darüber, daß die Belegschaft ihrer Betriebe nicht mehr als 100 bis 150 Mitarbeiter zählt.

Auch die Führung von Milliken & Company ist für eine kleinere Mitarbeiterzahl, die ideale Kopfstärke liegt ihrer Ansicht nach bei 200 Personen. Bei 3M hält man 200 bis 300 für ausreichend, HP und Digital Equipment ziehen die Grenze zwischen 300 und 400, Emerson Electric und Dana bei 500. GM verkündet, daß bei einer neuen Niederlassung die Mitarbeiterzahl bei ca. 300 liegen müsse, für Volvo liegt die magische Grenze ebenfalls bei 500. Diese Zahlen gründen sich alle auf langjährige Erfahrung.

Teams

Besonders beeindruckend ist die Kollmorgen-Story. Kollmorgen stellte Gleichstrommotoren, Steuer- und Regelsysteme und elektrooptische Meßgeräte her und war damit anfänglich auch recht erfolgreich. Mit den Erfolgen ergaben sich aber auch (offenbar unvermeidliche) Probleme im Produktionsbereich, allerdings auch die Möglichkeit, theoretisch und durch die Betriebsgröße bedingt, eine optimale Effizienz anzusteuern. Unter der Führung der Swiggett-Brüder (Bob und Jim) richtete sich das Unternehmen langsam, aber sicher immer mehr an Automatisierung und Zentralisierung aus. Ende der 60er Jahre übernahm man dann das sogenannte IBM-System 70; hochmoderne, computergesteuerte Unternehmensführung. Bob Swiggett erklärt das so: »Wir waren entschlossen, das Unternehmen an die Computer-Kandare zu nehmen. Wir wollten genau wissen, was in jedem Winkel passierte. Wir wollten die totale Planung, mit den kompliziertesten Programmen. Unseren Berechnungen entging nichts. Instinkt und Intuition hatten da nichts mehr verloren.« Und sie setzten das auch alles wirklich in die Tat um. Über das Ergebnis dieser totalen Strukturierung berichtet Bob Swiggett: »Theoretisch entwickelte sich alles nach Wunsch. Aber die Vorarbeiter kümmerten sich mehr um ihre Computerausdrucke als um ihre Kunden.« Die Qualität ließ nach, Termine wurden nicht eingehalten, der gesamte Ablauf geriet ins Schleudern – schließlich stand dem Unternehmen das Chaos ins Haus.

Firmenunterlagen aus der jüngsten Vergangenheit brachten die Führung auf die rettende Idee. Sie enthielten Angaben über einige seinerzeit wenig beachtete Initiativen. Dabei ging es um den erfolgreichen Einsatz von Teamarbeit mit dem Ziel, neue Produkte und innovative Herstellungsverfahren zu entwickeln. In rasantem Tempo eroberte Kollmorgen daraufhin die Spitzenposition auf dem Markt. Unversehens machten aber jetzt die »Kleinen« Kollmorgen auf eben die gleiche Art und Weise Konkurrenz, mit der Kollmorgen selbst eine Generation zuvor versucht hatte, sich gegen die damaligen »Großen« durchzusetzen: indem sie rascher reagierten, die Bedürfnisse der Kunden schneller erkannten und auch bereitwilliger darauf eingingen. Als eine Art Notlösung richtete man bei Kollmorgen die sogenannte Proto-(Prototyp-)Abteilung ein. Dort dauerte die Ausarbeitung verbesserter Produkte oder Verfahrenstechniken in der Regel *eine* Woche. Die Abteilung, die eigentlich für solcherlei zuständig war, brauchte dafür zehn Wochen. »Die Proto-Leute«, sagt Bob Swiggett, »hatten nur eine Aufgabe: dem Kundenbedarf gerecht zu werden. Die anderen Abteilungen waren noch mit praxisfernen Planspielen beschäftigt, etwa wer die höchste Effizienz für sich verbuchen konnte. Der Kunde zählte nur unter ›ferner liefen‹, wurde als so etwas wie ein ›notwendiges Übel‹ betrachtet«.

Die »Proto-Methode« wurde immer nur in Krisensituationen angewendet – allerdings immer mit Erfolg. Dennoch hatte niemand die Signalfunktion dieser Arbeit erkannt. Erst als ernste Gefahr drohte, erinnerte sich Bob Swiggett plötzlich der Vergangenheit und erwog, wieder allein auf die einst so bewährte Teamarbeit zu setzen: Das gesamte Unternehmen sollte in kleine Teams eingeteilt werden und seine Mitarbeiter sich an der Priorität Produktion/Produkt/Kunde orientieren. Teamarbeit wurde an die Stelle von System 70 gesetzt. System 70 hatte ausgedient.

Die Teamarbeit wurde 1968 eingeführt. Innerhalb von sechs Monaten – ein »Chaos des Umbruchs« nennt es Swiggett – erhielt die Organisation eine personelle Infrastruktur von sechs Teams mit je 75 Mitarbeitern. Die Ergebnisse waren wahrlich beeindruckend. Innerhalb eines weiteren halben Jahres nahm Kollmorgens Produktionsleistung pro Mitarbeiter um mehr als das Doppelte zu, und die Quote der termingerechten Lieferungen stieg von weniger als 60 Prozent auf mehr als 90 Prozent.

Heute, fast 15 Jahre danach, arbeiten die Teams im Rahmen zahlreicher Unterabteilungen, die eigentlich eine zweite Teamebene bilden. Es handelt sich um weitgehend selbständig operierende Betriebseinheiten. Jede Unterabteilung dieser Abteilungen soll so stark sein, daß sie sich theoretisch verselbständigen könnte. Es entstehen regelmäßig neue Unterabteilungen – je nach Bedarf und ohne viel Aufwand – ähnlich wie bei 3M. Jede hat einen eigenen Vorstand, der einmal die Richtlinien vorgibt und die Abteilung gleichzeitig vor Eingriffen von oben abschirmt.

Es ist schon erstaunlich, wieviel Wert in allen Kollmorgen-Betrieben auf den Beitrag des einzelnen gelegt wird. Einmal traf Tom den Leiter der irischen Niederlassungen, und im allgemeinen kann man von Irland wohl kaum behaupten, es sei die Wiege dynamisch-avantgardistischen Managements. Die Betriebe von Kollmorgen in Irland jedoch lassen jedes Managerherz höher schlagen. Tom hatte zum ersten Mal bei einem offiziellen Abendessen Gelegenheit, mit dem Leiter der irischen Betriebe zu sprechen (unter den Gästen war auch der irische Premierminister). »Wenn Sie uns besuchen«, sagte der Boss von Kollmorgen-Irland, »möchte ich Ihnen gern zwei ganz besondere Persönlichkeiten vorstellen.« Wahrscheinlich irgend so ein Überflieger oder Genie aus dem Design, vermutete Tom. Aber da hatte er sich geirrt! Einer der beiden war »der Kollege, der die Toiletten saubermacht. Er ist einer unserer besten und zuverlässigsten Mitarbeiter«. Der andere Mitarbeiter war schon sehr lange bei der Firma und hatte jetzt die Lagerhaltung unter sich.

Die besten Vorschläge für neue Kollmorgen-Produkte machten einige vollständig unerfahrene 18jährige Tüftler: »Sie greifen eine Idee aus der offiziellen ›wissenschaftlichen‹ Entwicklungsabteilung und konstruieren dazu in atemberaubendem Tempo die Prototypen. Im Grunde sind es die 18jährigen, die die Grundarbeit leisten.« Diese Aussage unseres Kollegen erinnerte Tom an ähnliche Beispiele in Japan. Der Leiter von Mitsubishi Electric berichtet, daß die beeindruckendsten Forschungsergebnisse in seinem (hochprofilierten) Unternehmen von jungen Leuten stammen, die gerade die High School absolviert haben, denn »sie sind noch ganz unvoreingenommen – und hören erst mal zu, ehe sie was unternehmen«.

Teams, »Mitinhaberschaft« und Eigenverantwortung bewirken wahre Wunder, auch für Gore und Kollmorgen. Aber greifen sie auch in echten Mammutunternehmen? Als Tom nach dem denkwürdigen Zusammentreffen mit dem Chef von Kollmorgen/Irland zurückkehrte, erwartete ihn ein vier Seiten langer Brief von eher unvermuteter Seite, nämlich von Bill Creech, dem Vier-Sterne-General und Oberbefehlshaber des taktischen Luftkommandos der amerikanischen Luftwaffe (kurz TAC genannt) bis Oktober 1984. Erstaunlicherweise ähnelt Creechs Geschichte der von Bill Gore und Bob Swiggett.

Im vierten Kapitel ging es schon einmal um die Wende beim taktischen Luftkommando TAC, einer Organisation mit 113 000 Mitarbeitern. Entscheidend für dieses mehr als beachtliche Bravourstück war Creechs Erkenntnis, daß die Air Force (wie viele andere Organisationen in Amerika – Schulen, Kliniken, Privatunternehmen) von der Zentralisierungs- und Fusionierungswelle der sechziger Jahre, die er »menschenfeindlich« nennt, alles andere als profitierte. »Zentralisierung«, so Creech, »schafft falsche Proportionen; zuviel Theorie im Managementbereich und zuwenig Verantwortung für das Ganze. Zentralisierung verträgt sich nur mit starker Vereinheitlichung, nicht aber mit Diversifizierung der Produktion. Das Wettbewerbsmoment fällt so gut wie ganz flach. Zentralisierung fördert Gleichschaltung, keine ›rivalisierenden‹ Untergruppen . . . Die herrschende Theorie besagte doch, daß, sofern alle Input-Parameter stimmen, sich der richtige Output dann von ganz allein einstellt.« Creech redet zwar ständig davon, wie wichtig kompetente Führung ist; dennoch ist er auch davon überzeugt, daß andere Faktoren mit hineinspielen: »Selbst die besten Führungskräfte können sich manchmal in stark zentralisierten und fusionierten Unternehmen nicht durchsetzen.« Für sich löste er das Problem, indem er das stark zentralisierte und spezialisierte (Input-orientierte) Unternehmen, das er übernommen hatte, in ein Output-orientiertes umstrukturierte, von ihm POMO genannt (Production Oriented Maintenance Organisation). Und genau das brachte die entscheidende Wende, ohne jede Hilfe von außen. Creech hatte a) nicht mehr Mitarbeiter als vorher, b) keine wesentlich anderen Waffensysteme (z. B. Kampfflugzeuge, die eine weniger aufwendige Wartung erfordert hätten), c) weniger Ersatzteile und d) einen Mitarbeiterstamm, der insgesamt weniger Erfahrung hatte als das

Personal im Durchschnitt der vorausgegangenen zehn Jahre. Die Wende läßt sich also nicht über äußere Faktoren »erklären«.

Was ist denn nun das Besondere an POMO? Zum ersten wurde das Schwergewicht von der übergeordneten (Input-orientierten) Einheit (Geschwader) auf die nachgeordnete (Output-orientierte) Einheit (Staffel) verlagert. Jede Produktionseinheit (sprich: Staffel) ist jetzt – wie die Teams bei Kollmorgen – für die eigene Planung zuständig. Sie hat einen eigenen Computer, sehr zum Ärger der MIS-Leute in der Zentrale. Es stehen vergleichende Daten über die einzelnen Staffeln jederzeit abrufbar zur Verfügung, und damit stehen die einzelnen Einheiten eindeutig miteinander in Konkurrenz. Obwohl die Air Force sich immer in Staffeln formiert beziehungsweise kämpft, hatten die Zentralisierungsmaßnahmen der 60er und 70er Jahre praktisch zur Abschaffung der Staffeln geführt. Bunte Steckmarkierungen als Wahrzeichen waren nicht mehr erlaubt. Staffel-Abzeichen waren verboten. Sogar die berühmt-berüchtigte 94ste – die Eddie-Rickenbacher-Staffel – verschwand. Und mit den Insignien schwand der Mannschaftsstolz. Jetzt gibt es wieder farbenprächtige Wimpel, Steckmarkierungen und Stoffabzeichen.

Entfaltet das Prinzip des OWNERSHIP tatsächlich solche Kräfte? Nun, die Statistiken von TAC, Kollmorgen etc. etc. sprechen ihre eigene Sprache. Aber das letzte Wort, und vielleicht gleichzeitig den bündigsten Kommentar, wollen wir einem der Unteroffiziere von General Creech überlassen. Der General fragte ihn nach dem Unterschied zwischen der alten, spezialisierten Organisationsform und dem neuen Rollenverständnis: Flugzeug und Einsatz als ›Kunde‹, ›designierter Mannschaftsführer‹ als ›Eigentümer‹ des Flugzeugs. Die Antwort des Offiziers traf den Nagel auf den Kopf: »Herr General, wann haben Sie das letzte Mal ein Mietauto gewaschen?« Wir meinen, kürzer und treffender kann man es nicht sagen. Niemand wäscht ein Mietauto. Wie soll sich ein Gefühl der »Mitinhaberschaft« entwickeln, wenn man für einen Quadratmeter der rechten Tragfläche von 100 verschiedenen Flugzeugen verantwortlich ist? Nur ganze Flugzeuge fliegen.

Bevor wir TAC und Kollmorgen verlassen und uns einem weiteren Aspekt zuwenden, wollen wir noch kurz eine Frage im Zusammenhang mit dem Thema ›Teams‹ und Dezentralisierung anreißen. Viele Leute fragen nämlich: »Wie lange braucht man für so eine Sanierungsaktion?« Die (damals) 50-Millionen-Dollar-Organisation Kollmorgen hatte ein halbes Jahr mit den Stürmen der radikalen Veränderung zu kämpfen. Creech konnte in seinem 35-Milliarden-Dollar-›Unternehmen‹ deutliche Fortschritte bereits innerhalb eines Jahres verzeichnen und bemerkenswerte *Ergebnisse* bereits nach zwei Jahren. Um jedoch einen tragfähigen neuen ›Kulturboden‹ zu schaffen, braucht man wohl Jahrzehnte. Aber ein kraftvoller Anfang mit signifikanten Output-Verbesserungen läßt sich ohne weiteres innerhalb von einigen Monaten erreichen.

Mehr als nur ein Etikett

In ›Success versus Failure‹, einem Kapitel über erfolglose Firmen in ihrem Buch ›*The Winning Streak*‹ führen Walter Goldsmith und David Clutterbuck eindrucksvoll den Nachweis, wie wichtig Markennamen sind, um ein kollektives Selbstverständnis (auf jeder Ebene) herstellen zu können.

Als Jaguar umbenannt wurde in ›Limousinen-Montagehalle Nummer 1‹ marschierte Jaguar-Gründer Sir William Lyons ins Sitzungszimmer des Vorstandes und nahm sein eigenes Porträt von der Wand. Er habe nicht die Absicht, sagte er, auch nicht »als Konterfei«, die Prinzipien »Klasse–Rasse–Geräumigkeit« mit zu unterminieren, nachdem er die Firma und deren Ruf genau darauf aufgebaut habe.

John Egan, sechster Leyland-Generaldirektor innerhalb von acht Jahren, beschreibt die Ereignisse so: »1975 wurde der Versuch gestartet, die Labels Jaguar, Rover Land-Rover, Triumph, Austin Morris, MG etc. unter dem inzwischen übel beleumdeten Sammelnamen Leyland Cars zusammenzufassen.

Die Jaguar-Flaggen am Eingang der Fabrik wurden abgerissen. Nur Leyland-Flaggen wehten jetzt noch auf dem Gelände. Die Telefonistinnen wurden mit Disziplinarverfahren bedroht, falls sie sich mit »Guten Tag, hier Jaguar Cars« meldeten. Statt dessen wurde die Begrüßungsparole: »Guten Tag, hier Leyland Cars« ausgegeben und notfalls – sollte präzisere Auskunft verlangt werden – fiel dann das Wortungeheuer von der ›Limousinen-Montagehalle Nummer 1‹. Doch damit nicht genug. Die beiden damaligen Jaguar-Fabriken wurden zwei voneinander vollständig unabhängigen Abteilungen innerhalb der Leyland-Organisation unterstellt; einmal der Motor- und Getriebe-Abteilung und einmal der Karosserie- und Montage-Abteilung. Kaum ein angemessenes Schicksal für einen der ruhmreichsten Markennamen in der Geschichte der Autooilndustrie.

Mit einem hohen Maß an Einfühlungsvermögen erkannte Sir Michael Edwards, daß kein Fortschritt zu erzielen sei, solange nicht die berühmten Markennamen als Identifikationsaufhänger für individuelle und kollektive Loyalität wiedereingeführt würden.

Teams: einige Fragen – und Anregungen zu Sofortmaßnahmen

– Überdenken Sie sehr genau, ob Sie Ihr Unternehmen radikal zu einer teamorientierten Organisation umstrukturieren wollen. Durchforsten Sie zunächst Ihre private und berufliche Biographie nach Erkenntnissen. Gehen Sie die Positiva durch – Sportmannschaften, Pfadfindergruppen, Armee-Einheiten, College-Gruppen, Gruppen an der Universität. Was läßt sich über die Arbeitsumgebung jeweils sagen? Gibt es Gemeinsamkeiten? Stand in den positiven Fällen der erfolgreichen Gruppe das nötige Material zur Verfügung, die anstehende Arbeit zu erledigen? Was für eine Rolle spielte der interne Wettbewerb? Welchen spielten Insignien, Flaggen und Symbole (wie Wimpel und Abzeichen) für das Selbstwertgefühl?
– Wenn Sie es wirklich ernst meinen (und wir können Sie darin nur bestärken!), dann lassen Sie die gleiche Analyse von zehn bis 20 Leuten auf den verschiedenen Ebenen der Hierarchie durchführen. Gehen Sie danach einige Tage (oder ein verlängertes Wochenende) in Klausur und werten Sie die Ergebnisse aus.
– Betrachten Sie einige »erste Gehversuche« (etwa die von Sam Neaman und McCrory in Kap. 10). Können Sie *irgendwo* mit der Einrichtung kleiner Teams beginnen? Es muß nicht unbedingt an zentraler oder spektakulärer Stelle geschehen. Können Sie eine Mannschaft von Profis aufstellen, die anderen eine wichtige Fertigkeit beibringen können? Können Sie eine SWAT-Mannschaft von MIS-Leuten bilden, um einer kleinen Einheit irgendwo im Betrieb wirklich effektiv unter die Arme zu greifen? Mit dem Beispiel H. H. Robinson vor Augen, können Sie einige multifunktionale Servicegruppen bilden, die sich um besonders vielversprechende Kunden kümmern beziehungsweise um Kunden, die abzuspringen drohen. Können Sie das Team beauftragen, ›irgendwie‹ eine vorhandene Einrichtung besser auszunutzen – nach dem Vorbild von Quad/Graphics und der ›Leerlauf‹-Rückfahrt. Zwei Warnungen: Erstens, machen Sie nicht zuviel zu schnell! Die Möchtegernführungskräfte brauchen eine Menge Lehrzeit (*Ihre* Zeit), wenn dies alles für sie völlig neues Terrain sein sollte. Sie brauchen langfristige kumulati-

ve Erfolge, nicht Knalleffekte. Unser Rat ist folgender: Machen Sie es wie Swiggett, und erklären Sie den Neuansatz zu Ihrer Lebens- und Arbeitsphilosophie. Zweitens, setzen Sie Ihrem Team auf jeden Fall ein 30- bis 60-Tage-Output-Ziel. Wir möchten hier vor allem betonen, daß es *nicht* darum geht, wie Sie einen neuen Großkunden »fangen«, einen neuen Service einführen oder ein neues (fertiges und entstörtes) Stützsystem aufbauen können.

– Und zum Schluß die übliche Mahnung: Es geht wirklich um die Wurst! Wir empfehlen Ihnen zu handeln, sicher – aber auch nüchternes und vor allem gründliches Nachdenken über diese neue, ergebnisorientierte Organisationsform. Fällt Ihnen dieses Nachdenken leicht, kann es sein, daß Sie die Probleme nicht genau genug analysiert haben. Wenn Sie aufhören zu denken, bevor Sie die Schmerzgrenze erreicht haben, kann nichts dabei herauskommen. So vermuten wir zumindest.

Noch einmal: Vertrauen ist wichtig
Wir müssen vor der eigenen Tür kehren

Bislang haben wir die positiven und zukunftsträchtigen Aspekte beleuchtet: individuelle Leistungssteigerung, engagierte Teams und kleine, funktionsfähige Einheiten. Auf der negativen Seite gilt es festzustellen: Wir müssen erst vor unserer eigenen Tür kehren, stehen uns selbst im Wege, aber nicht mit Absicht. Anders gesagt, es geht nicht so sehr um die eigene Schlichthirnigkeit, die eigene Irrationalität, die eigene Lust am Untergang. Es sind Regeln und Vorschriften, die uns ins Stolpern bringen, die in unseren Mitarbeitern oder unseren Unteroffizieren ein Gefühl der »Mitinhaberschaft« gar nicht erst aufkommen lassen, Vorschriften aber, wohlgemerkt, die einst aus durchaus triftigen Gründen eingeführt wurden.

Als wir einmal einen Flugzeughersteller im Osten Amerikas (Jahresumsatz: 750 Millionen Dollar) beraten sollten, drängtc sich uns diese Erkenntnis immer wieder auf. Es ging um Qualität. Nach den üblichen Vorarbeiten am Ort beschlossen wir, unsere gesamte Aufmerksamkeit auf einen einzigen Aspekt zu richten – das Leben und Wirken des Werkmeisters in einem Produktionsbetrieb mit einigen tausend Mitarbeitern. Wir nahmen seinen Job genau unter die Lupe, zerlegten seinen Tageslauf in Stunden-, Minuten-, ja Sekundensegmente, um die Frage zu beantworten: Was bedeutet es wirklich, an der Spitze eines solchen Betriebs zu stehen und die gesamte Verantwortung zu tragen? Das Verfahren beinhaltete für uns beide intensivste Arbeit, einen 17-Stunden-Tag über mehrere Wochen, danach gingen wir gemeinsam mit den 20 Leuten der Unternehmensspitze vier Tage in Klausur. Hier der typische Befund: Der Werkmeister war verantwortlich für 25 bis 35 Leute und Investitionsgüter im Werte zwischen einer Million (mindestens) und vier Millionen Dollar (häufig). Dieser Mensch, der mit einer so enormen Verantwortung betraut war, hatte jedoch nicht einmal die Befugnis, um eigenständig 8,95 Dollar für eine Dose Farbe auszugeben, wenn sie an seinem Arbeitsplatz oder dem seiner Mitarbeiter für eine »Renovierung« erforderlich war. Ein ›Mitinhaber‹? Wohl kaum. Wie sagte einmal ein Kleinunternehmer? »Wir geben den Leuten Verantwortung für alles Wichtige; aber dann behandeln wir sie wieder wie Kinder und wundern uns noch, wenn sie sich entsprechend verhalten!«

Im Fall des Werkmeisters wollten wir etwas unternehmen. Nach langwierigen Verhandlungen einigte man sich, ihm eine sachlich uneingeschränkte Ausgabenvollmacht bis zu 25 Dollar zu gewähren. Diese »Großzügigkeit« reizt natürlich erst einmal zum Lachen, aber das ist noch nicht die Pointe. Nachdem diese schicksalträchtige Entscheidung getroffen war, meldete sich ein Vorstandsmitglied mit folgendem Beitrag zu Wort: »Ich möchte zu Protokoll geben – und zwar noch rechtzeitig, ehe das Ganze unwiderruflich wird –, daß wir alle wissen, was sie mit den 25 Dollar anstellen werden: nämlich sich heimlich Handfeuerwaffen besorgen!« Wir schlugen durchaus ironisch vor, es doch bei 8,95 Dollar zu belassen: »Aber eine Anregung hätten wir noch. Wenn Sie – aus Kontrollgründen oder wie auch immer – die Vorschrift nicht lassen können, dann fügen Sie wenigstens rot in Klammern noch einen Hinweis dazu: ›Wir tun das, weil wir Ihnen nicht trauen.‹ Wenn Sie so ein Satz nicht stört, dann lassen Sie die Vorschrift drin!«

Es gibt Leute, die behaupten, solche erniedrigenden Vorschriften seien notwendig, um »treuhänderische Verantwortung« zu gewährleisten. Ein 43jähriger Werkmeister ohne höhere Schulbildung kennt sich möglicherweise nicht besonders gut mit der »treuhänderischen Verantwortung« aus – ganz bestimmt aber kennt er die Bedeutung des Wortes »Vertrauen«, und zwar ganz genau. Und eben um Vertrauen geht es hier – darum und um nichts anderes.

Nun könnten wir Sie hier mit der Wiedergabe eines dicken Aktenordners mit der Aufschrift »Das 8,95-Dollar-Syndrom« langweilen. Wir möchten statt dessen nur noch ein weiteres Beispiel anführen.

Der Betriebsleiter einer europäischen Niederlassung eines Automobilherstellers der großen drei amerikanischen Automobilproduzenten hat 3000 Mitarbeiter in einer größeren Stadt unter sich. (Damit ist er der größte Arbeitgeber am Platz.) Vor einiger Zeit trat man mit der Bitte an ihn heran, einem Schulorchester die Instrumente zu spendieren, eine Summe von einigen hundert Dollar. Er aber mußte erst eine schriftliche Erlaubnis aus Detroit einholen – und das dauerte Wochen. Er selbst durfte keinerlei Zusagen machen. Seine Kollegen, Mitarbeiter, ja die ganze Stadt wurden Zeuge, daß ihm die Hände gebunden waren. Schlimmer war, daß er als entmündigt galt. Wer von einem so entmündigten Mitarbeiter noch Motivation erwartet, muß blind und ignorant zugleich sein.

Auf solche haarsträubenden Beispiele stößt man auch in erstklassigen Unternehmen. Wir haben Renn Zaphiropoulos schon erwähnt und daß er die Wahrung der Würde jedes einzelnen Mitarbeiters für extrem wichtig hält. 1984 hat Tom mit ihm eine Präsentation durchgeführt, wobei auch die Marginalie des Eimers Farbe für 8,95 Dollar zur Sprache kam. Anschließend saßen sie mit einigen von Renns Leuten in dessen Büro zusammen. Sie beschlossen – und es spricht für Renns persönliche Integrität und seinen Mut, daß er zustimmte –, eine Art spontanen Test durchzuführen. Jeweils drei oder vier Leute aus verschiedenen Abteilungen – Schreibkräfte, Kopiertechniker usw. – wurden hereingebeten und danach gefragt, welche Art entwürdigender Firmenvorschrift es denn gebe. Was da alles an den Tag kam! Allein die Prozedur, um Briefmarken im Wert von einem Dollar zu bekommen, war schon ebenso komisch wie unzumutbar. Um mehr als fünf Schreibblöcke auf einmal zu erhalten, mußte ein Formular ausgefüllt werden, das nur ein vertrottelter Amtsschimmel entworfen haben konnte. Renn war platt. Und genau da liegt der Hase im Pfeffer! Selbst die Wohlmeinendsten unter uns erschreckt es zutiefst, wie schnell sich in unseren Organisationen das Netz trivialer und menschenunwürdiger Bürokratie ausdehnt.

Manchmal sieht es so aus, als geschähen Übergriffe auf die Entscheidungsfreiräume des einzelnen schon fast mit böser Absicht, obwohl das eigentlich nicht die richtige Bezeichnung für das Phänomen ist. Es handelt sich wohl eher um Frustration, Gedankenlosigkeit und mangelndes Einfühlungsvermögen. Am Ende eines eintägigen Seminars sprachen wir mit dem Leiter eines mittelgroßen holzverarbeitenden Groß- und Einzelhandelsunternehmens (ca. 600 Mitarbeiter). Die Belegschaft hatte gestreikt. Und just während dieses Streiks war es einige Male zur versuchten Brandstiftung gekommen: kleinere Brände, bei denen einmal fast ein Gebäude im Wert von 15 000 Dollar zerstört worden wäre. Solche Vorkommnisse beweisen unserer Meinung nach nur (und auch in der Meinung der meisten anderen, denen wir die Geschichte erzählten), daß es in jeder Herde schwarze Schafe gibt. Und bei 600 Mitarbeitern ist die Wahrscheinlichkeit ziemlich groß, daß ein paar darunter sind. Nun haben wir keinen Funken Sympathie für die Brandstifter. Der Leiter des betreffenden Unternehmens selbstverständlich auch nicht. Aber dennoch war seine Reaktion völlig unangemessen – ja, sie war unserer Meinung nach grundverkehrt. Denn als der Streik beendet war, tat er etwas, das gut und gern 20 Prozent aller Mitarbeiter zu potentiellen Brandstiftern hätte machen können: Er ordnete schärfste Überprüfungsmaßnahmen an und ließ bei Arbeitsbeginn sämtliche Taschen aller Mitarbeiter auf Feuerzeuge oder Streichhölzer durchsuchen. Damit verscherzte er sich restlos – und völlig unnötig – die Sympathien der 598 von den 600, die keine Brandstifter waren. Er behandelte die 598 wie Kinder oder – schlimmer noch – wie Kriminelle. Mit solchen Aktionen schneiden wir uns nur allzuoft ins eigene Fleisch.

Zwei Störfaktoren – und wie man mit ihnen umgeht

Immer wieder kommt in unseren Seminaren die Rede auf zwei Hindernisse, die Eigenverantwortung und Selbstbestimmung, wie wir sie verstehen, im Wege stehen: die wirkliche oder angebliche Weigerung der Gewerkschaften, derartige Entscheidungen mitzutragen, und die wirkliche oder angebliche Weigerung der Werkmeister, die sich von soviel Eigenverantwortung und »Mitinhaberschaft« ihrer Untergebenen wirklich oder angeblich bedroht fühlen.

Tatsächlich stellen Gewerkschaften sich oft quer, die Frage ist nur, warum? Wir halten es da eher mit dem Meinungsforscher Daniel Yankelovitch und mit Gary Bello von Clark Equipment, die zu diesem Thema sagten, die Arbeitsmoral (in Amerika) sei gesund, sie suche verzweifelt nach Wegen der Selbstverwirklichung, aber das Management lege ihr auf Schritt und Tritt Steine in den Weg. Mit anderen Worten: Das Management erzieht sich seine Mitarbeiter so, wie dieses Management es verdient hat.

Während der Rezession der Jahre 1981 bis 1983 zeichneten sich

Fortschritte in den Beziehungen zwischen Unternehmensleitung und Gewerkschaften ab, wenngleich auch unter einem anderen Gesichtspunkt. Zum ersten Mal in der Geschichte war das mittlere Management prozentual von Entlassungen genauso stark betroffen wie die Arbeiter, in einigen Fällen sogar stärker. Wahrscheinlich gibt es auch heute kein Unternehmen, das seine Führungsleistung nicht verbessern könnte, indem es sein viel zu aufgeblähtes mittleres Management noch mal um 25 Prozent bis 75 Prozent reduziert. Vor der eigenen Tür kehren, heißt die Devise.

Vor einiger Zeit werteten wir eine Reihe von Ansprachen aus, die von Führungskräften aus der Automobilbranche gehalten wurden: Was in diesen Reden nicht vorkam, waren die Menschen. Automatisierung, Gewerkschaften, unlauterer Wettbewerb und als Prügelknabe die Regierung in Washington sind nach wie vor Dauerbrenner. Dagegen steht in den Reden von Ren McPherson, Phil Staley (Ford), Bob Strammy (GM) oder Bill und Vieve Gore das Thema »Menschen« immer wieder im Vordergrund. Tom kennt Ren McPherson jetzt schon über fünf Jahre und weiß immer noch nicht, wie er über Automatisierung denkt, weil McPherson nicht darüber redet. Wir glauben, daß jene, die ihre Probleme den Gewerkschaften anlasten oder anderen, von »außen gesteuerten Fehlerquellen«, als Unternehmer unfähig sind. In ihrem tiefsten Inneren sind sie nicht davon überzeugt, daß der Mensch an erster Stelle zu stehen hat. Und deshalb sind ihre Beziehungen zu den Gewerkschaften wesentlich stärker gestört, als das der Fall sein müßte.

Und wie steht es um den anderen Einwand – den Widerstand der Werkmeister? Zunächst sind auch wir der Auffassung, daß sich diese Werkmeister durch mehr Eigenverantwortung ihrer Untergebenen bedroht fühlen. Plötzlich müssen sie auf ihre traditionellen Kontrollmechanismen verzichten. Anstatt Befehle zu erteilen, sollen sie plötzlich nur anleiten und unterstützen. Dies ist ein Problem von beträchtlicher Tragweite – und von ebensolcher Tragweite muß dann auch die entsprechende Lösung sein. In unserer leidenschaftlichen Begeisterung für mehr Eigenständigkeit und mehr Mitverantwortung und »Mitinhaberschaft« haben wir tatsächlich oft die Rolle der Vorgesetzten auf den unteren Unternehmensebenen vernachlässigt. Diverse innerbetriebliche Teams werden in Gruppendynamik und Problemlösungsstrategien unterwiesen. Der Werkmeister aber bleibt außen vor. Eine solche Situation muß sich negativ auswirken.

Unsere Lösung ist radikal, und wir wollen auch nicht lange um den heißen Brei herumreden: Wir sehen langfristig keinen Bedarf mehr

für den traditionellen Werkmeister. Von den Mitarbeitern gewählte Gruppenleiter – auf Zeit oder auf Dauer – haben sich als hervorragend bewährt. Aber darauf wollen wir nicht weiter eingehen, denn uns soll ja hier die Frage beschäftigen, wie man am besten vorgeht, wenn man nun einmal einen Betrieb mit solchen traditionellen Strukturen hat. Unsere Antwort umfaßt drei Bereiche: Schulung, vorsichtige Handhabung der Stellenbesetzung und (notfalls) Trennung.
Zunächst zur Schulung. Dem Werkmeister wird nahegebracht, daß sich etwas ändern muß, und zwar radikal. Dafür ist *unbedingt* Hilfestellung erforderlich. Eine kostspielige und intensive Schulung wird unumgänglich sein. Das war mit der eigentliche Grund dafür, daß McPherson Dana U. gründete. Hervorragende Schulung heißt, daß sie *nicht* allein den Ausbildern überlassen bleiben darf. Wenn viel auf dem Spiel steht (und das ist fast immer so), wenn Leistung und Produktivität davon abhängen (und das ist fast immer so), dann muß sich die Führungsspitze sowohl an der Erstellung als auch an der Durchführung des Schulungsprogramms beteiligen. Es steht einfach zuviel auf dem Spiel – speziell bei der Schulung von Vorgesetzten –, um es ausschließlich den oft zweitrangigen und gar nicht so »professionellen« Ausbildern zu überlassen. (In diesem Buch geht es zwar auch generell um dieses Thema, aber in dem Kapitel »Training vor Ort – An der Aufgabe wachsen« finden Sie speziell hierzu weitere Überlegungen.)
Zweitens: Stellenbesetzung. Gehen Sie dabei strategisch geschickt vor. Wenn ein Werkmeisterposten frei wird, erliegen Sie bitte nicht einer (durchaus angebrachten) Sympathie für einen altgedienten Mitarbeiter, der sich zwar immer redlich und tapfer geschlagen hat, aber eben nach den alten Regeln! Wie man die Stelle besetzt, hat für viele Leute eine deutliche und unübersehbare Signalfunktion; genau damit setzt man neue Prioritäten. Auf neu zu besetzende Stellen sollten in erster Linie Leute kommen, die sich die neuen Regeln am schnellsten zu eigen machen. Alles andere führt nur zu Verzögerungen, oder schlimmer: zu Katastrophen. (Siehe dazu auch Kapitel 16.)
Und schließlich: Trennung. Wenn Ihr Schulungsprogramm fundiert und gründlich ist, wenn Sie klare Richtlinien setzen und sich auch selbst daran halten, dann (und nur dann) können Sie sich von denjenigen trennen, die die neuen Spielregeln nicht akzeptieren können oder wollen. Und Sie müssen so handeln – allerdings immer nach den Regeln der Fairness. Hat der altgediente Kämpe wirklich alle Chancen bekommen? Für eine faire Behandlung ist letztlich immer der Vorgesetzte verantwortlich, der auch die Verantwortung für Personaldinge trägt. Haben Sie vielleicht engagiert die neuen Zeiten verkündet, aber

selbst in tausend kleinen Situationen nicht danach gehandelt und die Leute auf diese Weise mit verwirrenden Widersprüchen konfrontiert? Das passiert nur zu oft.
Zum Schluß noch eine Warnung: Wenn Sie versuchen, unsere Ratschläge in die Tat umzusetzen – und wir selbst haben sie alle wirklichen Profis abgeguckt –, dann erwarten Sie bitte nicht, daß plötzlich alles wie geschmiert läuft und sich alle Probleme auf einmal in Schein auflösen! Es kommt nur allzu oft vor, daß selbst der fortschrittlichste Chef – etwa ein Spartenleiter – gegen Verkrustungen ankämpfen muß, die in jahrzehntelanger Praxis fast unaufbrechbar verhärtet sind. Stellen Sie sich darauf ein, daß eine solche – meist alles andere als problemlose – Umstellung zwischen fünf und zehn Jahren dauert. Teilfortschritte – so sehen wir bei Ford, TAC, Milliken u. a. – lassen sich jedoch beinahe schon von heute auf morgen erzielen. Das Endziel aber kann noch lange Zeit in weite Ferne entrückt bleiben.

Ein erfahrener Betriebsleiter von IBM faßt das Thema »entwürdigende Vorschriften« folgendermaßen zusammen – und macht damit auch klar, daß es sich hier um ungewollte Schikane handelt: »Unser System trägt die Narben, die ihm die Fehler der Vergangenheit zugefügt haben.« Recht hat der Mann!

Systeme haben die Eigenschaft, sich zu verselbständigen – und damit letztlich keinen Bezug mehr zu den ursprünglichen Zielen und Intentionen. Jeder zuständige Mitarbeiter schustert noch ein ganz klein wenig nach seinem eigenen Gutdünken daran herum (in der Kostenrechnung, im Einkauf, in der EDV). Das sind dann die zehn Dinge, die George messen wollte, als er für den Bereich »Kundenforderungen« zuständig war, oder auch Ellen als Verantwortliche für das Berichtswesen ihrer Bank. Ein erfahrener Betriebsleiter der Northrop Corporation bringt das Problem treffend auf den Nenner: »Unsere Systeme haben nichts mehr damit zu tun, wie man Flugzeuge baut. Solche Systeme sollten ja wohl eigentlich die Durchführung von Aufgaben und Handlungsabläufen reflektieren, unterstützen und erleichtern. In Wirklichkeit aber verbindet sie oft rein gar nichts mit unserem eigentlichen Anliegen.«

Und noch ein Argument: Wie der Chef einiger Hickory-Farm-Konzessionsunternehmen sagte: »Machen wir uns doch nichts vor! In diesen gesammelten Werken stehen doch keine Regeln. Was man darin findet, sind Ausreden. Wer liest denn das Zeugs? Der normale Mensch schaut sich das doch höchstens dann an, wenn er um eine Ausrede verlegen ist und einen Sündenbock sucht.«

Tom war fünf Jahre lang Marineoffizier. Es heißt, bei der Marine sei alles durch Dienstvorschriften geregelt. Bis auf den heutigen Tag hat Tom kein Sterbenswörtchen der Dienstvorschriften der Marine gelesen. Und das wird er auch nie, es sei denn, man würde ihn plötzlich eines schrecklichen Vergehens beschuldigen, das 20 Jahre zurückliegt. Dann würde er sie wohl lesen, sicher sogar. Und warum? Sie ahnen es bereits: um jemanden zu finden, dem er seinerseits die Schuld in die Schuhe schieben könnte!

Dee Hock, ehemaliger Chairman von Visa, einem äußerst innovativen Unternehmen, sagt dazu: »Vorschriften anstelle begründeter Entscheidungen führen in einen Teufelskreis: denn Urteilsfähigkeit kann sich nur dort entwickeln, wo sie auch gefordert wird. Unter solchen Bedingungen aber kann es keine selbständig denkenden Menschen geben – denn selbständiges Denken gilt dann nichts.« Wir brauchen unbedingt und in allererster Linie urteilsfähige »hochkreative« Leute: in der Postabfertigung, in der Telefonzentrale und auf den Verladerampen. Das mit der Kreativität ist durchaus ernst gemeint. Dem Arbeiter auf der Rampe muß der versehentlich beschädigte, eingedellte Karton auffallen. Und er oder sie muß sich mitverantwortlich fühlen, muß ›Mitinhaber‹ sein, das heißt, er muß über das notwendige Engagement und dann auch die Befugnis verfügen, die richtige Entscheidung zu treffen. Wir möchten, daß sich die Telefonistin mitverantwortlich fühlt und bei jedem Telefongespräch Engagement und Phantasie »vermittelt«, daß sie sich eben ein wenig mehr Mühe gibt, wenn es gilt, schwierige, lästige oder muffig vorgetragene Fragen zu beantworten, und, das ist häufig möglich, sollte sie den betreffenden Teilnehmer nicht erreichen, daß sie selbst Auskunft gibt oder informiert und flexibel genug ist, mit einer entsprechenden Erklärung zu einem anderen Ansprechpartner durchzustellen. Auch das verlangt Kreativität und ist außerordentlich wichtig. Denn die Telefonzentrale ist die Visitenkarte einer Firma, und deshalb ist Ihre Telefonistin für den ersten Eindruck von dieser Firma verantwortlich! Verantwortlich! Wenn sie also nicht informiert wird, kann sie diese Verantwortung nicht tragen.

Hier noch ein Gedanke zum Schluß (er stammt von dem ehemaligen Minister John Gardiner): »Vorschriften können das Denken nicht ersetzen!«

Kehren vor der eigenen Tür: einige Fragen – und Anregungen zu Sofortmaßnahmen

Führen Sie eine Analyse auf zwei Ebenen durch wie unsere Flugzeugbauer und in Anlehnung an die Ein-Dollar-Briefmarkengeschichte. Suchen Sie einen bis vier problematische Arbeitsplätze – bei den gewerblichen Mitarbeitern oder unter den Werkmeistern. Sammeln Sie möglichst viele Fakten, um sich zu informieren, was es tatsächlich bedeutet, dort zu arbeiten (Gespräche, anonyme Fragebögen, Sammlung sämtlichen Vorschriftenmaterials mit Relevanz für die betreffenden Arbeitsplätze, Austesten der Arbeitsbedingungen in zwei Schichten). Vier oder fünf Ihrer Kollegen sollten dasselbe tun. Verbringen Sie zwei *ganze* Tage – möglichst »in Klausur« – mit der eingehenden Analyse der gewonnenen Daten. Danach arbeiten Sie lang- und kurzfristige Aktionspläne aus – Korrekturen und auch offensive neue Maßnahmen. Zunächst gilt es, in diesen zwei Tagen 20 *konkrete* Beschlüsse zu fassen (also bitte auf keinen Fall nach der Devise: »Ausschuß bilden, um Schreibtischarbeit um 20 Prozent zu reduzieren!«), die gewährleisten, daß ärgerliche und demütigende Mißstände beseitigt werden. Gleichzeitig wird geplant, wie dieser Prozeß unter Ihrer persönlichen Leitung (bitte nicht delegieren!) weiterzuführen ist. Auf der offensiven Seite gilt es dann, Wege einzuleiten, die eine Kontrolle zukünftiger Maßnahmen erlauben, und zwar im Hinblick auf die Minimierung von für Mitarbeiter erniedrigenden Vorschriften, Umgangsformen etc. Die Ergebnisse dieser Veranstaltung tragen Sie im Büro und den davon betroffenen Mitarbeitern vor. (Die werden wahrscheinlich gerührt sein, daß Sie sich die Mühe gemacht haben, aber auch entsetzt, wie wenig sie noch wissen. Immerhin ist das Eis gebrochen.) Planen Sie, wie Sie diese Mitarbeiter in Zukunft in relevante Entscheidungsprozesse direkt einbeziehen können.

– Die zweite Analysephase geht nicht so in die Tiefe, ist aber darum nicht weniger wichtig. Zunächst werden Gruppen von 25 Mitgliedern gebildet (alle aus derselben Hierarchie-Stufe, gewerbliche Arbeitnehmer, Schichtführer, Werkmeister, oder aber nach einem anderen Prinzip, aber ebenfalls mit gemeinsamem Nenner, etwa alle neuen Mitarbeiter, die nicht mehr als drei Monate in der Firma sind). Jede(r) wird gebeten, auf die »ärgerlichste und am wenigsten zumutbare Regel/Vorschrift/Form/Prozedur, mit der er/sie leben muß« hinzuweisen. (Das erfordert Mut!) Dann wird von Ihnen *auf* der Stelle gegen mindestens 50 Prozent der genannten Mißstände etwas unternommen. Für den Rest verpflichten Sie sich zu schneller Abhilfe (innerhalb von maximal zehn Arbeitstagen). Wiederholen Sie diese Übung mehrmals, wobei kleine Beiräte gebildet werden können, die in regelmäßigen Abständen Verbesserungsvorschläge formulieren.

– (Auf einer zusätzlichen dritten Ebene, aber in einem weniger offiziellen Rahmen sollten Sie sich angewöhnen, mindestens alle drei Wochen eine Stunde mit einem x-beliebigen Mitarbeiter zu verbringen – einer neuen MIS-Kraft oder einem neuen Packer aus dem Versand; die Übung, »ärgerlichste Vorschrift« zu nennen, wird auch hier durchexerziert – und was dabei an sinnvollen Vorschlägen herauskommt, wird in die Tat umgesetzt.)

Diese Vorschläge sollen keineswegs als Diktat gelten. Sie machen aber eines deutlich: Erstens: Der Teufel steckt im Detail; zweitens: Reden ist Silber, Handeln ist Gold.

15.
Applaus! Applaus!

In unserer Auseinandersetzung mit dem menschlichen »Faktor« haben wir Glaubensfragen, Eigenverantwortung, Mitinhaberschaft und die negativen Auswirkungen kleinlicher Vorschriften behandelt. Wir wenden uns nun einem Thema zu, das in den Managementfibeln sträflich vernachlässigt wird: Spaß, Arbeitsfreude, Begeisterung.

Unsere Sinne für Lustgewinn sind schon vor unserem sechsten Lebensjahr voll ausgebildet. Später entwickelt sich unsere Fähigkeit, Lust zu empfinden, weiter zu dem Bedürfnis, Lustgewinn zu entdecken: Freude an eigener Aktivität, etwa Einsatz für karitative Zwecke, für die Landesjugendmeisterschaften im Fußball etc. Allzu häufig wird jedoch die eigene Freude an der Arbeit durch schulische – besonders berufsbezogene – Erziehung und Ausbildung verdrängt. Schließlich ist das Leben überhaupt eine ernste Angelegenheit, und das Leben am Arbeitsplatz darf schon gar keinen Lustgewinn bereiten.

Über dem Portal der Harvard Business School prangt in witterungsfesten Lettern und in Granit (!) gemeißelt der Spruch: »Ihr, die Ihr hier eintretet, werdet nie wieder lachen. Hier fängt unwiderruflich der Ernst des Lebens an!« Man kann nur hoffen, daß die meisten Studenten diesen Spruch nicht wahr- oder zumindest nicht ernst nehmen: Denn nach unserer Erfahrung ist in der Regel nur erfolgreich, wer mit Lust und Laune bei der Sache ist.

The Limited ist eines der schnellstexpandierenden (und profitabelsten) Großunternehmen. Die Personalstruktur verfügt nicht über ein Gramm überflüssigen »Speck«. Aber bei The Limited Stores hat man eine Führungsposition mit Zuständigkeit für immaterielle Leistungsanreize eingerichtet. Was hat sich die Inhaberin dieser Stelle einfallen lassen? Zum Beispiel die verschwenderisch gestaltete Monatszeitschrift »Applaus, Applaus« (siehe Überschrift dieses Kapitels!). Darin werden die glanzvollen Taten von Hunderten von Limited-Mitarbeitern gerühmt – mit Namensnennung und Bild. Applaus! Applaus!

Hoch angesiedeltes Risikobewußtsein als Leistungskriterium gilt nicht nur für Mitarbeiter, sondern auch für Vorgesetzte! Die sensationelle Wende von SAS in den Jahren 1981 bis 1983 haben wir schon geschildert. Als Dank dafür erwies sich der Präsident der Unternehmensgruppe, Jan Carlzon, als sehr großzügig. Weihnachten 1982 erhielten alle 16000 SAS-Mitglieder eine goldene Armbanduhr. Darüber hinaus wurde ein Super-Betriebsfest in drei Ländern gleichzeitig (SAS ist ein schwedisch-norwegisch-dänisches Gemeinschaftsunternehmen) gefeiert, an dem jeweils mehrere tausend Leute teilnahmen. Am Ende der Veranstaltung wurde jeder Gast mit einer Privatlimousine nach Hause gebracht. Das ist eine barocke Art zu feiern, die nicht nur gefällt, sondern auch auf ökonomisch außerordentlich sinnvolle Weise der Imagepflege dient.

Die Seele des Ganzen

Die Seele des Ganzen
lebt in den Details
Mies van der Rohe

Raychems Innovationsbilanz ist einzigartig in der gesamten US-amerikanischen Industrie. Dennoch glaubte die Spitze der Firma vor etwa drei Jahren, Anzeichen einer beginnenden Stagnation zu erkennen. Dagegen sollte selbstverständlich etwas unternommen werden.

Drei Tage im Jahr ziehen sich die Hauptverantwortlichen von Raychem nach Pajaro Dunes zurück, einer exklusiven Wohngegend in Watsonville/Kalifornien am nördlichen Ende der Bucht von Monterey. Dort halten sie Rückschau und besprechen ihre Geschäftsstrategien. So geschah es auch im Jahre 1981. Gleicher Ort, gleiche Besetzung. (In den 25 Jahren ihres Bestehens hatte es so gut wie keine Umbesetzungen in der Führungsspitze gegeben.)

Beim ersten Nachmittagstreffen zog Chairman Paul Cook strategische Bilanz. Er ging insbesondere auf veränderte Rahmenbedingungen, schwierige Auflagen und ähnliches ein. Seine Rede war nicht gerade eine Kassandra-Warnung, doch übertrieben optimistische Töne schlug er auch nicht an. Dann brach Cook mitten im Satz ab und sagte laut: »Ist doch totaler Mist, was ich da verzapfe!« Es sei höchste Zeit für eine gründliche Neueinschätzung des Unternehmens, sagte er, und höch-

ste Zeit für eine radikale Selbstbefragung, höchste Zeit, den Schlendrian abzustellen und neu anzufangen.
Seine Zuhörer saßen wie versteinert. Ihre Verblüffung wuchs, als sie hörten, wie mehrere Hubschrauber zur Landung auf dem benachbarten Strand ansetzten (keine einfache Sache, denn dafür mußte vorher die Genehmigung bei fünf verschiedenen offiziellen Stellen eingeholt werden). Ohne nähere Erklärung wurde die ganze Gruppe aus dem Haus gescheucht. Sie sollten, so hieß es, den Sony-Walkman mitnehmen, den sie bei ihrer Ankunft als Erinnerungsgeschenk bekommen hatten. Im Abendrot stiegen die Hubschrauber in die Luft, überquerten die Bucht von Monterey und flogen die Pazifikküste entlang Richtung Big Sur. Die Passagiere wurden gebeten, ihre neuen Kassettenrekorder einzuschalten und an die Tonanlage anzuschließen. Zuerst hörten sie Bach-Musik, passend zum Sonnenuntergang, dann die Stimme des Herrn, Paul Cook. Die nächsten Tage, kündigte er an, würden anders verlaufen als sonst üblich. Es ginge um einen Neuanfang, ein neues Image. Und dann skizzierte er einige knapp formulierte, denkwürdige (und herausfordernde) Zielsetzungen in puncto Wachstum und Innovation.
Die Hubschrauber landeten wieder. Drei Tage lang tauschte man intensiv Erfahrungen aus, erlebte einen neuen, ausgefallen-unkonventionellen Umgangsstil. Bislang hatte man anläßlich dieser Treffen relativ trockene Beiträge, vorgelesen von Cook und Unternehmenspräsident Bob Halperin, gehört. Diesmal bekamen die Teilnehmer gleich ein Dutzend Beiträge geboten, die diese beiden Herren selbst geschrieben hatten. Sie führten Vorsitz bei jeder Diskussion. Keine heilige Kuh wurde geschont.
Auch die kleinen, vielsagenden Details wurden nicht vergessen. Eine ›Zeitung‹ wurde täglich zwischen Mitternacht und 4 Uhr morgens zusammengestellt und den Teilnehmern auf ihre Zimmer geliefert. Sie enthielt Berichte über die Arbeitsergebnisse und Vergnügungen der voraufgegangenen 24 Stunden. Am letzten Tag wurde ein eindrucksvoller Videofilm vorgeführt (sämtliche Veranstaltungen waren gefilmt worden).
Das Ergebnis? Eine Führungsmannschaft, die ein bißchen zu selbstgefällig, als Team ein bißchen zu eingefahren war, hatte ein gemeinsames emotionales Schlüsselerlebnis. Drei Jahre später wurde im Laufe der täglichen Entscheidungsfindung immer noch auf dieses Ereignis Bezug genommen; und viele der kleinen Belustigungen bewiesen ihren Erinnerungswert.

Wir halten eine ganze Reihe von Vorträgen bei Firmenveranstaltungen jeglicher Art. Daher erkennen wir die Sorgfalt und Intensität, mit der IBM, SAS, The Limited, Mary Kay und andere diese Veranstaltungen organisieren, mit neidloser Offenheit an. Offenbar zählen solche Anlässe zu ihrem strategischen Arsenal. Anders gesagt, sie handeln nach der Maxime: »Wer eine Veranstaltung für den »goldenen Zirkel« schlecht organisiert – das gilt auch für den Vorstand von IBM – ist unten durch.« Unzählige kleine Details verraten, daß all diese erfolgreichen Unternehmen solche Anlässe nicht als müßige Ablenkung vom Tagesgeschehen betrachten, sondern als ernsthafte Arbeit in lockerem Rahmen mit vergnüglichen Unterbrechungen.

Ein goldener Zirkel

An Feierstunden für die »besten 80 Prozent« der Außendienstmannschaft wird bei IBM wahrlich nicht gespart. Alle werden zu mehrtägigen Treffen gebeten. Was jedoch den drei Prozent, die zur absoluten Spitze zählen – dem goldenen Zirkel –, geboten wird, ist schon von außerordentlichem Format. Als Veranstaltungsort wird stets ein exklusiver Platz gewählt, die Bermudas etwa oder auch ein Badeort in Europa.

Nichts wird dem Zufall überlassen. (Als »Beitragender«, das heißt als Redner, mußte Tom beispiellose Teilnahmebedingungen erfüllen: Dias im 35-mm-Format vorführen, einen rigorosen Probenplan absolvieren, pünktlich, nämlich Tage, bevor das Ereignis überhaupt beginnt, anreisen. Wer sich dagegen sperrt, wird ganz einfach wieder ausgeladen.) Die täglichen »Shows« haben Broadway-Qualität, wie ihnen ein mit einem Emmy-Filmpreis ausgezeichneter Erfolgsregisseur bescheinigt. Als Redner fungieren vorzugsweise Leute, die in letzter Zeit Außerordentliches geleistet haben.

Unser Platz reicht nicht aus, um all die kleinen Details dieser Veranstaltung aufzuführen, von den liebevoll gestalteten Namensplaketten bis zu den in zwölf Stunden zusammengeschnittenen Kurzfilmen über die Vergnügungen vom Vortag. Kurz: Es war ein äußerst vergnügliches Ereignis, hochinnovativ und, wenn man so will, lustvoll, und das, obwohl Mitglieder der IMB-Führungsspitze die ganze Zeit über anwesend waren.

Festveranstaltungen, ob im großen oder im kleineren Rahmen, sind eigentlich keine Grenzen gesetzt. Wir haben schon eine ganze Menge unterschiedlichster Art miterlebt.

– Angeregt durch *Auf der Suche nach Spitzenleistungen* überlegte eine Service-Gruppe bei Digital Equipment, wie man die Arbeitsmoral der Organisation mit Hilfe von mehr Spaß an der Sache steigern könnte. Einige Monate später äußerte sich ein älterer und ziemlich »konservativer« Manager so: »Das war unser bester Einfall seit Jahren. Stellen Sie sich vor, alle Führungskräfte verkleideten sich als Rentiere und sangen der Belegschaft Weihnachtslieder vor. Die haben sich vielleicht köstlich amüsiert! Wochenlang wurde in der ganzen Organisation von nichts anderem gesprochen! Ich war baff!«
– Der Chef einer 15 Mitarbeiter starken Buchhaltungsabteilung einer kleinen Elektrofirma sprach Tom nach einem seiner Vorträge an und sagte dazu: »Mann, Sie haben ja so recht. Ein wenig Spaß an der Sache, und die Stimmung auflockernde Veranstaltungen sind *das* Erfolgsrezept. Inzwischen lasse ich keine Woche vergehen, ohne mindestens eine Feier zu arrangieren . . .«
– Der Betriebsleiter einiger kleinerer Werke im Süden der USA entschloß sich dazu, für mehrere Monate die Arbeitswoche von fünf auf vier Tage zu verkürzen. Sein Ziel war, den fünften Tag für Brainstorming zu reservieren, und zwar zum Thema: Wie lassen sich die Arbeitsplätze in unseren Betriebsstätten verbessern? Einige Punkte, die bei den Diskussionen zur Sprache kamen, erstaunten uns (und ihn). In einer der älteren Filialen arbeitete eine energische Chefin, die mit dem Bau einer »Kartoffelhütte« erste Zeichen setzte. Sie machte aus einem unbenutzten Schuppen hinter dem Werk eine Imbißstube und gestaltete dieses Gelände auf Freizeitbedürfnisse um. Die Mitarbeiter engagierten sich sehr dafür. Arbeitsmoral und damit Produktivität stiegen entsprechend.
– Der Manager einer Textilfabrik löste eines seiner Probleme auf geniale Weise: Er hatte vor, neue, ziemlich teure Stühle für alle an Bildschirmen arbeitenden Mitarbeiter anzuschaffen. Aber er zögerte den Kauf mit einer bemerkenswerten Begründung hinaus: Jeder, der einen Monat lang die Leistungsvorgabe um etwa 25 Prozent übertraf, »gewann« einen Stuhl. Dieser Preis wurde auch auf originelle Weise verliehen: Der Werkleiter brachte den Stuhl in sein eigenes Büro, dann kam der Mitarbeiter, setzte sich drauf und wurde vom Chef zum Arbeitsplatz gefahren.
– Personalberater gelten wohl ganz allgemein als humorlos. Schlimmer: je humorloser sie sind, desto besser werden sie bezahlt, diesen Eindruck könnte man jedenfalls manchmal gewinnen. Eine erfreuliche Ausnahme davon ist Russell Reynolds Associates – und

sie haben sich auch etwas ganz Besonderes einfallen lassen: Russ Reynolds fuhr einmal nach Paris, kaufte eine Menge alter französischer Taxi-Hupen (die wirklich sehr schön sind) und verteilte sie in seinen Büros. Jedesmal, wenn jemand vermittelt wird, wird gehupt. Man sieht: Auch Personalberater können feiern!

– Diese Feierlichkeiten nennen wir inzwischen »die Technologie der Begeisterung«. Den Begriff »Technologie« verwenden wir aus einem ganz bestimmten Grund: Wenn es um Produktion oder Konzeptionen geht, sind wir imstande, Probleme sinnvoll zu analysieren. Im Marketingbereich werden tonnenschwere Analysen erarbeitet – aus lächerlichem Anlaß. Wenn jedoch die Themen Motivation und etwas Phantasie auf der »Tagesordnung« stehen, erweisen sich die »Analytiker« als unbegabt.

– Die Rolm Corporation (unlängst von IBM aufgekauft) ist eine überdurchschnittlich gewinnträchtige, schnell wachsende Firma, die dem Marktführer AT & T im Bereich privater Nebenstellenanlagen den Rang abzulaufen drohte. Ein Rolm-Manager erklärt sein Erfolgsprinzip so: »Eine Führungskraft darf kein Schreckgespenst sein. Er/sie sind Animateure.« Animation ist nicht nur ein legitimes Instrument, sondern eine Voraussetzung für erfolgreiche Unternehmensführung. Dies ist übrigens keine neue, sondern eine sehr alte Erkenntnis.

Teil V
Führung

16.
Aufmerksamkeit, Symbole, Dramatisches, Visionen – und Zuneigung

»All business is show business.« Dieses Zitat führt Jan Carlzon/ Scandinavian Air System (SAS) oft und gern im Munde. Recht hat er! Auch wenn damit nicht die leichtfüßige Entertainmentkunst eines Fred Astaire gemeint ist. In unserem Fall bedeutet dieser Satz, sich und seine Ziele locker und phantasievoll zu verkaufen, ja, das Vorurteil gegenüber dem »professionellen Management« mit Witz zu überwinden.

Das herkömmliche Bild, das seit 25 Jahren in unseren Köpfen herumspukt, ist der Manager als Polizist, Schiedsrichter, Advocatus diaboli, sachlicher, emotionsloser Analytiker, Profi, Entscheider, Nein-Sager. Das haben wir am Anfang dieses Buches ja hinreichend deutlich ausgeführt. Wir sagen, Menschen sollen nicht managen, sondern *führen*. Sie müssen animieren, Begeisterung zeigen und wecken, potentielle Champions und »Helden« erkennen und fördern, umherwandern, dramatisieren, trainieren, Wege ebnen, aufbauen. Dies ist kein utopisches Modell, kein Wunschtraum. Wir haben es dem Leben abgeschaut und uns an erfolgreichen Vorbildern orientiert – in den brillierenden Wirtschaftsbranchen, in den typischen Null-Wachstums-Industrien, ja sogar im öffentlichen Sektor. Wir haben gelernt von Bill Hewlett von Hewlett-Packard; Steve Jobs von Apple; Buck Rodgers und Don Estridge von IBM; Jim Treybig von Tandem. Zu nennen sind darüber hinaus Bill und Vieve Gore von W. L. Gore und Associates; Roger Milliken von Milliken & Co.; Ren McPherson von der Dana-Corporation; Jan Carlzon von SAS; Frank Perdue von Perdue Farms; Sam Walton von der Wal-Mart Corporation; Williard Marriott (senior und junior) von der Marriot Corporation; Sam Johnson von der S. C. Johnson Company; Jim Rinehart, ehemals General Motors (Held der Packard-Electric-Rettungskampagne), jetzt Vorstandsvorsitzender bei Clark Equipment; Bob Stramy, auch von General Motors, der das neue Cadillac-Motorenwerk in Linovia/Michigan lebensfähig machte; Phil Staley, Werkleiter der Ford-Montagehallen in Edison/New Jersey. Schließlich nennen wir William Donald Schaefer, Bürgermeister der Stadt Baltimore, und General Creech von der amerikanischen Luftwaffe. Zaubertricks haben wir von all diesen Menschen nicht gelernt, wohl aber sehr viel über leidenschaftliches Engagement, Intensität, Konsequenz, Aufmerksamkeit, Dramatik, explizite und implizite Symbolik – kurzum, sehr viel über die *Kunst* des Führens.

Aufmerksamkeit

Soweit wir wissen, ist folgender Spruch unserem Kollegen Bob Waterman zuzuschreiben: »Aufmerksamkeit ist das A und O.« Ren McPherson, der Mann, der die Sanierung bei Dana nach dem Prinzip einleitete, »die Firma wieder in die Fürsorge der Menschen geben, die die Arbeit tun«, sagt auch: »Wer Manager wird, sagt dem ehrlichen Broterwerb adieu. Er macht nichts mehr, verkauft nichts mehr. Er steht nicht in der Kälte auf der Laderampe, sitzt nicht in der Telefonzentrale und läßt sich nicht von Telefonanrufern Stunde um Stunde anöden.« Das Fazit beider Zitate bedeutet für uns: Solange der Manager keine »ehrliche« Arbeit verrichtet (ganz unsere Meinung!), bleibt ihm nichts anderes übrig, als sich nach seinem Terminkalender zu richten. Der Terminkalender bestimmt, was wichtig ist.

Wie können wir diese Frage richtig problematisieren, wie können wir sie so vielschichtig erscheinen lassen, daß sie auch wirklich für voll genommen wird? Aufmerksamkeit ist *wirklich* das A und O. Wir befinden uns am Ende einer 25jährigen Periode, in der sich sämtliche Berater und Wirtschaftswissenschaftler auf die Ansicht versteift haben, Manager seien entmachtet, sie seien widersprüchlichen Forderungen, verschiedenen Interessenvertretungen, strudelartig unkontrollierbaren »externen Kräften« ausgesetzt, die sie unweigerlich in die Tiefe zu reißen drohen. Dies gelte für den Aufsichtsratsvorsitzenden, der zwischen Umweltschutzamt, Vorstand und japanischer Konkurrenz eingekeilt ist, genauso wie für den Werkmeister, der zwischen Betriebsrat und dem mittleren Management steht. Unserer Meinung nach verbirgt dieser Standpunkt eine Alibifunktion. Der Manager *verfügt* über eine geradezu skandalöse Machtkonzentration. Wissen Sie noch, wie es war, als Sie mit 19 Ihre erste Stelle antraten? Sie wußten alles über die Eßgewohnheiten Ihres Vorgesetzten (der wahrscheinlich das hohe Alter von 22

Jahren schon überschritten hatte) und wußten auch sofort, wenn sich daran etwas geändert hatte. Sie waren ein Manager-Beobachter, wie er im Buche steht. So waren wir alle. Manager haben Macht, ihre Ticks und Steckenpferde (schlimm wäre es auch, wenn die fehlten), verdienen viel Geld und werden mit devoter Aufmerksamkeit überschüttet.

In der Technik der Textilverarbeitung ist Milliken & Company unangefochtener Trendsetter. Nicht einmal die Japaner können damit Schritt halten. Wie hat Milliken sich in diese führende Stellung vorgekämpft? Dafür ein Beispiel: Alle drei bis vier Jahre findet eine Weltausstellung für Textilmaschinen statt. Messeort 1984 war Mailand. Die meisten größeren Firmen haben vier oder fünf Mitarbeiter für drei bis vier Tage entsandt. Roger Milliken kam mit 150 Mitarbeitern und blieb während der gesamten Messedauer von zehn Tagen! An die langen Arbeitstage schloß sich abends eine drei- bis vierstündige Sitzung an, in der Eindrücke und Gedanken ausgetauscht wurden. Roger Milliken wirft sein Geld nicht sinnlos zum Fenster hinaus. Er ist nicht gerade verschwenderisch veranlagt. Wenn es aber um sein eigenes, allbeherrschendes strategisches Prinzip geht, kennt er keine Grenzen. Dieses Prinzip lautet, die Milliken-Fabriken auf dem neuesten Stand zu halten – oder noch besser, dem neuesten Stand um einen Schritt voraus zu sein.

Sam Walton hat es nach Aussage der Zeitschrift *Forbes* (1984) zu einem Privatvermögen von immerhin zwei Milliarden Dollar gebracht. Er hat die Wal-Mart Corporation, ein Unternehmen, das bei durchschnittlich 40 Millionen Dollar Jahresumsatz lag, zu einem Riesenkonzern mit einem Jahresumsatz von sechs Milliarden Dollar ausgebaut. Die Eigenkapitalrendite liegt stetig bei etwa 40 Prozent. Er ist davon überzeugt, daß im Einzelhandel die Ladengeschäfte Priorität Nr. eins hätten. (Dies war Anfang der 80er Jahre eine Idee von unerhörter Kühnheit. Damals konzentrierten sich alle auf Warenwirtschafts- und Lagerumschlagssysteme.) Schon vor vielen Jahren hat es sich Walton zum Prinzip gemacht, sämtliche Filialen des Unternehmens mindestens einmal pro Jahr zu besuchen. Damals waren es 18 an der Zahl. Im Frühjahr 1985 hatte Wal-Mart rund 750 Filialen, und er besuchte immer noch jede einzelne mindestens einmal jährlich! Fahrten kreuz und quer über Land in Wal-Mart-Lastern, Jahresversammlungen, bei denen er die Filialleiter (und ihre Ehefrauen) mit Namen begrüßte, morgens zwei Uhr gemeinsames Frühstück mit den Mitarbeitern in den Auslieferungslagern. Haben die Mitarbeiter in den Geschäften mitbekommen, daß er einer der engagiertesten Chefs des Kontinents ist? Allerdings!

Bill Hewlett war schon immer ein überzeugter »Wanderer«, dasselbe gilt für Barnly Oliver, der dort 40 Jahre Leiter der Forschungs- und Entwicklungsabteilung war. Heute sind beide im Ruhestand, aber die Worte eines 24jährigen Studenten der Stanford Business School, der bei Hewlett-Packard ein Praktikum absolvierte, gelten immer noch: »Glauben Sie mir, jeder von uns, das heißt sämtliche 80 000 Hewlett-Packard-Mitarbeiter, hat immer noch das Gefühl, daß Bill oder Barney jederzeit hereinschneien und sich nach dem Prototyp erkundigen könnten, an dem wir gerade arbeiten.«

Das Buch »Corporate Cultures« von Terry Deal und Allan Kennedy enthält folgenden Bericht über den jetzigen Chairman der General Electric Corporation:

Jack Welch ließ sich schon als Gruppenleiter ein Sondertelefon mit Geheimnummer in seinem Büro anschließen. Die Nummer gab er den leitenden Einkäufern seiner Gruppe. Wenn ein Einkäufer in seinen Verhandlungen mit einem Lieferanten einen Preisnachlaß erzielte, konnte er Welch unter dieser Nummer direkt erreichen. Wenn dieses Telefon klingelte, ließ Welch alles stehen und liegen – ob er an einer Millionentransaktion arbeitete oder mit seiner Sekretärin sprach. Diese Anrufe nahm er immer an: »Großartig, das heißt also zwei Pfennig weniger pro Tonne Stahl«, rief er dann beispielsweise begeistert aus. Sofort (!) setzte er sich hin und bekritzelte einen Zettel, der so etwas wie ein eiliges Glückwunschtelegramm an den betreffenden Mitarbeiter war. (Deal und Kennedy schließen hier eine längere Analyse an.) Welch hätte das Problem der hohen Kosten auch auf andere Weise angehen können. Er hätte eine spezielle Arbeitsgruppe zur Ausarbeitung von Lösungsvorschlägen einberufen können. Er hätte für diese Aufgabe auch externe Betriebsberater einsetzen können. Er hätte seine besten Manager in den Einkaufsbereich versetzen können. Statt dessen ließ er in seinem Büro ein Sondertelefon installieren. Es hätte ja auch sein können, daß dieses Telefon keinen Anklang fand oder daß es zwar benutzt wurde, aber dennoch keine spürbare Kostensenkung einbrachte. Sein unkonventioneller Schritt erforderte Mut – den Mut, seinen Mitstreitern im Unternehmen richtiges Handeln zuzutrauen.

Einen aufregenden Tag verbrachte Tom mit Kelly Johnson, dem Gründer der ursprünglichen »Skunk Works« bei Lockheed. Johnsons eindrucksvolle Ergebnisse haben eine noch eindrucksvollere

Vorgeschichte, die für unser Thema von großer Bedeutung ist. Unsere inzwischen ziemlich umfangreiche Erfahrung mit großen Entwicklungsvorhaben lehrt, daß das zentrale Problem ausnahmslos in der Übertragung von der Labor- auf die Produktionsebene liegt. Gemeint ist damit, daß sich die Ingenieure (die Konstrukteure und Entwickler) selten bis nie mit den Technikexperten in der Produktion unterhalten und umgekehrt. Frage also von Tom an Kelly Johnson: »Sagen Sie, wie haben Sie dieses Schnittstellenproblem bewältigt? Wie haben Sie das Problem der Kommunikation zwischen Konstruktion und Produktion gelöst?« Die Antwort lautete: »Wieso ist das ein Problem?« – »Nun«, erwiderte Tom, »in allen *anderen* Firmen, die wir kennen, gibt es hier große Probleme.«

»Keine große Sache«, sagte Johnson, »ich habe die Produktionschefs jeden Morgen um 6.30 Uhr zusammengerufen. Bei mir konnten sie sich über das ausweinen, was die Konstrukteure ihnen in den letzten 24 Stunden angetan hatten. Gegen 7 Uhr ließ ich die Konstrukteure zusammentrommeln und ließ sie über das meckern, was ihnen die Produktionsleute Böses angetan hatten. Um 7.30 Uhr hatten wir dann eine halbstündige gemeinsame Sitzung. Wir einigten uns auf die eigentlichen Probleme und auf das, was wir dagegen unternehmen wollten.« Er faßte zusammen: »Wenn Sie das fünf oder sechs Tage in der Woche, 50 Wochen im Jahr, 40 Jahre lang machen, verschwinden die Probleme, von denen Sie sprechen, von selbst.«

Beförderung, ein »vernachlässigtes« Instrument, Aufmerksamkeit und Motivation zu steigern

Die Beförderung als »vernachlässigtes« Instrument zu bezeichnen, mag einige Leser überraschen – uns auch, wenn wir ehrlich sind. Aber es entspricht unseren Beobachtungen.

Wer wann und wofür befördert wird, ist der beste und einzig eindeutige Indikator für die Prioritäten, die man setzt, und für die Wertmaßstäbe, die man anlegt. Dies gilt ganz besonders, wenn sich ein grundlegender Wandel anbahnt. Es gilt aber auch, wie Toms ehemaliger Kollege bei McKinsey, der berühmte Arch Patton, es einmal ausdrückte: »Von allen Mitteln, die einem Manager zur Verfügung stehen, wird gerade die Beförderung am wenigsten eingesetzt.«

Von einer bestimmten Größenordnung an (sagen wir 30 oder mehr Mitarbeiter) gibt es in jedem Betrieb regelmäßig Beförderungen – mindestens drei oder vier im Jahr. Uns geht es dabei um folgendes: Setzen Sie die Beförderungspolitik konsequent ein, um Ihre (eventuell neuen)

Wertvorstellungen und Überzeugungen unmißverständlich zu vermitteln?
Es geschieht nämlich häufig, daß wir in einer Phase des Wandels eine Beförderung (wenn auch aus nur allzu verständlichen Gründen) quasi »verschenken«, weil wir damit einem altgedienten treuen Weggefährten Anerkennung zollen wollen, der sich unter dem alten System, mit den alten Wertvorstellungen tapfer geschlagen hat. Einen verdienten Mitarbeiter zu belohnen ist natürlich lobenswert und legitim – darin stimmen wir wohl alle überein. Aber honorieren Sie seine Leistung lieber mit einer Gehaltserhöhung oder irgendeiner anderen Auszeichnung für langjährige treue Dienste und nicht mit einer – sich ja immerhin relativ selten ergebenden – Beförderung. Denn eine Beförderung signalisiert augenfällig das Verhältnis des betreffenden Kollegen zu den neuen Wertmaßstäben und der zukünftigen Marschrichtung.
In diesem Zusammenhang wollen wir kurz auf zwei weitere Punkte zu sprechen kommen. Zum einen möchten wir allen leitenden Angestellten ans Herz legen, sich eingehend und persönlich um Beförderungen zu kümmern, auch auf ganz unterschiedlichen Stufen der betrieblichen Hierarchie. Es heißt, der legendäre Alfred Sloan von GM sei häufig nicht zu Sitzungen erschienen; wenn es aber um Personalfragen ging, war er immer dabei. Das Unternehmen zählte damals 250 000 Mitarbeiter – und er nahm sich regelmäßig drei bis vier Stunden Zeit, wenn es zum Beispiel um die Neubesetzung der Stelle des Konstruktionsleiters in einem kleineren Werk ging. Diese Zeit (beziehungsweise seine Aufmerksamkeit) sah er als seinen wichtigsten Beitrag zur Betriebsführung. Auf diese Weise konnte er bestimmten Vorstellungen und Zielen bestens zum Durchbruch verhelfen und gleichzeitig signalisieren, wieviel Wert er darauf legte. (Was für ein Unterschied zu den meisten heutigen Betrieben, in denen Beförderungen – auch und gerade wenn sie zwei Stufen weiter unten in der Hierarchie ausgesprochen werden, vom »Chef« lediglich zur Kenntnis genommen werden. Er überprüft seinerseits nur noch, ob der »Instanzenweg« – häufig ein zeitaufwendiger und rein mechanischer – vorschriftsmäßig eingehalten wurde.)
Darüber hinaus sind Beförderungen ein hervorragendes Instrument auch und gerade für Führungskräfte, die nicht an der Spitze des Unternehmens stehen, die Saat der Revolution zu säen und ihre Ernte einzufahren. Der beste Weg, Ihren Zielsetzungen näherzukommen, führt über zahlreiche, wenig spektakuläre Beförderungen in die mittleren und gehobenen Managementpositionen. So läßt sich in aller Stille und binnen kurzer Zeit eine grundlegende Erneuerung quasi un--

bemerkt durchführen. General Bill Creech etwa hat sich offen dazu bekannt, eine beträchtliche Anzahl von Mitstreitern in der Kampagne gegen die Zentralisierung »herangebildet« zu haben, die er dann auf möglichst viele wichtige Posten in der gesamten Luftwaffe verteilt hat.

Beförderung ist »Aufmerksamkeit in Aktion«. Wir möchten Ihnen nahelegen, solche Gelegenheiten – die sich zwar unweigerlich, aber letztlich doch nur relativ selten bieten – niemals ungenutzt verstreichen zu lassen.

Gefordert ist also »weiter nichts« als Ihre Aufmerksamkeit. Vielleicht wissen Sie selbst nicht einmal, wo Ihre Prioritäten liegen, vielleicht können Sie nicht einmal sagen, was Sie zum Frühstück gegessen haben. Ihre Mitarbeiter aber wissen es. Die beobachten Sie nämlich sehr genau. Einmal sollten wir ein Unternehmen beraten, das ernsthaft in Schwierigkeiten geraten war. Der Chairman war fest entschlossen, unternehmerische Eigeninitiative, weit mehr als bislang üblich, zu mobilisieren – aber irgendwie schien die neue Devise nicht zu greifen. In diesem Fall waren wir sehr kostenintensive Unternehmensberater. Wir analysierten seine Strategie erneut, überprüften die Infrastruktur und die jeweiligen Stellenbeschreibungen und nahmen jedes Subsystem gründlich unter die Lupe. An nichts gab es etwas auszusetzen, alles war völlig zielkonform. Aus schierer Verzweiflung überprüften wir dann den Terminkalender des Chairman, unsere letzte Möglichkeit, des Rätsels Lösung auf die Spur zu kommen. Wir wollten wissen, wie er seine Zeit einteilte. Wir sahen uns sämtliche Sitzungstermine an und stellten eine detaillierte Bestandsaufnahme aller Tagesordnungspunkte über einen Zeitraum von mehreren Monaten zusammen. Wir sahen uns an, welche Mitarbeiter er aufsuchte und mit wem er in welcher Reihenfolge redete, wenn er einen Betrieb besuchte. Er war sogar so entgegenkommend (oder so mutig), uns mehrere Monate lang seine Telefongespräche aufzeichnen zu lassen. Und was kam dabei heraus? Zwar schien es, als hätte er sich dem neuen unternehmerischen Vorstoß bedingungslos verschrieben – dementsprechend war beispielsweise seine Rede zum amerikanischen Nationalfeiertag am 4. Juli aufgebaut –, an seinem Zeitplan aber ließ sich sein Engagement nicht ablesen. Höchstens drei Prozent seiner Zeit hat er auf dieses Ziel verwandt. Er stand eben nicht voll und ganz dahinter. Und seine Leute merkten das.

Bei einem anderen Auftrag – es ging um ein großes Bauunternehmen – stellte sich die Situation ähnlich problematisch, die Lösung ähnlich naheliegend dar. Das Unternehmen, dessen Führungsmannschaft aus technischen Experten bestand, die sich folglich mit Vorliebe über technische Fragen unterhielten, hatte sich mit seiner Expansionspolitik in Übersee völlig übernommen. Daraufhin analysierten wir (über Monate) jedes Detail und jede Minute der wöchentlichen Besprechungen der Führungsmannschaft. Es stellte sich heraus, daß sie rund 80 Prozent ihrer Zeit nicht etwa auf die erforderlichen Maßnahmen in Übersee, sondern auf die Besprechung technischer Einzelprobleme verwandt hatten, die ihnen viel vertrauter waren (und mit denen sie offenbar viel besser umgehen konnten). Für die folgenden zwölf Monate wurden nun die Tagesordnungspunkte so festgelegt, daß 70 Prozent auf die Vorgänge in Übersee entfielen. Plötzlich änderte sich alles von Grund auf.

Wie lassen sich Veränderungen bewirken? Einmal – und das ist immerhin gar nicht so offensichtlich – geht es darum, wieviel Aufmerksamkeit einem aktuellen Problem gewidmet wird, und nicht so sehr darum, in welcher Form dies geschieht. Das mag zunächst verwundern. Wenn sich die alte Garde (im Einzelhandel, in den verschiedenen Abteilungen, in den einzelnen Geschäftsbereichen oder in der Unternehmensleitung) auf etwas Neues konzentriert, rückt dieses Neue auch ins Blickfeld der anderen. Wo etwas ins Blickfeld rückt, tut sich auch etwas. Wenn Sie also beispielsweise den Schwerpunkt auf Qualität legen wollen, dann legen Sie ihn auf Qualität – und zwar, sonst wäre diese Aufforderung lächerlich, mit aller Konsequenz und niemals halbherzig! Wenn Qualität bei Ihnen noch nie ein Thema war, wissen Sie vielleicht zu Anfang nicht, in welcher Form Sie dieses Thema überhaupt problematisieren sollen. Gespräche darüber werden zunächst wohl eher mühsam in Gang kommen und sich in reichlich abstrakten Gefilden bewegen. Aber das macht nichts. Letztendlich bekommt jeder mit, daß Ihr Schwerpunkt jetzt Qualität heißt und – was genauso wichtig ist – von nun an andere Prioritäten gesetzt werden als früher.

Aufmerksamkeit als symbolische Geste

Die Aufmerksamkeit, die Sie Ihren Mitarbeitern schenken, ist eine symbolische Geste. Wenn wir das so formulieren, beschleichen uns natürlich leise Bedenken, und zwar deshalb, weil der Ausdruck »symbolisch« zumindest bei den hartgesottenen, abgeklärten und rational denkenden Managern unserer Tage mit Assoziationen befrachtet sein dürfte, denen wir nicht zustimmen können. Wenn die Verhaltensweisen von Führungskräften als »symbolisch« beschrieben werden, wollen wir auf etwas hinweisen, das mit jenen »kompromißlosen, kompetenten, strategischen Entscheidungsfindungen«, von denen im technokratischen Insiderjargon der Managementtheorie vorzugsweise die Rede ist, wenig zu tun hat. Männer tanzen nicht. Und dennoch: Symbolische Bedeutung haben diese Verhaltensweisen allemal. Als Folge unserer »symbolischen« Aufmerksamkeit – Aufmerksamkeit als Symbol für unsere Interessen und Prioritäten – engagieren sich auch andere. (Das möchten wir hier noch einmal mit allem Nachdruck festhalten: Symbole, das heißt Beachtung und Aufmerksamkeit, sind alles, was der Manager, der ja selbst nicht den Gabelstapler fährt, in die Waagschale zu werfen hat.) Beispiele aus der Arbeitswirklichkeit machen Marriotts Beschäftigung mit den Beschwerdekarten seiner Gäste, Millikens tätige Sorge um seine Fabriken, Perdues Ärger über borstige Hühnerflügel und seine Qualitätsbesessenheit aus. Wie solche Führungskräfte jahraus, jahrein ihren Arbeitstag zubringen, ist (rückblickend betrachtet) einfach (nicht »bloß«!) der *einzig* gültige Maßstab für ihre wahren Anliegen und den Erfolg der von ihnen geleiteten Firmen. Für dieses Ziel ist entscheidend, ob ein Manager es versteht, das Instrument der Beförderung gleichermaßen zweckorientiert und psychologisch intelligent einzusetzen!

Die Fachleute sind sich darüber einig, daß ein wesentliches Merkmal, das den Menschen von allen anderen Wesen auf diesem Planeten unterscheidet, der Gebrauch der Sprache und des logischen Denkens ist – das bedeutet auch den Umgang mit Symbolen. Führung ist in der Tat symbolisches Verhalten, ob es sich um Martin Luther Kings Marsch nach Selma/Alabama handelt oder um Jack Welchs Sondertelefon für seine Einkäufer. Das ist so, weil unsere Symbole die *einzige* Möglichkeit darstellen, uns über nicht Definierbares genau, oder annähernd genau, verständlich zu machen.

Diese Tatsache bringt Vorteile, aber auch Nachteile mit sich: Vorteile, weil keine finanziellen Investitionen damit verbunden sind – jede Sekunde bringt eine ganz konkrete »symbolische Gelegenheit« –, und Nachteile aus genau demselben Grund: *Jede* Minute beinhaltet eine symbolische »Gelegenheit«, die Sie entweder bewußt oder – was wahrscheinlicher ist – unbewußt ergreifen *oder aber* verstreichen lassen können. Worauf will der alte Knabe (oder der Boss) eigentlich hinaus? Mit wem redet er? Was hat sich seit gestern geändert? Warum redet er darüber mit Dick und nicht mit

Jim? Wie sehen die Randbemerkungen auf den Firmen-Memos aus? Wen macht er gerade »zur Schnecke«? Und vor allem, warum? Warum hat er Harriet nach ihrer Präsentation anerkennend auf die Schulter geklopft, Dave aber nicht? Warum war letzte Woche noch Qualität großgeschrieben, und jetzt – drei Tage später – ist es plötzlich Wirtschaftlichkeit?

Noch einmal: der Manager selbst kann eigentlich nichts von Wert und Bestand bewirken. Er kann nur durch sein Verhalten nahelegen (symbolisieren), was er für wichtig hält.

Achtung, Wende!

Wirkliche, nämlich durchgreifende und deshalb rettende »Wendemanöver« gelingen nur äußerst selten. Erwartungsgemäß bedarf es dazu einer starken Führungspersönlichkeit, eines Menschen, der sein zentrales Anliegen nie aus den Augen läßt. Jan Carlzon von SAS benutzt jeden – aber auch jeden – noch so geringfügigen Anlaß, um über das Thema »Service« zu reden. Über Flugzeuge weigert er sich zu reden. Sein Thema sind eben die Passagiere. Die Sprache spielt für ihn dabei eine zentrale Rolle. SAS ist nicht eine »gewinnorientierte«, sondern eine »kundenorientierte« Fluggesellschaft. Nicht die Flugzeuge spielen die Hauptrolle, sondern die Kunden. An die Stelle einer »technischen« und »kostenorientierten« ist eine »marktorientierte« Ausrichtung getreten. Was er erzählt, dreht sich ausschließlich um beeindruckende Verbesserungen der Serviceleistungen. Genau darauf kommt es ihm an, Minute für Minute, Tag für Tag.

Auch für Ren McPherson, den Initiator der beeindruckenden Sanierungsaktion bei Dana sind Menschen – Mitarbeiter und Kunden – *das* Thema.

Leitende Angestellte in hohen Führungspositionen sind meist geistig rege und aufgeschlossen, vielseitig interessierte Personen und können sich deshalb über alle erdenklichen Themen unterhalten. Nicht so Frank Perdue, der ausschließlich von Hähnchen und ihrer qualitativen Beschaffenheit redet. Nicht so Debbie Fields, die sich ausschließlich über ihre Kekse ausläßt. Nicht so Ray Kroc, der einzig über Qualität, Service, Sauberkeit und Preisleistung spricht. Hermann Lay, Gründer von Frito-Lay, war nicht von dem Thema abzubringen, das da heißt: die »perfekte Kartoffel«. Dasselbe gilt für Bill und Vieve Gore und ihre »Kollegen«, für Roger Milliken und seine »Textilverarbeitungstechnologie«. Die Sanierungskünstler – Carlzon, McPherson, Pearson etc. – ähneln sich. Alle ihre Gedanken sind von einem einzigen Thema beherrscht, und diesem Thema respektive Ziel sind sie mit Haut und Haaren ergeben!

Alles läuft darauf hinaus, daß *jedes* System, *jede* Sitzordnung, *jeder* Besuch eine symbolische Geste ist. Welche Fragen werden routinemäßig wann gestellt? Wonach fragt der Boss zuerst? Marktorientierte Menschen fragen nach dem Marketing. Wem die Finanzlage besonders am Herzen liegt, fragt zuerst nach den Finanzen. (Bei DuPont etwa gilt die erste Frage unweigerlich der Sicherheit.) Möchten Sie Ihren strategischen Schwerpunkt verlagern? Eine rigorose Änderung Ihrer traditionellen Frage-Routine kann dazu wesentlich beitragen. Sitzordnungen: Wer wird zu welchen Besprechungen gebeten? In »belegschaftsorientierten« Organisationen wird eine verhältnismäßig hohe Anzahl von Belegschaftsmitgliedern zu Besprechungen eingeladen. Möchten Sie das Konzept ändern? Dann laden Sie eben nicht mehr so viele Belegschaftsmitglieder zu Ihren Sitzungen ein! Besuche: Wer wird aufgesucht und in welcher Reihenfolge? Wer kommt zuerst? Jüngere oder ältere Mitarbeiter? Wieviel Zeit verbringen Sie auf welcher betrieblichen Stufe mit welchen Menschen in welchen Funktionen? So etwas spricht sich mit Blitzgeschwindigkeit herum.

Haben Sie ein spezielles Problem? Zeigen Sie – und zwar als symbolischen Akt! –, wieviel Ihnen an der Lösung liegt! Nehmen Sie sich die dazu notwendige Zeit. Nehmen Sie sich die Zeit für alle in Frage kommenden Mitarbeiter – jahrein, jahraus, Jahrzehnt um Jahrzehnt.

Aufmerksamkeit: einige Fragen und Sofortmaßnahmen

Analyse

1. Sehen Sie sich Ihren Terminkalender vom letzten Jahr an, vorausgesetzt natürlich, Sie führen einen, und davon die letzten 90 Tage genauer und die letzten 30 Tage ganz genau. Was sagt er erstens über Ihre wirklichen Prioritäten und zweitens über Ihre Neigung zu »Führen durch Umherwandern«? Wie steht es mit Besuchen intern und extern?

2. Wiederholen Sie Punkt eins, diesmal anhand Ihrer Korrespondenz aus der Ablage. Welche Botschaft vermitteln Sie mit Ihren Briefen? (Seien Sie dabei ganz ehrlich. Tun Sie's für sich allein.) Kann es sein, daß Sie sich mit 46 einander widersprechenden Prioritäten herumschlagen? *Alle* haben ihre Berechtigung. Vielleicht

aber läßt sich für die Zukunft eine bessere Lösung finden: Reduzieren Sie diese Prioritäten auf 43, besser noch auf zehn?

3. Wiederholen Sie Punkt eins für Ihre Besuche (»Umherwandern«). Wen besuchen Sie in einem Werk? In welcher Reihenfolge? Läuft alles immer nach dem gleichen Schema ab? Was sagt das über Ihre Prioritäten aus?

4. Wiederholen Sie Punkt eins für Ihre Telefongesprächsnotizen.

5. Wenn die Punkte eins bis vier wegen fehlender Daten nicht durchführbar sind, nehmen Sie sich vor, in den nächsten 30 respektive 90 Tagen entsprechende Unterlagen zu sammeln. Fangen Sie noch heute damit an!

6. Bitten Sie einen Kollegen, während der nächsten ein bis zwei Wochen in sämtlichen Sitzungen stichwortartig mitzuschreiben, was Sie sagen oder fragen. Wonach fragen Sie, worüber reden Sie am meisten? Über Service? Über Produktionsstätten? Über Finanzen? (Glauben Sie nur nicht, wenn Sie die Bestandsaufnahme sehen, daß Sie die Finanzfragen nur deswegen betont haben, weil gerade die Budgetplanung erstellt werden mußte.) Wir haben alle unsere Lieblings-Stiefkind-Platte, die wir – wenn auch meist unbewußt – immer wieder abspielen.

Die nächsten Schritte

Betrachten Sie die Punkte eins bis sechs als Beobachtungen zu Verhaltensweisen, die sich *verändern* lassen. Sie *können* Ihren Terminkalender, Besuchsabläufe, Ihre Telefongespräche und Sitzungen inhaltlich anders gestalten! Nur – leicht ist es nicht! (Mit dem Rauchen aufzuhören oder zwanzig Pfund an Gewicht abzunehmen ist dagegen ein Kinderspiel!) Am besten nehmen Sie sich erst einmal die Aufzeichnungen aus der Vergangenheit vor. Beschränken Sie die Änderungen in Ihrem Terminkalender vorläufig erst einmal auf zehn Prozent (zwei Tage) im folgenden Monat. Arbeiten Sie eine neue Besuchsroutine aus. Wählen Sie *einen* Schwerpunkt für den gesamten Verlauf einer Sitzung, und ziehen Sie (wenn möglich) einen Kollegen in Ihr Vertrauen. Bitten Sie ihn, die ganze Prozedur mit Ihnen gründlich zu erörtern. Das ist kein Zeichen von Schwäche, sondern der Beweis dafür, daß Sie die wichtigsten Grundlagen für strategisches Lernen erkannt und begriffen haben.

Damit sind wir auch schon beim nächsten Thema, beim Einsatz von Symbolen und beim »Manager als Regisseur«. Diese symbolträchtigen Funktionen können mit der Inszenierung eines kleinen

Theaterstücks verglichen werden, weil es im Prinzip darum geht, den ökonomischen, symbolischen und dramatischen Effekt einer Maßnahme herauszustellen und zu nutzen.

Aufmerksamkeit »hoch zwei«: Symbole und Inszenierung

Symbole und dramatische Inszenierung. Was Renn Zaphiropoulos von reservierten Parkplätzen hält, haben wir bereits berichtet. Im Dezember 1983, einen Monat vor seiner offiziellen Ernennung zum Leiter des Unternehmensbereichs Informationssysteme bei Xerox in Dallas/Texas sprach Renn zum ersten Mal zu den 300 Mitarbeitern seines neuen Führungsstabs. Worauf kam es ihm in dieser Antrittsrede an? Auf die unmißverständliche Klarstellung, daß es in diesem speziellen Geschäftsbereich keine unnötigen Rangunterschiede geben werde, keine kleinen Privilegien, die keinem produktiven Zweck dienen und darüber hinaus dem Selbstbewußtsein und der persönlichen Würde derer abträglich sind, die sie nicht genießen. In diesem Sinn ordnete Renn die Abschaffung sämtlicher reservierten Parkplätze in den drei Betriebsstätten seines Unternehmensbereiches an. Als er sein neues Amt im Januar 1984 antrat, gab es für die Führungskräfte keine reservierten Parkplätze mehr. Symbolhandlung? Umsetzung der Strategie? – Das auch, aber darüber hinaus: perfekte Psychologie!

General Bill Creech, Vater der spektakulären Wende beim taktischen Luftkommando der amerikanischen Luftwaffe (TAC), hatte ein ausgeprägtes Gespür für Symbole und dramatische Effekte. Kurz nach Amtsantritt stieß er bei einer Inspektion in der Lagerhaltung auf ein Büro, in dem einiges im argen lag, kennzeichnend für den Mangel an Prestige der Lagerhaltung. Der Lagerleiter, der schon seit 15 Jahren dabei war, saß auf einem grauen Stuhl mit zerfetzter Rückenlehne, die nur notdürftig mit Klebeband zusammengeflickt war. Darüber hinaus verfügte dieses seltsame Möbelstück nur über drei Beine, die mit Rollen ausgestattet waren, das vierte »rollte«, höchst unfallträchtig, auf einem Holzklotz. Creech beauftragte seinen Assistenten, den Stuhl versandfertig zu verpakken und per Post an das TAC-Hauptquartier in Langley/Virginia zu schicken. Bald darauf inszenierte der General ein feierliches Zeremoniell. Dem Drei-Sterne-General – Creech selbst hatte vier Sterne –, dem die Logistik unterstand, wurde dieser Stuhl »verliehen«; das sei jetzt *sein* Stuhl, wurde ihm bedeutet, und zwar so lange, bis Nachschub und Versorgung wieder einwandfrei funktionierten.

Auf einer seiner regelmäßigen Inspektionstouren kam einer der Brüder Nordstrom zu einer Schuh-Einzelhandelsfiliale. Im Lagerraum fiel ihm auf, daß in den Regalen viel Raum frei war. Er fragte den anwesenden Verkäufer, was diese Lücken denn zu bedeuten hätten. »Das geht in Ordnung«, antwortete der junge Mann, »ist alles schon nachbestellt.« Zum Beweis kramte er die Bestellzettel hervor. Nordstrom nahm die Formulare und entfaltete sie sorgfältig, dann ging er zu den Lagerregalen und legte die Bestellzettel in die jeweiligen Lücken und sagte: »Wickeln Sie doch den Kunden die Zettel um die Füße, wenn sie Schuhe verlangen, die gerade nicht auf Lager sind.« Er sprach's und verließ das Geschäft. Noch am selben Abend hatte der junge Mann nichts Eiligeres zu tun, als zum nächsten Zentrallager zu stürzen und die fehlenden Artikel zu besorgen. Auch diese (symbolische) Geschichte hat (leider) bis heute nichts von ihrer Aktualität eingebüßt.

Unternehmerische Initiative läßt sich ebenfalls mit Hilfe von Symbolen mobilisieren. General Electric galt 16 Jahre lang als Paradebeispiel für exzellente strategische Planung. Wie wir an anderer Stelle bereits ausgeführt haben, hat Jack Welch, nachdem er 1981 Chairman geworden war, im Rahmen seiner ersten »Amtshandlungen« den Abbau des strategischen Planungsstabs verfügt. Welch war nicht etwa Gegner der strategischen Planung – er verwies sie lediglich in den Bereich, in den sie gehörte, nämlich in die zuständigen Abteilungen und Unterabteilungen. Er strukturierte nicht nur den Kern der Belegschaft um, sondern es gelang ihm gleichzeitig, Ort und Modus der Strategiekonferenzen (symbolisch) zu verändern. Beiden galt in der Vergangenheit die feierliche Zuwendung der Führungskräfte. Die Schreibtischleute waren ausnahmslos die Helden des Tages (und den Leuten aus der Produktion zahlenmäßig weit überlegen). Beide Seiten versuchten einander mit allen »Kräften des zivilisierten Faustrechts« auszustechen. Welch verlagerte diese Strategiekonferenzen einfach in den betreffenden Produktionsbereich. Und schon mußten sich die ›Helden‹ auf ihren eigenen Bereich beschränken. Kleine Fische? Nein, im Gegenteil. Dramatische Effekte – in die Tat umgesetzt. Nutzen Sie sie!

Und noch ein Beispiel (in dem wieder ein Flugzeug vorkommt): Stew Leonard ist, wie bereits berichtet, Frank Perdues wichtigster Abnehmer im Einzelhandel. Vor einiger Zeit wollte Stew das Verpackungsverfahren ändern. Perdues Leute waren die einzigen, die sich mit dem neuen Verfahren auskannten. Also schickte Frank

Perdue, ohne auch nur im geringsten zu zögern, zwei Lear-Jets nach Connecticut und ließ 15 »Hähnchenverpacker« nach Salisbury/Maryland einfliegen und sie in seiner Zentrale vor Ort in der neuen Verpackungstechnik schulen.

Wie ist eine solche Handlungsweise zu beurteilen? Als »realistisch«? Vielleicht. Aber Geschichten wie die von Vlcek und dem gecharterten Flugzeug und Perdue und dem Jet werden auch in zehn und auch noch in 30 Jahren an allen »Lagerfeuern der Innovation« erzählt werden!

Das Wort »Macht« mag Ihnen in diesem Zusammenhang unsympathisch sein und sich nicht mit Ihren moralischen Wertvorstellungen vereinbaren lassen. Wir finden es durchaus in Ordnung, wenn Sie sich nicht ständig in der Rolle des »Allmächtigen« sehen möchten. Dennoch – erinnern Sie sich doch einmal an Ihre eigenen Erfahrungen.

Alles, was Sie tun, wird beobachtet – und zwar sehr genau – und von ›Ihren‹ Leuten vermerkt und verbucht. Inkonsequentes Verhalten wird registriert. Kleine Abweichungen von der üblichen Norm sind Gegenstand intensiver »kriminologischer« Nachforschungen. Bestimmte Handlungs- und Verhaltensmuster werden täglich aufs neue beobachtet und interpretiert. Geschichten leben jahrelang in der Erinnerung weiter. Das alles mag Ihnen zwar nicht behagen, aber Sie wissen verdammt genau, daß es nun einmal so ist.

Dramatische Effekte lassen sich auch noch auf vielen anderen Ebenen erzielen. Stew Leonard hat den Einkauf in seinem Geschäft zu einem besonderen Ereignis gestaltet. Bei Carl Sewell wird der Kauf eines Autos zum Erlebnis. Little Scandinavian Design hat die »Scandinavian Design University« gegründet, an der »Regie« gelehrt wird. Tupperware, The Limited, Mary Kay Cosmetics und IBM machen vorbehaltlos davon Gebrauch, ihre Mitarbeiter effektiv zu motivieren. Selbst das eher »konservative« Unternehmen Milliken & Co. führt regelmäßig seine »aufwendigen Renommierveranstaltungen« durch.

Umgangston und Sprachgebrauch

Aufmerksamkeit, Symbole und dramatische Effekte haben natürlich alle Signalfunktion – aus ihnen besteht die »Sprache der Aufmerksamkeit«. Sprache ist *das* menschliche Kommunikationsmittel – und ein sehr sensibles dazu. Disney, McDonald's, Gore, Wal-Mart, Dana und People Express vermeiden deshalb Begriffe wie

»Arbeiter« oder »Arbeitnehmer« und sprechen statt dessen von »Mitgliedern des Ensembles«, »Teammitgliedern«, »Kollegen« und »Mitarbeitern«. Bei People Express ist jeder Mitarbeiter ein »Manager«. Bei Disney ist jeder Kunde ein »Gast«.

Die bewußte Verwendung bestimmter Wörter und Bezeichnungen stellt eine grundlegende Form der Aufmerksamkeit dar. Wir alle haben bestimmte Bezeichnungen für unsere Mitarbeiter oder unsere Kunden. Nutzen wir aber auch alle die Gelegenheit, mit diesen Bezeichnungen ein neues und positives Verständnis zu signalisieren? (Hier kommt der persönlichen Integrität eine ganz besondere Bedeutung zu. Einen »Arbeitnehmer« in den Rang eines »Kollegen« zu erheben, bleibt ohne Bedeutung, wenn man dem einzelnen nicht auf der Basis von Gleichberechtigung und Achtung begegnet, sondern ihn lediglich als »bezahlte Arbeitskraft« behandelt. Wer jedoch wirklich daran glaubt, daß seine Mitarbeiter gleichberechtigte und eigenverantwortliche Kollegen sind, bringt ihnen mit dieser Art Wortwahl einen weiteren – ganz wesentlichen – Achtungsbeweis entgegen.)

Geschichten und Anekdoten

Wir sind bereits im Zusammenhang mit Domino's Pizza und Perdue Farms auf die Rolle eingegangen, die Geschichten und Anekdoten in einem Unternehmen spielen. Wir könnten zu diesem Thema beliebig viel aus der psychologischen Literatur zitieren. In *Auf der Suche nach Spitzenleistungen* haben wir uns ausführlich mit diesem Thema befaßt. Es verhält sich offenbar so, daß sich Menschen, wenn sie argumentieren, weitgehend auf Geschichten und Begebenheiten stützen und nicht auf zahlreiche Daten. Geschichten behält man besser, das heißt Geschichten über ganz konkrete Menschen, die sich auf eine ganz konkrete, nachvollziehbare Art und Weise verhalten. Erinnern Sie sich, wie Ray Kroc einen McDonald's Pächter in Winnipeg besuchte? Er entdeckte eine einzige, einsame Fliege. Auch wenn es nur eine einzige Fliege war, sie ist unvereinbar mit untadeligem Service, Sauberkeit und Qualität. Zwei Wochen später war der Winnipeg-Pächter seinen Pachtvertrag los. Und siehe da, als die Geschichte die Runde machte, sorgten viele McDonald's-Pächter plötzlich mit allen erdenklichen Tricks dafür, Fliegen aus ihren Restaurants zu »verbannen«.

Ähnliches berichtet man sich von Forrest Mars: Er soll seine Vorstandsmitglieder mit Mars-Riegeln beworfen haben, nachdem er an einer Süßwarentheke einen einzigen fehlerhaft verpackten Riegel entdeckt hatte. Ein ehemaliger Manager von Mars erzählt folgende Geschichte (die ihm noch so gegenwärtig ist, als sei sie erst gestern passiert): Mars stattete einer seiner Schokoladenfabriken einen Besuch ab. Es war mitten im Hochsommer. Dabei kam er auch in die dritte Etage, wo die größten Schokoladenverarbeitungsmaschinen standen. Dort herrschte eine Gluthitze. Er fragte den Werkleiter: »Warum gibt's denn hier oben keine Klimaanlage?« Der Werkleiter erwiderte, das sei in seiner Kostenrechnung nun mal nicht drin, und er müsse sich an den Budgetrahmen halten. Mars zeigte zwar ein gewisses Einsehen, griff aber zum nächsten Telefonhörer, wählte die Abteilung für Instandhaltung im Erdgeschoß an und beorderte unverzüglich einige Mitarbeiter nach oben. Er sagte: »Würden Sie bitte, solange wir (er meinte sich und den Werkleiter) hier oben sind, sämtliche Möbel und Unterlagen aus seinem Büro (dem des Werkleiters) nach hier oben holen? Stellen Sie den Schreibtisch bitte neben die große Maschine hier, wenn's recht ist.« Da dämmerte es dem guten Mann recht schnell, daß eine Klimaanlage für die Produktionshallen doch keine so schlechte Idee sei. Mars erklärte ihm, sobald die Anlage eingebaut sei, könne er gerne wieder in sein Büro zurückziehen. Solche Geschichten sind lehrreich. Sie bewirken unendlich viel mehr als dickleibige Vorschriften und Handbücher.

Ein Produktionsleiter von Procter & Gamble erinnert sich an einen Telefonanruf, den er mitten in der Nacht erhielt. Der Anrufer war Gebietsverkaufsleiter und hatte diesen Posten gerade erst übernommen: »George, hier gibt's ein Problem mit einem Stück Seife.« – »Hier«, so erläutert George (1983), »war dreihundert Meilen entfernt.« – »George, meinst du, du kannst es schaffen, bis 6.30 Uhr heute früh hier zu sein?« Unser Informant berichtet weiter: »Es klang mir ziemlich dringend. Also machte ich mich auf den Weg. Auf einer 300-Meilen-Fahrt durch gottverlassene Landstriche in Tennessee, die man wegen eines läppischen Stücks Seife im Wert von 35 Cents unternimmt, wird einem klar, daß man es bei Procter & Gamble mit der Qualität sehr, sehr ernst nimmt. Dazu braucht man in diesem Unternehmen kein 200 Seiten dickes Verfahrenshandbuch mehr.« Wir sind fast davon überzeugt, daß diese Geschichte sogar wahr ist. Auf uns aber kommt es nicht an. Wichtig ist allein, daß unser Freund sie glaubt. Er erzählt sie immer wieder. Die Geschichte *lebt*.

Geschichten und ihre Wirkung: eine Fallstudie

Unser Kollege Alan Wilkins hat die Wirkung solcher Geschichten in zwei unterschiedlichen Unternehmen derselben Branche untersucht. Das eine Unternehmen war leistungsstark und hatte stetige Zuwachsraten zu verzeichnen; das andere hatte in den vergangenen fünf Jahren schwere Rückschläge erlitten. Waren die Geschichten, die in den jeweiligen Unternehmen kursierten, in irgendeiner Weise bezeichnend dafür? Wilkins sagt ja. In dem erfolgreichen Unternehmen setzten die Manager ganz eindeutig ihre Schwerpunkte und ließen daran auch keinerlei Zweifel aufkommen. (In diesem Unternehmen kursierten außergewöhnlich viele Geschichten.) 98 Prozent dessen, was erzählt wurde, spiegelte die Firmeninteressen wider. In dem zweiten Unternehmen signalisierten nur etwa 50 Prozent aller Geschichten ein Engagement für und Interesse an der Firma. In dem höher bewerteten Unternehmen war sämtlichen Mitarbeitern – Führungskräften, Technikern, Sekretärinnen – die Firmenphilosophie sozusagen in Fleisch und Blut übergegangen. Die Führungskräfte des Unternehmens mit der geringen »Geschichtenquote« dagegen ließen ihre Mitarbeiter über die Prioritäten im unklaren.

Wilkins kam zu dem Schluß, daß manche Geschichten sich hervorragend dazu eignen, Menschen zu motivieren, ihnen Wissen und Begeisterung, Loyalität und Engagement zu vermitteln, doch es gab auch andere Geschichten, die ebenfalls ihre – wenngleich entgegengesetzte – Wirkung hatten; sie schürten Zynismus, Mißtrauen und Defätismus. Themen, die sich nachteilig auf die Arbeitsleistung auswirkten, waren all die Kassandra-Rufe vom »sinkenden Schiff« oder von der »schlechten Welt« oder davon, daß »jeder sich selbst der nächste ist«, von »Ungerechtigkeit« und dem »Faustrecht des Stärkeren«. Dieses unterschwellig oder offen vorgetragene Destruktive steht einer fruchtbaren Zusammenarbeit im Wege und fördert Mitarbeiterfluktuation.

Wenn Sie derartige Geschichten hören, sollten Sie ihnen viel Aufmerksamkeit schenken. Tun Sie sie nicht einfach als albernes Geschwätz ab. Sie stellen ein Stimmungsbarometer dar, und darauf kommt es an.

Daß aber überhaupt Geschichten erzählt werden, ist wichtig. In Teil III, »Innovation«, schildern wir, wie ein Honeywell-Vorstand seine Leute zu dynamischer Quertreiberei ermunterte. »Ich sage meinen Leuten nie, daß sie's ›hintenherum‹ versuchen sollen. Ich schau' einfach mal vorbei, wir halten ein Schwätzchen, und ich erzähle ihnen dann, wie ich das damals angefangen habe, als ich in ihrem Alter war.«

Don Vlcek von Domino's Pizza war auf Inspektionsvisite in einer Distributionszentrale. Er bemerkte, daß in dem zur Auslieferung bereitstehenden Teig Klumpen waren. Er erzählt: »Die Qualität war schlecht. So konnte der Teig nicht rausgehen. Also blieb ich da, krempelte die Ärmel hoch und stürzte mich mit den dortigen Mitarbeitern in die Arbeit, um die Sache wieder in Ordnung zu bringen. Innerhalb von 24 Stunden hatte sich die Nachricht wie ein Lauffeuer überall verbreitet – bis in die letzte Niederlassung in 2500 Meilen Entfernung. Ich bekam einen Anruf aus einer meiner Zentralen auf der anderen Seite des Kontinents: ›Don, wir haben gehört, was du da gemacht hast. Wir finden das ganz großartig. Das ist genau das Qualitätsbewußtsein, das wir brauchen. Wir stehen hier alle voll hinter dir. Wir strengen uns jetzt noch mehr an.‹ So etwas muß man schon selbst erleben, um es zu glauben.«

Geschichten können Symbolfunktion haben. Denken Sie daran: Menschen richten sich immer nach Vorbildern. Weder Martin Luther Kings Marsch nach Selma noch Gandhis Marsch an den Ganges, noch Maos ›langer Marsch‹ waren von strategisch überragender Bedeutung. Dennoch hat jeder einzelne von ihnen wesentlich dazu beigetragen, das Gesicht einer ganzen Nation zu verändern – immerhin die USA, Indien und China. Warren Bennis beschreibt Jom Rouse, den Städtebauer und -sanierer. Er erzählt, wie er arbeitet und was er dabei zum Thema ›lehren‹ zu sagen hat: »Ich wollte ihnen meine Sicht der Dinge nahebringen. Sie kamen mit ihren Entwürfen zu mir. Ich zeigte ihnen, wo sie Fehler gemacht hatten. Dann kamen sie wieder, aber die Entwürfe waren schlechter als zuvor. So ging das etwa drei- oder viermal. Wenn sie dann ganz zum Schluß wieder zu mir kamen, hatte ich Flugkarten für sie besorgt. Ich sagte: »Fliegt nach X oder Y. Seht euch alles mit eigenen Augen an. Dann erkennt ihr, was ich meine.«

»Die weiche Methode ist der harte Kurs«, mit diesem scheinbaren Paradoxon könnte man auf den Punkt bringen, was wir meinen. Wir tun so, als sei der ›harte‹ Kurs der offiziell vorgeschriebene. Genau das Gegenteil aber ist der Fall. Die ›harte‹ Methode zeigt beispielsweise die Geschichte mit der Klimaanlage bei Mars. Die grundlegenden Werte einer Organisation kann man Menschen am besten durch Geschichten und Symbole vermitteln. Wenn wir es mit unseren Idealen, Werten, Motiven und unserem Engagement wirklich ernst meinen, müssen wir auch Geschichten und Mythen, wenn man so will, ernst nehmen, die Idealvorstellungen symbolisieren. Bill Moore von Recognition Equipment nennt das »das Licht sehen«. (Eine kleine Bitte an alle Geschäftsleute: Stellen Sie sich vor, wie Sie auf einem Flug den erstklassigen Service genießen. Jetzt übertragen Sie dieses Bild auf Ihr eigenes Unternehmen. Schon sind Sie auf dem richtigen Weg!)

Symbole, dramatische Effekte, Sprache: einige Fragen – und Anregungen zu Sofortmaßnahmen

Analyse

1. Machen Sie sich Symbole auf natürliche Weise zunutze? Analysieren Sie die letzten zwei bis vier Besuche, die Sie selbst bei anderen gemacht haben, die letzten zwei bis vier Besprechungen in Ihrem Büro, die zwei oder drei letzten Konferenzen, an denen Sie teilgenommen haben. Haben Sie sich alles ganz bewußt und bis ins Detail überlegt: Wer wird eingeladen? Wie ist die Sitzordnung? Welche Punkte stehen in welcher Reihenfolge auf der Tagesordnung? Wie und wo ist der Ort der Zusammenkunft? Jeder Anlaß bietet Ihnen die Gelegenheit, Ihre strategischen Anliegen in »Symbolen« zu vermitteln und auf diese Weise dem Bewußtsein Ihrer Mitarbeiter einzuprägen.

2. Haben Sie sich ein Verfahren überlegt, wie Sie selbst aktiv dazu beitragen können, wenn es gilt, Anerkennung deutlich zu machen? Wählen Sie aus, welche Fabriken, Filialen, Werkstätten Sie besuchen wollen – um so einer überragenden Leistung Lob und Achtung zu zollen? Wenn ja (und das ist schon ganz beachtlich), sollten Sie auch noch den nächsten Schritt gehen. Kümmern Sie sich persönlich um die Form, in der dieser Anerkennungsbeweis seinen Ausdruck finden soll!

3. Stellen Sie fest, mit wie vielen gewerblichen Mitarbeitern Sie *engeren* Kontakt hatten und bei welcher Gelegenheit? Spiegelt Ihr Verhalten Ihre Zielsetzungen in den Bereichen Qualität, Service, Kosteneinsparungen wider? Versuchen Sie ganz bewußt, ein Gleichgewicht zwischen Arbeitern und Werkmeistern herzustellen?

4. Wie gehen Sie vor – spontan oder bewußt geplant –, wenn Sie etwas über die alltäglichen ›kleinen Dramen‹ in den Bereichen Kundenservice oder Innovation erfahren wollen? Sammeln sie solche »aus dem Leben gegriffenen« Geschichten, etwa von Leuten in der Werkhalle? Sprechen Sie darüber auch mit älteren und deshalb vielleicht »konservativen« Führungskräften und mit Mitarbeitern auf den unteren Hierarchieebenen?

5. Haben Sie jemals die Sprachregelungen in Ihrem Unternehmen überprüft? Wie werden Mitarbeiter bei Ihnen bezeichnet? (Wie spricht man von Kunden, vor allem von Problemkunden? Mit welchen Namen werden hartnäckige Champions belegt?) Läßt Ihre Wortwahl (und die Ihrer Kollegen) ehrlichen Stolz auf Ihr Unternehmen, Ihre Produkte, Ihre Mitarbeiter, Ihre Kunden erkennen? Wenn nicht, warum nicht?

6. Kennen Sie die drei ›am häufigsten erzählten Geschichten‹, die gegenwärtig in Ihrem Unternehmen die Runde machen? Wie kommen Sie und Ihre Kollegen darin weg? Was sagen sie über Ihre Zielsetzungen aus?

7. Denken Sie an einen Besuch aus der jüngeren Vergangenheit zurück. Analysieren Sie ihn, Minute für Minute. Fangen Sie bei der Planungsphase an. Wie würden Sie urteilen, wenn Sie Führungskraft bei Mars, Inc. wären? Welche Wertvorstellungen und Zielsetzungen haben Sie vermittelt? Welchen kam dabei ein besonderes Gewicht zu? Welche Leute haben Sie in welcher Reihenfolge besucht? Worüber haben Sie mit wem gesprochen?

Weiterführende Schritte

Um die oben genannten Anregungen in die Tat umzusetzen, braucht man nicht Geld, sondern nur Zeit. Ziel sollte dabei sein, auch kleine und an sich unbedeutende Handlungen, die aber genauestens registriert werden, mit Ihren Vorstellungen und Wünschen in Einklang zu bringen. Suchen Sie sich eine beliebige Anregung aus und beginnen Sie noch *diese* Woche damit, sie zu realisieren!

Aufmerksamkeit, Symbole usw.:
DuPont und die Sicherheit
Der Sicherheitsstandard von DuPont ist 17mal so hoch wie in Durchschnittsunternehmen der chemischen Industrie und 68mal so hoch wie in Durchschnittsunternehmen der verarbeitenden Industrie. Die Bedeutung, die man bei DuPont der Sicherheit zumißt, geht auf die Anfänge des Unternehmens zurück. DuPont hat vor 180 Jahren als Sprengstoffhersteller begonnen. Der Perfektionismus erstreckt sich mittlerweile auch auf andere Bereiche – auf die Produktion und die Qualität. Darin liegt – neben einer ebenso beeindruckenden Leistung auf dem Sektor Forschung und Entwicklung – DuPonts nahezu unvergleichlicher Erfolg begründet.

Sicherheit steht bei DuPont also in jeder Hinsicht an erster Stelle. Ein langjähriger Mitarbeiter von DuPont sagt: An welchem Symbol kann man das erkennen? Am Jahresbericht beispielsweise, der regelmäßig auf den ersten Seiten über das Thema Sicherheit referiert und mit ausführlichen Statistiken untermauert wird. Das Thema Sicherheit steht in jeder Besprechung an erster Stelle auf der Tagesordnung. Jeder Unfall, auch wenn er noch so unbedeutend ist, wird sofort gemeldet. Der Unfallbericht liegt dem Chairman spätestens 24 Stunden später vor. Das ist selbstverständlich.

Die Mitarbeiter von DuPont nehmen Unfälle, die außerhalb des Betriebs passieren, genauso ernst wie solche, die sich am Arbeitsplatz ereignen. Deshalb hängen natürlich auch überall die bekannten Plakate zur »Sicherheit im Straßenverkehr«. Der Faktor Sicherheit geht als Meßgröße in die jährliche Leistungsbeurteilung sämtlicher Führungskräfte ein. 1984 wurden alle Führungskräfte angewiesen, dem Faktor ›Sicherheit‹ auch außerhalb des Arbeitsplatzes mehr Beachtung zu schenken. Anlaß dazu war nicht etwa eine Serie schwerer Verkehrsunfälle, sondern vielmehr eine Häufung von Sportunfällen harmloserer Art – z. B. Knieverletzungen, die sich die Leute beim Ballspielen zugezogen hatten und die zu Arbeitsausfällen führten.

Langjährige Führungskräfte haben uns berichtet, daß Prämien und Leistungsbeurteilung maßgeblich vom Faktor Sicherheit abhängen. Ein Mitarbeiter, der schon 25 Jahre im Betrieb ist, sagte uns folgendes: »Wenn Sie mich fragen, was ich lieber in Kauf nähme, einen Großkunden zu verlieren oder die Verantwortung für einen leichten Unfall mit Arbeitszeitverlust zu übernehmen, hätte ich keinerlei Entscheidungsprobleme. Ich würde den Verlust des Kunden vorziehen.«

Die Ergebnisse im Sicherheitsbereich sind dementsprechend hervorragend. In erster Linie wollen wir aber mit diesem kurzen Exkurs den inneren thematischen Zusammenhang betonen. Denn auch perfekte Sicherheitsvorkehrungen signalisieren *Aufmerksamkeit.*

Die Vision predigen

Aufmerksamkeit, Symbole und Inszenierungen stellen ein fundamentales Führungsinstrumentarium dar. Souveräne Handhabung dieses Instrumentariums allein reicht jedoch nicht aus. Sie müssen wissen, wohin Sie steuern. Sie müssen Ihre Zielvorstellungen klar und prägnant formulieren – *und* sich leidenschaftlich und vorbehaltlos dazu bekennen. All das zusammen ergibt die »Vision«, die knappe, plastische Darstellung der Marschroute, die Sie sich für

Firma und Mitarbeiter vorstellen, und die Gründe, warum alle stolz darauf sein können, mit von der Partie zu sein. Die wesentlichen Bestandteile dieser Vision, dieses Zukunftsszenarios, haben wir – so meinen wir zumindest – bereits in den Kapiteln zu den Themen Kunden, Innovationen und Menschen dargestellt, wobei Sie natürlich Ihre eigene, organisationsspezifische Lösung finden müssen. Kurzum, es geht bei dieser Auseinandersetzung mit dem Thema Führung nicht in erster Linie um das Thema, das bei Ihnen Priorität genießt, sondern darum, daß man sich überhaupt zu etwas bekennt und diese Linie konsequent und mit mitreißendem Engagement vertritt. Als Bill Moore sein Amt als Präsident des Unternehmens Equipment antrat, ging es der Firma ausgesprochen schlecht. Nur zwei Jahre später hatte er das Unternehmen wieder auf Erfolgskurs gebracht. In einem Interview in der »Speak-Out«-Serie der Zeitschrift *Electronic Engineering Times* äußerte er sich 1983 zum Thema Führung folgendermaßen:

»– Die Führungspersönlichkeit muß ein klares Konzept haben und genau wissen, in welche Richtung sie das Unternehmen steuern will.
– Sie muß dieses Konzept für ihre Organisation ›in Szene setzen‹ können.
– Die Paraderolle für den Vorstandsvorsitzenden ist ›Chefverkäufer‹.
– Allzu oft ist sich der Vorstandsvorsitzende zu schade, um die Rolle des Animateurs und Stimmungsmachers zu übernehmen.
– Eindeutige, direkte Kommunikation heißt die Losung. Wer versucht, theoretische Planspielereien zu vermitteln, überfordert meist seine Mitarbeiter.
– Wie wir alle wissen, erhält man nur selten von Mitarbeitern aus der Produktion einerseits und Mitarbeitern aus dem Marketing auf eine Frage auch nur eine annähernd übereinstimmende Antwort. Das gilt besonders für die Frage: »Was wollen Sie mit Ihrer Arbeit für das Unternehmen erreichen?« Wenn man aber eindeutig und direkt bleibt, hat man eher Chancen, ein einheitliches Selbstverständnis herbeizuführen.
– Es ginge uns allen wahrscheinlich besser, wenn wir mehr Zeit darauf verwendeten, unsere Unternehmenspläne zu artikulieren als sie zu perfektionieren.«

An erster Stelle steht also die Vision, die Zukunftsperspektive. Hören wir uns an, was General Walter Ulmer, ein unkonventioneller, aber höchst erfolgreicher Befehlshaber der US-Streitkräfte dazu zu sagen hat: »Die Quintessenz der Aufgabe eines Generals liegt in der Entwicklung einer klaren Linie. Er muß dafür sorgen, daß die wesentlichen Dinge nicht im Kleinkram ersticken.« Auch Bert Snider, den Vorstandsvorsitzenden von Bourne wollen wir zitieren: »Hauptaufgabe des Vorstandsvorsitzenden ist es, seinen Leuten beizubringen, worum es eigentlich in der Firma geht, und dafür zu sorgen, daß sie diese Botschaft wiederum an ihre Leute weitergeben... Wie es scheint, haben nicht alle Vorstandsvorsitzenden eine sehr klare Vorstellung davon, worum es in ihrer Firma geht. Dabei läßt sich dieses ganze Theater um strategische Planung auf einen sehr einfachen Nenner bringen, nämlich: was wollen wir in/mit der Firma erreichen? Wenn das eindeutig feststeht, gibt man's einfach weiter, und basta!«

Auch in kleineren Unternehmen spielt die Vision und deren Vermittlung die zentrale Rolle. Zum Thema betriebliche Weiterbildung fallen einem zunächst natürlich die bekannten Beispiele ein: IBM, Disney, McDonald, Dana, Marriott etc., die alle Lehr- und Lernstätten etabliert haben, an denen ganz explizit und offensiv die jeweilige »Firmenkultur und -philosophie« gepredigt wird. Apple hat allerdings nicht den großen Erfolg abgewartet, sondern schon zu einem sehr frühen Zeitpunkt seine eigene »Apple-Universität« gegründet. Das Unternehmen wollte von vornherein seine eigenen Wertvorstellungen in den eigenen vier Wänden und auf unternehmensspezifische Art und Weise vermitteln. Scandinavian Design, ein Möbelhaus von eher bescheidener Größe, aber mit großem Erfolg, hat ebenfalls schon sehr früh die Scandinavian Design University gegründet. Das erklärte Ziel ist es, die firmeneigene »Kultur« zu fördern und eine die Mitarbeiter begeisternde Atmosphäre herzustellen: »Inszenierung, Beleuchtungseffekte, Theaterdonner, Aufregung. So wird's bei uns gemacht!«

Ein bemerkenswertes Beispiel in dieser Hinsicht ist ganz zweifellos Ronald Reagan. In einem Bericht der *New York Times* (14. Oktober 1984) wird die These vertreten, daß sich das Geheimnis seines Erfolgs aus Vision, Glaube und Selbstinszenierung zusammensetzt: »Ein guter Präsident muß Träume und Werte verkörpern... Reagan ist ein gläubiger Mensch im wahrsten Sinne des Wortes. Er wiederholt seinen schlichten Traum immer wieder, weil er daran glaubt. Bedingungslos... Seine große Stärke ist das erzählerische Element, er kann Geschichten erzählen...« (Der Artikel hatte übrigens auch einen durchaus kritischen Unterton. Letztlich zählt aber die Vision und die Vermittlung dieser Vision.

Das Phänomen Reagan erinnert an einen allzuoft vernachlässigten Aspekt dieses Komplexes: Ein Konzept wird sich nur dann in den Köpfen und Herzen der Menschen durchsetzen, wenn es ein positives Konzept ist (z. B. »Amerika ist wieder da!«). Die wirklich erfolgreichen Konzepte – von People Express über Apple bis hin zum »Credo« von Johnson & Johnson (Kapitel 18) – bauen ausnahmslos auf den positiven Beitrag für Kunden und Gemeinschaft, die Selbstverwirklichung sämtlicher Mitarbeiter, die unablässige Suche nach dem Neuen (Innovation), das Streben nach Spitzenqualität.

Andererseits zeichnen sich erfolgreiche Konzepte durch ihren eminent realistischen Charakter aus. Die effektivsten Führungspersönlichkeiten in allen Lebensbereichen – im Schulwesen, im Militär, in der Wirtschaft – haben anspruchsvolle, aber *realisierbare* Konzepte vorgelegt und in die Tat umgesetzt. Auch unter wirklich düsteren Voraussetzungen kann man kleine Verbesserungen anstreben. Bernard Montgomery und George Patton haben während des Zweiten Weltkrieges angeschlagene, fast demoralisierte Truppen in Nordafrika übernommen, beide setzten als allererstes bei der Disziplin an – Sauberkeit, Uniformpflege, Fitness. Das erklärte Ziel war, den Soldaten beizubringen, daß sie eine Erfolgsmannschaft werden. Ein nicht realisierbares Konzept dagegen wirkt demoralisierend und ist letztlich widersinnig.

Rezepte für Visionen?

Es gibt keine »Fertigrezepte«. Viele Leute fragen uns: »Wie soll ich denn die von mir vertretenen Werte überhaupt verbalisieren?« Dahinter verbirgt sich die Frage: »Nach welchem Rezept hat General Johnson das J&J-Credo entwickelt?« Rezepte gibt es nicht. Visionen, Zukunftsperspektiven orientieren sich zwar teilweise auch am Markt, entspringen aber viel eher Intuition und innerer Überzeugung. Eine Vision muß wirklich empfunden sein, ehe man sie anderen vermittelt. In sämtlichen Stadien seines erstaunlichen Wachstums hat People Express mit bemerkenswertem Erfolg seine »Prinzipien« hochhalten können. Diese inzwischen in einer Charta schriftlich zusammengefaßten Leitlinien sind aber nichts anderes als der sehr energisch vorgetragene (und marktgerechte) Ausdruck der impliziten Werte und Ideale, von denen schon Don Burr beflügelt war, als er die Firma gründete.

Nach unseren Beobachtungen entsteht eine solche Vision immer individuell. »Kollektivkonzepte« sind fast immer mit Vorsicht zu genießen. Das bedeutet nicht (siehe wieder People Express), daß vorhandene intuitive Visionen und Perspektiven nicht mit echtem Teamgeist überdacht, festgeschrieben und weiterentwickelt werden können oder sollen. Das Rohmaterial für ein wirksames Konzept entstammt ausnahmslos der Selbstbefragung und kreativen Nachdenklichkeit eines einzelnen.

Visionäre Konzepte sind keineswegs nur der obersten Führungsschicht vorbehalten! Die Ford-Werke in Edison/New Jersey, die Crown-Zellerbach-Papierfabrik in St. Francisville/Louisiana, die Domino-Pizza-Vertriebsgesellschaft, alle diese Unternehmen liefern Beispiele für klare und wirksame Konzepte auf Organisationsebenen unterhalb der Führungsspitze. Visionen können überall entstehen – in Kliniken, in Klassenzimmern und in Betriebsabteilungen, die aus nicht mehr als fünf Mitarbeitern bestehen. Wenn ein bestimmtes Konzept mit der herrschenden Firmenphilosophie kollidiert, ist es zwar schwierig, aber nicht unmöglich, seine Sicht der Dinge dennoch durchzusetzen. Immer wieder stoßen wir auf leistungsbewußte Mitarbeiter in sonst eher schlecht abschneidenden Unternehmen und auf absolute Spitzenkräfte in sonst durchschnittlicher Umgebung. In beiden Fällen kann man von der Anwesenheit einer Führungspersönlichkeit ausgehen (gleich welcher Ebene), die klar und überzeugend ihre Vision vom Erfolg vermittelt.

... und Liebe

In einem Artikel der Zeitschrift *Texas Monthly* vom August 1984 berichtet Reporter Joe Nocera: »Vor einigen Jahren sprach Trammell Crow vor den Studenten der Harvard Business School. Im Anschluß an seinen Vortrag fand eine Diskussion statt. ›Was ist das Geheimnis Ihres Erfolgs?‹ fragte ein junger Student. ›Liebe‹, sagte Trammell Crow.«

Die Vision muß stimmen – und Sie müssen innerlich voll und ganz dazu stehen. Während eines Seminars im Februar 1984 richtete ein Student der Utah State University an Tom die Frage, was wohl das wichtigste Kriterium für eine erfolgreiche Karriere sei? Offenbar erwartete er längere, wohlbegründete Ausführungen. Tom aber ging schweigend an die Tafel und schrieb in riesigen Buchstaben ein einziges Wort: »Leidenschaft«. Man muß die eigene Arbeit lieben, muß sich innerlich voll engagieren. Mr. Marriott sen. hätte sich nicht 56 Jahre lang all die Beschwerdekärtchen angesehen, wenn er sich nicht mit Herz und Seele mit dem Hotelgewerbe identifiziert hätte. Debbi Fields, Gründerin der supererfolgreichen Mrs.-Fields-Cookies, sagte: »Ich bin keine Geschäftsfrau, ich bin ein Keksmensch.«

Alte Liebe, die nicht rostet
Zu dieser Frage äußerte sich André Sotner, Chefkoch in New Yorks Nobelrestaurant »Lutèce« in einem Interview mit der Zeitschrift *Northwest Orient:* »Ich bin jetzt seit über 30 Jahren Koch. Ich beherrsche mein Handwerk und gebe jeden Tag mein absolut Bestes. Ich koche für Sie mit Herz, mit Liebe. Und so muß auch der Service sein. Der Kellner muß mit Liebe servieren. Sonst war die Mühe des Kochs vergebens, weil schlechte Bedienung den Appetit verdirbt. Oft verlasse ich die Küche, setze mich hin und bestelle selbst etwas, denn das ist die Probe aufs Exempel. Entspannung ist für den Gast das A und O. Kann er sich nicht entspannen, ist ihm der ganze Abend verdorben. Ich werde immer wieder nach meinem Geheimnis gefragt. Aber ›Lutèce‹ hat kein Geheimnis. Ich koche mit Liebe, und wir servieren mit Liebe. Mehr ist es nicht.«

Tom Melohn, Chairman des erfolgreichen Unternehmens North American Tool & Die wird von Nancy interviewt. Sie fragt ihn, worauf er bei der Auswahl neuer Mitarbeiter am meisten achte. Melohn kritzelt etwas auf eine Papierserviette, versteckt sie dann und wendet sich an Elli Parrnelli, die mit Melohn gemeinsam über Neueinstellungen entscheidet. Mit der Antwort zögert sie keinen Augenblick: »Es muß ein Mensch mit Herz sein.« Melohn nickt ihr beifällig zu.

Empathie

Was diese Art von liebender Fürsorge nun wirklich ist, läßt sich nicht beredter darstellen als mit den Worten des inzwischen verstorbenen Kommandeurs der wegen ihres Mutes schon fast legendären 101. Luftlandedivision der US-Streitkräfte, Generalleutnant Melvin Zais:

»Nun höre ich auf mit meinen gesammelten Weisheiten. Auf einen Punkt aber will ich doch noch näher eingehen. Es handelt sich um einen Rat, der noch viel mehr als alles andere dazu beitragen könnte, aus

Ihnen bessere Menschenführer und Vorgesetzte, glücklichere, selbstbewußtere Zeitgenossen und auch (im Sinne der Karriere) erfolgreichere Menschen zu machen. Dazu bedarf es keiner besonderen Persönlichkeitsstruktur, keines besonderen Charismas. Diesen Rat kann jeder befolgen. Der Rat heißt: Sie müssen sich gefühlsmäßig engagieren ...

Woran merkt man, ob man gefühlsmäßig engagiert ist? Nun, ein Zeichen dafür ist die Bereitschaft, zuzuhören, wenn Ihre Unteroffiziere und Soldaten etwas erzählen. Unter Zuhören verstehe ich allerdings nicht das gönnerhafte Getue, das man bei so vielen Offizieren beobachtet, etwa nach dem Muster: ›Na, junger Freund, wie heißen Sie denn? Woher kommen Sie? Seit wann sind Sie bei uns? Vielen Dank. Der nächste bitte!‹ Das ist Gewäsch. Fassade. Pose. Als ich meinen Sohn während seiner Ausbildungszeit an der Militärakademie West Point fragte, wie er zu seinem Regimentskommandeur stehe, überlegte er kurz und sagte dann mit der üblichen gesunden Unverblümtheit des Kadetten. ›Er gefällt sich in seiner Rolle.‹ Vernichtender hätte das Urteil kaum ausfallen können. Diesen Offizier bekam ich dann später zu Gesicht. Er war ein Poseur reinsten Wassers. Er hatte beim Stehen eine affektierte Art, das Kreuz durchzudrücken und das eine Bein anzuwinkeln. Ihm baumelten auch immer irgendwelche Anhänger um den Hals, und er schaute einen immer so von der Seite an, nie direkt. Da wußte ich schon, was mein Sohn gemeint hatte. Also, von so etwas rede ich natürlich nicht. Ich rede vom Zuhören, vom ganz genauen Hinhören. Der kleine Soldat wird Sie nicht auf dem Paradeplatz anhauen und ungefragt sein ganzes Herz ausschütten. Er wird sich genieren. Wenn Sie ihn fragen, ob alles in Ordnung ist, und er nur mit den Schultern zuckt, geht's ihm mit Sicherheit nicht gut. Wenn er nicht mit spontaner Begeisterung antwortet, stimmt etwas nicht. Da heißt es: nachhaken!

Gefühlsmäßiges Engagement heißt, ins Kasino zu gehen – aber nicht nur, um die Küche zu inspizieren oder mit weiß behandschuhten Fingern zu überprüfen, ob sich auf Pfannen und Töpfen Staub angesetzt hat ... Erst wenn Ihnen auffällt, daß die Rühreier in einer Wasserlache schwimmen, daß zehn Kilo Brot vorab geröstet wurden und jetzt hart und kalt daliegen, daß der Kaffee bereits kalt auf den Tisch kommt, alles nur damit die Köche früher Feierabend machen können – erst wenn Sie das merken, wenn Ihnen das *nachgeht,* wenn Sie das richtig wütend macht, dann können Sie von gefühlsmäßigem Engagement sprechen.«

Zum Schluß zitiert der General aus einem von ihm während seines Dienstes bei der 101. Luftlandedivision verfaßten Rundschreiben:

»Sie können nicht erwarten, daß ein Soldat mit Stolz der Flagge dient, wenn Sie ihn ständig degradieren. Sie können von ihm keine Tapferkeit erwarten, wenn Sie ihn dauernd herabsetzen. Sie können keine Stärke von ihm verlangen, wenn Sie ihn dauernd verbal demoralisieren. Sie können keinen Respekt oder Gehorsam erwarten, keine Bereitschaft fordern, über strategisch wichtigen, aber sehr gefährlichen Bereichen abzuspringen, tödlich steile Hänge zu erklimmen, Geschützstellungen anzugreifen, wenn Sie ihm nicht vorher mit dem Respekt und der Achtung begegnet sind, die erst Gruppengeist und persönliches Selbstwertgefühl ermöglichen. Die Grenze zwischen Stärke und Härte, zwischen Führung und Einschüchterung, zwischen Disziplin und Tyrannei ist manchmal schwer auszumachen. Aber wir als professionelle Menschenführer müssen sie kennen und beachten. Weil Urteilsvermögen und eine fürsorgliche Einstellung gegenüber den Menschen und deren Beziehungen zueinander eine so erhebliche Rolle spielen, können nur Menschen führen, niemals Computer. Ich bitte Sie inständig, sich immer wieder die Gefahren einer übermäßig autoritären Haltung zu vergegenwärtigen. Sorgen Sie dafür, daß Sie sich niemals für die Kategorie ›kleiner Mann, kleiner Posten, großes Maul‹ qualifizieren.«

Persönlichkeit: Hindernis auf dem Weg zum Erfolg?

Gibt es eine besondere Art Mensch, die allein über die Fähigkeit zur Führung verfügt, die wir hier beschrieben haben? Die Antwort darauf lautet eindeutig: Nein. Die Führungspersönlichkeiten, von denen wir hier berichten, haben zwar so etwas wie ein Sendungsbewußtsein, aber – wie Jan Carlzon (SAS) so richtig sagt – die Botschaft kann durchaus nüchtern ausfallen: »Unsere Losung hieß: Werdet in ganz Europa die beste Fluggesellschaft für Geschäftsleute! Dieses Ziel teilten wir mit der gesamten Konkurrenz. Nur – wir haben es erreicht!«

In dieser Haltung liegt wohl der Schlüssel zum Erfolg, Führungspersönlichkeiten von wirklichem Format widmen dem vorgeblich unwichtigen Kleinkram des Alltags (Rodgers von IBM: »Wir wollen in den Ruf kommen, daß wir gerade die Kleinigkeiten sorgsam ausführen.«) genausoviel Aufmerksamkeit wie den hehren Idealen.

Tom hat einmal eine kleine Glosse für das *Wall Street Journal* geschrieben. Die Überschrift lautete: »Ideen, Pläne und Handlungen«. Darin vertrat er die These, daß die besten Führungskräfte sich in der Auseinandersetzung mit abstrakter Materie (Visionen, Perspektiven, Ideen) genauso wohl fühlten wie mit kleinen alltäglichen Vorgängen (Alltagsverhalten). Selbst aus ihrer Sprache sei diese Tatsache abzuleiten. Ren McPherson, Marcus Sieff und Jan Carlzon reden von ihren großen Leitgedanken, illustrieren sie aber ausschließlich mit Anekdoten über ganz bestimmte Mitarbeiter am Ladentisch, am Fließband oder in der Fabrik.

Viele (Walton von Wal-Mart, Carlzon von SAS, Watson von IBM, Mary Kay Ash von Mary Kay Cosmetics) sehen/sahen »Business als Show-Business«. Tom ist allerdings von einem Studenten an der Stanford University richtig beschimpft worden, als er diesen Spruch einmal gebrauchte. Auf seine Vorhaltungen erwiderte Tom: »Hören Sie, das ist nicht auf meinem Mist gewachsen. Ich berichte nur – allerdings ganz getreu –, was Watson und Carlzon gesagt haben.« Und damit wären wir – über Umwege – beim letzten Punkt angelangt. Das ganze Leben *ist* Show-Business! Für jeden von uns ist unser eigenes Leben ein packendes Drama, in dem wir tagein, tagaus die Hauptrolle spielen. Immer wieder wird uns übel mitgespielt, wir werden mißverstanden, erleben nicht die uns unserer Meinung nach zustehende Zuneigung und Wertschätzung. Nach unserem Dafürhalten sind Perdue, Gore, Staley, DePree, McPherson, Melohn und Walton deswegen Ausnahmeerscheinungen, weil sie dafür sorgen, daß man in der jeweiligen Organisation intelligente menschliche Bedürfnisse berücksichtigt.

Der Weg zu diesem Ziel ist nicht frei von Angstmomenten. Man muß den Mut aufbringen, bürokratische Kontrollen zu ignorieren, Entscheidungen zu treffen, ohne sich mit Hilfe von zehn Ausschußberichten abzusichern. Dennoch meinen wir, jeder Manager sollte es wagen. Wenn man die Welt begreifen will, sagt dem Sinn nach Goethe, muß man sich ein Eckchen davon aussuchen und sie von dort aus betrachten. Als Manager brauchen wir dringend die Abnabelung von Ausschüssen, Stabsfunktionen, Berichten und Vorschriften. Das Eckchen, von dem aus wir mit der wirklichen Welt wieder in Kontakt treten können, ist eine unabdingbare Voraussetzung. Wir müssen (wieder?) auf den Menschen setzen, auf die Kraft und die Macht, die von Engagement, Eigenverantwortung, Verve und Begeisterung ausgeht.

17.
Umwandlung und Intensivierung: Etappensiege, Entbürokratisierung und Leistungsnischen

Aufmerksamkeit. Symbole. Theater und dramatische Effekte, Sprachregelung und Geschichten, Vision und Liebe: das ist der Stoff, aus dem effiziente Führung gemacht ist. All dies ist viel wichtiger als formale Strukturen. Es gilt aber, noch einen zusätzlichen Faden in diesen Teppich einzuweben. Bei unserer Erörterung der strategischen Profilierung haben wir behauptet, die Basis für Erfolg sei, tausend unterschiedliche Dinge um eine Winzigkeit zu verbessern. Wer einer solchen Strategie folgt, muß vor allem eines wissen: die tausend besseren Kleinigkeiten werden sich nur ergeben, wenn alle auf allen Ebenen der Organisation von der Vorstandsetage bis hin zur neuesten Hilfskraft auf der Verladerampe so arbeiten, »als gehöre das Unternehmen ihnen«, wenn alle ein Gefühl der »Mitinhaberschaft« entwickeln.

Soweit die Theorie. Jetzt wenden wir uns praktischen Anregungen zu und zeigen, wie man ein ganzes System methodisch umkrempeln kann. Wir haben schon ziemlich viele Ratschläge erteilt: andere Schwerpunkte im Terminkalender setzen, Kunden zuhören, sinnvolle Experimente honorieren, auch wenn sie scheitern. Wie aber setzt man all diese Vorschläge in die Praxis um? Unsere Antwort lautet: auf die *Etappensiege* kommt es an. Das System muß auf eine Serie kleiner Siege angelegt sein und auf Entbürokratisierung. Es muß also gewissermaßen von zwei ganz entgegengesetzten Ansätzen ausgegangen werden: Auf der einen Seite gilt es, Sieger aufzubauen, ein psychologisches Gefühl von Eigentum zu vermitteln und Schwungkraft einzubringen (kleine Etappensiege). Auf der anderen Seite geht es darum, Mitarbeiter nicht zu verlieren, abzustempeln oder sie zu »enteignen« (Entbürokratisierung). Beide Elemente sind für die Intensivierung einer ohnehin schon guten Leistung oder für die Umwandlung einer unerfreulichen in eine erfreuliche Situation von entscheidender Bedeutung.

Kleine Siege als Weg zum Erfolg

Einerseits gilt es, einen neuen Kurs einzuschlagen. Teilweise kann aber auch der alte Kurs beibehalten werden. Wer Wandel einleiten und sich als Führungspersönlichkeit profilieren will, muß sich um profane und triviale Dinge kümmern.

Wenden wir uns konkreteren Dingen zu. Wir führen hier ein Beispiel an, das wir als primäres Trainingsinstrument in unseren Führungskräfteseminaren (die inzwischen als Skunk-Camps bekannt geworden sind) einsetzen. Es ist die Geschichte von Sam Neaman und McCrory's, wie sie Isadore Barmash in *For the Good of the Company* erzählt. Neaman wurde Ende der 60er Jahre von Chairman Meshulam Riklis für die kränkelnde Einzelhandelskette McCrory's engagiert. Neaman hatte einige Erfahrungen als Bekleidungshersteller in Europa und als Betreiber eines Stahlwerks in Mexiko gesammelt. Er beschreibt seine Anfänge bei McCrory's:

Ich hatte keine [formalen] Befugnisse ... aber hier bot sich meine Chance. Hier war eine Filiale, die Verluste schrieb. Ich wollte es wissen. Ich wollte ein gut gehendes Geschäft daraus machen. Darum sagte ich zu John, dem Filialleiter: »Hör mal zu, wir stellen hier in dieser Filiale eine Gruppe von Leuten, ein Team, zusammen, und du wirst den Libero spielen. Du wirst zusammen mit ihnen die gesamte Konkurrenz der Stadt besuchen und aufschreiben, was ihr dort feststellt. Ihr werdet die Angebote vergleichen und alles notieren. Gegen Abend haltet ihr eine Besprechung ab, schreibt alles an die Tafel und werdet alles mit allen durchgehen. Ich will feststellen, wieviel Know-how wir aufbieten können. Also suche ich mir eine Gruppe von Leuten, die entschlossen ist zu zeigen, was sie durch gemeinsames Nachdenken zustande bringen kann.« Nach anfänglichen Schwierigkeiten entwickelte sich eine unglaublich gute Stimmung. Alle waren begeistert dabei. Warum? Zum erstenmal wurde ihnen die Chance geboten, sich sowohl einzeln als auch in der Gruppe zu äußern. Jeder konnte sein Bestes geben.
Warum kam gerade diese Filiale bei den Kunden an? Die Arbeitsgruppe wußte, daß sie sämtliche Ladengeschäfte der Konkurrenz zu besuchen hatte und dann das eigene Geschäft nüchtern und sachlich damit vergleichen mußte. Was sie in Erfahrung brachten, setzten sie um. Bis dahin hatten die Beteiligten dem Chef seine Wünsche von den Augen ablesen und erraten müssen, was er wollte. Ich habe sie lediglich dazu aufgefordert, ihren Verstand zu benutzen – und bekam ein verdammt gutes Geschäft.

Während der nächsten beiden Jahre wurden die Verluste abgebaut, und wir kletterten in die Gewinnzone. Nach all diesem Hin und Her wurde schließlich auch die Unternehmenszentrale auf uns aufmerksam. Plötzlich wollten alle auf den fahrenden Zug aufspringen. Nun wollte jeder seinen eigenen Bezirk haben – jeder Spartenleiter, jedes Vorstandsmitglied, ja sogar der Chairman...
Man muß den Leuten den Weg weisen. Genau das habe ich getan. Ich hatte sogar eine Art Wallfahrtsort, zu dem ich alle schicken konnte – Indianapolis. »Fahren Sie nach Indianapolis. Sehen Sie sich in unserer dortigen Filiale um und lernen Sie daraus. Sie ist von Leuten wie Ihnen mit ganz normalen Fähigkeiten, aber viel Geduld und Einsatzbereitschaft aufgebaut worden.« Als ich etwas später in der Firmenzentrale saß, habe ich meine Vorgehensweise ein wenig geändert. Dem Einkaufsleiter einer Gemischtwarenkette sagte ich: »In Ordnung, Joe, du brauchst nicht in den mittleren Westen zu gehen. Schaff mir ein Indianapolis hier mitten in New York. Du hast ja gesehen, was möglich ist. Ich will aber nicht, daß du alles haarklein kopierst. Indianapolis soll für uns nur eine Art Vorbild sein.« Einige Wochen danach lud er mich dann in seine Filiale in Flushing ein, und ich muß sagen, ich sah einen der schönsten Einzelhandelsläden, in denen ich je gewesen war. Wer hätte geglaubt, daß dieser vorher ziemlich heruntergekommene Laden eine Attraktion für die gesamte Nachbarschaft und zur Perle des Unternehmens werden würde? Der Umsatz schnellte sofort in die Höhe, und die Filiale wurde unsere beste in ganz New York. Gleichzeitig wirkte sie als Ansporn für die übrigen Führungskräfte, etwas zu unternehmen und ein eigenes ›Indianapolis‹ aufzubauen. Die Muttergesellschaft zeigte ihren Stolz auf diesen Leiter sehr deutlich. Also probierte ich neue Variationen aus. Ich habe die Idee, die hinter diesem ›Indianapolis-Beispiel‹ stand, in Anschauungsmaterial umgesetzt. Bestimmte Geschäfte wurden für Verbesserungsaktionen ausgewählt und entsprechend modernisiert. Dann ließen wir Besucher zur Besichtigung kommen. Das war unser ›Ersatz‹ für lange Aktennotizen oder telefonische Anweisungen. Statt dessen sagte ich: »Kommt doch vorbei und seht euch alles mit eigenen Augen an. So sieht das neue Unternehmen aus – es ist ohnegleichen – genauso muß es sein!«

Bevor wir beginnen, diesen Fall zu analysieren, wollen wir eine Frage beantworten, nämlich warum es so wichtig ist, zuzuhören. Auf lange Sicht gesehen ist das Beispiel McCrory's sicherlich nicht überall nachahmenswert. Trotzdem bleibt die Tatsache bestehen, daß dieses kurze Zwischenspiel außergewöhnliche Ergebnisse gezeitigt hat. Sam Neaman hat Wunder bewirkt. Er hat bei rund 600 Filialen innerhalb kürzester Zeit eine bemerkenswerte Rentabilitätssteigerung erreicht. Aufgrund persönlicher Meinungsverschiedenheiten kam es schließlich zwischen dem sehr sturen Riklis und Neaman zum Bruch. So wurden sämtliche Hoffnungen, mit denen das Neaman-Projekt begonnen hatte, begraben.

Unsere Analyse werden wir in zwei Teilen vollziehen. Zunächst befassen wir uns mit dem konkreten Experiment »Indianapolis«. Danach werden wir uns mit dem Experimentierprozeß per se befassen. Indianapolis ist im Gesamtzusammenhang ein »kleiner Sieg« oder ein kleiner Sieg, der wiederum aus mehreren ›Kleinstsiegen‹ besteht. Was sind seine Merkmale?

Der kleine Sieg: Realisierungsmöglichkeiten

Der kleine Sieg muß sich vor allem an *Realisierungsmöglichkeiten* orientieren. Bei Neaman wird jeder, der Durchschnittliches leistet, zum Star gekürt. Anders gesagt: Er macht es jedem möglich, das Beste aus sich herauszuholen. Er hat mit einem einzelnen Ladengeschäft begonnen. Dieses Ladengeschäft stand nicht einmal im Mittelpunkt des Interesses. Fortwährende strenge Kontrolle seitens der Führung brauchte die Belegschaft dieses Ladens nicht zu fürchten. Es galt nicht als *das* Pilotprojekt. Neaman – damals ohne eigenen Geschäftsbereich – hat einfach begonnen, die Situation zu verändern. Er hat sich mehrere Wochen lang intensiv mit dem McCrory-System befaßt. Dann stieß er zufällig auf die Filiale in Indianapolis. Inzwischen hatte er genug Wissen und Erfahrung gesammelt und war bereit, den nächsten Schritt zu tun. Er hat aber nicht etwa Innenarchitekten beauftragt und Gelder für den Umbau beantragt. Er hat nicht etwa mit der üblichen Arroganz behauptet, alles Bisherige sei schlecht und man müsse ganz von vorn beginnen. Er ging vielmehr davon aus, daß die Mitarbeiter in dieser Filiale gut waren. Er meinte, sie seien lediglich falsch geführt worden. (Tom Watson sen. war derselben Meinung, als er 1912 die beinahe bankrotte C-T-R [Computing-Tabulating-Recording] Company erbte. Er hat keinen einzigen Mitarbeiter entlassen. Er meinte, sie hätten das Zeug, sich zu Siegern zu entwickeln.) Jetzt waren sie mit *ihrem* Auftritt an der Reihe. Er wies seine Leute an, herauszugehen und sich die lokale Konkurrenz genau *anzuschauen.* Er wollte keine theoretische Analyse des Wettbewerbs, also keine abstrakte, sterile Analyse, sondern er wollte, daß die einzelnen Mitarbeiter (darunter beispielsweise die Verkäuferin aus der Handtaschenabteilung bei McCrory's in Indianapolis) in das nächste Kaufhaus gehen und dort genau die Abteilung unter die Lupe nehmen, in der vergleichbare Waren verkauft wurden. (Dazu sagt ein Vorstandsmitglied: »Ich wette – und das spricht sicherlich für uns –, daß sich zuvor noch nie jemand von diesem Aspekt her ernsthaft mit einem Wettbewerber befaßt hat.«)

Anschließend hat Sam ein Verfahren eingeführt, das inzwischen längst Routine ist. *Sämtliche* Mitarbeiter wurden allabendlich zu einer Konferenz versammelt – *jeden* Abend, fünf Abende pro Woche –, um sich gegenseitig mitzuteilen, was sie gelernt hatten, sich darüber auszusprechen, festzustellen, wie die unterschiedlichen Beobachtungen interpretiert werden könnten. Hier wurde beileibe nicht systematisch Marktforschung betrieben. Vielmehr hatten *wirkliche* Menschen *wirkliche* Eindrücke von *wirklichen* Dingen gesammelt. Neaman wußte genau, wer seine Experten waren: gerade die Mitarbeiter, die man nie hinausgeschickt hatte, die sich nicht motiviert fühlten, hinauszugehen, die man seit Jahren nicht nach ihrer Meinung gefragt hatte. Er hatte sich auf das Greifbare und Materielle konzentriert, nicht auf die theoretische *Analyse* einer bestimmten Verkaufsabteilung, sondern auf die Ergebnisse, die ihm *Besuche* bei der Konkurrenz lieferten! Wie wird *dort* die Ware ausgestellt? Wichtig waren das Vehikel und der Prozeß. Leicht war es nicht. In den allabendlichen Besprechungen war Zurückhaltung zunächst an der Tagesordnung. In den 25 Jahren hatten die Mitarbeiter gelernt, sich nicht ungefragt und möglichst überhaupt *nicht* zu äußern. Wie hat Neaman seinen Kollegen den Mund geöffnet? Zunächst einmal hat er sie in Bereichen eingesetzt, von denen sie etwas verstanden. Er hat sie dazu angeregt, offen und präzise über etwas zu sprechen, womit sie sich auskannten – also beispielsweise über ihren vier Quadratmeter großen eigenen Verkaufsstand.

Der Schwerpunkt lag also auf der Erkenntnis des Realisierbaren und der *Geschwindigkeit* (Feedback innerhalb von 24 Stunden, geringes Budget, echte Menschen, die von echten Erlebnissen berichten). Stabsleute oder »Experten« durften sich nicht einmischen. Wichtig war die *Selbstanalyse*.

Neaman hat dafür einen anschaulichen Ausdruck geprägt: »Gelenkte Selbständigkeit«. »Gelenkt« hat er aus seiner ganz klaren Vision heraus, die nichts mit Kalkulationen über Lagerraum etc. zu tun hatte, sondern mit einer klaren Vorstellung davon, wie ein »erstklassiges Ladengeschäft« aussieht. Und die *wirklichen* Menschen sollten selbst herausfinden, welches der beste Weg zu diesem Ziel war. Neaman verstand es, seine Leute für die Sache zu begeistern: Am Wochenende wurden Bierfeste veranstaltet. Wichtiger aber war: Es war *ihr* Spiel, es war *ihr* Laden, den sie auf Vordermann bringen wollten. Das Unternehmen war in Schwierigkeiten. Kapitalspritzen gab es nicht. Es hatte gar keinen Zweck, sich darüber zu beklagen, daß Penny's ein sehr viel besseres Vertriebssystem hatte. Es lag an ihnen, sich zu überlegen, wie sie den Laden umkrempeln konnten. Stur war Neaman nur in einem. Er hat die Rahmenbedingungen diktiert. Die täglichen Feedback-Sitzungen mit der Analyse der Echtzeitdaten waren Pflicht. Die drei Säulen der Wende waren also *Vision* (»gelenkt«), *Selbständigkeit* und ein rigider Echtzeit-*Prozeß*.

Ein »Lernsystem« ist also wichtig. Der Begriff »lernen« aber trifft den Inhalt nicht ganz genau. Eigentlich müßte man mehr von Echtzeitprozessen und der Verstärkung der Schwungkraft sprechen. Sicherzustellen ist, daß das Lern-»System« oder der Prozeß viele kleine Siege beinhaltet (und hervorruft). Bringen Sie Ihre Leute dazu, täglich eine Abschlußbewertung durchzuführen. Handeln Sie dann aufgrund dieser Bewertungen. Dieser Prozeß der kleinen, siegreichen Schritte und des schnellen Feedbacks führt übrigens immer zu praktikablen Lösungen. Wenn Sie aber nur einmal jährlich Vorschläge und Ideen abfragen, ernten Sie, was Sie gesät haben: groß angelegte und meist undurchführbare Konzepte. Entwickeln Sie statt dessen einen Modus, nach dem wöchentlich Verbesserungsvorschläge »angemahnt« werden. Bearbeiten Sie diese Vorschläge sofort, es wird eine Menge Brauchbares dabei herausspringen.

Denken Sie einmal über die folgenden beiden Begriffe nach: *Chancen* und *Zwänge*. Führungskräfte sind nach Meinung von Unternehmensberatern und Wissenschaftlern immer »Zwängen« unterworfen. Neaman aber sagte: »Zum Teufel mit den Zwängen.« Er brachte seine Leute dazu, den Laden in Indianapolis als *Chance* anzusehen.

Im übrigen muß ein »Experiment« nicht unbedingt in der Gegenwart oder in der Zukunft stattfinden. Es kann auch Erkenntnisse aus der Vergangenheit verwerten. Wir meinen damit folgendes: Bei Hewlett-Packard werden Managementfähigkeiten – für die Forschung und Entwicklung, die Herstellung usw. – auf folgende Weise ermittelt: Man sucht sich die besten Praktiker aus und stellt ihre Arbeitsmuster zu einer Art Modell zusammen. Bei IBM hat sich eine Führungskraft, die als »Qualitätskönig« einer Sparte bezeichnet wurde, derselben Taktik bedient, weil es ihr nicht gelang, Qualität lehrbuchreif zu definieren. Also suchte er sich den jeweils »besten Mitarbeiter im Empfangsbereich«, »im Rechnungswesen« usw. aus. Diese Echtzeitmodelle hat er dann seiner Definition von Spitzenqualität und -leistung zugrunde gelegt.

Eine solche Taktik ist aber keineswegs nur in Hochleistungsbetrieben möglich oder sinnvoll. Wir haben festgestellt, daß auch die *schlechteste* Organisation Mitarbeiter hat, die Spitzenleistungen mit Vorbildcharakter hervorbringen. Man kann sich also viel Mühe ersparen, wenn man Bewährtes aus der Vergangenheit in Programme für die Zukunft übernimmt.

Das Konzept »als wär's mein eigenes« und das Konzept der »siegreichen kleinen Schritte« Natürliche Verbreitung

Schauen wir uns nun den eigentlichen Prozeß der siegreichen kleinen Schritte an. Hier hat Neaman wahrhaft Genie bewiesen, wenngleich dieses Genie wohl überwiegend in seiner erstaunlichen *Geduld* bestand. Er wollte nicht, daß »Indianapolis« einfach *kopiert* wurde. Neaman sagte, alle könnten kommen und sich Indianapolis *anschauen,* es *besuchen,* es *berühren,* es *fühlen. Kopieren* aber durften sie »Indianapolis« nicht, es wurde ein Vorbild, ein Symbol, ein greif- und erlebbares Beispiel. Eine schriftliche Anleitung, nach der Devise »So macht man ein Indianapolis« hätte diesen Erfolg nicht haben können.

Diese Tatsache ist von großer Bedeutung, weil sie uns auf den wichtigsten Einzelfaktor hinweist, der die meisten neuen Programme zum Scheitern verurteilt. Unter Führung eines begabten Champions werden oft glänzende Leistungen erzielt. Aber dann wird eben meist falsch reagiert: »Junge, Junge! Wir haben einen Renner!« heißt es dann etwa, davon müssen wir profitieren – *sofort!* Wir müssen *genau* aufschreiben. Wir machen eine Fallstudie daraus oder ein Handbuch mit Verfahrensrichtlinien.« Wirklich gemeint ist natürlich folgendes: »Das müssen wir unbedingt sämtlichen Leitern der restlichen 599 Filialen aufs Auge drücken.« Auf diese Weise aber wird das gemästete Kalb nur geschlachtet. Was ein »Indianapolis« ausmacht, sind nicht *spezifische Techniken.* Es ist vielmehr das Gefühl, sich für etwas zu engagieren, »als wäre es etwas eigenes«.

Eine andere Form der gelenkten Selbständigkeit hat Ren McPherson bei Dana praktiziert. Ihm ging es in seiner Vision darum, »das Unternehmen an die Menschen zurückzugeben, die die Arbeit tun«. McPherson legte größten Wert auf Produktivität, setzte sich ständig dafür ein, lebte selbst vor, wie man produktive Effizienz immer weiter steigern kann. An seinem Terminkalender ließ sich eindeutig erkennen, wo *seine* Priorität lag. Er hat seinen Mitarbeitern aber keineswegs *vorgegeben,* was sie zu tun hatten. Die Stäbe wurden völlig umfunktioniert. Aufgabe der Stäbe war es *nicht mehr,* den Vollzug von Verfahrensweisen und -regeln durchzusetzen. Sie waren vielmehr Leiter in einem sich organisch entwikkelnden Prozeß der Informationsverbreitung. Sie waren es, die nach draußen gingen, sich nach Stories mit Vorbildfunktion umhörten und sie weitererzählten. Sie sollten nur Informationen verbreiten, nicht aber durchblicken lassen, daß das, was in Toledo funktionierte, auch in Dayton funktionieren müsse. Sie erzählten den Mitarbeitern in Dayton lediglich, was in Toledo vorging. Jeder Unternehmensbereich konnte selbständig entscheiden, ob eine bestimmte Strategie übernommen werden sollte oder ob sie im eigenen Umfeld weniger sinnvoll war. So wurden die Mitglieder der Stäbe ganz von selbst zu »Experten« auf dem Gebiet der Informationsverbreitung. Jährlich findet eine zweiwöchige Veranstaltung statt, in der diese lehrreichen Erfolgsgeschichten erzählt werden.

Grundlegend für Neamans Vorgehen war, daß er niemals ausdrücklich dazu aufforderte, bei diesen Aktionen mitzumachen. Als der Erfolg von »Indianapolis« deutlich wurde, fand er einen dynamischen Mitarbeiter in der Unternehmenszentrale, der sich freiwillig dazu verpflichtete, die Filiale in Flushing von Grund auf umzustrukturieren. Immer mehr Mitarbeiter sprangen dann auf diesen Zug. Neaman ließ den Dingen ihren freien Lauf. Viele Mitarbeiter konnten es nämlich kaum erwarten zu beweisen, daß auch sie einen solchen phantastischen Erfolg wie in Indianapolis erzielen und für das gesamte Unternehmen durchsetzen konnten.

Wir haben das McCrory-Phänomen zeichnerisch dargestellt. Aus der Abbildung geht deutlich hervor, daß der Prozeß der natürlichen Verbreitung, auch wenn er sich zu Anfang nur sehr langsam entwikkelt, im Endeffekt sehr viel wirksamer – *und schneller* – verläuft als von oben diktierte Änderungsvorschriften. Man gibt zunächst Anstöße zu einem Programm. Ein »Indianapolis« entsteht. Das muß doch auch anderswo möglich sein. Also beschließt man die offizielle Verordnung des Wandels. In der Zentrale wird alles genau unter-

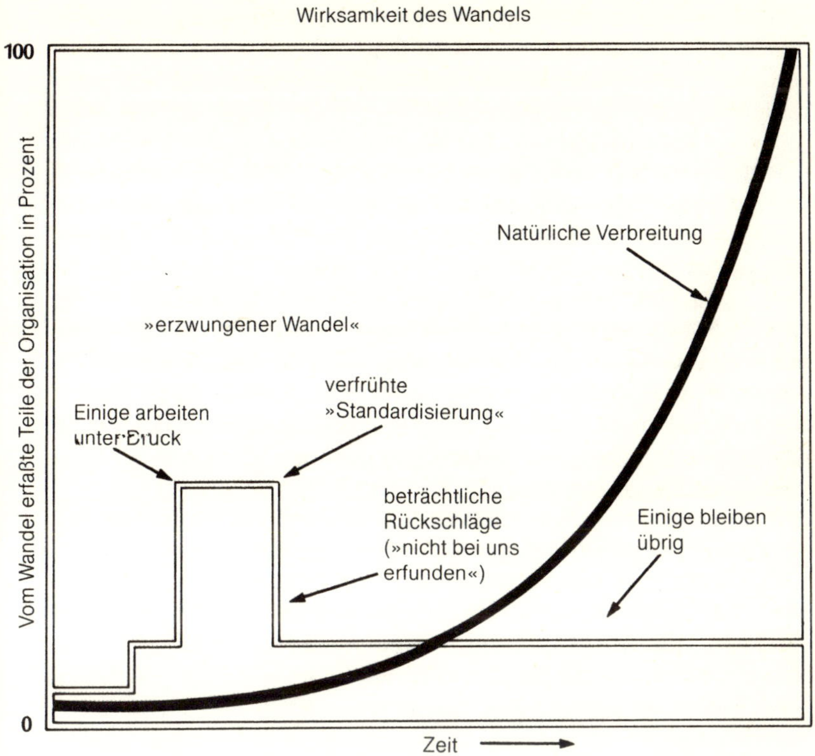

sucht. Man stellt Verfahrensrichtlinien auf und »verordnet« Wandel von oben. Die Mitarbeiter richten sich danach. *Weitere* Erfolge sind zu verzeichnen. Da der Wandel aber von oben verordnet ist, wird zweierlei geschehen. Engagement und Begeisterung lassen nach (Stichwort: »nicht auf unserem eigenen Mist gewachsen«) – und daraus ergibt sich so mancher Fehlschlag. (Indianapolis *war* etwas Einmaliges – jeder Standort verlangt andere Prämissen.) Die Geier warten schon auf ihren Fraß. (Wo es um Wandel geht, sind die Geier nie weit): »Hab ich es doch gewußt! Hab ich doch immer schon gesagt, daß Indianapolis reiner Zufall war. Phantastischer Markt! Mit dem vorherigen Leiter war doch nichts los. Ohne Neaman hätte sich da überhaupt nichts bewegt. Er hat das Ganze durchgezwungen.« Die Skeptiker (die zu Anfang immer zahlreicher sind als die Förderer und Verfechter des Wandels) haben wieder Oberwasser. Das Programm verläuft im Sande. Einige positive Effekte bleiben, insgesamt aber ändert sich wenig.

Schauen wir uns nun die Alternative an: organisch gewachsene Ausbreitung des Wandels. Am Anfang vollzieht sich die Veränderung äußerst langsam. Der Prozeß verläuft in Form einer Exponentialkurve. Es ist äußerst mühsam, den zweiten und dritten »Verfechter« oder »Champion« des Wandels zu finden und zu überzeugen. Ist diese Hürde übersprungen, breitet sich die Idee allmählich überall aus. Champions, die bereit sind, auf den fahrenden Zug aufzuspringen, finden sich jetzt überall. Ein Scheitern ist im großen und ganzen nicht mehr zu befürchten, weil die einzelnen, die das Talent zum Champion in sich tragen, voll und ganz hinter der Sache stehen. Sie sorgen dafür, daß sich etwas bewegt. Überall hört man von Erfolgserlebnissen. Überall wird mehr und mehr erfolgreich experimentiert und gelernt. Paradoxerweise verläuft dieser Prozeß der natürlichen Verbreitung effektiver und schneller. Diejenigen, die behauptet haben, sie hätten nicht genügend Zeit, um auf Freiwillige warten zu können, werden letztendlich widerlegt.

Wir möchten betonen, daß der Prozeß der natürlichen Ausbreitung keineswegs im Widerspruch zu strukturierteren Vorgehensweisen steht. Ein Beispiel dafür sind etwa die berühmten Konferenzen bei Milliken, bei denen jeder mit seinen Leistungen renommieren kann, oder die Reisebeauftragten bei Dana, die mit Hilfe von Videobändern überall die guten Neuigkeiten verbreiten, ein durchaus absichtsvoll eingesetztes Instrumentarium der »Informationsverbreitung«.

Nachdem die Filiale in Flushing (Erfolg Nummer 2) umgekrempelt war, tat Neaman den nächsten Schritt. Er trieb die Dinge zwar voran, hielt sich aber konsequent an sein »Modell der gelenkten Selbständigkeit«. Er hatte schließlich 47 Bezirke mit jeweils zehn bis 15 Filialen. Er hatte durch den Erfolg in Flushing bewiesen, daß die Leistung in Indianapolis kein einmaliges Ereignis gewesen war. Nun drängte er darauf, daß jeder Distrikt sein eigenes »Indianapolis« schaffen sollte.

Wenden wir uns einen Augenblick den Champions zu, die das Räderwerk des Erfolges anstoßen und am Laufen halten. Ein wichtiger Ratschlag lautet: Beginnen Sie nicht zu kompliziert, streben Sie ein realisierbares Ziel an. Sam Neaman hat einfach zunächst einen Mann gefunden, der mitzog, in Indianapolis, dann einen in Flushing, dann für die anderen Bezirke. Champions findet man nach unserer Erfahrung *immer.* Suchen Sie nach Menschen, die schon in den Startlöchern sitzen und nur noch auf den Startschuß warten. Geben Sie ihnen dieses Signal. Das ist wichtig. Ein träges

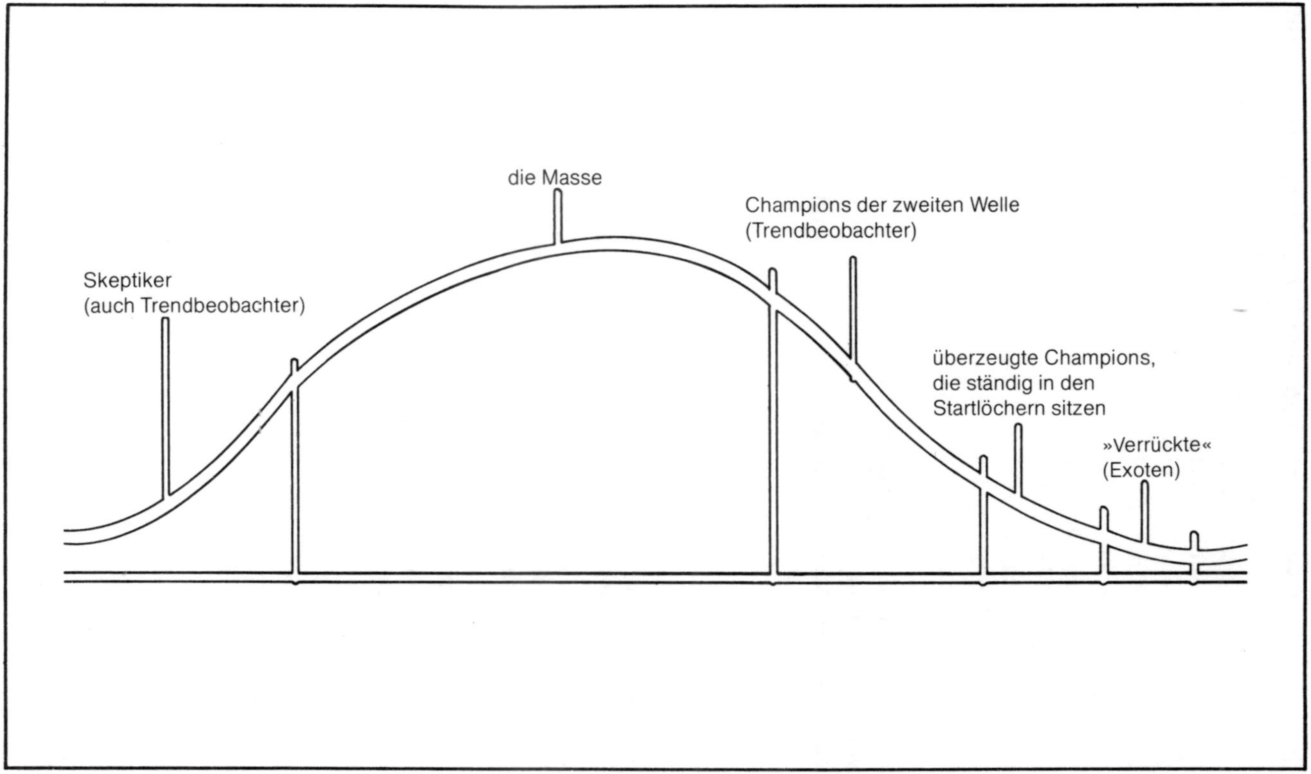
die Masse
Champions der zweiten Welle
(Trendbeobachter)
Skeptiker
(auch Trendbeobachter)
überzeugte Champions,
die ständig in den
Startlöchern sitzen
»Verrückte«
(Exoten)

System braucht vor allem Schub- und Schwungkraft. Es braucht einige überzeugende Erfolge und neue Vorbilder.

Diese Aussage ist in der Abbildung auf der vorgehenden Seite graphisch umgesetzt. Unserer Erfahrung nach gibt es in jedem System einige »Verrückte«, einige hundertfünfzigprozentige Champions. Sie sind jedoch nicht das Kernstück eines systemweiten Wandels, wie wir ihn beschrieben haben. Warum nicht? Weil sie bei ihren Kollegen immer als verrückte Exoten gelten, einfach anders sind als »du und ich«. Daß sie trotz ihres ungewöhnlichen Verhaltens äußerst effizient arbeiten, kann das Vorurteil der meisten Menschen ihnen gegenüber nicht ausräumen. Wir brauchen aber unbedingt mehr Champions. Deshalb noch einmal, achten Sie auf die Menschen, die schon in den Startlöchern sitzen. Sie besitzen die entsprechende Energie und die Voraussetzung, richtige Skunks zu werden. Sie sind jung und dynamisch. Sie haben noch nicht resigniert. Diesen Menschen müssen Sie einen Anstoß geben. Sie sind eben *keine* exotischen Außenseiter. Sie sind nur ein bißchen anders als »du und ich«. Sie sind *überzeugt.* Sie können zu *glaubwürdigen* Vorbildern werden, die andere mitzureißen vermögen, aus denen sich dann die nächste »Generation« von Skunks rekrutiert. Wenn es soweit ist, haben Sie gewonnen, der Ball kommt ins Rollen, das angestrebte neue System entwickelt schon jetzt Eigendynamik. Es ist jedoch wenig sinnvoll, die Skeptiker zu diffamieren: Sie würden Ihre Glaubwürdigkeit verlieren. Beide Parteien, Skeptiker und Skunks, haben ihre Existenzberechtigung, die »Stinktiere« aber sind darüber hinaus sensible Wesen, die man pflegen muß.

Welche Aufgaben hat der Manager während einer solchen Entwicklung wahrzunehmen? Sehen Sie sich das vorangegangene Kapitel noch einmal an. Der Manager muß für *Symbole* und für den Modellfall sorgen. Er muß dafür sorgen, daß dieses Erstexperiment nicht scheitert.

Sie sind eine Führungskraft, die den ebenso komplexen wie komplizierten Prozeß der Wende einleiten und anführen soll. Nach dem (erfolgreichen) Start sind Sie sowohl Rechercheur als auch Regisseur. Sie sind Trommler, Pfeifer und Publizist.

Die Rolle der Führung im schrittweisen, auf kleinen Siegen aufbauenden Wandel – Zusammenfassung:

– Spüren Sie potentielle Champions und potentielle Standorte für Erst- und Folgeexperimente auf.

– Sanktionieren Sie Experimente, die »schon am Laufen sind« oder kurz vor ihrem Start stehen.
– Billigen Sie Experimentierfreude.
– Geben Sie den erfolgreichen Ausgang eines Experimentes offiziell bekannt. Sprechen Sie ein »Hoch« auf bemerkenswerte Resultate aus. Bemühen Sie sich um Bestleistungen in der innerbetrieblichen Kommunikation.
– Errichten Sie einen Puffer zwischen experimentierfreudigen Mitarbeitern und potentiellen Champions. Sie müssen nicht nur die notorischen Verhinderer meiden, sondern auch jene Mitarbeiter, die den Experimenten zwar positiv gegenüberstehen, das Verfahren dann aber zu früh institutionalisieren wollen.
– Sorgen Sie dafür, daß sich die Kollegen gegenseitig antreiben (offener Wettbewerb, gegenseitige Besuche, Publizität). Informationen müssen schnell weitergegeben werden.
– Sorgen Sie dafür, daß das demotivierende Moment der Haltung: »Das ist doch nicht auf unserem Mist gewachsen«, gar nicht erst eine Chance erhält. Neaman beispielsweise hat sklavisch vollzogene Kopien oder zu frühe (erzwungene) Umsetzungen von Ideen gar nicht erst zugelassen.
– Sorgen Sie dafür, daß Champions der ersten Stunde nicht als »Verrückte« eingeordnet werden. Sorgen Sie dafür, daß die ersten Erfolge nicht auf außergewöhnliche äußere Umstände zurückgeführt werden (»Das Geschäft läuft doch jetzt nur, weil nebenan ein neunzigstöckiges Bürohaus gebaut wurde.«)

Kleine Etappensiege im Prozeß: einige Fragen – und Anregungen zu Sofortmaßnahmen

Analyse

1. Nehmen Sie die Liste Ihrer Prioritäten genau unter die Lupe. Wie sieht es hinsichtlich strategischer Verbesserungen aus, die irgendwie in eine Sackgasse geraten? Können Sie einen potentiellen Champion und ein potentielles »Indianapolis« ausmachen? Wenn ja, trägt dieses »Indianapolis« die Merkmale unseres Beispiels: I. Es steht nicht im allgemeinen Mittelpunkt des Interesses. II. Sie sind davon besessen. III. Das Projekt ist realisierbar. Konkrete Ergebnisse sind innerhalb der nächsten drei Monate (innerhalb der nächsten 30 oder auch nur 14 Tage) zu erwarten? Gehen Sie das Ganze noch einmal durch. Liegt Ihnen wirklich unter allen Bedingungen daran, dieses potentielle »Indianapolis« auch zu einem

Erfolg zu führen? Haben Sie noch andere (seien Sie ehrlich!), höherwertige Prioritäten auf Ihrer Liste?

2. Der Prozeß: Gibt es bei Ihnen überhaupt einen solchen Prozeß? Wie stellen Sie fest, wo Ihr »Indianapolis« liegt? Wie finden Sie die Champions? Wie unterstützen Sie sie? Wie schotten Sie sie von der Verwaltung ab? Werden Erfolge entsprechend und unübersehbar gefeiert? Hat Ihr Mitarbeiterstab immer noch »Polizeifunktion«, oder ist es die Aufgabe des Stabes, dem »Management der Informationsverbreitung« zu dienen? Wie oft treffen Sie mit Ihren »Experimentierern« zusammen. Wenn seltener als alle drei Wochen, sollten Sie noch einmal darüber nachdenken.

3. Wie oft haben Sie diese Experimente persönlich in Augenschein genommen? In den letzten vier Monaten? In den letzten 14 Tagen? In der letzten Woche?

4. Was haben Sie bewußt und nachdrücklich getan, um die Erfolge Ihrer Champions ins Bewußtsein der Belegschaft zu rücken?

5. Wann haben Sie das letzte Mal mit einem »Champion« gesprochen? Vor mehr als zwei Tagen? Wieso liegen Ihre Gespräche so lange zurück?

6. Wie halten Sie sich darüber auf dem laufenden, wie viele Ihrer Kollegen/Mitarbeiter Ihr eigenes »Indianapolis« in die Wege leiten? Legen Sie sehr großen Wert auf diese Informationen? Wenn nicht, warum nicht?

7. Unterhalten Sie sich mit Ihren Kollegen regelmäßig über die »Indianapolis«-Leistungen in der eigenen Organisation?

Weiterführende Schritte

Suchen Sie sich ein wichtiges Programm heraus. Stellen Sie fest, wo Sie eine Art »Indianapolis« in die Wege leiten können. Suchen Sie sich einen potentiellen Champion, der »ohnehin in den Startlöchern sitzt«. Notorische Skeptiker sind hiervon ausgeschlossen. Nehmen Sie sich vor, innerhalb der nächsten fünf bis zehn Tage ein »Indianapolis«-Experiment in die Wege zu leiten. Die ersten Ergebnisse müssen sich in ein bis eineinhalb Monaten zeigen. Sprechen Sie mit Ihren Kollegen, regen Sie sie auch dazu an, ein eigenes »Indianapolis« an die oberste Spitze Ihrer Prioritätenliste zu setzen.

Die Meetings bei Marv: kleine Siege – großartige Ergebnisse
Funktionsübergreifender Mangel an Kommunikation ist die Hauptursache der meisten Führungsprobleme. Das liegt an der Matrixstruktur –

die theoretisch so eindrucksvoll ist, in der Praxis die Erwartungen aber nicht erfüllen kann. Schauen wir uns ein Unternehmen an, in dem die innerbetriebliche Kommunikation sehr viel zu wünschen übrigläßt. Ab und an arbeiten wir für die Aircraft Division (1,5 Milliarden Dollar Jahresumsatz) der Northrop Corporation. Dortiger Einkaufschef ist Marv Elkin, den wir Ihnen schon vorgestellt haben. Der Einkauf hat in jeder Organisation eine wichtige Funktion. In der Luftfahrt dürfte dieser Funktion aber eine ganz besondere Bedeutung zukommen, weil wohl rund 70 Prozent der Flugzeugkosten Fremdkosten sind. Nun ist es aber so, daß der Informationsfluß zwischen den unterschiedlichen Funktionsbereichen nicht klappt. Dies ist ein allgegenwärtiges Problem: in Krankenhäusern reden die Schwestern nicht mit den Ärzten; in Banken reden die Kreditsachbearbeiter nicht mit den Kundenbetreuern; in der Industrie reden die Leute in Konstruktion und Entwicklung nicht mit denen in der Herstellung. Verkäufer sind überall eine Spezies für sich; aber mit dem Einkäufer wird kaum geredet.

Elkin hat jedoch eine Lösung gefunden. Bei ihm laufen eine ganze Reihe von Programmen: FIN-MAT, TECH-MAT, Q-MAT. Ein Rätsel? FIN-MAT ist eine Gruppe, in der Fachleute aus dem Finanzwesen (FIN) und dem Materialeinkauf (MAT) zusammensitzen. TECH steht für Technologie. Q steht für Qualität. FIN-MAT bedeutet lediglich, daß sich die Mitarbeiter aus dem Finanz- und Rechnungswesen mit den Mitarbeitern aus dem Materialeinkauf zusammensetzen und miteinander reden und nach Problemlösungen suchen. Und daß diese Lösung funktioniert. Irgendwann im Laufe des Jahres 1983 kam Elkin die Erleuchtung, daß man die scheinbar gottgegebenen Mauern nur dann niederreißen könne, wenn man den Menschen Gelegenheit gäbe, sich gegenseitig kennen- und schätzenzulernen. Also setzte er sich mit dem Leiter des Finanz- und Rechnungswesens zusammen und schlug vor, die 15 leitenden Angestellten der beiden Bereiche zwei bis drei Tage lang in Klausur zu schicken, »um einander zu beschnuppern«. So geschah es. Sämtliche Beteiligten stellten fest, daß die Ziele der anderen auch vernünftig und ihre Zwänge ebenso existent waren. Eine Liste von Kooperationsprojekten war schnell erstellt, und die Erkenntnis, daß der Dialog fortgesetzt werden müsse, schnell gewonnen. Die Gruppe ging regelmäßig, ungefähr einmal pro Monat, in Klausur. Ein weiterer Vorteil: Intrigen zu spinnen und Neid auszuleben ist gegenüber Leuten, mit denen man regelmäßig einige Biere trinkt, so gut wie unmöglich.

Inzwischen funktioniert die Kooperation auch ohne Klausur. Sie war, wie Elkin zugibt, nur ein »Trick«: »Anders wäre es mir doch nicht gelungen, sie von ihren Telefonen wegzubekommen. Inzwischen haben sie sich an das Programm so gewöhnt, daß wir unsere Besprechungen auch im Unternehmen selbst durchführen können. Zu Anfang waren diese Sitzungen angeordnet. Ich habe meine Leute zu diesen Sitzungen beordert, dasselbe geschah im Finanz- und Rechnungswesen. Jetzt aber läuft das Programm, und die Teilnahme an diesen Sitzungen ist freiwillig.«

Kleine und große Etappensiege

In diesem Buch haben wir immer wieder betont, wie wichtig kleine Etappensiege sind. Ganz besonders deutlich wurde das in unserem Kapitel zum Thema »Innere Motivation« – »Mitinhaberschaft«, der beste Motor für Schwung und Erfolgsbewußtsein. Dies gilt ganz besonders, wenn eine Wende erforderlich ist. Auf kleinen Etappen kann jeder zum Sieger werden. Siegen und gewinnen ist ein Schlüsselkonzept, denn die meisten Menschen glauben, für Erfolg prädestiniert zu sein. Tom und Bob Waterman haben in *Auf der Suche nach Spitzenleistungen* von einer Untersuchung berichtet, die folgendes Ergebnis hatte: Beinahe alle Menschen schätzen sich hinsichtlich ihrer Kooperationsfähigkeit zur Spitze, hinsichtlich ihrer Führungsqualität zu den obersten 25 Prozent gehörig. Beim sportlichen Talent ordnen sich 75 Prozent der Bevölkerung in das obere Viertel ein. Die meisten Menschen halten sich also für hervorragend und vielseitig begabt. Die Unternehmer aber versetzen ihnen Tag für Tag einen Dämpfer.

Außerordentliche Leistungsträger heranziehen: Wie »reif« sind Ihre Mitarbeiter?

Folgenden Einwand hören wir häufig: »Viele Unternehmen haben inzwischen eine zentralisierte Struktur und werden autoritär geführt. Sie empfehlen eine radikale Dezentralisierung und die Hinwendung zu mehr Autonomie. Ist es aber nicht so, daß manche entweder noch nicht oder nie so weit sind, daß man sie in die Selbständigkeit entlassen kann?« Die Frage lautet also, ob die Menschen bereit und reif genug dafür sind, ein »Indianapolis« zu schaffen. Unsere Antwort muß zweierlei berücksichtigen: Zunächst einmal gilt es, die Existenz dieses Problems zu akzeptieren. Bei Hewlett-Packard werden zahlreiche, häufig auch Doppelarbeit leistende Produktentwicklungsteams gefördert. Dazu sagte ein HP-Spartenleiter: »Wir können dieses scheinbare Chaos nur deswegen zulassen, weil es in unserem Unternehmen eingefleischte Überzeugungen gibt, die von jedem einzelnen getragen werden: Wir wollen eine überragende Produktqualität und selbständig arbeitende und denkende Menschen.« Selbstverständlich kann man nicht irgendwelche Teams zusammenstellen und sie dann von heute auf morgen in eine Art »unternehmerische Autonomie« entlassen. Zunächst einmal muß klar sein, welche Grundsätze für die Leitung dieser Teams gelten.

Campbell Soup macht beispielsweise zur Zeit eine für dieses Unternehmen radikale Dezentralisierung durch. Ehe aber diese Umstrukturierung in die Tat umgesetzt wurde, hat Chairman Gordon McGovern zusammen mit seinen Vorstandskollegen das Wertesystem des Unternehmens neu definiert. An der Spitze des Wertesystems steht in diesem Unternehmen die Qualität. Die konsequenteste Selbständigkeit der einzelnen Unternehmensbereiche haben wir bei Johnson & Johnson gefunden. Auch in diesem Unternehmen gibt es einen strengen und konkret festgelegten Prozeß zur Analyse der Wertvorstellungen des Unternehmens. Das Credo wird jährlich unter der Überschrift »Das Credo in Frage stellen« genau überprüft. Auch in seiner langfristigen Strategie läßt sich J & J eindeutig von diesem Credo, in dem die Selbständigkeit festgeschrieben ist, leiten (siehe dazu auch Kapitel 18).

Diese Argumentationskette gilt für den einzelnen wie für das Team. IBM folgt einer harten Linie: Das Unternehmen macht seine Verkäufer voll haftbar. Dem Verkäufer steht beispielsweise eine Provision für einen Abschluß zu. Gibt der Kunde die verkauften Geräte zurück, wird dem verantwortlichen Verkäufer die zuvor erhaltene Provision wieder entzogen. Dieses System verursacht den Verkäufern aber beileibe keine Alpträume, und zwar deshalb nicht, weil IBM-Verkäufer erstklassig ausgebildet werden. Wenn sie in den aktiven Verkauf entlassen werden, sind sie bestens und in jeder Hinsicht auf ihre harte Arbeit vorbereitet.

Die Warnung, Menschen nicht »zu früh in die Selbständigkeit zu entlassen«, wird aber häufig mißverstanden. Zunächst gilt, daß die meisten Menschen verantwortungsbewußt handeln. Sie sind zu sehr viel mehr Selbständigkeit fähig, als gemeinhin angenommen wird. Im übrigen geht es in unserer Welt nicht immer fair zu. Der Analytiker stellt sich meist – wenn auch ungewollt – auf den Standpunkt: »Sie sind noch nicht ›reif‹ genug.« Und der Analytiker hat recht:

Der neue Generaldirektor wird genauso wie die hervorragend vorbereitete Gastgeberin einer Tupperware-Party und der Kontrolleur am Eingang des Disney-Parks zu Anfang eine ganze Reihe von Fehlern machen. Klüger ist man immer erst hinterher. Also muß man auch Risiken eingehen. Das Urteil »Sie sind noch nicht ›reif‹ genug« darf nicht ewig gelten.

Die ersten Tage nach Entlassung in eine größere Selbständigkeit werden unvermeidbar von kleineren – und häufig auch größeren – Fehlern begleitet sein. Wir haben jedoch die Erfahrung gemacht, daß die Endergebnisse durchweg positiv waren. Voraussetzung dafür ist jedoch der gute Wille, die echte Überzeugung, daß diese Selbständigkeit funktionieren wird. Die meisten Manager, die diesen Weg aus ehrlichem Anliegen heraus verfolgen, waren äußerst erstaunt von der positiven Reaktion. Die durch die Selbständigkeit innerlich motivierten Teams übernehmen sehr viel schneller sehr viel mehr Verantwortung, als die Führungskräfte je zu glauben wagten. Der eine oder andere Vorgesetzte akzeptiert diese Erkenntnis vielleicht nicht gern: Da die Teams so hervorragend arbeiten, muß er feststellen, daß er doch nicht so unersetzlich ist, wie er immer gedacht hatte!

Entbürokratisierung

30 Prozent unserer Zeit haben wir in Konferenzen mit leitenden Angestellten zugebracht. In all diesen Besprechungen hat man sich immer auch über unnötige bürokratische Abläufe geärgert. So sollte es sein. Wer sich profilieren kann und seine strategische Dominanz über lange Zeit halten will, kann nur zwei Wege einschlagen: konstante Innovation und hervorragender Dienst am Kunden. Grundvoraussetzung dafür sind nicht etwa geheimnisvolle Techniken. Wichtig ist die innere Motivation – der kreative Beitrag jedes einzelnen zu den Organisationszielen. Was beeinträchtigt diese innere Motivation – auf den Verladerampen, in der Expedition? Es sind unnötige bürokratische Vorschriften. Deshalb lautet die erste und wichtigste Regel: »Den bürokratischen Saustall ausmisten!«

Bei jeder Konferenz verspricht das Topmanagement, dieses Ziel »ernsthaft« zu verfolgen, manchmal sogar quantifiziert: »Der Papierkram muß um 25 Prozent reduziert werden.« Anschließend wird ein Ausschuß, der sich aus Führungskräften der unteren Ebene zusammensetzt, beauftragt, diese sogenannte Aufgabe allererster Priorität durchzuführen. Damit sorgt die Führungsspitze aber nur dafür, daß sich auch nach einem Jahr noch *nichts* geändert haben wird, denn sie hat versucht, Bürokratie mit Hilfe von Bürokratie zu beseitigen.

Wenn Sie sich Entbürokratisierung vornehmen, darf es kein Wenn und kein Aber geben. *Newsweek* hat sich im August 1984 in einer Titelgeschichte mit diesem Thema befaßt und sich dabei ins Herzstück aller Bürokratien vorgewagt, in das amerikanische Militär. General Walter Ulmer, der für Bürokratie absolut nichts übrig hat, hat in seinem Bereich Riesenstapel von Vorschriften auf einen Papierstoß von weniger als 5 Zentimetern Dicke reduziert. Bei Worthington Industries, einem stahlverarbeitenden Betrieb, hat es unter John McConnell sen. nie ein Handbuch der Unternehmensrichtlinien gegeben. Schon als junger Mann hatte McConnell festgestellt, daß sich solche Handbücher mit Richtlinien und Regeln eher einschränkend als richtungweisend auswirken. McConnell nahm sich vor, sollte er jemals an der Spitze eines Unternehmens stehen, seine Mitarbeiter so zu behandeln, wie er als Mitarbeiter gerne behandelt worden wäre. Die Philosophie der Firma Worthington Industries paßt auf eine kleine Visitenkarte: »Wir behandeln unsere Kunden, Mitarbeiter, Anteilseigner und Lieferanten so, wie wir gerne behandelt werden möchten.«

Prinzipien der Verfahrensvereinfachung bei Marks & Spencer:

1. Vernünftiges Augenmaß – Perfektion ist zu teuer.
2. Management by exception – Signalisierung von Ausnahmesituationen.
3. Verfahrenshandbücher – man denkt nicht daran, für jede Eventualität Regeln aufzustellen. (Früher gab es 13 dicke Instruktionsbücher. Heute gibt es nur noch zwei kleine Broschüren: *Leitlinien zur Mitarbeiterführung* und *Kaufhausvorschriften.)*
4. Abbau der verschiedenen Mitarbeiterkategorien – Mitarbeiter werden nicht mehr in viele kleine Gruppen eingestuft, sondern allgemeinen Kategorien zugeordnet.
5. Der Mitarbeiter genießt Vertrauen. Also kann man auch die Kontrollen abbauen. Dies wiederum erspart Zeit, Geld und Personal. Mitarbeiter entwickeln mehr Selbstvertrauen und mehr Verantwortungsbewußtsein. Als Kontrolle genügen effektive und ausgewählte Stichproben, die meist effektiver und sicherlich weniger kostspielig sind als die Einrichtung eines permanenten Kontrollsystems und die Durchführung permanenter Routineüberprüfungen.

Ein Freund bei Hewlett-Packard stimmt uns zu. Da die Psychologie nach intensiven Forschungen zum Schluß gekommen ist, daß wir immer nur höchstens sechs Dinge auf einmal behalten können, sorgt unser Freund dafür, daß seine Assistenten nie mehr als sechs Maßstäbe anlegen, wenn sie etwas messen wollen. Er sagt: »Hier soll sich jeder zum guten Geschäftsmann entwickeln. Also muß auch der jüngste Mitarbeiter genau begreifen, wie unser Geschäft funktioniert. Bei uns gibt es nicht mehr als sechs Meßgrößen. Die Mitarbeiter kennen sie. Sie wissen, wie sie zusammenhängen, sie wissen, wie sie, je nachdem, was wir tun, schwanken können. Wenn dann doch einmal ein neunmalkluger junger Analytiker kommt und das Ganze komplizierter gestalten will, sage ich ihm: In Ordnung, fünf Meßgrößen sind das Maximum. Sie wollen mir beweisen, daß Sie zwei bessere Maßstäbe haben? Die Mühe brauchen Sie sich nicht zu machen. Wenden Sie Ihre zwei Maßstäbe ruhig an, dafür müssen Sie dann aber zwei andere weglassen. Fünf Meßgrößen sind das absolute Maximum.«

Kontrolle ist keine Formsache

Wieder einmal hatten wir über Willard Marriott sen. und seine Gewohnheit gesprochen, sämtliche Reklamationskarten selbst zu lesen. Ein leitender Angestellter aus einem mittleren Unternehmen im Gesundheitspflegebereich sagte dazu: »Kontrolle ist keine Formsache. Kontrolle ist dieses Lesen der Reklamationskarten.« Kontrolle? Formsache? Ein Regionaldirektor von Marriott fügt hinzu: »Ihnen mag diese Kontrolle vielleicht ›informell‹ erscheinen, so einfach aber ist die Sache nicht. Weil wir diese Gewohnheit unseres Mr. Marriott kannten, haben wir Manager täglich 18 Stunden gearbeitet, damit unser alter Herr nur ganz wenig Lesestoff bekam!« Bei DuPont müssen beispielsweise sämtliche Arbeitsunfälle innerhalb von 24 Stunden dem Chairman in Wilmington/Delaware gemeldet werden. Kontrolle heißt, man weiß, daß jemand Interesse zeigt und ganz genau aufpaßt. Eine effiziente Kontrolle ergibt sich aus einer *kleinen* Zahl *simpler* Regeln (oder Maßnahmen), die in direktem Einklang mit der Vision der Gesamtorganisation stehen. Willard Marriott sen. liest die Reklamationsbriefe selbst, weil er und sein Sohn Bill gemeinsam die Vision verfolgen, daß die Marriott-Hotels den besten Dienst am Kunden leisten müssen.

Selbst wenn man glaubt, unbedingt Regeln aufstellen zu müssen, sollte das Ergebnis nicht unbedingt ein 175 Seiten starkes Handbuch sein. Es geht auch völlig ohne »Anordnungen«. Es gilt einfach das Prinzip, die besten Verfahrensweisen zu akzeptieren und, wenn möglich, als nachahmenswertes Vorbild auch für andere Bereiche darzustellen.

Auch im Einzelhandel hat eine Unternehmerin einen ähnlichen Weg beschritten. Sie wollte ihren Mitarbeitern die Unternehmensphilosophie deutlich machen und hat versucht, die Regeln schriftlich festzulegen. Das Schriftstück wurde immer länger. Sie merkte, daß dies nicht die Art war, in der sie ihr Geschäft führen wollte. Also entschied sie sich für eine Alternative. Sie setzte sich mehrmals mit sämtlichen Mitarbeitern zusammen und bat sie, mündlich oder schriftlich über Erlebnisse mit Kunden und Kollegen zu berichten, auf die sie sehr stolz waren. Diese Berichte hat sie dann in einem 30seitigen Büchlein zusammengefaßt, das inzwischen Kernstück ihres Aus- und Weiterbildungsprogramms ist, gleichermaßen Unternehmensphilosophie und »Hausordnung«. Der Inhalt dieses Büchleins ist im übrigen variabel: Die Mitarbeiter sind stolz, wenn eine neue Geschichte aufgenommen wird, wenn sie neue Ideen und Bedenkenswertes einbringen können.

Courage ist gefragt
Uns ist noch nie ein Formular oder ein Handbuch begegnet, das man nicht um 40 bis 75 Prozent hätte kürzen können. Es erfordert aber *Courage,* auf Papiere zu verzichten. Papiere sind eine Art Versicherung. Wenn man sie aufgibt, verliert man etwas. Ersetzen muß man diese Papiere durch Vertrauen (dessen Aufbau in der vorhergehenden Aus- und Weiterbildung gefördert wurde). Man braucht aber noch eine andere Art Mut: Wir sind mit der Geschäftsführerin eines Unternehmens mit 40 Mitarbeitern befreundet. Einer davon wurde (aus, wie uns erschien, gerechtfertigten Gründen) entlassen. Eine Zeitlang sah es so aus, als ob der entlassene Mitarbeiter klagen würde. Die Entlassung war zwar nicht unbegründet, würde aber vor Gericht sehr schwer zu vertreten sein und außerdem viel Zeitaufwand erfordern. Der Rechtsbeistand des Unternehmern machte unserer Freundin eines Tages klar, was sie tun müsse, um solche Fälle zukünftig zu vermeiden. Wäre sie den Ratschlägen des Rechtsanwaltes gefolgt, hätte sie über jeden ihrer Mitarbeiter eine Art von »Polizeiakte« anlegen müssen. Dies hat sie rundheraus abgelehnt, weil es ihrer Vorstellung von Menschenführung zutiefst widersprach. »Lieber lasse ich mich verklagen und verliere den Prozeß, als zum Geheimagenten zu werden und meine eigenen

Mitarbeiter auszuspionieren.« Das war ihre Entscheidung – und dazu gehörte wahrhaftig eine Menge Mut.

Kontrolle ist keine Formsache: einige Fragen – und Anregungen zu Sofortmaßnahmen

Abbau von »Mickymaus«-Regeln – Ziele für Brigade I: Sprechen Sie noch heute nachmittag oder gleich morgen früh mit einem Werkmeister in der Produktion. (Dazu benötigen Sie nicht mehr als eine halbe Stunde.) Fragen Sie ihn, welches Formular, welche Regel, welcher Bericht ihn am meisten in seiner täglichen Arbeit aufhält – und ärgert. Können Sie die Ursachen für seinen Ärger sofort beseitigen oder wenigstens zunächst mildern? In den meisten Fällen ist dies möglich. Führen Sie diese Übung zehn Wochen lang jede Woche einmal durch. Anschließend genügt es, wenn Sie dies monatlich einmal tun. Beauftragen Sie Ihre Assistenten (und/oder Ihre Sekretärin), dasselbe zu tun (und statten Sie sie möglichst auch mit den Befugnissen aus, entsprechende Maßnahmen einzuleiten). Variationen: Gehen Sie abwechselnd zu Mitarbeitern auf höheren und Mitarbeitern auf unteren Führungsebenen (es ist sehr wichtig, schon in der ersten Woche unterschiedliche Eindrücke zu sammeln). Versuchen sie dasselbe auch außerhalb Ihrer Zuständigkeit – Sie prüfen den Verantwortungsbereich eines Kollegen und der Kollege den Ihren.

Geben Sie die Ergebnisse offiziell bekannt: Bringen Sie ein eigens dafür angeschafftes schwarzes Brett an, auf dem dann zu lesen steht: »Mickymaus-Regel«. Was halten Sie von der Einrichtung einer Art Bestenliste, in der aufgeführt wird, wer die »dümmste Vorschrift oder das blödsinnigste Formular des Monats oder des Jahres« »unschädlich gemacht« hat?
– Abbau von Mickymaus-Regeln – Ziele für Brigade II: Führen Sie dasselbe noch einmal durch, diesmal aber im Team. Teams sollen gemeinsam die drei »blödesten und unbegreiflichsten Vorschriften« herausfinden. (Wir haben die Erfahrung gemacht, daß dies funktioniert. Die Mitarbeiter in den operativen Abteilungen haben ein sehr genaues Gespür dafür, was notwendig ist und was nicht. Die Abschaffung sinnvoller Regeln/Formulare werden sie nur selten anregen. Auf die Idee kommen sie nur, wenn wir sie über alles im dunkeln lassen und ihnen nicht mitteilen, worauf es im Unternehmen an allererster Stelle ankommt.)

Vorsicht: es kann sich eine Lawine entwickeln, der Sie dann auch gewachsen sein müssen. Weil ein Rückzieher in diesem Fall die höchste Form der Heuchelei wäre und als solche auch erkannt würde, müssen Sie sich gut vorbereiten.

– Nehmen Sie die in der Entbürokratisierung verwirklichten Erkenntnisse – in quantifizierten Begriffen – in den Jahresbericht auf!

– Überlegen Sie, ob Sie Ihre Verfahrenshandbücher nicht durch Schriften ersetzen können, in denen Beispiele zu den »bestmöglichen Vorgehensweisen« beschrieben werden. Überlegen Sie, ob Sie nicht ein strategisches Programm (à la Milliken) durch ein Buch mit dem Titel »Bedeutende Erfolge aus der jüngsten Zeit« herausstreichen.

– Reservieren Sie sich zehn Prozent Ihrer Zeit für direkte und aktive Bekämpfung von Mickymaus-Regeln. Nehmen Sie sich zwei davon für *heute* vor, zwei für morgen. Noch in der laufenden Woche sollten es mindestens *fünf* sein.

Behinderungen: Umfang der Stäbe, Zahl der Führungsebenen

»Ich bin nun wirklich ein guter Mann. Diesen ganzen Mickymaus-Formularkram haben wir doch nur am Hals, weil er von den Behörden so gefordert wird.« Natürlich müssen wir behördliche Auflagen erfüllen und bestimmte Berichte einreichen. Häufig aber herrscht besonders auf den mittleren Unternehmensebenen die Tendenz, die Bitte um einen einfachen Bericht zu einem komplizierten Statement aufzublähen. Der beauftragte Manager geht hin und schreibt zunächst einmal eine dreiseitige Anforderung für Informationsmaterial an sämtliche operativen Einheiten des Unternehmens. Berichte sind nun einmal ein unumgängliches Übel, aber selten müssen sie so ausführlich sein, wie sie von Stabsleuten gefordert werden.

Die Stäbe, und vor allen Dingen die intelligenten Stäbe, bilden häufig das größte Hindernis, das es beim Abbau von zuviel Bürokratie zu überwinden gilt. Dazu sagt der Spartenleiter eines kleineren Konzerns: »Das Problem ist, daß die Stabsleute aus der Zentrale so intelligent sind. Wären sie dumm und würden sie dumme Fragen stellen, würden wir sie ignorieren. Sie sind aber nicht dumm, und sie stellen kluge Fragen, die uns tage-, wenn nicht sogar wochen- und monatelang beschäftigen können. Würde es bei einer einzigen Anforderung bleiben, wäre das ja noch in Ordnung, aber es kommen soundso viele Stabsabteilungen mit soundsoviel gesammelter Intelligenz. Sie kommen dauernd mit ihren intelligenten Fragen und halten uns damit von unserer eigentlichen Arbeit ab.« Hinter jeder Zeile auf jedem Formblatt steht ein genauso zäher »Champion« wie hinter einem neuen Produkt. Der Autor ist fest davon überzeugt, daß sich alles nur um ausgerechnet seine Daten und Fakten dreht.

Es spricht also viel dafür, die personelle Besetzung der Stabsabteilungen einfach abzubauen. Es gibt viele Unternehmen, die bei geringer personeller Besetzung sehr viel effizienter arbeiten. In den Rezessionsjahren 1981 bis 1983 haben wir häufig gehört, daß Geschäftsführer vor allem das Personal der Stabsabteilungen reduziert haben – häufig um bis zu 80 Prozent, mit dem Ergebnis, daß *bessere* Stabsarbeit geleistet wurde. Ein Unternehmensleiter sagte: »Ich habe jeden Managementkurs besucht, der irgendwo angeboten wurde. In jedem wurde mir empfohlen, für eine bestimmte Aufgabe, die ich selbst nicht ordentlich erfüllen konnte, einen Spezialisten anzuheuern. Mein Vater, ein kluger Mann – er hat das Unternehmen gegründet – hat jedesmal den Kopf geschüttelt, wenn ich wieder einen neuen Mitarbeiter eingestellt hatte. Und mein Gott, wie recht er hatte! Wir haben festgestellt, daß wir nach dem Abbau unseres Verwaltungspersonals unsere Effektivität und Effizienz um 75 Prozent gesteigert haben.«

Andererseits lassen sich Verbesserungen erzielen, wenn man die Zahl der Führungsebenen verringert. Die Entscheidungsfindung wird vereinfacht und geht deshalb rascher vor sich. Dazu aber eine Warnung: Zunächst, wenn sich ein Unternehmen also auf weniger Führungsebenen eingestellt hat, werden sehr viele Entscheidungen »nach oben delegiert«. Wenn Sie aber den Mut haben, die Entscheidung abzulehnen – die Entscheidung also wieder an den Absender zurückzuverweisen –, wird sich dies schnell herumsprechen. Ihre Mitarbeiter werden merken, daß es Ihnen ernst damit ist. Organisationen mit weniger Hierarchie, sogenannte »flache Organisationen«, fördern die »Selbstverteidigungsbereitschaft«. Damit ist folgendes gemeint: Wir sind alle nicht klug genug, uns völlig aus dem Zuständigkeitsbereich unserer Mitarbeiter herauszuhalten. Wenn Sie aber eine sehr hohe Zuständigkeitsspanne haben (mindestens doppelt so hoch wie laut Faustregel vernünftig wäre), haben Sie einfach nicht die Zeit dazu, sich einzumischen, auch wenn die meisten das zu Beginn ganz verzweifelt versuchen. Eine flache Organisationsstruktur fördert also automatisch die innere Eigenmotivation der Mitarbeiter, ob Ihnen das gefällt oder nicht. In einer

»flachen Organisation« müssen Sie Ihre Vorgesetztenrolle ohnehin ganz anders spielen: Sie sind nicht mehr nur Monitor und Entscheidungsträger, sondern vor allem Trainer/Lehrer/Entwickler (siehe dazu Kapitel 18). Die entscheidende Frage lautet also: Sind *Sie* »reif« genug? Sie müssen sich nämlich ein neues Primärziel setzen. Sie *müssen* »Ihre Mitarbeiter« vorbereiten und einweisen, sobald Sie sich für eine flache Organisationsstruktur entschieden haben.

In *Auf der Suche nach Spitzenleistungen* haben wir schon festgehalten, daß es Ren McPherson gelang, den Personalbestand in der Dana-Unternehmenszentrale von 600 auf 150 zu verringern und gleichzeitig den Umsatz des Unternehmens von einer Milliarde Dollar auf drei Milliarden Dollar zu erhöhen. 1984, mehrere Jahre nachdem McPherson das Unternehmen verlassen hatte, ist der Stab inzwischen auf 80 Mitarbeiter geschrumpft. Er hat die Unternehmensebenen von elf auf fünf reduziert, und bei dieser Zahl ist es auch geblieben. In *The Winning Streak* wird berichtet, daß der damalige Chairman von British Steel, Ian McGregor, seine Neustrukturierung des Unternehmens mit einer Reduzierung der Mitarbeiterzahl der Unternehmenszentrale von 1000 auf 170 (!!) begann und aus einer Art »Tadsch Mahal« in London in ein sehr viel bescheideneres Gebäude umgezogen ist.

Nehmen wir ein noch extremeres Beispiel. Das Unternehmen Mars, Inc. ist ein kompliziertes Gebilde: 60 Unternehmensbereiche, fast zwei Drittel des Umsatzes werden außerhalb der USA getätigt. Die einzelnen Unternehmensbereiche sollen offen miteinander konkurrieren. Im übrigen muß jeder einzelne Unternehmensbereich mit harter, externer Konkurrenz existieren. Mars ist also ein typisches multinationales Unternehmen, das sich in unterschiedlichen Branchen und Segmenten tummelt und zahlreiche Produkte herstellt. In einem Geschäft, in dem nur sehr niedrige Margen zu erzielen sind, geht man meist davon aus, daß eine strenge zentrale Kontrolle erforderlich ist. »Kontrolleure kontrollieren die Kontrolleure« – so lautet der Kommentar eines frustrierten Kollegen aus einem Chemiekonzern. Irgendwie aber gelingt es Mars, einem gewinnstarken Unternehmen mit rund 6 Milliarden Dollar Jahresumsatz, diese Leistungen mit nur 20 Führungskräften an der Spitze und 20 Sekretärinnen (die in einem unscheinbaren Gebäude ohne Firmenzeichen am Ende einer Straße, die man auch mit Hilfe einer Landkarte kaum finden kann, in McLean/Virginia arbeiten) zu erbringen.

Wir haben ein *noch extremeres* Beispiel zur Verfügung: Nucor

Steel mit Sitz in Charlotte/North Carolina. Chairman Ken Iverson steht an der Spitze eines Unternehmens mit 552 Millionen Dollar Jahresumsatz (das ist die Zahl für 1984 – bei einer Durchschnittseigenkapitalrendite von 23 Prozent – erstellt anhand der Ergebnisse der letzten fünf Jahre) mit einem Unternehmensstab von nicht einmal einem *Dutzend* Personen (Sekretärinnen eingeschlossen)! Für Iverson ist seine »magere« Organisation die wichtigste strategische Waffe. Vor kurzem wurde er gefragt, was er täte, würde er zum Leiter einer der Stahlgiganten berufen. Seine Antwort kam wie aus der Pistole geschossen: »Die schwerste Hürde wären nicht die Gewerkschaften. Es wäre das Management mit seinen eingefleischten Organisationsmethoden – es wären all diese Führungsebenen. Man müßte das Ganze völlig auseinandernehmen und dann wieder von vorne beginnen.«

Es darf in diesem Zusammenhang aber keineswegs nur um Zahlen gehen. Die Zahl der Stabsmitarbeiter für sich gesehen ist noch nicht einmal das wichtigste. Mindestens genauso wichtig ist, *wo* diese Stabsleute eingesetzt werden. Bei Dana sind nur wenige dem Stabsabbau (von ursprünglich 600 auf 85) zum Opfer gefallen, also entlassen worden. Sie erhielten statt dessen Gelegenheit, in die Linie überzuwechseln. Auch Mars hat sicherlich nicht weniger Buchhalter pro Ertragsdollar als andere Unternehmen. Nur arbeiten die Buchhalter bei Mars dort, wo sie für das Unternehmen eine unmittelbare Leistung erbringen können – in den Werken, in den kleinen Unternehmensbereichen, mit stellenweise kuriosen Folgen. Erinnern Sie sich noch an unser Leitthema: »Alle Leute als Geschäftsleute.« Auch Buchhalter (Rechtsanwälte usw.) können lernen, als Mitglieder eines Gewinne erzielenden Teams zu arbeiten. Sie müssen ihrer Rolle als Schiedsrichter oder Polizisten nicht treu bleiben. Einem Controller im Einzelhandel ist es gelungen, rund 75 Prozent der Mitarbeiter aus der Zentrale in die einzelnen operativen Einheiten zu versetzen. »Immer wieder habe er sie hinaus in den Außendienst geschickt. Sie wurden in Teams integriert, die direkt Gewinne erzielten. Nachdem ich ihnen klargemacht hatte, daß ihre Leistungsbeurteilung hauptsächlich davon abhinge, was der Chef des Profit-Centers von ihnen hielt, waren sie plötzlich nicht mehr ›nur Buchhalter‹, sondern wurden zu Geschäftsleuten.«

All dies ist natürlich leichter gesagt als getan. In Unternehmen, in denen jeder ängstlich auf die Hauptverwaltung schielt, geht es ausschließlich darum, die Distanz zwischen dem Betreffenden und dem Unternehmensleiter zu verringern. Dezentralisierung kann nur dann erfolgreich sein – und lockt nur dann die Begabten, die Fähigsten, die Fleißigsten –, wenn das operative Prinzip auch in das Entlohnungssystem eingeht: »Wer draußen ist gewinnt.« Bei HP, Citicorp und GE (heute unter Jack Welch) lautet das A und O der Organisationsphilosophie, daß »Gewinne« in möglichst weiter Entfernung von der Unternehmenszentrale eingefahren werden. Immanent ist diesem System eine Entlohnungsstruktur, die »gute Leistungen«, nicht aber »Präsenz« in der Nähe der Hauptverwaltung bewertet.

Der Stab als Unterstützungseinheit

Am 1. Januar 1984 »läuteten die Glocken der Freiheit« für sieben Regionalgesellschaften – die Überbleibsel des Bell System. Ein Unternehmen hat nach Meinung der Experten mit Ende des Jahres 1984 sehr viel besser abgeschnitten als alle anderen (obwohl die Leistungen aller sehr gut waren): U.S. West, die Regionalgesellschaft mit Sitz in Denver.

Überall hieß es, U.S. West sei aggressiver, sei stärker unternehmerisch orientiert. Wir kennen mindestens einen Grund dafür. Die sieben Regionalgesellschaften (die aus den 22 früheren Betriebsgesellschaften des Bell System entstanden waren) erhielten bei ihrer Gründung eine Art »Prämie«: 3000 Stabsleute aus der Unternehmenszentrale des alten AT & T-Apparates. Die meisten Regionalgesellschaften organisierten diese Stäbe genauso, wie es in der zentral organisierten AT & T üblich war. Nur U.S. West verhielt sich anders. Es hielt sich an die von Geschäftsführer Jack McAllister verkündete »Regel 100«: der Stab bei U.S. West durfte nicht mehr als 100 Mitarbeiter stark sein. Nur so war seiner Meinung nach auf Dezentralisierung gerichtetes, unternehmerisches Denken umzusetzen.

Was aber geschieht mit den restlichen 2900 Mitarbeitern? Die Antwort war ganz einfach (für McAllister). Man gründet eine hundertprozentige Tochtergesellschaft, in der diese 2900 Mitarbeiter aufgesogen werden. Die Geschäftsführung der Tochtergesellschaft wird von den Leitern der drei dezentralisierten Betriebsgesellschaften übernommen, die von diesen 2900 Mitarbeitern logistisch unterstützt werden sollen. (Der Vorsitz der Geschäftsführung wird turnusmäßig gewechselt.) Damit hat McAllister einen großen Sprung nach vorn getan. 1. Er hat das noch zarte Pflänzchen »Entrepreneurship« – unternehmerisches Denken und Handeln – gepflegt und genährt (indem er die zentralen Stäbe sehr »mager« hielt – 100 Mitarbeiter für zehn Milliarden Dollar Umsatz). 2. Er hat Mitarbeiter aus den Unterstützungsfunktionen ganz eindeutig zur Unterstützung derjenigen eingesetzt, die sie unterstützen sollen (damit sind die drei Betriebsgesellschaften in der Linie gemeint). So einfach ist das!

»Stäbe«/»Führungsebenen«: einige Fragen – und Anregungen zu Sofortmaßnahmen

– Wir wollen mitnichten zu einer »wissenschaftlichen Untersuchung« über die optimale Größe der Stäbe raten. Was richtig ist, werden Sie ohnehin tun, wenn es notwendig ist. Wir wollen nur empfehlen, was einem ersten Schritt vorauszugehen hat. Befassen Sie sich mit effektiven Zuständigkeitsbereichen und dem Umfang von Stäben. Beobachten Sie Unternehmen innerhalb und außerhalb der eigenen Branche, die als sogenannte »magere« und »flache Organisationen« gelten. Besuchen Sie diese Organisationen, schauen Sie sich an, wie dort unternehmerischer Erfolg erzielt wird. Halten Sie die Augen offen, und nehmen Sie auch andere Organisationsformen unter die Lupe. Damit ist schon viel gewonnen.
– Überlegen Sie sich, ob Sie Ihre Stabsmitarbeiter nicht zumindest vorübergehend in die Linie versetzen können. Überlegen Sie sich, ob Sie so etwas nicht schon einmal erlebt haben, daß »Stabsmitarbeiter« operativen Geschäftsbereichen zugewiesen wurden und ihre Leistung direkt von den Vorgesetzten in der Linie bewertet wurde. Hat dies ihr Verhalten beeinflußt? Haben sie anschließend »stärker unternehmerisch im Sinne des Geschäfts« gedacht? Wenn Ihre Antwort ja lautet – und wir gehen davon aus –, sollten Sie sich überlegen, ob Sie mehrere Mitarbeiter aus dem Finanz- und Rechnungswesen nicht zu einem Experiment heranziehen und sie für drei bis neun Monate in eine operative Einheit versetzen. Sehen Sie sich die Ergebnisse an und überlegen Sie, ob Sie diese Veränderungen auf Dauer für erfolgreich halten.

Das Puzzle zusammensetzen: Leistungsnischen

Was tue ich, wenn ich nicht Unternehmensleiter oder Spartenleiter bin? Was tue ich, wenn ich nicht . . . bin? Dieses Buch ist ebenso für den Vorstand geschrieben wie für die Führungskraft auf der untersten Unternehmensebene. Es gilt für die Spitzenführungskräfte unseres Landes ebenso wie für Tankstellenleiter und Betreiber von

Tante-Emma-Läden. Die beiden strategischen Leitlinien – hervorragender Dienst am Kunden, hervorragendes Produkt für den Kunden und konstante Innovation – sind für den Mann an der Spitze so maßgebend wie für den Vorarbeiter in der Produktion. Die Frage, ob jemand diesen Dimensionen gerecht wird, gilt für Chairman Jack Welch von GE und für Stew Leonard von Stew Leonard's wie für den Werkleiter in einem Kleinunternehmen. Die Prinzipien der Führung gelten für alle. Handeln kann jeder – und zwar unmittelbar.

Wer nicht Unternehmensleiter ist, muß Wühlarbeit leisten

Lassen Sie die Briefe aus der Zentrale unbeantwortet! Das funktioniert! Dem liegt folgende Logik zugrunde: Auch wenn unsere Voraussage, daß sich über die innere Eigenmotivation ungeahnte Kräfte freisetzen lassen (siehe dazu Kapitel 14), nur zur Hälfte stimmt, werden Sie, wenn Sie ihren Mitarbeitern in ihren eigenen Bereichen Freiräume schaffen, sehr schnell bessere Leistungen registrieren. Das ist Ihre beste Verteidigung. Wer die beste Filiale, den besten Verkaufsdistrikt, die beste Abteilung, das beste Team vorweisen kann, wird selten entlassen, weil er überflüssige bürokratische Vorschriften nicht eingehalten hat. Wie hat doch Ren McPherson seine Schwierigkeiten auf dem Weg nach oben kommentiert? Mit dem Satz: »Sechsmal stand ich beinahe vor dem Rausschmiß.

Beim ersten Mal hatte er die Rentabilitätszahlen in seiner Betriebsstätte komplett veröffentlicht. Diese Art der Motivation gab es damals noch nirgendwo.

Bei genauerem Hinsehen aber war es ihnen unmöglich, ausgerechnet den zu entlassen, der die gewinnstärkste Unternehmenseinheit leitete.« Ein ehemaliger Marktprognostiker von IBM erzählte uns eine vergleichbare Geschichte: »An einem Sonntagmorgen, als ich zu Hause arbeitete, ging mir ein Licht auf. Die meisten Mitarbeiter, die mir Daten liefern mußten, wurden entweder nicht gefördert oder verließen das Unternehmen. Eigentlich waren es immer nur die Besten, die meine Fragen unbeantwortet ließen. Am nächsten Tag habe ich meinen Chef darauf angesprochen. Seine Antwort: ›Das ist doch ganz klar. Wer an die Spitze will, verbringt seine Zeit hauptsächlich mit Kunden. Für bürokratische Verfahrensweisen fehlt ihm die Geduld. Auch wenn sie an der Spitze sind, werden wir sie nicht mit Papierkram belästigen. Wer bei Anfragen von oben sofort springt, arbeitet auf unterster Ebene und hat Angst um seinen Arbeitsplatz, nur der fürchtet, seine weiße Weste mit Negativpunkten zu beflecken.‹«

Öl oder Papier?
Ein Kollege in Kuala Lumpur hat uns von einem Aufstand gegen bürokratische Verfahrensregeln ganz besonderer Art berichtet. Vor Jahren hatte der Leiter der Royal Dutch/Shell Malaysia von seiner Arbeit genug. Er hatte jede Menge Anfragen, die ihm aus der Shell-Unternehmenszentrale zugesandt worden waren, gesammelt. Er wußte, daß in Den Haag eine Aufsichtsratssitzung stattfinden sollte. Also setzte er sich ins Flugzeug und erschien unangekündigt – sein Verhalten verstieß in jeder Hinsicht gegen die Regeln, es war um so skandalöser, wenn man wußte, wie steif es bei solchen Aufsichtsratssitzungen zuging. Er trat also ein und »enterte« gewissermaßen die Sitzung. Er stellte seinen Aktenkoffer auf einen peinlich aufgeräumten Tisch, drehte ihn um und schüttete sämtliche Formulare – insgesamt 30 Pfund schwer – aus und stellte jetzt ganz unaggressiv die Frage: »Soll ich die Formulare ausfüllen oder soll ich nach Öl jagen?« Welche Antwort er erhielt, wissen wir nicht.
Wir wissen jedoch, daß er Leiter des Unternehmensbereiches Malaysia und Vorsitzender der Royal Dutch/Shell-Gruppe wurde – und das wahrlich zum Besten des Unternehmens!

Natürlich führen solche Aufstände nicht immer zu einer Beförderung an die Unternehmensspitze. Sie können aber eindeutig zu einer drastischen Leistungsverbesserung in Teilen der Organisation führen. Dafür haben wir Beweise. Auch in unternehmerisch wahrlich nicht effizienten Betrieben haben wir *Nischen für Spitzenleistung* registriert, für Werkmeister oder Vorstandsmitglied. Es gibt hervorragend innovative Abteilungen in ansonsten übermäßig konservativen Banken und erstklassige Einkaufsabteilungen in ökonomisch kranken, schlecht geführten Einzelhandelsgeschäften.

Wir sind absolut keine Verfechter des Prinzips »Die Masse wird es schon richten!« Daß Ihre Filiale (oder Ihre Abteilung innerhalb der Filiale) großartig ist, heißt noch lange nicht, daß diese Qualitäten auch vom Rest des Unternehmens übernommen werden. Die wirkliche Wende in einem Unternehmen setzt sich von oben nach unten durch, nicht aber von unten nach oben. Dies ist allerdings kein Entschuldigungsgrund dafür, nicht bei sich selbst und bei den eigenen Mitarbeitern anzusetzen.

Kleine Siege als Demonstrationsobjekte

»Es ist so schwer, die Unternehmensspitze von der Richtigkeit der ›neuen Linie‹ [wie immer sie aussieht] zu überzeugen.« Wer an der Spitze steht, ist meist dort gelandet, weil er ein mehr oder weniger intelligenter Pragmatiker ist. Theorie ist selten entscheidend. Das gilt für die Unternehmensspitze genauso wie für den einzelnen. Ein Beweis wiegt schwer, ein kleiner Sieg ist ein Beweis. Gegen Windmühlenflügel anzukämpfen, macht selten oder niemals Sinn. Sie müssen etwas tun. Sie müssen etwas beweisen. Wir halten nichts davon, gegen etwas zu kämpfen, ganz besonders nicht, gegen alte Profis *anzukämpfen.* Wir halten aber sehr wohl etwas davon, etwas sichtbarer zu beweisen und damit kundzutun, daß Alternativen *möglich* sind.

Einen »Gewinn« können wir Ihnen immer garantieren. Sie werden sich selbst besser fühlen! Wer Kunden dient, innoviert, Eigenmotivation bei den Mitarbeitern und lokales Heldentum durch eine Serie kleiner Siege und durch Abbau von Mickymaus-Regeln fördert, wird – verdammt noch mal! – sehr viel mehr Befriedigung erleben als der »gute Verwalter« einer verkrusteten Bürokratie. Wir halten es für sehr wichtig, daß Sie in den Spiegel schauen. Wie werden Sie aussehen, wenn Sie 35, 50 oder 60 Jahre alt sind? Was sehen Sie? »Einen guten Verwalter?« Sehen Sie jemanden, der »seine Formulare immer richtig ausgefüllt hat und immer ordentliche Präsentationen zustande gebracht hat«? Oder sehen Sie eine interessante Persönlichkeit, vielleicht gar einen Menschen von Format?

Diese Frage ist wichtig. Vor kurzem sind wir dem Vorstandsmitglied eines Unternehmens mit zehn Milliarden Dollar Jahresumsatz begegnet. Dieses Vorstandsmitglied war verantwortlich für einen Bereich mit einem Umsatz von 3,5 Milliarden Dollar. Der arme Mann reagierte auf unsere Vorschläge mit den resignierenden Worten: »*Ich* kann überhaupt nichts bewirken. Unser Vorsitzender hat absolut nichts für Ihre Empfehlungen übrig.« Wäre er dieser Haltung nur einmal begegnet, hätte er sie wohl vergessen oder ignoriert. Wahrscheinlich ist aber, daß er sich so etwas einige Dutzend Male hat anhören müssen. Das ist traurig, nicht weil der Chairman unsere Gedanken nicht akzeptiert, sondern weil ein Mann von gerade 50 Jahren und in Führungsposition resigniert, wenn es gilt, »noch« etwas zu verändern.

18.
Training vor Ort – an der Aufgabe wachsen

Es vergeht praktisch kein Tag, an dem nicht ein Ingenieur aus meinem Bereich von einem Konkurrenzunternehmen angerufen und zum Mittagessen eingeladen wird, um sich mit ihm unverbindlich über seine Zukunft zu unterhalten. Für mich ist es natürlich vorrangige Aufgabe, meine Gruppe zu motivieren, ihr die Begeisterung zu erhalten ... Die besten Führungskräfte sind jene, deren Mitarbeiter es morgens gar nicht erwarten können, an die Arbeit zu gehen. Das Geheimnis beruht darauf, seinen Mitarbeitern zu zeigen, daß man sich kümmert, daß man sich für jeden einzelnen als Individuum interessiert. Sie müssen wissen, daß ihr Vorgesetzter ihre Arbeit anerkennt und ihre Leistungen würdigt.

Bereichsleiter, Forschung und Entwicklung,
Hewlett-Packard

Wenn unsere Organisation seit Jahren an einer Schwäche leidet, so liegt es wohl daran, daß wir nicht versucht haben, der Vorstellung entgegenzutreten, unser Erfolg entspringe dem Computer. So ist es keineswegs. Er entspringt den Schweißdrüsen unserer Trainer und Spieler.

Tom Landry, Cheftrainer von Dallas Cowboys

Darf ein Führer formen und gestalten? Welchen Sinn hat das Älterwerden, die Erfahrung und die Weisheit, wenn man sie nicht an diejenigen weitergibt, die jünger sind? Welchen Sinn hat der eigene Schmerz, wenn man andere nicht lehrt, ihn zu vermeiden? Eine Führungskraft darf also nicht nur, sondern muß formen und gestalten, wenn sie diesen Namen wirklich verdient.

Harry Levinson, The Exceptional Executive

Es sind keine Zaubertricks im Spiel: Nur ganz reale Menschen können Champions ausfindig machen und nach allen Regeln der Kunst fördern, Ziele und Richtung des Unternehmens spannend gestalten, Fähigkeiten entwickeln, Teams aufbauen und mitreißende Begeisterung wecken. Sie sind Anführer, Trainer, Geschichtenerzähler und Wanderer. Sie spornen an, lehren, hören zu, ebnen und glätten Wege. Ihr Handeln ist immer konsequent. Nur wenn die innere Einstellung mit dem äußeren Handeln übereinstimmt, ist ein Mensch glaubwürdig: Er vermittelt, daß Menschen etwas Besonderes seien und behandelt sie auch so – immer.

Ein guter »Trainer« führt gewissermaßen vor Ort. Er versammelt Mitarbeiter mit unterschiedlicher (Berufs-)Biographie und unterschiedlichen Talenten, Erfahrungen und Interessen. Er ermutigt sie dazu, immer mehr Verantwortung zu übernehmen und sich selbst weiterzuentwickeln. Er behandelt sie als vollwertige Partner und Leistungsträger.

In diesem Training, in dieser Mitarbeiterförderung ist es nicht mit dem Auswendiglernen von Techniken oder der Entwicklung eines perfekten Planspiels getan. Wer seine Mitarbeiter fördern und entwickeln will, schenkt ihnen Aufmerksamkeit – er glaubt an sie, er kümmert sich um sie, er bindet sie ein. Dazu sagt Trainer Bum Phillips von den New Orleans Saints: »Das wichtigste ist, meine Leute dazu zu bringen, zu *spielen*. Wer glaubt, mit einem System gewinnen zu können, muß sich auf eine verdammt unangenehme Überraschung gefaßt machen. Siege sind nicht auf Systeme zurückzuführen, sondern auf die gemeinsame Anstrengung der Spieler.«

Wer seine Mitarbeiter trainiert, macht ihnen vieles leichter – er stellt nicht etwa weniger Anforderungen, gibt ihnen nicht etwa weniger interessante oder weniger schwere Aufgaben. Er spricht ihnen statt dessen Mut zu und läßt sie so weit wie möglich ohne übermäßige Kontrollen und Komplikationen arbeiten. Ein Trainer/Entwickler arbeitet unermüdlich daran, seinem Team Hindernisse aus dem Weg zu räumen, auch wenn es sich diese Hindernisse selbst geschaffen hat.

Wir befassen uns in diesem Kapitel mit den wichtigsten Aspekten der Mitarbeiter-Förderung, die Beispiele sind: vorleben, zuhören, Grenzen setzen, Werthaltungen gestalten, Fähigkeiten erweitern. Seine Fähigkeiten in diesen Bereichen zu entwickeln, ist nicht leicht. Bessere Fähigkeiten und bessere Leistungen entstehen nicht von allein, man muß daran arbeiten. Denken Sie einmal über Ihren eigenen Lebensweg nach. Denken Sie bis in Ihre Kindheit zurück.

Fast jedem fällt eine Handvoll Vorbilder ein, von denen er sehr viel gelernt hat, auch sie haben natürlich Trainerfunktion, Menschen, die uns für unsere Entwicklung etwas ganz Besonderes mitgegeben haben.

Tom kann sich an zwei solche Menschen erinnern. Der erste war Ned Harkness, der am eigentlich ziemlich unsportlichen Rensselaer Polytechnic Institute hervorragende Hockey- und Lacrosse-Mannschaften aufstellte und trainierte. Unter ihm als Trainer hat Tom an der Cornell University Lacrosse gespielt. Wie alle Jungen in Baltimore hat Tom mit diesem Sport schon im Alter von sechs Jahren begonnen. Unter Harkness hat er seine Fähigkeiten innerhalb einer Woche stärker verbessert als in den zehn Jahren zuvor. Harkness beherrschte seine Aufgabe aus dem Effeff – er stellte hohe technische Ansprüche. Noch wichiger aber war, daß er instinktiv erkannte, welches Zeug in jedem einzelnen Spieler steckte. Jeden einzelnen hat er bis zu diesen Grenzen hin entwickelt (Tom wurde fast ein Star). Er hat aber nie zuviel von seinen Spielern verlangt, nie hat er sie entmutigt. Außerdem wußte jeder, daß er sich individuell um jeden einzelnen Spieler kümmerte, daß er genau merkte, was in einem vorging, ob man Niederlagen einstecken mußte oder Siege feiern konnte.

Der zweite Trainer, dem Tom viel zu verdanken hat, war Dick Anderson, Hauptmann in einem Marine-Pionier-Corps, dem Tom 1966 zugeteilt wurde. Dick war ein strenger und anspruchsvoller Vorgesetzter (das sind alle guten Mentoren). Er war anspruchsvoll, weil ihm an seinen Leuten lag (was man spüren, ja förmlich »riechen« konnte). Er hat das Beste aus einem herausgeholt. Er hat seine Leute so gefördert, daß sie Leistungen erbrachten, die sie selbst nie für möglich gehalten hätten. Er wußte aber auch genau, wo bei jedem einzelnen seiner Leute die Grenze lag. Er hat sie gefordert, Anstöße gegeben, gelegentlich auch geschimpft und getobt. Genauso intensiv hat er sich aber auch bemüht, Leute vor Rückschlägen zu bewahren. Tom, der schon damals ein Skunk war, ist natürlich des öfteren mit Vorgesetzten aneinandergeraten. Anderson hat dieses stinktierartige Verhalten keineswegs unterdrückt, sondern eher noch unterstützt. Er hat Tom immer vor den Bürokraten der oberen Ränge in Schutz genommen (und ihm dann unter vier Augen unbarmherzige Vorwürfe gemacht, weil der seine Karten so ungeschickt ausgespielt hatte).

Der Manager als Lehrer

Das Center for Creative Leadership (Zentrum für kreative Führung) in Greensboro/North Carolina beschäftigt sich schon seit langem mit neuen Perspektiven zum Thema Führung. Die Organisatoren des Zentrums haben erfolgreiche Manager zu ihren besten Lehrern befragt. In den meisten Fällen stellte sich heraus, daß der beste Lehrer ein ehemaliger Vorgesetzter war. Diese »Manager als Lehrer« wurden folgendermaßen charakterisiert:

– Sie haben beraten. *Sie haben jüngeren Führungskräften konstruktive Ratschläge und Feedback gegeben. Sie haben jüngere Führungskräfte als »Resonanzboden« benutzt.*

– Sie waren selbst Menschen, die Spitzenleistungen erbrachten. *Ob im Finanzwesen, in der Produktion oder im Marketing – diese Manager waren immer die besten in ihrem Fachbereich.*

– Sie haben offen gelobt. *Sie haben sichergestellt, daß Arbeit und Leistung der jüngeren Führungskräfte sichtbar gemacht wurde. Sie haben ihnen Türen geöffnet.*

– Sie haben Freiräume geschaffen. *Sie haben jungen Führungskräften genügend Spielraum gegeben, Dinge auszuprobieren, sie haben ihnen Mut zur Leistung und auch Mut zum Versagen gegeben. Sie haben sie in wichtige Aufgaben eingebunden.*

– Sie waren anspruchsvolle Vorgesetzte. *Sie haben ihre Mitarbeiter gefordert. Sie haben Höchst- und Spitzenleistung gefordert.*

Nancy ist ihrem ersten wirklichen Trainer kurz nach Abschluß ihres Studiums begegnet. Robert Liberman, Psychiater und Leiter eines innovativen Behandlungszentrums in Kalifornien, war Nancys erster Chef. Sie arbeitete in seiner Forschungsgruppe. Bob war vor allem ein hervorragender Lehrer, dabei ein stiller, eher introvertierter Mann, der nie getobt oder geschimpft hat. Er hat seine Mitarbeiter vor allen Dingen dazu angehalten, »Erstversuche zu starten« – eine neue Idee aufzugreifen und zu verfolgen, einen schwierigen Artikel zu schreiben, neue Trainingsprogramme zu organisieren und durchzuführen, mit einem neuen Patienten zu arbeiten. Fast täglich hat er mit seinen Mitarbeitern gesprochen und dafür gesorgt, daß ihre jeweils »ersten« Versuche nicht auch gleichzeitig die »letzten« waren. Wenn ein Mitarbeiter an seiner Fähigkeit zweifelte, selbständig mit einem neuen Patienten arbeiten zu können, nahm sich Liberman die Zeit, das erste Therapiegespräch mit seinem Mitarbeiter in allen Einzelheiten durchzuspielen. Er hat Fragen gestellt, dem Mitarbeiter Mut zugesprochen, Anstöße gegeben, zugehört und im Gespräch sogar die Rolle des Patienten übernommen. Kurz vor der eigentlichen Therapiesitzung kam er noch einmal vorbei und munterte seine Mitarbeiter auf. Danach erkundigte er sich, wie alles gelaufen sei. Er setzte sich mit seinem Mitarbeiter zur Manöverkritik zusammen. Er hatte die Gabe, immer dann zur Stelle zu sein, wenn man seine Hilfe am meisten brauchte, und sich unsichtbar zu machen, wenn man selbständig weitermachen wollte. Er war ein Meister der Motivation.

Trainer dieser Qualität hinterlassen eine bleibende Wirkung für unser Leben. Neuere Forschungen haben ergeben, daß solche Menschen in Organisationen und für das Individuum Außerordentliches bewirken können. Deshalb wollen wir Sie unbedingt dazu bewegen, dieses Thema mit uns gemeinsam näher zu beleuchten. Es mag so aussehen, als ob diese »Trainer« jeweils nur eine kleine Zahl von Schützlingen betreuen können. Überraschenderweise haben sie aber die Fähigkeit, sehr viele Menschen zu prägen. Vor einigen Jahren nahm Tom an einem Seminar mit rund 25 Partnern der McKinsey-Unternehmensberatung aus aller Welt teil. In einer Übung sollten die Teilnehmer die wichtigsten Trainer in ihrer Laufbahn bei McKinsey benennen und beschreiben. Erstaunlich war, wie viele dieselben zwei oder drei Menschen in diesem Unternehmen nannten, in dem 175 Partner und 1000 Berater tätig sind. Einige wenige waren es also, die sehr viele Menschen so gründlich beeinflußt haben.

Training vor Ort: wieder einmal mit Hilfe von Umherwanderern

Bei Herman Miller, dem führenden Büromöbelhersteller, ist der Begriff »Führen durch Wandern« mittlerweile zum betriebsinternen Markenzeichen geworden. Die umherwandernden Führungskräfte sind für Chairman Max DePree »die in unserem Leben unentbehrlichen Menschen, die immer dann da sind, wenn wir sie brauchen«. Entscheidend für DePree ist die Fähigkeit der Vorgesetzten, die Probleme anderer zu eigenen Problemen zu machen, eine Situation in den Griff zu bekommen und das Bewußtsein sowohl zu entwickeln als auch zu vermitteln, daß jeder jedem helfen müsse.

Dem Coach liegt so viel an seinen Mitarbeitern, daß er sich genügend Zeit nimmt, eine persönliche Beziehung zu ihnen aufzubauen. Das ist leicht gesagt, aber schwer getan. Beziehungen beruhen auf Kontakt. Ohne Kontakt gibt es auch keine Beziehung. Ein guter Coach weiß das: er geht mit seiner Zeit und Aufmerksamkeit für den anderen sehr großzügig um (manchmal sogar zu seinem eigenen Nachteil). Außerdem sorgt er für Kontakt zwischen den Mitarbeitern. Der gute Coach findet fast täglich einen Grund, das ganze Team zu versammeln – das manchmal aus mehreren hundert Mitarbeitern besteht, wie bei Kelly Johnson oder Gerhard Neumann. Er findet unzählige Gelegenheiten, immer wieder zu unterstreichen, daß »wir alle in einem Boot sitzen. Also tun wir gut daran, einander zu helfen«. Auf der anderen Seite gibt es leider auch Führungskräfte, die ihre Leute erst zusammentrommeln, wenn es fünf vor zwölf ist, und das ist schon zu spät. Ein Coach muß ständig maßnahmebegleitend präsent sein. Er darf nicht erst auftauchen, wenn Torschlußpanik Platz greift.

Ein Coach ist zäh. Er holt das Beste aus seinen Mitarbeitern heraus. Er fordert und fördert den Gruppengeist. Wenn jemand aus der Reihe tanzt, die Primadonna spielt und sein »Ich« nicht zugunsten des »Wir« aufgeben will, muß der Coach auch mit dieser Situation fertig werden, indem er diesen Mitarbeiter seiner Wege gehen läßt. Der Chairman eines Raumfahrtkonzerns hat sämtlichen Unternehmensbereichen klargemacht, daß das Unternehmen langfristig ohne interne Kooperation seine Kunden nicht halten könne. Der Leiter der ertragreichsten Sparte hielt dem entgegen, sein Unternehmensbereich fahre kurzfristig so viele Gewinne ein, daß man ihn doch bitte von diesem Unfug, nach der Devise »Liebe deinen Nächsten«, verschonen solle. Das war dem Chairman zuviel. Der Bereichsleiter wurde entlassen.

Training vor Ort, Leistung und strukturierte Laufbahnentwicklung

Training und Entwicklung gehen weit über das kurzfristige Bedürfnis hinaus, jemandem die Techniken der Budget- oder Berichterstellung beizubringen. Der Coach bringt vielmehr seinen Mitarbeitern bei, worauf es in der Organisation ankommt, wofür die Organisation steht und welchen Beitrag die Mitarbeiter langfristig zur Organisation leisten können. Je mehr Freiräume ein Unternehmen seinen Mitarbeitern gewährt, desto wichtiger wird das Training vor Ort, das Training »on the Job«. Hewlett-Packard, W. L. Gore & Associates und People Express haben ein ganz bestimmtes Umfeld entwickelt, in dem man ohne die in den meisten Unternehmen üblichen Laufbahnstrukturen auskommt. In diesen Organisationen finden wir statt dessen gänzlich »unstrukturierte« Entwicklungen und berufliche Laufbahnen – es gibt keine starren Hierarchien. Die Mitarbeiter finden überall Gelegenheit, ihre Talente zu entwickeln, direkte Leistungen zu erbringen und entsprechend anerkannt zu werden. In diesen Unternehmen sollen sich die Mitarbeiter weniger auf ihren Aufstieg konzentrieren, sondern vielmehr all ihre persönliche Kraft für Produktion, Verkauf oder Service einsetzen. Alle müssen vom Unternehmensgeist durchdrungen sein. Dies gilt für Mitarbeiter auf allen Ebenen und in allen Arbeitsplatzkategorien. Ein leitender Angestellter von Hewlett-Packard hat uns den Unterschied verdeutlicht: »Ich war zum Abteilungsleiter geworden und hatte etwa 50 Mitarbeiter unter mir. Nach etwa einem Jahr dachte ich, es sei an der Zeit, mich um den nächsten Schritt nach oben zu kümmern. Ich war gerade dreißig geworden. Viele meiner früheren Kommilitonen hatten es in ihrer Karriere schon weitergebracht. Was die können, kann ich doch auch, sagte ich mir. Ich fing an, mich über meinen Karrierestillstand zu ärgern. Beim nächsten Gespräch mit meinem Vorgesetzten sprach ich die Sache an und fragte ihn, was ich tun könne, um voranzukommen. Er dachte nach und hat mir dann eine ziemlich überraschende Antwort gegeben. Er lächelte: ›Warum haben Sie es so eilig? Bei uns kommt man am besten voran, wenn man in seiner jeweiligen Position Bestleistungen erbringt. Es braucht natürlich seine Zeit, bis man sich an die Arbeit unseres Hauses gewöhnt hat. Sie müssen Vertrauen zu uns haben. Konzentrieren Sie sich darauf, in Ihrer jetzigen Position gute Arbeit zu leisten! Gehen Sie mit Spaß und Freude an die Sache heran! So kann man bei uns aufsteigen.‹ Das lustige daran ist: er hatte recht. Ich habe gemerkt, daß er sich immer Zeit nahm, helfend und unterstützend einzugreifen. Alle schienen genau zu wissen, woran ich arbeitete, welchen Leistungsbeitrag ich erbrachte. HP bringt seinen Mitarbeitern echtes Interesse entgegen. Man geht davon aus, daß der Mitarbeiter im Unternehmen bleiben wird. Jeder macht es sich zum persönlichen Anliegen, zu helfen und Feedback zu geben. Diese persönliche Hilfeleistung überläßt man nicht irgend jemand anderem.«

Werthaltungen gestalten

Der Coach sorgt vor allen Dingen auch für die Gestaltung von Werthaltungen. Er macht die Unternehmensphilosophie lebendig, verdeutlicht sie, verbreitet sie und lebt sie. Neulingen erklärt er, wie sich die im Unternehmen geltenden Werthaltungen auf die individuelle Leistung auswirken.

Gemeinsame Werthaltungen sind die Quelle, aus der Führung erwächst und die auch für die Beurteilung des Unternehmens, seiner Produkte und Dienstleistungen seitens der Kunden und Kollegen maßgebend ist.

Johnson & Johnson hat seine Unternehmensprinzipien in einem »Credo« zusammengefaßt. In diesen Unternehmensleitlinien werden die Kunden, Mitarbeiter, die Gesellschaft allgemein und die Kapitalgeber als zentrale Bezugspersonen herausgestellt. Diese Leitlinien wurden 1947 zum ersten Mal formuliert und allen Mitarbeitern bekannt gemacht. Sie sind im Laufe der Jahre immer wieder offiziell in Frage gestellt, ergänzt und aktualisiert worden. Chairman Jim Burke berichtet:

Eine Generation später, im Jahre 1975, haben wir uns allmählich Gedanken darüber gemacht, ob wir das, was wir predigten, auch tatsächlich *praktizierten.*

Wir waren inzwischen zu einem ziemlich großen und komplexen Unternehmen mit mehr als 100 Gesellschaften weltweit herangewachsen. Die einzelnen Gesellschaften innerhalb des Konzerns hatten unterschiedliche Unternehmensziele. Wir in der Zentrale dachten darüber nach, ob das Credo uns vielleicht mehr bedeuten könnte als denjenigen, die letzten Endes für die Führung unserer zahlreichen Geschäfte weltweit verantwortlich waren.

Also entschlossen wir uns zu einem Experiment. Wir luden unsere 24 in- und ausländischen Geschäftsführer zu einer Konferenz ein, während der wir das Credo ausdrücklich in Frage stellen wollten. Ich eröffnete die Sitzung mit der Bemerkung, daß das Dokument zwar in sämtlichen Niederlassungen der Welt ausgehängt sei, sich aber die Frage stelle, ob wir auch alle dahinterständen. Wenn es nämlich nicht auch vom entsprechenden Geist getragen werde, habe dieses Dokument in unseren Niederlassungen nichts mehr zu suchen. Ich stellte die Gruppe also vor die Frage, ob wir das Credo abschaffen, umschreiben oder so belassen sollten, wie es war, und uns für die Verwirklichung dieser Grundsätze einsetzen sollten. Mit diesen Worten habe ich eine äußerst

lebhafte Diskussion ausgelöst. Die Manager haben sich intensiv mit den einzelnen Aspekten auseinandergesetzt, die im Credo definiert werden. Wir entdeckten, daß viel mehr in diesen Leitlinien steckte, als wir gedacht hatten.
Diese Konferenz war die erste einer ganzen Serie von Sitzungen, in denen wir während der nächsten drei Jahre gemeinsam mit unseren leitenden Angestellten aus der ganzen Welt unser Credo neu erarbeitet haben. Dave Clare, unser Präsident, und ich selbst haben bei diesen Sitzungen den Vorsitz geführt. Die Grundphilosophie ist unverändert geblieben. Vieles blieb, wie es ist, vieles wurde verändert, manches wurde aktualisiert. Einige Konzepte wurden erweitert, um einer inzwischen sehr viel größeren Komplexität Rechnung zu tragen.
[Am 29. September 1982] ... wurden wir plötzlich mit der schrecklichen Tatsache konfrontiert, daß sich ein Verbrecher aus unerklärlichen Gründen eines unserer Produkte – Tylenol – als Mordwaffe ausgesucht hatte. Für uns begann damit ein endloser Alptraum. In kürzester Zeit mußten wir buchstäblich Hunderte von Entscheidungen treffen. Auch dort, wo uns etwas Zeit zum Überlegen blieb, ging es um unerhört komplizierte und risikoreiche Entscheidungen. Wir hatten absolut keinen Präzedenzfall, auf den wir hätten zurückgreifen können.
Wie Sie wissen, hat man uns große Anerkennung für die Bewältigung der ›Tylenol-Affäre‹ gezollt. Wir sind sehr stolz auf die Arbeit, die bei McNeil Consumer Products geleistet wurde, und auf die Hilfe, die von sämtlichen Schwestergesellschaften kam. Alle haben unermüdlich gearbeitet, um ihnen in diesen kritischen Wochen zu helfen. Wir alle – bei McNeil Consumer Products und bei Johnson & Johnson – sind aber davon überzeugt, daß die Leitlinien unseres Credos die größte und wichtigste Rolle für unsere Entscheidungsfindung gespielt haben. Lesen Sie die Philosophie, und Sie werden erkennen, daß wir uns angesichts unseres Credos in der Tylenol-Tragödie gar nicht anders verhalten konnten. Fragen Sie den Tylenol-Verbraucher, die Mitarbeiter bei Johnson & Johnson, die Öffentlichkeit, die Anteilseigner nach ihrer Meinung. Wie würde ihre Meinung zu Johnson & Johnson heute aussehen, wenn wir nicht so gehandelt hätten, wie wir es taten?
Die Tylenol-Affäre hat uns wieder einmal bestätigt, daß die amerikanische Öffentlichkeit im Grunde genommen fair ist. In einer drei Monate nach der Tragödie durchgeführten Roper-Umfrage haben 93 Prozent der Bevölkerung bestätigt, daß Johnson & Johnson diese Situation mit sehr großem oder doch immerhin sehr ordentlichem Verantwortungsbewußtsein bewältigt habe. Ebenso gute Noten hat die Öffentlichkeit der amerikanischen Nahrungsmittel- und Arzneimittelbehörde, den

Bundesbehörden, der Arzneimittelindustrie im allgemeinen *und* den Medien gegeben! Die Bevölkerung wußte, daß all diese Institutionen im Interesse der Öffentlichkeit zusammenarbeiteten! Und was haben unsere Kunden getan? Sie haben uns im großen und ganzen die Treue gehalten. Ein Jahr nach der Tragödie zeigte sich, daß wir nur einen geringen Teil des Gesamtgeschäfts verloren hatten. Die letzte Nielsen-Umfrage vom Juli-August [1983] zeigt, daß die Umsatzzahlen bei Tylenol inzwischen wieder im Vergleich zu den Umsätzen vor der Tragödie bei mehr als 90 Prozent liegen.

Burkes Worte wirken anregend – auf uns. Vielen Menschen werden sie ein wenig blumig erscheinen. »An J&J muß doch mehr dran sein als das!« Antwort: ja – und nein. Ja, J&J hat eine Struktur (wenn auch eine sehr locker geführte). J&J hat auch ein strenges Berichtswesen. J&J *ist* dieses Credo. Wir haben die Tylenol-Geschichte aus allen Blickwinkeln überprüft. Wir haben Journalisten befragt, die den Fall recherchiert haben. Wir haben Rechtsanwälte und einfache J&J-Mitarbeiter befragt. Alle waren von der Stärke der Institution beeindruckt (auch wenn diese Stärke durch die Tragödie schwer angekratzt worden ist.) Bemerkenswert ist die gelebte Werthaltung – bei J&J, IBM, People Express, Apple, HP, Gore.

Unser Credo
Wir glauben, daß wir zuallererst den Ärzten, den Krankenschwestern und Patienten, den Müttern und allen anderen, die unsere Produkte und Dienstleistungen nutzen, verpflichtet sind.
Zur Erfüllung ihrer Bedürfnisse muß alles, was wir tun, von hoher Qualität sein.
Wir müssen uns ständig darum bemühen, unsere Kosten zu senken, um vernünftige Preise halten zu können.
Kundenaufträge sind prompt und genau auszuführen. Unsere Zulieferer und Händler müssen eine Chance haben, ihrerseits einen fairen Gewinn zu erzielen.
Wir sind unseren Mitarbeitern verpflichtet, den Männern und Frauen, die in der ganzen Welt für uns arbeiten.
Jeder ist als Individuum zu betrachten.
Wir müssen ihre Würde achten und ihre Leistung anerkennen.
Sie müssen ein Gefühl der Arbeitsplatzsicherheit haben.
Der Lohn muß fair und angemessen sein, es müssen saubere, geregelte und sichere Arbeitsbedingungen herrschen.
Mitarbeiter dürfen Vorschläge und Beschwerden freimütig äußern. Alle

qualifizierten Mitarbeiter sind gleichberechtigt, alle Mitarbeiter haben gleiche Entwicklungs- und Beförderungschancen.
Wir müssen für kompetente Führungskräfte sorgen, ihr Handeln muß gerecht und ethisch einwandfrei sein.
Wir haben eine Verpflichtung gegenüber den Gemeinden, in denen wir leben und arbeiten, und wir haben eine Verpflichtung gegenüber der Welt insgesamt.
Wir müssen gute Bürger sein – gute Werke und Nächstenliebe fördern und unseren gerechten Steueranteil zahlen.
Wir müssen soziale Verbesserungen fördern und uns für ein besseres Gesundheits- und Bildungswesen einsetzen.
Wir müssen ordentlich mit den Gütern umgehen, die wir nutzen dürfen, wir müssen die Umwelt und unsere natürlichen Ressourcen schützen.
Schließlich sind wir unseren Anteilseignern verpflichtet. Wir müssen gesunde Gewinne erzielen.
Wir müssen mit neuen Ideen experimentieren.
Wir müssen weiter forschen, wir müssen innovative Programme entwickeln und für Fehler zahlen.
Neue Geräte müssen gekauft, neue Betriebsstätten errichtet und neue Produkte eingeführt werden. Wir müssen Rücklagen für schlechte Zeiten schaffen.
Wenn wir uns an diese Prinzipien halten, werden unsere Anteilseigner eine faire Kapitalrendite realisieren.

Johnson & Johnson

Zunächst in den eigenen Spiegel schauen

Es kommt häufig vor, daß das tatsächliche Handeln nicht den proklamierten Werthaltungen entspricht. Wie läßt sich diese Gefahr vermeiden oder zumindest vermindern? Als erstes muß man auch hier wieder ehrlich und kritisch das eigene Handeln betrachten. Dieses Thema zieht sich wie ein roter Faden durch sämtliche Kapitel unseres Buches. Wir kommen hier darauf zurück, weil Training vor Ort von Taten abhängig ist, nicht aber von Worten. Sie werden sehen, daß sich Ihr eigenes Verhalten im Verhalten Ihres Teams widerspiegelt: Ihre Mitarbeiter *erkennen*, was Ihnen wichtig ist. Spüren Sie auch die kleinsten Inkonsequenzen auf (gerade diese Kleinigkeiten sind oft entscheidend): Fordern Sie dauernd Qualität, kümmern sich aber um die Lagerbestände nur dann, wenn Sie den Betrieb besuchen? Schauen Sie sich Ihren Terminkalender an. An ihm können Sie ganz genau erkennen, was bei Ihnen Priorität genießt. Der Terminkalender ist ein untrüglicher Indikator für Ihre wirklichen Wertmaßstäbe. Sämtliche Mitarbeiter achten nämlich genau darauf, was der Chef tut. Wenn Sie beispielsweise überall lautstark die Bedeutung von Innovation preisen, aber kleinere Fehlschläge, die mit Innovationen unweigerlich verbunden sind, nicht tolerieren, wird Ihre wirkliche Priorität schnell deutlich sichtbar, die von Ihnen proklamierte Philosophie unglaubwürdig. Nehmen Sie sich Zeit für ein wenig Selbstkritik. Untersuchen Sie genau, ob Sie mit Ihrer Arbeit die Wertmaßstäbe des Unternehmens und Ihre eigenen Überzeugungen repräsentieren. Stellen Sie fest, wo Ihre Worte nicht mit Ihren Taten übereinstimmen. So können Sie Problemen und Rückschlägen im Prozeß des Trainings vor Ort vorgreifen.

Das richtige Tun:
Vertrauen und Integrität

»Wertmaßstäbe setzen heißt, den Schwerpunkt stärker auf Integrität als auf technische Fertigkeiten zu legen: Auch wenn Mitarbeiter nicht genau wissen, wie eine bestimmte Aufgabe auszuführen ist, können sie sich auf *sich selbst* verlassen, und sie können sich auf Sie verlassen, wenn sie wissen, welche Maßstäbe ihre Vorgesetzten für das Unternehmen als gültig erachten. Man kann davon ausgehen, daß jeder einzelne im Alltagsgeschäft die richtige Richtung einschlägt. Aus Vorträgen, Verfahrenshandbüchern oder Seminaren läßt sich Vertrauen nicht erlernen. Vertrauen wächst in Gesprächen nach Feierabend, und diese Gespräche spiegeln die Achtung vor dem einzelnen wider. Wer Wertmaßstäbe setzen will, schützt die Integrität des Unternehmens immer und überall.

Wo Integrität und Vertrauen herrschen, finden wir auch eine Art zugewandter Kooperation. Die besten Trainer wenden für die Arbeit mit den einzelnen Spielern genauso viel Zeit auf wie für die Entwicklung des Teamgeistes. Der Coach bestimmt den Umgangston und die Zusammenarbeit. Vertrauen entwickelt sich im Laufe dieses Prozesses.

Der Coach als Geschichtenerzähler

Nichts besagt mehr über die wahren Anliegen eines Unternehmens als die in ihm und über es kursierenden Geschichten und Legenden. Schon in Kapitel 16 haben wir gesehen, daß Führungspersönlichkeiten auf Geschichten zurückgreifen, um im Alltagsgeschehen zu überzeugen und symbolhafte Schwerpunkte zu setzen. Am besten erzählt man eine Geschichte, wenn man den Mitarbeitern genau sagen will, »wie was im eigenen Unternehmen funktioniert«. Damit gewinnt die Unternehmensphilosophie an Überzeugungskraft, ja, eigentlich kann man nur so an Glaubwürdigkeit gewinnen. Aus wirklichen Begebenheiten geht ja genau hervor, wo Lücken zwischen den nach außen dargestellten und den nach innen tatsächlich gelebten Wertmaßstäben klaffen. Jede Führungskraft ist also genauso gut oder schlecht, genauso konsequent oder inkonsequent wie die Geschichten, die man sich über ihn oder die er selbst erzählt – ob Ihnen das gefällt oder nicht.

Diese Geschichten bleiben in Erinnerung. Sie bilden einen Rahmen, aus dem heraus aktuelle Entscheidungen und Ereignisse begriffen werden. Geschichten machen die Unternehmensphilosophie attraktiv und untermauern sie. Man hat gemeinsame Erinnerungen, tauscht Geschichten aus. So verbreitet sich ein Gefühl der Tradition und der Kontinuität.

Der Coach wird aktiv – Club der Ideensammler

Stew Leonard (Stew Leonard's Lebensmittel) fragt bei seinen Mitarbeitern ständig neue Vorschläge ab. Regelmäßige Besuche bei der Konkurrenz gelten als unabdingbare Voraussetzung für erfolgreiche Arbeit. Viele Mitwettbewerber gibt es nicht, die wirklich mit Stew konkurrieren könnten, dennoch finden seine Mitarbeiter und er ab und an interessante Anstöße. Hat irgendwer irgend etwas derartiges entdeckt, spielt Entfernung keine Rolle. Stew schnappt sich 15 Mitarbeiter (darunter auch gewerbliche und ganz neu eingestellte), setzt sich mit ihnen in den Kleinbus, den er für solche Gelegenheiten angeschafft hat, und fährt an den Ort des Geschehens.

Das gesamte Unternehmen ist eine Art »Club der Ideensammler«. Wer kommt als erster mit einer bei der Konkurrenz aufgelesenen Idee? Als nächstes wird gefragt: Können alle mit wenigstens einer Idee aufwarten, die immer sofort umsetzbar sein muß? Das ist alles – oder doch nicht ganz. Jeder Mitarbeiter muß aber auch mindestens eine Leistung herausfinden, die bei der Konkurrenz besser ist als bei Stew.

Hier zeigen sich sehr enge Parallelen zu Sam Neaman. Wichtig sind folgende Schlüsselkonzepte: Selbstanalyse, der gewerbliche Mitarbeiter als Experte, Analyse am konkreten Fall, Suche nach Kleinigkeiten, die sofort umsetzbar sind, Instrument zum Informationsaustausch (in diesem Fall die Reise im Kleinbus), Prozeßregeln (bei Stew darf die Konkurrenz nicht »schlecht gemacht« werden). Schließlich gilt das Prinzip »Hilfe zur Selbsthilfe«, Anleitung zur Selbständigkeit.

Worauf will Stew hinaus? Er lehrt, er trainiert, er berät. Er bildet jeden zum Experten im Einzelhandel und in der Konkurrenzanalyse aus. Er macht alle zu Siegern, zu Mitbesitzern, zu Enthusiasten.

Das Training vor Ort ist nicht auf das begrenzt, was Sie persönlich lehren können. Was können Ihre Mitarbeiter von Kunden, Lieferanten und Kollegen in anderen Unternehmensteilen lernen? Wie können Sie die Chancen, die sich im Alltagsgeschäft ergeben, in Ihren allgemeinen Plan zur Entwicklung und Weiterbildung Ihrer Mitarbeiter aufnehmen? Die folgende Liste soll Ihnen einige Anhaltspunkte vermitteln:

– Lassen Sie Ihre Mitarbeiter regelmäßig auch an Sitzungen teilnehmen, die normalerweise nicht in ihr Ressort fallen. (Mitarbeiter des Finanz- und Rechnungswesens nehmen an Marketingkonferenzen teil und umgekehrt.) So kann sich jeder aus erster Hand genau über die Arbeit der Kollegen informieren.
– Gründen auch Sie einen »Club der Ideensammler« innerhalb oder außerhalb des Unternehmens.
– Lassen Sie Ihre Mitarbeiter zuschauen und zuhören, wenn Sie Kundenreklamationen bearbeiten, zu Präsentationen antreten oder »umherwandern«.
– Lassen Sie Mitarbeiter für bestimmte Zeit auch in anderen Positionen oder Funktionen arbeiten. Auch in ihnen eigentlich fremden Bereichen müssen sie konkrete Aufgaben erfüllen – für eine bestimmte Zeit. Setzen Sie zum Ziel, daß jedes Teammitglied in der Lage sein muß, ein anderes Teammitglied in dessen Arbeitsbereich zu vertreten.
– Halten Sie Ihre Mitarbeiter dazu an, sich ständig fortzubilden und an unternehmensinternen Seminaren teilzunehmen. Sorgen Sie dafür, daß niemand dafür gerügt wird, wenn seine eigentliche Arbeit liegenbleibt, weil er an einem Fortbildungskurs teilnimmt.
– Sorgen Sie dafür, daß Ihre Mitarbeiter in innerbetrieblichen Seminaren auch als Trainer auftreten.
– Fördern Sie die Mitgliedschaft in Berufs- und Fachorganisationen.

– Ermuntern Sie Ihre Mitarbeiter dazu, innerhalb und außerhalb Ihres Betriebes Vorträge über ihre Projekte zu halten. Dies gilt ganz besonders für Vorträge vor Mitgliedern anderer Funktions- und Unternehmensbereiche.
– Sorgen Sie dafür, daß Ihre Mitarbeiter für begrenzte Zeit in multifunktionalen Projektgruppen mitarbeiten (bieten Sie Ihre Mitarbeit an, ohne eine Gegenleistung dafür zu erwarten).
– Fordern Sie Kollegen aller Unternehmensebenen in anderen Unternehmensbereichen dazu auf, in Ihre Gruppen hineinzugehen und zu erklären, welche Leistungen Sie von der Gruppe erwarten (regen Sie darüber hinaus an, daß Ihre Mitarbeiter zu einem Gegenbesuch eingeladen werden).
– Machen Sie es Roger Milliken nach und schicken Sie nicht nur zwei bis drei, sondern 150 Mitarbeiter zu einer zehntägigen Fachmesse.
– Laden Sie einen Mitarbeiter aus einer anderen Abteilung oder gar aus einem anderen Unternehmen – dem Unternehmen eines Kunden oder Lieferanten – dazu ein, eine Weile in Ihrer Abteilung zu hospitieren.

Jede Gelegenheit, Mitarbeiter einzubinden, ist auch eine Gelegenheit zum Training vor Ort. Es gibt keine unwichtigen Gelegenheiten!

Wie üblich eine Mahnung zur Vorsicht: Es werden sich nicht viele Mitarbeiter freiwillig zu einem Auftrag außerhalb des Unternehmens melden. Die meisten Menschen fürchten das Wort »aus den Augen – aus dem Sinn«. Hier zeigt sich wieder einmal, wie wichtig es ist, von positiven Erlebnissen berichten zu können, von den vielzitierten Geschichten, die eine solche Skepsis viel besser besiegen können als jede theoretische Erörterung.

Schauen Sie noch einmal in den Spiegel

Wie wichtig dies ist, haben wir schon mehrmals betont! Dazu die Aussage eines Kollegen: »Ein Coach ist immer dann am besten, wenn er Mitarbeitern vorlebt, wie er seinen eigenen Job handhabt, wie man mit Eigeninitiative seinem Ziel Schritt für Schritt näherkommt. Ich hatte einen Chef, der jeden Tag einen Teil seiner Zeit der vorgeblichen ›Förderung‹ seiner Mitarbeiter widmete. Während dieser Gespräche ging es beispielsweise um die Qualitätsverbesserung oder um sonstige Idealvorstellungen. Er geriet jedoch immer ins Schleudern und wandte sich nach diesen ›Trainingssitzungen‹ wieder seiner eigentlichen Arbeit zu. Stand eine Auslieferung an, wurde sie auch auf Gedeih und Verderb durchgezogen, egal ob das Produkt den ach so lieben Qualitätsnormen genügte oder nicht. Für ihn bedeuteten ›Training‹ und ›Ausführung seines Auftrags‹ zwei verschiedene Dinge. Wir haben sehr schnell begriffen, was er eigentlich *wollte*. Was er *sagte*, klang phantastisch. Er wollte einfach nicht begreifen, daß wir die Qualitätsnormen so nicht erfüllen konnten, obwohl er uns doch immer wieder Qualitätsbewußtsein gepredigt hatte.«

Eine leidige, aber leider nur allzu bekannte Geschichte! Führungskräfte werden danach bewertet, wie sie Ihre Prioritäten verwirklichen. Vor Ihren Mitarbeitern nämlich können Sie nichts verbergen. Also schauen Sie noch einmal in den Spiegel! Und üben Sie noch einmal Selbstkritik!

Führungsfähigkeit und Fachwissen

Führungsfähigkeit und Fachwissen sind das A und O des professionellen Managements. Tom Monaghan, Chef von Domino's Pizza, nimmt es im Pizzabacken mit jedem seiner Mitarbeiter auf. Don Vlcek, Präsident von Domino's Pizza Distribution Company (dieses Unternehmen liefert den Teig), kann im Teigherstellen mit jedem seiner Mitarbeiter konkurrieren. David Ogilvy hat während seiner ganzen Karriere immer wieder selbst Werbetexte geschrieben – und er ist ein hervorragender Texter. Marvin Bower, die legendäre Führungspersönlichkeit bei McKinsey's, ist immer noch im Neukundengeschäft tätig – keiner kann ihm das Wasser reichen (er hat vor kurzem General Motors als Kunden gewonnen). Den Weg nicht nur weisen, sondern ihn auch selbst gehen, ist also sehr viel einfacher, wenn man selbst »vom Fach« ist. Die Werthaltungen vorleben – Werthaltungen hinsichtlich der Mitarbeiter, hinsichtlich der Kunden – steht an allererster Stelle. Lebendig werden für Ihre Mitarbeiter kann dieses Prinzip erst, wenn Sie selbst den Zusammenhang begreifen. Gemeinhin heißt es: »Der professionelle Manager kann alles managen.« – »Blödsinn«, sagen wir. Korrekter ist: »Wer Bescheid weiß, ist auch glaubwürdig.« Bescheid wissen allein ist aber *nicht* genug: ein guter Coach kennt sein Fachgebiet – ist Experte – *und* erfüllt die abstrakten Werthaltungen jeden Tag mit Leben.

Der Coach spielt fünf verschiedene Rollen

Wie stellt der Coach fest, welche Rolle er spielen muß? Was muß er betonen? Was muß er zum gegebenen Zeitpunkt außer acht lassen? Wo soll er beginnen?

Dazu sagt ein Marketingmanager von HP: »Ein guter Coach muß flexibel sein. Was beim einen funktioniert, funktioniert noch lange nicht beim anderen. Man muß also sein jeweiliges Gegenüber und auch die Situation kennen.« Das Training vor Ort ist also manchmal nicht Training, sondern Beratungs-, Förderungs-, Konfrontations- oder Erziehungsprozeß.

Erziehen, »sponsern«, trainieren, beraten und konfrontieren

Wir wollen konkret werden. In unserer Arbeit mit außerordentlich talentierten Führungskräften und Trainern haben wir festgestellt, daß sie ihre tägliche Arbeit mit Mitarbeitern ganz intuitiv angehen. Manchmal konzentrieren sie sich auf die Beseitigung von Leistungsbehinderungen. Manchmal knien sie sich intensiv in eine Situation hinein und nehmen wesentlichen Einfluß auf deren Verlauf und damit auf das Ergebnis. Manchmal helfen sie Mitarbeitern beim Überwinden persönlicher oder leistungsbezogener Probleme, manchmal helfen sie ihnen einfach nur dadurch, daß sie Informationen weitergeben. In manchen Situationen ist der Coach die dominierende Figur, in anderen vergißt das Team, daß er überhaupt vorhanden ist.

Erfolgreiche Trainer, die den Mitarbeitern helfen, an der Aufgabe zu wachsen, gehen also intuitiv von unterschiedlichen Ansätzen aus – je nachdem, was der jeweilige Mitarbeiter oder die Gruppe zum gegebenen Zeitpunkt braucht. Ein guter Coach unterscheidet zwischen fünf verschiedenen Rollen: Er erzieht, er »sponsert« und fördert, er trainiert, er berät und er konfrontiert. Jeder Ansatz wird mit derselben Intensität verfolgt. Er hat immer nur ein Ziel im Blick: den Lernvorgang zu erleichtern und bei allen Mitarbeitern kreative Leistungen als Beitrag zur Verwirklichung des obersten Organisationsziels hervorzurufen. Wir wollen uns die fünf verschiedenen Rollen näher anschauen. Ehe wir uns den einzelnen Rollen in extenso zuwenden, wollen wir uns auf die Hauptmerkmale konzentrieren:

ERZIEHEN/EINWEISEN – WANN?
Wenn sich Ziele, Rollen oder Geschäftsbedingungen ändern.
Wenn es um die Orientierung eines Neulings geht.
Wenn ein Mitarbeiter in eine Gruppe neu eintritt.
Wenn neue Fähigkeiten gebraucht werden.

ALLGEMEINER UMGANGSTON
Positiv, unterstützend.
Schwerpunkt: neue Fachkenntnisse erlernen und anwenden.

FOLGEN
Aneignung neuer Fähigkeiten. Das Vertrauen in die eigenen Fähigkeiten wächst.
Erweiterte Perspektive zum Unternehmen oder zur Organisation.

UNABDINGBARE VORAUSSETZUNGEN
Fähigkeit, Leistungserwartungen klar zu formulieren.
Fähigkeit, praktische »Lernprozesse« zu erkennen.
Fähigkeit und Bereitschaft, mehr zu lernen.

FÖRDERN – WANN?
Wenn ein einzelner eine besondere Leistung erbringen kann.
Wenn eine hervorragende Fähigkeit für sich selbst spricht.

ALLGEMEINER UMGANGSTON
Positiv, begeisternd.
Die Betonung liegt auf langfristiger Entwicklung und dem Beitrag zum Unternehmen.
Zukunftsperspektive. Politur, Feineinstellung.

FOLGEN
Schaufenster für außergewöhnliche Fähigkeiten und Leistungen.
Mehr Erfahrung. Beförderung.

UNABDINGBARE VORAUSSETZUNGEN
Abbau bürokratischer Hemmnisse. Beseitigung von Leistungshindernissen.
Fähigkeit, kollegiale Beziehungen aufzubauen.
Bereitschaft, Kontrolle zu lockern.
Bereitschaft, Zugang zu Informationen und Menschen zu öffnen.

TRAINIEREN/COACHEN – WANN?
Wenn besondere Ermunterung vor oder nach einem »Erstversuch« angebracht ist. (Zum Beispiel: erster Kundenbesuch, erste Aufsichtsratssitzung)
Erste, einfache Verbesserungsmaßnahmen.

ALLGEMEINER UMGANGSTON
Ermutigend, Begeisterung weckend, vorbereitend, erklärend.

ERFOLGE
Mehr Zutrauen, bessere Fähigkeiten, bessere Leistung.

UNABDINGBARE VORAUSSETZUNGEN
Fähigkeit, ehrliches Lob auszusprechen, Fähigkeit zuzuhören.

BERATEN – WANN?
Wenn Probleme die Leistung behindern. Nach dem Erziehungs- und Trainingsprozeß.
Als Antwort auf Rückschläge und Enttäuschungen, um schnell neues Vertrauen aufzubauen.

ALLGEMEINER UMGANGSTON
Betonung liegt auf der Problemlösung. Positiv, unterstützend, ermutigend, strukturiert. Diskussion mit Input von beiden Seiten.

FOLGEN
Wende. Förderung der eigenen Motivation und Eigenverantwortung. Erneuerung des Engagements.

UNABDINGBARE VORAUSSETZUNGEN
Bereitschaft zum Zuhören. Fähigkeit, deutliches und nützliches Feedback zu geben.

KONFRONTIEREN – WANN?
Dauerhafte Leistungsprobleme bleiben ungelöst.
Ein Mitarbeiter wird den Erwartungen trotz Erziehung und Beratung nicht gerecht.
Ein Mitarbeiter scheitert in der ihm augenblicklich zugewiesenen Rolle.

ALLGEMEINER UMGANGSTON
Positiv, unterstützend, fest.
Eindeutige Konzentration darauf, daß eine Entscheidung getroffen werden muß, Festlegung des Zeitpunktes, bis zu dem eine Entscheidung gefällt sein wird.
Ruhig.

FOLGEN.
Versetzung. Chance, in einer anderen Position Leistungen zu erbringen.
Gegenwärtige Position wird reorganisiert, Zuständigkeiten werden neu verteilt. Entlassung.

UNABDINGBARE VORAUSSETZUNGEN
Zuhören. Fähigkeit, direktes und sinnvolles Feedback zu geben.
Fähigkeit, auch heikle Themen zu erörtern, ohne sie übermäßig zu emotionalisieren.

Außerordentlich dankbar sind wir Pat Lingen, dem hervorragenden Managementtrainer bei HP, für seinen Beitrag zu dieser Übersicht.

Erziehen/Einweisen

Als Ren McPherson begann, bei Dana die Produktivität erheblich zu steigern, setzte er etwas ganz Wichtiges durch: Jeder Unternehmensbereich – auch wenn es sich um einen Betrieb mit 1500 Personen handelte – mußte mindestens vierteljährlich sämtliche Mitarbeiter zusammenrufen, um die Betriebsergebnisse zu besprechen und um alle über die Entwicklungen im Gesamtunternehmen auf dem laufenden zu halten. Wie schon in unserem Kapitel zum Thema ›Mitinhaberschaft‹ erwähnt, handelte McPherson entsprechend seiner Überzeugung, nach der jeder Mitarbeiter – auch der erst vor acht Tagen eingestellte – die Fähigkeit in sich trage, ein vollwertiger Geschäftspartner zu werden, vorausgesetzt, er behandele sie entsprechend.

Die »40 Gedanken« der Dana Corporation
und ihre Umsetzung in die Praxis
Dana hat in den 70er Jahren unter Führung von Ren McPherson und heute unter Führung von Gerry Mitchell ein wichtiges Kapitel in der

Geschichte des amerikanischen Managements geschrieben. Eine seiner ersten Amtshandlungen in seiner Eigenschaft als Chairman war, sämtliche Verfahrenshandbücher auf eine einseitige Betriebsphilosophie zusammenzukürzen. Mitte der 70er Jahre wurde dieses Papier durch die »40 Gedanken der Dana Corporation« ersetzt – nicht etwa auf Initiative des Chairman, sondern auf die einer völlig selbständig handelnden Gruppe von Dana-Mitarbeitern. Sie wollten es jedem Mitarbeiter noch leichter machen, zu lesen und zu verinnerlichen, worauf es bei Dana ankommt. Diese »40 Gedanken« sind für die Leistungskraft des Unternehmens Dana immer noch wesentlich:

Immer an unser Unternehmensziel denken – Gewinne und eine gute Eigenkapitalrendite für unsere Anteilseigner erarbeiten · Menschen als unser wichtigstes Kapital begreifen · Dazu beitragen, daß Menschen sich entfalten können · Unternehmensintern befördern · Daran denken – Menschen übernehmen gern Verantwortung · Erfolge mit allen teilen · Für stabiles Einkommen und stabile Arbeitsplätze sorgen · Dezentralisieren · Selbständigkeit fördern · Unternehmerisches Denken und Handeln fördern · Unternehmensausschüsse, Projektteams einsetzen · Verantwortung möglichst weit unten ansiedeln · Alle einbinden · Jeder Mitarbeiter ist eine »Führungskraft« · Nur die wichtigen Faktoren steuern und überwachen · Identifizierung mit Dana fördern · Alle Dana-Mitarbeiter zu Anteilseignern machen · Vereinfachen · Organisation, die auf Papierkrieg und Bürokratie verzichten kann, anstreben · Dasselbe gilt für Akten · Umfassende und intensive Kommunikation · Dana-Mitarbeiter werden zuerst informiert · Mitarbeiter setzen ihre Ziele und bewerten ihre Leistung selbst · Mitarbeiter entscheiden soweit wie möglich selbst · Konformismus wird nicht begünstigt · Sich professionell verhalten · Organisationsbedingte Hindernisse aus dem Weg räumen · Stolz entwickeln · Hohe moralische Normen · Konzentration auf Märkte · Volle Ausnutzung sämtlicher Aktivposten · Keine übertriebenen Investitionen – Fremdleistungen statt Eigenleistungen – Gleichgewicht schaffen zwischen Betriebsstätten, Produkten, Märkten · Nicht mehr als 500 Mitarbeiter in einer Betriebsstätte · Produktion stabilisieren · Markenartikel entwickeln · Marktbedürfnisse vorwegnehmen · Äußerst genau auf Liquidität achten · Zuverlässig liefern · Immer das tun, was für Dana das beste ist.

Denken Sie darüber noch einmal einen Augenblick nach. Im Erziehungs-/Einweisungsprozeß geht es nicht primär darum, einen Neuling mit einer Vielzahl von Techniken zu konfrontieren, sie ihm aufzuzwingen – gleich, ob der Neuling ein neu eingestellter Mitarbeiter, eine neue Führungskraft oder ein neues Vorstandsmitglied ist. Die beste Einweisung ist, wenn man sagt: »Sie gehören dazu.« – »Sie können etwas leisten.« Wenn diese Aussage ehrlich gemeint ist und entsprechend aufgenommen wird, läßt sich der »technische Lernprozeß« um 60 bis 90 Prozent verkürzen.

Führungskräfte, die gleichzeitig als Erzieher wirken – ganztags, halbtags oder vorübergehend –, behandeln jeden Menschen als vollwertiges Teammitglied. Sie machen es dem Menschen leicht, ein Gefühl der Zugehörigkeit (der ›Mitinhaberschaft‹) zu entwikkeln, weil sie ihm Ausbildungsmöglichkeiten bieten, ihm freien Zugang zu sämtlichen Informationen im Gesamtunternehmen verschaffen und klare, konsequente, einfache und konkrete Leistungserwartungen an ihn stellen. Selbst Coaches in Branchen, die konjunkturellen und saisonalen Schwankungen und Krisen gegenüberstehen, können ihren Mitarbeitern in jeder Situation verdeutlichen, daß sie ohne Ansehen der Dauer ihrer Firmenzugehörigkeit immer als vollwertige Partner gelten.

Wer Mitarbeiter von Anfang an äußerst gründlich mit den Maßstäben, Gepflogenheiten und Zielen des Unternehmens vertraut macht, legt damit den Grundstein für eine nicht nachlassende Bereitschaft zu kreativen Leistungen. Erziehen/einweisen heißt nicht Anweisungen erteilen. Wer erzieht, handelt aus der inneren Überzeugung heraus, daß jeder Mensch gute Leistungen vollbringen kann, wenn man ihm das entsprechende Instrumentarium, die entsprechenden Freiräume zur Verfügung stellt und ihn häufig konkret und glaubwürdig über seine Fortschritte informiert. Einweisen heißt, den Menschen die Chance zu geben, ihre Erfahrungen selbst zu machen und zu lernen, zwischen Fehlern und Katastrophen, zwischen zufriedenstellenden und außergewöhnlichen Leistungen zu unterscheiden.

Wann ist Erziehung/Einweisung angebracht? – Wenn Sie einen Neuling – gleich auf welcher Ebene – in Ihre Organisation und Ihre Unternehmensphilosophie einführen wollen.
– Wenn Menschen spezifische Informationen brauchen, um im Alltagsgeschäft als vollwertige Partner Leistungen erbringen zu können.
– Wenn die Leistungserwartungen nicht klar sind.
– Wenn die Menschen Informationen über veränderte Ziele, Strategien, Rollen oder Zuständigkeitsbereiche brauchen.
– Wenn Menschen ihre Fähigkeiten optimal einsetzen und erweitern wollen.

– Wenn Sie Wert darauf legen, daß Menschen eine bestimme Fähigkeit erlernen.
– Wenn die Wertmaßstäbe des Unternehmens falsch interpretiert werden, mehrdeutig oder undurchsichtig sind.

Einweisung neuer Mitarbeiter

Bei North American Tool and Die in San Leandro/Kalifornien setzt der Prozeß des Lernens am Arbeitsplatz schon beim Einstellungsgespräch an! Die Kandidaten werden gebeten, zwei oder drei Tage (gegen Bezahlung) im Unternehmen zu arbeiten, um festzustellen, wo sie am besten hineinpassen. In diesen Tagen erfährt der Kandidat vieles über Präzisionswerkzeuge, lernt fast alle Mitarbeiter (80) kennen, muß an unterschiedlichen Arbeitsplätzen praktisch arbeiten und wird gründlich mit der Art des Hauses North American bekannt gemacht. Präsident Tom Melohn läßt es sich nicht nehmen, mit jedem Kandidaten selbst zu sprechen, Fragen zu beantworten und seine Überzeugungen darzulegen: gewinnbringendes Wachstum, alle an den Gewinnen beteiligen und Spaß an der Sache haben. Einstellungsentscheidungen sind Konsensentscheidungen, wobei auch der Kandidat gleichberechtigte Anhörung findet. »Wenn der Kandidat zu uns paßt, wird er es nach den zwei Tagen selbst wissen«, meint Melohn. »Sie können es gar nicht erwarten, bei uns anzufangen. Bei uns sollen sich die Menschen von Anfang an engagieren, sie sollen wissen, daß dies für uns wichtig ist.«

Es ist also von nicht unerheblichem Vorteil, wenn die Einweisung noch vor der eigentlichen Einstellungsentscheidung beginnt: Jedes Einstellungsgespräch, jede Werkbesichtigung ist eine Gelegenheit, bei der Sie Ihre Prioritäten klar und verständlich erklären, Erwartungen verstärken und den Neuling in das Geschäft einbinden können. Wir sind Donna Ecton, die bei der Campbell Soup Company als Vorstandsmitglied für den kaufmännischen Bereich zuständig ist, begegnet, als wir uns in den bestgeführten amerikanischen Unternehmen nach einer weiblichen Führungskraft für die Titelgeschichte der Zeitschrift *Savvy* (Ausgabe Juni 1984) umsahen. Campbell stand ziemlich weit oben auf unserer Liste. Dasselbe müssen wir von Donnas Auffassung zu ihrer neuen Position sagen – sie war von Citibank zu Campbell gewechselt. Die ersten drei Monate in ihrer neuen Position hatte sie in den Betriebsstätten des Unternehmens gearbeitet, »Gurken in Gläser gepackt, Nachtschicht geschoben, Geflügel ausgeweidet und Menschen zugehört«.

Innerhalb eines Jahres hatte sie sämtliche Unternehmensbereiche aus erster Hand kennengelernt. Daß eine Führungskraft – neu in einer hohen Position – sich so intensiv mit dem Unternehmen beschäftigt, ist wirklich selten.

Training und einiges darüber hinaus

Der Einweisungsprozeß eines neu eingestellten Mitarbeiters beginnt häufig mit einer zunächst formalen Orientierungshilfe. Die besten Unternehmen konzentrieren sich auf die Geschichte der Firma, die Entwicklung, die bestehende Produktpalette, die Unternehmensphilosophie und darauf, welchen Beitrag jeder einzelne für den Erfolg der gemeinsamen Arbeit leisten kann. Diese Aufgabe behalten sich in den Spitzenunternehmen immer die hochrangigen Führungskräfte vor. Andy Grove, Präsident von Intel, sagte, seine beste Leistung für das Unternehmen (immerhin 1,2 Milliarden Dollar Umsatz) bestehe darin, daß er neu eingestellte Mitarbeiter selbst in ihre Arbeit und das Unternehmen einführe. Das gesamte Spitzenteam bei People Express wendet pro Woche vier bis acht Stunden für das innerbetriebliche Training auf. Nur so, meinen sie, könne man sicherstellen, daß die Grundsätze, zu denen People Express angetreten sei, auch angesichts eines unglaublichen Unternehmenswachstums gewährleistet blieben. Die eigentliche Orientierung muß da beginnen, wo der Neuling anfängt und sich auf die Lehrtätigkeit seiner Kollegen und Vorgesetzten verlassen muß. Diesen Tenor finden wir auch bei Harry Levinson in *The Exceptional Executive:*

> Die Förderung des Zugehörigkeitsgefühls ist immer ein Muß, am wichtigsten aber ist diese Förderung zu Beginn der Beziehung zu einer Organisation. Die Förderung dieses Zugehörigkeitsgefühls muß genau zu dem Zeitpunkt einsetzen, an dem sich die Menschen an ihrem neuen Arbeitsplatz und in einer neuen, noch unbekannten Organisation unsicher fühlen. In dieser Periode sind sie sehr viel mehr von anderen abhängig als in sämtlichen anderen Perioden ihrer Laufbahn innerhalb der Organisation. Wenn sie niemand bei der Hand nimmt, können sie ihre Arbeit nicht beginnen, geschweige denn sich in die Organisation integrieren.
>
> Die richtige Orientierungshilfe zu Beginn reduziert die Ängste. Die Fluktuation unter neu eingestellten Mitarbeitern ist zum großen Teil darauf zurückzuführen, daß diese Mitarbeiter Angst haben zu schei-

tern, daß sie das Gefühl haben, von allen verlassen zu sein und sich »irgendwie durchwursteln zu müssen«, daß sie den Eindruck haben, daß sich eigentlich niemand so richtig um sie kümmert.

Dazu noch eine Bemerkung: Sie können noch so viel trainieren, es wird Ihnen nicht das geringste nützen, wenn Sie nicht auch davon überzeugt sind, daß der Mensch von Anfang an kreative Leistung erbringen will. Diese Überzeugung muß also vorhanden sein. Diese Überzeugung müssen Sie für den anderen greif- und fühlbar machen, indem Sie mit konkretem Beispiel vorangehen und Mitsprache und Mitbestimmung von Anfang an fördern.

Erfahrung ist immer noch der beste Lehrmeister. Bei HP werden Neulinge häufig Projektteams zugeteilt, die sich um ein bestimmtes Anliegen kümmern, ein bestimmtes Problem lösen oder ein System wieder optimal funktionsfähig machen sollen. So bindet man Menschen von Anfang an in das Unternehmen ein. So beweist man ihnen von Anfang an, daß das Unternehmen Wert legt auf ihre Kritik *und* auf ihre Leistung – auch bei sehr komplizierten Entscheidungen. Kurzfristig bestehende, praktische Arbeit leistende Projektteams sind hervorragende Lehrmeister, weil hier Verantwortung unter ziemlich großen Risiken und der dazugehörigen Risikobereitschaft übernommen werden muß. Der Neuling hat große Chancen, einen erfolgreichen Beitrag zu leisten – die Gruppe ist immer klein, aber auch immer mit Mitarbeitern unterschiedlicher Bereiche besetzt. Die Gruppe konzentriert sich auf eine ganz bestimmte Aufgabe. Sie hat den Auftrag, eine vollständige Lösung zu erarbeiten. In so einem Projektteam muß auch der Neuling volle Verantwortung übernehmen.

Als Nancy bei HP anfing, wurde sie einer kleinen interdisziplinären Projektgruppe zugeteilt. Die Gruppe sollte ein neues Leistungsbeurteilungssystem für das Unternehmen entwickeln und einführen. Die Gruppe bestand aus insgesamt sechs Personen: zwei Führungskräften aus operativen Bereichen, einem Repräsentanten des Verkaufs, einem Vorstandsmitglied aus der Unternehmenszentrale und zwei Führungskräften aus dem Personalwesen. Die Gruppe traf sich regelmäßig drei Monate lang zu halbtägigen Besprechungen. Die Protokolle dieser Sitzungen wurden noch am selben Tag geschrieben und verteilt.

Die eigentliche Arbeit hat diese Projektgruppe aber zwischen den einzelnen Sitzungen geleistet, in ihren Gesprächen mit Führungskräften aus allen Unternehmensbereichen, weil sie die jeweils besten Verfahrensweisen – innovative Ansätze oder effektive Lösungen, die in einem Unternehmensbereich oder einer Region entwickelt worden waren – auf das gesamte Unternehmen übertragen konnten.

Die Pritchard Services Group in Großbritannien hat sich inzwischen zu einem breit diversifizierten Unternehmen im Gesundheitspflegebereich mit einem Jahresumsatz von 325 Millionen Dollar entwickelt. Begonnen hat das Unternehmen mit Gebäudereinigung. Trotz seiner Größe nimmt Pritchard regelmäßig immer noch Gebäudereinigungsaufträge an, die viele andere Unternehmen als zu »läppisch« ablehnen. Warum? Diese Aufträge sind, wie im Buch *The Winning Streak* berichtet wird, ein phantastisches Training für unerfahrene Führungskräfte. Hier können sie Fehler machen und ohne großes Risiko aus diesen Fehlern lernen. Hier können sie praktische unternehmerische Fähigkeiten und unternehmerisches Denken entwickeln, ein Denken, von dem dieses Riesenunternehmen ohne Ausnahme geprägt ist.

Einarbeitung von Führungskräften

Einen neuen Mitarbeiter auf unterer Ebene in die Firma einzuführen, stellt man sich – warum auch immer – leichter vor, als eine Führungskraft in ihre Aufgaben einzuweisen. Nehmen Sie sich einige Minuten Zeit und schauen Sie sich den vorhergehenden Abschnitt über die Einweisung neuer Mitarbeiter noch einmal an. Ersetzen Sie dabei das Wort »neuer Mitarbeiter« jeweils durch »neue Führungskraft«. Wir wollen damit ganz klar herausstellen, daß Führungskräfte, die nun aufgrund ihrer Beförderung Verantwortung für das Wohlergehen anderer tragen, genauso wissen müssen, welche Leistungserwartungen an sie gestellt und wofür sie zur Rechenschaft gezogen werden. Auch sie brauchen die Möglichkeit, Fehler machen und durch praktische Erfahrung lernen zu können. Neu ernannte Führungskräfte müssen die Unternehmensziele kennen und auf diese Ziele hinarbeiten. Sie müssen wissen, wie sie mit ihren neuen Teams und wie sie mit anderen Führungskräften zusammenarbeiten. Sie müssen wissen, wie man Beziehungen zu Kollegen aufbaut und wie man Konflikte löst. Die Erziehenden können hier einen sehr positiven Einfluß auf die Entwicklung des neuen Managers ausüben, *wenn* sie erkennen, daß Anfangsschwierigkeiten ganz selbstverständlich sind, und ihnen gleichzeitig klar ist, daß sich hier eine unvergleichliche Chance bietet, Verhalten zu prägen.

Einfacher ist es natürlich, wenn man sich sagt, daß jeder seine Erfahrungen selbst machen muß. Wir aber halten dies für einen Fehler und gleichzeitig für eine unnötige Verschwendung von Leistungspotential, weil man damit eigentlich durchblicken läßt, daß es zu effizienter Führung keiner besonderen Fähigkeiten bedürfe. Wenn jemand sagt: »Sie kennen Ihre Aufgabe, also gehen Sie hin und managen Sie«, heißt das doch eigentlich, daß weiter nichts dabei ist, daß jeder, der es so weit gebracht hat, managen kann. Wir sehen das aber ganz anders: Wie viele Manager werden genauso gründlich mit den Wertmaßstäben des Unternehmens vertraut gemacht im Vergleich zu beispielsweise Ingenieuren? Ingenieure haben ein mindestens fünfjähriges Universitätsstudium hinter sich und bilden sich am Arbeitsplatz ständig weiter. Ein Manager aber kann, im Glücksfall, auf maximal zwei Wochen Managementtraining zurückblicken, obwohl er eine ganze Reihe von Fähigkeiten beherrschen und sehr viel Verantwortung (z. B. für die Erhaltung und Weitergabe der Wertmaßstäbe des Unternehmens) übernehmen muß. IBM hat dieses Problem auf außergewöhnliche Weise gelöst: Nachwuchsführungskräfte werden intensiv geschult. Diese teure, intensive und hervorragende Ausbildung beginnt mit einer Konzentration auf die Werte und wird konsequent durchgeführt.

Vertrauensbildung statt Kulturschock

Elektronikbranche: Während der Wirtschaftsflaute in den Jahren 1981 bis 1983 mußte die Kollmorgen Corporation, wie so viele andere Unternehmen auch, mehrere hundert Mitarbeiter entlassen. Das Unternehmen fördert aber das Engagement seiner Mitarbeiter – es wollte diese Mitarbeiter, sobald sich die Chance ergab, wieder einstellen. Das sollten die entlassenen Mitarbeiter auch wissen. Also tat Kollmorgen etwas ganz Ungewöhnliches: Die Leiter der einzelnen Geschäftsbereiche führten wöchentlich eine offene Veranstaltung durch, die unter dem Titel »Neueste Nachrichten« lief. Zu diesen Veranstaltungen wurden alle Mitarbeiter, auch die entlassenen, eingeladen. Diese Veranstaltungen fanden so großen Anklang, daß längst nicht jeder einen Sitzplatz hatte. Jede Woche mußten die Leiter der Geschäftsbereiche genau erklären, was sie taten, um die verlorenen Arbeitsplätze wieder neu zu schaffen. Was die Führungskräfte an Informationen hatten, gaben sie weiter. Sie teilten mit, welche Fortschritte erzielt worden waren und auch, in welchen Unternehmensbereichen die nächsten Entlassungen anstanden. Vertrauen und Wahrheit – sämtliche Informationen an die Mitarbeiter weitergeben, auch wenn dies eine der schwersten Aufgaben ist, die man sich überhaupt vorstellen kann – sind Kern eines sinnvollen Erziehungsprozesses.

Wenn sich die Verhältnisse ändern, müssen neue Normen gesetzt, neue Fähigkeiten erlernt, neue Rollen übernommen und muß mit alten Traditionen gebrochen werden. In solchen Zeiten sind Erzieher besonders gefragt. Sie müssen den Weg weisen, über Fortschritte unterrichten und auch solche Informationen weitergeben, die gemeinhin als vertraulich gelten. Auch dies ist ein Neuanfang, eine gedankliche Umstellung. Man ist Neuling in einer noch unbekannten Situation. Am wichtigsten in diesem Erziehungsprozeß ist das Vertrauen. Kollmorgen hat sich dieses Vertrauen durch Jahre der Kontinuität und durch eine konsequent betriebene offene Informationspolitik erworben. Vertrauen und gegenseitige Achtung waren die Grundlage für ihr Handeln in einer Zeit der Krise. Vertrauen ist immer wichtig, aber nie wichtiger als in Zeiten rapiden Wandels.

Rechenschaftspflicht und Unterstützung

Der Erziehungsprozeß funktioniert, wenn man weiß, daß auf der einen Seite Rechenschaftspflicht besteht und man auf der anderen von jemandem unerschütterlich unterstützt wird. Die Menschen müssen genau wissen, welche Rollen sie spielen sollen und welche Ergebnisse von ihnen erwartet werden. Sie müssen wissen, daß Fehler toleriert und als Bestandteil des Lernprozesses sogar erwartet werden. Ein auf Erfolg bedachter Erzieher wird einen Schüler, der etwas wagt und beharrlich seinen Weg geht, immer einem Schüler vorziehen, der phantasielos dem Pfad vermeintlicher Perfektion folgt.

Die Rolle des Erziehers beinhaltet folgende Fähigkeiten:

– Folgerichtige Leistungserwartungen und Leistungsziele artikulieren.

– Nach dem Prinzip des »Lernlabors« verfahren; realisierbare, aber wenig riskante Projekte übertragen, Projektteams einrichten, wobei die jeweiligen Mitglieder praktische Erfahrungen sammeln können, ohne für eventuelle Fehler gerügt zu werden oder große Verluste zu riskieren.

– Das Feedback zur täglichen Leistung muß ausgewogen, glaubwürdig und unmittelbar erfolgen, damit die Mitarbeiter wissen, wo sie stehen und welche Leistung sie erbringen.

– Zugang zu sämtlichen Informationen ermöglichen, die die Mitarbeiter brauchen, um als vollwertige Partner im Unternehmen arbeiten zu können.

– Den Unterschied zwischen zufriedenstellender und außergewöhnlicher Leistung deutlich machen, am besten anhand von Beispielen.

– Dem Mitarbeiter den Weg bahnen und ihn unterstützen.

– Den Erziehungsprozeß sorgfältig planen.

– Ein guter Erzieher tut noch mehr. Er geht nicht nur mit gutem Beispiel voran, er ist in jeder Hinsicht herausragendes Vorbild. Also vermittelt der außergewöhnliche Erzieher auch Flexibilität. Aus einer innovationsfördernden Einstellung heraus ermuntert er zu »stinktierhaftem Handeln«. Den Einwand »ich hätte, wenn . . .« läßt er nicht gelten. Der Erzieher hat die Wertmaßstäbe also so gut vermittelt, daß er erwartet, ja sogar fordert, der Neuling oder der neue Manager müsse unsinnige Regeln umgehen, um seine Arbeit zum Erfolg zu führen. Dies ist das höchste Ziel, was man im Erziehungsprozeß erreichen und auch vermitteln kann.

Erziehung/Einweisung: einige Fragen – und Anregungen zu Sofortmaßnahmen

– Wie gut bilden Sie Neulinge aus? Fragen Sie drei vor kurzem eingestellte Mitarbeiter nach ihren Erfahrungen. Wurden sie als Kollegen und Teammitglieder behandelt? Oder wurden sie gewissermaßen ignoriert (das heißt wie Lehrlinge behandelt, die eine harte Schule durchmachen müssen)? Ist ihnen die Unternehmensphilosophie deutlich gemacht worden? Sind die neuen Mitarbeiter *richtig* unterstützt und angeleitet worden? Haben sie schon sehr früh das Gefühl entwickeln können, etwas geleistet zu haben? Haben Sie aufgezeigt, auf welche Weise verschiedene Menschen in der Organisation anzusprechen sind, welche Hindernisse einem Ziel im Wege stehen und wie diese Hindernisse überwunden werden können, welche Idiosynkrasien in der Organisation bestehen und wie man am besten auf sie reagiert? Haben Sie sich persönlich für Gespräche mit den Neulingen genügend Zeit genommen? Haben Sie sich ihre ersten Reaktionen angehört und Ihre Anleitung entsprechend ausgerichtet? Was würden die Neulinge anders machen, wenn sie selbst einen anderen in die Organisation einführen müßten? Nehmen Sie ihre Vorschläge in das Orientierungsprogramm auf und bauen Sie sie in Ihre Arbeit mit neu eingestellten Mitarbeitern ein.

– An dieser Stelle folgt eine Bitte: Teilen Sie die Informationen, die für Ihr Unternehmen oder Ihre Organisation wichtig sind – Jahresberichte, Vierteljahresberichte, monatliche Betriebsergebnisse, tägliche oder wöchentliche Qualitätsmeßgrößen, Leistungsvergleiche (zwischen Geschäftsbereichen oder Einheiten) –, mit allen Mitgliedern Ihres Teams, bis hin zur untersten Ebene! Wissen sämtliche Mitarbeiter von Woche zu Woche ganz genau, wie die Leistung ihrer Gruppe im Hinblick auf die zehn oder fünfzehn wichtigsten Leistungsmeßgrößen aussieht? Wissen sie, wie sie im Vergleich zu anderen Gruppen dastehen? Wissen sie, was diese Meßgrößen bedeuten? Wissen sie, wie und warum sie zustande gekommen sind?

– Nehmen Sie sich eine Woche Zeit, um sich umzuhören, welche Geschichten in der Organisation kursieren. Daraus können Sie sehr gut schließen, ob die Organisation gesund ist oder nicht. Am Schreibtisch erfahren Sie das mit Sicherheit nicht. Sie müssen umherwandern, zuhören. (Wenn Sie MBWA bis jetzt noch nicht praktiziert haben, wird es dauern, bis Ihnen Ihre Leute Geschichten erzählen. Diese Offenlegung der eigenen Probleme ist erst möglich, wenn ein längeres Vertrauensverhältnis besteht.) Leiten Sie unternehmensinterne Seminare selbst. Hier erfahren Sie aus erster Hand, was die Gruppen über die Unternehmensphilosophie zu sagen haben. Versuchen Sie festzustellen, warum sich bestimmte Überzeugungen hartnäckig halten (z. B.: »Was ein Verkäufer sagt, gilt hier nichts«, oder: »Was die Herstellung macht, ist immer richtig«). Welche Beispiele führen Sie an, um Ihre Überzeugungen zu untermauern? Spiegeln diese Überzeugungen und Geschichten auch Ihre eigenen Eindrücke wider? Wenn nicht, warum nicht?

– Sorgen Sie für einen einfachen Informationsfluß über Organisations- oder Abteilungsgrenzen hinweg. Organisieren Sie die verschiedenen Besprechungen der einzelnen Führungsebenen so, daß Sie innerhalb von 24 Stunden aufeinander folgen können. So weiß jeder ganz genau, wann die Sitzung anberaumt ist, und kann sich so problemlos informieren. Bei Hewlett-Packard hat der Leiter eines bestimmten Geschäftsbereiches das beispielsweise so organisiert: er konferiert mit den sieben Leitern seiner Funktionsbereiche am Montagmorgen; die Bereichsleiter setzen sich mit ihren Teams am Montagnachmittag zusammen, diese wiederum geben die Besprechungsergebnisse bis spätestens Dienstagnachmittag an ihre verschiedenen Gruppen weiter. So werden sämtliche 2000 Mitarbeiter dieses Geschäftsbereichs routinemäßig, vollständig und regelmäßig informiert. 48 Stunden nach der Besprechung der Führungskräfte sind die Informationen auch bis in die letzte Ecke des Unternehmens vorgedrungen.

– Erklären Sie sich bereit, am Orientierungsprogramm für neue Mitarbeiter teilzunehmen. Tun Sie dies mindestens einmal im Monat, und zwar für mindestens drei bis vier Stunden.

– Lassen Sie neue Mitarbeiter in den Stabsabteilungen praktische, operative Erfahrungen sammeln. Neue Mitarbeiter sollten mindestens eine Woche selbst in der Linie und im direkten Kundendienst aktiv mitarbeiten. Bitten Sie sie um einen kurzen schriftlichen Erfahrungsbericht (nicht länger als zwei Seiten).

– Denken Sie über diese Frage nach: weisen Sie Ihre neuen Mitarbeiter ein, um sie zu »zähmen« oder um sie auf lange Sicht zu leistungsfähigen Partnern heranzuziehen? Wer »zähmen« will, legt Wert auf Kontrolle und Eingrenzung. Wer Leistungspotential freisetzen will, geht davon aus, daß jeder Mitarbeiter innovative Ideen und neue Ansätze mitbringt.

Warum sollten Sie etwas Besonderes sein?

Information ist ein äußerst sensibles Kapitel, auch wenn das eigentlich nicht so sein müßte! »Es wird in jedem Fall Indiskretionen geben.« Diesen Einwand hören wir häufig, wenn es darum geht, detaillierte Betriebsinformationen auch an Führungskräfte auf den unteren Ebenen weiterzugeben. Wir geben auf diese Einwände immer eine sarkastische Antwort: »Tatsächlich? Und woher kommen die meisten Indiskretionen? Von Vorstandsmitgliedern. Haben Sie je gehört, daß ein Werkmeister in der Schlosserei ein Firmengeheimnis verraten hätte? Wieso sollte ein 46 Jahre alter Werkmeister mit 19 Jahren Berufserfahrung eher eine Indiskretion begehen als Sie, der Sie 38 Jahre alt sind und seit sechs Jahren Ihre Abteilung leiten?«

Natürlich gibt es einige, sagen wir: »sicherheitsempfindliche Bereiche« – etwa im Zusammenhang mit Akquisitionen oder Patenten –, in denen Geheimhaltung gewahrt werden muß. Im übrigen aber ist Geheimhaltung eine Frage des Vertrauens: Entweder haben Sie Ihre Mitarbeiter sorgfältig ausgewählt, gefördert und können ihnen deshalb entsprechend vertrauen, oder aber Sie haben auf diesem Gebiet einiges versäumt. Das ist unsere feste Überzeugung. Darüber hinaus behaupten wir, wenn es um Geheimhaltung geht, daß es nur wenig Informationen und Erkenntnisse gibt, die der Wettbewerber nicht ganz legitim und ganz legal erfahren darf. Abgesehen von sehr seltenen Ausnahmen dienen strenge Geheimhaltungsvorgaben nur dazu, den eigentlich erstrebenswerten innerbetrieblichen Informationsfluß einzuschränken.

Sponsern/Fördern

Mitarbeiter sponsern/fördern heißt, sie aus- und weiterzubilden und sie zu ermuntern, ihre Arbeit selbständig zu erledigen. Förderer ermöglichen ihren Mitarbeitern Selbständigkeit, indem sie Hindernisse, die einer möglichen Leistung im Wege stehen, beiseite räumen. Wer fördert, geht davon aus, daß die Menschen die entsprechenden Fähigkeiten haben und sie nur noch anwenden müssen.

Wichtig ist, einem Mitarbeiter nicht zu schnell zu viel Selbständigkeit »zuzumuten«. Wichtig ist, daß der Mitarbeiter Stolz auf eine stetige Leistung entwickeln kann. Die Leistungsfähigkeit des anderen wird zwar eher unter- als überschätzt, dennoch ist dieser Punkt wichtig. Zu große Freiräume sind genauso schädlich wie zu kleine. Wer zu viel Selbständigkeit erwartet, stößt bei seinen Mitarbeitern oft auf folgende Reaktion: Sie glauben, der Chef habe keine Ahnung von der Realität; er habe keine Ahnung von der tatsächlichen Leistungsfähigkeit; er merke gar nicht, daß seine Unterstützung und Hilfe fehlt. Mitarbeiter schließen daraus, daß es dem Chef gleichgültig ist, wenn seine Mitarbeiter unnötige Fehlschläge einstecken müssen. Damit haben sie selbstverständlich recht. Der Chef verbirgt allzuhäufig seine mangelnde Aufmerksamkeit unter dem Motto: »Den Mitarbeitern Möglichkeiten geben, sich selbständig zu entfalten.« Wer seine Mitarbeiter fördern will, muß sie persönlich zu immer mehr Selbständigkeit lenken – und der Vorgesetzte ist der Cheflenker. Wer fördern will, muß ein Stück Kontrolle aufgeben. Er darf aber niemals den Menschen ganz aus dem Auge verlieren.

Die Verpflichtung des Sponsors

Bei W. L. Gore & Associates hat jeder Mitarbeiter einen Sponsor/ Förderer oder »Schirmherrn«, häufig sogar mehrere Sponsoren. Das Konzept der Schirmherrschaft ist Dreh- und Angelpunkt der Gore-Organisation.

Die Rolle des Sponsors wird im Zusammenhang mit den vier

Leitprinzipien definiert. Wer als Kollege (und Förderer) Erfolg haben will, muß diese Regeln beachten und weitergeben:

1. Fairness. Wir werden uns alle bemühen, uns immer und überall fair zu verhalten – untereinander, gegenüber unseren Lieferanten, gegenüber unseren Kunden, gegenüber der Gemeinde, in der wir arbeiten, und gegenüber allen Menschen, mit denen wir Geschäfts- oder Vertragsbeziehungen unterhalten. Fairness läßt sich selten eindeutig definieren. Wenn sich aber alle ehrlich darum bemühen, entwickelt sich ein Gefühl der Toleranz und des Wohlbefindens für uns alle.

2. Freiheit. Alle sollen die Möglichkeit haben, ihr Wissen, ihre Fähigkeiten, ihren Verantwortungsbereich und ihre Tätigkeitsfelder zu entfalten. Jeder wird seinen Partnern darin helfen und sie fördern. Autorität erwächst aus anerkannten Fähigkeiten oder Kenntnissen. So entwickelt sich nicht Befehlsautorität, sondern Führungsautorität.

3. Verpflichtung. Jeder von uns geht seine Verpflichtungen selbst ein – und hält sie. Kein Partner kann einem anderen eine Verpflichtung aufzwingen. Alle Verpflichtungen sind Selbstverpflichtungen.

Wir organisieren unsere Unternehmen – Projekte, Funktionen und Arbeit jeglicher Art – durch Verpflichtungen. Eine Verpflichtung ist daher eine ernsthafte Angelegenheit. Sie kommt einem Vertrag gleich, der erfüllt werden muß.

4. Jeder von uns wird sich mit seinen jeweils entsprechenden Partnern beraten, wenn es um riskante Aktionen geht. Alle werden dann die Verantwortung dafür miteinander teilen.

Die Sponsoren/Förderer von W. L. Gore & Associates entwikkeln ein ganz spezifisches persönliches Interesse an ihren »Patenkindern«, an deren Arbeit, Wohlergehen, Fortschritten, Leistungen und persönlichen Problemen. Die Förderer kümmern sich auch um Gehaltserhöhungen, was bei Gore besonders wichtig ist, weil alles im Team erarbeitet wird und sich die Ergebnisse vielleicht erst Monate oder sogar Jahre später zeigen. Die Sponsoren arbeiten in kleinen Ausschüssen zusammen, bewerten die relativen Leistungen vergleichbarer Partnergruppen und agieren gegenüber dem Unternehmen als Fürsprecher für die ihrer Förderung anvertrauten Mitarbeiter.

Sponsoren und Mentoren
Sponsoren und Mentoren. Der Unterschied zwischen diesen beiden Begriffen mag, wenn wir den normalen Sprachgebrauch zugrunde legen, rein semantischer Natur sein. Wir meinen aber, daß man zwischen diesen beiden Begriffen unbedingt unterscheiden muß. Ursprünglich wollten wir in diesem Zusammenhang von einer Mentorentätigkeit sprechen. Dieser Begriff erschien uns dann aber als zu sehr durch die Psychologie geprägt. Das Mentorensystem hat vor allem Persönlichkeitsprobleme zur Folge: Wenn der Mentor das Unternehmen verläßt, sind seine »Schützlinge« allein und können sich oft nicht mehr durchsetzen. Bei Citicorp standen sich 1984 zwei Mannschaften gegenüber, Reed mit seinen Leuten und Theobald mit seinen Leuten: Reed ging aus diesem Konkurrenzkampf als Sieger hervor, wurde Chairman und brachte die Mitglieder seiner Mannschaft sehr schnell in den besten Positionen unter. Der Begriff »sponsern«/»fördern« ist sehr viel weiter gefaßt. Wir haben ihn von Bill und Vieve Gore übernommen. Bei Gore ist der Sponsor nicht nur für die Entwicklung des Partners verantwortlich, das heißt also für die praktische Erweiterung seiner Fähigkeiten, sondern er muß seinen Partner auch in seiner Karriere unterstützen und ihn verteidigen.

Wann ist Sponsorentätigkeit angebracht?

– Sie erkennen in einem Mitarbeiter gute oder außergewöhnliche Fähigkeiten.
– Sie wollen einen Mitarbeiter auf eine Beförderung oder auf die Übernahme von mehr Verantwortung vorbereiten.
– Sie wollen ohnehin schon gute Fähigkeiten und Leistungen im fachlichen, administrativen und Führungsbereich noch weiter verfeinern.
– Sie wollen dem Mitarbeiter die Erweiterung seines Erfahrungshorizontes ermöglichen.
– Sie wollen Ihre Kollegen auf einen vielversprechenden Leistungsträger aufmerksam machen.
– Sie wollen den Leistungswillen Ihrer Mitarbeiter nicht unterdrücken, sondern fördern.

Die Beziehung zum Sponsor/Förderer

Wer seine Mitarbeiter fördert, trägt direkte Verantwortung für sie. Er muß sie anleiten und ihre besonderen Fähigkeiten in verschiedenen neuen Situationen unterstützen und entwickeln. Wichtig ist, daß er auf den Stärken seiner Mitarbeiter aufbaut. Warren Bennis hat in seiner Untersuchung zur Führung fünf Faktoren herausgestellt, die für eine herausragende Führungspersönlichkeit entscheidend sind. Ganz oben auf seiner Liste steht folgendes: Sponsoren konzentrieren sich nicht auf die Schwächen ihrer Partner, sondern kultivieren deren Stärken.

Die Förderung sollte schon früh beginnen. Fast alle außergewöhnlichen Führungskräfte haben immer auch anderen den Weg geebnet. David Ogilvy hat ein Ritual eingeführt, das symbolisiert, was geschieht, wenn die Leistungsbereitschaft anderer aus Angst vor Konkurrenz unterdrückt wird: Wenn er eine Führungskraft bei Ogilvy & Mather zum Büroleiter beförderte, schickte ihm Ogilvy eine kleine russische Holzpuppe – eine kleine Babuschka, eine Puppe in der Puppe. In der allerkleinsten Puppe findet der neue Manager folgende Nachricht: »Wenn jeder von uns Mitarbeiter einstellt, die kleiner sind als wir selbst, werden wir bald zu einem *Zwergen*-Unternehmen. Wenn jeder von uns aber Mitarbeiter einstellt, die größer sind als wir selbst, werden wir zu einem *Riesen*-Unternehmen.

Ein kluger und engagierter Sponsor/Förderer wird also, wenn er selbst eine Spitzenposition erreicht, überall in der Organisation die Karriere talentierter Schützlinge unterstützen.

Wie man nicht sponsern/fördern sollte

Wie man es nicht machen sollte, erklären wir hier:
- Einen Mitarbeiter von seinem Sponsor abhängig machen.
- Die Sponsorenrolle nicht zur Unterstützung der Leistung einzusetzen, sondern zur Kontrolle.
- Vor Mitarbeitern Fehler oder schlechte Nachrichten verbergen.
- Einem Mitarbeiter nach dem Munde reden.
- Sich in die persönlichen Entscheidungen eines einzelnen einmischen.
- Die Rolle des Förderers nur gegenüber Menschen spielen, die gewissermaßen zur eigenen »Lobby« gehören, und Menschen mit anderer Berufsausbildung oder anderen Berufszielen ausschließen.

– Die Rolle des Förderers/Sponsors mit der Rolle eines Vaters verwechseln.
– Mitarbeiter mit dem vorgeblichen Ziel einer »gesunden Konkurrenz« gegeneinander ausspielen.

Wir betonen hier noch einmal den Unterschied zwischen Mentor und Sponsor. Wer Menschen fördert, schöpft ihr Leistungsvermögen voll aus. Die Förderung bildet den Kern einer effektiven Führungsentwicklung. Wer klug ist, schickt seine talentierten Schützlinge nach draußen und erwartet höchstens indirekten Lohn. Das Mentorensystem führt jedoch häufig zu Koalitionsbildungen und Machtkämpfen.

Positiv fördern/sponsern

Positiv fördern heißt, Mitarbeiter in die Unternehmensnormen und Unternehmensphilosophie einzuführen und ihnen zu helfen, Fingerspitzengefühl für ihre Arbeit und die spezifischen Charakteristika des Unternehmens zu entwickeln. Wer Mitarbeiter fördert, braucht meist sehr viel subtilere Fähigkeiten als in nur beratender Funktion. Die Rolle eines Sponsors zu übernehmen heißt, daß schon entsprechend gute Fähigkeiten und Fertigkeiten vorhanden sind. Man konzentriert sich auf die Verfeinerung der Fähigkeiten: zu wissen, wann man besser schweigt, zu wissen, wann ein Problem genügend untersucht ist, zu wissen, wann man nachgeben muß, zu wissen, wann man kämpfen muß, zu wissen, wo die Grenzen stinktierhaften Verhaltens liegen. Diese Erfahrungen kann man erst im Laufe der Zeit erwerben.

Sie lassen sich nicht aus Büchern lernen. Der Förderer muß diese subtilen Fähigkeiten erkennen und anerkennen und dafür sorgen, daß seine besten Leute sie begreifen, sie berücksichtigen und sie in ihrer Leistung anwenden.

Der Sponsor muß seinen Schützlingen die Philosophie und die Kernwerte des Unternehmens deutlich machen. Die besten Sponsoren setzen sich mit ihrem Schützling zusammen, um eine bestimmte Entscheidung mit ihm zu erörtern und um zu zeigen, warum ausgerechnet diese Entscheidung aus verschiedenen Alternativen die beste war oder warum eine bestimmte Maßnahme sich als Fehler erwiesen hat.

Wir haben dieser Rolle des Sponsors/Förderers hier so viel Platz eingeräumt, weil effiziente Führung im Grunde genommen nichts anderes ist, als auch andere zu Führungspersönlichkeiten zu entwickeln. Dabei überprüfen sie ihre Handlungen an der Organisationsphilosophie und passen sie entsprechend an. Eine Organisation ist immer nur so gut wie die Kader ihrer Führungskräfte. Die sogenannten Topmanager haben fast ohne Ausnahme schon sehr früh damit begonnen, auch andere zu fördern. Als Abteilungsleiter in einer Einzelhandelsfiliale etwa haben sie sich schon sehr früh nach einem Mitarbeiter umgesehen, der fähig war, in ihre Fußstapfen zu treten. Von ihrem eigenen Aufstieg waren sie von vornherein überzeugt. Sie waren klug genug zu erkennen, daß sie auf ihrem eigenen Weg an die Spitze rechtzeitig für Nachwuchs und zukünftige Führungskräfte sorgen mußten.

Mitarbeiter zu fördern, ist sehr zeitaufwendig. Die Klugen erkennen jedoch, daß dies der einzige Weg zum Erfolg ist. Auch wenn man selbst nicht den Gipfel des Erfolges erklimmen sollte, kann man zurückblickend immerhin sagen, daß man viele Menschen entwickelt und gefördert hat. Was will man eigentlich mehr?

Profil eines guten Sponsors

Mitarbeiter zu fördern erfordert konstante Konzentration und Aufmerksamkeit. An folgende Verhaltensweisen müssen Sie sich immer halten:

– Menschen als Kollegen behandeln.

– Immer Ausschau halten nach Gelegenheiten, um Menschen beim Lernen zu helfen, sie Erfahrungen in anderen Aufgabenstellungen sammeln und neue Verantwortung übernehmen lassen.

– Die Unternehmensnormen und die Unternehmensphilosophie deutlich und verständlich erklären. Den Mitarbeitern dabei helfen, diese Philosophie im Zusammenhang mit der eigenen Arbeit zu sehen und zu begreifen.

– Regelmäßig Karrierepläne und -ziele der Mitarbeiter im Zusammenhang mit ihren guten und weniger guten Leistungen diskutieren.

– Sich von außergewöhnlichen Fähigkeiten oder Talenten eines Mitarbeiters nie bedroht fühlen.

– Sich für die eigenen Mitarbeiter engagieren und ihnen immer den größtmöglichen Erfolg wünschen.

Um immer diesen Forderungen entsprechend zu handeln – braucht man vor allem viel Mut, insbesondere, wenn es gilt (ob man Werkmeister oder Vorstandsvorsitzender ist), einen Mitarbeiter zu fördern, der sich zum Konkurrenten entwickeln könnte. Dies ist aber der einzige Weg, ein Unternehmen mit vielen Talenten zu »versorgen« und es mit ihrer Hilfe an die Spitze zu führen.

Sponsern/Fördern: einige Fragen – und Anregungen zu Sofortmaßnahmen

– Haben Ihre Manager das gleiche breitgefächerte und ehrliche Interesse an ihren Mitarbeitern wie die Sponsoren bei W. L. Gore & Associates? Wie steht es bei Ihnen selbst? Können Sie die Talente und Fähigkeiten Ihrer Mitarbeiter beschreiben? Mit wem arbeiten Sie am besten zusammen? (Förderung ist immer genau auf den einzelnen Mitarbeiter zugeschnitten – Sie dürfen nicht alle über einen Kamm scheren.) Nehmen Sie sich genügend Zeit, um diese Fragen für jeden einzelnen Ihrer Mitarbeiter zu beantworten. Stellen Sie individuelle Entwicklungspläne für alle Ihre Mitarbeiter zusammen. Besprechen Sie mit ihnen, was jeder individuell erreichen will, wo seine Ambitionen liegen.

Training vor Ort

Wird Ihr Unternehmen wirklich von einer Führungspersönlichkeit geleitet?
In einem offenen Brief an die Direktoren, Vorstandsvorsitzenden etc. aller Unternehmen, die nicht auf der Liste der führenden Organisationen in der Zeitschrift *Fortune* stehen, stellte Robert Townsend, Autor des Buches *Further Up the Organization*, unter anderem folgende Frage: »Stellen Sie fest, ob Sie eine Führungspersönlichkeit zum Vorstandsvorsitzenden oder Geschäftsführer haben.« Haben Sie eine Führungspersönlichkeit in Ihrem Unternehmen?

Führungspersönlichkeit	**Manager ohne Führungsqualität**
Kooperiert, arbeitet zu.	Verwaltet das Chaos.
Ist Trainer und Berater, der das Leistungspotential seiner Mitarbeiter voll ausschöpft; ist stets zu sprechen; löst Probleme und gibt Ratschläge.	Ist meist nicht zu sprechen, gibt seinen Mitarbeitern Anweisungen und erwartet, daß sie ausgeführt werden.

Führungspersönlichkeit	**Manager ohne Führungsqualität**
Überlegt sich Möglichkeiten, seine Mitarbeiter zu noch mehr Leistung anzuspornen, sie noch mehr auf die Unternehmensziele einzustimmen; überlegt sich, wie er sie belohnen kann.	Denkt nur an seine eigene Karriere und seinen Status und daran, wie er sich nach außen möglichst erfolgreich darstellt.
Fühlt sich bei seinen Mitarbeitern und an ihren Arbeitsplätzen wohl.	Fühlt sich unwohl in Gegenwart anderer.
Verfügt nicht über reservierten Parkplatz, nicht über eine Privattoilette, einen eigenen Aufzug, ißt nicht in einer »Extra-Kantine«.	Hat dies alles und sondert sich auch in der Mittagspause von den anderen ab.
MBWA (Führt durch Herumwandern).	Sitzt isoliert in seinem Büro.
Fühlt sich wohl im Umgang mit *allen* Mitarbeitern.	Meidet den Umgang mit gewerblichen Mitarbeitern.
Ist ein guter Zuhörer.	Ist ein guter Redner.
Stellt die Wertmaßstäbe des Unternehmens verständlich dar.	Versteht es meisterhaft, die Unternehmensphilosophie so zu erklären, daß noch der letzte erkennt: Nur M überblickt die Komplexität des Ganzen.
Ist immer erreichbar.	Ist für Untergebene selten oder nie erreichbar.
Ist immer fair.	Ist fair gegen ihm Übergeordnete, Untergebene beutet er aus.
Ist entscheidungsfreudig.	Setzt Ausschüsse ein, zieht Berater hinzu.
Ist bescheiden.	Ist arrogant.
Packt schwierige Probleme an.	Weicht aus, ist ein Drückeberger.
Ist hartnäckig und zäh.	Bleibt nur am Ball, wenn für ihn selbst etwas auf dem Spiel steht.

Führungspersönlichkeit	**Manager ohne Führungsqualität**
Stellt komplizierte Zusammenhänge leicht verständlich dar und versucht, anderen die Arbeit zu erleichtern.	Kompliziert alles, stellt anderen unnötig Hindernisse in den Weg.
Duldet offene Kritik.	Läßt andere Meinungen nicht zu.
Kennt seine Leute mit Namen.	Kennt die Namen nicht.
Hat Überzeugungen und Prinzipien.	Schwankt hin und her, wenn eine Entscheidung getroffen werden muß.
Ist sich auch für »niedrige Arbeiten« gegebenenfalls nicht zu schade.	Empfindet solche Arbeiten als unter seiner Würde.
Vertraut seinen Mitarbeitern, betrachtet sie als Partner.	Ist mißtrauisch gegenüber Menschen, vertraut nur Zahlen und betriebswirtschaftlichen Analysen.
Delegiert wichtige Aufgaben – und zwar konsequent.	Behält sich die endgültige Entscheidung selbst vor.
Wendet möglichst wenig Zeit für Repräsentationspflichten auf.	Ist davon überzeugt, daß die Repräsentation des Unternehmens nach außen zu seinen wichtigsten Aufgaben zählt.
Will selbst möglichst im Hintergrund bleiben, will aber Publizität für das Unternehmen.	Ist publicitysüchtig.
Nimmt häufig die Schuld auf sich, wenn etwas schiefgegangen ist.	Sucht nach Sündenböcken.
Erkennt die Leistung anderer an.	Will, daß jeder Erfolg auf sein Konto gebucht wird – beklagt sich, daß es zu wenig gute Leute gebe.
Gibt häufig Feedback, das immer ehrlich ist.	Information fließt nur in eine Richtung – in sein Büro.

Führungspersönlichkeit	Manager ohne Führungsqualität
Beweist Augenmaß für das Machbare.	Strebt Wachstum, Zentralisierung und Komplexität an.
Treten Probleme auf, hilft er vor Ort.	Wer gerade versucht, ein dringendes Problem zu lösen, wird aus seiner Arbeit gerissen und zu einer Besprechung in sein Büro zitiert.
Betrachtet Wachstum als Neben-Ergebnis, das sich automatisch aus dem Bemühen um Spitzenleistungen ergibt.	Sieht Wachstum als primäres und isoliertes Ziel.
Respektiert alle Mitarbeiter.	Arbeiter und Angestellte gelten als faul, inkompetent und undankbar.
Kennt seinen Betrieb und seine Mitarbeiter, ist auch in Einzelfragen kompetent, ohne arrogant zu sein.	Wenige Mitarbeiter kennen ihren Chef. Hält Kompetenz in Einzelfragen persönlich für unwichtig, dafür »reines Management« für eine Qualität per se.
Bleibt auch unter Druck bei der Wahrheit.	Improvisiert, macht Ausflüchte, lügt.
Überlegt, wie und wo er Kontrollmechanismen abbauen kann.	Führt mit Vorliebe neue (sinnlose) Kontrollmechanismen ein.
Verhält sich offen und geradlinig.	Greift zu Tricks, manipuliert.
Ist konsequent und deshalb glaubwürdig für die Truppe.	Ist unberechenbar; redet anderen nach dem Mund, wenn er glaubt, dies sei für ihn von Vorteil.
Gibt eigene Fehler zu; tröstet andere, wenn sie Fehler zugeben müssen.	Begeht niemals Fehler; schiebt Schuld auf andere; ist ständig auf der Jagd nach Sündenböcken, ohne die jeweilige Situation zu berücksichtigen.
Sorgt für Transparenz und offene Kommunikation.	Ist ein Geheimniskrämer.

Führungspersönlichkeit	Manager ohne Führungsqualität
Hat eine tief verwurzelte Abneigung gegen Strategiepapiere, Lagepläne, Computeranalysen etc.	Trifft seine Entscheidungen vorwiegend nach rein rechnerischen und »betriebswirtschaftlichen« Prämissen, und zwar stur, ohne diese Thesen flexibel konkreten Situationen anpassen zu können.
Fördert und befördert Mitarbeiter des Unternehmens.	»Kauft« neue Leute von außerhalb.
Hält seine Versprechen und tut, was er vorher gesagt hat.	Hält seine Versprechen nicht und kümmert sich nicht um »sein Geschwätz von gestern«.
Sitzt in einem schlicht eingerichteten Büro.	Sitzt in einem luxuriös eingerichteten Büro.
Glaubt, daß es im Unternehmen noch mindestens zwei weitere Personen gibt, die den Posten an der Spitze gut ausfüllen können.	Ist überwiegend damit beschäftigt, dafür zu sorgen, daß niemand, der auch nur entfernt das Zeug zum Unternehmensleiter hätte, überhaupt eingestellt wird. Umgibt sich ausschließlich mit Schwächeren.
Das Wohl des Unternehmens steht für ihn an erster Stelle.	Ist nur auf den eigenen Vorteil bedacht.
Steht auf dem Standpunkt, daß man aus Fehlern nur lernen kann.	Fehler gelten als Vergehen, die bestraft werden müssen.
Strapaziert sein Spesenkonto so wenig wie möglich.	Ermahnt andere zur Sparsamkeit, wohnt aber selbst auf Dienstreisen in den teuersten Hotels etc.

Nach Lektüre dieser »Psychogramme« wissen Sie mehr über Führungsqualitäten als in sämtlichen Betriebswirtschaftsfakultäten zusammen gelehrt wird.

Jetzt wissen Sie auch, ob an der Spitze Ihres Unternehmens ein nur verwaltender Bürokrat oder eine Führungspersönlichkeit steht.

Zwischen der Arbeit eines Trainers und der eines Sponsors bestehen feine Unterschiede. Wer Mitarbeiter vor Ort trainiert und in die Rolle des Coachs schlüpft, lehrt sie als aktive und vollwertige Partner ihre Leistungen zu steigern. Die Förderung soll dort beginnen, wo außergewöhnliche Fähigkeiten sichtbar werden.

Was Training vor Ort bedeutet, haben wir von den Teilnehmern unserer Seminare gelernt. Ein guter Coach hat folgende Eigenschaften:

Er erkennt meine Begabungen und fördert sie.
Er geht mit gutem Beispiel voran.
Er gibt vertrauliche Mitteilungen niemals weiter.
Er begründet Anweisungen und Verfahrensweisen.
Er hilft mir, meine Ideen zu überdenken, ehe ich sie anderen präsentiere.
Er ist objektiv.
Er läßt mich meine Entscheidungen selbst fällen.
Ihm ist an mir und meiner Leistung gelegen.
Er will nicht permanent im Rampenlicht stehen.
Er läßt nicht zu, daß ich aufgebe.
Er leitet mich an, zeigt mir die Richtung, wenn ich etwas Neues lerne.
Er versteht mich. Er zeigt ständig seine Bereitschaft, auf seine Umgebung einzugehen.
Er weiß genau, was er will, ist aber fair.
Er orientiert sich immer an faktischen Ergebnissen.
Er läßt mich meine Probleme und schwierige Situationen selbst bewältigen, gibt mir dabei aber Rückhalt.
Er läßt mich wissen, wie er mich beurteilt.
Er hört außergewöhnlich gut zu.
Er legt mir keine Worte in den Mund.
Mit ihm läßt sich gut reden.
Er hält seine Versprechen.
Er sorgt dafür, daß ich die Ziele nicht aus den Augen verliere.
Er arbeitet genauso hart oder noch härter als alle anderen.
Er ist bescheiden.
Er ist stolz auf die Führungskräfte, die er selbst dazu gemacht hat.
Er anerkennt die, denen Anerkennung gebührt.
Er praktiziert MBWA.
Er sagt nie: »Das habe ich Ihnen doch vorher gesagt.«
Er kritisiert nur unter vier Augen.

Er pocht nie auf seinen Vorgesetztenstatus.
Er ist immer geradlinig und offen.
Er gibt immer eine zweite Chance.
Sein Büro ist ein »Haus der offenen Tür«.
Er erklärt einfach und verständlich.
Er ist nicht nachtragend.
Er ist loyal und erweckt Loyalität.
Er ist ehrlich an meinen Ideen interessiert und bezieht sie in sein Handeln ein.
Er läßt mich meine Termine und Fristen selbst setzen.
Er feiert Erfolge.
Er lügt nicht.
Er macht aus schlechten Nachrichten keinen Hehl.
Er läßt mir genügend Zeit, um mich auf ein Gespräch vorzubereiten.
Er ist begeisterungsfähig.
Er geht den Dingen gründlich und bis zum Ende nach.
Er ist geduldig.
Er will, daß ich meine Fähigkeiten bis an meine Leistungsgrenze ausbaue.
Er widmet mir in Gesprächen seine ganze Aufmerksamkeit und läßt sich nicht ablenken.
Er hat Sinn für Humor.
Er regelt Meinungsverschiedenheiten unter vier Augen.
Er gibt mir Rückendeckung.
Er flößt mir Vertrauen und Zuversicht ein.
Er sagt »wir«, nicht »ich«.
Mit ihm macht harte Arbeit Spaß.
Er macht seinem Ärger Luft, ohne dabei wütend zu werden.
Er ist mutig.
Er besteht auf Aus- und Weiterbildung.
Er übt in Krisensituationen stabilisierenden Einfluß aus.
Er beteiligt alle.
Er will meinen Erfolg.
Er ist optimistisch.
Er arbeitet hervorragend – auch unter Druck, auch in Umfeldern, die sich gerade radikal verändern.
Er gilt bei seinen Kollegen als kompetenter Mann.
Er kann hart durchgreifen, ist aber auch sehr verständnisvoll.
Er glaubt daran, daß wir es schaffen können.
Er setzt erreichbare Ziele.

Er vermittelt Unternehmensphilosophie und Wertmaßstäbe.
Er kann Zwischentöne hören.
Er weiß, was dringend und wichtig ist und was nicht.
Er sorgt dafür, daß die Mitglieder des Teams ihre Individualität bewahren können.
Er denkt und handelt eine Ebene höher als erwartet.
Er will das Unternehmen zum Spitzenreiter seiner Branche machen.
Er ist bereit, intuitiv zu handeln; auch Gefühle sind für ihn existent.
Er vergibt Kompetenzen.
Er ist für uns da, wenn wir ihn brauchen.
Er hat Freude an seiner Arbeit.
Er verbringt seine Zeit gerne mit uns.

Diese Liste mit Eigenschaften umreißt präzise, worauf es für einen Manager ankommt, und enthält dennoch absolut nichts Neues. Führungskräfte wollen all dies verwirklichen. Die meisten lassen sich aber von fachlichen Aspekten ihrer Arbeit ablenken. Sie kommen einfach nicht dazu, wirkliche Führungsqualität zu entwickeln. Nachwuchs-Führungskräfte sind häufig der Meinung, daß sie, wenn sie Zeit auf diese Dinge verwenden, »eigentlich nicht richtig arbeiten«. Selbstverständlich kann keine Führungskraft all diese verschiedenen Aspekte auf einmal verwirklichen. Man muß sich nur immer wieder bewußt machen, daß es auf diese Eigenschaften ankommt.

Wann ist Training vor Ort (Coaching) angebracht?

- Wenn Sie die administrativen, fachlichen oder Führungsfähigkeiten und Leistungen eines einzelnen als mäßig einstufen.
- Wenn Sie die Menschen dazu ermutigen wollen, selbst zu entdekken, was sie leisten können, wenn sie sich selbst einen »Stoß« geben.
- Wenn Sie Teamarbeit entwickeln wollen.
- Um Vertrauen und Rückhalt auszudrücken.
- Wenn einem Mitarbeiter Anerkennung für innovative Aktivität gebührt.
- Wenn ein Mitarbeiter nur Bestätigung braucht, um gute Leistungen zu erbringen.
- Wenn Sie die Fähigkeiten jedes einzelnen entwickeln und die individuelle Leistungsfähigkeit fördern wollen.

– Wenn Sie die Leistungen eines Teams oder eines einzelnen feiern wollen.

Das anspruchsvolle Unternehmen PepsiCo will die Arbeitsbedingungen für seine Führungskräfte besser gestalten.
Im *Wall Street Journal* vom 23. Oktober 1984 lesen wir:
Kann PepsiCo, Inc. angenehmere Arbeitsplätze gestalten, ohne den Vorsprung zu verlieren, der PepsiCo zu einem gewinnstarken Unternehmen im Nahrungsmittel- und Getränkebereich mit einem Jahresumsatz von acht Milliarden Dollar gemacht hat?
Nach der Meinung der Unternehmensspitze ist dies möglich. PepsiCo legt zwar Wert auf seine äußerst schnelle Reaktionsfähigkeit und die anspruchsvollen Normen, denen das Unternehmen seine Konkurrenzfähigkeit verdankt, macht sich aber Sorgen um Müdigkeitserscheinungen in den eigenen Rängen. Dazu Andrall E. Pearson, der Präsident des Unternehmens: »Wir ziehen wohl eher Leute an, die anderen Magengeschwüre verursachen, als Leute, die selbst Magengeschwüre bekommen.«
Also hat sich PepsiCo dazu entschlossen, nun einige Streicheleinheiten mehr zu vergeben, selbstverständlich ohne daß die Effizienz- und Qualitätsnormen darunter leiden. »Die Zeit ist reif für die ›weichen Faktoren‹«, erklärt Pearson. Das Unternehmen hat sich von seinen finanziellen Rückschlägen erholt. An der Börse gelten seine Aktien als heißer Tip. Die Erträge werden Rekordhöhen erreichen.
Das Hauptmotiv aber beruhte auf der im letzten Frühjahr gemachten Erkenntnis, als sich bei zwei Umfragen unter den 470 Führungskräften des Unternehmens herausstellte, daß eine besorgniserregende Entfremdung von der Arbeit Platz gegriffen hatte. Viele Führungskräfte beklagten sich darüber, sie würden kaum noch als Menschen angesehen, sie wüßten gar nicht, was sich im Unternehmen insgesamt tue, und niemand sage ihnen, wie ihr Leistungsstandard beurteilt würde.
Pearson teilte daraufhin seinen Spitzenführungskräften während einer Veranstaltung auf den Bahamas im Mai letzten Jahres mit, daß sie mehr Feedback geben und mehr »wahres Interesse« an den Mitarbeitern zeigen müßten.
Das Unternehmen behauptet keineswegs, innerhalb von sechs Monaten große Fortschritte erzielt zu haben, es hat aber ernstgemeinte Änderungen eingeleitet. Der Wandel setzt dort an, wo das Unternehmen oft kritisiert wird. Es heißt, Individualismus werde gefördert, und das gehe zu Lasten gemeinsamer Anstrengungen . . .
PepsiCo will nun versuchen, seine soliden Leistungsträger davon zu

überzeugen, daß es auf sie genausoviel Wert legt wie auf die allüberragenden Stars. Das Unternehmen will versuchen, seine Mitarbeiter besser über Beförderungsmöglichkeiten zu informieren und Arbeitsplatzwechsel auf ein notwendiges Minimum zu beschränken.

Außerdem will das Unternehmen die Entwicklung und Förderung seiner Mitarbeiter in den Vordergrund stellen. Training vor Ort und Mitarbeiterförderung sollen von nun an an vorderster Stelle stehen. Bei Beförderungen und Gehaltserhöhungen soll mit sofortiger Wirkung auch berücksichtigt werden, wie gut eine Führungskraft in leitender Position ihre Mitarbeiter entwickelt und fördert.

Der neue Personalchef der PepsiCo, J. Roger King, hofft, all dies bewerkstelligen zu können, ohne die Führungskräfte in »Sensitivity-Trainings« schicken zu müssen. »Es gibt eine ganze Reihe von Workshops, in denen die Leute eintauchen und sauber gebadet wieder herauskommen«, sagt King. »Für mich ist das eine ›Badewannentheorie‹. Zwei Stunden später sind sie nämlich schon wieder schmutzig. Das Ganze funktioniert nicht, weil man es nicht an den Arbeitsplatz mitnehmen kann.«

Er bevorzugt statt dessen einen Wandel »On-the-Job«. Nur so könne man Einstellungen und Verhaltensweisen ändern. Früher hat man beispielsweise die Jahresgratifikationen im Januar einfach so verteilt, ohne viel Worte darüber zu verlieren. In diesem Jahr werden die jeweiligen Vorgesetzten mit den jeweiligen Mitarbeitern die individuellen Leistungen besprechen und ihnen genau erklären, wie der jeweilige Bonus zustande kam.

Bei den jährlich anstehenden Besprechungen über Gehaltserhöhungen wird das Unternehmen sehr viel deutlicher zeigen, welche Verhaltensweisen honoriert werden. Die Meßgrößen sind geändert worden. Leistung wird nicht mehr pauschal beurteilt. Statt dessen wird ganz genau gefragt, welche Leistungen ein Manager im Alltagsgeschäft erbringt, wie effektiv er langfristig plant, was er tut, um Mitarbeiter weiterzubilden und zu fördern, und wie sich seine eigene Leistung entwickelt.

Training bedeutet ständige, wenn auch häufig unauffällige Führung. Uns gefällt, was der frühere Basketballtrainer an der Stanford University, Dick DiBiaso, dazu sagt. Er spricht von »Training im Feld«: der Trainer als Teil des Teams. Er beobachtet, macht Notizen, kritisiert das Spiel, macht Verbesserungsvorschläge, fordert heraus, arbeitet *für* das Team an der Seitenlinie. Es handelt sich um einen äußerst subtil ablaufenden Prozeß. Ein früherer Mitarbeiter von IBM unterstreicht diesen Punkt: »Der Trainer muß sich nicht lautstark bemerkbar machen. Der beste Coach, den ich je hatte, kam immer zu mir und fragte: ›Wie geht es damit oder damit voran?‹ Oder: ›Was will denn der Kunde Ihrer Meinung nach eigentlich?‹ Seine Fragen waren immer genau auf den Punkt gerichtet. Wenn ich aus diesen Gesprächen wieder an meinen Arbeitsplatz zurückkehrte, war ich der festen Überzeugung, daß ich die Antworten finden würde. Erst später habe ich erkannt, daß er mich mit seinen Fragen auf das Wesentliche hingewiesen hatte. Er hat mir die richtige Richtung gezeigt, aber er hat sie mir nie vorgegeben. Er hat mir das Gefühl gegeben, daß ich das Richtige schon selbst finden würde. Er war nie ungeduldig, er war auch nie so beschäftigt, daß er nicht Zeit gefunden hätte, mir zuzuhören. Am besten hat mir eigentlich gefallen, daß er mir nie Dinge aufgetragen hat, zu denen meine Fähigkeiten nicht ausreichten – auch wenn ich das damals nicht gemerkt habe. Er kannte mich sehr gut, wußte genau, wie weit meine Fähigkeiten reichten. Damit hat er bei mir an Glaubwürdigkeit gewonnen. Hätte er mich in eine Situation gebracht, in der ich hätte scheitern müssen, hätte ich an seinen Fähigkeiten als Trainer mehr gezweifelt als an meinen als Spieler. Ich wußte, daß er mich zum Erfolg führen wollte. Genauso wußte ich, daß wir aufeinander zählen konnten. Wenn ich mit ihm gesprochen habe, habe ich das Gefühl gehabt, ich könnte Bäume ausreißen.«

Ganz wichtig ist hier die Aussage: »Er hat mich nie gebeten, etwas zu tun, wozu ich nicht auch die Fähigkeit besaß.« Der Trainer bringt einen bis an die Grenzen seiner Leistungsfähigkeit, eine Leistungsfähigkeit, die man selbst oft gar nicht für möglich hält. Großartige Trainer führen einen genau an diese Grenzen heran, gehen aber nie darüber hinaus.

General Douglas MacArthur meinte, er habe von seinem Vater, einem gefeierten Bürgerkriegshelden, vor allem eines gelernt: »Gib nie einen Befehl, der nicht befolgt werden kann.« Wer seinen Leuten Unzumutbares zumutet, dem werden sie die Gefolgschaft versagen. Im Geschäftsleben wird allzu häufig vom »äußersten Ziel« geredet, das es zu erreichen gelte. Wir sind entsetzt. Das ist L'art pour l'art. So schafft man Situationen, in denen man von vornherein zum Scheitern verurteilt ist. Bei IBM wird um die Umsatzziele gerungen. Man verhandelt darüber. Die Ziele sind hoch gesteckt, aber es ist der Vorgesetzte, der Minuspunkte einstreichen muß, wenn seine Mitarbeiter das hochgesteckte Ziel nicht erreichen (wenn er sie also dazu veranlaßt hat, sich zu hohe Ziele zu stecken).

Bei IBM heißt es: »Bei uns werden die Führungskräfte dafür bezahlt, die Ziele genau richtig zu stecken – jeder soll sich über das normale Maß hinaus anstrengen, richtig, aber das Ziel darf nicht unerreichbar sein.

Wer lehrt, gibt Wissen weiter und vermittelt das notwendige Leistungstraining. Wer trainiert, vermittelt diese Leistung vor Ort, formt sie, verfeinert und steigert sie, verleiht ihr Bedeutung. Entrückte, zynische Verhinderer sind hier fehl am Platze. Gebraucht werden Menschen, die aus ihren Gefühlen heraus handeln, andere inspirieren, auf die Leistung ihrer Teams zählen und dafür sorgen, daß Leistung honoriert und anerkannt wird.

Training vor Ort: einige Fragen – und Anregungen zu Sofortmaßnahmen

– Denken Sie darüber nach, allein, gemeinsam mit einem Kollegen oder in einer kleinen Gruppe. Lassen Sie Höhepunkte und Tiefpunkte des Teams, der Gruppe oder der Organisation Revue passieren. Wodurch waren die Hochpunkte und auch die Tiefpunkte gekennzeichnet – nach Meinung der Mitarbeiter, nach Meinung der Vorgesetzten, nach Meinung der Kollegen? Schildern Sie zwei bis drei außergewöhnliche Trainer/Vorgesetzte: was waren ihre Kennzeichen (nach Meinung Ihrer Leute)? Wiederholen Sie die Übung anhand von ein bis zwei schlechten Vorgesetzten.

– Geben Sie Ihrem Team kontinuierlich Rückhalt (also nicht nur Lob oder Druck)? Wie würden die Mitglieder Ihres Teams Ihre Bereitschaft, auf Probleme einzugehen und etwas dagegen zu tun, einschätzen? Überlegen Sie, wieviel Unterstützung Sie Ihrem Team tatsächlich zukommen lassen. Vergegenwärtigen Sie sich mindestens drei Situationen, in denen Sie Ihre Teams unter Leistungsdruck gesetzt haben, ohne ihnen Rückhalt zu bieten, drei Situationen, in denen Sie zwar gelobt haben, ohne aber Unterstützung anzubieten, drei Situationen, in denen Sie Rückhalt und Lob oder Druck ausgeübt haben. Worin haben sich die Ergebnisse der verschiedenen Ansätze unterschieden? Warum? Welcher Ansatz war am erfolgreichsten? Welcher Ansatz war am wenigsten erfolgreich?

– Besuchen Sie eine Filiale, eine Abteilung, eine Tochtergesellschaft oder irgendeine andere Organisation, von der Sie besonders viel halten, und beobachten Sie dort den Manager in seiner Tätigkeit als Trainer. Was tut er, um anderen Leistung zu ermöglichen? Planen Sie mindestens zwei bis drei Stunden für diese Beobachtung ein. Tun Sie dasselbe, wenn Sie die nächste Sportveranstaltung besuchen: Beobachten Sie die Trainer: beim Fußball, beim Basketball oder beim Schwimmen. Noch besser ist es, wenn Sie sich Zeit nehmen, beim Training zuzuschauen. Wie gehen die Trainer mit ihren Mannschaften um? Wann arbeiten sie mit dem einzelnen Spieler? Wie wechselt ihr Arbeitsstil von Person zu Person? Wie verhält sich der Trainer während des Spiels? Erarbeiten Sie eine systematische Studie. Schreiben Sie Ihre Eindrücke auf. Kurz: wenn Sie sich selbst erstklassige Führungsqualitäten aneignen wollen, müssen Sie hervorragende Führungskräfte sehr genau studieren.

– Wissen Sie de facto, was Ihr Team von Ihnen als Trainer erwartet? Fragen Sie jedes einzelne Mitglied Ihres Teams, wie es mit Ihnen als Führungskraft/Trainer zusammenarbeiten möchte. Stimmt Ihr Eindruck mit dem Ihrer Mitarbeiter überein? Wenn nicht, überrascht Sie das? Oder entwickeln sich bestimmte Muster – setzen Sie beispielsweise Ihren Schwerpunkt eher bei administrativen Aufgaben als bei der Unterstützung und Förderung Ihrer Teammitglieder an?

– Definieren Sie Ihre Tätigkeit als Trainer so, daß Sie zur Verfügung stehen, wenn Probleme auftauchen? Haben Ihre Mitarbeiter das Gefühl, von Ihnen nur dann zu hören, wenn etwas falsch gelaufen ist? Fragen Sie zwei oder drei Mitglieder Ihres Teams direkt.

– Betreiben Sie eine Politik der offenen Tür? (Nehmen Mitarbeiter diese Politik auch an?)

– Tauchen Sie kurz vor wichtigen Ereignissen noch einmal auf, um den Mitgliedern Ihres Teams den Rücken zu stärken? Fragen Sie anschließend nach, wie alles gelaufen ist?

– Stellen Sie fest, mit welchen Verhaltensweisen Sie Ihrem Team zeigen, daß Sie sich kümmern, daß Sie sie respektieren und mehr tun, als nur Lippenbekenntnisse abzugeben? – Stellen Sie die Verhaltensweisen fest, mit denen Sie Ihrem Team Gleichgültigkeit zeigen. Dieser Mangel an Zuwendung und Engagement ist wahrscheinlich nicht einmal beabsichtigt. Die Mitglieder Ihres Teams können das Verhalten des Trainers am besten beurteilen. Wenn Sie sich selbst also nicht sicher sind, bitten Sie ein oder zwei Teammitglieder um Hilfe.

– Machen Sie es wie Donna Ecton (Vorstandsmitglied Campbell's Soup, dann Citicorp) und flößen Sie Ihrem Team Begeisterung ein, indem Sie einem Unternehmens- oder Geschäftsbereich beispielsweise einen neuen Namen geben. Wer kann sich schon für »Distrikt

12 B Süd« begeistern? Finden Sie zusammen mit Ihrem Team eine bessere Bezeichnung, meinetwegen Abteilung »Superstars«. Schaffen Sie die entsprechenden Symbole, und setzen Sie sie genauso ein, wie Mannschaften im Sport ihre Mannschaftsfarben, ihre Namen und Maskottchen haben, um ein Gefühl der »Mitinhaberschaft« zu entwickeln.

Schreien oder nicht schreien

Basketballtrainer Bobby Knight/Indiana schreit und tobt immer – im Training und beim Spiel. Und gewinnt. Bill Walsh, Trainer der San Francisco Forty-niner's ist immer so ruhig und gelassen, daß er schon die Spitznamen »das Gehirn« und »der Professor« trägt. Auch er gewinnt. Beide werden von ihren Spielern respektiert. Beide setzen sich leidenschaftlich für ihre Spieler ein, zeigen diese Einstellung aber auf diametral entgegengesetzte Weise.

Es ist hier nicht der Ort, Tausende von Studien und Monographien über den Zusammenhang zwischen Führungsqualität und bestimmten Persönlichkeitsstrukturen zu erörtern. Nach unseren Beobachtungen gibt es aber keinen bestimmten Typus Mensch, der zum erfolgreichen Trainer und zur erfolgreichen Führungskraft prädestiniert ist. Was vorhanden sein muß, ist Begeisterung und der Glaube an die Fähigkeiten des durchschnittlichen Teammitglieds. Dieser Glaube kann sich aber in ganz unterschiedlichen Verhaltensweisen ausdrücken.

Die Kunst des Zuhörens

Mary Kay Ash berichtet von einer Führungskraft, die persönliche Probleme hatte. Sie beschreibt, wie sie vorgegangen ist:

Manchmal ist Zuhören alleine nicht genug – manche Leute muß man ein wenig aus sich herauslocken, um hinter ihre Gedanken zu kommen. Dazu aber ein Wort der Vorsicht: man muß sehr subtil vorgehen, wenn man nicht aufdringlich sein will. Die Grenze zwischen dem Eindringen in die Privatsphäre und Fürsorge und Interesse ist fließend. Das halte ich mir immer vor Augen, wenn ich ein Problem spüre.

Ich stelle ein oder zwei Fragen und höre mir dann ganz ruhig die Antwort an. Ich gebe ein Beispiel. Vor einiger Zeit hat einer meiner Führungskräfte, den ich hier »Bill« nennen will, in seiner Leistung stark nachgelassen. Er hatte seine Berichte immer pünktlich abgegeben. Seit einigen Wochen aber kam er morgens häufig zu spät und ergriff bei Ausschußsitzungen nur noch selten das Wort. All dies war für ihn absolut untypisch. Eines Tages erklärte er mir, warum er einen Bericht nicht pünktlich habe abliefern können. Ich dachte mir, es sei Zeit, einmal intensiv mit ihm zu reden. Ich bin aufgestanden und habe ihm Kaffee eingeschenkt.

»Wie trinken Sie Ihren Kaffee?« fragte ich.

»Ich trinke ihn schwarz.«

Ich trug seine Tasche zum Couchtisch hinüber und setzte mich auf die Couch. Automatisch nahm er neben mir Platz. »Bill«, sagte ich, »Sie gehören zu unseren Spitzenleuten. Seit zwölf Jahren sind Sie bei uns, und ich glaube, wir sind inzwischen gute Freunde geworden.«

»Der Meinung bin ich auch, Mary Kay«, sagte er leise.

»Ich mache mir Sorgen um Sie, Bill. Sie haben Ihre Arbeit immer so gewissenhaft erledigt, daß wir ohne Sie gar nicht mehr auskommen. Aber in letzter Zeit sind Sie nicht mehr ganz Sie selbst...«

Er antwortete nicht. Ich hörte also zu reden auf und trank meinen Kaffee. Er schien sehr angespannt. Ich bot ihm noch einmal Kaffee an.

»Nein danke«, antwortete er.

»Stimmt etwas zu Hause nicht?« fragte ich.

Er wurde rot und nickte nach ein paar Augenblicken schließlich mit dem Kopf.

»Kann ich irgend etwas tun, um Ihnen zu helfen?«

Er erzählte mir dann, daß er sich große Sorgen mache, weil der Arzt bei seiner Frau einen Rückentumor entdeckt hatte. Er wolle es mir erzählen, weil er genau wisse, daß dadurch seine Leistungsfähigkeit beeinträchtigt sei. Ich bin sicher, daß er es sehr nötig hatte, einmal seinen Gefühlen Luft machen zu können. Wir haben bestimmt eine gute Stunde lang miteinander gesprochen. Am Ende unseres Gespräches fühlte er sich erleichtert. Seine Leistungen wurden wieder besser. Ich habe zwar sein persönliches Problem nicht lösen können, aber es war zumindest gut, daß wir uns einmal ausführlich darüber ausgesprochen haben.

Wie weit ein Manager bei der Besprechung persönlicher Probleme gehen kann, kann nur derjenige entscheiden, der selbst in der Situation steckt. Wenn man tagein, tagaus zusammen arbeitet, wird sich immer irgendwo auch eine persönliche Beziehung entwickeln.

Wer seine Rolle als Berater beherrscht, führt Menschen dazu, Probleme, die einer Spitzenleistung hinderlich sind, zu begreifen und zu bewältigen. Wichtig ist, daß man sich die Zeit dazu nimmt – sofort. Manche Probleme stellen sich als Kleinigkeiten heraus, die man innerhalb von 15 Minuten beiseite räumen kann. Viele Probleme ergeben sich aus unvollständigen Informationen oder einfachen Mißverständnissen. Andere werden monatelange Bemühungen erfordern, um auch für jene alles Potential freizusetzen, die zwar hervorragende Fähigkeiten besitzen, sie aber nicht einsetzen, weil sie nicht bereit sind, als Partner oder als Mannschaftsspieler mitzumachen. Je mehr Beratung in solchen Situationen erfolgt, desto besser.

Wann ist Beratung angebracht?

– Wenn ein Mitarbeiter, der normalerweise gute Leistungen erbringt, in seinen Leistungen nachläßt.
– Wenn sich die Leistung durch Aus- und Weiterbildung oder Training nicht verbessern läßt. – Wenn ein Mitarbeiter um Hilfe bei der Lösung eines persönlichen Problems bittet.
– Wenn ein Mitarbeiter in irgendeiner Sackgasse steckt und nicht weiß, wie er herauskommen soll.
– Wenn Mitarbeiter Schwierigkeiten haben, alles zu bewältigen, weil die Organisation sehr schnell wächst oder in radikaler Änderung begriffen ist.
– Wenn ein Mitarbeiter, der Erfolge gewöhnt ist, plötzlich einen Fehlschlag oder eine Enttäuschung verarbeiten muß und damit irgendwie nicht fertig wird. Solche Situationen entstehen häufig, wenn ein Mitarbeiter in eine höhere Position befördert worden ist.

Beratung und Wandel

In einer unbeständigen Umwelt, die von wirtschaftlichen Turbulenzen oder fundamentalen Veränderungen gekennzeichnet ist, fällt es schwer, festen Tritt zu fassen. Dasselbe gilt für Branchen, in denen sich alle paar Jahre technologische Umwälzungen vollziehen. In solchen Zeiten bietet die Beratung Rückhalt und Stabilität. Der Berater hilft seinen Mitarbeitern dabei, festzustellen, wie sie auch weiterhin für eine Organisation, in der sich Umwälzungen vollziehen, Leistung erbringen können. Die Beratung bereitet die Mitarbeiter emotional auf die zu erwartenden Ungewißheiten vor. Selbst positiver Wandel vollzieht sich leichter, wenn Bereitschaft zur Beratung vorhanden ist: Auch an den Abbau der Bürokratie und an größere Freiräume muß man sich zunächst einmal gewöhnen. Wird die Zahl der hierarchischen Ebenen verringert, muß man sich zunächst einmal daran gewöhnen, daß man plötzlich reale Verantwortung trägt und daß sich plötzlich alles ändert. Insgesamt ist das zwar alles positiv zu bewerten, aber es gelten auch ganz neue Spielregeln.

Mit guter Beratung kann man Menschen während einer Periode des Wandels helfen. Ihr Selbstwertgefühl bleibt erhalten. So kann sich der Wandel schlußendlich schneller vollziehen.

In Teil IV, »Menschen, Menschen, Menschen«, haben wir das Konzept der »Mitinhaberschaft« genau erläutert. In den Teilen II – »Kunden« – und III – »Innovation« – haben wir betont, wie wichtig es ist, auf die Wahrnehmung des Kunden zu achten, und auch immer wieder deutlich gemacht, daß jeder auch ein Recht darauf hat, Fehler zu machen, weil ohne Fehler keine Innovation denkbar ist. Das heißt nicht, daß man Menschen verwöhnen, sondern daß man sie respektieren soll.

Wichtigstes Merkmal dieses Respekts ist die Bereitschaft, seine Mitarbeiter zu beraten, eine Pflicht, die gleichzeitig enorme Verantwortung bedeutet.

Mit folgendem wird sicherlich jeder übereinstimmen: »Alle Probleme sind menschliche Probleme.« Jeder weiß das, aber nicht jeder handelt danach. In weniger leistungsbewußten Unternehmen gilt es nicht unbedingt als Manko für die Leistungsbeurteilung, wenn ein Manager sich keine Zeit für die Beratung seiner Mitarbeiter nimmt.

Wir haben hier wieder einmal den »gesunden Menschenverstand« angesprochen. Auch für Beratung braucht man Zeit, die vielleicht dem MBWA mit Kunden und MBWA in der Produktion verlorengeht. Aber ohne diese Beratung ist es nicht möglich, jenes Gefühl der »Mitinhaberschaft« zu erwecken, das die Summe aller Leistungen in einem effizient geführten Unternehmen von der Summe aller Leistungen in einem eben nicht effizient geführten Unternehmen unterscheidet.

Beratung: einige Fragen – und Anregungen zu Sofortmaßnahmen

– Denken Sie noch einmal an den ersten großen Fehlschlag Ihrer Karriere zurück. Wie hat Ihr Vorgesetzter damals reagiert? Was hat er getan, damit Sie gestärkt und um einige Einsichten reicher aus diesem Erlebnis hervorgehen konnten? Was können Sie aus Ihren eigenen Erfahrungen lernen? Wie können Sie das Gelernte für die Mitglieder Ihres Teams nutzbar machen? Was würden Sie als Berater anders machen als die Berater, die Sie selbst in Ihrer Berufslaufbahn hatten, und was genauso?

– Sind Sie in einem Unternehmen oder in einer Branche tätig, die innerhalb kürzester Zeit radikalen Veränderungen folgt? Haben Sie Ihre Mitarbeiter vor den schlimmsten Folgen geschützt? Kennen Sie ihre Fähigkeiten, Leistungen, Talente und auch ihre Schwachstellen? Sie *müssen* sie kennen, wenn Sie einem Mitarbeiter bei seiner langfristigen Karriereplanung helfen wollen. Wenn Sie die Fähigkeiten und wunden Punkte der einzelnen Mitarbeiter nicht detailliert beschreiben können, sollten Sie sich noch innerhalb dieser Woche mit ihnen zusammensetzen und mit ihnen sprechen. Nehmen Sie sich Zeit dafür! Ein guter Berater erkennt potentielle Probleme, ehe sie manifest werden, und schützt seine Mitarbeiter vor unerwarteten Schocks oder Rückschlägen. Hören Sie Ihren Mitarbeitern zu. Überprüfen Sie ihre Leistung. Wie können Sie Ihren Mitarbeitern dabei helfen, auch in Zeiten großer Umwälzung immer die Nase im Wind und damit vorn zu haben?
– Denken Sie *noch* einmal über Ihren eigenen Berufsweg nach. Welche Hindernisse haben sich für Sie als besonders schwierig erwiesen? Warum? Wie können Sie Ihre Erfahrungen auf Ihre Arbeit mit dem Team anwenden?
– Wenn Sie ein Beratungsgespräch mit einem Mitarbeiter führen, beweisen Sie Ihren Respekt, indem Sie mehr zuhören als sprechen und Ratschläge geben? (Haben Sie mit ja geantwortet? Denken Sie noch einmal genau nach. Sind Sie ganz sicher? Wir glauben nämlich, wir seien gute Zuhörer, sind es aber in Wirklichkeit nicht.) Nehmen Sie die Probleme ernst? Versuchen Sie, Ihrem Gesprächspartner dabei zu helfen, seine Gefühle und Eindrücke sinnvoll zu koordinieren und so sein Gleichgewicht zu stabilisieren.

Konfrontation

»Nehmen Sie ein Problem nicht hin – treten Sie ihm ehrlich entgegen und korrigieren Sie die Situation.

Entschuldigungen interessieren niemanden, höchstens unsere Konkurrenz. Tolerieren Sie niemals wortreiche Versprechungen, wenn Sie merken, daß nicht die Geisteshaltung dahintersteht, diese auch unbedingt einzuhalten.«

Gruppenleiter bei Hewlett-Packard

Dieses Statement macht deutlich, was wir meinen, wenn wir sagen, HP sei ein Unternehmen, das Entschuldigungen nicht gelten läßt. Wirkliche Probleme werden ernst genommen und angepackt. Das

Unternehmen geht davon aus, daß Problemlösung möglich ist, allerdings nur im Einklang mit der Betriebsphilosophie, mit der »Art des Hauses«. Einmal ist ein Punkt erreicht, an dem die Möglichkeiten der Problemlösung für ein Unternehmen erschöpft sind. Dann gilt es, Alternativen zu entwickeln. An dieser Stelle ist Konfrontation angesagt. Sie erleichtert die Wahl und stellt die Alternativen klar heraus.

Wann ist Konfrontation angebracht?

- Wenn die Leistung ständig hinter den Erwartungen zurückbleibt oder schlechter wird.
- Wenn Probleme auch durch Beratung nicht gelöst werden.
- Wenn ein Mitarbeiter mit seiner Arbeit offensichtlich unzufrieden ist und in der ihm zugewiesenen Rolle keine Leistung erbringen kann.
- Wenn ein einzelner durch sein Verhalten die Leistung des Teams behindert.
- Wenn ein einzelner Mitarbeiter die Leistungserwartungen nicht erfüllen kann, obwohl sie deutlich sind und er sie begriffen hat.
- Wenn Versetzung oder Kündigung die einzig bleibenden Alternativen sind.
- Wenn die Folgen eines fortgesetzten Fehlverhaltens oder mangelhafter Leistung erklärt werden müssen.

Mangelhafte Leistungen offen zur Sprache zu bringen, ist wahrlich kein Vergnügen. Die Alternative dazu aber ist noch schlimmer: Wenn Leistungsmängel nicht angesprochen werden, sind chronische Probleme die Folge, die nicht nur der Organisation schaden, sondern auch das Vertrauen des einzelnen erschüttern. In einem solchen Fall muß sofort gehandelt werden. Am schnellsten verliert ein Manager seine Glaubwürdigkeit, wenn er es ablehnt, sich unübersehbaren Problemen zu widmen. Die Mitarbeiter fragen zu Recht: »Worauf wartet der Chef eigentlich noch?«

Definition der Konfrontation

Konfrontation ist nie ein erbitterter Kampf. Es geht nicht um persönliche Auseinandersetzungen, nicht um spontane Streitigkeiten, nicht darum, einen anderen zu tyrannisieren oder ihm zu drohen. Konfrontation heißt nie, Menschen schlecht zu behandeln. Zweck der Konfrontation ist nie, einer frustrierten Führungskraft Gelegenheit zu geben, ihren Gefühlen Luft zu machen und sie bei anderen abzuladen.

Auch Konfrontation ist eine Form der Beratung. Die Konfrontation findet grundsätzlich unter vier Augen statt und soll – wenn Sie Ihre Pflicht erfüllt und effizient trainiert und beraten haben – eine konstruktive Reaktion auf mangelnde Leistung sein. Erörtern Sie das Leistungsdefizit klar, wenn sich keine Besserung einstellt, müssen Sie die Konsequenzen ziehen, das heißt, Sie müssen sich von Ihrem Mitarbeiter trennen oder ihn versetzen.

Der Prozeß der Konfrontation
Beschäftigen wir uns mit einem Beispiel. Ein Mitarbeiter hat seit vielen Jahren – rund zehn Jahre oder länger – gute Leistungen erbracht. Er hat immer gewissenhaft gearbeitet, seit kurzem aber sind ihm die neuesten Techniken über den Kopf gewachsen. Er kann nicht mehr Schritt halten. Nehmen wir ein weiteres Beispiel, eine Führungskraft, der die fachlichen Prämissen für ihre Arbeit viel näher liegen als die für Menschenführung. Sein Team leidet unter dieser Orientierung. Der nächste Fall betrifft einen Manager, der mehr Wert legt auf Zahlen und Methodik als auf die Realisierung von Kundenwünschen. All diese Situationen lassen sich am besten durch offene Konfrontation meistern. Dabei sind einige harte und unbequeme Fragen zu stellen:
- Ist dem Betroffenen jede Chance zum Erfolg gegeben worden?
- Sind sämtliche Ressourcen des Unternehmens zur Verbesserung der Leistung ausgeschöpft worden?
- Begreift der Betroffene, welche Leistung erwartet wird?
- Haben Sie ihm ehrliches und direktes Feedback gegeben?
- Ist es möglich, den Arbeitsplatz so zu reorganisieren, daß dieser Mensch seine Stärken entfalten kann?
- Kann dieser Mensch auf andere Weise Leistung für das Unternehmen erbringen?

Wenn Sie diese Fragen ehrlich beantworten, können Sie feststellen, ob Konfrontation sinnvoll ist, um dem Mitarbeiter noch eine Chance zu geben, sein Verhalten zu ändern. Ein Manager sagt dazu: »Die schwerste Entscheidung steht an, wenn man genügend Beratungsgespräche durchgeführt hat und sich fragen muß: Habe ich mich wirklich intensiv genug bemüht? War ich mit dem Herzen dabei? Was kann ich meinem Team, was kann ich meinem Unternehmen zumuten? Eine eindeutige Entscheidung gibt es nicht.«

Überraschungen sollte man vermeiden.
Ein Mitarbeiter sollte nicht erst in einem Konfrontationsgespräch von seinen unzulänglichen Leistungen erfahren. Der Mitarbeiter hat das Recht, zu wissen, wo er steht. Er muß auch die Möglichkeit haben, selbst zu beurteilen, wie sich ein Problem auswirken wird, wenn es nicht bewältigt wird. Es dauert einige Zeit, bis der Punkt gekommen ist, an dem als Alternativen nur noch Versetzung oder Entlassung zur Verfügung stehen. Beide sollten das Problem schon länger kennen und in aller Deutlichkeit erörtert haben.

Das eigentliche Gespräch
Wenn Sie sich einmal entschlossen haben zu handeln, sollten Sie sich direkt und unumwunden ausdrücken. Wörter wie »manchmal«, »vielleicht«, »ungefähr«, »ein wenig« tragen nur zur Verwirrung bei.
Fassen Sie sich kurz: Geben Sie dem Mitarbeiter nur das entscheidende Feedback. In diesem Gespräch geht es nicht darum, kleine Leistungsdefizite zum Anlaß zu nehmen, Ihrem allgemeinen Unmut oder Ihrer dadurch bedingten Antipathie Luft zu machen. Beobachten Sie Ihren Mitarbeiter genau und versuchen Sie, sich in seine Lage zu versetzen: Wie würden Sie selbst in so einer Situation gern behandelt werden?
Konzentrieren Sie sich auf positive Alternativen: Über diesen Teil des Gesprächs müssen Sie sich vor Beginn der eigentlichen Konfrontation ganz klar sein. Hat der Mitarbeiter bis dahin eine einigermaßen ordentliche Leistung vorzuweisen, läßt sich vielleicht eine andere Position innerhalb des Unternehmens finden, die seinen Fähigkeiten besser gerecht wird.
Wird ein Mitarbeiter mit der Tatsache konfrontiert, daß seine Leistung nicht akzeptabel ist, sollte man ihm eine Frist einräumen, innerhalb derer er – vorurteilsfrei – eine neue Chance erhält.

Wir haben Ihnen eindringlich vor Augen geführt, daß Sie sich zu Beratungs- und Konfrontationsgesprächen Zeit nehmen müssen. Sie dürfen solche unangenehmen Gespräche nicht auf die lange Bank schieben. Darunter leiden alle drei beteiligten »Parteien«: Sie selbst, der Mitarbeiter, der mit seiner schlechten Leistung konfrontiert werden müßte, und seine Kollegen. Beweisen Sie Entschlußkraft. Auf der anderen Seite müssen Sie aber auch methodisch und geduldig vorgehen. Sie müssen dem Betroffenen jede nur mögliche Chance bieten. Gehen Sie Schritt für Schritt vor.

Wir geben Ihnen damit einen paradoxen Ratschlag: Gehen Sie

methodisch vor, üben Sie sich in Geduld, beweisen Sie aber gleichzeitig Entschlußkraft, weil Sie allen Interessengruppen gerecht werden müssen und das ohne diese Entschlußkraft nicht können. Sie werden dafür bezahlt, damit zu leben, es zu erklären und es zu begreifen. Die Antwort auf dieses Paradox liegt in Ihrer eigenen Definition (und in der Definition Ihrer Organisation) von Vertrauen, Fürsorge, Achtung, Fairness, Gerechtigkeit, Entschlußkraft und Integrität. Das Dilemma ist nicht schwer zu erkennen: Die meisten von uns sehen ein Beratungsgespräch, das um einen Tag aufgeschoben wird, nicht als »strategisches Anliegen«, nicht als Prüfstein für die immer wieder zitierten Tugenden Integrität, Fürsorge, Vertrauen, Respekt etc.

Konfrontation: einige Fragen – und Anregungen zu Sofortmaßnahmen

– Führen Sie eine sorgfältige Beurteilung der Leistungskapazitäten und -grenzen für alle Teammitglieder durch. Können Sie vorab erkennen, wo ein Mitarbeiter am falschen Ort eingesetzt ist, an dem er keine gute Leistung erbringen kann? Können Sie ihn vor einem ernsthaften Fehlschlag bewahren? Lassen Sie es zu, daß sich ein Mitarbeiter unnötig an seinem Arbeitsplatz quält? Achten Sie ganz besonders auf diejenigen Mitarbeiter Ihres Teams, die seit kurzem mehr Verantwortung übernommen haben. Wie entwickeln sie sich? Sehen Sie Anzeichen dafür, daß diese Mehrverantwortung über die Kapazitäten der betroffenen Mitarbeiter hinausgeht? (Ein hervorragender Verkäufer wird beispielsweise zum Verkaufsleiter befördert, kann aber in dieser Position nicht reüssieren, weil er nur die Rolle des Spezialisten beherrscht, nicht aber auch die Rolle des Vorgesetzten/die Rolle einer Führungskraft.)
– Wie können Sie Menschen auf mögliche Enttäuschungen vorbereiten? (Etwa wenn ein neues Aufgabenfeld doch nicht soviel verspricht wie ursprünglich angenommen, wenn ein anderer die ersehnte Beförderung erhält, wenn ein Mitarbeiter seinen ersten Mißerfolg verarbeiten muß.) Welchen »Stoßdämpfer« können Sie einbauen, um Ihren Mitarbeitern bei der Bewältigung wichtiger Zäsuren im Berufsleben zu helfen? Geben Sie keineswegs dem Impuls nach, das Positive zu betonen oder den Mitarbeiter wegen seines Erfolges zu loben, wenn er in Wirklichkeit ein Scheitern zu verkraften hat. Fühlen Sie sich wohl, wenn Sie Mitarbeitern die Gelegenheit geben, ihre Gefühle zu den bevorstehenden Änderun-

gen ohne Angst oder Verlegenheit mit Ihnen zu besprechen? Wenn nicht, warum nicht? Können Sie die Gefühle und Vorbehalte des Mitarbeiters akzeptieren?

– Ein Mitarbeiter muß sich beispielsweise eingestehen, daß er gescheitert ist. Ein anderer Mitarbeiter steht vor einer entscheidenden Arbeitsveränderung. Wie können Sie ihnen helfen, diese Situationen zu meistern? Wie können Sie den betreffenden Mitarbeiter in eine gemeinsame Problemlösung einbeziehen?

– Stellen Sie fest, daß Sie Mitarbeiter häufig mit ihren zu geringen Leistungen konfrontieren müssen? Lösen Sie Probleme überwiegend mittels Konfrontation? Wenn ja, sollten Sie einmal überlegen, wozu dieses Verhalten, das von einem Kollegen treffend als »Fahrerfluchtverhalten« bezeichnet wurde, führt. Sind die Mitarbeiter Ihrer Abteilung stärker von Ihnen abhängig, als Ihnen lieb ist? Haben Sie das Gefühl, Ihre Mitarbeiter vor jeder einzelnen Entscheidung befragen zu müssen? (Wenn Sie diese Frage nicht selbst beantworten können, fragen Sie Ihre Mitarbeiter!) Wenn Sie sich häufig für die Konfrontation als Kontaktform entscheiden, müssen Sie damit rechnen, daß Ihre Mitarbeiter nicht lernen werden, selbständig und unabhängig zu handeln. Statt dessen wenden sie sich auch wegen kleinster Kleinigkeiten immer an Sie, weil sie Ihrem Zorn entgehen wollen. Wird in Ihrer Mitarbeitergruppe experimentiert? Wenn nicht, sollten Sie Ihr Verhältnis zu Ihren Mitarbeitern sehr genau überprüfen! Sind Sie ein guter Lehrmeister, Trainer, Berater?

Es mag Sie ein wenig gelangweilt haben, daß wir Ihre Rolle als Manager, Trainer und Berater so überaus gründlich erörtert haben, aber für diese Form der Lenkung und Leitung gibt es keinen Ersatz.

19.
MBWA in der Praxis

Mit MBWA – der Technik des Selbstverständlichen – haben wir begonnen. Wir haben uns mit vielen verschiedenen Möglichkeiten des »Umherwanderns« beschäftigt – Umherwandern mit Kunden und mit Lieferanten. Wir haben den Zusammenhang zwischen MBWA und Innovation, MBWA und Zuhörern (Kunden anhören und als beispiellose Innovationsquelle nutzen) und zwischen MBWA und Führung hergestellt. Das war die Einführung. Nun schließt sich der Kreis. Wir gehen auf MBWA in der Praxis ein. Führung bedeutet direktes, praktisches Tun. Das Training, die Entwicklung unserer Mitarbeiter ist Mittelpunkt aller Führung. Training vor Ort *ist* MBWA.

Zunächst einmal müssen wir fair und ehrlich sagen, daß MBWA nicht so einfach ist, wie es sich anhört. MBWA ist eine Kunst, eine Kunst jedoch, die man wahrscheinlich erlernen kann. Voraussetzung dafür ist nicht ein extrovertierter Typus, die erfolgreichen Wanderer sind eher introvertiert. Sie können zuhören, denn effektives MBWA steht und fällt mit der Kunst des Zuhörens.

Wir verwenden hier den Begriff »MBWA« – Führen durch Umherwandern –, obwohl er, wie wir zugeben, das, was wir meinen, nicht ganz trifft. Betont wird in diesem Begriff der physische Akt des Wanderns an sich. Dieses Wandern ist wichtig, aber wir verstehen unter MBWA sehr viel mehr. MBWA ist im Grunde genommen ein Codewort für sämtliche Aspekte der Führung, die wir in diesem Buch betonen. Darum ist MBWA so schwer.

Während eine effektive Führungspersönlichkeit umherwandert, trainiert, entwickelt und immer wieder kleine Siege erringt, tut sich eine ganze Menge – meistens gleichzeitig: Die Führungskraft hört zu, lehrt und unterweist, gibt Hilfestellung, ebnet Wege. Zuhören heißt »Tuchfühlung« halten, Informationen aus erster Hand von Lieferanten, Kunden und von den eigenen Mitarbeitern verarbeiten und weitergeben. Die verschiedenen Arten des Zuhörens haben wir in Kapitel 2 »MBWA: die Technik des Selbstverständlichen« entwickelt. Wer zuhört, drückt damit eine Form der Fürsorge aus. MBWA ist zugleich ein Akt des »Lehrens« und »Trainierens«. Werte *müssen* persönlich, oder besser: individuell vermittelt werden. Schließlich kann der Wanderer außerdem noch direkte Hilfestellung leisten. Wer MBWA praktiziert, schlüpft gleichzeitig auch in eine dienende Rolle. Er hilft, ebnet Wege, schützt seine Mitarbeiter vor der Bürokratie und ihren Bürokraten. Nicht selten kommt ein Projektteam nur deswegen nicht weiter, weil ihm die 80 Quadratmeter Platz für den Bau eines Prototyps nicht bewilligt werden oder weil ein zusätzliches Reisekostenbudget von 15000 Dollar nicht genehmigt wird, obwohl mit dieser Summe einem neuen Konzept für Dienstleistungen viel besser zum Erfolg verholfen werden könnte als mit einem Werbeetat in entsprechender Höhe.

MBWA: Die Frequenz ist wichtig

Wer sich für MBWA entscheidet, muß dies häufig und regelmäßig tun. Wer nur ab und zu »wandert«, wird eher Angst erregen und selbst ängstliche Regungen nicht ganz verdrängen können. Wer selten »umherwandert«, dessen »Besuche« wirken schnell wie eine Art »Staatsakt«, auf den sich die »Untertanen« monatelang vorbereiten. Jede Art von »Tuchfühlung« muß dann Illusion bleiben.

Die »Staatsbesuchsmentalität« läßt sich am besten umgehen, wenn man häufig, regelmäßig, täglich umherwandert. Für junge und deshalb unerfahrene Ingenieure war Barney Oliver zunächst eine erschreckende Figur. Da Barney aber täglich einen großen Teil seiner Zeit auf Wanderschaft verbrachte, haben sie sich allmählich daran gewöhnt, daß er immer irgendwo auftauchte. Die Labors bei HP sind riesig, und die einzelnen Unternehmensteile liegen geographisch weit verstreut. Er konnte also nicht jeden Tag überall auftauchen. Was er tatsächlich bewirkt hat, zeigt uns ein erstaunlicher Kommentar eines 24 Jahre alten HP-Ingenieurs: »Ich weiß, daß Dave, Bill und Barney (Packard, Hewlett, Oliver) schon seit einiger Zeit nicht mehr im aktiven Geschäft sind. Jeder einzelne unserer Ingenieure (es sind mehrere tausend) meint aber immer noch (im Jahre 1983), daß einer dieser drei jede Minute auftauchen könnte.« Die Häufigkeit des Wanderns bewirkt Erwartungen, erfüllt aber nicht statistische Wahrscheinlichkeitsrechnungen.

Anläßlich seines zehnjährigen Dienstjubiläums am St. Joseph's Hospital in Stockton/Kalifornien, erhielt unser Freund, Vorstandsmitglied Ed Schroeder, diese wunderbare »MBWA-Auszeichnung« – vergoldete Schuhe, Größe 46!

MBWA: Die Frequenz ist wichtig – einige Fragen – und Anregungen zu Sofortmaßnahmen

– Wie oft sind Sie außerhalb Ihres Büros anzutreffen? Machen Sie genaue Angaben. Wie sah Ihr Terminkalender in den letzten zwei oder drei Monaten aus? Fertigen Sie eine Aufstellung an, eine Spalte für Besprechungen, eine Spalte für Besuche und Sonstiges. Vermerken Sie darüber hinaus den jeweiligen Ort der Besprechung. Könnte die Besprechung mit den Mitarbeitern aus Forschung und Entwicklung nicht ebensogut im Labor stattfinden, oder muß es unbedingt in Ihrem Büro sein?
– Prüfen Sie für die nächsten zwei Monate, welche Besprechungen schon feststehen. Haben Sie diese Besprechungen außerhalb Ihres Büros, beispielsweise in einem Großraumbüro angesetzt? Prüfen Sie, wieviel Zeit Sie noch nicht verplant haben. Vielleicht können Sie 25 Prozent dieser noch »nicht ausgefüllten« Zeit mit MBWA verbringen.

Fertigen Sie eine Checkliste an, die immer griffbereit liegt. Auf dieser Checkliste vermerken Sie beispielsweise Ihre 25 besten Kunden, Ihre 25 besten Lieferanten, 25 Zwischentermine für Projektteams, 25 Niederlassungen oder Abteilungen. Nehmen Sie sich fest vor, aus jeder Liste wöchentlich mindenstens zwei Leute und zwei

Abteilungen zu besuchen. Um sich selbst zu kontrollieren, können Sie Ihren Personalcomputer einsetzen. Oder bitten Sie Ihre Sekretärin, Sie immer wieder an diese Termine zu erinnern (sie sollte eine Kopie Ihres Terminkalenders haben).

Eine Bankkauffrau als Wanderin
Bei der Chase Manhattan Bank gibt es eine Managerin, die beschloß, sie wolle in Zukunft weniger managen und mehr wandern. Sie hat ihre Besuche nicht angekündigt, jedenfalls nicht im Sinne von »Staatsbesuchen«, sondern hat immer nur eine kleine Vorwarnung gegeben. Ehe sie sich zu einem Besuch aufmachte, hat sie telefonisch angekündigt, »in einer halben Stunde bin ich da«. Als erstes ist sie immer in die operativen Abteilungen gegangen, hat sich umgesehen, was sich so tat, und mit den Mitarbeitern ein wenig geplaudert. Der Filialleiter kam erst am Ende ihres Besuches an die Reihe.

Einhaltung des Instanzenweges

Wer MBWA betreibt, muß sich vor allem auch die Frage stellen, ob der Instanzenweg erhalten bleiben soll oder nicht. Wer MBWA ordentlich praktiziert, wird den Dienstweg nicht in Frage stellen. Aber... Halt! Natürlich wird er doch gewissermaßen in Frage gestellt. Machen wir uns nichts vor. Wer aus seiner Stellung an der Spitze heraus zehn Ebenen »nach unten« überspringt und sich direkt mit den Mitarbeitern auf den untersten Ebenen unterhält, verletzt den Dienstweg natürlich doch. Der Mann an der Spitze bekommt Informationen aus erster Hand und gibt Informationen und Lehren weiter. Daran gibt es nichts zu deuteln. Es gibt jedoch verschiedene Abstufungen.

Nehmen wir Ed Carlson, den ehemaligen Chairman der United Airlines, als Beispiel. Schon kurz nach Antritt seines Jobs hat er draußen die sogenannten einfachen Mitarbeiter besucht und sehr direkte Fragen gestellt, weil er möglichst schnell möglichst viel Bürokratie abbauen wollte. Er hat sehr viele Notizen auf kleine Zettel gekritzelt und mit in sein Büro genommen. Er hat den Mitarbeitern in der Linie, die mehrere Ebenen unter ihm angesiedelt waren, niemals direkte Anweisungen gegeben. Er hat niemals unmittelbar Verbesserungsmaßnahmen eingeleitet (die einzige Ausnahme waren Sicherheitsmaßnahmen). Er hat statt dessen versprochen, daß sie in kürzester Zeit (in maximal fünf Tagen) wieder von ihm hören würden und daß sich in dieser Zeit etwas ändern werde. Sein Stab hat dann dafür gesorgt, daß dieses Versprechen auch gehalten wurde.

Carlson hat dabei den Instanzenweg in gewisser Weise umgangen, hat bürokratische Umwege gemieden. Die geplanten Maßnahmen selbst wurden dann auf konventionellem Wege in die Tat umgesetzt.

Auf der Suche nach Spitzenleistungen
Ein erfahrener Manager berichtet: »Ich hatte völlig die Tuchfühlung mit meinen Leuten verloren. Ich wollte mit eigenen Augen sehen, was sich in meinem Unternehmensbereich tat, habe aber nie die Zeit dazu gefunden. Meine Mitarbeiter sind immer zu mir gekommen, haben sich in dieser Situation aber offensichtlich nie sehr wohl gefühlt. Schließlich entschied ich mich dafür, zu ihnen zu gehen. Ich verließ mein Büro und machte mich auf den Weg zum Kaffeeautomaten. Es war gerade Pause. Viele Mitarbeiter drängten sich um den Automaten und unterhielten sich über das neue Produkt, das wir gerade herausgebracht hatten. Ein Werkmeister aus der Herstellung meinte, die Herstellungszeit könne um 20 Prozent verkürzt werden, wenn man zwei Änderungen durchsetzen könnte. Ein Entwicklungsingenieur stimmte dem zu. Bald beteiligte sich ein zweiter Ingenieur an dem Gespräch. Die Gruppe diskutierte darüber, wie man den Produktionszyklus verbessern könne. Dann bemerkten sie mich und brachen das Gespräch abrupt ab. Ich konnte auf ihren überraschten Gesichtern die staunende Frage ablesen: Was will der denn hier? Ich wußte vor Verlegenheit nicht, wo ich meine Hände lassen sollte und steckte sie in die Hosentaschen. Das war vielleicht eine seltsame Situation. Bei uns sind die Leute im allgemeinen recht salopp gekleidet. Ich hatte an jenem Nachmittag eine wichtige Besprechung, also trug ich Anzug und Krawatte. Die Mitarbeiter liefen in offenen Hemden oder in T-Shirts herum. Eine Minute lang habe ich ernsthaft überlegt, ob ich nicht schleunigst an meinen Schreibtisch zurückkehren sollte. Für einen Rückzieher aber war es zu spät. Jemand reichte mir einen Becher Kaffee. Ich nahm die Hand aus der Tasche, um nach dem Becher zu greifen – und ließ dabei alles mögliche fallen, Kleingeld, Autoschlüssel, ein Röhrchen Aspirintabletten und einen Knopf. Alle starrten auf den Boden. Niemand wußte, was er tun sollte. Ich bückte mich nach meinen Schlüssel und stieß dabei mit einem Werkmeister zusammen, der gerade dasselbe tun wollte. Er lachte, als er mir die Schlüssel reichte. Auch ich mußte lachen. Zwei bis drei weitere Mitarbeiter sammelten mein Kleingeld ein. Die Sekretärin meines Chefs rettete das Aspirinröhrchen und sagte: ›Bitte, die werden

Sie in ein paar Minuten sicherlich brauchen.‹ Ich atmete tief durch, schüttete meinen Kaffee herunter, nahm die Krawatte ab und versuchte, einen lässigen Eindruck zu machen. Ich sagte mir, dieses Umherwandern sei wohl doch nur etwas für exotische Vögel. Es konnte einfach nicht funktionieren. Ich stand da, um zuzuhören, aber alle schwiegen. Ich hielt es nun doch für besser, in mein Büro zu flüchten, die Besprechung vorzubereiten und meine Graphiken bereitzulegen. Am nächsten Tag aber habe ich einen zweiten Versuch gewagt. Einmal ist eben keinmal. Schlimmer als am Tag zuvor konnte es schließlich nicht werden. Auch an diesem zweiten Tag waren die Mitarbeiter ziemlich zugeknöpft. Sie haben mir keineswegs erzählt, was sie gerade beschäftigte. Ich aber war entschlossen, nicht aufzugeben. Ich habe die Mitarbeiter in ihren Büros aufgesucht und dabei viel gelernt. Und es hat mir Spaß gemacht! Ich habe erkannt, daß diese Mitarbeiter sehr viel mehr über das Unternehmen, seine Leitlinien und die Möglichkeiten, unsere Produktqualität zu verbessern, wußten, als ich angenommen hatte. Ich aber wußte von gut der Hälfte aller meiner Mitarbeiter nicht einmal, was sie eigentlich taten. MBWA ist für mich inzwischen selbstverständlich geworden. Ich tue es regelmäßig. Einige Kollegen haben mich deswegen kritisiert. Ich sei nicht oft genug in meinem Büro und deshalb schwer zu erreichen. ›Wieso kümmern Sie sich nicht um das Management?‹ haben sie mich häufig gefragt! Nun, inzwischen sind auch sie häufiger vor Ort anzutreffen. Es ist erstaunlich, was wir allein durchs Zuhören gelernt haben.«

»Instanzenweg«: einige Fragen – und Anregungen zu Sofortmaßnahmen

Sorgen Sie dafür, daß jeder Mitarbeiter, der mit Ihnen gesprochen hat, Feedback bekommt? Haben Sie dafür ein bestimmtes Verfahren entwickelt? Haben Sie sich selbst eine knappe Frist gesetzt – etwa eine Reaktion innerhalb von zwei bis drei Tagen? Halten Sie diese Frist ein? Wie halten Sie es mit dem Instanzenweg? Sorgen Sie dafür, daß – entlang dem Dienstweg – die versprochene Frist eingehalten wird? Wie stellen Sie sicher, daß diejenigen, die ihre Meinung frei äußern, von ihren Vorgesetzten nicht indirekt dafür gerügt werden. Ein Vorarbeiter, der seine Meinung bei dem ihm zugeordneten Vorgesetzten äußert, darf deshalb nicht benachteiligt werden. Bemerkungen wie »George ist mal wieder beim Boß, um unsere schmutzige Wäsche zu waschen«, müssen unterbunden werden.

20.
Spitzenleistung im Schulwesen

... Im Westen von Massachusetts geht Frank Boyden, inzwischen 86, nach wie vor seinen Aufgaben nach. Er gibt seine Erfahrungen an den Lehrkörper weiter, geht gemeinsam mit den Sportmannschaften auf Reisen, führt Gespräche mit jungen Menschen und ihren Eltern, leitet die sonntägliche Abendandacht, schreibt bis zu 70 Briefe am Tag, kniet sich in die Detailplanung für neue Gebäude, spricht mit Schülern, die am Wochenende nach Hause fahren, und erinnert sie an ihr gutes Benehmen gegenüber »älteren Mitreisenden«, fährt in einem elektrischen Golfkarren über den Campus und arbeitet täglich von 7 Uhr morgens bis Mitternacht. Wenn er irgendwo Papier herumliegen sieht, springt er aus seinem Golfkarren und hebt es auf...

Dieses »Porträt« von Frank Boyden hat John McPhee in seinem 1966 erschienenen Buch *The Headmaster* gezeichnet. Im Jahre 1902 hatte Boyden in der Deerfield Academy sein Amt angetreten. Mit 14 Schülern fing er an. Er hat sich Pferd und Wagen geliehen und ist zu den Farmen rund um Deerfield gefahren, um für seine Schule zu werben. Boyden hatte, wie es bei McPhee heißt, »keinen Plan, keine Theorie«. Er war »Lehrer aus Berufung«. In einem Brief aus dem Jahre 1953, in dem Boyden eine Einladung zu einem Vortrag ablehnte, schrieb er folgendes: »Ich habe kein definiertes Thema. Ich könnte auch gar nicht über andere Themen als die Erziehung junger Menschen reden. Meine Arbeit habe ich von einem Tag zum anderen weiterentwickelt – ohne bestimmte Theorie oder festgelegte Richtlinien. Ich will mich einzig und allein von meinem Interesse an meinen Schülern, an ihrer Arbeit, an ihren Aktivitäten leiten lassen. Sie wären ganz bestimmt enttäuscht, wenn ich versuchen würde, darüber einen Vortrag zu halten.« In Unterhaltungen mit McPhee hat Boyden diesen Punkt häufig betont: »Meine Philosophie kann ich eigentlich gar nicht ausdrücken: Ich glaube an junge Menschen. Ich glaube daran, daß man sie beschäftigen, daß man sie fordern muß. Ich glaube an den Wert einer außergewöhnlich guten Bildung. Ich glaube an ein ganz normales Leben.«

Boyden folgt also doch einer Art »Philosophie« – was er tat, tat er für Kinder. An die Lehrer in Deerfield wurden außergewöhnlich hohe Anforderungen gestellt. »Ich leite diese Schule nicht um der Lehrer willen«, sagte Boyden, sondern »ich leite diese Schule um der Jungen willen.« Um seinen Traum zu verwirklichen, war Boyden gewissermaßen allgegenwärtig. Im Jahre 1902 ». . . hat er genau gegenüber der Schultür einen Klapptisch aufgestellt. Das war sein Büro, nicht etwa, weil es in der Schule keinen Platz für ein Direktorenzimmer gegeben hätte, sondern weil er Wert darauf legte, den Schulbetrieb von innen zu erfahren. Jahre später wurde das große Hauptgebäude gebaut. Der Schulleiter hatte den Architekten beauftragt, im Erdgeschoß eine große zentral gelegene Halle einzurichten. Diese Halle war der meistbesuchte Ort der Schule. Und mitten in dieser Halle stand Boydens Schreibtisch. Er steht heute noch dort. Wenn sich Unruhe unter den Schülern breitmacht, spürt er es sofort. Wenn ein Junge Schwierigkeiten hat, sieht er es seinem Gesicht sofort an. Er überlegt genau, über was er mit diesem Jungen reden sollte, um mit ihm ins Gespräch zu kommen, auch wenn es vielleicht nur Kleinigkeiten sind. Diesen familiären Charakter hat er seiner Schule bis heute erhalten – trotz der Bürokratie, unter der auch die Schulen inzwischen zu leiden haben . . .«

Boyden stellt große Ansprüche an seine Lehrer und verlangt von ihnen außergewöhnliches Engagement, wenn es jedoch gilt, den Unterricht zu gestalten, genießen sie außergewöhnlich große Freiheit. Bemerkenswert waren seine Feinfühligkeit und seine Intensität. McPhee schreibt: »Er war im besten Sinne ein einfacher Mann. Seine Lebensaufgabe war der Aufbau einer Schule, die sich an ganz elementaren Idealen ausrichtete. Zugleich aber war er ein komplizierter Mensch, und nur ein komplizierter Mensch konnte das bewerkstelligen, was er geschafft hat. In der Praxis steckte er voller Widersprüche. Erfahrene Mitglieder seines Lehrkörpers haben ihn in vielen Gesprächen ganz verschieden charakterisiert: ›großer Menschenfreund‹, ›rücksichtslos‹, ›loyal‹, ›Feudalherr‹, ›gütig‹, ›dankbar‹, ›demütig‹, ›ungeduldig‹, ›rastlos‹, ›gedankenvoll‹, ›gedankenlos‹, ›selbstsüchtig‹, ›selbstlos‹, ›stur‹, ›kritisch‹, ›intuitiv‹ usw.«

Wer war dieser Frank Boyden? Er war ein Original. Oder nicht? Sara Lawrence Lightfoot hat 1983 ein Buch unter dem Titel *The*

Good High School veröffentlicht. Das Buch, in dem sie sechs verschiedene Schulen analysiert, ist das Ergebnis zweijähriger Recherchen. Sie analysiert zwei Stadtschulen, George Washington Carver High School/Atlanta und die John F. Kennedy High School/New York City, zwei Vorortschulen, Highland Park High School in der Nähe von Chicago/Illinois und die Brookline High School in Boston. Schließlich geht sie auf zwei »Eliteschulen« ein: St. Paul's School und Milton Academy. Wir konzentrieren uns in diesem Kapitel auf drei Schuldirektoren – Dr. Norris Hogans/Carver; Robert Mastruzzi/JFK und Bob McCarthy/Brookline. Diese drei Direktoren arbeiten in einem hochproblematischen Umfeld, das sich jeweils radikal von Boydens friedlichem Tal im Westen von Massachusetts unterscheidet.

Wir werden die Feststellungen und das Rahmenkonzept dieses Buches auf den Bereich Schule übertragen. Wir bringen unsere eigenen Erlebnisse als Schüler und unsere Erfahrungen aus einigen Seminaren mit Führungskräften aus Schulverwaltungen ein! Damit gehen wir zugegebenermaßen über unser eigentliches Fachgebiet hinaus. Wir tun es aus dreierlei Gründen. Führung im Schulbereich ist genauso wichtig wie Führung im Unternehmen. Die Verbesserung des amerikanischen Schulwesens steht an der Spitze der innenpolitischen Prioritäten. Darüber hinaus haben wir erkannt, daß Boyden, Hogans, Mastruzzi und McCarthy vieles mit beispielsweise Ray Kroc, Willard Marriott, Frank Perdue und Tom Watson gemein haben. Als wir McPhees Buch über den 86jährigen Frank Boyden lasen und daß er noch spät abends im Regen in seinem Golfkarren auf das Fußballfeld hinausfuhr, um den Rasen, der während des nachmittäglichen Spiels der Juniormannschaft arg gelitten hatte, selbst wieder in Ordnung zu bringen, daß er mit dem Trainer der Juniormannschaft lange darüber sprach, daß der Empfang für die Mannschaft nach erfolgtem Spiel sehr zu wünschen übrigließ, fiel uns die Paralelle zu Willard Marriott auf, der jahrelang jede einzelne Beschwerdekarte der Gäste der Marriott-Hotels höchstpersönlich las. Uns fielen Ähnlichkeiten auf mit Forrest Mars, der die Warenauslage in den Süßwarenfilialen von M&M ständig selbst überprüft, und mit Ray Kroc, der sich bei McDonald's unablässig um mehr Qualität, besseren Service, mehr Sauberkeit und um höherwertige Produkte bemüht.

Als dritten Grund führen wir an, daß man uns regelmäßig vorgeworfen hat, wir hätten lediglich den »gesunden Menschenverstand« wiederentdeckt. Dieser Vorwurf ist nicht ganz unberechtigt. Wir haben den »gesunden Menschenverstand« wiederentdeckt, weil er in unserer Zeit zu einer eher seltenen Eigenschaft geworden ist. Wir gehen davon aus, daß auch das Schulwesen davon betroffen ist. Sara Lightfoot bestätigt unsere Vermutungen. Sie schreibt: In den meisten Schulen nehmen die »Lehrer den untersten Rang in der Schulhierarchie ein und werden dementsprechend auch nicht mit allzu viel Achtung behandelt. In den schlechtesten Schulen werden die Lehrer vom Verwalter bevormundet und wie Kinder behandelt. Die Verwalter stufen sie als Aufseher oder als engstirnige Fachleute ein. Lehrer werden häufig sich selbst überlassen. Ihr Bedürfnis nach Unterstützung, Anerkennung oder auch Kritik findet wenig Beachtung«. So etwas klingt sehr vertraut in unseren Ohren. Sara Lightfoot fügt hinzu, daß man Lehrer wie erwachsene Menschen behandeln müsse.

Vision/Symbole: der Schuldirektor als Verkäufer

McPhee sagt, Frank Boyden habe sein Leben der Aufgabe gewidmet, »den ganz besonderen Charakter seiner Schule zu entwikkeln«. Sara Lightfoot hat bei Norris Hogans eine »Klarheit der Vision und des Ziels« beobachtet. Insgesamt hat sie bei allen sechs untersuchten Schulen eine »klare Autorität und lebendige Idealvorstellungen« festgestellt. An der Brookline-Schule hat Schuldirektor Bob McCarthy mit seinen Lehrern zusammen in mühsamer, monatelanger Kleinarbeit die Schulphilosophie schriftlich formuliert.

Genauso wie die bestgeführten Unternehmen sind auch die besten Schulen an klar definierten Wertmaßstäben ausgerichtet. Damit sind die Parallelen aber noch nicht erschöpft. Eine effiziente Unternehmensphilosophie will im Grunde genommen ihre Mitarbeiter und Führungskräfte auf das »Selbstverständliche« und den »gesunden Menschenverstand« festlegen. Boydens Leitlinie war von seltener Eindeutigkeit: »Ich glaube an junge Menschen.« Sara Lightfoot stellte fest, daß die sechs von ihr untersuchten Schulen vor allen Dingen auf »höflichen Umgang, Ordnung und Struktur Wert legten«. Bob McCarthy/Brookline School legte Wert auf die Entwicklung »eines Gemeinschaftsgefühls«. In höheren Schulen herrscht häufig ein Mangel an physischer und emotionaler Sicherheit – auf seiten der Lehrer genauso wie auf seiten der Schüler. Alle sechs Schuldirektoren, über die Sara Lightfoot berichtet, versuchten zunächst einmal, ein Gefühl der Geborgenheit zu vermitteln.

Verstöße gegen die geltende Disziplin wurden streng geahndet. Diese Strenge wurde von allen akzeptiert. McCarthy mußte eine sehr schwierige Schule übernehmen. Gewalt war in der Brookline School an der Tagesordnung. Die Vorkommnisse wurden von den Verwaltungsbeamten und auch von den Lehrern aber größtenteils ignoriert. Sara Lightfoot berichtet, daß die meisten sich lieber umdrehten und taten, als hätten sie nichts bemerkt. McCarthy, ein Mann der kompetent und gern Aufgaben delegiert und sich zu einem partizipativen Führungsstil bekennt, trat sein Amt mit großer »Wut« an und zeigte sie auch offen. Er griff die »vorgegebene Gleichgültigkeit« seiner Lehrer an: »Ich würde mich nicht damit abfinden, daß das Schlichten von Raufereien zu meinen täglichen Aufgaben gehört. Ich würde diesen Kindern zeigen, wie sehr ich mich darüber aufrege und ärgere.« Schüler und Lehrer konnten endlich aufatmen, nachdem McCarthy ihnen diesen Weg gezeigt hatte und ihn selbst ging.

Die besten Schulleiter finden sehr schnell Symbole, die ihre Philosophie und ihre Vision verkörpern. Norris Hogans (ein Farbiger) mußte in seiner Schule in Atlanta, die in einem ziemlich heruntergekommenen Stadtteil lag und hauptsächlich von schwarzen Schülern besucht wurde, eine noch viel schwerere Aufgabe lösen. Wichtig dafür war seine persönliche Präsenz. Sara Lightfoot schreibt dazu: »Er dominiert die Schule. Hogans verfügt über ungeheure Energie. Er wandert mit strenger und entschlossener Miene über das Schulgelände und hatte immer seinen Walkie-talkie dabei. Hogans will auch nicht die kleinste Ecke seines Aufgabenfeldes aus den Augen verlieren. Man spürt seine Direktheit, man spürt seine Ungeduld. Er läßt sich von nichts und niemandem zurückhalten.« Vom ersten Tag an hat Hogans gezeigt, wer Herr im Hause ist. »Mit der Ziellosigkeit und Faulheit, die er in der Carver School vorfand, hat er gründlich aufgeräumt. Die erste Lehrerkonferenz leitete er mit kämpferischen Worten ein: ›Entweder gehören Sie zum Team, oder Sie gehören nicht dazu.‹ Die Lehrkörper mußten sich an äußerst strenge Verhaltens- und Benimmregeln halten.« Um auch äußerlich zu unterstreichen, daß es ihm ernst war, begann er unverzüglich, das schäbige Äußere der Schule zu verbessern. Dazu Sara Lightfoot: »Das Äußere entsprach dem inneren Zustand der Menschen. Überall hatten sich schon Küchenschaben breitgemacht... Wohin man auch schaute, man fand nur Schmutz und Dreck vor... Die Musikinstrumente des Schulorchesters waren alle defekt... Sporttrophäen vergammelten in zerbrochenen Glasvitrinen! Hogans konnte es zunächst nicht glauben: ›Ich kann es nicht fassen, daß niemand aufgestanden ist und vor Wut gebrüllt hat!‹«

Alle von Sara Lightfoot in ihrem Buch erwähnten Schulleiter sind beeindruckende Rhetoriker, die es meisterhaft verstehen, Visionen zu vermitteln und mit Symbolen zu arbeiten. Hogans war beispielsweise häufig über Land gereist, um mit Hilfe von Diavorträgen Ideen vorzustellen und für sie zu werben. Er hat damit vor allem innerhalb der Schule Stolz und Selbstvertrauen entwickelt.

Auch Mastruzzi an der Kennedy High School ist ein hervorragender Redner, ein erstklassiger Verkäufer und ein Meister im Umgang mit Symbolen. Er bezeichnet seine Schule häufig als »die größte«. Viele Lehrer sagen von ihm, er sei ein »Zeremonienmeister«. Sara Lightfoot war von dieser Schule begeistert. Überall findet man Anzeichen dafür, daß diese Schule erzieherische Bestleistung zum Ziel hat. Mastruzzi hatte mit seinen Lehrern die Betreuung der Sonderolympiade des Staates New York übernommen. Eineinhalb Jahre lang waren sie mit der Vorbereitung und Organisation dieses Ereignisses beschäftigt. Wie Hogans wollte auch Mastruzzi mit diesem Ereignis den Stolz auf die Kennedy-Schule fördern.

Mastruzzi ist genauso von seiner Arbeit besessen wie Marriott. Auch Mastruzzi legt Wert darauf, immer präsent zu sein. Kritik könnte man daran üben, daß er die Qualität der Dienstleistung nicht gerade präzise bewertet. Mastruzzi läßt die Schüler jeden Tag zählen. Schon wenige Stunden nach Schulanfang weiß er genau, wie viele Schüler am jeweiligen Tag anwesend sind. Die Anwesenheitszahlen sind für Mastruzzi enorm wichtig. Zum einen fördern sie das Image der Schule, zum anderen sind sie auch substantiell von Bedeutung. Hohe Anwesenheitsquoten sind wichtig, sagt Mastruzzi, ›weil die Kinder nur lernen können, wenn sie auch in die Schule kommen‹. Gleichzeitig ist er der Meinung, daß sich aus hohen Anwesenheitsquoten eine zuverlässige Aussage über die Qualität der Schule ableiten läßt. Im September 1982 wurde eine Anwesenheitsquote von 84,5 Prozent erreicht. Sara Lightfoot war dabei, als der Schulleiter seinen Schülern über das Lautsprechersystem zu dieser großartigen Leistung gratulierte.

Die Symbole – also sichtbar gemachte Visionen – sind für die schwierigen Schulen wie Kennedy, Carver und Brookline sehr wichtig. Genauso wichtig sind sie aber auch für Akademien, wie etwa Milton, die Sara Lightfoot auch untersucht hat. Jerry Tieh, Leiter der Milton Academy, »gibt zu, daß sein Verhalten gleichermaßen Sache des Stils und Temperaments als auch Sache der Philosophie sei. ›Zuerst der Stil, dann die Philosophie. Ich will den Ton angeben, und dieser Ton soll Tenor meiner gesamten Umgebung sein. Ich verfolge dabei weniger eine bestimmte Kampagne oder eine klar definierte, weltanschauliche Position. Ich will meine Taten sprechen lassen.‹ «

Auch Boyden ist einfachen, aber wirkungsvollen Prinzipien gefolgt: »›Wenn man Fußböden und Wände sauber hält, kommt man sich vor, als trage man geputzte Schuhe und ein sauberes Hemd.‹ Beim Putzen hat er selbst mit Hand angelegt. Er sorgte dafür, daß der Boden der Turnhalle immer makellos war und ließ sämtliche Klassenzimmer täglich bohnern. Schmutzige Fenster gab es bei ihm nicht. ›Bob‹, sagte er einmal zu einem Trainer, ›ich war heute nach dem Training im Umkleideraum, und auf dem Boden lagen Klebestreifen verstreut!‹«

Farbe bekennen

In unserer Analyse haben wir über das Phänomen »Farbe bekennen« gesprochen. In der Wirtschaft legen viele gute Führungskräfte, vom Fabrikchef bis zum Unternehmensvorsitzenden, großen Wert auf äußere Details. Ray Kroc, Forrest Mars und ein Gießereileiter aus Cleveland vertreten gemeinsam die Devise, daß die kleinen äußeren Details den Stil einer Organisation maßgeblich bestimmen. Bei Schulleitern stellen wir ähnliches fest. Norris Hogans hat als erstes einen Feldzug gegen die Küchenschaben gestartet. Frank Boyden konnte man abends im Regen über das Fußballfeld laufen und den Rasen pflegen sehen. McCarthy hat Graffiti stets sofort entfernen lassen.

Nachdem die Disziplin wieder einigermaßen hergestellt war, hat sich McCarthy in seiner Philosophie auf die Förderung des Gemeinschaftssinnes konzentriert. Studenten und Lehrer wurden an Grundsatzentscheidungen beteiligt. An vielen kleinen äußeren Details wurde die Grundphilosophie der Schule sichtbar. Sara Lightfoot berichtet:

»Ein weiteres Zeichen für das erzieherische Engagement ist nicht sichtbar, sondern hörbar. Es überrascht mich, daß zu Anfang und Ende der Schulstunden kein lautes Klingeln ertönt. Lehrer und Schüler haben den Rhythmus des Schulalltags ›im Blut‹. Sie brauchen keine lauten Klingelzeichen. Ich habe an mehreren Schulstunden teilgenommen. Alle fingen pünktlich an und hörten pünktlich auf ... Eigentlich hatte ich gedacht, daß eine Schule ohne Klingel nicht auskommen könne. Ich dachte, man brauche die Klingelzeichen, um Lehrer und Schüler zur Arbeit zu rufen. Die Schüler in Brookline aber haben ganz erstaunt reagiert, als ich nach den fehlenden Klingelzeichen fragte. Ein Schüler meinte zu mir: ›Dies hier ist kein Gefängnis, wissen Sie! Wir sind schließlich keine Pawlowschen Hunde!‹«

Hier zeigen sich wieder Analogien zur Industrie. Mit fast denselben Worten hat McPherson die Abschaffung aller Stechuhren bei der Dana Corporation begründet. Die Beachtung der äußeren (sicht- und hörbaren) Gegebenheiten ist für den Stil einer Organisation maßgebend. Durch diese Äußerlichkeiten wird die Philosophie – in Wirtschaftsunternehmen genauso wie in Schulen – verstärkt.

Bildhaftes Denken

Visionen, Symbole und äußeres Erscheinungsbild stehen in engem Zusammenhang mit bildhaftem Denken. Die besten Führungskräfte aus der Privatwirtschaft können ein präzises Bild ihrer Vision entwerfen. Bill Moore, Recognition Equipment, spricht davon, »die Vision zu dramatisieren«, »Erfolg und Image sichtbar zu machen«. Norris Hogans ist davon überzeugt, daß Schülern, »ehe sie lernen können, Disziplin und gutes Benehmen beigebracht werden müssen«. Als er die Leitung der Schule übernahm – eine Schule, an der Disziplinlosigkeit und Chaos herrschten –, konzentrierte er sich zunächst darauf, sein Bild von einer Schule mit Disziplin zu verwirklichen.

Heute wird viel über Visualisierung geredet. Die Visualisierung ist beinahe schon eine Art Zweig der Psychologie geworden. Der »Proband« malt sich die einzelnen Schritte, die zu einem Ergebnis führen, in allen Einzelheiten vorher aus. Führungskräfte praktizieren dies beinahe intuitiv. Vor ihrem geistigen Auge entsteht ein genaues Bild des positiven Ergebnisses, das sie verwirklichen wollen. Sie malen sich die einzelnen Bestandteile dieses Bildes genau aus. Sie halten das Bild fest und versuchen, es für ihre Mitarbeiter vermittelbar zu machen. Sie sind, wie Mastruzzi sagt, »Zeremonienmeister«. Die Analogie zur Privatwirtschaft finden wir bei Jan Carlzon von SAS: »All business is show business.«

MBWA

Wenn wir von MBWA – Führen durch Umherwandern – reden, kommen wir uns immer ein wenig skurril vor. Es ist doch eigentlich selbstverständlich, daß man Kontakt sucht und pflegt. Die Wirklichkeit aber belehrt uns eines Besseren. Während eines Seminars zum Thema MBWA kam der Verwaltungschef eines kleinen Krankenhauses auf uns zu: »So etwas wird einem in der Schule aber nicht beigebracht.« Damals wußten wir das noch nicht, aber wir lernen ständig dazu.

Bei Gesprächen mit Schulleitern stellte sich ganz deutlich heraus, daß MBWA leider überhaupt nicht als selbstverständlich gilt. Der Unterschied zwischen dem hervorragenden und dem weniger guten Lehrer zeigt sich an Intensität, Engagement und an seiner Tätigkeit, sich in Menschen und Situationen intelligent einzufühlen. Diese Meßgrößen lassen auch darauf schließen, wie erfolgreich und wie oft ein Lehrer MBWA praktiziert. Der engagierte Lehrer geht ständig im Klassenzimmer auf und ab. Der nicht engagierte Lehrer bleibt die meiste Zeit hinter seinem Pult sitzen. Dasselbe gilt für Schuldirektoren und Schulverwalter. Manch einer kann sich offenbar nie dazu aufraffen, seinen Schreibtisch zu verlassen. Andere (die Außergewöhnlichen) schaffen es, obwohl sie dieselbe Menge an Verwaltungsarbeiten erledigen müssen. Was Sara Lightfoot so beeindruckt hat war, daß Norris Hogans/Carver High School, »dauernd über den Campus wandert«. Was McPhee an Boyden am meisten beeindruckt hat, war wohl das Bild »des kleinen Mannes im Golfkarren«. Sara Lightfoot beschreibt Mastruzzi an der Kennedy High School als einen sehr angenehmen Menschen, der mit sich selbst im Einklang stand: »›Er zieht sich nicht von einem zurück‹, sagt ein sehr dunkelhäutiger schwarzer Schüler, der behauptet, daß seine früheren Lehrer sich von sehr dunklen Schülern häufig abgestoßen fühlten und Angst vor ihnen hatten. ›Sie haben mich nie angefaßt. Manchmal glaubte ich, eine ansteckende Krankheit zu haben ... Mastruzzi aber ist überhaupt in keiner Weise berührungsfeindlich. Für ihn sind alle Kinder gleich.‹ Da der Schulleiter mit seinem Beispiel vorangeht, kann es niemand wagen, Widerwillen gegenüber bestimmten Gruppen zu äußern. ›Mastruzzi fordert nicht nur Toleranz‹, wie einer seiner größten Verehrer sagt, ›sondern er fordert Achtung und Freundschaft.‹«

Im Kapitel »MBWA: die Technik des Selbstverständlichen« haben wir uns auf MBWA mit Kunden, mit Lieferanten und mit den eigenen Mitarbeitern konzentriert. Die dort dargelegten Prinzipien gelten auch für gute Schulen. Hogans und Mastruzzi verwenden sehr viel Zeit auf Kontaktpflege. Boyden schrieb 70 Briefe pro Tag, überwiegend an ehemalige Schüler. Darüber hinaus hat er intensive Kontakte zu Vertretern der Gemeinde Deerfield und zu den Colleges gepflegt, die die Deerfield-Schüler nach Abschluß der höheren Schule besuchten.

Umherwandern, in Tuchfühlung bleiben, aus dem Büro herausgehen: Diese Kennzeichen gelten für den hervorragenden Betriebsleiter, Krankenhausverwalter und Spartenleiter genauso wie für den Spitzenmann in der Verwaltung einer Stadt oder den Leiter einer Schule.

Für die Kinder

Als Tom Peters und Bob Waterman das Prinzip von der »Kundennähe« im Wirtschaftsleben »entdeckten«, haben sie sich doch tatsächlich ein wenig geniert, so etwas Selbstverständliches, so etwas Banales zu proklamieren! Wir genieren uns nicht mehr. Wir predigen mit fast schon missionarischem Eifer, das Telefon abzuheben, Kunden »naiv« zuzuhören. Warum? Wir haben festgestellt, daß viele Menschen Lippenbekenntnisse hinsichtlich des Ziels »Kundennähe« von sich geben, nur wenige aber diese Kundennähe kompetent und sinnvoll praktizieren.

Im Schulwesen gibt es analog dazu den Begriff »Kindernähe«. Natürlich ist das Bildungswesen darauf ausgerichtet, genauso wie ein Industrieunternehmen auf den Kunden ausgerichtet sein muß. Aber zu wessen Nutzen? Zum Nutzen der Eltern? Zum Nutzen der Gemeinde? Zum Nutzen des Staates? Zum Nutzen der Schulverwaltungen? Wie viele Schulverwalter hören wir sagen: »Ich weiß es besser, ich habe die entsprechende Ausbildung.« Vergleichbare Aussprüche tragen beispielsweise Ingenieure ständig auf den Lippen: »Wir wissen es besser. Das Produkt wird sich von selbst verkaufen.«

Der Erfolg von Schulleitern – wie Mastruzzi und Boyden – liegt hauptsächlich darin, daß sie tatsächlich »für die Kinder« leben. Was einen hervorragenden Lehrer kennzeichnet, ist seine Fähigkeit, die Individualität jedes einzelnen Kindes zu erkennen und einfühlsam entwickeln zu helfen. In unserem Kapitel »Reine Wahrnehmungssache« haben wir erörtert, daß jeder Kunde (ob er eine Flugzeugturbine im Wert von mehreren Millionen Dollar oder einen Hamburger im Wert von 69 Cents bestellt) anders ist und anders behandelt werden muß. Der Lieferant muß immer auf den Standpunkt des Kunden eingehen. Exzellente Unternehmen richten sich danach ebenso wie großartige Lehrer, und hier ist das Wort großartig ausnahmsweise einmal angebracht. Trotz großer Schülerzahlen – über 5000 Schüler an der Kennedy High School – gelingt es ihnen, den Erziehungsprozeß an ihren Schulen individuell zu gestalten. Bob Mastruzzi hat sich zum Ziel gesetzt, aus jedem Kind einen erfolgreichen Menschen zu machen, einen Menschen, der sich Leistung zutraut. Das erinnert uns an Bill und Vieve Gore bei Gore & Associates und an Ren McPherson bei Dana. Auch sie haben sich zum Ziel gesetzt, jeden Mitarbeiter zu einem innovativen Leistungsträger zu machen (und die Leistung wird selbst beim Pförtner danach beurteilt, ob er einen innovativen Beitrag leistet).

Hogans betont darüber hinaus folgendes: Gewinner zu sein heißt nicht, Arzt oder Rechtsanwalt zu werden. Ein Gewinner leistet seine Arbeit – gleich welche – mit Leidenschaft und Begeisterung.

Kinder als heranwachsende Erwachsene

Bob McCarthy/Brookline High School sagt es in einfachen Worten: »Ich betrachte Kinder als heranwachsende Erwachsene. Je mehr man sie würdigt und achtet, um so mehr wird man selbst zurückbekommen.« Die wichtigste Einzelaussage aus diesem Buch *Leistung aus Leidenschaft* lautet: Behandle Menschen wie Erwachsene, und sie werden bewußt und kreativ wie Erwachsene reagieren.

Behandele sie wie geistlose Automaten, behandele sie mit Verachtung, und sie werden mit Verachtung für Sie und Ihr Produkt reagieren, sie werden wie Automaten reagieren. So einfach ist das – und zugleich so kompliziert. Es klingt so selbstverständlich. Aber gerade das Selbstverständliche wird in Schulen genauso wie in der Welt der Produktion und der Dienstleistungen ignoriert.

Sara Lightfoot hat in ihrer Analyse ganz klar herausgestellt, daß sich die Atmosphäre in den Schulen Brookline, Kennedy und Carver nach Amtsantritt von McCarthy, Mastruzzi und Hogans entscheidend geändert hat. An allen drei Schulen war das »Betriebsklima« vorher schlecht, Lehrer und Schüler hielten bewußt Abstand voneinander. Heute herrscht eine ganz andere Atmosphäre. Die Schulleiter greifen hart durch. Sie haben sehr schnell die Disziplin wiederhergestellt und für Stabilität gesorgt. Dennoch fühlen sich die Lehrer in diesen Schulen wohl. Sie haben Selbstvertrauen. Sie gehören zur Gemeinschaft, zu einer Gemeinschaft, in der Schüler und Lehrer vollwertige, »erwachsene« Partner sind. Ein Lehrer der JFK High School beurteilt Mastruzzi so: »Er ist eine eindrucksvolle Persönlichkeit. Er beeindruckt und beeinflußt alle. Selbst die Kinder solidarisieren sich mit ihm, betrachten ihn als Freund . . . Es ist verblüffend.«

Über Boyden heißt es, er habe Kinder – entgegen dem üblichen Verhalten eines Schulleiters – nie »als seine Gegner« betrachtet. Diesem Gedankengang folgt auch Sara Lightfoot in ihrer Beschreibung über die Bedeutung der Anwesenheitsquote an der Kennedy High School: »Anstatt nach den Gründen zu suchen, warum Schüler die Schule schwänzen, bemühen sich die Lehrer darum, Möglichkeiten zu finden, wie man den Schülern den Schulbesuch schmackhaft macht.« Der Schüler gilt also nicht von vornherein als demotivierter Tunichtgut. Man geht vielmehr davon aus, daß der Schüler über sehr viel Leistungspotential verfügt, daß er an sich gut ist. Also müssen die Lehrer dem Schüler den Schulbesuch als lohnend vermitteln. Wir wiederholen uns: »Das Management (der Lehrkörper) bekommt genau die Belegschaft (Schülerschaft und Anwesenheitsquote), die es (er) verdient – nicht mehr und nicht weniger.

Wir haben auch schon gesagt, daß Hewlett-Packard zu den anspruchsvollsten und leistungsorientiertesten Unternehmen der Welt gehört. Ausreden läßt man dort nicht gelten, Mickymaus-Regeln werden abgeschafft. Mit einemmal muß der Mitarbeiter (der Schüler) selbst die Verantwortung tragen. Er hängt an der Angel, ein Rückzug ist nicht möglich. Einfühlungsvermögen bedeutet Sorge, Fürsorge und Rücksicht, aber noch lange nicht übertriebene Nachgiebigkeit. Behandle Schüler wie Erwachsene, sie werden wie Erwachsene reagieren.

Selbständigkeit/Experimente/Rückhalt bei Fehlschlägen

Vertreter dieser Prinzipien sind strenge Lehrmeister. Sie sorgen jedoch für Selbständigkeit auch im Klassenzimmer. Sie erleichtern es dem Lehrer, seine Schüler wie Erwachsene zu behandeln, weil auch er als Lehrer von seinen Kollegen und Vorgesetzten wie ein Erwachsener behandelt wird. Mastruzzi ist unter anderem deshalb so erfolgreich, weil er seine Grundüberzeugungen so charismatisch zu vermitteln versteht, mehr noch: Diese Überzeugungen machen einen Teil seines Charismas aus.

Sara Lightfoot aber glaubt dennoch nicht, daß das Geheimnis allein von seinem Charisma ausgeht. Das Engagement seiner Lehrer sei wohl weniger Ausdruck der Verehrung für ein Idol, sondern vielmehr Ergebnis ihrer Reflexion. »Wenn die Lehrer (an der Kennedy High School) auf ihre ›Einbindung‹ hinweisen, sprechen sie häufig von der Selbständigkeit und Unabhängigkeit, die Mastruzzi einräumt und fördert. ›Er gibt uns Spielraum, er gibt uns Freiraum, eigenes zu entwickeln‹, sagt einer seiner Stellvertreter. Ein anderer Lehrer weist darauf hin, daß Mastruzzi seine Lehrer ›vor willkürlichen Erlassen der Zentralbehörde schützt ... Er dient als Puffer zwischen der externen und der internen Welt. Wenn er nicht wäre, würden wir uns viel größeren Zwängen unterworfen fühlen. Wir genießen hier sehr große Freiheit.‹ Einige Beobachter glauben, Mastruzzi könne die Selbständigkeit seiner Lehrer nur deswegen fördern, weil er ein tiefverwurzeltes Selbstvertrauen besitze. ›Er ist der Schulleiter mit der größten inneren Stabilität, den ich je kennengelernt habe. Bei den Lehrern, die für ihn arbeiten, will er Stärke sehen, nicht Schwäche.‹ Dies ist die Aussage eines neuen Lehrers an der Schule, der daran glaubt, daß jeder Lehrer für die Freiheit, die er an dieser Schule genießt, eine ›Gegenleistung‹ erbringen muß, nämlich das Engagement, das Mastruzzi erwartet.«

Solange ein Lehrer sein Bestes getan hat, gibt Mastruzzi auch Rückhalt bei Fehlschlägen. Bei Sara Lightfoot heißt es dazu: »Ein begeisterter Anhänger Mastruzzis berichtet, daß er bei seinen Lehrern nicht nur Kreativität und Selbständigkeit fördert, sondern daß er auch Fehler zuläßt und ›verzeiht‹. Er glaubt daran, daß Menschen aus der Wiedergutmachung des Schadens, den sie angerichtet haben, lernen.«

In der Wirtschaft, in den Unternehmen, die Champions und Selbständigkeit fördern, spielen *die* Führungskräfte eine wichtige Rolle, die dem bürokratischen Prozeß in ihren Unternehmungen »ein Schnippchen schlagen«. Mastruzzi ist ein Meister dieses Verfahrens im Schulwesen. Von ihm heißt es, er finde immer Mittel und Wege, Richtlinien und Vorschriften zu umgehen, die Lehrer und Schüler nur einengen. Er geht davon aus, daß diese Richtlinien hauptsächlich für mittelmäßige Schulen, ineffektive Verwalter und faule Lehrer erlassen werden. Dadurch aber, sagt er, haben die »zentralen Behörden« auch die Freiheiten der besseren Schulen eingegrenzt und sie im Grunde benachteiligt. Mastruzzi dient als Puffer. Das Geheimnis seines Erfolges sind sein Selbstvertrauen und sein Mut, gegebenenfalls einzugreifen.

Die Brookline High School ist im Schulwesen das, was Hewlett-Packard oder 3M in der Industrie sind. McCarthy hat auf allen Ebenen Selbständigkeit gefördert. Verstöße gegen die Disziplin allerdings gelten als unverzeihlich. Er hat jedoch sofort einen »Fairneß-Ausschuß« gegründet, der sich mit derartigen Fällen befassen soll. In diesem Ausschuß sind gleichermaßen Schüler und Lehrer vertreten. Die Empfehlungen dieses Ausschusses, schreibt Sara Lightfoot, »sind bindend. Es gibt keine leeren Gesten. Der Ausschuß hat uneingeschränkte Entscheidungsbefugnisse«. In unserer Beschreibung der Raychem Corporation sind wir auf spezifische Sprachregelungen eingegangen, die für eine innovative Firma typisch sind. Unter anderem hieß es bei Raychem immer wieder: »Hier ist jeder davon überzeugt, daß alles möglich ist.« Ein Hausmeister der Brookline High School vergleicht McCarthy mit seinem Vorgänger: Für den Vorgänger »waren die Hausmeister so etwas wie Stabsoffiziere. Er hat sich immer einer sehr chauvinistischen, sehr militärischen Ausdrucksweise bedient ... McCarthy aber hat uns ganz andere Möglichkeiten eröffnet. Die Schüler, die ihren Unterricht im Lincoln House haben, sind *meine* Schüler. Für sie muß ich sorgen.« Sara Lightfoot glaubt, wenn man den Hausmeister des Lincoln House beobachte, sehe man einen Menschen mit einem großen Verantwortungsbereich und vielfältigen Aufgaben in Aktion. Er habe eigentlich keine besonders glanzvolle Aufgabe. Sein Büro sei funktional eingerichtet, vollgestopft mit Papieren und Büchern, sei ästhetisch nicht gerade ansprechend. Immer aber stehe seine Tür für Schüler offen, die Zuwendung und Hilfe suchen.

Familie

Erteilen wir zu diesem Thema McCarthy das Wort: »Je mehr Befugnisse man den Menschen gibt, desto mehr Verantwortung werden sie übernehmen. Das ist meine feste Überzeugung.« Er hat sich das Ziel gesteckt, »eine Schulstruktur zu schaffen, in der der Gemeinschaftssinn gefördert wird«. Bei Sara Lightfoot heißt es, das Wort »Gemeinschaft« tauche bei McCarthy immer wieder auf. Dasselbe gilt für Norris Hogans/Carver, und Bob Mastruzzi/Kennedy.

Bei unseren Recherchen in der Wirtschaft sind wir bei den Unternehmen, die Leistung aus Leidenschaft betreiben, immer wieder auf den Begriff »Familie« gestoßen. Ein Familiengefühl ist bei Delta Airlines, Hewlett-Packard und bei Gore zu spüren: Ohne Scheu spricht man dort von der Unternehmensfamilie, von der

Firmengemeinschaft. Auch Boyden bezeichnet seine Schule als eine große Familie. Mastruzzi sorgt für seine Schüler auf eine Weise, die typisch für eine intakte Familie ist, in der Familienmitglieder vollwertige Partner sind. Boyden legte außergewöhnlich großen Wert darauf, daß jeder Schüler Mitglied einer Sportmannschaft wurde. Wollte er das Konkurrenzdenken fördern? Vielleicht! Eigentlich aber wollte er mehr. McPhee sagt dazu: »Wenn sich ein Junge an der Deerfield-Schule für eine bestimmte Sportart entscheidet, ist er automatisch Mitglied einer Mannschaft und spielt automatisch gegen die Mannschaften anderer Schulen.« Jeder muß sich also für eine bestimmte Mannschaft entscheiden – als vollwertiger Mitspieler. Er hat die Garantie, in die Mannschaft berufen zu werden und mitzuspielen.

Disziplin

»Straff-lockere Führung« heißt der ein wenig seltsame Begriff, den Tom und Bob in ihrem Buch *Auf der Suche nach Spitzenleistungen* prägten, um den Führungsstil in den bestgeführten Unternehmen zu charakterisieren. Die Führungskräfte hatten ganz einfache und klare Vorstellungen – Visionen –, hinter diesen Visionen standen gemeinsame Wertvorstellungen. Sie ließen genügend Freiraum für Selbständigkeit, kreativen Ausdruck, Liebe, Fürsorge und Einfühlungsvermögen. Dasselbe gilt offenbar auch für Führungskräfte im Schulwesen. Norris Hogans fand in Atlanta bei seinem Amtsantritt sehr schlechte Bedingungen vor. Er hat sich zunächst darauf konzentriert, Disziplin herzustellen. Er sagte, es müsse Disziplin herrschen, erst dann könnten die Schüler auch lernen. Gleichzeitig aber sagte er seinen Schülern: »Wenn ich euch nicht lieben würde, würde ich dies nicht tun ... Dann wäre ich nicht so streng zu euch. Negative Einstellungen gibt es bei mir nicht. Dafür haben wir alle keine Zeit.«

Ganzheitsgefühl/Rhythmus oder Leidenschaft, Intensität, Begeisterung

Ein Zwei-Sterne-General der Luftwaffe spricht, wenn er die herausragende Leistung einer bestimmten Einheit charakterisieren will, davon, daß diese Soldaten »Rhythmus« haben. Boyden/Deerfield sagt: »Ich habe versucht, ein Gemeinsamkeitsgefühl aufzubauen.« Sara Lightfoot betont die optimistische Wortwahl bei Lehrern,

Schülern und Verwaltern an der JFK High School. Über ihre Begegnung mit Norris Hogans/Carver High School berichtet sie, daß man eine gewisse »Direktheit« spüre, wenn man ihm begegne. David Ogilvy zitiert Howard Johnson, den ehemaligen Präsidenten des MIT, und seine Aussage über großartige Führungskräfte: Sie strahlen eine »aus dem Inneren kommende geistige Energie aus«.

Unserer Meinung nach haben die meisten Autoren, die über Führung geschrieben haben, das Thema verfehlt. Wir wissen nicht, was die Qualität eines Schnellimbisses oder einer höheren Schule ausmacht. Wir wissen aber sehr wohl, was die Qualität einer Führungskraft in beiden Bereichen ausmacht: Sie hängt weder von der Körpergröße noch von Weichheit oder Härte ab. Anhand dieser Variablen lassen sich Erfolge oder Fehlschläge kaum prognostizieren. Wichtig ist etwas anderes: Vision, Perspektive, Energie, Einfühlungsvermögen, Beharrlichkeit, Leidenschaft, Detailbesessenheit, eine genaue Vorstellung vom Ziel... Diese Faktoren kommen in den allgemeinen Abhandlungen über gutes Management der letzten Jahrzehnte nirgendwo vor. Wir aber glauben, daß sie für die Analyse genauso wichtig sind wie MBWA und Leistungsbeurteilung. Wir müssen nur beginnen, die »richtigen Daten« zu sammeln und zu analysieren. Man muß eine Organisation, die funktioniert, in der alles »wie am Schnürchen klappt«, die Rhythmus hat, in der Begeisterung herrscht, zunächst einmal selbst »erleben«. Erst dann begreift man, wie breit die Kluft ist (nicht zwischen Gewinnern und Verlierern, das wäre defätistisch), sondern zwischen Organisationen, in denen alles wie am Schnürchen klappt, und Organisationen, in denen es nicht so ist.

Eine persönliche Anmerkung des Autors Tom Peters

Als ich 1955 in eine private Junior High School eintrat, übte meine Mutter wieder ihren Lehrerberuf aus. Sie hatte eine fünfte Klasse in einer nahegelegenen Hauptschule in einem Vorort einer großen Stadt. Diese Schule wurde von Schülern verschiedener ethnischer und sozioökonomischer Herkunft besucht. Für sie war es etwas Neues. Sie blieb – entgegen ihren ursprünglichen Plänen – fast 20 Jahre an dieser Schule. Später war ich gelegentlich ihr Assistent. Ich habe sehr lebhafte Erinnerungen an diese Zeit.

Als erstes muß ich sagen, daß sie sich total engagierte. Sie war immer auf den Beinen (praktizierte MBWA). Hinter ihrem Pult hat sie so gut wie nie gesessen. Sie ist immer durch den Klassenraum marschiert, hat ihre Schüler gefordert, gefördert, hat das Beste aus ihnen herausgeholt. Sie hat ihre Aufgabe mit Leidenschaft verfolgt. Sie hat sich um jeden einzelnen Schüler intensiv gekümmert. Die Briefe, die sie heute, nach 20 Jahren, immer noch erhält, von den guten und von den schlechten Schülern, von den erfolgreichen und von den nicht erfolgreichen, sind dafür lebendiger Beweis. Sie hat Kreativität gefördert. Das scheinbare Chaos war aber in eine außerordentliche Disziplin eingebettet: jeder Schüler hatte den anderen zu achten – sonst . . .! Grobheiten ließ sie nicht durchgehen. Disziplin und Kreativität haben nie miteinander kollidiert, sie gingen vielmehr Hand in Hand. Die Disziplin, die Sorge und Fürsorge füreinander, bildeten die Grundlage, auf der auch die weniger Wagemutigen sich ein Herz fassen und Neues ausprobieren konnten. Auch fachlich hat sie sich leidenschaftlich engagiert. Die Mengenlehre gefiel meiner Mutter gar nicht, aber ihre Liebe zum Lernen kannte keine Grenzen. Ich habe bei ihr mehr über die Geschichte des Staates Maryland gelernt als aus irgendeinem Buch oder von irgend jemandem sonst. Ich habe von ihr in meiner Arbeit als Assistent an dieser Hauptschule mehr Wertschätzung erfahren als während meines ganzen Schülerdaseins in meiner privaten höheren Schule.

Nichts ist für unsere Gesellschaft wichtiger als die Erziehung unserer Jugend.

Nichts ist für Höchstleistungen im Bildungswesen wichtiger, als sich mit geeigneten Vorbildern zu befassen. Frank Boydens Deerfield, die sechs guten Schulen, mit denen sich Sara Lawrence Lightfoot befaßt, und die fünfte Klasse, die Toms Mutter als Lehrerin betreut hat, sind Vorbilder, von denen wir wohl alle lernen können.

21.
Spitzenleistung – zu welchem Preis?

Ein Stierkampf, wenn man keine Angst hat, bedeutet nichts. Nicht zum Stierkampf anzutreten, wenn man Angst hat, bedeutet auch nichts. Aber es braucht schon einiges, um zum Stierkampf anzutreten, wenn man Angst hat.

Ein anonymer Stierkämpfer

Es kommt selten vor, daß ich mehr als 18 Stunden am Tag über Politik nachdenke.

Lyndon B. Johnson

Glücklich ist man aus eigener Kraft, sobald man weiß, woraus sich Glück zusammensetzt: einfache Neigungen, ein gewisses Maß an Mut, ein gewisses Maß an Selbstverleugnung, Liebe zur Arbeit und vor allem ein reines Gewissen.

George Sand

Leistung aus Leidenschaft bedeutet, in großen Entwürfen zu denken und klein anzufangen: gute Leistungen entstehen, wenn hochgesteckte Ziele und ein ausgeprägter Sinn für Pragmatik zusammentreffen. Dies ist beinahe, aber nicht ganz die Wahrheit. Wir glauben, daß die Passion für Spitzenleistungen auch einen Preis hat: das Abenteuer Leistung ist nichts für Kleinmütige.

Abenteuer? Darauf können Sie sich verlassen, denn Leistung allein ist kein »Job«, sondern ein ganz persönliches Engagement. Ob in einem Unternehmen mit Milliardenumsatz oder in einer Buchhaltungsabteilung mit nur drei Mitarbeitern – hier wie dort stellen wir fest, daß hervorragende Leistungen von Menschen erbracht werden, die den Mut (und die Leidenschaft) besitzen, trotz ihrer Zweifel und Ängste, trotz der Stellenbeschreibung, hinauszugehen, um persönlichen Kontakt mit anderen Menschen, nämlich Kunden und Kollegen, zu pflegen. Sie ziehen sich nicht hinter die

Türen ihrer Büros zurück. Sie verstecken sich nicht in Ausschüssen, hinter Aktennotizen oder hierarchischen Führungsebenen. Sie wissen, daß sie einen gerechten Preis für außerordentliche Ergebnisse zahlen müssen.

Bessere Leistungen zu erbringen als der Durchschnitt, erfordert eine konsequente Vorbereitung. Als Motivation brauchen Sie ein Ziel, das sich als Ihr ganz persönliches Erfolgserlebnis erweisen soll. Höchstleistungen erfordern akribische Detailarbeit. Sie müssen sich um all die Kleinigkeiten kümmern, die beweisen, daß sich in Ihrem Bereich etwas bewegt, Sie müssen sich dem Zuhören und dem unmittelbaren Handeln verpflichten. Die Menschen in Ihrem Bereich setzen sich für die bestmögliche selbständige Erledigung ihrer Arbeit ein.

Die gute Nachricht: Sie können sofort anfangen. Die schlechte Nachricht: Sie werden nie fertig werden. Admiral Hyman Rickover hat dieses Phänomen folgendermaßen formuliert: »Gute Ideen und Innovationen müssen mit Mut und Geduld aus der Taufe gehoben werden.« Wie wahr!

Wie sieht die Bilanz aus?
Norman Lear schrieb auf der Kommentarseite der *New York Times* vom 20. Mai 1984:
Amerika leidet unter einer krankhaften Zahlensklaverei. Erfolg wird nur noch in Zahlen gemessen. Die Neigung, die Welt nur noch in abstrakten Analysen und Begriffen zu sehen, führt zu einer Verzerrung und allzu großer Vereinfachung der vielfältigen Faktoren unseres Lebens. Die Welt wird in Noten, Listen und Kästchen eingeteilt. Was zählt, sind Meinungsumfragen, was unterm Strich herauskommt, wer Gewinner und wer Verlierer ist. Erfolg ist nicht das Reiseziel. Erfolg ist eine Reise. Robert Louis Stevenson hat einmal gesagt: »Voller Hoffnung zu reisen, ist besser als anzukommen.« Im Leben gibt es nur eine Ankunft – sie ist das Ende des Lebens. Alle Leistungen, alle Augenblicke des Erfolges sind lediglich Meilensteine auf dem Weg dahin.
Das Fernsehen ist vielleicht das drastischste Beispiel dafür, daß man nicht mehr voller Hoffnungsfreude auf die Reise geht. Für die Sendeanstalten ist nur die Frage wichtig: »Wie erreiche ich Dienstag abend um 20 Uhr die höchsten Einschaltquoten?« Wenn einzig und allein kurzfristige Konkurrenzüberlegungen für die Ausstrahlung einer Sendung maßgebend sind, kann dies dem Erfolg der Fernsehanstalt auf lange Sicht gesehen nicht guttun. Trotz drohender Zuschauerverluste aufgrund der neuen Technologien sehen wir, daß sich die Fernsehanstal-

ten abmühen, einander nachzuahmen. Sie denken gar nicht an Innovation, weil Innovation Risikobereitschaft voraussetzt – und wer Risiken eingeht, kann auf kurze Sicht nicht zu den Gewinnern gehören. Also wursteln sie mit trauriger Vorhersagbarkeit mit denselben alten Konzepten weiter vor sich hin – hier ein bißchen mehr Sex, da ein bißchen mehr Gewalt, dort ein bißchen mehr Geistlosigkeit – und versuchen so, den Zuschauer kurzfristig und schnell für sich zu gewinnen.

Ein – langfristig gesehen – selbstmörderisches Verhalten. Genausogut könnten sich die Chefs der drei Sendeanstalten gleich gegenseitig das Rasiermesser an den Hals setzen. Aus ähnlichen Gründen sind vor Jahren die drei großen Automobilunternehmen in Detroit in die Krise gestolpert. Sie haben versäumt, rechtzeitig zu innovieren und kleine »sparsame« Autos zu bauen. Als sie sich weigerten, die Gewinne eines Quartals in die zukünftige Entwicklung zu investieren und so der Bedrohung durch die Importe aus dem Ausland entgegenzutreten, stand die Katastrophe vor der Tür. Dasselbe gilt für die Stahlunternehmen, die nicht modernisieren wollten, oder die Gewerkschaften in diesen beiden Industriebereichen, die nur für Lohnerhöhungen und zusätzliche Sozialleistungen kämpften, anstatt sich dafür einzusetzen, ihren Mitgliedern langfristig die Arbeitsplätze zu sichern.

Die Verantwortlichen für derartiges Fehlverhalten sind keineswegs böswillig oder chronische Ignoranten: Sie sind Opfer eines spezifischen Klimas und eines spezifischen Umfeldes. Die Programmdirektoren der Fernsehanstalten sitzen in einer Falle. Stellen Sie sich vor, Sie wären in ihrer Position. Sie wachen auf und stellen fest, daß keine einzige Show Ihrer Sendeanstalt unter den ersten zehn Sendungen der Bestenliste verzeichnet ist. Sie bekommen feuchte Hände. Auf dem Weg ins Büro kaufen Sie das *Wall Street Journal,* das die voraussichtlichen Gewinne auf der Basis der Zuschauerzahlen veröffentlicht. Ihre Sendeanstalt ist in dieser Sparte zurückgefallen. Sie betreten Ihr Büro. Auf dem Tisch liegt schon eine druckfrische Kopie der Beurteilungen der Sendungen von gestern abend: nicht gerade hervorragende Einschaltquoten. Das erste Gespräch des Tages führen Sie mit einem zukünftigen Rod Serling oder Paddy Chayefsky. Er hat eine innovative Idee. Sie aber haben nicht den Nerv, auf diesen erfrischenden Vorschlag einzugehen. Dagegen benötigen Sie sofort eine Variation einer Sendung, mit der eine der anderen Anstalten große Erfolge erzielt hat. Sie sind ein Opfer – Sie sitzen in der Falle.

... Wir haben Generationen von Kindern zu einer Denkweise erzogen, die nur Sieg oder Niederlage gelten läßt. Zwischentöne gibt es nicht. Die Vorstellung, daß das Leben daraus besteht, innerhalb seiner eigenen Möglichkeiten in jedem Bereich sein Bestes zu geben und genau deshalb erfolgreich zu sein, können die so erzogenen Kinder nicht realisieren. Wenn wir wirklich davon überzeugt sind, daß wir diesen Planeten noch etwas länger bevölkern werden, müssen wir unserer Jugend begreiflich machen, daß nicht jeder den besten Platz im Karussell des Lebens einnehmen kann.

Wenn Sie jedoch wissen, daß nichts anderes als Spitzenleistungen Ihr Ziel sind und Sie diese auch erreichen können, befinden Sie sich in den Startlöchern, vor denen eine lange, hindernisreiche Strecke liegt. Sie werden eine gehörige Portion Altruismus und Entscheidungsbereitschaft brauchen: Leistung aus Leidenschaft kann nicht erfolgreich sein, wenn man sich auf vorgeblich gesicherte Erkenntnisse verläßt. Aktion um der Aktion willen kann, insbesondere wenn sie mit einer Portion Zynismus gepaart ist, in Rücksichtslosigkeit ausarten. Spitzenleistungen setzen Optimismus voraus. Dieser Optimismus ist sogar gut für Ihre Gesundheit, wie neuere Forschungsergebnisse aus der Medizin bestätigen. Redford Williams/ Duke University Medical Center hat bei seiner Untersuchung von Menschen des Persönlichkeitstypus A – leistungsbetonte, ungeduldige, hart mit sich selbst umgehende Menschen, die eher zum Herzinfarkt neigen sollen als Menschen des Typus B – festgestellt, daß ein Element ganz besonders gefährlich sei: »Der ›Zynismus‹ dürfte das Gift für die Typus-A-Persönlichkeit sein. Wir stellen fest, daß sich für den Typus A bestimmte Verhaltenselemente sehr viel schlimmer auswirken als andere.«

Es ist zugegebenermaßen nicht leicht, ebenso hartnäckig und ausdauernd am Ball zu bleiben, und zwar nicht nur aufgrund der Wellen, die solch eine frische Brise, solch ein Aussteigen aus dem konventionellen Getriebe in der Organisation verursachen. Selbst wenn Sie nur in einer »Leistungsnische« arbeiten, kann diese Tatsache Ihr Leben wahrlich auf den Kopf stellen. Wir haben beobachtet, daß die überwiegende Zahl der leidenschaftlichen Aktivisten, die alte Grenzen einreißen wollen, auf unzumutbar viel verzichten müssen: sie verzichten auf den Urlaub mit der Familie, auf Sportveranstaltungen, Geburtstagseinladungen, freie Abende und Wochenenden, Mittagspausen, Gartenarbeiten, Bücher, Kino und vieles mehr. Wir haben eine ganze Reihe Freunde, deren Ehen und Partnerschaften deshalb brachen, weil sie unablässig einem Traum hinterherjagten.

Solche Verzichtleistungen müssen aber nicht unbedingt sein. Zu wenig Schlaf, einige mit Arbeit ausgefüllte Abende oder Wochenenden gehören natürlich dazu. Daß aber eine Ehe aufgrund der Leidenschaft für Spitzenleistungen in die Brüche geht, darf nicht die Regel sein. Dieser Preis ist zu hoch. Es gibt allerdings auch keine Garantie dafür, daß beruflich und privat alles reibungslos ablaufen wird, daß sich Privat- und Berufsleben problemlos miteinander vereinbaren lassen. Wir werden häufig gefragt, ob es möglich ist, »alles zu haben« – ein erfülltes und befriedigendes Privatleben *und* ein erfülltes und befriedigendes Berufsleben. Unsere Antwort lautet: nein. Wer Spitzenleistungen erbringen will, muß Zeit, Energie, Aufmerksamkeit und Konzentration aufwenden und kann diese Zeit und Energie nicht gleichzeitig in sein Privatleben investieren. Spitzenleistungen kosten einen hohen Preis. Wir zitieren David Ogilvy, *Confessions of an Advertising Man:* »Wenn Sie in Ihrer freien Zeit lieber Rosen züchten oder mit Ihren Kindern spielen möchten, soll es mir recht sein, aber kommen Sie nicht und beklagen sich darüber, daß Sie nicht schnell genug befördert werden.«

Einige herausragende Unternehmerpersönlichkeiten haben ihre Firmen mit Hilfe der aktiven Beteiligung ihrer Familienmitglieder aufgebaut. Stew Leonard, Marriott, Mrs. Fields Cookies – sie alle sind neue Familienunternehmen. Wenn Ehemänner, Ehefrauen, Kinder oder Großeltern den Preis für Spitzenleistungen zu zahlen bereit sind, sind sie auch an den »Gewinnen« beteiligt. Genau an diesem Punkt ist die Grenze zwischen Liebe zur Arbeit und Liebe zur Familie fließend.

Wenn Sie von einer echten Leidenschaft für Spitzenleistungen beseelt sind und dies auch in Ihrem Handeln spürbar wird, werden Sie trotz allen Einsatzes innere und äußere Harmonie entwickeln können. Sie werden sehen, wie sich beides gedeihlich entwickelt: berufliche und private Identität.

Hinweise zu weiterführender Literatur zum Thema Führung

Leaders von Warren Bennis und Bert Nanus (Harper & Row 1985) sollten Sie sich unbedingt besorgen. Wir sind mit Warren persönlich befreundet. Sein Buch ist eine Goldgrube. Er beschreibt vierzig Führungskräfte – vom Dirigenten eines Symphonieorchesters über einen Filmregisseur bis hin zum Vorstandsvorsitzenden großer amerikanischer Konzerne –, wobei er sich auf dieselben Themen konzentriert, die auch wir in diesem Abschnitt des Buches entwikkelt haben. Auch Michael Maccoby untermauert mit seinen sechs Fallstudien in *The Leader* (Simon & Schuster 1981) die von uns vertretenen Thesen zur Bedeutung einer »menschenorientierten« Führung auf allen Organisationsebenen [dtsch. Ausgabe: Warren Bennis und Bert Nanus: »Führungskräfte. Die vier Schlüsselstrategien erfolgreichen Führens«, Frankfurt 1985].

Corporate Cultures von Terry Deal und Allan Kennedy (Addison-Wesley 1982) ist und bleibt die gründlichste und beste Abhandlung zum Thema »Unternehmenskultur«, die uns je über den Weg gekommen ist. Mit vielen Anekdoten über Führungskräfte aller Ebenen gespickt, ist dieses Buch ein ausgesprochenes Lesevergnügen.

The General Managers von John Kotter (Free Press/Macmillan 1982) bietet eine detaillierte Analyse mehrerer hundert sehr erfolgreicher General Managers. Kotter stellt fest, daß ihr Erfolg auf eine Reihe von Faktoren zurückzuführen ist, die in Fachbüchern zum Thema Management nur selten Beachtung finden. Was Kotter über den Umgang mit Informationen und Menschen geschrieben hat, stimmt mit unseren eigenen Feststellungen überein.

Wer Führung studieren will (und wir meinen, jeder Manager sollte Führung studieren), kann keine bessere Quelle finden als James McGregor Burns, *Leadership* (Harper & Row 1978).

Burns liegt mit Warren Bennis und uns auf einer Linie. Für Burns ist eine Führungspersönlichkeit ein Mensch, der Wandel bewirkt, ein Mensch, der mehr tut, als sich um das Tagesgeschäft in der Leitung eines Großunternehmens (z. B. Großunternehmen Staat) zu kümmern, ein Mensch, der viele – häufig mehrere Millionen – Menschen zur Entwicklung eines neuen Bewußtseins führt.

Schließlich legen wir all denen, die eine Führungsposition anstreben, nahe, Biographien zu lesen. In seinem Buch *The Art of Corporate Success* (Putnam 1983) zeichnet Ken Auletta die ungewöhnliche Geschichte von Jean Riboud bei Schlumberger, eines der gewinnstärksten Unternehmen der Welt. Riboud entpuppt sich in diesem Buch als äußerst komplexe Persönlichkeit (eine lebendige Führungskraft also, keine Führungskraft, wie sie einer theoretischen Abhandlung zum Thema Führung entspringt). Noch ein empfehlenswertes Buch ist William Manchesters *American Caesar* (Little Brown 1978), in der uns General MacArthur aus einer außergewöhnlichen Perspektive vorgestellt wird. Am besten ist der Bericht über MacArthurs meisterhaftes Management in Japan nach dem Zweiten Weltkrieg (wie subtil eine effektive Führung ist, ist uns nie so deutlich geworden wie hier).

Dank

Wenn Sachbuchautoren einigermaßen ehrlich sind, müßte die Liste ihrer Danksagungen mindestens genauso lang sein wie das Buch selbst. Wenn das schon allgemein gilt, gilt es für uns erst recht. Dieses Buch *besteht* aus den Menschen, denen wir begegnet sind.

Wir haben viele hundert Geschichten gehört. Sie alle stammen von Menschen, die bestimmte Erfahrungen und Erlebnisse mit uns teilen und sie näher erklären wollten. Sämtliche Geschichten, die wir in diesem Buch wiedergegeben haben, beruhen nicht nur auf Tatsachen, sondern hinter ihnen steckte immer auch eine echte Begeisterung und ein echter Mitteilungsdrang von seiten des Erzählers.

Im September 1984 fand das erste *Skunk Camp* unseres Partners Bob Le Duc statt. Was für eine Zusammenkunft! Teilnehmer waren Bill und Vieve Gore, W. L. Gore & Associates; Stew Leonard und Stew Leonard jr./Stew Leonard's; Frank und Jimmy Perdue, Perdue Farms; Don Burr/People Express; Tom Melohn/North American Tool and Die; Don Williams/Trammell Crow; Jerry Gallagher/Mervyn's und Dayton Hudson; Tom Malone/Milliken & Company; Ren McPherson/Dana Corporation; John McConnell jr./Worthington Industries; Ken Schoen/3M; Ken Stahl/Xerox; Don Vlcek/Domino's Pizza; Manny Garcia/Burger King; Donna Ecton/Campbell Soup u. a. Viele unserer inzwischen engen Freunde mußten wegen dringender anderer Verpflichtungen in letzter Minute absagen (unter anderem Karen Strand/Dana Corporation; Bob Stramy/General Motors und Phil Staley/Ford). Selten haben wir so viel gelernt und so vieles intensiv gespürt.

Dieses Erlebnis ist aber nur ein ganz kleiner Teil all dessen, wovon wir haben profitieren dürfen. Wir haben Bill Creech kennengelernt, den Vier-Sterne-General, der eine großartige Wende in einem Teilbereich der amerikanischen Luftwaffe bewirkt hat. In Schweden sind wir Jan Carlzon von SAS begegnet, der es meisterhaft versteht, sich in Szene zu setzen (das hat er selbst gesagt). Er hat SAS wieder auf die Gewinnschiene gesetzt. Bei einer weiteren Reise nach Schweden haben wir den früheren Chairman des Hauses Marks & Spencer, Marcus Sieff und seine außergewöhnliche intensive Menschenorientierung erlebt.

Wir können uns gar nicht glücklich genug schätzen, daß wir den großen Unternehmern unserer Tage persönlich begegnen durften: Lex Wexner von The Limited, Merv Morris von Mervyn's, Dave Thomas von Wendy's, Trammel Crow von Trammel Crow, Tom Monaghan von Domino's Pizza, Roger Milliken von Milliken & Co.

Vielleicht aber haben diese Menschen doch nicht den größten Einfluß auf die Ausprägung unserer Gedanken gehabt. Am wichtigsten waren wohl die Menschen, die in diesem Buch namenlos geblieben sind. Mehrere zehntausend Teilnehmer haben unsere Seminare besucht. Häufig kamen diese Führungskräfte aus schwerfälligen, bürokratischen Organisationen. Dennoch haben sie den Mut gehabt – trotz jahrelang erlebter Unterdrückung –, noch einmal einen Versuch zu wagen. Sie sind hinausgegangen und führen durch Umherwandern. Sie sind stolz darauf. Sie sind draußen und hegen und pflegen ihre Skunks. Sie sind draußen und feiern die Erfolge ihrer Mitarbeiter.

Anregungen kamen aus völlig unerwarteten Kreisen. Für die Menschen, die die Führungsetagen der 500 größten amerikanischen Unternehmen bevölkern, haben wir nicht gerade viel übrig. Wir sind vielmehr Anhänger der Menschen, die dazu beitragen, daß die amerikanische Wirtschaft wächst. Diese Führungskräfte finden wir am häufigsten in mittelständischen und kleinen Unternehmen. Ein Beispiel sind die Bäcker. Bei einem Kongreß der amerikanischen Bäckervereinigung haben wir sie näher kennengelernt und viele Anregungen mitgenommen. Sie verstehen ihr Geschäft. Sie wissen, daß Dienst am Kunden Menschenorientierung und Innovationsorientierung heißt – die Bäcker, die Peterbilt-LKW-Händler, alle 225 Mitarbeiter bei Care Sewell und seinem Unternehmen Sewell Village Cadillac. Sie haben uns Ideen gegeben und Hoffnung geweckt. Ihnen verdanken wir unseren Mut, offen über die wichtigen Dinge zu sprechen.

Manchen können wir gar nicht genug danken. Da sind beispielsweise Don Burr und Bill Gore, die zutiefst davon überzeugt sind, daß sie äußerst wichtige neue Organisationsformen schaffen. Dem können wir nur beipflichten. Ihre Ideen und vor allen Dingen die Leidenschaft, mit der sie ihre Ideen verfolgen, hat uns überzeugt.

1. Dick Jackson
   First Georgia Bank
2. Jake Kerr
   Lignum, Ltd.
3. Barry Roach
   Raychem
4. Donna Ecton
   Campbell Soup
5. Paul Sakamoto
   Mountain View-Los Altos, CA School District
6. Sam Tyler
   The Tom Peters Group
7. Ren McPherson
   The Dana Corporation
8. Bob Le Duc
   The Tom Peters Group
9. Manny Garcia
   Davgar Restaurants
10. John McCoy
    Bancone
11. Melissa Manson
    The Tom Peters Group
12. Mara Nieman
    The Tom Peters Group
13. Don Williams
    Trammell Crow
14. Peter Vaill
    George Washington Univ.
15. Pete Mesa
    Milpitas Unified School District
16. Kathy Johnson
    Association fo Western Hospitals
17. Jim Perdue
    Perdue Farms
18. Nancy Badore
    Ford Motor Co.
19. Don Burr
    People Express
20. Frank Perdue
    Perdue Farms
21. Bill Benak
    Levin Metals Corp.
22. Don Vlcek
    Domino's Pizza Distribution
23. Joe Stegmayer
    Worthington Industries
24. Ian Thomson
    The Tom Peters Group
25. Dale Miller
    Zenger-Miller, Inc.
26. Tom Malone
    Milliken & Co.
27. Stew Leonard, Sr.
    Stew Leonard's
28. Tait Elder
    Allied Technologies
29. Ed Prell
    Bell Labs
30. John McConnell, Jr.
    Worthington Industries
31. Ken Schoen
    3M
32. Tony Schulte
    Random House
33. Jerry Gallagher
    Mervyn's
34. Tom Melohn
    North American Tool & Die
35. Tom Peters
    The Tom Peters Group
36. Jerry Porras
    Stanford Univ.
37. Stew Leonard, Jr.
    Stew Leonard's
38. Nancy Austin
    The Tom Peters Group
39. Barbara Demere
    The Tom Peters Group
40. Bill Gore
    W. L. Gore & Associates
41. Vieve Gore
    W. L. Gore & Associates
42. Debbie Henken
    The Tom Peters Group
43. Ken Stahl
    Xerox
44. Debbie Kaplan
    The Tom Peters Group
45. Christy Miller
    The Tom Peters Group
46. Dee Young
    The Tom Peters Group
47. Henry Haskell
    Kal Kan Foods, Inc.

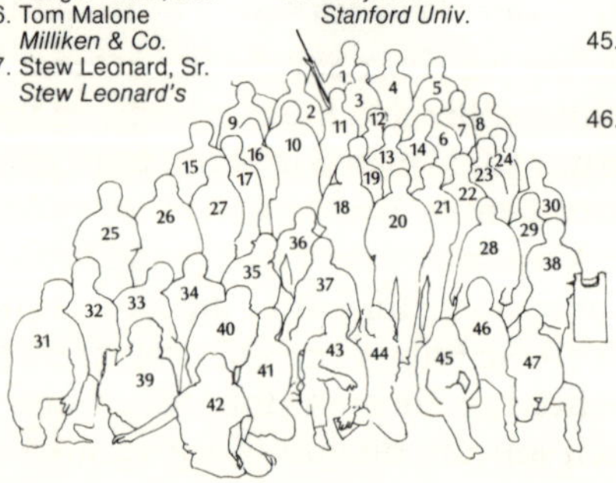

Außerdem haben sie ganz außergewöhnliche Mitarbeiter. Auch von ihnen haben wir viel gelernt. Immer wieder haben wir Ren McPherson in unserem Skunk Camp vor Augen. Obwohl er von lauter Stars umgeben war, hat er das Wort »Blödsinn« mindestens alle 45 Minuten einmal laut und deutlich ausgesprochen, immer dann, wenn einer von uns es gewagt hatte, von »Mitarbeitern« statt von »Menschen« zu sprechen. Er hat diesen Ausdruck nicht durchgehen lassen. Auch wir sollten ihn nicht durchgehen lassen. Niemand sollte ihn durchgehen lassen.

Auf der vorhergehenden Seite veröffentlichen wir das »offizielle Foto« dieses ersten Skunk Camps. Die Teilnehmer und ihre Organisationen sind unten aufgeführt. Ihnen allen sprechen wir unseren tiefempfundenen Dank aus.

Mit den Wissenschaftlern sind wir häufig hart ins Gericht gegangen. Sie sind zu uns viel netter gewesen als wir zu ihnen. Wir haben sie kritisiert, häufig in der Öffentlichkeit. Dennoch haben sie uns Rückhalt gegeben. Toms Freund und Kollege an der Stanford University, Gene Webb, Dekan der Business School, hat uns dennoch immer Rückhalt gegeben, auch wenn wir ihn manches Mal auf eine harte Probe gestellt haben. Tom kann Gene für diese Standhaftigkeit gar nicht genug danken. Warren Bennis/USC; Jim Kouzes/Santa Clara; Brian Quinn/Dartmouth; Wick Skinner/Harvard; Rosabeth Moss Kanter/Yale und Andy Van de Ven/Minnesota sind uns als ganz besondere Kollegen aus der Geisteswelt ans Herz gewachsen. Dann gibt es bei uns noch die Kategorie »sonstige Freunde« (»sonstige«, weil sie sich in keine Kategorie einordnen lassen). Zu ihnen gehört Bob Schwartz aus Tarrytown, der sich intensiv mit neuen Formen der Führung befaßt. Seine Unterstützung hat uns mehr bedeutet, als er ermessen kann.

Schließlich müssen wir jene nennen, die uns genau im richtigen Augenblick Mut zugesprochen haben. Tom war mit viel zuvielen selbstzufriedenen Unternehmen aneinandergeraten, die in der Zeitschrift *Fortune* unter den 500 »größten« Amerikas geführt werden, und hatte völlig den Mut verloren. Einen Tag später führte er Gespräche mit Chairman Jim Burke von Johnson & Johnson, dem PepsiCo-Präsidenten Wayne Calloway und mit Don Estridge, der inzwischen Vorstandsmitglied Technik bei IBM ist. Mehr brauchte es nicht, um seinen Mut wieder in ungeahnte Höhen zu heben.

Unsere Partner haben uns auf unserem Kriegszug begleitet. Sie haben uns in dieser langen Zeit nicht nur unterstützt, sondern auch unsere Ideen geprüft. Sie haben uns vorangetrieben und uns immer wieder eingeschärft, daß wir die Ideen, die wir predigen, *vorleben* müssen. Hier sind zu nennen Stewart Clifford, Linda Devillier, Debbie Henken, Melissa Howard, Debbie Kaplan, Bob Le Duc, Christy Miller, Gail Miller, John Nathan, Mara Nieman, Jeff Newcomb, Malka Rosen, Kathy Swan, Ian Thomson, Sam Tyler, Marilyn Van Wichen und Dee Young.

Nun ein Wort für die, die unmittelbar an diesem Buch mitgearbeitet haben. Corona Machemer hat bei Random House das Lektorat für dieses Buch übernommen. Wir müssen uns entscheiden: Entweder wir sagen »danke schön« und lassen es dabei bewenden, oder wir setzen zu einer fünfzehnseitigen Lobeshymne an. Weniger wäre ungenügend und hieße, ihre Leistung herabzusetzen. Corona hat eine außergewöhnliche fachliche Leistung erbracht, was man von einer guten Lektorin ja auch erwarten kann. Sie hat außerordentlichen Sachverstand bewiesen. Auch das kann man – ohne ihre Leistung herabzuwürdigen – von einer guten Lektorin erwarten. Was unsere Beziehung zu ihr aber so außergewöhnlich gemacht hat, war das leidenschaftliche Engagement, das sie für unsere Ideen hegte. Dieses Buch handelt von ›Mitinhaberschaft‹ und Stolz und Fürsorge und Vertrauen und Zuhören und Höflichkeit und einem runden Dutzend damit verwandter Verhaltensweisen. Corona steht zweifellos noch sehr viel engagierter hinter den Inhalten dieser Begriffe als wir selbst. Sie hat uns dazu gezwungen, die Stärke und Logik unserer Überzeugungen wieder und wieder auf den Prüfstand zu stellen. Immer wieder hat sie uns »kalt erwischt«, uns auf die Probe gestellt und zu einigen Revidierungen veranlaßt. Die Integrität ihrer Arbeit leuchtet uns, meinen wir, aus jeder Seite dieses Buches entgegen. Vielen Dank, Corona! Wir wußten nicht, daß eine solche Leistung möglich ist.

Die gute Gestaltung der Beziehungen zu unserem Verleger ist Bob Bernstein und Tony Schulte im Verlag Random House zu verdanken. In der besten aller Welten gestalten sich die Beziehungen so, daß der Verleger schließlich zum Familienmitglied wird. Genau das ist bei Random House geschehen. Dafür sind wir in der Tat dankbar.

Von der technischen Seite her haben wir sowohl im Verlag als auch bei uns zu Hause immer die Unterstützung gefunden, die wir brauchten. Unser Dank gilt Susan Winn und Linda Dee für ihre Schreibarbeiten, Sono Rosenberg für seine heldenhafte und meisterhafte Tätigkeit als Korrektor, Jo Metsch für das brillante Design, Sally Leventhal, die alles erledigt hat, was erledigt werden mußte, und Dee Young für ihre Recherchen, ihre Korrekturen und ihren Humor.

Das Buch ist Kate Abbe, Bill Cawley und den Skunks gewidmet. Sie haben von den Skunks gelesen. Bill und Kate haben uns Rückhalt gegeben, aber das ist noch längst nicht alles. Wir haben beide viel gelesen und sind inzwischen ziemlich abgehärtet, wenn wir so Zeugs wie »und unser Dank geht an Mary Jo, die uns auch bei schlechter Laune immer ertragen hat« lesen. Kate und Bill glauben an eine Welt, in der sich alle Menschen gegenseitig anständig behandeln. Darum geht es in diesem Buch, darum geht es ihnen, und darum geht es uns. Wir bemühen uns, diesen Anspruch vorzuleben. Kate und Bill sind lebendige Beispiele dafür, daß es möglich ist, sich um Menschen zu kümmern und sich um das zu kümmern, was sie tun. Ihnen ist dies mit außergewöhnlichem Erfolg gelungen.

Wir schließen mit einem Tribut an einen Menschen, den keiner von uns je kennengelernt hat, den verstorbenen Generalleutnant des amerikanischen Heeres, Melvin Zais. Einer unserer vielen unbesungen gebliebenen Anhänger schrieb Tom vor drei Jahren einen Brief. Mit dem Brief kam eine Tonbandaufnahme von dem Vortrag eines Generals des US-Heeres vor dem Armed Forces Staff College zum Thema Führung. Leider ist der Begleitbrief zu diesem Tonband irgendwie abhanden gekommen. Das Tonband aber war noch da, und an einem heißen Sommertag im Jahre 1983 kam Tom dazu, es sich anzuhören. Er hörte zu und weinte. Wir spielen dieses Tonband inzwischen in all unseren Skunk Camps ab. Einige Worte in diesem Buch gehen auf dieses Tonband zurück. General Zais sagt klar und deutlich: »Sie müssen sich um Ihre Leute kümmern.« Diese manchmal stockende Rede eines Generals, der einmal Fallschirmspringer bei der 101. Luftlandedivision [der US-Armee] war, berührt uns immer wieder, wenn er von der Liebe, der Fürsorge, dem Vertrauen und der Demut des Führenden spricht. Tom Melohn von North American Tool and Die ist während der Filmarbeiten zu unserer PBS-Sondersendung aus dem Jahre 1985, als er über seine Menschen sprach, vor den laufenden Kameras zusammengebrochen. Die Intensität und die Leidenschaft, die bei Zais und Melohn durchklingen, wirken ansteckend. General Zais, wir danken Ihnen so sehr. Unsere aus tiefstem Herzen kommende Anerkennung geht schließlich an all jene Unbekannten, die treu und fest zu uns stehen, indem sie unsere Aussagen *vorleben.* Wir vertrauen darauf, daß wir sie in den Jahren, die vor uns liegen, kennenlernen werden.

Quellennachweis

Wir danken folgenden Autoren und Verlagen für ihre Nachdruckgenehmigungen:

Thomas Larry Adcock, Auszug aus »They Also Wait Who Stand and Serve« von Thomas Larry Adcock, erschienen in der Zeitschrift *Northwest Orient*, Oktober 1983. Abdruck mit Genehmigung des Autors.

American Psychological Association: Auszug aus »Small Wins: Redefining the Scale of Social Problems«, in: *The American Psychologist,* Bd. 39, Jan. 1984, S. 40–49. Copyright © 1984, American Psychological Association, Nachdruck mit Genehmigung des Herausgebers.

Basic Books, Inc.: Auszug aus *Silicon Valley Fever: Growth of High-Technology Culture* von Everett M. Rogers und Judith Larsen. Copyright © 1984, Basic Books, Inc. Vertretung der Rechte in Großbritannien durch George Allen & Unwin (Publishers) Ltd., London. Auszug aus *The Good School: Portraits of Character and Culture* von Sara Lawrence Lightfoot. Copyright © 1983, Basic Books, Inc. Abdruck mit Erlaubnis des Verlages.

Business Week: Auszug aus »Campbell's Soup Recipe for Growth: Offering Something for Every Palate«. Abdruck mit Sondergenehmigung aus *Business Week*, Ausgabe vom 24. Dezember 1984, © McGraw-Hill, Inc.

Capistrano Press, Ltd.: Auszug aus Fredonia F. Jacques, »Verdict Pending: A Patient Representative's Intervention«, genehmigter Nachdruck für World English Language Rights. Garden Grove, Calif., Capistrano Press Ltd., 1983, S. 57 – 58.

Center for Creative Leadership: Auszug aus »Participative Management« von E. J. Cattabiani und R. P. White; *Issues and Observations,* August 1983, © 1983, Center for Creative Leadership, Greensboro, N.C.

Chief Executive Magazine: Auszug aus »The CEO as Champion«,

Nachdruck mit Erlaubnis von *Chief Executive* (Frühjahr 1984, Nr. 27). Copyright © Chief Executive Magazine, Inc., 645 5th Avenue, New York, N.Y. 10022. Alle Rechte vorbehalten. Preis: US $ 7,00.
Crown Publishers: Auszüge aus David Ogilvy, *Ogilvy on Advertising*. Text Copyright © 1983 by David Ogilvy, Sammelwerk-Copyright © 1983 by Multimedia Publications, Inc. Nachdruck der Auszüge mit Genehmigung von Crown Publishers, Inc.
Dana Corporation: »Dana's 40 Thougths«, Abdruck mit freundlicher Genehmigung der Dana Corporation, Toledo/Ohio.
Dow Jones & Company, Inc.: Auszüge aus dem *Wall Street Journal* vom 8. Februar 1984, 23. Oktober 1984 und 12. Dezember 1984. Nachdruck mit Genehmigung von The Wall Street Journal, Copyright © Dow Jones & Company, Inc. 1984. Alle Rechte vorbehalten.
Farrar, Straus & Giroux, Inc.: Auszugsweiser Nachdruck mit Genehmigung von Farrar, Straus and Giroux, Inc., aus John McPhee, *The Headmaster*. Copyright 1966 John McPhee. Dieses Material ist ursprünglich in *The New Yorker* erschienen.
Grosset & Dunlap, Inc.: Auszugsweiser Nachdruck mit Genehmigung von Grosset & Dunlap, Inc., aus *For the Good of the Company,* Copyright © 1976 by Isadore Barmash.
Harvard Business Review: Folgende Auszüge von Autor Theodore Levitt: Auszug aus Kapitel 2, »The Globalization of Markets«, nach Theodore Levitt, *The Marketing Imagination,* Copyright © 1983 by The Free Press. Theodore Levitt, »The Globalization of Markets« (Mai/Juni 1983). Copyright © 1983 by Presidents and Fellows of Harvard College, alle Rechte vorbehalten. Auszug aus Kapitel 3, »The Industrialization of Service«, nach *The Marketing Imagination*. Copyright © 1983 by The Free Press. »The Industrialization of Service« (Sept./Okt. 1976). Copyright © 1976 by President and Fellows of Harvard College, alle Rechte vorbehalten. Auszug aus Kapitel 4 »Differentiation – Of Anything«, nach *The Marketing Imagination*. Copyright © 1983 by The Free Press. »Marketing Success Through Differentiation – Of Anything« (Jan./Febr. 1980). Copyright © 1980 by President and Fellows of Harvard College, alle Rechte vorbehalten. Auszug aus Kapitel 5, »Marketing Intangible Products and Product Intangibles«, nach *The Marketing Imagination*. Copyright © 1983 by The Free Press. »Marketing Intangible Products and Product Intangibles« (Mai/Juni 1981). Copyright © 1981 by President and Fellows of Harvard College, alle Rechte

vorbehalten. Auszug aus Kapitel 6 »Relationship Management«, nach *The Marketing Imagination.* Copyright © 1983 by The Free Press. »After The Sale is Over« (Sept./Okt. 1983). Copyright © 1983 by President and Fellows of Harvard College, alle Rechte vorbehalten. Nachdruck sämtlicher Auszüge mit Genehmigung der *Harvard Business Review.* (Dt.: Marketing Imagination – Die unbegrenzte Macht des kreativen Marketing, Landsberg 1984)
IBM Corporation: Nachdruck der Anzeige mit freundlicher Genehmigung der IBM Corporation.
Inc. Magazine: Auszug aus »The Employee Who's no Longer Useful«, Nachdruck mit Genehmigung, Inc. Magazine, Januar 1982. Copyright © 1982, Inc. Publishing Corporation, 38 Commercial Wharf, Boston/Mass. 02110.
Johnson & Johnson, Jim Burkes »Ad Council«-Rede und das Credo des Unternehmens Johnson & Johnson. Nachdruck mit freundlicher Genehmigung von Johnson & Johnson.
Little, Brown & Company: Auszüge aus Tracy Kidder, *The Soul of a New Machine.* Copyright © 1981, John Tracy Kidder. Mit Genehmigung von Little, Brown & Company in Zusammenarbeit mit Atlantic Monthly Press.
L. L. Bean, Inc.: »The Golden Rule of L. L. Bean«, Nachdruck mit freundlicher Genehmigung von L. L. Bean, Inc.
McGraw-Gukk Book Co.: Auszug aus Thomas Watson jr., *A Business and Its Beliefs: Ideas That Helped Build IBM,* Copyright © 1963, Trustees of Columbia University. Abdruck mit Genehmigung der McGraw-Hill Book Company.
Herman Miller, Inc.: Auszüge aus Vorträgen von Max DePree – mit freundlicher Genehmigung von Herman Miller, Inc.
The New York Times Company: Auszug aus »Molded in Al Davis' Images« von Michael Janofsky, *New York Times,* 2. Sept. 1984. »Bottom Linemanship« von Norman Lear, New York Times, 20. Mai 1984. Copyright © 1984, The New York Times Company. Nachdruck mit Genehmigung.
Nordstrom: Nachdruck der Anzeige mit freundlicher Genehmigung von Nordstrom, Seattle/Washington.
Random House, Inc.: Verschiedene Textstellen nach Walter Goldsmith and David Clutterback, *The Winning Streak.* Nachdruck mit Genehmigung von Random House, Inc. und Weidenfeld (Publishers) Ltd. *The Winning Streak* wird in den USA und Kanada gemeinsam veröffentlicht werden von Random House, Inc. und Not Just Another Publishing Company, Inc.

H. S. Shanlian: Nachdruck des Briefes mit freundlicher Genehmigung von H. S. »Blackie« Shanlian.
The Sterling Lord Agency, Inc.: Auszug aus »Can the Best Mayor Win« von Richard Cramer. Nachdruck mit Genehmigung der Sterling Lord Agency, Inc. Copyright © Richard Cramer 1984. Dieser Auszug erschien ursprünglich in der Zeitschrift *Esquire,* Oktober 1984.
Texas Monthly: Auszug aus »The Eccentric Genius of Trammel Crow« von Joseph Nocera. Genehmigter Nachdruck aus der August-Ausgabe von *Texas Monthly.* Copyright © Texas Monthly 1984.
Robert Townsend: Zitate aus Robert Townsends offenem Brief an Alfred Knopf zum Thema »Führung«.
Travelhost: Auszug aus »The Choiciest Potato Chip« von James E. Buerger, Herausgeber der Zeitschrift *Travelhost.*
Utah State University School of Business: Auszug aus dem Vortrag von W. Edwards Deming: »Transformation of Management Needed: Must Remove Deadly Obstacles«. Nachdruck mit freundlicher Genehmigung der Utah State University School of Business, George S. Eccles Distinguished Lecture Series, 1982–83.
Warner Books: Auszug aus *Mary Kay on People Management,* Copyright © 1984, Warner Books, Inc. Nachdruck mit Genehmigung des Verlages.

Register